果実の事典

杉浦　明
宇都宮直樹
片岡郁雄
久保田尚浩
米森敬三

編集

朝倉書店

序

　今日のわれわれの食生活において，果実（果物）は過去のどの時代よりもなくてはならない食の要素のひとつになってきている．世界史的にみれば果実は太古の昔より人類の栄養源として生命を支え，かつ，その交易や貯蔵・加工の技術の発展を通じて文明・文化をもはぐくんできたといえるであろう．しかし，振り返ってみれば，われわれ日本人が古来穀物代わりに食用にしてきたナッツ（堅果）類を除いて，果実をごく普通に食べるようになったのはいたって最近のことである．そのような果実の多くは明治以降外国から新たに導入し栽培されてきたものであり，また，そのような導入果実に刺激されてわが国固有のミカン，ナシ，クリ，カキなどの果実も併せて発展してきた．戦後60余年を経た現在，われわれの食生活は著しく向上・多様化し，日常的に目にする果実の種類・品種も大きく様変わりしてきた．社会のあらゆる分野でグローバリゼーションが進むなかで果実の分野でも熱帯・亜熱帯果実を含む様々な外国産果実をも身近に手にすることができるようになってきた．
　本書は，このような状況を背景に，わが国はもとより世界に分布し，かつ，栽培されている果実について，その起源から植物学的特徴，栽培沿革，品種，加工・利用，栄養成分・機能性成分，生産と消費，等々について総合的・網羅的に記述した事典として編んだものである．これまで，園芸植物関係の図鑑や図説は多々あるが，果実に特化して解説した本書のような事典の類はきわめて少ない．本書は総論と各論から構成され，総論では果実全般にわたる基本的な事項について記述し，各論では個別の果実を取り上げてその詳細を解説している．また，詳細には及ばないものの事典という性質上できるだけ多くの種類を網羅するために野生的な稀少果実は一覧表として示し，簡単な解説を加えた．なお，本文中には多くの果実のモノクロ写真が挿入されているが，カラーページにはできるかぎり多くのカラー写真を取りいれてある．本書は果実についてあまり専門的でなく幅広い知識を求めている一般の読者を対象として，できるだけ平易に記述しハンディな

ものになるように努めており，座右の事典として日常の生活においても役立つように工夫した．

　最後に，多くの執筆者に参加していただいたことにより企画から完成までに少なからぬ年月を要したが，この間，編集に献身的なご努力を惜しまれなかった朝倉書店編集部に厚くお礼を申し上げたい．

　2008年10月

編集委員を代表して　杉浦　　明

編　集

杉浦　　明　　石川県立大学生物資源環境学部
宇都宮直樹　　近畿大学農学部
片岡　郁雄　　香川大学農学部
久保田尚浩　　岡山大学大学院自然科学研究科
米森　敬三　　京都大学大学院農学研究科

執筆者 (五十音順)

板井　章浩	鳥取大学農学部		髙木　敏彦	静岡大学農学部
板村　裕之	島根大学生物資源科学部		鉄村　琢哉	宮崎大学農学部
井上　弘明	日本大学生物資源科学部		中尾　義則	名城大学農学部附属農場
宇都宮直樹	近畿大学農学部		中野　龍平	岡山大学大学院自然科学研究科
大井美知男	信州大学農学部		西沢　　隆	山形大学農学部
尾形　凡生	高知大学農学部		仁藤　伸昌	近畿大学生物理工学部
片岡　郁雄	香川大学農学部		糠谷　　明	静岡大学農学部
神崎　真哉	近畿大学農学部		長谷川耕二郎	高知大学農学部
北島　　宣	京都大学大学院農学研究科 附属農場		羽生　　剛	京都大学大学院農学研究科 附属農場
久保　康隆	岡山大学大学院自然科学研究科		原田　　久	静岡大学農学部
久保田尚浩	岡山大学大学院自然科学研究科		伴野　　潔	信州大学農学部
弦間　　洋	筑波大学大学院生命環境科学研究科		稗圃　直史	長崎県果樹試験場
小松　春喜	東海大学農学部		樋口　浩和	京都大学大学院農学研究科
杉浦　　明	石川県立大学生物資源環境学部		福田　文夫	岡山大学大学院自然科学研究科
平　　　智	山形大学農学部		別府　賢治	香川大学農学部
田尾龍太郎	京都大学大学院農学研究科		本勝　千歳	宮崎大学農学部

水谷	房雄	愛媛大学農学部	山下	研介	放送大学京都学習センター
向井	啓雄	静岡大学農学部	山田	寿	愛媛大学農学部
村山	秀樹	山形大学農学部	山根	久代	京都大学大学院農学研究科
本杉	日野	京都府立大学生命環境科学部附属農場	米森	敬三	京都大学大学院農学研究科

目　次

I．総　論
第1章　歴　史 〔杉浦　明〕… 3
1.1　世界における果樹栽培の歴史 … 3
1.1.1　各種果樹の原生分布 … 3
1.1.2　果樹栽培の起源 … 5
1.1.3　果樹栽培の伝播 … 7
1.1.4　世界の果樹栽培の現状 … 8
1.2　日本における果樹栽培の歴史 … 9
1.2.1　わが国における果樹栽培の始まり … 9
1.2.2　明治時代までの果樹栽培 … 9
1.2.3　明治以降の果樹栽培 … 9
1.2.4　現代における果樹栽培 … 10

第2章　植物学 … 11
2.1　自然分類と形態的分類 〔久保田尚浩〕… 11
2.1.1　自然分類 … 12
2.1.2　形態的分類 … 14
2.1.3　生態的分類 … 17
2.2　花および果実の特徴―開花習性・結果習性― 〔宇都宮直樹〕… 19

第3章　品種改良と繁殖 〔片岡郁雄〕… 23
3.1　果樹の品種改良 … 23
3.1.1　果樹の品種改良の特徴 … 23
3.1.2　果樹の品種改良の方法 … 24
3.1.3　果樹の種苗登録 … 29

3.2　果樹の繁殖……………………………………………………………………… 29
　　3.2.1　果樹の繁殖の特徴……………………………………………………… 29
　　3.2.2　果樹の繁殖の方法……………………………………………………… 30
　　3.2.3　ウイルスフリー（ウイルス無毒）苗の生産………………………… 33

第4章　美味しさと栄養成分・機能性成分………………………〔久保康隆〕… 36
　4.1　美味しさと熟度・食べ頃……………………………………………………… 36
　　4.1.1　果実のライフサイクルと食べ頃……………………………………… 36
　　4.1.2　成熟・追熟とエチレン………………………………………………… 37
　4.2　食味関連成分…………………………………………………………………… 39
　　4.2.1　甘味成分………………………………………………………………… 39
　　4.2.2　酸味成分………………………………………………………………… 41
　　4.2.3　肉質関連成分…………………………………………………………… 41
　　4.2.4　芳香・苦み・渋み成分………………………………………………… 42
　4.3　栄養・機能性成分……………………………………………………………… 43
　　4.3.1　糖質・食物繊維………………………………………………………… 43
　　4.3.2　ビタミン類……………………………………………………………… 43
　　4.3.3　ミネラル………………………………………………………………… 46
　　4.3.4　ポリフェノール………………………………………………………… 47
　　4.3.5　タンパク質・酵素……………………………………………………… 48

第5章　加工と利用（食べ方）………………………………〔平　智・村山秀樹〕… 49
　5.1　果実の加工……………………………………………………………………… 49
　　5.1.1　加工適性………………………………………………………………… 49
　　5.1.2　加工の例………………………………………………………………… 53
　5.2　果実の利用（食べ方）………………………………………………………… 57
　　5.2.1　果実の貯蔵……………………………………………………………… 57
　　5.2.2　果実の食べ方…………………………………………………………… 61
　5.3　果実の消費拡大のために……………………………………………………… 62

第6章　生産と消費 〔米森敬三〕… 63
6.1　世界の果実生産の動向 … 63
6.1.1　果実とナッツ類の生産量と国別生産量 … 63
6.1.2　主要果樹の生産量の推移 … 68
6.2　日本の果実生産の動向 … 69
6.2.1　果実生産量と栽培面積 … 69
6.2.2　主要果実の生産量の推移 … 70
6.2.3　施設栽培の動向 … 72
6.3　果実消費の動向 … 74
6.3.1　日本の果実消費動向 … 74
6.3.2　世界各国の果実消費量とわが国での「毎日くだもの200ｇ運動」… 77

カラー写真 … 81

Ⅱ．各　論
①フルーツ類
アケビ 〔福田文夫〕… 115
アセロラ 〔宇都宮直樹〕… 118
アボカド 〔井上弘明〕… 121
アンズ 〔田尾龍太郎〕… 127
イチゴ 〔西沢　隆〕… 132
イチジク 〔尾形凡生〕… 144
ウ　メ 〔田尾龍太郎〕… 151
オウトウ（さくらんぼ） 〔平　　智〕… 156
　　甘果オウトウ … 156
　　酸果オウトウ … 164
オリーブ 〔別府賢治〕… 168
カ　キ 〔米森敬三〕… 174
カリン，マルメロ 〔本杉日野〕… 191
　　カリン … 191
　　マルメロ … 193

カンキツ類……………………………………〔水谷房雄・高木敏彦・北島　宣〕… 197
　A. ミカン類……………………………………………………………………… 213
　　ウンシュウミカン………………………………………………………… 213
　　ポンカン…………………………………………………………………… 219
　　その他ミカン類…………………………………………………………… 220
　B. ブンタン・グレープフルーツ類…………………………………………… 221
　　ブンタン…………………………………………………………………… 221
　　グレープフルーツ………………………………………………………… 224
　C. オレンジ類…………………………………………………………………… 226
　　スイートオレンジ………………………………………………………… 226
　D. その他の中晩生カンキツ類………………………………………………… 228
　　ナツミカン………………………………………………………………… 228
　　ハッサク…………………………………………………………………… 229
　　イヨカン…………………………………………………………………… 230
　　ヒュウガナツ……………………………………………………………… 231
　E. 香酸カンキツ類……………………………………………………………… 233
　　レモン……………………………………………………………………… 233
　　ライム……………………………………………………………………… 234
　　ユ　ズ……………………………………………………………………… 235
　F. 交配育種による最近の新品種……………………………………………… 236
　G. キンカン類…………………………………………………………………… 238
　H. カラタチ類…………………………………………………………………… 240
　　カラタチ…………………………………………………………………… 240
キイチゴ類……………………………………………………〔小松春喜〕… 242
　ラズベリー…………………………………………………………………… 243
　ブラックベリー……………………………………………………………… 245
キウイフルーツ………………………………………………〔片岡郁雄〕… 249
グアバ類………………………………………………………〔向井啓雄〕… 257
　グアバ………………………………………………………………………… 257
　ストロベリーグアバ………………………………………………………… 260
グ　ミ…………………………………………………………〔久保田尚浩〕… 263
クランベリー…………………………………………………〔羽生　剛〕… 266

クワ	〔久保田尚浩〕	269
ザクロ	〔長谷川耕二郎〕	272
サポジラ	〔宇都宮直樹〕	275
サボテン類	〔向井啓雄〕	278
ピタヤ（ドラゴンフルーツ）		278
ウチワサボテン		280
サントル	〔宇都宮直樹〕	281
スイカ	〔大井美知男〕	283
スグリ類	〔鉄村琢哉〕	293
カランツ（カラント）		293
グーズベリー		297
スターフルーツ	〔山下研介〕	300
スモモ	〔山根久代〕	303
タマリンド	〔仁藤伸昌〕	310
チェリモヤ，アテモヤ	〔樋口浩和〕	313
ドリアン	〔本勝千歳〕	321
ナシ		326
ニホンナシ	〔板井章浩〕	326
セイヨウナシ	〔村山秀樹〕	339
チュウゴクナシ	〔村山秀樹〕	345
ナツメ	〔本杉日野〕	349
パイナップル	〔弦間洋〕	353
ハスカップ	〔福田文夫〕	372
パッションフルーツ	〔向井啓雄〕	375
バナナ	〔宇都宮直樹〕	378
パパイア	〔樋口浩和〕	389
パンノキ，ジャックフルーツ	〔神崎真哉〕	402
パンノキ		402
ジャックフルーツ		404
バンレイシ，トゲバンレイシ	〔宇都宮直樹〕	408
バンレイシ		408
トゲバンレイシ		410

ビワ………………………………………………〔稙圃直史〕… 413
フェイジョア……………………………………〔久保田尚浩〕… 418
ブドウ……………………………………………〔杉浦　明〕… 421
ブルーベリー……………………………………〔板村裕之〕… 436
ポポー……………………………………………〔本杉日野〕… 440
マンゴー…………………………………………〔山下研介〕… 443
　　その他マンゴー属の果樹類（表）………〔宇都宮直樹〕… 451
マンゴスチン……………………………………〔仁藤伸昌〕… 452
メロン……………………………………………〔糠谷　明〕… 457
モモ………………………………………………〔久保田尚浩〕… 465
ヤシ類①（ココヤシ）…………………………〔久保田尚浩〕… 481
ヤシ類②（ココヤシ以外）……………………〔井上弘明〕… 494
　　サラッカ……………………………………………………… 494
　　ナツメヤシ…………………………………………………… 496
ヤマモモ…………………………………………〔長谷川耕二郎〕… 499
ランサー（ロンコン）…………………………〔宇都宮直樹〕… 505
ランブータン……………………………………〔神崎真哉〕… 508
リュウガン（ロンガン）………………………〔神崎真哉〕… 511
リンゴ……………………………………………〔伴野　潔〕… 514
レイシ……………………………………………〔神崎真哉〕… 529
レンブ……………………………………………〔神崎真哉〕… 532
その他トロピカルフルーツ（表）………………〔宇都宮直樹〕… 535
その他ベリー類・野生果実（表）………………〔片岡郁雄〕… 542

②ナッツ類

アーモンド………………………………………〔中野龍平〕… 547
カカオ……………………………………………〔井上弘明〕… 552
カシューナッツ…………………………………〔片岡郁雄〕… 555
ぎんなん（イチョウ）…………………………〔中尾義則〕… 559
クリ………………………………………………〔山田　寿〕… 563
クルミ……………………………………………〔原田　久〕… 573
コーヒー…………………………………………〔井上弘明〕… 580
ピスタチオ………………………………………〔中野龍平〕… 584

目　次　　　　　　　　　　xi

ブラジルナッツ……………………………………………………〔片岡郁雄〕…589
ペカン………………………………………………………………〔原田　久〕…591
ヘーゼルナッツ……………………………………………………〔久保田尚浩〕…595
マカダミアナッツ…………………………………………………〔別府賢治〕…598
マツの実……………………………………………………………〔板村裕之〕…602
その他，日本野生の木の実（表）………………〔北島　宣・米森敬三〕…605

索　　引……………………………………………………………………………609

I 総論

1. 歴　史

1.1　世界における果樹栽培の歴史

1.1.1　各種果樹の原生分布

　世界に存在している果樹の種類数はナッツ類を含めて約2900種あるいはそれ以上ともいわれ，134科659属にも及んでいるが[1]，そのうちで実際に栽培化されてきたものは100種余りにすぎない．しかし，それらが栽培化されるより何千年も前から人類はそれら野生のものを食用にしてきており，今日でもなお多くの野生の果樹やナッツ類が採取され，食用に供されている．

　旧ソ連の植物学者バビロフ（Vavilov, N. I. 1887－1943）は世界各地の植物探索を行い，今日の多くの栽培植物は集団的に6つの地域（彼の死後の刊行物では8地域に細分）から発生してきたことを証明し，それらの地域を栽培植物の原生中心地と呼び（図1.1），それぞれの地域を原生地とする果樹類をあげている（表1.1）．

図1.1　バビロフによる栽培植物の8大原生中心地[2]

1. 歴史

表 1.1 バビロフによる栽培植物（果樹）の 8 大原生中心地[2,3]

区分	中心地	地域	主要な果樹	その他の作物
1	中国	中央〜西部中国の山岳地帯とその周辺の低地	モモ, ニホンスモモ, アンズ, カキ, ビワ, キウイフルーツ, チュウゴクナツメ, チュウゴクナシ, チュウゴクハシバミ, チュウゴクカリン, チュウゴクヒッコリー	ソバ, ダイズ, アズキ, キビ, イネ, カブ, ダイコン, ハクサイなどの葉菜類, ショウガ, チャ
2	インド	北西インドおよびパンジャブを除く地域．ビルマ・アッサムを含む	ダイダイ, ザボン, レモン, オレンジ, マンゴー, バナナ, タマリンド	イネ, ナス, キュウリ, サトイモ, ゴマ, キマメ, カラシナ
2a	インドシナ〜マレー	インドシナ, マレー諸島, フィリピン, インドネシア	バナナ, ココヤシ, パンノキ, ドリアン, マンゴスチン, ランブータン, リュウガン, ジャックフルーツ, スターフルーツ	サトウキビ, サトイモ, ヤムイモ
3	中央アジア	パンジャブ, カシミールを含む北西インド, アフガニスタン, タジキスタン, ウズベキスタン, 天山山脈	セイヨウナシ, リンゴ, ヨーロッパブドウ, ピスタチオ, クルミ, ナツメ, ザクロ, アーモンド, マメガキ	ソラマメ, タマネギ, ホウレンソウ, ダイコン, ニンニク, ニンジン
4	近東地域	小アジア, トランスコーカサス, イラン, カスピ海東方山岳地帯	アーモンド, イチジク, オウトウ, ナツメヤシ, ヘーゼルナッツ, リンゴ, クルミ, セイヨウスモモ, セイヨウナシ, ヨーロッパブドウ, メロン, マルメロ, セイヨウカリン	パンコムギ, マカロニコムギ, オオムギ, エンバク, ニンジン
5	地中海地域	地中海沿岸と隣接地域	オリーブ	エンドウ, キャベツ, レタス, セロリ, アーティチョーク, パセリ, アスパラガス, サトウダイコン
6	アビシニア	エリトリア高原を含む	アラビカコーヒー, タマリンド, アブラヤシ	オクラ, ソルガム, テフ
7	南部メキシコ, 中央アメリカ	西インド諸島を含む	アボカド, パパイア, チェリモヤ, グアバ, サポジラ, ホワイトサポテ	トウモロコシ, インゲンマメ, ニホンカボチャ, サツマイモ, シシトウガラシ
8	南米	ペルー, エクアドル, ボリビア	パッションフルーツ, カシューナッツ, ブラジルナッツ, カカオ, パパイア, チェリモヤ	ジャガイモ, ワタ, タバコ, セイヨウカボチャ, トウガラシ, トマト, ラッカセイ, キャッサバ
8a		チリのチロエ島	イチゴ	
8b		ブラジル, パラグアイ	パイナップル	

温帯での栽培果樹およびナッツ類として現在重要な種類の多くはアジア大陸に原生地をもち，リンゴ，セイヨウナシ，ヨーロッパブドウ，オウトウ，セイヨウスモモ，アンズ，イチジク，マルメロ，オリーブ，クルミ，アーモンド，ピスタチオ等はすべて中央アジア (3) から近東地域 (4) および地中海沿岸地域 (5) にかけての乾燥地帯で原生しており，菊池秋雄はこれらを西部原生種群と称している[4]．一方，アジア大陸の東部に位置する中国を中心とした韓国・日本を含む地域 (1) にはモモ，ニホンスモモ，ウメ，カキ，ビワ，ナツメ，チュウゴクナシ，ニホンナシ，キウイフルーツ，チュウゴクグリ，ニホングリ等が原生し，これらを菊池は東部原生種群と分類している．

一方，アジア大陸の南部のインドからインドシナ・マレー半島にかけての地域 (2, 2a) には多種類のカンキツ類を筆頭に，バナナ，マンゴー，ドリアン，マンゴスチン，ココヤシ，パンノキ，ランブータン等多様な亜熱帯・熱帯果樹類が原生している．また，新大陸の中央アメリカ (7) から南アメリカ (8, 8b) にかけては，パパイア，アボカド，パイナップル，グアバ，パッションフルーツ，チェリモヤ，カシューナッツ等アジア大陸とは異なる種類の亜熱帯・熱帯果樹が多く原生している．他方，熱帯アフリカ (6) にはめぼしい果樹は少なく，コーヒー，タマリンド，アブラヤシがみられる程度である．

バビロフの8大原生地に含まれていない北アメリカには多数のアメリカブドウやキイチゴ類，ブルーベリー，ペカン，アメリカガキ，アメリカスモモ，ポポー等が原生しているが，それらは18世紀後半からようやく栽培化され改良が加えられた栽培の歴史の浅い果樹類であり，新しい果樹品種の改良のための遺伝資源として利用されているものも多い．同じく歴史の浅いオーストラリア周辺部ではマカダミアナッツが原生し，栽培化されている．なお，野菜的果物であるイチゴは南アメリカのチリ (8a) で原生し，スイカおよびメロンは熱帯アフリカの原生である．

1.1.2 果樹栽培の起源

地球において最後の氷河期（約1万年前）が終わって，近東の'肥沃な三日月地帯'と呼ばれる地域に住んでいた中央アジアや西アジアの人々が初めて作物の栽培と家畜の飼育を開始したのが農業の始まりであるとされている．その地帯は当時理想的な気候に恵まれ，農業を始める条件が熟していた．紀元前9000年頃までにパレスチナの古都エリコに定住地ができていて，おそらくそこで最初の動植

物が飼育化・栽培化されたとされている．これらの地で穀物を中心とした農業が十分確立した後に初めて果樹の栽培が始まったものと考えられる．近東で紀元前7000～6000年頃の新石器時代の集落には果実というものの証拠はほとんどみあたらないが，新石器～青銅器時代にかけての遺跡発掘物のなかに，オリーブ，ナツメヤシ，ブドウ，イチジク，ザクロ等の遺骸が見いだされ，原始歴史時代(紀元前約4000年頃)にそれらが栽培されていたことを示している．

　オリーブは紀元前4000年頃にパレスチナで発祥し，青銅器時代中・後期にはシリアからギリシャにかけての地中海に接する地域で栽培やオリーブ油産業がよく発達していた．野生のオリーブは栽培化が進む過程で果実が大きく，オイル含量の高いものが選抜されてきた．ブドウ(ヨーロッパブドウ)はコーカサス地方(黒海とカスピ海との間の地域)から中央アジアにかけて広く分布していたが，栽培が行われた最初の兆候は初期青銅器時代のパレスチナ，シリア，エジプトおよびエーゲ海地域にみられる．これらの地域からブドウ栽培はエトルリア人，ギリシャ人およびフェニキア人によって地中海盆地の西部にもたらされた．ブドウの野生型は雌雄異株で，小さくて酸っぱい果実をつけるが，栽培化によって両性花となり，果実は大きくなり甘くなった．ナツメヤシの栽培も近東地域の乾燥した砂漠地域ですでに青銅石器時代に始まり，青銅器時代以降近東の温暖な地域で栽培が広まったと考えられている．イチジク果実の遺骸もパレスチナやギリシャの青銅石器時代の遺跡から発見されており，青銅器時代には東地中海に面する地域ではオリーブやブドウ等とともに栽培され，夏には生果が，乾果は通年にわたり供給されてきたものと考えられる．野生的なタイプのイチジクは雌雄異株で，雄個体(caprifigと呼ばれる)に寄生する一種のハチによって受粉されて種子を形成するが，普通種(common fig)では受粉は不要で，種なし果実を単為結果的に発達させる．ザクロの遺骸も初期青銅器時代のパレスチナの遺跡から見つかっているので，もっと以前から栽培利用されてきたのかもしれない．

　これらの果樹は自然状態では種子によって繁殖するが，種子繁殖では無用な個体がたくさん生じた．しかし，好ましい遺伝子型を維持していくには栄養繁殖という方法が実際的となり，栄養繁殖の中でも比較的容易な挿し木やひこばえ，株分けといった方法で繁殖されたため，栽培化が早く進んだと考えられている．

　一方，コーカサス地方から中央アジアにかけて原生したバラ科のリンゴやナシは古くより野生の果実が採集利用されていたが，栽培化の時期は明らかでない．これらの果樹は挿し木等による繁殖が難しいため，おそらく挿し木等より遅れて

見いだされた接ぎ木の技術によって栽培化が進んだものと考えられている．接ぎ木の技術はヨーロッパではギリシャの植物学者テオフラストス（Theophrastus, 紀元前3世紀）によって詳しく紹介されたが，接ぎ木技術そのものはおそらく紀元前2000〜1000年頃に中国で始まったとみられている．また，バラ科果樹のうちサクラ属のアーモンドは紀元前3000年頃に，モモは中国において紀元前2000年頃に，オウトウは紀元前1000年以降にアジア西部で，それぞれ栽培化されたと考えられている．

温暖湿潤気候のもとで生育する熱帯果樹の栽培化は証拠となる遺骸があまり出土していないのではっきりしないが，バナナの栽培化がおそらく最も古く，いくぶん遅れてマンゴー（紀元前4000年）とカンキツ類が栽培化されたと考えられている．いずれも容易な栄養繁殖の方法によって可能になったものと思われる．

1.1.3 果樹栽培の伝播

アジア西部から近東地域において原生し，栽培化された果樹は古代民族の大移動によってヨーロッパにもたらされ，温暖な気候のもとで主にアングロサクソン民族によって栽培と改良が続けられていった．紀元前2000年頃のヨーロッパ中部の湖棲民族（湖上生活者）の遺跡よりリンゴやナシの遺骸が出土しており，すでにギリシャ・ローマ時代には栽培法や品種の改良がみられている．ブドウも近東地域から地中海沿岸，特にエジプトやギリシャおよびエーゲ海周辺地域にはすでに紀元前2500〜2000年頃までにもたらされ，エジプトの第4王朝時代（紀元前2440年）の壁画にはブドウの摘み取りやブドウ酒づくりの様子を示す絵が描かれており，ギリシャの詩人ホメロス（Homer）やヘシオドス（Hesiod）（紀元前8世紀）等もブドウ栽培が盛んに行われているさまを記述している．他方，アジア西部と東部との間での果樹の伝播は比較的遅く，紀元前3〜1世紀頃にシルクロードを経てヨーロッパブドウが中国へ，中国のモモがペルシャを経てギリシャ・ローマへ伝えられた．アジア東南部原産のカンキツ類のうちヨーロッパに初めて持ち込まれたのはシトロンで，紀元前6〜7世紀あるいはそれ以前に中近東で盛んに栽培されていたものがアレキサンダー大王の東征の際（紀元前4世紀）に持ち込まれたとされている．

中近東や西アジアで先史時代に栽培化された果樹の多くは，陸路あるいは海路を経てヨーロッパ全土に広がり，そこで何世紀にもわたって改良が加えられ，栽培技術が確立されていった．そのような果樹の栽培や品種改良に関わったのは主

に修道院や王侯貴族であり，今日みられるような優れた品種が数多く作出されるようになったのは主に18世紀以降である．大航海時代（15世紀後半～17世紀前半）以来ヨーロッパ諸国によって南北アメリカ，アジア，アフリカ等の未開の地に次々と植民地が拓かれ，旧世界で改良された果樹が持ち込まれると同時に，新世界に原生した果樹が旧世界にもたらされた．特に自然環境に恵まれた広大な北アメリカは20世紀になってからリンゴ，ブドウ，カンキツ類の大産地を形成するに至った．一方，ヨーロッパ列強による植民地政策によってバナナ，コーヒー，ゴム，コショウ等の熱帯プランテーション作物が世界中に広められた．

1.1.4 世界の果樹栽培の現状

世界における果樹栽培は，古代文明の発祥地である地中海東岸から近東にかけての地域，さらに中国の黄河流域やインドのインダス川流域などユーラシア大陸で始まったが，現在では南北アメリカ大陸，アフリカ大陸，オーストラリア大陸およびそれらの周辺の島々を含め全世界に及んでいる．国連食糧農業機関（FAO）の統計によれば過去40年余り（1961～2004）の間に世界の果実総生産量はほぼ3倍に増加している．最新の統計（2004）によれば，世界の果実生産量は約5億tで，大陸別にみると，アジアが圧倒的に多く全体の4割強を占め（約2億2000万t），ヨーロッパ（7000万t台）がこれに次ぎ，南北アメリカがほぼ同程度ずつ（6000万～7000万t），アフリカ（6000万t台），オーストラリア（700万t前後）の順である．国別にみると中国が世界最大の生産国で全体の4割を占めている．次いで，インド，ブラジル，アメリカ合衆国，イタリアの順で生産量が多いが，1960年代の初めには第1,2位を占めていたアメリカ合衆国，イタリアの順位が相対的に低下してきている．果実の種類別の生産量をみると，ブドウ，オレンジ，バナナ，リンゴが一貫して世界の4大果樹を占めている．1980年代初めまではブドウが最大の生産量をあげていたが，総生産量の7割を占めていたヨーロッパ諸国でのワイン需要の低下により1980年代後半以降漸減している．一方，カンキツ類，特にオレンジはブラジルで近年急速な割合で増え，アメリカ合衆国を抜いて世界最大の生産国になっている．バナナは原生地のインドから東南アジア諸国，および南アメリカで多い．リンゴは中国が群を抜いて多く世界の3～4割程度を占める．熱帯果樹の中ではバナナに次いで多いのはマンゴーで，総生産量の大半は原生地であるインドで生産されている．パイナップルは熱帯果樹の中ではマンゴーに次いで多いが，その生産は原生地である中・南米よりはむしろ東南

アジアで多い．バナナ，マンゴー，パイナップルの 3 種類の熱帯果樹だけで現在，果実総生産量の 2 割以上を占めるまでになっている．

1.2 日本における果樹栽培の歴史

1.2.1 わが国における果樹栽培の始まり

わが国の縄文・弥生時代の住居跡遺跡よりシイ，カシ，クリ，その他のドングリ類やヤマブドウの種子等が多数出土していることから，これらは太古より野生から採集されて貴重な食料として利用されていたものと思われる．しかし，実際に果樹栽培が始まったのはおそらく奈良時代の頃であろう．わが国の最も古い書物である『古事記』(712) や『日本書紀』(720) に，モモ，スモモ，ナシ，タチバナ等の名称が現れ，平安時代初期の朝廷の諸行事や制度等を記した『延喜式』(927) には種々の果樹が朝廷への献上物として宮廷果樹園に栽培されていたことが記されている．

1.2.2 明治時代までの果樹栽培

鎌倉時代に甲州ブドウが山中で発見されて栽培に移されたとの記述をはじめ，南北朝時代の『庭訓往来』(手紙模範文・模型文を編集したもの) には種々の果樹の記載があるが，まだ，朝廷や将軍に献上する程度の栽培で一般の果樹園を形成するものではなかった．江戸時代になって商品経済の発達とともに営利的な果樹栽培が各地で起こり，甲斐 (山梨県) のブドウ，紀伊 (和歌山県) のミカン，大和 (奈良県) のカキ，伏見 (京都府) のモモ，伊木力 (長崎県) のビワ，丹波 (兵庫県〜京都府) のクリ等の特産品が現れるようになり，ようやく果物が庶民の手に届くものとなってきた．

1.2.3 明治以降の果樹栽培

日本の近代的な果樹栽培は明治の開国後，欧米諸国よりリンゴ，セイヨウナシ，欧米両種のブドウ，オウトウ等の新規果樹の導入によって始まったといってよい．これらの導入果樹の試行錯誤による栽培とともに，それまで特定の地域の特産品にとどまっていた果樹も全国的に普及するようになった．明治末年 (1910 年頃) における果実生産量約 80 万 t のうち在来果樹であるカキ，クリ，ミカンだけで 6 割を占めていたのに対して，導入果樹はまだ 1 割にも満たない状態であった．

その後,大正から昭和にかけて導入果樹が徐々に定着し,敗戦前の最大生産量約150万tに達した1942(昭和17)年にはリンゴはカキを凌いでミカンに次ぐ第2位の生産量を占めるようになった.

1.2.4　現代における果樹栽培

　第二次世界大戦の敗戦後10年足らずして果樹産業は戦前並みに復興し,昭和30年代の高度経済成長期に制定された農業基本法(1961)で果樹産業が選択的拡大の対象となり,特にウンシュウミカンに偏った増殖が行われた.しかし,工業製品の輸出による経済発展は同時に農産物の輸入を強いることになり,バナナ,グレープフルーツ,レモン等の生果の輸入の自由化が始まって以来国内果樹生産は過剰基調となった.昭和30年代初頭には100%であった果樹の自給率は2002年現在44%にまで低下している.

　一方,高度経済成長期以降消費者の高品質果実への志向が強まるにつれて,従来の品種から高品質品種への転換が急速に進んだ.わが国の在来果樹であるニホンナシではそれまで生産の主役を担っていた'長十郎'や'二十世紀'に代わって'幸水','豊水'等の品種が中心になってきている.また,導入果樹であるリンゴ,ブドウ,オウトウ等でも海外からの導入品種に代わってわが国で育成された高品質品種が主役を占めるに至っている.

〔杉浦　明〕

文　献

1) 田中長三郎: 果樹分類学,養賢堂,1951.
2) 田中正武: 栽培植物の起源,NHKブックス,1975.
3) 星川清親: 栽培植物の起源と伝播,二宮書店,1978.
4) 菊池秋雄: 果樹園芸学(上巻),養賢堂,1948.

2. 植物学

2.1 自然分類と形態的分類

　果樹は，生食，加工のいずれを問わず，食用になる果実や種子を生産する樹木のことである．現在，世界で栽培，利用されている果樹は134科，659属，約2900種に及ぶ．このなかには，バナナやパパイアのように樹木ではなく多年生の草本植物や食用ではなく台木として利用される植物なども含まれる．科学技術の発展によりこれからも果樹の探索と開発が進むことを考えると，この数はさらに増加すると思われる．

　これまでわが国では，主として日本あるいは中国等の温帯地域を原産とする果樹，すなわち温帯果樹が利用されてきた．しかし，消費者の食生活が多様化するのにともなって，近年は外国産果実の輸入が盛んになり，中でも熱帯産果実の輸入量が増加するとともに，その種類数も大幅に増えている．さらに，わが国でも施設を利用してマンゴーやチェリモヤ等の熱帯および亜熱帯果樹が栽培されるようになり，またこのことと関連して新しい果樹種の導入や品種の育成も進められるようになった．

　これら多くの果樹を整理・分類する方法として，従来，自然分類法と人為分類法が採用されてきた．しかし，人為分類法は原生地や生育地，木の大きさや性状，落葉性の有無，果実の利用部位等，人間が栽培・利用する立場から分類する方法であり，必ずしも学問的に体系づけられたものではなかった．例えば，原生地あるいは生育地の違いから温帯，亜熱帯，熱帯果樹等に区分され，それに落葉性と常緑性が加わるが，近年は熱帯地域や亜熱帯地域でもリンゴやブドウ等の温帯果樹が栽培されるようになり，またこれら落葉果樹を熱帯地域で栽培すると常緑果樹の様相を呈することが知られている．さらに樹姿から高木性，低木性，つる性等に区分されるが，高木性果樹でも矮性台木を利用することによって樹高が低く抑えられ（これを矮化樹という），樹種によっては矮化樹が実際栽培で広く利用されている．このように，人為分類法は新しい樹種の導入や繁殖技術の採用等に

より多くの不備が指摘されるようになった．そこでここでは，人為分類法を花と果実の構造や特徴，花と可食部との関係等から分類する形態的分類法と，原生地や生育地の違い，落葉性の有無等から分類する生態的分類法に区分し，主として前者を中心に記述する．

2.1.1 自然分類

自然分類法は，門，綱，目，科，属，種という区分に従い，植物分類学の立場から分類する方法で，その基礎は系統発生学や植物形態学に基づいている．また近年著しく発展している生化学的・分子生物学的手法も果樹の分類に利用されるようになった．自然分類法は，果樹類を系統的な類縁関係から把握することができるので，交雑の可能性を判断するうえで有用であるばかりでなく，バイオテクノロジーの発展によって新しい果樹を作出するうえでも極めて有益である．自然分類法に基づく果樹の分類と主要果樹の学名を表2.1に示した．

表から明らかなように，果樹の多くは被子植物門に属し，裸子植物門にはぎんなんが属するイチョウ科とマツの実が属するマツ科がある程度である．被子植物門は単子葉植物綱と双子葉植物綱に分けられ，前者に属する果樹はヤシ科，バショウ科，パイナップル科等数少ないのに対し，後者に属する果樹はバラ科，ミカン科，ウルシ科，ムクロジ科，ブドウ科，マタタビ科，グミ科，ツツジ科，カキノキ科，フトモモ科，バンレイシ科，センダン科等極めて多い．バラ科にはモモ，ウメ，オウトウ，リンゴ，ニホンナシ，ビワ，キイチゴ類等多くの果樹があるが，モモ，ウメおよびオウトウはサクラ属，リンゴはリンゴ属，ニホンナシはナシ属，ビワはビワ属，キイチゴ類はキイチゴ属といったように，果樹の種類によって属が異なる．

学名は属名(genus)と種名(species)とを併記し，2つを合わせて種名を表す．これは二名法と呼ばれ，1758年にリンネ(Linné, C.)により考案された．学名にはラテン語または他の言葉をラテン語化したものが用いられ，属名の頭文字は大文字，種を示す名称の頭文字は小文字で記し，普通，イタリック体（斜体）で表す．なお正式には，種名の後に最初に命名した人の名前をつける．必要に応じ，科や属の下に亜科，亜属をおくことがあり，また種よりも小さい変種や亜種は種名に続けて記す．モモを例にとると，モモは被子植物門，双子葉植物綱，バラ目，バラ科，サクラ属に属し，その学名は*Prunus persica* (L.) Batschと表記される．学名の*Prunus*は属名，*persica*は種を示す名称，および (L.) Batschは命名者

2.1 自然分類と形態的分類

表2.1 主要果樹の自然分類（飯塚，1986[1]）を一部改変）

門	綱	目	科	属	主要果樹名（学名）
裸子植物	イチョウ綱	イチョウ	イチョウ	イチョウ	ぎんなん（イチョウ）（*Ginkgo biloba* L.）
	球果植物	マツ	マツ	マツ	マツの実（*Pinus* spp.）
被子植物	単子葉植物	ヤシ	ヤシ	ココヤシ	ココヤシ（*Cocos nucifera* L.）
				ナツメヤシ	ナツメヤシ（*Phoenix dactylifera* L.）
				サラッカヤシ	サラッカヤシ（*Salacca zalacca* (Gaertn.) Voss）
		ショウガ	バショウ	バショウ	バナナ（*Musa* spp.）
		パイナップル	パイナップル	パイナップル	パイナップル（*Ananas comosus* (L.) Merr.）
	双子葉植物	ヤマモモ	ヤマモモ	ヤマモモ	ヤマモモ（*Myrica rubra* Siebold & Zucc.）
		ブナ	クルミ	クルミ	オニグルミ（*Juglans mandshurica* Maxim.）
				ペカン	ペカン（*Carya illinoinensis* (Wangenh.) K. Koch）
			ブナ	クリ	ニホングリ（*Castanea crenata* Siebold & Zucc.）
			カバノキ	ハシバミ	ヘーゼルナッツ（*Corylus avellana* L.）
		モクレン	バンレイシ	バンレイシ	チェリモヤ（*Annona cherimola* Mill.）
				ポポー	ポポー（*Asimina triloba* (L.) Dunal.）
		バラ	スグリ	スグリ	グーズベリー（*Ribes uva-crispa* L.）
			バラ	サクラ	甘果オウトウ（*Prunus avium* L.）
					ニホンスモモ（*Prunus salicina* Lindl.）
					モモ（*Prunus persica* (L.) Batsch）
					ウメ（*Prunus mume* Siebold & Zucc.）
					アーモンド（*Prunus dulcis* (Mill.) D.A. Webb.）
				リンゴ	リンゴ（*Malus pumila* Mill.）
				ナシ	ニホンナシ（*Pyrus pyrifolia* Nakai）
				ビワ	ビワ（*Eriobotrya japonica* (Thunb.) Lindl.）
				マルメロ	マルメロ（*Cydonia oblonga* Mill.）
				カリン	カリン（*Chaenomeles sinensis* (Thunb.) Koehne）
				キイチゴ	レッドラズベリー（*Rubus idaeus* L.）
		フクロウソウ	カタバミ	ゴレンシ	スターフルーツ（*Averrhoa carambola* L.）
		ムクロジ	ミカン	カラタチ	カラタチ（*Poncirus trifoliata* (L.) Raf.）
				ミカン	ウンシュウミカン（*Citrus unshiu* Marc.）
				キンカン	マルキンカン（*Fortunella japonica* (Thunb.) Swingle）
			ウルシ	カシューナッツ	カシューナッツ（*Anacardium occidentale* L.）
				マンゴー	マンゴー（*Mangifera indica* L.）
				ピスタチオ	ピスタチオ（*Pistacia vera* L.）
			ムクロジ	ランブータン	ランブータン（*Nephelium lappaceum* L.）
				リュウガン	リュウガン（*Dimocarpos longan* Lour.）
				レイシ	レイシ（*Litchi chinensis* Sonn.）
		クロウメモドキ	クロウメモドキ	ナツメ	ナツメ（*Ziziphus jujuba* Mill.）
			ブドウ	ブドウ	ブドウ（*Vitis* spp.）
		アオイ	パンヤ	ドリアン	ドリアン（*Durio zibethinus* Murr.）
		ツバキ	マタタビ	マタタビ	キウイフルーツ（*Actinidia deliciosa* (A. Chev.) C.F. Liang & A.R. Ferguson）
			オトギリソウ	マンゴスチン	マンゴスチン（*Garcinia mangostana* L.）
		スミレ	トケイソウ	トケイソウ	パッションフルーツ（*Passiflora edulis* Sims.）
			パパイア	パパイア	パパイア（*Carica papaya* L.）
		ヤマモガシ	グミ	グミ	ナワシログミ（*Elaeagnus pungens* Thunb.）
		フトモモ	ザクロ	ザクロ	ザクロ（*Punica granatum* L.）
			フトモモ	フェイジョア	フェイジョア（*Feijoa sellowiana* Berg）
				バンジロウ	グアバ（*Psidium guajava* L.）
		カキノキ	カキノキ	カキノキ	カキ（*Diospyros kaki* Thunb.）
		ゴマノハグサ	モクセイ	オリーブ	オリーブ（*Olea europaea* L.）
		ツツジ	ツツジ	コケモモ	ブルーベリー（*Vaccinium* spp.）
		イラクサ	クワ	イチジク	イチジク（*Ficus carica* L.）
		モクレン	クスノキ	ワニナシ	アボカド（*Persea americana* Mill.）

の名前である．なお，果樹名を学術用語として表記する場合，日本語では野菜名や花卉名等ほかの作物名と同様，片仮名書きにするのが普通である．

2.1.2 形態的分類

形態的分類は，花と果実の構造や特徴，花と可食部との関係等から分類する方法である．花器の構造の違いから両性花と単性花，子房と花弁の位置関係から子房上位，子房中位および子房下位に分けられ，また果実の形態や特徴から真果と偽果，単果と集合果・複合果等に区分される．主な果樹類の花と果実の構造や特徴は図2.1に示すとおりである．形態的分類の基準となる諸形質を以下に示した．

（1）花器の構造

1つの花に雄しべと雌しべの両方があるものは両性花（完全花，雌雄同花ともいう）と呼ばれ，カンキツ，リンゴ，ナシ，ブドウ，モモ，オウトウ，ビワ等，多くの果樹がこの部類に入る．しかし，両性花でもリンゴ，ナシ，甘果オウトウ，スモモ等は自家不和合性のため，実際栽培では受粉樹を混植するか人工的な受粉

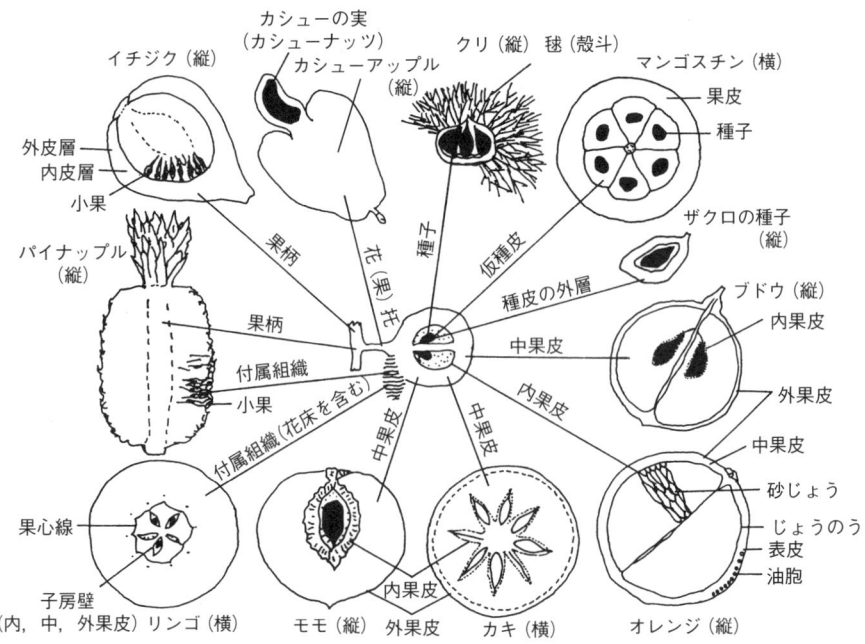

図2.1 成熟果の可食部組織と花との関係（Coombe, 1976[2]）を一部改変）
縦：縦断面，横：横断面．

を必要とする．なお，モモは自家不和合性ではないが，花粉がないか少ない品種ではリンゴやナシと同様，受粉樹を混植するか人工受粉を行う必要がある．

一方，雄しべと雌しべが別々の花に分かれているものは単性花（不完全花あるいは雌雄異花ともいう）といい，これには1つの個体に雄花と雌花の両方をつける場合と，同一種に雄株と雌株があってそれぞれの株に雄花または雌花しかつけない場合がある．前者を雌雄同株といい，クリ，クルミ，ペカン，アケビ，マツ等があり，後者を雌雄異株といい，キウイフルーツ，ヤマモモ，イチョウ等がある．

なお，1つの個体に両性花と単性花の両方がつくものは雌雄混株と呼ばれ，カキの一部，マタタビ，サルナシ等がこの部類に入る．

(2) 子房と花弁の位置関係

開花期における子房と花弁および萼の位置関係から子房上位花，子房中位花および子房下位花に分けられる．

子房上位花：子房が花弁や萼の上部に着生する果樹で，カンキツ類，ブドウ，カキ，パパイア，ポポー，アボカド等が含まれる．

子房中位花：子房が花弁や萼と同じ位置に着生する果樹をいい，モモ，ウメ，スモモ，アンズ，オウトウ，オリーブ，マンゴー，グミ，アーモンド，ナツメ等がある．

子房下位花：子房が花弁や萼よりも下部に着生する果樹で，リンゴ，ナシ，マルメロ，ビワ，カリン，グアバ，ザクロ，クリ，クルミ，ペカン，ハシバミ，ブルーベリー，グーズベリー，スグリ，バナナ，キイチゴ，バンレイシ，チェリモヤ，イチジク，クワ，パイナップル，パンノキ等が含まれる．

(3) 可食部位

果実の可食部位は子房またはその付属器官が発達したものである．子房とは，雌しべ中の雌性生殖細胞を分化する部分で，1～数枚の心皮が癒合した袋状器官であり，胚珠，胎座および子房壁からなる．子房壁はさらに外果皮，中果皮および内果皮の3層に分化する．可食部が花器および果実のどの組織であるかによって以下のように分類される（表2.2）．

（ⅰ）花器と可食部位

可食部が花器のどの組織に由来するかによって，子房壁由来の果実を真果，それ以外の組織に由来する果実を偽果と呼んでいる．

真果：子房壁が発達した部分を食用とする果実で，胚珠は受精後種子になる．

表 2.2 花および果実の構造と可食部との関係に基づいた果実の分類（中川，1978[3]）を一部改変）

分類	子房と花の位置関係	果実の構成	可食部	果樹の種類
真果	子房上・中位	単果	中果皮	モモ，ウメ，スモモ，アンズ，オウトウ，グミ，オリーブ，マンゴー
			内果皮	カンキツ類
			種衣（仮種皮）	ドリアン，マンゴスチン，ランブータン，リュウガン，レイシ
			中・内果皮および胎座	ブドウ，カキ，パパイア，ポポー，アボカド
偽果	子房下位	単果	花托	リンゴ，ナシ，マルメロ，ビワ，カリン，グアバ
			外種皮	ザクロ
			種子（子葉）	クリ，クルミ，ペカン，ハシバミ
			花托，果皮	ブルーベリー，グーズベリー，スグリ
			果皮，胎座	バナナ
		集合果	花托，小果	キイチゴ，バンレイシ，チェリモヤ
		複合果	花軸（果軸），花托，小果	イチジク，クワ，パイナップル，パンノキ

受精後は子房の外壁を構成する子房壁を果皮と呼び，この果皮がさらに外果皮，中果皮および内果皮に分化して果実の特徴的な組織を構成する．一般に，真果は子房上位または子房中位である．例えば，モモ，ウメ，スモモ，アンズ，オウトウ等の果皮は外果皮，果肉部分は中果皮，殻状のかたい部分は内果皮が発達したものである．また，カンキツ類のフラベド（果皮のオレンジ色の部分）は外果皮，アルベド（外果皮の下層の白い海綿状組織）は中果皮，果汁の蓄積される果肉部分は内果皮が発達したものである．

偽果：子房壁以外の部分，例えば花托，胎座，種衣，種子等が食用になる果実で，偽果は子房下位である．リンゴやナシ等は花托，クリやクルミは種子（子葉）を果実として利用している．

（ⅱ）果実の可食部位

果実の可食部位は果樹の種類によって異なるので，これに基づいて果樹を分類することがある．

中果皮・内果皮：カキ，ブドウ，モモ，スモモ等の可食部位は中果皮であるのに対し，カンキツ類の可食部位は内果皮である．

花托：リンゴ，ナシ，ビワ，バナナ，グーズベリー，スグリ等の可食部位は花床組織が発達したものである．

図 2.2 ドリアンの断面
種子のまわりのアリル（種衣）が可食部位である．

子葉：クリ，クルミ，ペカン，ハシバミ等の可食部位は種子の子葉である．

種衣：種衣（仮種皮）とはアリル（aril）のことで，珠柄または胎座の一部が肥大し，そのまま発育して種皮の外面を覆った膜状や肉質のものである．アリルを食べる果樹は，温帯果樹ではザクロやアケビ等数少ないのに対し，熱帯・亜熱帯果樹ではドリアン（図 2.2）をはじめとしてマンゴスチン，ランブータン，ジャックフルーツ，ランサー，サラッカヤシ，レイシ，リュウガン等極めて多い．

その他：イチジクやクワ等は花軸（果軸）が可食部位である．

（ⅲ）単果と集合果・複合果

モモ，カンキツ類，ブドウ，リンゴ，クリ等多くの果樹は，果実が 1 つの子房からできた単果であるのに対し，1 つの果実のようにみえても，それが小さな果実の集合体からなるものがある．例えば，キイチゴ，バンレイシ，チェリモヤ等は 1 個の花の複数の子房が集まってできた果実であり，これらは集合果と呼ばれる．また，イチジク，クワ，パイナップル，パンノキ等は複数の花に由来する子房の集合体であり，複合果と呼ばれる．これらの果実の可食部は，主としてそれぞれの小果の花托や花軸（果軸）であるため，偽果に分類される．

2.1.3 生態的分類

原生地や生育地，木の大きさや性状，落葉性の有無等から分類する方法である．これらの特性を総合した一般的な分類例を表 2.3 に示したが，必ずしも学問的に体系づけられたものではない．

原生地あるいは生育地の違いから，温帯，亜熱帯，熱帯果樹等に区分されるが，

表2.3 主要果樹の生態的分類（新居，1991[4]）を改変）

Ⅰ．温帯果樹（落葉性）
  高木性果樹
    仁果類：リンゴ，ナシ，マルメロ，カリン
    核果類：モモ，ウメ，スモモ，アンズ，オウトウ
    堅果類：クリ，クルミ，ペカン，アーモンド
    その他：ナツメ，ポポー
  低木性果樹
    スグリ類：スグリ，フサスグリ
    キイチゴ類：ラズベリー，ブラックベリー，デューベリー
    コケモモ類：ブルーベリー，クランベリー
    その他：ユスラウメ，グミ
  つる性果樹
    ブドウ，キウイフルーツ，アケビ，ムベ
Ⅱ．亜熱帯果樹
  落葉性：カキ，イチジク，ザクロ
  常緑性：カンキツ類，アボカド，オリーブ，ビワ，ヤマモモ，パッションフルーツ，レイシ，リュウガン，フェイジョア
Ⅲ．熱帯果樹（常緑性）
  バナナ，パパイア，マンゴー，パイナップル，マンゴスチン，グアバ，ドリアン，チェリモヤ，ランブータン，バンレイシ，ドラゴンフルーツ（ピタヤ），レンブ，ナツメヤシ，ココヤシ等

　原生地と生育地の分類区分は必ずしも一致しない．一般に，温帯果樹は落葉性であるが，亜熱帯・熱帯果樹は常緑性である．熱帯果樹には，温帯果樹にはみられない特徴的な花芽の着生（花芽が幹上に直接形成される幹生花）や開花様式（年中開花結実を繰り返す無季果）を示すものが多い．
　温帯果樹は木の高さや性状から高木性果樹，低木性果樹およびつる性果樹等に区分される．また，高木性果樹は果実を構成する諸器官の特徴から，仁果類，核果類，漿果類（液果類），堅果類（殻果類）等に分けられる．仁果類は，リンゴ，ナシ，マルメロ等花托の組織に由来する果肉が可食部分の果実の総称である．核果類は，植物分類学上でバラ科，サクラ属の果樹のうち，種子を食用とするアーモンドを除いたサクラ属果樹の園芸学上の総称で，モモ，ウメ，スモモ，オウトウ等が含まれる．堅果類は，殻果類とも呼ばれ，クリやクルミのように果皮（クルミでは内果皮）がかたく，中に肥大した種子を含む果樹をいう．ブドウ，イチゴ，スグリ，カンキツ，カキ等成熟すると果肉部（中果皮または内果皮）の細胞はほとんど液胞で占められ，多量の果汁を含有する果実を漿果類（液果類）と呼ぶこともある．

〔久保田尚浩〕

文　献

1) 飯塚宗夫: 分類. 果樹園芸大事典 (佐藤公一ほか編著), pp. 26–37, 養賢堂, 1986.
2) Coombe, B.G.: *Ann. Rev. Plamt Physiol.*, 207–228, 1976.
3) 中川昌一: 果樹園芸原論. 園芸学実験・実習 (大阪府立大学農学部園芸学教室編), pp.221–235, 養賢堂, 1978.
4) 新居直祐: 果樹の種類と品種. 新果樹園芸学 (杉浦　明ほか編), p. 36, 朝倉書店, 1991.

2.2　花および果実の特徴―開花習性・結果習性―

　果実は，花として発育するための組織（花芽原基）がつくられ，それが発達して開花した後に形成される．花芽原基は芽の中の頂端分裂組織あるいはその周辺部においてつくられ，そこから萼，花弁，雄しべ，雌しべと呼ばれる花器が発達し，やがて開花した後に結実する．果実を形成する植物のうち，草本性のものや一部の果樹では，茎を伸長させながらあるいは茎の伸長が停止した後に頂端分裂組織やその周辺部で花芽原基をつくる．果樹では，枝の脇芽や頂芽の中に花芽原

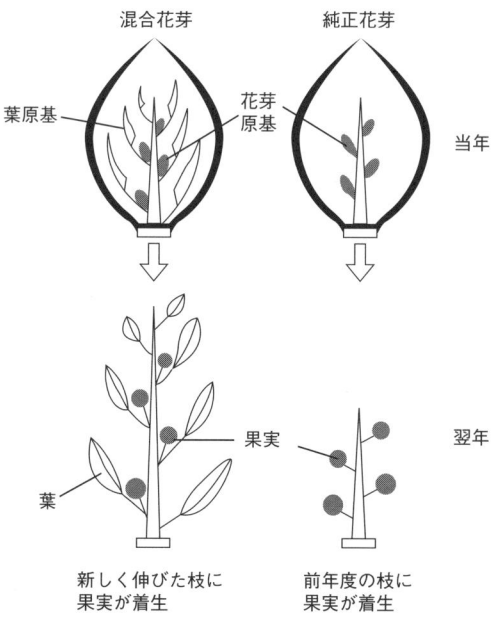

図 2.3　混合花芽と純正花芽の形態と果実のつき方

基がつくられ，そのような芽を花芽と呼んでいる．この花芽は構造的に純正花芽と混合花芽の2種類に分けられる（図2.3）．純正花芽は芽の中で花芽原基だけが形成されるもので，それが肥大成長して開花・結実する．このため，果実は花芽が形成された枝に着生するようになる．これに対して，混合花芽は，同じ芽の中で花芽原基が葉や茎の原基とともに形成されるものである．このような花芽を形成する果樹では，発芽後に新しく伸長する枝（新梢）上において開花がみられ，果実が着生する．

　花芽は新梢の ① 葉腋部，② 頂部と先端部付近の葉腋部，③ 頂部に形成されるが，果樹の種類によってその部位は決まっている．熱帯果樹の中には年数のたった太い枝や幹に直接花芽が形成される樹種もある．花芽が発達し，開花後に果実が着生した枝は結果枝，その結果枝が着生している枝は結果母枝と呼ばれる．

　このように果樹は種類によって花芽の構造や枝上での着生位置が異なるため，着果の様子もさまざまに異なっている．そのつき方をまとめると以下のとおりである．

(1) 伸長する新梢上で開花し，結実する．
　(i) 前年に伸びた枝の頂部や葉腋部において混合花芽を形成する果樹
　　・新梢の葉腋部に着果：リンゴ，ナシ，カンキツ，カキ（図2.4）
　　・新梢の節に着果：ブドウ（図2.5）
　(ii) 伸長する新梢の先端部付近の葉腋部において純正花芽を形成する果樹
　　・葉腋部に着果：グアバ，パパイア（図2.6），イチジク（図2.7）
　　・節に着果：チェリモヤ，バンレイシ
(2) 新梢の成長が停止し，その茎頂部で純正花芽を形成するため枝の先端部で

図 2.4 カキにおける着蕾状態

図 2.5 ブドウにおける花穂の着生状態

図 2.6　パパイアの着果状態 　　　図 2.7　イチジクの着果状態

図 2.8　マンゴーの花穂の着生状態 　図 2.9　マンゴスチンの着果状態

図 2.10　モモの花の着生状態

開花結実する.
　ビワ，マンゴー（図 2.8），レイシ，リュウガン，マンゴスチン（図 2.9），バナナ，パイナップル

図 2.11 スモモの着果状態

図 2.12 ブルーベリーの着果状態

図 2.13 ジャックフルーツの着果状態

図 2.14 ドリアンの着果状態

（3）新梢の葉腋部に純正花芽を形成するため，前年に伸長した枝上で開花結実する．

　モモ（図 2.10），スモモ（図 2.11），ブルーベリー（図 2.12）

（4）太い枝や幹に開花結実する．

　（i）新梢の伸長をともなう：ジャックフルーツ（図 2.13）

　（ii）花だけが形成される：ドリアン（図 2.14）

（5）太い枝や幹，新梢のいずれにおいても開花結実する．

　スターフルーツ，マレイフトモモ，トゲバンレイシ　　　　〔宇都宮直樹〕

3. 品種改良と繁殖

3.1 果樹の品種改良

3.1.1 果樹の品種改良の特徴

今日，品種として栽培され消費されている果物も，その由来をたどればすべて世界各地に原生する野生の植物である．それら野生の果実を採集して食用としていた太古の時代から，やがて栽培が始まり，より大きく味のよいもの，収量の多いものを選抜してきた．「品種」とは植物の種（species）において生じた，栽培して利用する価値のある変種（栽培変種，cultivated variety）をいい，自然に生じた変異からの選抜に加えて，さまざまな人為的な操作を行うことによって，より優れた品種への改良が行われてきた．

果物の多くは木本性の永年性植物であり，その品種改良には草本性植物とは異なる以下のような特徴がある．

① 「モモ，クリ3年，カキ8年」の例えのように，種子から得た植物（実生）が開花・結実するまでには長年月がかかる．このため，目的とする果実形質の評価にたどり着くまでの期間，個体の維持に多大な労力を投入する必要がある．

② 果実の形質は環境や樹齢によって変動が大きいため，適正な評価に年月を要する．

③ 雑種性が強く，有用形質に関する遺伝情報が得られにくいため，効率のよい計画的な交配が進めにくい．

④ 主要な種や品種に，自家不和合性や他家不和合性，花粉不稔性などの性質をもつものが多く，優良品種間での交配ができない場合も多い．

⑤ 交配や突然変異の選抜によって有用形質をもつ品種が一度得られると，接ぎ木や挿し木など栄養繁殖によって苗木を増殖することができる．このため種子繁殖性作物のような遺伝形質の固定の必要がない．

3.1.2 果樹の品種改良の方法

(1) 交雑育種

有用な形質をもつ品種同士を交配して得た交雑実生の中から目的とする優良な個体を選抜し品種を育成する方法である．計画的な品種改良では最も広く行われ，多くの品種が育成されている（表3.1）．一般には同一の種の品種間で配が行われるが，果樹の中には，カキの'富有'のように雌花しかつけないもの，モモの'白桃'のように花粉に稔性がないものや，キウイフルーツの'ヘイワード'等の雌品種のように，花粉親として用いることのできない品種もある．さらにニホンナシや甘果オウトウ，スモモ等では，他品種間であっても交雑ができない他家不和合の組み合わせがある．なお，果樹の品種には公的機関を中心に行われているような計画的な交雑によるものではなく，自然交雑など偶発実生から選抜されたものも多

表 3.1 交雑育種により育成された品種

種類	品種	交雑親の組み合わせ
リンゴ	'ふじ' '陸奥' 'ジョナゴールド'	'国光' × 'デリシャス' 'ゴールデン・デリシャス' × '印度' 'ゴールデン・デリシャス' × '紅玉'
ナシ	'幸水' '豊水'	'菊水' × '早生幸蔵' 'り-14' × '八雲'
モモ	'あかつき' '白鳳' '川中島白桃'	'白桃' × '白鳳' '白桃' × '橘早生' '上海水蜜桃' × '白鳳'
甘果オウトウ	'佐藤錦' '紅秀峰' '紅さやか'	'ナポレオン' × '黄玉' '佐藤錦' × '天香錦' '佐藤錦' × 'セネカ'
クリ	'筑波'	'岸根（がんね）' × '芳養玉（はやだま）'
ブドウ	'甲斐路' '巨峰' 'ピオーネ'	'フレーム・トーケー' × 'ネオマスカット' '石原早生' × 'センテニアル' '巨峰' × 'マスカット・オブ・アレキサンドリア'の四倍体
カキ	'太秋' '伊豆'	'富有' × 'IIiG-16' '富有' × '興津1号'
カンキツ	'清見' '不知火' 'はるみ'	'宮川早生' × 'トロビタオレンジ' '清見' × '中野3号ポンカン' '清見' × 'ポンカン F-2432'

表 3.2 種間の交雑により育成された品種

種類	品種	交雑親の品種（種・属）
カンキツ	'清見' 'スイート・スプリング'	'宮川早生'（ウンシュウ）×トロビタオレンジ（オレンジ） '上田温州'（ウンシュウ）×（ハッサク）
ブドウ	'テレキ5BB（台木）' '3309（台木）'	（ベルランディエリ）×（リパリア） （リパリア）×（ルペストリス）

表 3.3 突然変異により得られた品種

種類	品種	もとの品種	種別	特徴
ウンシュウミカン	'宮本','山川','上野'	'宮川'	自然	極早生
リンゴ	'スターキング・デリシャス'	'デリシャス'	自然	着色優良
ブドウ	'高墨' 'ルビーオクヤマ' 'カノンホール・マスカット'	'巨峰' 'イタリア' マスカット・オブ・アレキサンドリア	自然 自然 自然	着色優良 着色 染色体数倍加
ナシ	'おさ二十世紀' 'ゴールド二十世紀' 'おさゴールド'	'二十世紀' '二十世紀' 'おさ二十世紀'	自然 人為 人為	自家結実性 黒斑病抵抗性 自家結実性・黒斑病抵抗性

い．交雑育種では，より類縁関係の遠い種間や属間の組み合わせで雑種がつくられる場合もある．同一種内の形質の変異では得られにくい有用形質を導入する場合に有効であり，カンキツ類，ブドウ，核果類等で品種がつくられている（表3.2）．

(2) 突然変異育種

突然変異を利用した品種改良には，自然に発生した突然変異を利用するものと，人為的に突然変異を誘起させて選抜するものがある．自然突然変異は，枝あるいは個体単位で，形質に変異を生じる（枝変わり）．突然変異の内容や程度はさまざまで，必ずしも有益なものばかりとはかぎらないが，果実の形質（色，形，熟期，食味），着果特性（自家結実性），樹形（矮性）等有用な変異が見いだされた場合には，品種として選抜の対象となる．カンキツ類，リンゴ，モモ，ブドウ，ニホンナシ等で多くの自然突然変異をもとにした品種が選抜されている．人為突然変異は，X線やγ線等の放射線や化学物質を用いて，変異を誘発させる方法である．ニホンナシでは，γ線照射によって，黒斑病に弱い'二十世紀'から抵抗性品種'ゴールド二十世紀'が選抜され，同様の方法で，'おさ二十世紀'や'新水'からも抵抗

性品種が育成されている（表3.3）．

(3) 倍数性育種

　果樹の栽培品種の染色体の倍数性をみると，多くは二倍体であるが，一部には三倍体や四倍体，六倍体などを含むものがある．これらの倍数体変異は自然発生によるものであるが，倍数性の変化は，樹勢，果実の大きさ，無核性等の形質に影響を及ぼす．倍数性育種は自然あるいは人為的に誘導した倍数性の変異を利用して品種改良を行うものである．ブドウの'巨峰'や'ピオーネ'等の大粒の品種は，四倍体であるが，これらは二倍体品種から自然に生じた四倍体突然変異（枝変わり）同士を交配して得られたものである．このような染色体の倍加は，成長点にコルヒチンを処理して人為的につくり出すことができる．さらに四倍体を二倍体と交雑して三倍体を得ることも可能である．三倍体は胚が発育途中で退化するため種子ができにくく，ブドウやカンキツ，ビワ等の無核品種の育成に応用されている．

(4) キメラの利用

　キメラとは同一個体に遺伝的に異なる組織が混在しているものをいい，例えばグレープフルーツの'マーシュ・シードレス'（Marsh seedless）から突然変異でできた'トムソン・ピンク'（Thompson Pink）は，組織の起源となる茎頂の成長点の第1～3層のうち，第1層に変異が生じ，果肉にリコピンを生成してピンク色を示すが，2, 3層はもとの状態のため果皮の性状には変化はない．このように起源層が異なる遺伝的組織で成り立っている場合を周縁キメラという．'小林ミカン'は第1層がウンシュウミカン，第2層がナツダイダイの接ぎ木部から生じた周縁キメラである．そうか病に抵抗性のある'川野ナツダイダイ'と果実品質の優れる'福原オレンジ'の人為的キメラが作出されている．

(5) 細胞工学的育種

　組織培養に始まり，細胞融合から遺伝子組換えへと進展してきたバイオテクノロジーは，果樹の品種改良においても広く活用されている．

　胚培養：組織培養は広く果樹の繁殖の目的で適用されるが，交雑育種の補助手段として品種改良にも用いられる．早生品種の交雑や遠縁交雑においては，交雑胚が退化しやすいため成熟した種子が得にくい．胚培養は，早期に交雑胚を摘出して人工培地で培養し，交雑個体を得るために行われる．胚培養によってモモの早生品種やリンゴ・ナシの属間雑種が育成されている（図3.1）．

　プロトプラスト融合：植物細胞を細胞壁分解酵素で処理すると，細胞膜で包まれたプロトプラストができる．プロトプラストは電気的な刺激やポリエチレング

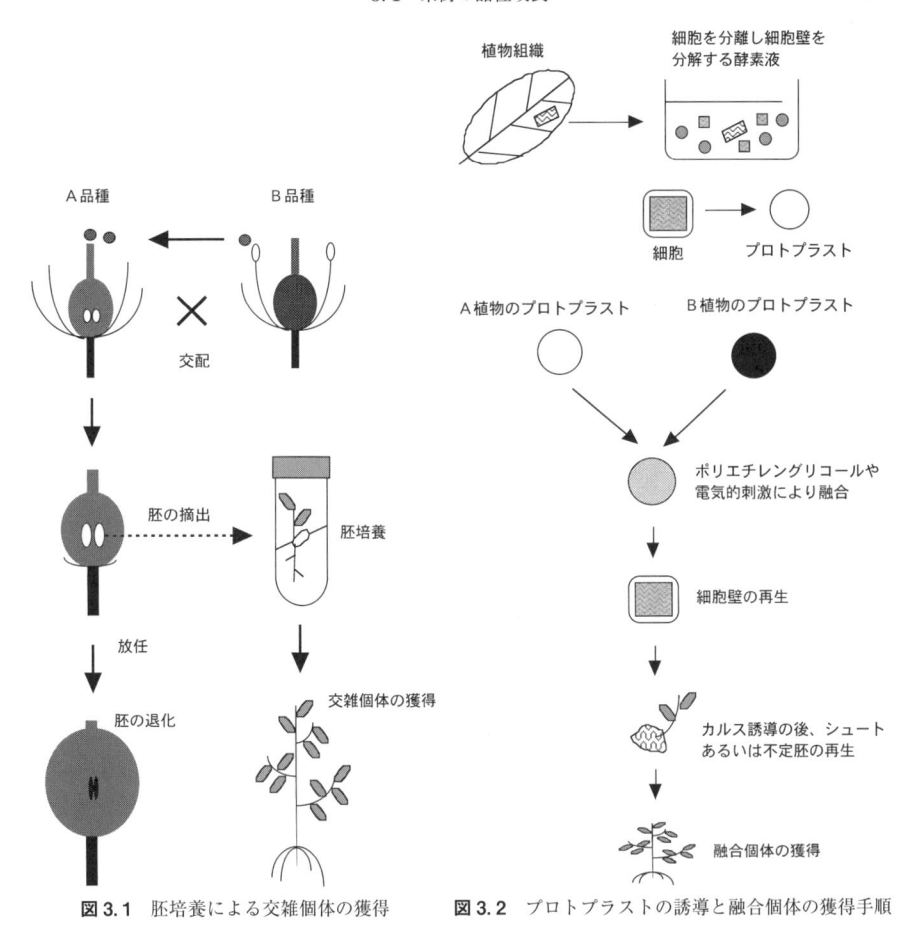

図3.1 胚培養による交雑個体の獲得　　**図3.2** プロトプラストの誘導と融合個体の獲得手順

リコール処理等により融合する性質をもつ．このため異種の植物から得たプロトプラストを融合することで遠縁の種類の間でも体細胞雑種を作出することができる．果樹ではカンキツ類で多く成功し，トロビタオレンジとカラタチの珠心カルスから誘導したプロトプラストを融合して，植物体を再生し，'オレタチ'が得られた．また，ウンシュウミカンとネーブルオレンジの間で，'シューブル'が作出された．また，カキでは品種間で体細胞雑種が得られている（図3.2）．

遺伝子組換え：交雑育種やプロトプラスト融合も，遺伝子を組み換えて目的とする形質をもつ個体を得るという点では，近年発達した細胞工学的手法による遺伝子組換えと基本的には同じである．しかし，交雑やプロトプラスト融合では，

目的とする遺伝子以外の遺伝情報が混じり合い，逆に不要な形質をもつ個体を生じることが多い．これに対して，遺伝子組換えは，対象とする品種の特性を大きく変えずに目的とする形質のみを取り入れることができるため，効率的な品種改良の方法として期待されている．また，この方法によれば，遠縁の植物はもとより動物の遺伝子も導入が可能である．

遺伝子導入には，① 電気的な刺激で DNA をプロトプラストに取り込ませるエレクトロポーレーション法，② DNA をコーティングした金等の微細粒子を植物細胞に打ち込むパーティクルガン法，③ アグロバクテリウム細菌のプラスミド（環状 DNA）をベクター（遺伝子の運び屋）として用い，その一部を目的遺伝

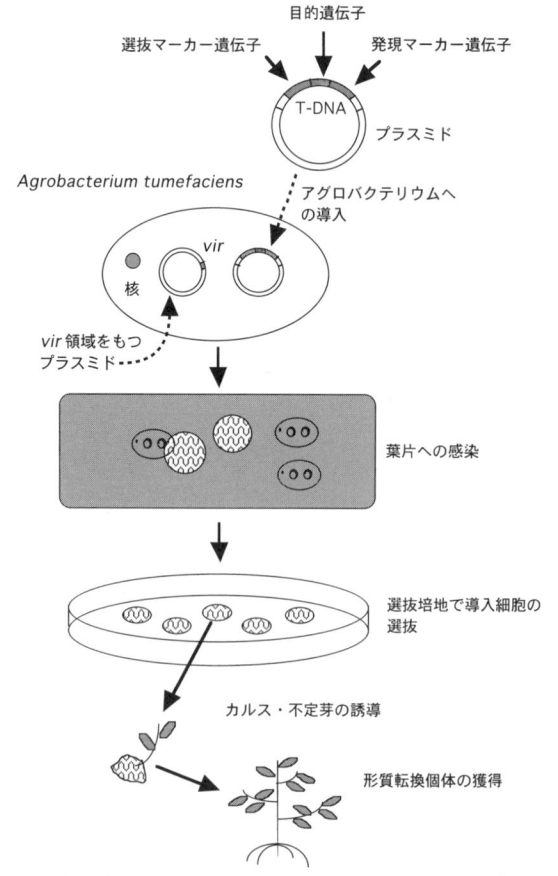

図 3.3 遺伝子導入の手順と形質転換個体の獲得（バイナリーベクター法）

子に置き換えて植物組織に感染させ、細胞内に取り込ませる等の方法がある。現在一般的に用いられている遺伝子導入の方法は、バイナリーベクター法と呼ばれるもので、感染に必要な *vir* 遺伝子と T-DNA 領域に目的遺伝子が組み込まれた 2 つのベクターをもつアグロバクテリウムを、遺伝子を導入しようとする植物の葉片に感染させた後、選択培地で培養して、形質転換体を得るものである（図 3.3）。

アグロバクテリウム法による遺伝子組換えによって、害虫にとって毒素となるタンパク質成分をつくる遺伝子を組み込んだカキや、イネのキチキナーゼ遺伝子を導入した白紋羽病耐性のナシ台木、*rol* C 遺伝子を導入した矮性カラタチなどが作出されている。

遺伝子組換えは品種改良の効率を高める画期的な方法であるが、その実用化には、組換え作物の形質の安定性はもとより、他の生物相への影響や食品としての安全性等について厳密な評価がなされる必要がある。

3.1.2 果樹の種苗登録

他の植物品種と同様に、果樹についても育成者の権利保護のため「植物新品種保護に関する国際条約」（UPOV 条約）が締結されている。わが国も 1978 年に「植物品種保護制度（種苗法）」を制定し、1982 年に国際条約を批准した。1991 年の世界条約の改正にともない、わが国の種苗法も改正され、申請の出された品種について、「区別性」「均一性」「安定性」「未譲渡性」「名称の適正性」等が厳密に審査され、登録が認可された場合、果樹などの永年性植物では 30 年間にわたって権利が保護される。

3.2　果樹の繁殖

3.2.1　果樹の繁殖の特徴

果樹の繁殖方法は、種子繁殖と栄養繁殖（接ぎ木、挿し木、取り木）に大別される。果樹の苗木の繁殖では、もとの品種と同じ遺伝的形質を維持する必要があるため、すべて栄養繁殖によって行われる。一般に種子繁殖した場合、もとの品種とまったく同じ遺伝的形質の苗を得ることは困難である。このため種子繁殖は主として接ぎ木に使用する台木の繁殖に用いられる。ただし、カンキツ類の中には、多胚性で珠心胚を形成するものがあり、種子繁殖であっても母方の遺伝形質

のみを受け継いだ実生を得ることができる.

3.2.2 果樹の繁殖の方法
(1) 接ぎ木

接ぎ木と親和性：繁殖しようとする品種の芽や枝の一部を，別の樹に接ぐ繁殖方法である．芽や枝の接ぐ側を穂木といい，接がれる側を台木という．接ぎ木の難易は植物の種類によって若干異なるが，一般に穂木と同じ種類の台木（共台）で最も接ぎ木親和性がよいため接ぎやすく，種から属へと類縁性が遠くなるほど困難となる．ただし果樹の種類によっては，異なる種や属の間でも接ぎ木親和性のよい組み合わせもあり，実用的な台木として広く用いられているものもある．逆に，同じ種類の間での接ぎ木であっても，組み合わせによっては，生育不良や枯死に至るような接ぎ木不親和の症状を示すものもある．

接ぎ木の意義：果樹苗の繁殖で，接ぎ木が主として用いられる理由は，① 台木の有用な性質を利用できる，② 他の方法で繁殖の困難な種類にも適用できるためである．①については，樹の成長を調節し，小型化（矮化）して結果年齢を早めること，耐水性，耐乾性，耐寒性等環境ストレスへの耐性を高めること，土壌中の病気や害虫への抵抗性を得ること等があげられる（表3.4）．②については，カキのように，挿し木では発根しにくいものでも繁殖が可能である．接ぎ木は苗

表3.4　主な果樹の台木

種類	台木の種類	台木の特性
リンゴ	マルバカイドウ	
	M系台木（M.9，M.26）	矮性
ニホンナシ	マンシュウマメナシ	耐寒性，耐ゆず肌病
	マメナシ	耐湿性
モモ	共台（野生モモ実生）	線虫抵抗性
	ユスラウメ・ニワウメ	矮性，接ぎ木不親和あり
ニホンスモモ	野生モモ実生	
ウメ	共台（ウメ実生）	
オウトウ	アオバザクラ（マザクラ）	挿し木繁殖容易
	コルト（オウトウ・中国オウトウ雑種）	早期着果
ブドウ	3309，テレキ5BB，101-14	フィロキセラ抵抗性
カキ	共台（渋ガキ実生）	
	マメガキ	耐寒性
キウイフルーツ	共台（実生）	
カンキツ	カラタチ	矮性
ビワ	共台（実生）	

木の繁殖のほか，品種更新のためにも用いられる．既存の品種の樹に別の品種の穂木を接ぐ方法で，1樹に多数の穂木を接ぐことで短期間に新しい品種に切り替え，樹の生産力を確保することができる．

台木の準備：接ぎ木に用いる台木は，実生や挿し木で繁殖される．これまで，その簡便性から実生繁殖が広く行われてきた．落葉果樹の種子は，採取直後は休眠状態にあり，正常な発芽には，適度な湿度条件のもとで一定時間の低温（5℃前後）に当たらなければならない．普通，成熟した果実から種子を取り出して十分に洗い，できれば殺菌剤で処理してから，湿らせたバーミキュライトや砂（体積比で10%程度の水分を含む）と混ぜて，冷蔵庫に保存する．実生台木は，遺伝的な性質が個体ごとに異なるため，苗の成長が多少ばらつくことがあるが，カラタチのように珠心胚実生が得られるものでは，均一な苗が得られる．

挿し木発根が容易なブドウでは，フィロキセラ抵抗性と合わせて各種の特性をもった台木が品種改良され，挿し木繁殖で台木が養成される．これらは，栄養繁殖による系統台木（クローン台木）であり，遺伝的に均一な台木となる．近年，矮性台木の普及にともなって，リンゴやオウトウ，ナシでも栄養繁殖系の系統台木（クローン台木）が用いられるようになった．

接ぎ木の方法：穂木の形態によって，枝接ぎと芽接ぎに分けられる．枝接ぎには，接ぎ方によって，切り接ぎ，腹接ぎ，割接ぎ等がある．枝接ぎは，通常春季に行われる．芽接ぎは，接ぎ方により，T字芽接ぎ（楯芽接ぎ）やそぎ芽接ぎ等がある．芽接ぎは樹皮の剝離しやすい8月下旬～9月中旬に行われる．いずれの方法でも，穂木と台木の形成層をできるだけ広い範囲で，密着させることが重要である．形成層の接着面で細胞分裂が起こり，カルスが形成され，その後養水分が移動するための通導組織がつくられ接ぎ木個体ができあがる（図3.4）．

(2) 挿し木

挿し木は，枝や根等の栄養器官を母樹から切り取り，用土で不定根や不定芽を発生させ，苗木をつくる方法である．用いる部分によって，枝挿し，葉挿し，根挿し等がある．果樹の挿し木では，枝挿しが最も広く行われ，挿し穂の採取時期によって，休眠枝挿しと緑枝挿しに分けられる．

休眠枝挿しは，冬季に落葉した樹から枝を採取しておき，20 cm前後の長さに切り，用土に挿す．イチジク，ブドウ（台木），マルバカイドウ（台木）等の挿し木発根の容易な種類に適用される．温床を用いると発根を促すことができる．常緑のオリーブでは，冬季にプラスチックハウス内で密閉挿しが行われている．

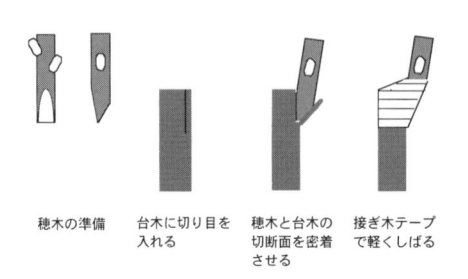

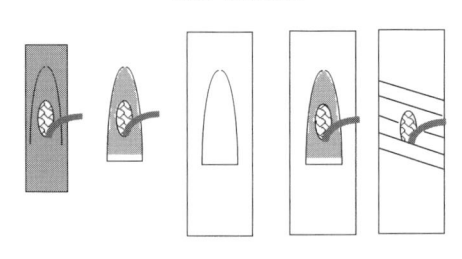

図 3.4 枝接ぎ（切り接ぎ）と芽接ぎ（そぎ芽接ぎ）の方法

　緑枝挿しは，新梢が十分に伸長した6～7月にかけて行われる．普通，新梢を10～15 cmの長さに切り分け，それぞれ上位の2～3枚の葉を残す．大型の葉は，半分を残して切除する．枝の切り口にインドール酪酸（IBA）などの発根剤を処理すると，発根率や発根量が増加する．緑枝挿しは，葉からの水分の蒸散量が多く，しおれやすいため，ミスト装置（細霧散水装置）の下に置くことが望ましい．強日射下では30%程度の遮光も効果的である．良好な発根には粗粒のバーミキュライトや鹿沼土など保湿性と通気性のある用土が望ましい．挿し穂が十分に発根したら，ミスト下から移し，日陰で徐々に順化した後，植えかえる．緑枝挿しは，ブルーベリー等ベリー類をはじめ多くの種類の果樹に適用できる（図3.5）．

　(3) 取り木

　取り木は，母樹についたままの枝を発根させた後，切り離して苗を得る方法である．母樹の枝を横たえて土をかぶせ，出てきた新梢から発根させる横伏せ（圧条）法や母樹の基部から出た枝を土で覆って発根させる盛り土法がある．母樹の枝の基部を環状剥皮して，ミズゴケやピートモスで包み，発根させる高取り法もある．

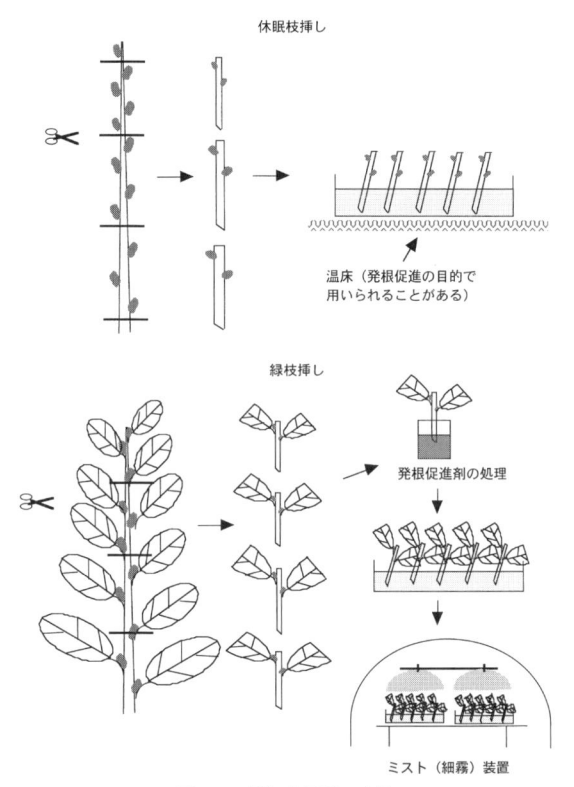

図3.5 挿し木繁殖の方法

他の方法に比べ，繁殖効率は劣るが，リンゴ矮性台木など挿し木発根の困難な種類や，キイチゴ等匍匐性の果樹に適用される（図3.6）．

(4) 組織培養

新梢先端の茎頂等を養分を含む培地で，無菌的に培養して葉条（シュート）を増殖し，これを発根させて，クローン苗を得る方法である（組織培養の方法）．一度培養条件に定着させれば，季節を問わず繁殖が可能である．また，通常挿し木発根しにくい種類でも，培養条件におくことで，不定根の形成が容易となることが知られている．

3.2.3 ウイルスフリー（ウイルス無毒）苗の生産

果樹においても，さまざまなウイルス病の感染が知られており，接ぎ木や挿し木に用いる母樹がウイルスを保毒していると，栄養繁殖した苗はすべて感染した

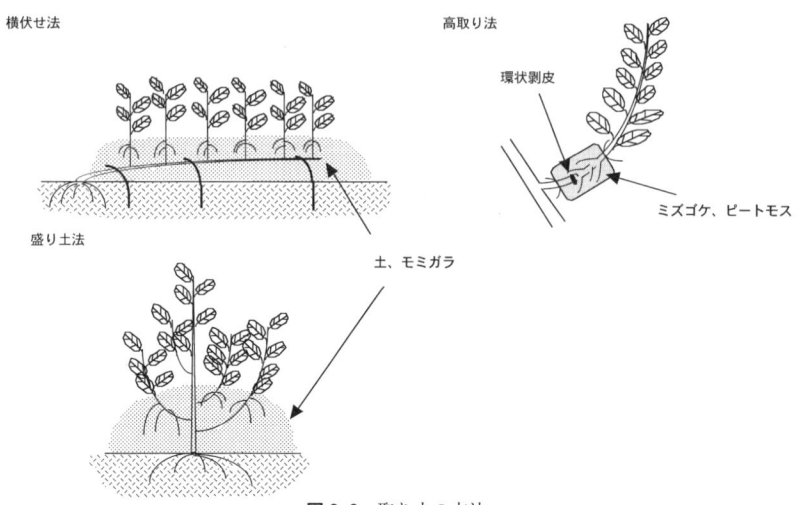

図 3.6 取り木の方法

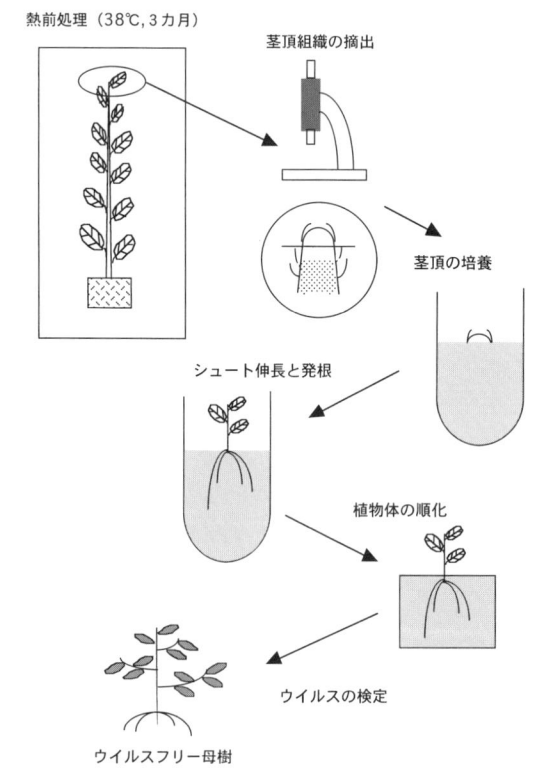

図 3.7 茎頂培養によるウイルスフリー化の方法

ものとなり，収量や果実品質の低下を招き，本来の特性を発揮できない．このため，ウイルスに感染していない健全苗の生産が，生産者団体や民間業者により行われている．ウイルスの感染は，植物の成長にともなって先端部へ進行していくが，茎頂の成長点付近の 0.2〜0.5 mm の組織はウイルスに未感染の可能性が高く，この部分を切り取って培養することで，ウイルスフリーの苗を得ることができる．茎頂を採取する母樹をあらかじめ 38℃ の高温で 3 カ月程度生育させておくと，ウイルスの感染速度が低下し，より確実にウイルスフリーの茎頂組織を得ることができる．通常，果樹では，茎頂培養で得た苗を，ウイルス検定して無毒を確認し，これを母樹（原原母樹）として厳重に保存し，そこから栄養繁殖した母樹を用いて，接ぎ穂や挿し穂を採り，通常の栄養繁殖を行っている（図 3.7）．

〔片岡郁雄〕

4. 美味しさと栄養成分・機能性成分

　果物店やスーパーマーケットの店頭には季節に応じて多様な果実が並び私たちの食生活を豊かなものにしている．濃厚な甘さと多汁質に加え，やわらかな食感のモモ，パリッとした歯触りにもかかわらず多汁質のニホンナシやリンゴ，さわやかな酸味とこくのあるウンシュウミカン等は最も美味しい「たべもの」である．果実の魅力は，その種類に応じた独特かつ多様な「美味しさ」にあり，食味は，甘味や酸味等の直接的な呈味成分だけでなく，芳醇な香りや食べたときの食感・肉質によっても大きく影響される．果実は，美味しさに加えてビタミンやミネラル等豊かな栄養成分を含んでいる．古来から果実には薬効があることが知られ（表4.4参照），薬としても用いられていた．現代でも体調の優れない人への主要な見舞い品として用いられている．これも果実がもつ美味しさによる「癒し」効果と栄養面の効果，薬理作用を反映していると思われる．

　近年では健康志向の高まりから，果実の発がん抑制などの機能性に対する関心が高まっている．実際，アメリカ国立アカデミーは，食生活の改善ががん予防のために重要であり，果実摂取に効果があることを認め「食生活14カ条プラス1」の第1カ条に「野菜や果物を豊富な食事をする」こと，第4カ条に「1日400～800gまたは5皿以上の野菜類や果実類を食べる」ことを推奨している．また日本の農林水産省などが後援して，国民のがん予防と健康増進を図るために「毎日果物を200g（廃棄部分を含める）摂取し，果物を食生活に定着させる」ことを目的に「毎日くだもの200g運動」が展開されている．

4.1　美味しさと熟度・食べ頃

4.1.1　果実のライフサイクルと食べ頃

　一般に果実は，そのライフサイクルにおいて未熟期には酸味や渋みが強く生食には不適であるが，成熟期に入ると酸味と渋みの低下，甘味の増加，果肉の軟化と芳香成分の生成等の一連の成熟現象が起こり適食状態となる．クライマクテリック型果実（次頁参照）は，一定の発育段階に達していれば未熟な段階で収穫しても，

適切な環境に保持すると，樹上と同様の成熟現象が起こり，適食状態に至る．収穫後に起こる成熟現象を「追熟」と呼んでいる．追熟とは，収穫された果実が組織・細胞レベルでは「生きて」おり，樹上と同様な代謝を行っているために起こる現象である．果実は，過熟・老化期に入ると果肉の軟化と酸味の低下が過度に進行し，いわゆる「ボケた」味となり，ついには腐敗して死に至る．したがって，果実本来の「美味しさ」を最大限に引き出すためには，成熟生理を理解し「食べ頃」を知ることが重要である．

4.1.2 成熟・追熟とエチレン

果実は，植物ホルモンであるエチレンを生成し成熟するクライマクテリック型

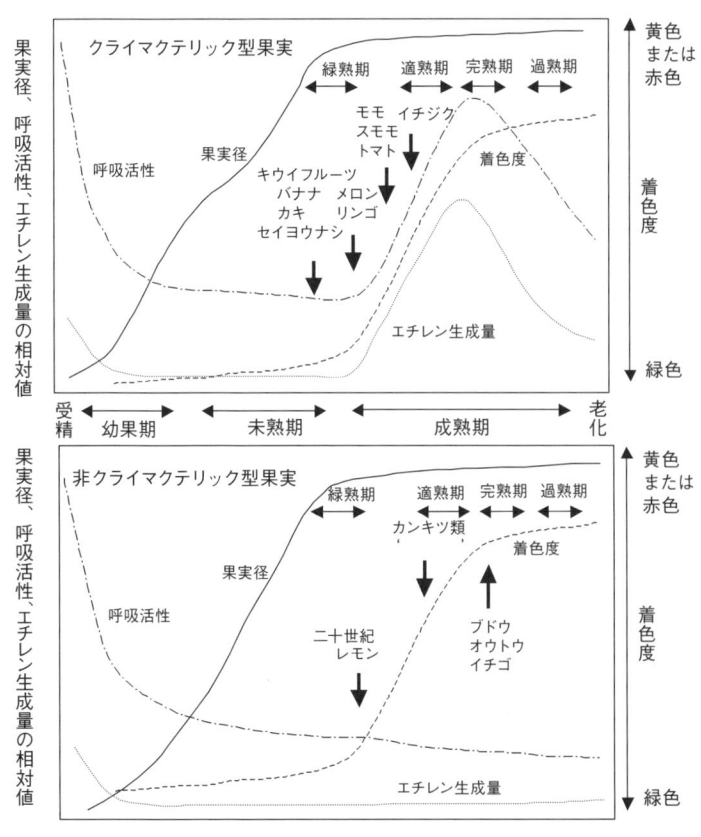

図 4.1 果実の発育，成熟指標と収穫時期の模式図

表 4.1 果実の追熟性，呼吸型およびエチレン生成量（茶珍，1987[1]）に加筆修正）

追熟性	呼吸型	エチレン生成量 (nL/g/hr)	果実の種類
追熟型	クライマクテリック型	100 以上	アンズ，キウイフルーツ，ウメ，チュウゴクナシ，パッションフルーツ，サポジラ，チェリモヤ
		10～100	リンゴ，スモモ，モモ，ネクタリン，セイヨウナシ，アボカド，パパイア，フェイジョア
		1.0～10	バナナ，マンゴー，イチジク，カキ，メロン，トマト，一部のニホンナシ（'幸水'，'菊水'等）
非追熟型	非クライマクテリック型	0.1～1.0	一部のニホンナシ（'二十世紀'，'豊水'，'新高'等），オリーブ，パイナップル，ブルーベリー，スイカ
		0.1 以下	ブドウ，オウトウ，カンキツ類，イチゴ

果実とその成熟にエチレンが関与しない非クライマクテリック型果実に大別される．クライマクテリック型果実には，リンゴ，キウイフルーツ，モモ，セイヨウナシ，トマト等が，非クライマクテリック型果実にはカンキツ類，ブドウ，オウトウ，イチゴ等が属する（表 4.1，図 4.1 参照）．前者の果実群は収穫後にも顕著な追熟現象を示すが，後者の果実群は非追熟型とされ，緩慢な減酸，着色の進行等，ごく弱い追熟現象を示すだけである．

クライマクテリック型果実の成熟は，果実が自ら生成するエチレンとそれによる呼吸活性の増加とともに進行する（図 4.1 参照）．キウイフルーツやバナナ，セイヨウナシ等は成熟エチレン生成が始まる前の未熟な段階で収穫される．これらの果実は，貯蔵，追熟（成熟），輸送過程を経て，適熟期および完熟期に店頭に並ぶ．追熟の促進，斉一化が必要な場合には，人工的なエチレン処理が行われる．一方，メロンやリンゴは，樹上でのエチレン生成開始期直後に収穫される．モモ，スモモ，トマト等は樹上で一定の成熟現象が進行した後，適熟初期に収穫されすぐに市場に出荷されている．リンゴを除き，ほとんどのクライマクテリック型果実はエチレン生成が始まると，成熟現象が急速に進行するので，適食期間が短い．したがって，これらの果実では温度管理やガス環境調節などによる成熟の制御技術が重要である．近年，強力な成熟抑制作用のあるエチレン作用阻害剤 1-メチルシクロプロペン（1-methylcyclopropene: 1-MCP）が実用化の方向

にあり，カキやリンゴの流通・貯蔵中の品質保持，「食べ頃」期間の延長への利用が期待されている．

非クライマクテリック型果実は，成熟期に自らはエチレンを生成せず，呼吸活性の増加も起こさない（図4.1参照）ので，一般に成熟現象の進行が緩慢で「食べ頃」期間も比較的長い．非クライマクテリック型果実に属するイチゴで適食期間が比較的短いのは，表皮が薄く微生物に対する抵抗性が小さいためである．カンキツ類やニホンナシ（'二十世紀'）は着色が完了する前の適熟初期に，ブドウやオウトウは樹上で十分に着色した完熟期直前に収穫される．非クライマクテリック型果実は，成熟に際して自らはエチレンを生成しないだけで，外からのエチレンには反応して老化が促進される．レモンなどの一部のカンキツ類では，エチレン処理による催色処理が行われる場合がある．これはエチレンによるクロロフィル分解の促進現象を利用したものであるが，着色は進行しても食味はほとんど変わらない．スイカやブドウ等では，外生エチレンによる老化の促進現象が顕著であり，クライマクテリック型果実等と一緒に保持するとそれらが生成するエチレンによって，過熟化や脱粒が引き起こされる．

4.2　食味関連成分

4.2.1　甘味成分

果実に含まれる主要な甘味成分はブドウ糖，果糖，ショ糖およびソルビトールである．これらの糖は，その種類によって甘味の程度が異なり，同量であれば，ショ糖の甘味を1とすればブドウ糖は0.7，果糖は1.3，ソルビトールは0.6程度の甘味を呈する．ただし，温度や酸などの混合成分によって実際の甘味の程度は影響を受ける．表4.2の各果実の糖組成をみると，カンキツ，モモ，バナナのようにショ糖が主要な糖である果実と，ブドウ，キウイフルーツ，オウトウ等のようにブドウ糖と果糖が主要である果実に大別できる．また，ナシ，リンゴを除くと多くの果実において，ブドウ糖と果糖の割合はほぼ等量である．これは多くの果実において，葉から転流されるショ糖が果実に入るとインベルターゼの作用によってブドウ糖と果糖に分解されるためと考えられる．ナシ類やリンゴでは少量のソルビトールが含まれているが，これはバラ科植物においては，光合成産物の転流がソルビトールの形でなされることを反映している．果実に含まれる糖以外の甘味成分としては，グリシンやアラニン等のアミノ酸があげられる．これらの成分

表 4.2 主要な果実の糖および有機酸の含量 (g/100 g 果肉) と組成 (間苧谷・田中, 2003[2])

種類	全糖	ショ糖	ブドウ糖	果糖	酸含量	主要な有機酸
リンゴ	10~13	2~3	2~4	5~6	0.2~0.7	リンゴ酸 (70~90%), クエン酸
ニホンナシ	7~12	2~5	1~2	3~5	~0.2~	リンゴ酸 (90%), クエン酸
セイヨウナシ	10~12	~1~	1~2	~7~	0.2~0.4	リンゴ酸, クエン酸
モモ	8~9	5~7	1~3	1~3	0.2~0.6	リンゴ酸, クエン酸
アンズ	7~8	~5~	~2~	少量	~2~	リンゴ酸 (25~90%), クエン酸
ウメ	~0.5~	~0.5~	~0.5~	~0.1~	4~5	クエン酸 (40~80%以上), リンゴ酸
オウトウ	7~10	~0.5~	4~5	2~5	~0.4~	リンゴ酸 (75%大部分), クエン酸
スモモ	~7~	~2~	~2~	~2~	1~2	リンゴ酸 (大部分), クエン酸
ビワ	10~12	~1~	2~3	~5~	0.2~0.6	リンゴ酸 (50%), クエン酸
カキ	~14~	~7~	~4~	~2~	~0.05~	リンゴ酸, クエン酸
キウイフルーツ	7~10	~0.5~	~4~	~4~	1~2	キナ酸, クエン酸
バナナ	~23~	15~17	3~5	2~3	0.1~0.4	リンゴ酸 (50%), クエン酸
ブドウ	12~20	~0.5~	5~10	6~10	~0.6~	酒石酸 (40~60%), リンゴ酸
パイナップル	10~18	6~12	1~3	1~2	0.6~1.0	クエン酸 (85%), リンゴ酸
ウンシュウミカン	8~12	5~6	1~2	1~2	0.8~1.2	クエン酸 (90%), リンゴ酸
ナツミカン	~7~	~4~	1~2	1~2	1.5~2.0	クエン酸 (60%以上), リンゴ酸
バレンシアオレンジ	8~10	4~5	2~3	2~3	0.7~1.2	クエン酸 (90%)
レモン	1~3	1~2	~0.5~	~0.5~	6~7	クエン酸 (大部分), リンゴ酸
グレープフルーツ	6~8	3~5	~2~	~2~	~1~	クエン酸 (90%), リンゴ酸
イチゴ	7~8	~1~	~2.5~	~2.5~	~1~	クエン酸 (70%以上), リンゴ酸

は直接明らかな甘味を呈するほどの量は含まれていないが，果実の種類に応じた独特な風味に関係し，他の成分と相互作用することで「こく」を増していると考えられる．多くの生食用果実は8％以上の糖含量を有しており，同一種であれば，一般に，糖含量が高いほど，食味もよい場合が多い．多くの果実評価において糖含量の指標としては屈折計（糖度計）の示度（一般に糖度と呼ばれるが，実際の糖含量よりは1〜2％高い値を示す）が用いられている．人間の舌は，糖度の1％の違いを十分識別することができ，2％異なると食味評価は大きく異なる．最近では近赤外分光法を用いた非破壊品質評価装置が実用化され，果実の等級（品質）評価と分類に利用されている．

4.2.2 酸味成分

果実に含まれる主要な酸味成分は有機酸である．植物の呼吸代謝をはじめ多くの代謝は有機酸代謝でもあるので，果実には多様な有機酸が含まれている．ただし，リンゴ酸とクエン酸以外の有機酸はごく微量であり，食味に大きな影響を与えるほどの量は含まれていない．バラ科の果実はリンゴの学名に由来するリンゴ酸を，カンキツ類ではその学名に由来するクエン酸を主要な有機酸として含んでおり，これらが酸味の主要因子である（表4.2参照）．ただし，例外的にブドウはリンゴ酸とほぼ等量の酒石酸を主要酸として含んでおり，キナ酸やシュウ酸を比較的多量に含む果実もある．有機酸による酸味の程度は，種類によって若干異なり，クエン酸を1とするとリンゴ酸は約1.2，酒石酸は約1.3とされている．果実の全有機酸含量は，種類によって大きく異なり，少ないカキでは約0.1％，多いレモンでは約4％にも達している．一般に，1％を超えるとかなり酸味を強く感じる．食味の指標としては糖酸比が重要であり，酸含量が低ければ糖含量が低くても甘く感じ，酸含量が高ければ糖含量が高くても酸っぱく感じる．ただし，糖酸比が同等でも，両方が低いものは「あっさり」とした食味，両方が高いものは「こく」がある食味となる．また，有機酸含量は高すぎると酸味を強く感じるようになるが，低すぎるといわゆる「ボケた」味となる．

4.2.3 肉質関連成分

果実の硬度・肉質も食味に大きな影響を与える重要な因子である．リンゴやニホンナシ，チュウゴクナシ等では，噛んだときの「パリッとした」歯触りがあるものが高品質であり，セイヨウナシやモモでは「メルティング質」と呼ばれる滑

らかな食感が重要である．果実の肉質・物理的強度は主に細胞壁の構成特性と関連している．植物の細胞壁は高分子多糖類であるセルロース，ヘミセルロースおよびペクチンがそれぞれ約30％ずつ，残りの約10％はタンパク質で構成されている．これらの高分子多糖類が互いに複雑に絡まり合い，水素結合やイオン結合によって相互作用することで，物理的強度を産み出している．果実軟化の際には，セルロース成分はほとんど変化しないが，ヘミセルロースおよびペクチン成分が低分子化および可溶化すると考えられている．これらの成分の低分子化・可溶化は，ポリガラクチュロナーゼやβ-ガラクトシダーゼ，エンドグルカナーゼ等の酵素による分解によって起こるとされているが，どの因子が最も重要であるか等の詳細については未だ不明な点が多い．ただし，モモやセイヨウナシ，メロン等の軟化はエチレンによって促進され，逆にエチレン作用阻害剤である1-MCP処理によって阻害されることから，これらの果実ではエチレンの働きが重要であることは明らかである．

4.2.4　芳香・苦み・渋み成分

果実の「美味しさ」には芳香も重要な因子である．成熟した果実は，種々の揮発性成分を生成しており，それぞれの果実に独特の芳香を与えている．果実の種類によって芳香は，主として単一の成分によるもの，少数の成分によって決まるもの，多数の成分が互いに相互作用することによるものがある．アメリカブドウに特有な「狐臭 (foxy flavor)」ではアントラニル酸メチル，バナナではイソアミル酢酸が主要芳香成分である．モモではγ-デカラクトンおよびγ-ドデカラクトンが主要な香気成分とされ，その生成にはエチレンの働きが重要である．カンキツ特有の芳香にはテルペン類に属するd-リモネンが，苦みにはリモノイドが関与している．クマリン類は果実を含む植物に広く存在し，青臭さを感じさせる芳香性物質であり，抗炎症，冠状血管拡張などの薬理作用があるとされている．特にカンキツ類の果皮に多く含まれている．未熟な果実には渋み物質としてポリフェノールの一種であるタンニンが含まれているが，成熟とともに不溶化して渋みは消失する．渋ガキには特に多く含まれているが，アルコールや炭酸ガス処理により，アセトアルデヒドを架橋剤として重合，高分子化することによって不溶化，脱渋する．

4.3 栄養・機能性成分

4.3.1 糖質・食物繊維

前述のように果実に含まれる主要な糖類はブドウ糖，果糖およびショ糖であるが，これらはエネルギー源として利用され，疲労時の栄養補給に高い効果を発揮する．ある種の果実では成熟前にデンプンを含んでおり，成熟にともなって急速に分解される．バナナやマンゴーでは，成熟前には糖はごく微量で全体の20%前後をデンプンが占めているが，他の多くの果実では成熟前のデンプンは少量で糖が主要炭水化物である．完熟果実にはデンプンはほとんど含まれていないが，成熟初期のバナナ果実（果色がやや緑色の段階）では，数%のデンプンが残存している．デンプンは甘味を呈しないので，この時期のバナナ果実の甘味は弱い．しかし，デンプンは体内で効率よく分解されるため，総カロリーは完熟果実とほとんど変わらない．完熟した甘い果実は多量のカロリーを含んでいるとのイメージが定着しているが，主要な果実20種類の果肉200 gに含まれる平均的カロリーは1日の適正カロリーの5%以下にすぎない（表4.3参照）．

酸味物質である有機酸は清涼感を与え，肉体疲労やストレス等で蓄積する「乳酸」を減少させ，疲労回復を速める効果があるとされている．リンゴ酸やクエン酸は呼吸代謝の中心であるTCA回路の構成成分であるので，体内で効率よく吸収されエネルギー源になる．

食物繊維は人間が分泌する消化酵素で分解できない多糖類およびリグニンなどであるが，人間の腸内では大腸菌等によって一部が脂肪酸に分解（発酵）され，およそ10%程度がエネルギー源として利用される．食物繊維は高脂血症に関与する血液中のコレステロール濃度を下げる効果や，糖と一緒に摂取すると血糖値が急激に上がるのを抑制する効果があると考えられている．また，食物繊維を多く摂取すると腸内細菌の活動が活発になるとともに排便回数が増え，発がん性物質が腸内に留まる滞留時間が短くなるため，大腸がん予防効果があるとされている．

4.3.2 ビタミン類

ビタミンは，人体が正常な生理機能を営むために，タンパク質，炭水化物，脂肪を除く栄養素として，必要量は微量であるが他から摂取しなければならない一

4. 美味しさと栄養成分・機能性成分

表 4.3 果実の主な栄養成分（可食部 100 g 当たり）

	エネルギー (kcal)	水分 (g)	タンパク質 (g)	脂質 (g)	炭水化物 (g)	ナトリウム (mg)	カリウム (mg)	カルシウム (mg)	マグネシウム (mg)	リン (mg)	鉄 (mg)	銅 (mg)	カロテン (mg)	ビタミンA (レチノール当量) (mg)	ビタミンE (mg)	葉酸 (mg)	ビタミンC (mg)	水溶性食物繊維 (g)	不溶性食物繊維 (g)
リンゴ	54	84.9	0.2	0.1	14.6	Tr	110	3	3	10	Tr	0.004	21	3	0.2	5	4	0.3	1.2
ニホンナシ	43	88.0	0.3	0.1	11.3	Tr	140	2	5	11	0	0.006	0	0	0.1	6	3	0.2	0.7
セイヨウナシ	54	84.9	0.3	0.1	14.4	Tr	140	5	4	13	0.1	0.12	0	1	0.3	4	3	0.7	1.2
モモ	40	88.7	0.6	0.1	10.2	1	180	4	7	18	0.1	0.05	5	0	0.7	5	8	0.6	0.7
アンズ	36	89.8	1.0	0.3	8.5	2	200	9	8	15	0.3	0.04	1500	250	1.7	2	3	0.6	1.0
ウメ	28	90.4	0.7	0.5	7.9	2	240	12	8	14	0.6	0.05	240	40	3.5	8	6	0.9	1.6
オウトウ	60	83.1	1.0	0.2	15.2	1	210	13	6	17	0.3	0.05	98	16	0.5	38	10	0.1	1.1
スモモ	44	88.6	0.6	1.0	9.4	1	150	5	5	14	0.2	0.03	79	13	0.6	37	4	0.4	1.2
ビワ	40	88.6	0.3	0.1	10.6	1	160	13	14	9	0.1	0.04	810	140	0.2	9	5	0.4	1.2
カキ	60	83.1	0.4	0.2	15.9	1	170	9	6	14	0.2	0.03	420	70	0.1	18	70	0.2	1.4
キウイフルーツ	53	84.7	1.0	0.1	13.5	2	290	33	13	32	0.3	0.11	66	11	1.3	36	69	0.7	1.8
バナナ	86	75.4	1.1	0.2	22.5	Tr	360	6	32	27	0.3	0.09	56	9	0.5	26	16	0.1	1.0
ブドウ	59	83.5	0.4	0.1	15.7	1	130	6	6	15	0.1	0.05	21	3	0.1	4	2	0.2	0.3
パイナップル	51	85.5	0.6	0.1	13.4	Tr	150	10	14	9	0.2	0.11	30	5	Tr	11	27	0.1	1.4
ウンシュウミカン	45	87.2	0.5	0.1	11.9	1	130	17	11	12	0.1	0.05	1000	170	0.4	24	35	0.3	0.4
ナツミカン	40	88.6	0.9	0.1	10.0	1	190	16	10	21	0.2	0.05	85	14	0.3	25	38	0.4	0.8
バレンシアオレンジ	39	88.7	1.0	0.1	9.8	1	140	21	11	24	0.3	0.06	120	21	0.3	32	40	0.3	0.5
レモン	54	85.3	0.9	0.7	12.5	4	130	67	11	15	0.2	0.08	26	4	1.6	31	100	2	2.9
グレープフルーツ	38	89.0	0.9	0.1	9.6	1	140	15	9	17	Tr	0.04	0	0	0.3	15	36	0.2	0.4
イチゴ	34	90.0	0.9	0.1	8.5	Tr	170	17	13	31	0.3	0.05	18	3	0.4	90	62	0.5	0.9
メロン	42	87.8	1.1	0.1	10.3	7	340	8	13	21	0.3	0.05	33	5	0.2	32	18	0.2	0.3
スイカ	37	89.6	0.6	0.1	9.5	1	120	4	11	8	0.2	0.03	830	140	0.1	3	10	0.1	0.2
トマト	19	94.0	0.7	0.1	4.7	3	210	7	9	26	0.2	0.04	540	90	0.9	22	15	0.3	0.7
主な果実 200 g 平均	89		1.5	0.2	22.8	3	380	24	21	35	0.4	0.1		102	1.2	41	64	合わせて 2.0	
栄養所要量(1人/1日)	2000		65			>4000	2000	600	320	700	11	5.5		600	10.0	200	100	合わせて 20.0	

五訂日本食品標準成分表より（Trは微量）．主な果実 200 g 平均は間宮学谷・田中 (2003)[2] より．また栄養所要量は 30～49 歳男子の基準．

群の有機化合物を指し，脂溶性ビタミン（ビタミン A, D, E, K, F）と水溶性ビタミン（ビタミン B 群，C，葉酸）に大別される．人間はビタミンを体内で合成することができないので，食事から適切な量を毎日，摂取する必要がある．果実はビタミン類のよい供給源であり，特にビタミン A, C, 葉酸の重要な供給源になっている．

(1) ビタミン A, カロテノイド

表 4.3 に示したように，カンキツ類，アンズ，ビワ，カキ，スイカ等に多量に含まれている．果実に含まれるカロテノイドのうち，α-カロテン，β-カロテン，β-クリプトキサンチンは生体内でビタミン A に変換される．リコペン，ルテイン，ゼアキサンチンはビタミン A としての活性はないが抗酸化活性が認められる．カロテノイドには抗酸化活性があり，がん，心臓病，白内障のリスクを軽減できると報告されている．

(2) ビタミン C（アスコルビン酸）

ビタミン C は表 4.3 に示すようにカキ，キウイフルーツ，カンキツ類，イチゴ等に多量に含まれている．ビタミン C の 1 日当たり栄養所要量は 50 mg（成人の摂取基準は 100 mg）であるので，カキやキウイフルーツでは 1 個，ウンシュウミカンでは 2～3 個で 1 日の必要量をまかなえる．ビタミン C は抗酸化作用を示す水溶性ビタミンであり，壊血病の予防・回復に必須であるとともに，脳卒中等の循環器系疾患，がんのリスクを軽減し，色素沈着を抑制する美肌効果があるとされている．果実は還元型ビタミン C と呼ばれるアスコルビン酸と酸化型ビタミン C と呼ばれるデヒドロアスコルビン酸を含んでいる．前者は後者の 2 倍のビタミン C としての効力をもっている．ビタミン C は体内に蓄積されにくいため，毎日，適切な量を摂取する必要があり，特に喫煙者は非喫煙者の 2 倍量の摂取が望ましいとされている．ヒトのビタミン C 摂取のほとんどは植物由来であり，なかでも果実と野菜は，その供給源として最も重要な食品である．

(3) ビタミン E

ブルーベリー，アンズ，キウイフルーツ等がビタミン E を比較的多量に含んでいる．年間を通じて季節の果実を 200 g 摂取すると栄養所要量の約 12～15% を摂取することができると計算されている．ビタミン E は広く生体膜脂質に存在し，リポタンパク質によって各組織に運搬され，その抗酸化作用によって不飽和脂肪酸の過酸化を抑制している．ビタミン E には心臓病，パーキンソン病，アルツハイマー型認知症等のリスクを軽減する効果のほか，がん，糖尿病，動脈

硬化等の生活習慣病を予防する効果があることが明らかになっている．

(4) 葉酸

イチゴ，クリ，オウトウ，キウイフルーツ等が葉酸を比較的多量に含んでいる．葉酸は抗貧血性因子として発見され，特に妊婦に必要なビタミンとされている．葉酸には，アミノ酸の一種であるホモシステインの代謝を円滑にし，動脈硬化や冠動脈疾患等の血管障害を予防する効果があるとされている．また，最近，アルツハイマー型認知症の予防効果もあるのではないかとの報告もされている．

4.3.3 ミネラル

食品成分分野では，ミネラルという語は人体を構成する元素のうち，炭素，水素，酸素，窒素を除く物質の総称と定義される．すなわち，水と有機物以外のもので食物から摂取する栄養がミネラルであり，現在のところ22種類のミネラルがヒトの健康維持に必要であるとされている．ミネラルはヒトの生命活動に必要

表 4.4. 果実に含まれる機能性成分とその生理作用 （杉浦，2004[3]）より一部改変）

機能性成分	生理作用	この成分を含む主な果実
ポリフェノール類	抗酸化作用，消臭作用 血中コレステロール低下作用 血圧降下作用，発がん予防作用	リンゴ，ナシ，ブドウ，核果類，カンキツ
食物繊維	整腸作用，大腸がん予防作用 血糖値抑制作用，ナトリウム吸収抑制作用	リンゴ，ナシ，カキ，キウイフルーツ等
ソルビトール	便秘予防，腸内有害菌抑制 ビタミン・ミネラルの吸収促進	リンゴ，ナシ，プルーン等
フロリジン	ブドウ糖吸収阻害	リンゴ，ナシ
アミグダリン	鎮咳・鎮静作用	核果類
ケンペロール	利尿作用	モモ
β-カロテン	発がん防止，心臓病の予防	アンズ，カキ等
フィシン	タンパク質分解酵素	イチジク
アクチニジン	タンパク質分解酵素	キウイフルーツ
ケルセチン	がん細胞増殖抑制 抗ウイルス作用，抗アレルギー作用	リンゴ，カキ

な各種生理作用，酵素作用，代謝調節作用等と密接な関係がある．表4.3に示したように果実は多様なミネラルをバランスよく含んでおり，そのよい供給源である．

日本人は食塩摂取が多いため，ナトリウムの過剰摂取にともなう高血圧が懸念されている．一方，カリウムには高血圧予防効果があると考えられている．カリウムは，生体内でエネルギー代謝，細胞膜輸送，細胞内外の電位差維持等の機能を担っている．ナトリウム摂取量を増加させるとナトリウムだけでなくカリウムの排出量が増加するが，カリウム摂取量を増加させてもナトリウム排出量は大きく変化しない．表4.3に示すように，多くの果実はナトリウムをほとんど含まず，カリウムを多量に含んでいるため，ナトリウム摂取を増やさず，カリウム摂取を増やせるよい食品である．

銅は生体内で多数の重要酵素の成分となっており，その欠乏症には骨強度の低下，貧血，白血球減少がある．果実ではモモやキウイフルーツに多く含まれている．

鉄は赤血球の重要成分の1つであり，不足すると貧血を引き起こす．女性や妊婦には鉄欠乏性貧血が多くみられる．果実では，ウメ，オウトウ，アンズ等に比較的多く含まれている．

4.3.4　ポリフェノール

ポリフェノールは分子内に数個以上のフェノール性水酸基を含む植物成分の総称である．果実には比較的多量に含まれており，最近，ポリフェノールには抗酸化作用や血圧降下作用，発がん予防作用等があることが示され，その機能性成分としての効果が注目されている．

(1) アントシアン

ポリフェノールに属するアントシアンのうち配糖体をアントシアニンといい，赤，ピンク，紫，濃青（黒）色を示す果実や花をはじめ，ほとんどの植物器官の呈色植物色素成分である．ただし，トマト，スイカ，トウガラシの赤色はカロテノイド系色素（リコペン）による．アントシアニンは，赤，黒色系ブドウやブルーベリー，リンゴ，オウトウの皮，イチゴ等に多く含まれている．アントシアニンには強い抗酸化作用があり，細胞の老化やがん発生の抑制，血栓生成の抑制や毛細血管の保護作用から生活習慣病の予防や視力回復，白内障予防等に効果があるとされている．

(2) カテキン

カテキンはフラバン-3-オールに属するポリフェノールであり，抗酸化作用により，活性酸素が関与するがん等の疾病，心筋梗塞や脳梗塞等の抑制効果があるとされている．オウトウやアンズはカテキンやエピカテキンを豊富に含んでいる．カテキン等が重合して高分子化したプロアントシアニジン（タンニン）も強い抗酸化活性を示し，動脈硬化を抑制するほかに，虫歯菌を抑える効果やアレルギー性疾患を抑制する効果があると考えられている．バナナ，リンゴ，カキ等がプロアントシアニジンを豊富に含んでいる．

(3) ケルセチン，ノビレチン

ケルセチンはリンゴ等に多く含まれている．ケルセチンはフラボノイドのうちフラボノールに属するポリフェノールであり，強い抗酸化作用を示し，動脈硬化を抑制し心疾患のリスクを軽減するとされている．

ノビレチンはフラボンに属するカンキツ類の果皮に特有のフラボノイドである．活性酸素の発生を抑制し，ある種のがん発生，各種老化関連疾患の抑制効果も報告されている．

4.3.5 タンパク質・酵素

果実に含まれるタンパク質の量は，肉，魚，大豆等と比較するとごく少ない．パイナップルにはブロメリン，イチジクにはフィシン，キウイフルーツにはアクチニジン，パパイアにはパパインと呼ばれるタンパク質分解酵素が含まれている．イチジクの汁に触れると肌がかぶれたり，かゆくなるのは，このタンパク質分解酵素によって肌表面のタンパク質が分解されるためである．これらの生果を肉と一緒に調理すると肉がやわらかくなるのは，果実に含まれるタンパク質分解酵素の作用である．

〔久保康隆〕

文　献

1) 茶珍和雄：昭和62年度園芸学会秋季大会シンポジウム講演要旨．pp. 129-140. 1987.
2) 間苧谷徹・田中敬一：くだもののはたらき．日本園芸農業組合連合会，2003.
3) 杉浦　明：高等学校農業科用「果樹」，pp. 2-7．農山漁村文化協会，2004.

5. 加工と利用（食べ方）

　現在世界で栽培または利用されている果実は3000種を超えるといわれる．わが国でも100種類以上の果実が栽培または利用されているが，日本人は生産された果実のほとんどを生のままの状態，つまり生食用果実として利用している．

　例えば，ミカンは現在，全生産量の約8割が生食用果実として販売されていて，缶詰やジュース，ジャム等に加工されるものは全体の2割に満たない．リンゴやブドウでも約7割，モモも約8割が生食用として消費されている．このように，わが国では古くから諸外国に比べると生食用果実の割合が高いのが特徴である．

　果実の加工品には，ジュース（果汁），ジャムやマーマレード，シロップ漬け（缶詰），ドライフルーツ（乾燥果実），果実酒，果実酢等がある．果実は加工することによって，原料とはひと味違った食品をつくり出すことが可能であるばかりでなく，未加工の果実にはなかった貯蔵性や輸送性を付与することができる．

　わが国では以前から，生食には適さない，傷がついた果実や小さすぎる果実，あるいは生産過剰になってしまった果実が加工用原料にまわされることが多かった．しかし，最近は，全国各地でその地域独自の特産品開発熱が高まり，果実を原料にしたさまざまな加工品が試作・販売されるようになってきた．また，食材や料理法への関心の深まりとともに，果実を材料にした料理法等も紹介されるようになってきた．

5.1 果実の加工

5.1.1 加工適性

　果実はその種類によって，また，同じ種類でも品種や熟度（成熟の程度）の違いによって，加工適性（目的とする加工方法に対する原料としての適性）が異なっていることが多い．したがって，果実の加工にあたっては，原料となる果実がもっている加工適性を的確に判断して利用することが大切である．

（1）果実の種類

　さまざまな加工方法に対して，どの種類の果実が優れた加工適性をもっている

表 5.1 果実の加工方法の種類と主な果実の加工適性（平，2004[1]を一部改変）

加工方法	主な果実の加工適性															
	カンキツ	リンゴ	ナシ	ブドウ	モモ	スモモ	カキ	クリ	ウメ	オウトウ	イチジク	キウイフルーツ	ブルーベリー	キイチゴ類	パイナップル	オリーブ
缶詰（瓶詰）	◎	○	○	○	◎	○	○	○	○	○					◎	
乾燥果実		○		◎			◎	○	○		○					
冷凍果実			○		○	○			○	○	○	○	○	○		
ジャム	○	○			○	○	○	○	○		○	◎	◎	◎		
ゼリー	◎	○		○	○	○			○			○	○	○		
マーマレード	◎															
フルーツソース		○			○	○			○	○	○	○	○	○		
プレザーブ（糖漬果実）		◎		◎	○		○	◎	○	○	○		○	○		
果汁（果肉入り果汁）	◎	◎	○	◎	○	○	○		◎	○		○	○	○	○	
果実酒（ワイン）	○	○	○	◎	○	○	○	○	◎	○		○	○	○		
果実酢	○	○		○			○		◎							
菓子類（ようかん等）	○	○		○	○		○	◎		○						
漬物									◎							◎

◎：優れた加工適性があるもの
○：加工適性があるもの

のかを概略的にまとめたものが表5.1である.

カンキツ（ミカン）類やリンゴ，ブドウ，ブルーベリーやキイチゴ類はさまざまな加工方法に対して幅広い適性をもっているが，キウイフルーツやオリーブ等は限られた加工方法に対してのみ適性を有している.

なお，カンキツ類の中にはレモンやライム，ユズ，スダチ，カボスのように香酸カンキツと呼ばれるものがある．これらの果実に含まれる酸や香りの成分は，数々の料理や加工に利用される．また，クリやオリーブのように，生のままでは食用に適さないため，何らかの加工や前処理を施さないと食べられないものもある.

(2) 品種

ブドウには，生食に向く品種とワインの醸造に適した品種がある．ワインの醸造には，果粒の糖含量および酸含量が高い品種が適している．また，赤ワインの製造には，成熟期に果皮が色づく赤色または黒色品種である必要がある．ただし，アメリカブドウ（*Vitis labrusca* L.）は一般に狐臭（foxy flavor）を有するため，通常はワイン製造に適さない．一方，干しぶどうまたはレーズンには，'トムソン・シードレス'のような無核（種なし）で豊産性の品種が適している.

カキを原料にした代表的な加工品に干し柿がある．干し柿の製造に優れた加工適性を発揮する品種は，特定の地域でのみ生産される在来品種であることが少なくない（例えば，長野県の'市田柿'，岐阜県の'蜂屋柿'，山形県の'紅柿'等）．図5.1は韓国中部の尚州市周辺で生産されている干し柿専用品種と同国慶尚北道清道郡特産の熟柿（収穫後追熟して，果肉がすっかりやわらかくなってから食べる方法）専用品種（いずれも渋ガキ）である．前者は，果実が卵形で，剝皮しやすく，か

図 5.1 干し柿専用品種と熟柿専用品種（韓国）
左：干し柿専用品種の'尚州 Dungsi'（「Dung」は「丸い」，「si」は「柿」の意）.
中：'尚州 Dungsi'の干し柿と'清道盤柿'の熟柿．'清道盤柿'は果皮が薄く剝ける特徴がある.
右：熟柿専用品種の'清道盤柿'.

つ放任栽培でも豊産性で干し柿への加工に向いている．後者は，熟柿になっても果肉が崩れにくく輸送性を失わないが，果皮が薄く剝けるのでとても食べやすい．

モモには生食用品種と加工用品種がある．缶詰などへの加工には，果肉が不溶質（ゴム質）で崩れにくく，粘核で，かつ果肉に赤い色素（アントシアニン）が少ない'缶桃5号'等の品種が適している．また，リンゴでは'紅玉'がジュースやジャムの原料，パイ等の料理材料として幅広い加工適性をもっている．

わが国ではこれまで，生食用に適さない果実を加工原料に利用することが多かったが，優れた品質の加工品を安定して生産するためには，今後，加工専用品種の選抜や育種（品種改良）等を積極的に行っていく必要があろう．

(3) 果実の熟度

同じ品種の果実でも熟度によって，加工に対する適性が変化するのが普通である．

一般に，果実は成熟が進むほど（完熟状態に近づくほど），糖含量が高くなり，香りが強くなるので，ジャムやフルーツソース等への加工にはより適している場合が多い．しかし，熟度の進行にともなって，果肉の硬度は徐々に低下し，加熱処理等によって崩れやすくなるので，缶詰やコンポート（砂糖液漬け果実）等への加工は困難になることもある（表5.2）．

また，リンゴやナシ，カキ等の果実を長期間にわたって保存したいときには，貯蔵中に徐々に成熟が進むことを見越して，やや未熟な果実を収穫して貯蔵する必要がある．また，ウンシュウミカン等では貯蔵性を高めるために，あらかじめ3～5％の減量になるように水分を調整する前処理（乾燥予措）を行うこともある．

表5.2 果実の熟度と品質変化

未熟		成熟
小さい ←	大きさ	→ 大きい
淡い ←	着色	→ 濃い
かたい ←	果肉硬度	→ やわらかい
低い ←	糖含量	→ 高い
高い ←	酸含量	→ 低い[*1]
少ない ←	色素含量	→ 多い
よいものが多い[*2] ←	貯蔵性	→ よくないものが多い

[*1] オウトウ等成熟につれて酸含量が高まるものもある．
[*2] 極端に未熟だと貯蔵性が劣るが，通常長期貯蔵にはやや未熟な果実が適する．

5.1.2 加工の例

(1) ジュース

わが国の果実飲料は普通，① 天然果汁 (natural juice)：果汁100%のもの，② 果汁飲料 (fruit juice)：果汁50%以上100%未満のもの，③ 果汁入り清涼飲料 (fruit drink)：果汁10%以上50%未満のもの，④ 果肉ピューレ (fruit puree)：果実を砕いて裏ごししたもの (通常これを果汁とはいわないが，果実飲料に含まれる)，⑤ 果肉飲料：果肉ピューレを希釈したもので (ピューレの含有率は20〜50%)，商標登録されているネクターはこの仲間，⑥ 果粒入り果実飲料：果粒含有率は30%以下，いわゆる「つぶつぶジュース」，⑦ 濃縮果汁 (concentrated juice)：果汁を1/3〜1/7程度に濃縮したもの (濃縮果汁を水で薄めてもとの濃度にまで戻したものは「濃縮果汁還元」と表示される)，⑧ 冷凍果実飲料 (frozen concentrate)：果汁または濃縮果汁を凍結したもの，に分類される．

従来は，輸入品のオレンジジュースを含めてカンキツのジュースが大半を占めていたが，近年はグレープフルーツジュースや国産のリンゴジュース等も増加し，さらに，ナツミカンやセイヨウナシ，シークワーサー等さまざまな果実から果汁が製造されるようになった．また，パッションフルーツやグアバ等の熱帯・亜熱帯産の果実やトマトやニンジン等の野菜を原料とするジュースが増えるとともに，複数の種類の果汁をさまざまな割合でブレンドしたジュース (混合果汁) が多数商品化されている．

なお，ジュースはその清澄度から分類すると，透明果汁と混濁果汁に分けられるが，最近は自然の風味がより損なわれにくい混濁果汁のほうが主流である．

(2) ジャム・マーマレード

果実に多く含まれるペクチンは，酸性溶液中で煮詰める等して水分をとばすとやわらかく固まる (ゲル化する) 性質がある．この性質を利用してジャムやマーマレード，ゼリー等をつくることができる (図5.2)．

ジャムは，煮詰めた果実を裏ごししたものに砂糖を加えてさらに煮詰めたもので，果実の原形をできるだけ保つようにしたものは特にプレザーブと呼ぶ．わが国ではイチゴジャムが最も一般的であるが，最近はリンゴ，ブルーベリー，イチジク，ウメ等さまざまな果実を原料にしたものが販売されている．

ゼリーは，果実を煮た後に搾って得たペクチンを多量に含む溶液に砂糖を加えて煮詰め，ゲル化させたものである．最近は，このゼリー中に果肉の切片を混入した製品がフルーツゼリーとして人気がある．

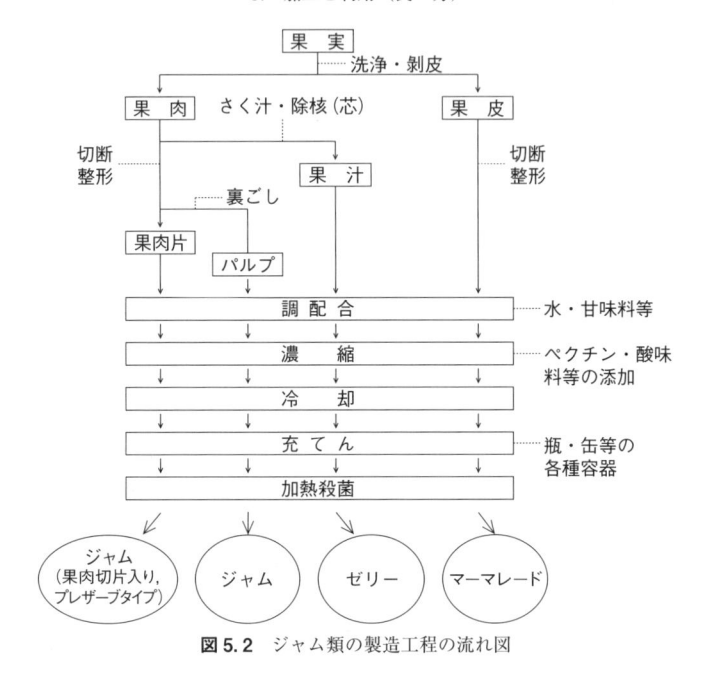

```
                          ┌─────┐
                          │ 果 実│
                          └──┬──┘
                  ┌─────────┼─────洗浄・剝皮
                  │   さく汁・除核(芯)  │
               ┌──┴──┐              ┌──┴──┐
               │ 果 肉│   ┌─────┐    │ 果 皮│
               └──┬──┘   │ 果 汁│    └──┬──┘
           切断 │      └──┬──┘          │ 切断
           整形 │    裏ごし │            │ 整形
              ┌─┴──┐  ┌──┴──┐
              │果肉片│  │パルプ│
              └─┬──┘  └──┬──┘
```

図中: 調配合 ─── 水・甘味料等
　　　濃　縮 ─── ペクチン・酸味料等の添加
　　　冷　却
　　　充てん ─── 瓶・缶等の各種容器
　　　加熱殺菌

　　ジャム　　ジャム　　ゼリー　　マーマレード
　(果肉切片入り,
　 プレザーブタイプ)

図 5.2 ジャム類の製造工程の流れ図

　マーマレードは，ゼリーの中にカンキツ類（ナツミカン，ダイダイ等）の果皮の切片を混入したもので，混入するカンキツの種類によってそれぞれ独特の風味になる．

　(3) シロップ漬け（缶詰）

　果実を剝皮後，種子や核を取り除いてシロップ（糖液）に漬け，容器に密封して殺菌を行い，保存性を与えたものが缶詰（瓶詰）である．

　わが国では，ウンシュウミカン，モモ，パイナップル，セイヨウナシ，オウトウ，ビワ等の缶詰が一般的であったが，最近は，アンズやイチジク，リンゴ等の瓶詰や袋詰も増えている．また，果実から抽出したエキス分をシロップの形に調製したもの等も製品化されている（図 5.3）．

　シロップ漬け加工は，剝皮のための薬品（酸やアルカリ）処理や殺菌のための加熱処理をともなうので，原料として適切な加工適性をもつ品種を選択する必要がある．例えば，セイヨウナシでは果形に乱れが少なく，果肉の石細胞の密度が少ない'バートレット'のほうが'ラ・フランス'より缶詰加工には向いている．

　(4) ドライフルーツ

　ドライフルーツ（乾燥果実）は，果実中の水分を減少させることによって糖濃

図 5.3 果実加工品の例
ウンシュウミカンを用いたゼリー菓子と、パイナップルのシロップ漬け缶詰.

図 5.4 ドライフルーツ
干しブドウ(房ごと乾燥させた製品)と干しイチジク.

図 5.5 干し柿の乾燥風景(山形県)
品種は'山形紅柿'.

度を高め,微生物の活動と果実自身の代謝活動を抑え,貯蔵性や輸送性を高める加工法である.

　ドライフルーツはそのまま,あるいは菓子類の製造や料理にも利用される.世界的には,ブドウ(干しぶどう,レーズン),プルーン(ヨーロッパスモモ),イチジク,バナナ,ナツメ,ベリー類等の生産が多い(図5.4).また,わが国や韓国,中国では古くから干し柿の生産が盛んである(図5.5).干し柿は通常,水分含量の低いものを「ころ(枯露)柿」,比較的高いものを「あんぽ柿」と呼ぶ.最近は遠赤外線を利用した人工乾燥もよく行われる.

(5) 果実酒・リキュール

　果実を原料にしてさまざまな酒がつくられるが,ワインはその中で最も古いものの1つである.わが国では果実をほぼまるごと焼酎等に漬けたものを果実酒

図 5.6 果実酒の例 (1)
左：いろいろな果実酒，右：カキワイン．

図 5.7 果実酒の例 (2) リキュール
左からカシス，フランボワーズ，ピーチツリー．

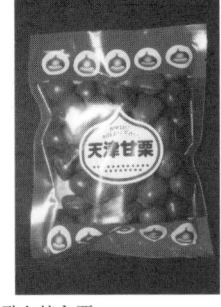

図 5.8 カキ酢と焼き栗
カキ酢は韓国のもの．

と呼ぶことが多いが，果実酒といえば普通はブドウ酒やリンゴ酒を含めた呼び名である（図 5.6）．

ワインはブドウのほか，ベリー類やスモモ，キウイフルーツ等も原料にして醸造される．また，果実酒を蒸留したものがブランデーで，ブドウを原料とする一般的なもののほかに，アップルブランデーやチェリーブランデー等もある．リキュールは蒸留酒等のアルコール類に糖類や天然色素，果実類から抽出したエキス分や香味料等を加えたもので，わが国で一般にいう果実酒は普通この仲間に分類される（図 5.7）．

(6) その他

果実を原料にしたその他の加工品として果実酢がある．リンゴ酢やカキ酢のように発酵させてつくるもの（ビネガー）と，ユズやスダチ，カボス等のように果実にもともと含まれる有機酸を発酵させずに利用する天然果汁酢がある．

そのほか，チュウゴクグリを使った焼き栗（甘栗）やヨーロッパグリの砂糖漬け果実（マロングラッセ），わが国のブンタンの砂糖漬けなどの糖果もよく知られた加工品である（図5.8）．

5.2 果実の利用（食べ方）

5.2.1 果実の貯蔵
(1) 貯蔵の原理

果実を貯蔵するうえで，① 呼吸生理，② エチレン生理，③ 蒸散生理の3つを理解することは有用である（図5.9）．果実は，収穫後も生命現象を持続するのに必要なエネルギーを獲得するために活発に呼吸している．呼吸作用により，果実に含まれるデンプン，糖あるいは有機酸等が二酸化炭素と水に分解される．収穫後の呼吸活性やその変化のパターンは果実の種類によってかなり異なるものの，その強弱によって果実の貯蔵性や日持ち性が決定されるといっても過言ではない．呼吸活性は温度が低いほど低下することから，収穫した果実は低温下におくことが貯蔵の基本である．特に夏季は外気温が高いうえに，収穫した果実が包装や荷づくりのためにまとめられると呼吸熱が内にこもる．そのため，収穫後はできるかぎりすみやかに品温を下げることが重要である．

植物ホルモンの1つであるエチレン（C_2H_4）は，気体という特徴をもち，高等

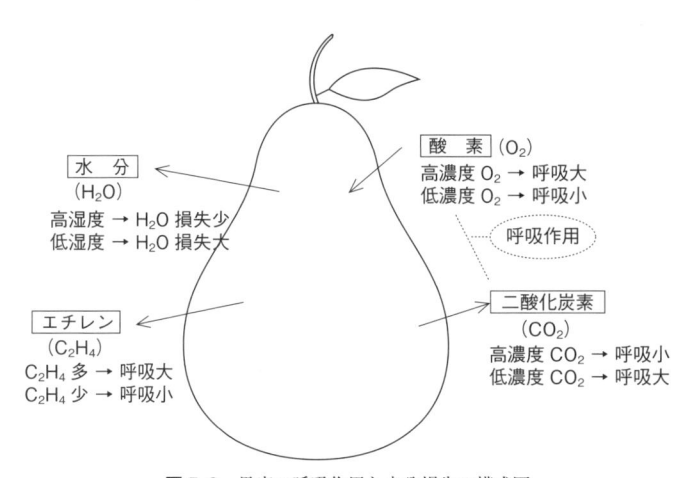

図5.9 果実の呼吸作用と水分損失の模式図

植物のさまざまな生理現象にかかわっている．また，エチレンは構造が簡単で，生合成経路もすでに明らかにされている．多くの植物において，エチレンはアミノ酸の1つであるメチオニンを出発物質として，S-アデノシルメチオニン (SAM)，1-アミノシクロプロパン-1-カルボン酸 (ACC) を経て生成する．

　エチレンは果実の成熟や追熟においても重要な役割を果たしている．果実が成熟するということは，見方を変えてみると老化するということでもあり，貯蔵を目的にした場合には，果実からエチレンが発生することは望ましいことではない．成熟にともなってエチレンが多量に生成する果実では，エチレン生成量の増加する時期を遅らせるか生成量を少なくすることで果実の貯蔵性が向上する．一方，エチレン生成量が少ない果実でも，エチレンに対する感受性の高い果実があるので注意しなければならない．その代表的な例がブドウで，エチレンに反応して脱粒が起こり，商品性が著しく低下する．このような果実では，エチレン除去剤を用いて貯蔵庫内のエチレンを除去するか，あるいはエチレンの作用を阻害することによって貯蔵性を高めることができる．

　多くの果実ではその85％以上が水分である．蒸散や呼吸によって5％以上の水分が蒸散すると，果実が萎凋し，商品性が低下するといわれている．また，オウトウやブドウでは，果皮に先行して果梗部が萎凋する性質があり，このことが商品価値の有無を制限する要因になっている．また，果実からの水分の蒸散は外観を損なうだけではない．最近，カキ果実からの水分蒸散がストレスにともなうエチレン生成を促し，果実の軟化を引き起こすことが明らかになった．果実をプラスチックフィルム等で包装することによって果実からの水分の蒸散を抑制することができる．アメリカ合衆国等の外国では，蒸散防止のために収穫後果実にワックス処理が施される場合もある．わが国でも，気温の高い時期の流通を余儀なくされるカンキツ類の一部（ハウスミカン等）ではワックスが使用されることもある．

(2) 貯蔵方法

　果実の主な貯蔵方法とその特徴を表5.3に示した．常温貯蔵は特別な設備を必要としないことから，省エネルギーで環境負荷も小さく低コストでできる方法である．一般には，冬季の低温を利用して行う場合が多く，カンキツ類等の貯蔵に用いられている．

　低温貯蔵は冷蔵庫あるいは冷蔵施設を用いることにより，常温よりも低い温度条件で貯蔵する方法であり，リンゴ，ナシ，オウトウ等多くの果実で利用されている（図5.10左）．温度が低いほど貯蔵性が高まる果実が多く，0℃以下の温度

5.2 果実の利用（食べ方）

表 5.3 果実の主な貯蔵方法とその特徴[1]

貯蔵方法	特徴	適する果実	適さない果実
常温および保温貯蔵	温度や湿度コントロールに特別な設備を用いない．寒冷地では凍結を防ぐための保温，暖地では外気からの断熱に注意する	カンキツ リンゴ カキ ブドウ（欧州種）	オウトウ モモ ブドウ イチゴ等
低温貯蔵	冷却機で気温より低い温度条件にする．0 ± 1℃で貯蔵する場合を特に氷温貯蔵と呼ぶ	リンゴ，ナシ オウトウ等多くの果実	バナナ等低温障害を起こしやすい果実
冷凍貯蔵	果実を凍らせて貯蔵する方法．解凍後は果肉の肉質が変化するので加工法の一種ととらえることもできる	パイナップル レイシ等	イチゴ，モモ等肉質が劣化しやすい果実
CA貯蔵	CAはcontrolled atmosphereの略で，制御されたガス環境下での貯蔵のこと．通常は低濃度O_2＋高濃度CO_2条件	リンゴ セイヨウナシ等	リンゴ'紅玉'のようにCA条件下で障害が出る果実
フィルム包装貯蔵	ポリエチレン等のプラスチックフィルムの袋に果実を入れて貯蔵．蒸散が抑制され，袋内はCA状態になる．低温貯蔵と併用することも多い	カキ ブドウ ビワ等	ウンシュウミカン ブドウ'マスカット・オブ・アレキサンドリア'等

図 5.10 冷蔵施設（左）とCA貯蔵庫（右）
CAはcontrolled atmosphereの略．右の写真は中国のものでカキが貯蔵されている．

域で貯蔵される場合もある．この温度域での貯蔵は氷温貯蔵と呼ばれ，商標登録されている．貯蔵庫内の大気は乾燥している場合が多いので，特に長期間低温貯蔵する場合は果実を新聞紙などで覆う等の処置が必要となる．また，バナナやマンゴー等の熱帯果実では貯蔵中に褐変等の低温障害が発生することが多いので注意しなければならない．

図 5.11 プラスチックフィルム包装の例（カキ）
品種は'平核無'.

　パイナップルやレイシ等では果実を凍らせて貯蔵する冷凍貯蔵も行われている．この貯蔵は，解凍後果実の肉質が変化することから，加工法の一種ととらえることもできる．

　貯蔵庫内の空気組成を人工的に変化させることにより果実の呼吸作用を抑制し，貯蔵性を高める方法が CA（controlled atmosphere）貯蔵である（図 5.10 右）．CA 貯蔵では通常，酸素濃度と二酸化炭素濃度はともに 2～10％ に調節される．ただし，果実の種類や品種によって最適な空気組成に違いがあるのであらかじめ検討する必要がある．わが国では，リンゴの CA 貯蔵（酸素濃度 2％，二酸化炭素濃度 2％ で残りは窒素）が実用化されており，11 月に収穫した'ふじ'が翌年の 7 月頃まで貯蔵可能である．

　ポリエチレン等のプラスチックフィルムで果実を包装して貯蔵するのがフィルム包装貯蔵である（図 5.11）．果実の呼吸によりフィルム内の酸素濃度が低下し，二酸化炭素の濃度が上昇する．このことによって CA 効果が得られることから MA（modified atmosphere）貯蔵とも呼ばれる．フィルムの種類や厚さによって酸素や二酸化炭素，さらに水蒸気の透過性が変わるので，それぞれの果実に適したフィルムを選択する必要がある．フィルム包装貯蔵は，CA 効果のほかにも蒸散抑制や果実への物理的障害の軽減などの利点もある．最近は，果実からの蒸散抑制を主目的とした酸素や二酸化炭素の透過率が高いフィルムが開発されており，貯蔵に際してガス障害の発生しやすい果実への利用が期待されている．

5.2.2 果実の食べ方

(1) デザート (生食用)

縄文時代までわが国では，クリやクルミ等の果実が主要な食料の1つであったとされている．また，干し柿等の糖分に富むドライフルーツは，食料の乏しい地域では冬場の重要な甘味源であったと考えられる．しかし，果実は古くから「水菓子」とも呼ばれて，食事とは別に，いわゆる間食として食べるのがわが国では普通である．

近年は，食生活の欧風（多国籍）化にともなって，熱帯・亜熱帯産の珍しい果実を含むさまざまな種類の果実を食後のデザートとして楽しむ傾向も出てきた（図5.12）．スーパーマーケット等でも数種類以上のカットフルーツを詰め合わせたパッケージがデザート用として売られるようになってきた．ただし，レストラン等を含めて多くの場合，果実はカットされた形で提供されることが多く，かごに盛られた果実をふんだんに食するヨーロッパ等に比べるとその消費量はかなり少ないといわざるを得ない．

(2) デザート (加工品)

アップルパイなどの果実の加工品を食後のデザートとして，あるいは間食（おやつ）として食べる機会も今後増加していくものと予想される．特産の果実を使ったさまざまな加工品の開発や通信販売体制等の整備にともなって，果実の加工品の消費量の拡大が期待される．

また，果実のシャーベット，果肉入りアイスクリーム等の氷菓もデザートとして欠かせない．

図 5.12 たくさんの種類の果実が並んだ果物店の店先（左，スイス）と熱帯産の果実類（右，タイ）

(3) 料理

生の果実やそれらの加工品を料理や菓子類の製造に利用することは，わが国ではあまり一般的とはいえない．しかし，カキ等をなますや白あえに使ったり，ヤマブドウのソースを肉料理や魚料理に利用したり，アケビを味噌汁の具にする等，伝統的といえる料理法もある．今後，和洋折衷的な料理や創作料理の発達・進化とともに，果実の利用場面が広がっていくものと思われる．

また，パイやタルト，ケーキやクッキー等にも果実あるいはそれらの加工品がしばしば使われる．

5.3　果実の消費拡大のために

果実の食べ方は，国や民族，地方や個人によって実にさまざまであるが，私たち日本人の果物の消費量は，世界第37位（2000年現在）と極めて少ないのが現状である．1人1日当たりの消費量は約120 gで，先進諸国の平均の約半分にすぎない．

果物のある食生活全国協議会では，農林水産省の後援のもとに，2001（平成13）年から「毎日くだもの200 g運動」を展開している．果物の加工や利用，さらに食べ方に関する正しい知識の普及と新たな加工品や料理法の開発が果物の消費拡大においても重要な役割を果たすものと考えられる．〔平　智・村山秀樹〕

文　献

1) 平　智：貯蔵，加工の基礎．新版果樹栽培の基礎（杉浦　明編著），pp. 70–72．農山漁村文化協会，2004．

6. 生産と消費

 それぞれの果樹の生産と消費については，各論の各果樹の項目で述べられている．このため，ここでは果樹全体の生産と消費の動向の特徴を世界・日本の統計データに基づいて記述する．なお，ここで使用したデータは主として農林水産省統計情報部，農林水産省生産局果樹花き課，および FAO STAT のデータをもとにして作成した．

6.1 世界の果実生産の動向

6.1.1 果実とナッツ類の生産量と国別生産量

 2004年の世界の果実総生産量は，ほぼ5億tである（表6.1）．このうち，オ

表 6.1 世界の果実とナッツ類の生産量（2004年）（単位：万t）

温帯性果実		熱帯・亜熱帯性果実		ナッツ類	
ブドウ	6657	オレンジ	6281	カシューナッツ	229
リンゴ	6192	タンジェリン類[*2]	2294	アーモンド	153
ナシ	1810	レモン・ライム	1234	クルミ	147
モモ・ネクタリン	1541	ブンタン類[*3]	464	クリ	112
スモモ	952	バナナ（生食用）	7134	ヘーゼルナッツ	68
アンズ	264	プランテイン	3259	ピスタチオ	55
甘果オウトウ	188	マンゴー	2657	ブラジルナッツ	7
酸果オウトウ	110	パイナップル	1529		
イチジク	108	ナツメヤシ	683		
キウイフルーツ	106	パパイア	671		
ベリー類[*1]	284	アボカド	308		
		カキ	247		
		カシューアップル	168		
果実総生産量[*4]		49979		ナッツ総生産量[*4]	841

FAO STAT より作成．
 [*1] イチゴは含まない．
 [*2] マンダリン，クレメンティンを含む．
 [*3] グレープフルーツを含む．
 [*4] この表にあがっていないその他の果実あるいはナッツの生産量を含む．

レンジ，タンジェリン類，レモン・ライム，ブンタン類等を合わせたカンキツ類の生産量が1億273万tを占め，果樹の中では最も大きな産業となっている．また，熱帯性果樹では生食用バナナ（デザートバナナ）と料理用バナナ（プランテイン）を合計した生産量（1億394万t）がカンキツ類の生産量にほぼ匹敵する．これらに続いて生産量の多い果樹はブドウ（6657万t）であるが，世界的にはブドウは生食用としてよりも，ほとんどがワイン用として生産されている．ブドウの次に生産量が多い果樹はリンゴ（6192万t），マンゴー（2657万t），ナシ（1810万t），モモ・ネクタリン（1541万t），パイナップル（1529万t）と続いている．

また，主要なナッツ類の生産についてみると，2004年の総生産量は842万tで，その内訳はカシューナッツ27.2%，アーモンド18.2%，クルミ17.5%，クリ13.3%，ヘーゼルナッツ8.1%，ピスタチオ6.5%，ブラジルナッツ0.9%となっている（表6.1）．

次に，温帯性果樹，熱帯・亜熱帯性果樹の主要な果樹に関して，2004年の国別の果実生産量は表6.2および表6.3のようである．温帯性果樹の生産においては，中国がリンゴ，ナシ（セイヨウナシ，チュウゴクナシ，ニホンナシ），モモ・ネクタリン，スモモの果実生産量で第1位になっており，また，その生産量も他の国に比べて著しく多い．さらにブドウの生産量では，イタリア，フランス，スペインといったヨーロッパ諸国が上位を占めているものの，中国はアメリカ合衆国および西アジアや南米諸国の生産量を上回り，第4位となっており，FAO統計では，中国での果実生産量が際だっている．ただ，オウトウやベリー類に関してはヨーロッパ，西アジア，アメリカ合衆国やカナダの北米が主な生産国となっている．

一方，熱帯性果樹についてみると，生食用バナナはインドを含めた東南アジアと南米諸国が上位を占めているが，料理用バナナ（プランテイン）はアフリカ諸国が生産量の上位を占めている．また，マンゴーやパイナップルは東南アジア諸国がその生産量の上位を占め，パパイアやアボカドは南米諸国での生産量が多い．亜熱帯性果樹であり，その生産量が多いことから大きな産業を形成しているカンキツ類についてみてみると，オレンジの生産量は南米のブラジル・メキシコ，ヨーロッパのスペイン・イタリア，およびアメリカ合衆国が上位を占めている．タンジェリン類やレモン・ライム類，グレープフルーツ・ブンタン類等の生産においてもこれらの国は重要な地位を占めており，さらに，タンジェリン類の生産では中国，日本，タイの東アジア地域の国も重要な生産国となっている．

6.1 世界の果実生産の動向

表 6.2 主要な温帯性果樹の国別果実生産量 (万 t)

順位・国名	生産量	順位・国名	生産量	順位・国名	生産量
ブドウ		**リンゴ**		**ナシ**	
1 イタリア	869	1 中国	2216	1 中国	1034
2 フランス	754	2 アメリカ合衆国	457	2 イタリア	83
3 スペイン	715	3 ポーランド	250	3 アメリカ合衆国	81
4 中国	553	4 イラン	240	4 スペイン	56
5 アメリカ合衆国	542	5 トルコ	230	5 アルゼンチン	51
6 トルコ	360	6 フランス	222	6 ドイツ	40
7 イラン	280	7 イタリア	207	7 日本	39
8 アルゼンチン	237	8 ロシア	203	8 南アフリカ	37
9 オーストラリア	201	9 ドイツ	159	9 トルコ	33
10 チリ	190	10 インド	147	10 韓国	30
モモ・ネクタリン		**スモモ**		**甘果オウトウ**	
1 中国	583	1 中国	443	1 トルコ	26
2 イタリア	162	2 ドイツ	57	2 アメリカ合衆国	25
3 アメリカ合衆国	139	3 セルビア・モンテネグロ	56	3 イラン	22
4 スペイン	111	4 ルーマニア	48	4 ウクライナ	14
5 ギリシャ	95.5	5 アメリカ合衆国	29	5 ドイツ	12
6 イラン	39.0	6 チリ	26	6 ロシア	10
7 フランス	38.7	7 フランス	23	7 イタリア	9
酸果オウトウ		**フサスグリ**		**ラズベリー**	
1 ロシア	23	1 ロシア	40	1 ロシア	17
2 ポーランド	21	2 ポーランド	19	2 セルビア・モンテネグロ	9
3 トルコ	15	3 ドイツ	15	3 アメリカ合衆国	5
4 セルビア・モンテネグロ	11	4 チェコ	2.1	4 ポーランド	4
5 アメリカ合衆国	9.8	5 ウクライナ	2.0	5 ドイツ	2
クランベリー		**ブルーベリー**		**キウイフルーツ**	
1 アメリカ合衆国	30	1 アメリカ合衆国	12	1 イタリア	37
2 カナダ	6	2 カナダ	8	2 ニュージーランド	32
3 ベラルーシ	2	3 ポーランド	1.7	3 チリ	13
4 ラトビア	0.8	4 ウクライナ	0.5	4 フランス	7.6
5 アゼルバイジャン	0.2	5 ルーマニア	0.4	5 ギリシャ	4

FAO STAT (2004 年度) のデータより作成.

表 6.3 主要な熱帯・亜熱帯性果樹の国別果実生産量 (万 t)

順位・国名		生産量	順位・国名		生産量	順位・国名		生産量
バナナ (生食用)			**プランテイン**			**オレンジ**		
1	インド	1682	1	ウガンダ	990	1	ブラジル	1826
2	ブラジル	660	2	コロンビア	295	2	アメリカ合衆国	1173
3	チリ	642	3	ルワンダ	247	3	メキシコ	397
4	エクアドル	590	4	ガーナ	238	4	インド	310
5	フィリピン	564	5	ナイジェリア	210	5	スペイン	288
6	インドネシア	439	6	ペルー	166	6	イタリア	206
7	コスタリカ	223	7	コートジュール	135	7	中国	198
8	メキシコ	203	8	カメルーン	120	8	イラン	190
タンジェリン類			**レモン・ライム**			**グレープフルーツ・ブンタン**		
1	中国	1056	1	メキシコ	182	1	アメリカ合衆国	195
2	スペイン	237	2	インド	142	2	中国	42
3	ブラジル	127	3	アルゼンチン	130	3	メキシコ	26
4	日本	120	4	イラン	110	4	イスラエル	23.5
5	イラン	72	5	ブラジル	100	5	南アフリカ	23.3
6	タイ	67	6	スペイン	91	6	キューバ	22.5
マンゴー			**パイナップル**			**ナツメヤシ**		
1	インド	1080	1	タイ	190	1	エジプト	110
2	中国	358	2	フィリピン	176	2	サウジアラビア	90
3	タイ	170	3	ブラジル	144	3	イラン	88
4	メキシコ	150	4	中国	142	4	アラブ首長国連邦	76
5	パキスタン	109	5	インド	130	5	パキスタン	65
6	インドネシア	101	6	ナイジェリア	89	6	アルジェリア	45
7	フィリピン	97	7	コスタリカ	73	7	スーダン	33
パパイア			**アボカド**			**カキ**		
1	ブラジル	165	1	メキシコ	104	1	中国	182
2	メキシコ	95.5	2	アメリカ合衆国	20	2	韓国	25
3	ナイジェリア	75.5	3	インドネシア	18	3	日本	23
4	インド	70.0	4	ブラジル	17.5	4	ブラジル	6.7
5	インドネシア	59.5	5	コロンビア	16	5	イタリア	5.5
6	エチオピア	23	6	チリ	15	6	イスラエル	4.0

FAO STAT (2004 年度) の統計より作成.

　ナッツ類の生産に関しては，カシューナッツはベトナム・インド・インドネシアの東南アジア諸国，ブラジル，アフリカ諸国での生産が多いが，アーモンド，ヘーゼルナッツ，ピスタチオは西アジアの乾燥地域での生産量が多く，また，アメリカ合衆国やイタリア・スペイン等のヨーロッパ諸国でもかなり生産されている (表6.4)．なお，クルミやクリに関しては，これらの国でも生産されているが，クルミは中国での生産量が多く，また，クリは中国・韓国・日本の東アジア諸国での

表 6.4 主要なナッツ類の国別生産量（万 t）

順位・国名	生産量	順位・国名	生産量	順位・国名	生産量
カシューナッツ		**アーモンド**		**クルミ**	
1 ベトナム	82.6	1 アメリカ合衆国	73.5	1 中国	41.5
2 インド	46.0	2 サウジアラビア	13.0	2 アメリカ合衆国	29.5
3 ナイジェリア	21.3	3 イタリア	9.1	3 イラン	15.0
4 ブラジル	21.1	4 スペイン	8.6	4 トルコ	13.0
5 インドネシア	12.0	5 イラン	8.0	5 ウクライナ	6.8
6 タンザニア	10.0	6 モロッコ	7.0	6 インド	3.4
7 コートダジュール	9.0	7 チュニジア	4.4	7 エジプト	2.7
8 ギニアビサウ	8.1	8 トルコ	4.1	8 フランス	2.6
クリ		**ヘーゼルナッツ**		**ピスタチオ**	
1 中国	80.5	1 トルコ	42.5	1 イラン	27.5
2 韓国	6.0	2 イタリア	13.4	2 アメリカ合衆国	15.8
3 イタリア	5.0	3 アメリカ合衆国	3.4	3 シリア	4.0
4 トルコ	4.8	4 アゼルバイジャン	2.0	4 中国	3.0
5 ボリビア	3.5	5 スペイン	1.4	5 トルコ	3.0
6 ポルトガル	3.3	6 イラン	1.3	6 ギリシャ	0.9
7 日本	2.4	7 中国	1.3	7 イタリア	0.2
8 ロシア	1.8	8 グルジア	0.9	8 ウズベキスタン	0.1

FAO STAT（2004 年度）の統計より作成．

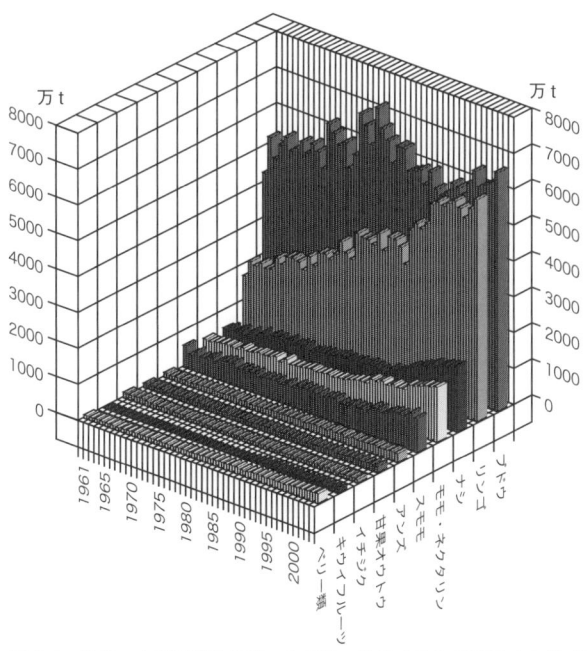

図 6.1 世界の主要温帯性果樹の生産量の推移（FAO STAT より作成）

生産が多い．

6.1.2 主要果樹の生産量の推移

　主要温帯性果樹について，世界での果実生産量の動向を 1961～2004 年までみると，まず，ブドウの生産量はこの間，ほぼ横ばいとなっていることがわかる（図 6.1）．また，オウトウやイチジクはその生産量は多くないが，ブドウ同様，ほぼ一定の生産量で推移している．これに対して，リンゴ，ナシ，モモ・ネクタリン，スモモは年とともに生産量が増加している．また，キウイフルーツは 1970 年代に生産が始まり，1985～92 年にかけて急速に生産量が増えたが，その後は 100 万 t 前後でほぼ一定の生産量となっている．

　次に，熱帯・亜熱帯性果樹類の生産量の推移をみると，すべての樹種で生産量が増加している（図 6.2）．特にカンキツ類とバナナの生産量の増加は著しく，また，マンゴーの 1990 年代の生産量増加にも目を見張るものがあり，世界各国で

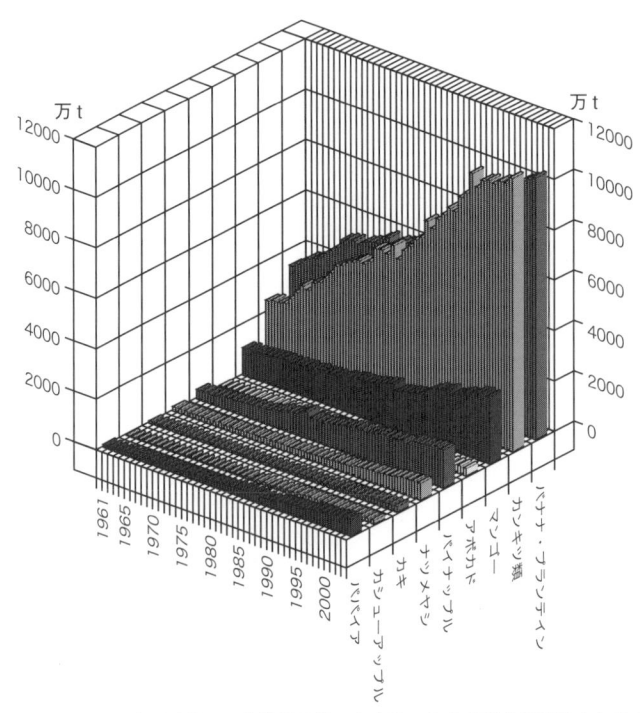

図 6.2　世界の主要熱帯・亜熱帯性果樹の生産量の推移（FAO STAT より作成）

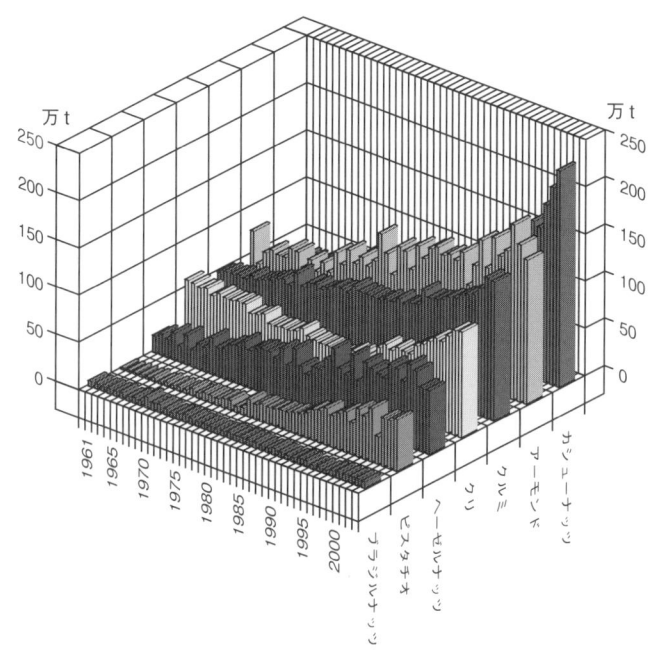

図 6.3 世界の主要ナッツ類の生産量の推移 (FAO STAT より作成)

の熱帯性果樹への高い関心がうかがわれる．

一方，ナッツ類に関してもブラジルナッツ以外はすべてのナッツ類で生産量が増加しており，特にカシューナッツの生産量は1990年代以降，急激に増加している (図6.3)．また，ピスタチオも1980年代以降生産量が急増し，ポピュラーなナッツとしての地位を獲得している．

このように，世界的にみると果樹の生産量はほとんどの樹種で現在も増加しており，輸送方法・技術の発達にともない，熱帯果樹を温帯地域へ，またその逆に，温帯果樹を熱帯・亜熱帯地域へ等，輸出入が増加し，今後，この傾向はさらに増大すると考えられる．

6.2 日本の果実生産の動向

6.2.1 果実生産量と栽培面積

日本で生産されている主要18品目果実の2004年の生産量をみると，総生産量はほぼ330万tであり，カンキツ類が41%（ウンシュウミカンが32%，イヨ

表 6.5 日本の主要 18 品目の果実生産量と栽培面積 (2004 年)

果実生産量 (t)		栽培面積 (ha)	
ウンシュウミカン	1060000	ウンシュウミカン	55700
イヨカン	131100	イヨカン	7200
ナツミカン	73800	ナツミカン	3700
ハッサク	57800	ハッサク	2780
ネーブルオレンジ	14300	ネーブルオレンジ	1130
リンゴ	754600	リンゴ	43700
ニホンナシ	328000	クリ	25200
カキ	232500	カキ	25100
ブドウ	205800	ブドウ	20400
モモ	151900	ウメ	18600
ウメ	113700	ニホンナシ	16200
キウイフルーツ	29100	モモ	11300
スモモ	27100	オウトウ	4660
クリ	24000	スモモ	3400
セイヨウナシ	23900	キウイフルーツ	2660
オウトウ	16400	ビワ	1980
パイナップル	11500	セイヨウナシ	1920
ビワ	6470	パイナップル	606
総生産量	3261970	総栽培面積	246236

農林水産統計情報総合データベースをもとに作成.

カン，ナツミカン，ハッサク，ネーブルオレンジを合わせた晩柑類が9%) を占めている (表6.5). また, リンゴは23%, ニホンナシは10%, カキは7%, ブドウは6%, モモは5%, ウメは3%を占める. その後は, キウイフルーツ, スモモ, クリ, セイヨウナシ, オウトウ, パイナップル, ビワの順であり, その生産量はキウイフルーツの2.9万tからビワの0.6万tの範囲にある.

一方, これら果樹の2004年の栽培面積は総果樹栽培面積25万haの中で, カンキツ類29% (うちウンシュウミカン23%), リンゴ18%, クリとカキがそれぞれ10%, ブドウ8%, ニホンナシ7%, モモ5%となっている. その後はオウトウの4660 ha からパイナップルの606 ha の間である (表6.5). 栽培面積ではクリが上位を占めるのが特徴的であるが, クリの栽培はほとんどが粗放的である.

6.2.2 主要果実の生産量の推移

日本の果実総生産量および生産量の上位を占める7品目 (ミカン, リンゴ, ニホンナシ, カキ, ブドウ, モモ, ウメ) のそれぞれの生産量について, 1905 (明治38) 年以降の変遷をみてみると, 日本のそれぞれの時代の政策・世相を反映

6.2 日本の果実生産の動向

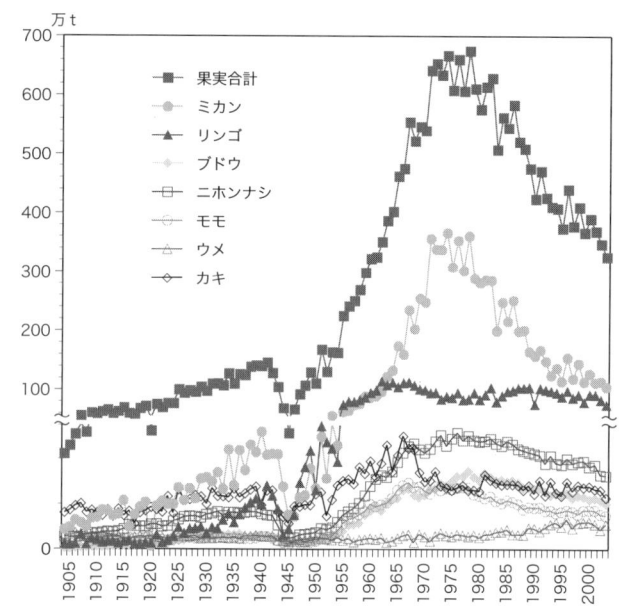

図 6.4 日本の果実生産量の推移（農林水産統計情報総合データベースをもとに作成）

した果実生産の特徴が明らかとなる（図 6.4）．すなわち，1905 年に 42 万 t であった果実総生産量は，明治から大正期に行われた諸外国からの果樹品種導入とその栽培の定着化の努力により，1940 年代初期まで順調に増加を続け，1942（昭和 17）年には 146 万 t を記録した．しかしながら，1941 年 12 月の日本の第二次世界大戦参戦により，同年に不急不用の作物に指定されていた果樹は補助金をもってその整理が行われ，果樹栽培園は激減し，終戦翌年の 1946（昭和 21）年にはその総生産量が 51 万 t にまで減少した．この激減した果実生産は，戦後の復興にともなう果実への需要の高まりによって回復し，1955（昭和 30）年頃には大戦前の水準に達した．この頃，果実は高値で販売されたため，ミカン御殿等の言葉も生まれ，その生産量も急激に増加した．

その後も，1960（昭和 35）年の池田勇人内閣の下で策定された国民所得倍増計画に始まる国民所得の増大，さらに，1961（昭和 36）年の果樹農業振興特別措置法の制定等に後押しされ，果実の生産量はすべての品目で年々増加し（図 6.4），1972（昭和 47）年には総生産量も 600 万 t を超えた．この総生産量の急増は特にミカンの増殖による生産量の急増が大きな役割を果たしており，その生産量も

1972年には300万tを超えている．しかしながら，この間の果実生産量の急増は必ずしも順調な果樹産業の発展を示すものではなく，ミカンの生産量の急増や1963（昭和38）年のバナナの輸入自由化等により，リンゴ果実の価格は徐々に下落傾向を示し，1968（昭和43）年にはリンゴの山川市場といわれる価格の大暴落が起こった．これを機にリンゴでは'国光'や'紅玉'から品質がよい'ふじ'への品種更新が加速し，以後ほぼ100万t前後で一定に推移するリンゴ生産は'ふじ'によって支えられることになり，果樹での品種の重要性が再認識された．また，ミカンでも350万tを超える大豊作となった1972年には価格の大暴落を招いた．

このため，1970年代のウンシュウミカンの生産過剰を是正することを目的とし，1979（昭和54）年からミカン園転作事業が開始されるとともに，1985（昭和60）年には果樹農業振興法の目的を生産の拡大から需給の安定に改めるとともに，短期的な需給調整措置を新設すること等の抜本的な改正が実施された．また，1988（昭和63）年からはカンキツ園再編対策事業が実施された．これらの政策によりミカンの生産量は急減し，2004年のミカンの生産量はほぼ110万tにまで減少するとともに，果実総生産量も約330万tにまで減少した．

なお，ニホンナシ，ブドウの生産量は1970年代半ばに，また，カキ，モモは少し早く1960年代後半にピークをむかえ，その後これらの樹種でもその生産量が現在まで徐々に減少する傾向にある．しかし，これら果樹の生産量の微減は戦後の量的生産から質的生産重視の傾向に移行した結果であり，リンゴ同様，ニホンナシでも'幸水'や'豊水'等の品種作出がナシ産業での大きな役割を担い，さらに現在では機能性成分を含むより高品質な果実が要求されている．また，ウメはその生産量はそれほど多くないものの，1955年以降現在まで増加傾向にあり，2004年には約11万tの生産量となっている．

6.2.3 施設栽培の動向

日本の果樹生産において，施設栽培による果樹生産は特記すべきものである．日本の果樹は外国と比較してよくいわれるように，果実を水代わりとして考えてきた欧米諸国に対し，日本では嗜好品と考え，優れた付加価値をつけることによって高価格で果実を販売してきた．この意味において，加温施設を利用し，集約的に高品質，かつ，時季はずれの果実を生産することは日本における果樹栽培の1つの栽培体系となりうる．

元来，日本での果樹の施設栽培は，病害抵抗性の弱いヨーロッパブドウを栽培

可能とするためのガラス室栽培から始まった．しかしながら，果樹におけるこのガラス室栽培はそれほど拡大せず，1967（昭和42）年から現在まで，150 ha 前後のほぼ同じ，低い値で推移している（図 6.5）．これに対して，ハウス栽培は1967年以降急増しており，2001年には7500 ha まで増加している（図 6.5）．このハウス栽培は，1960年代に実用化した'デラウエア'ブドウのジベレリン処理による無核化栽培のためのハウス栽培が始まりであるが，このハウスを利用した加温促成栽培が普及していったことが拡大の要因となっている．また，ウンシュウミカンの価格低迷の恒常化を打開する手段としてウンシュウミカンでもハウス栽培が試行され，1970（昭和45）年に初出荷されたハウスミカンが高値で取り引きされたことにより，1970年代からウンシュウミカンのハウス栽培も普及していった．さらにこの頃は，全般的に果実生産が過剰となり，その価格が低迷していたため，さまざまな果樹でハウス栽培による果実生産が試みられるようになり，ハウスの面積が急増していった．2001年の調査によれば，ブドウ，ウンシュウミカン等のカンキツ類とともに，ニホンナシ，オウトウ，ビワ，イチジク，モモ，カキ等でもハウスを利用した加温施設栽培が行われており，全体として15万5000 t の生産量をあげている（表 6.6）．

なお，1983（昭和58）年からの調査では保温を目的とするのではなく，雨による作物のぬれ等を防止するとともに，灌水によって養水分の吸収を適正に調節することを目的とする，作物の上部のみを被覆する施設である「雨よけ施設」の統計が取られている．この施設は果実の外観や品質を向上させる目的で増加して

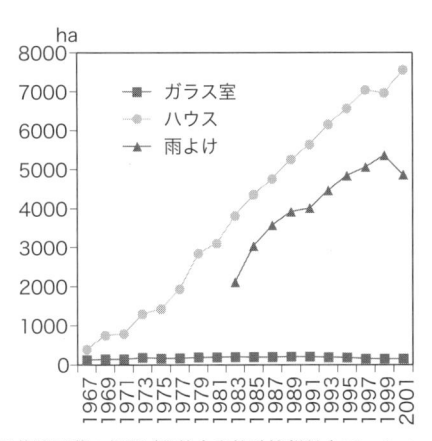

図 6.5 果樹の施設栽培面積の推移（農林水産統計情報総合データベースをもとに作成）

表 6.6 樹種別施設栽培面積と収穫量

樹種	ガラス室		ハウス	
	施設面積 (千 m²)	収穫量 (t)	施設面積 (千 m²)	収穫量 (t)
ブドウ	1233	1848	40557	49098
ウンシュウミカン	6	6	12764	68149
その他のカンキツ類	2	11	6943	14713
ナシ	2	85	4510	11471
オウトウ	0	0	3029	2066
ビワ	0	0	1215	1105
イチジク	2	0	1021	1005
モモ	0	0	943	1489
カキ	0	0	458	1005
その他の果樹	6	10	3471	3700
計	1251	1960	74911	153801

農林水産統計情報総合データベースをもとに作成.

表 6.7 樹種別雨よけ栽培面積と収穫量

樹種	施設面積 (千 m²)	収穫量 (t)
ブドウ	23361	29051
オウトウ	19821	11231
ナシ	2756	7986
カンキツ類	2192	5393
イチジク	99	196
その他の果樹	462	910
計	48691	54767

農林水産統計情報総合データベースをもとに作成.

おり（図6.5），特にブドウのジベレリン処理，オウトウの裂果防止等を目的として，2001年の段階でかなりの施設面積が計上されている（表6.7）.

6.3　果実消費の動向

6.3.1　日本の果実消費動向

1960（昭和35）年から2003（平成15）年までの果実の国内消費仕向量の動向は図6.6のとおりである．前述のとおり，国内の果実生産量は1980（昭和55）

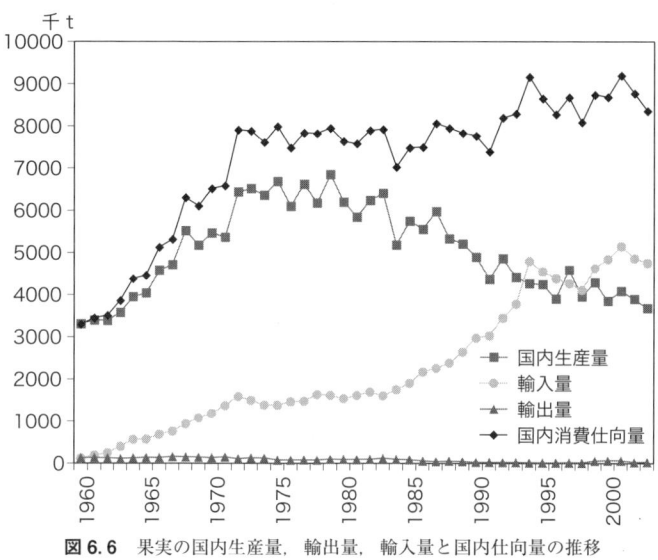

図 6.6 果実の国内生産量，輸出量，輸入量と国内仕向量の推移
（農林水産統計情報総合データベースをもとに作成）

年以降，ミカンの生産量の激減とともに現在まで減少を続けている．また，国内生産果実の輸出量は極めて少ない（図 6.6）．これに対して，果実輸入量は 1960年以降，1960 年にナシ，モモ，キウイフルーツ，アボカド，パパイア等の 11品目，1961 年パイナップル，1963 年バナナ，1964 年レモンとたて続けの輸入自由化の影響により上昇を続け，1972 年には 159 万 t に到達した．その後，果実輸入量はしばらく一定の値を保っていたが，1985（昭和 60）年のニューヨークでの G5（日・米・英・独・仏）諸国の蔵相会談によるプラザ合意の結果を受けて容認された円高基調により，果実の輸入量が急増した．プラザ合意によって，1985 年 9 月には 1 ドル 242 円であったのが，1987 年 10 月には 1 ドル 141 円台にまで急落している．この円高によって始まった輸入の急増は 1994（平成 6）年まで続き，それ以降は 2003 年まで，やや増減はあるものの，450 万〜500 万 t前後の値で推移している．この果実輸入量の急増によって，国内果実の生産量が減少しているにもかかわらず，果実の国内消費仕向量は 1972（昭和 47）年以降，800 万 t 前後の一定の値で推移し，1992（平成 4）年以降は逆にやや増加傾向にある．このため，日本の果実供給量（1 人・1 日当たり）は 1972 年以降，増減はあるものの現在まで 100〜120 g の間でほぼ一定に推移している（図 6.7）．

ただ，この果実輸入量は果汁や缶詰等の加工品を果実生鮮量に換算した値を生

鮮果実の輸入量に加えて算出した値である．1986年にはグレープフルーツ果汁，1990年にはリンゴ・ブドウ・パイナップル果汁，1992年にはオレンジ果汁が輸入自由化となり，果汁の輸入が急増した．そこで，果実輸入量の推移に生鮮果実と果汁の輸入量の推移を重ねてみると，1972（平成47）年以降，生鮮果実の輸入量は2003年までそれほど増加しておらず，果実輸入量の増加が果汁輸入量の急増に対応していることがわかる（図6.8）．

このことは生鮮果実の国内仕向量は1980年代以降の国内果実生産量の減少にともない，減少傾向にあることを意味している．事実，厚生労働省（旧厚生省）の国民健康・栄養調査（2002〔平成14〕年までは国民栄養調査）での国民1人・1日当たりの果実摂取量の動向をみると，第二次世界大戦後の1946（昭和21）

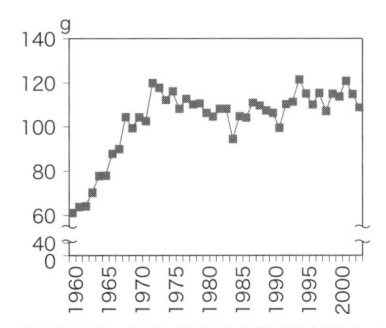

図6.7 1人・1日当たりの果実供給量の推移（農林水産統計情報総合データベースをもとに作成）

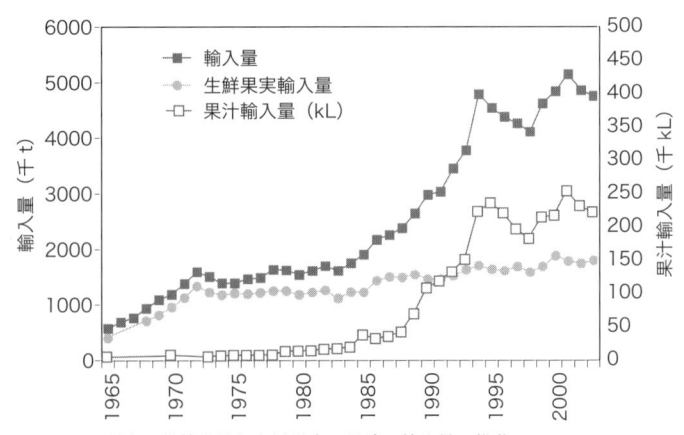

図6.8 果実の総輸入量と生鮮果実・果汁の輸入量の推移
（食料需給表，ポケット園芸統計，財務省貿易統計等をもとに作成）

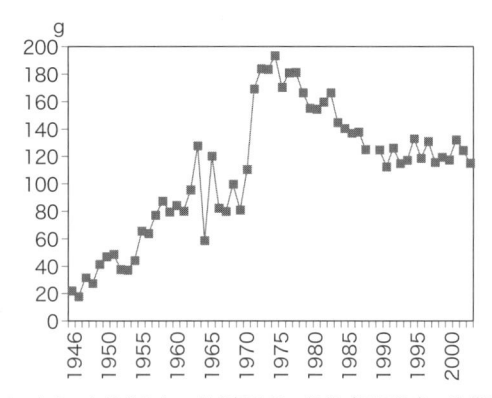

図 6.9 日本での1人・1日当たりの果実摂取量の推移（国民健康・栄養調査より作成）

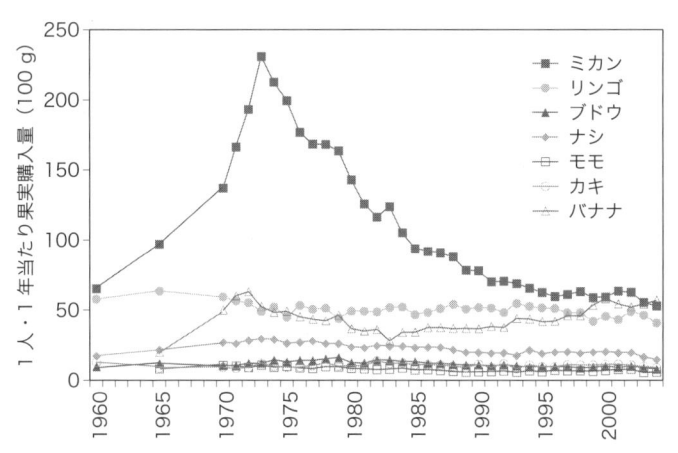

図 6.10 日本での果実品目別の果実購入量の推移（総務省家計調査より作成）

年以降順調に上昇し，特に1970（昭和45）年から数年の間に急増し，1975（昭和50）年にはほぼ200gに達したが，その後，果実摂取量は減少傾向に転じ，1988年以降は120g前後で推移し，2003年には115gまで落ち込んでいる（図6.9）．この果実摂取量の増減は，やはりミカンの購入量の増減が大きな要因となっていることが，総務省（旧総理府統計局）の家計調査から明らかである（図6.10）．この調査結果によれば，リンゴ，ブドウ，ナシ，モモ，カキの購入量には1960～2004年の間にそれほど大きな変動はないが，ミカンはこの間，前述の生産量の変遷に一致した，大きな増減が認められる．

なお，バナナに関しても増減が認められ，1972年に約6kgとその購入量のピー

クをむかえた後，徐々に減少したが，1984年以降再び増加傾向に転じ，2004年にはその値が5.7 kgとなり，ミカンの5.3 kgを抜いて，日本ではいちばん購入されている果物となった（図6.10）．ただ，1人・1年当たりの果実の購入金額でみると，2004年でもミカンの購入金額（1691円）はバナナ（1287円）を上回っている．また，2004年の1人・1年当たりのミカンの購入量は，最大であった1973年に比較して77%も減少しているが，購入金額はそれほどの減少ではなく，1973年の2124円が2004年には1691円となり，購入金額の減少は20%にとどまっている．

6.3.2. 世界各国の果実消費量とわが国での「毎日くだもの200 g運動」

FAO STATにある，各国の1人・1年当たりの果実供給量の1998〜2002年の5年間の値を平均し，果実供給量50 kg以上の値を示す国をグラフにすると図6.11のようになる．この果実供給量は，各国での1人・1年当たりの果実消費量の指標と考えることができるので，日本の値（52.32 kg）を世界の中で比較してみると，果実消費量が非常に少ないことが明らかとなる．このFAO統計がどの程度確かかは論議があると思われるが，この統計によれば，果実消費量の最も多い国はカリブ海にあるドミニカ共和国の342 kgであり，その後に中米のベリーズ（283 kg），カリブ海のバハマ（264 kg），セントルシア（261 kg），グレナダ（224 kg）が続いている．このほかにも，上位にはカリブ海諸国（アンティグア・バーブーダ，ジャマイカ等），中南米諸国（コスタリカ，エクアドル，ボリビア等），アフリカ諸国（ウガンダ，ルワンダ，ガボン等）があがっている．また，中東のレバノン（150 kg），アラブ首長国連邦（124 kg），イスラエル（120 kg）の消費量も多い．

一方，ヨーロッパ諸国ではギリシャ，イタリア，オランダ，ポルトガル，オーストリア，ドイツ，スペイン，デンマーク，スウェーデンが100 kg以上の高い消費量を示し，スイス，フランス，イギリス，フィンランドも80 kg以上を消費している．さらに，北米ではカナダが125 kgと高い消費量を示し，アメリカ合衆国も116 kgと高い．また，ニュージーランド（110 kg），オーストラリア（90 kg）もその消費量が多い．

これに比較して，日本の消費量（52.3 kg）はかなり低く，アジア諸国ではフィリピン（99 kg）やタイ（91 kg）が上位にランクされており，FAO統計によれば，日本は北朝鮮（55.1 kg）よりも消費量が少ないことになる．なお，中国はさまざ

6.3 果実消費の動向

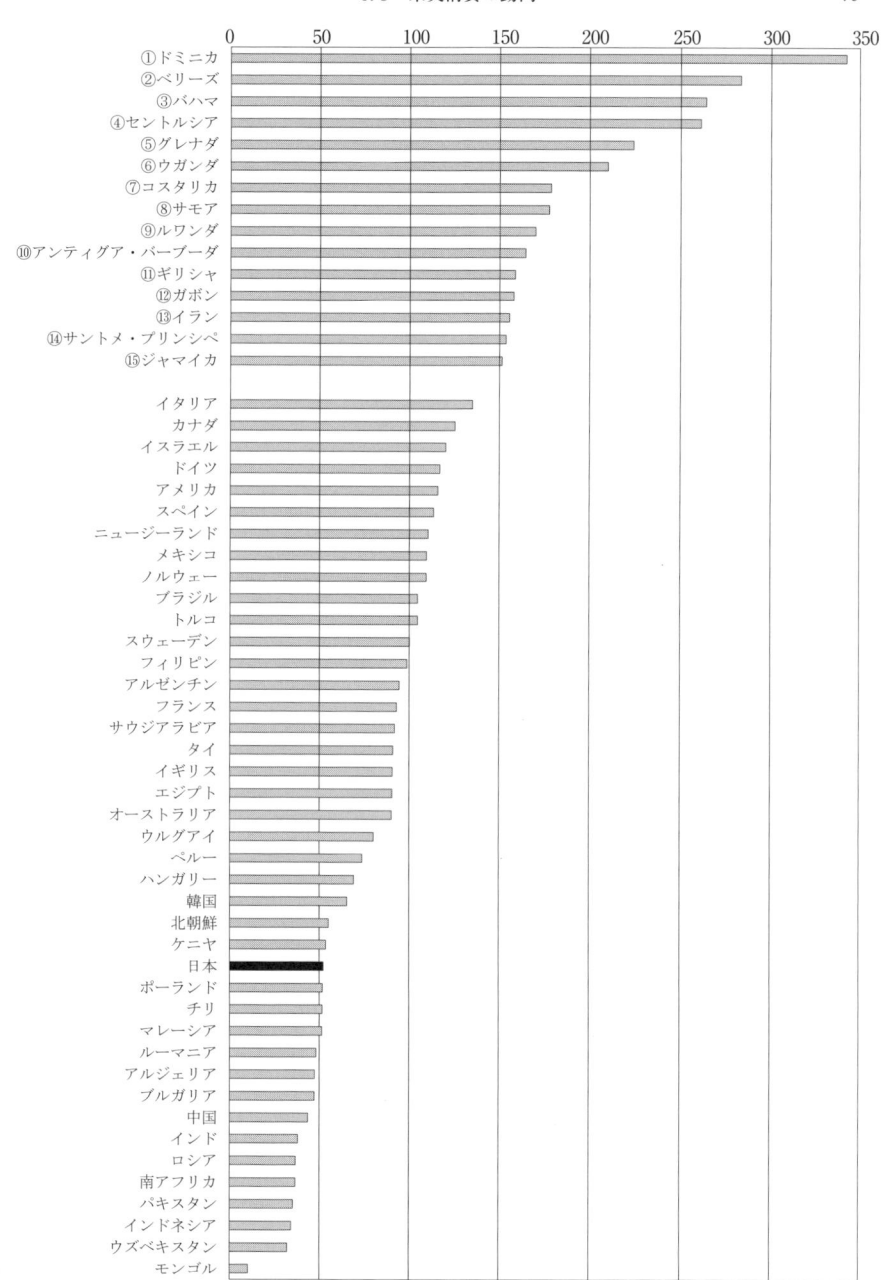

順位	国名	供給量 (kg)
①	ドミニカ	~340
②	ベリーズ	~280
③	バハマ	~255
④	セントルシア	~250
⑤	グレナダ	~220
⑥	ウガンダ	~210
⑦	コスタリカ	~175
⑧	サモア	~170
⑨	ルワンダ	~160
⑩	アンティグア・バーブーダ	~160
⑪	ギリシャ	~155
⑫	ガボン	~155
⑬	イラン	~150
⑭	サントメ・プリンシペ	~150
⑮	ジャマイカ	~145
	イタリア	~130
	カナダ	~120
	イスラエル	~115
	ドイツ	~115
	アメリカ	~115
	スペイン	~110
	ニュージーランド	~105
	メキシコ	~105
	ノルウェー	~105
	ブラジル	~100
	トルコ	~100
	スウェーデン	~95
	フィリピン	~95
	アルゼンチン	~90
	フランス	~90
	サウジアラビア	~85
	タイ	~85
	イギリス	~85
	エジプト	~80
	オーストラリア	~80
	ウルグアイ	~75
	ペルー	~70
	ハンガリー	~65
	韓国	~60
	北朝鮮	~55
	ケニヤ	~55
	日本	~55
	ポーランド	~50
	チリ	~50
	マレーシア	~50
	ルーマニア	~50
	アルジェリア	~45
	ブルガリア	~45
	中国	~40
	インド	~35
	ロシア	~35
	南アフリカ	~35
	パキスタン	~35
	インドネシア	~30
	ウズベキスタン	~30
	モンゴル	~15

図 6.11 世界各国の国民 1 人・1 年当たりの果実供給量 (単位 kg)
1998〜2002 年の 5 年間の平均値 (15 位以下は主要国の抜粋). FAO STAT より作成.

まな果樹でその生産量が非常に高いが，1人・1年当たりの消費量は43.7 kgとなっている．

このように，現在，日本の果実消費量は他の諸国と比較してかなり低い．前述の国民栄養調査結果にみられるように，1973～78年の間は1人・1日当たり180 g以上の果実摂取量があったにもかかわらず，2003年の結果では，果実摂取量は115.1 gにまで落ち込んでいる．さらに，2003年の調査結果によれば，50～59歳の人は1日当たり128.2 g，60～69歳の人は153.8 g，70歳以上の人は151.5 gの果物を食べているのに，20～29歳の人は73.7 g，30～39歳の人は63.2 g，40～49歳の人は88.0 gとその摂取量がほぼ半分となっている．中央果実生産出荷安定基金協会（中央果実基金）が2004年6月に行った「くだものの消費に関するアンケート調査」によると，60代以上の人は49.6％，50代では35.5％がほぼ毎日果物を食べていると回答したのに対して，20代は19.8％，30代は24.4％となっている．さらに，20代の人が毎日果物を食べない理由としてあげているものは，「食べるのに手間がかかる」21.8％，「時間に余裕がない」20.8％，「値段が高い」13.9％，「食費に余裕がない」13.9％となっている．

この近年の果実消費減少の現状を打開し，果樹産業を活性化することを目的として，2001（平成13）年，中央果実基金が事務局となり農林水産省が後援する形で，農学・医学・栄養学・食生活指導や料理等の専門家をはじめ，生産者団体・流通関係者等が中心となって「果物のある食生活推進全国協議会」が組織され，「毎日くだもの200 g運動」が全国的に展開されている．この運動は，国民の健康推進および食料の安定供給の確保をねらいとして，2000年に文部省（当時），厚生省（当時），農林水産省の3省が定めた「食生活指針」に記載されている「たっぷり野菜と毎日の果物でビタミン，ミネラル，食物繊維をとりましょう」という提案，および厚生省の「21世紀における国民健康づくり運動」で「がん予防のために果物類を毎日摂取することが望ましい」とする提案をより具体的に推進するため，さまざまな形で果実の健康への有効性をアピールしている．今後，果実の機能性成分の研究をより進展させ，果実の重要性をさらに浸透させることで，若者の果物離れを打開すると同時に，日本の果実摂取量を少なくとも欧米の水準まで引きあげ，果実購入量が増加傾向に転じていくことを期待したい．

〔米森敬三〕

アケビ（解説 p. 115）

アケビ果実（ミツバアケビ）

果実の断面

花（ミツバアケビ）

アセロラ（解説 p. 118）

果実（左：ビタミンCをきわめて豊富に含む），および花（右）

アボカド（解説 p. 121）

着果状況（上）と花（下）

果実形態（左から'フェルテ''ズタノ''ベーコン'）

アンズ（解説 p. 127）

*印写真提供：農業・食品産業技術総合研究機構　果樹研究所

着果状況（'新潟大実'）*

花*

果実とその断面（左：'平和'，右：'ハーコット'）*

イチゴ（解説 p. 132）

着果状況（品種'おとめ心'）

花

近年登場した品種の例；
① 'とちおとめ'（1996年，栃木県）
② 'あまおう'（2001年，福岡県）
③ 'さがほのか'（2001年，佐賀県）

チリイチゴ（*Fragaria chiloensis*）果実
栽培イチゴの源流ともいえる種だが，熟しても白いまま
という珍しさから，近年再注目されてきている．

イチジク（解説 p. 144）

着果状況（各葉腋に 1 つずつつく）

果実の断面

イチジクの乾果

ウメ（解説 p. 151）

着果状況（'南高'）

花（'南高'）

果実（'南高'）

梅干し（左）と梅酒（右）：古くから親しまれてきた加工品

オウトウ（解説 p. 156）

甘果オウトウ（左：'佐藤錦'，右：'ナポレオン'）

酸果オウトウ（左：'アーリーリッチモンド'，右：'イングリッシュモレロ'）．日本ではなじみが薄いが，果実酒や加工品に利用される．

着果状況（上）と花（下）

オリーブ（解説 p. 168）

熟果は黒紫色に着色する

着果状況（若い果実）

花

果実とその断面（果肉は豊富に油分を含む）

カキ（解説 p.174） *印写真提供：農業・食品産業技術総合研究機構 果樹研究所

'富有'（完全甘ガキ）*    '次郎'（完全甘ガキ）*

カキの4タイプの品種群；完全甘ガキ（上左），完全渋ガキ（上右），不完全甘ガキ（下左），不完全渋ガキ（下右）．同じ甘ガキでも，完全甘ガキと不完全甘ガキとでは脱渋の機構が異なる．

カキの雌花（左）と雄花（右）．栽培品種には雌花のみ着生するものが多い．

カリン，マルメロ（解説 p. 191）

*印写真提供：小林祐造氏

カリン果実とその断面，花

マルメロ果実とその断面*

カンキツ（解説 p. 197）

ウンシュウミカン（'宮川早生'）

果実断面（上：ウンシュウミカン，下：キシュウミカン）

（カンキツ写真続き）

仏手柑（シトロンの一種）

'宮内伊予柑'

'土佐ブンタン'

グレープフルーツ'ルビースター'

ユズ

'不知火'

ヒュウガナツ

ネイハキンカン

キイチゴ類（ラズベリー，ブラックベリー）(解説 p. 242)

ラズベリー（左）とブラックベリー（右）断面
ラズベリーは集合果内部が中空となる．

ラズベリー'サマー・フェスティバル'

ブラックベリー'マートン・ソーンレス'（果実と花）

キウイフルーツ (解説 p. 249)

結果状況（'香緑'）

キウイフルーツの品種；
上段：'ヘイワード'，
中段：'Hort 16A'（ゼスプリゴールド）
下段：'レインボーレッド'

グアバ（解説 p. 257）

グアバ（左）およびストロベリーグアバ（右）果実

グミ（解説 p. 263）

*印写真提供：名城大学農学部・新居直祐氏

着果状況*　　　　　　　花*

クランベリー（解説 p. 266）

着果状況

クワ（解説 p. 269）

着果状況

ザクロ（解説 p. 272）

着果状況

果実と断面（'ワンダフル'）

サポジラ（解説 p. 275）

果実とその断面

サボテン類（解説 p. 278）

サントル（解説 p. 281）

店頭に並んだ果実

ピタヤの着果状況，果実断面，花
「ドラゴンフルーツ」の名で流通することが多い．

スイカ（解説 p. 283）

着果状況

果実断面（左：三喜セブン，右：クリーム）

スグリ類（カランツ，グーズベリー）（解説 p. 293）

カランツの着果状況（'ベン・コナン'）と果実（'ベン・アーロンド'）

カランツ'ヨンクヒール・ファン・テェツ'

グーズベリー'ウィンハムズ・インダストリー'

卸売市場の果実．欧州では重要な小果類である．

スターフルーツ（解説 p. 300）

果実とその断面 　　着果状況 　　棚を用いた栽培風景

スモモ（解説 p. 303）

花（上）と着果状態（'スタンレー'）

果実とその断面（上段から'大石早生'，'サンタローザ'，'ソルダム'）

タマリンド（解説 p. 310）

果実と断面，種子 　　着果状況

チェリモヤ，アテモヤ（解説 p. 313）

チェリモヤ'ビッグシスター'（果実断面，着生状況，花）

アテモヤ'ジェフリー'（着果状況，花）

ドリアン（解説 p. 321）

店頭の果実（タイで）

着果状況

花

ドリアンの加工品（チップ，ペースト等）

ナシ（解説 p. 326）

着果状況（'おさゴールド'）

花（'二十世紀'）

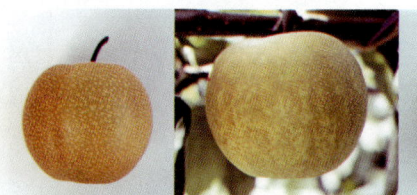

ニホンナシ（左から順に'豊水'，'幸水'，'二十世紀'，'新高'）

セイヨウナシ（左：'ラ・フランス'，右：'ゼネラル・レクラーク'）

チュウゴクナシ（左：'ヤーリー'，右：'ツーリー'）

ナツメ（解説 p. 349）

チュウゴクナツメ着果状況，および乾果

パイナップル（解説 p. 353）

着果状況

左：'N 67-10'（現在の沖縄における主力品種），中：'ボゴール'（別名スナックパイン）；右：'ソフトタッチ'（別名ピーチパイン）

収穫された果実（フィリピン）

パッションフルーツ（解説 p. 375）

花（上），果実断面（中），および着果状況（下）
美しい花も観賞の対象となる．

ハスカップ（解説 p. 372）

着果状況（上）と花（下）

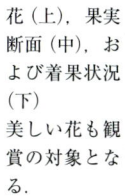

バナナ（解説 p.378）

収穫果実（緑のうちに摘み取り追熟を行う）　　　花と着果状況

さまざまなタイプの品種

パパイア（解説 p.389）

着果状況（'サーイ・ナム・プン'）

果実外観（'ケーク・ダム'）；食べ頃の熟度

果実断面（'サンライズ'）

パンノキ，ジャックフルーツ（解説 p. 402）

ジャックフルーツ着果状況．果実は 50 kg にも達することがある．

ジャックフルーツ断面

パンノキ果実断面

パンノキ着果状況（幼果）

バンレイシ，トゲバンレイシ（解説 p. 408）

トゲバンレイシの着果状況（上）と花（下）

店頭のバンレイシ果実（上）とその断面（下）

ビワ（解説 p. 413）

*印写真提供：千葉県農業総合研究センター・八幡茂木氏
**印写真提供：農研機構　果樹研究所・根角博久氏

品種 '田中'* 　　　　品種 '茂木'　　　　花

果実断面（'田中'）** 　　　　結実のようす（摘果しない状態）

フェイジョア（解説 p. 418）

着果状況 　　　　果実断面（'クーリッジ'） 　　　　花

ブドウ（解説 p. 421）

① 　　　　② 　　　　③

（ブドウ写真続き）

さまざまなブドウ品種（①ピオーネ，②デラウエア，③マスカットオブアレキサンドリア，④藤稔，⑤シャインマスカット，⑥ネオマスカット，⑦安芸クイーン，⑧ゴルビー，⑨巨峰）.

ブルーベリー（解説 p.436）

*印写真提供：島根大学・伴琢也氏

着果状況*，果実断面*，花*（品種'ティフブルー'）

ポポー（解説 p.440）

着果状況，果実断面，花

マンゴー（解説 p. 443）

果実とその断面（'アーウィン'）　　栽培のようす（左：ハウス栽培）と花房（右）

さまざまな品種（①ナム・ドク・マイ（左，断面含む）とキヨウ・サワイ（右），②センセーション，③マハ・チャノク，④金こう1号）

マンゴスチン（解説 p. 452）

果実とそれを割ったところ．2004年よりタイからの生果での輸入が解禁され，しばしば店頭でも見かけるようになった．

着果状況（上）と花（下）

101

メロン（解説 p. 457）　　　＊印写真提供：大泉利勝氏，＊＊印写真提供：横浜植木（株）

世界の多様なメロン＊

赤肉系露地メロン'クインシー'＊＊

ノーネットタイプの露地メロン4品種

温室メロンの隔離床栽培（静岡県焼津市）

露天で販売されるハミ瓜（中国・新疆）

モモ（解説 p. 465）

着果状況

花（「ぼんてん」を用いた受粉作業）

(モモ写真続き)

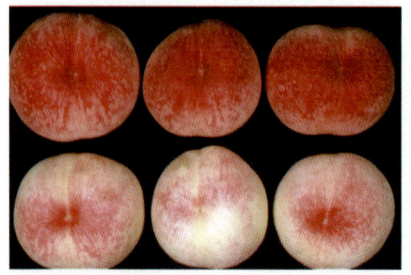

'白鳳' 果実 (上段：無袋，下段：白袋)

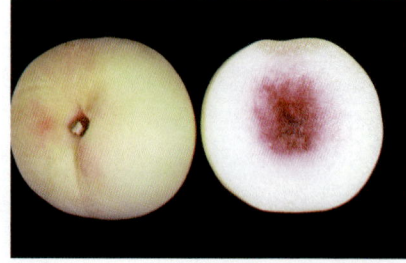

'白桃' 果実

'秀峰'（ネクタリン）果実

バントウ果実

ヤシ類① (ココヤシ) (解説 p. 481)

着果状態

ココヤシの繁る代表的な熱帯風景

果実断面（左：未熟果，右：成熟果）

ココナッツ水の飲用風景

ヤシ類②（サラッカ，ナツメヤシ）（解説 p. 494）

サラッカ（果実と可食部）

サラッカ着果状況（株元から房状に着生）

ナツメヤシ（果房の袋掛け栽培）

ヤマモモ（解説 p. 499）

着果状況

果実とその断面

ランサー（ロンコン）(解説 p. 505)

果房（タイの店頭にて）  　　　　　果実断面

ランブータン (解説 p. 508)

*印写真提供：Yapwattanaphun, C. 氏

店頭に積まれた果実（タイで；断面を見せている）(左)，着果状況（中），および花（右）

リュウガン（ロンガン）(解説 p. 511)

着果状況  　　　　　花

リンゴ（解説 p. 514）　　　　　　＊印写真提供：長野県果樹試験場・玉井浩氏

'ふじ'　　'王林'

'つがる'　　'芳明'

着果状況（'シナノスイート'）＊
M.9ナガノ台木を用いた矮化栽培

花　　　果実断面

レイシ（解説 p. 529）

着果状況 　　　果実とその断面

レンブ（解説 p.532）

着果状態

収穫された果実

果実とその断面

花

その他トロピカルフルーツ（p.535〜541 一覧表参照）

アカタネノキ

キャニステル（クダモノノタマゴ）

ミラクルフルーツ
味覚を変化させる効果（酸味や苦みの強い食物を甘く感じさせる）があることで知られている．

（その他トロピカルフルーツ写真続き）

ケガキ

スイショウガキ（スターアップル）

ブニノキ

その他ベリー類・野生果実 (p.542〜544 一覧表参照)

野イチゴ類（左からクマイチゴ，ナガバモミジイチゴ，ナワシロイチゴ，フユイチゴ）

シャシャンボ

クロマメノキ

ナツハゼ

アーモンド（解説 p. 547）

*印写真提供：カルフォルニア・アーモンド協会

着果状況*　　花　　果実・種子と仁（食用部分）*

カカオ（解説 p. 552）

着果状況左：（幹に直接着生する）と，果実から種子を取り出しているところ（右）

カシューナッツ（解説 p. 555）

果実（左）と花（中）および着果状況（右）．．西洋ナシ形の果托（カシューアップル）の先端に灰色の果実がつく独特の形態で，この果実の中に勾玉形の種子（カシューナッツ）が含まれる．

ぎんなん（イチョウ）(解説 p.559)

着果状況

金兵衛
久寿
藤九郎
在来種

上中：果実（栽培種および在来品種）
上右：果実断面と可食部（胚乳）

左：雄花，および，右：雌花

クリ (解説 p.563)

*印写真提供：愛媛県果樹試験場 鬼北分場

着果状況*

花*

クリ品種'筑波'*

'石鎚'*

クルミ（解説 p. 573）

着果状況（'信鈴'）

種子と仁（可食部）

コーヒー（解説 p. 580）

着果状況

花

乾燥中の種子（生豆）

ピスタチオ（解説 p. 584）

核（殻）と仁（可食部）*

果実（房状）**

*印写真提供：カルフォルニア大学・Parffit, D. E. 氏
**印写真提供：カルフォルニア・ピスタチオ協会

ブラジルナッツ（解説 p. 589）

種子

ペカン（解説 p. 591）

着果状況

種子（中に可食部の仁が入る）

ヘーゼルナッツ（解説 p. 595）

殻のついた果実（左）と殻を取った子葉（右）

花

マカダミアナッツ（解説 p. 598）

果実，種子，仁（可食部）　　着果状況　　花

マツの実（解説 p. 602）

マツの実の瓶詰め製品（韓国）　　着果状況（チョウセンゴヨウマツ）

その他日本野生の木の実（p. 605 〜 607 一覧表参照）

トチノキ　　アラカシ　　ツブラジイ

II 各論

各論① フルーツ類

アケビ

和名 アケビ，通草
英名 akebi, chocolate vine
学名 *Akebia quinata* (Thunb.) Decaisne
（アケビ科）

　同様の果実をつけるミツバアケビ（*A. trifoliata*）と2種の自然交雑種であるゴヨウアケビ（*A. pentaphylla*）を含めて，アケビとされることが多い．学名は小葉の数に由来する．また，同じアケビ科に属するムベ（*Stauntonia hexaphylla*）は常緑性であるが，葉や果実の形態がよく似る．

【形　態】　つる性の落葉性木本．右巻き．葉は，5枚の楕円形全縁，短柄の小葉からなる互生の掌状複葉（アケビ），長柄の卵形波状鋸歯小葉からなる3出複葉（ミツバアケビ），または卵形波状鋸歯5葉の掌状複葉（ゴヨウアケビ）．一方，ムベはつる性常緑性木本，右巻き，葉はアケビと同様の形状である．花はアケビ，ムベとも単性花で，葉腋に着生した花穂の先端は雄花，基部には3個程度の雌花が着生する．淡紫色または暗紫色の3枚の大きな萼片を有するが，花弁はない．雌花には暗紫色の雌しべが3～9本あり，その各々が別個の果実となる．果実は，半透明の仮種衣を有する黒色の種子を包む白色の果肉と表面が赤紫色になるスポンジ状の果皮からなり，成熟すると，果肉は軟化し（液果），果皮は表面が赤紫色に変化した後，腹縫線に沿って裂開する．一方，ムベもアケビと同様の果実を着生するが，その果皮は成熟しても裂開しない．

図1　ミツバアケビの果実と葉

図2　ミツバアケビの果実縦断面

図3　ムベの果実と横断面　　図4　ミツバアケビの花穂
先端：雄花群，基部：雌花．

【原産地と伝播】　原産地は東アジアとされ，日本では，アケビは北海道を除いて自生しているが，ミツバアケビは北海道を含む全国に自生しており，比較的やせた土地でも生育可能である．ムベはアケビと同様の地域に自生しているが栽培はされていない．アケビは，古くから食用にされていたとみられ，古墳に残されている埴輪の供物にもアケビを模したものが認められる．主産地は，山形県に代表される東北地方で，栽培面積は 27 ha，収穫量は 130 t 程度で推移している．

【品　種】　交雑による育種はみられないが，優良系統の選抜が進められており，'鷹紫'(たかむらさき)や，'紫幸'(しこう)等の品種名がつけられている．自家不和合性が強いので，開花時期の一致する受粉樹も選抜されている．これらの品種は，ほとんどが甘みの強いミツバアケビから系統選抜されているが，'大紫'(おおむらさき)のようにアケビから選抜された品種もある．なお，系統品種でも種子繁殖個体が供給される場合もあり，果実品質や熟期が定まっていないものも多い．

【生育周期と栽培管理】　林縁の比較的やせた土地でも育つことから，土壌，気候ともに適応性は広く，栽培は容易である．繁殖は，種子繁殖だけでなく，取り木や挿し木でも可能．定植は 12～3 月に行う．垣根仕立て，または棚仕立てにする．つるが巻きつくと整枝しにくくなるので，若木のうちは，巻きつきはじめた部位で切る．定植後 3, 4 年で結実しはじめる．自家不和合性であり，2 個体以上での

栽培が望ましい．経営栽培では，受粉樹を混植する．およそ3月初めから4月初めにかけて新梢と花穂を形成する．4月中旬から下旬にかけて開花，結実する．1花に多数の果実がなるので，5月中旬に幼果を1花穂当たり2個程度に摘果する．9月下旬から10月中旬に成熟する．病害虫の甚大な被害はあまり受けないが，葉と果実はうどんこ病にかかりやすい．

【栄養成分と利用・加工】 白色の果肉は，生食すると，ほのかな甘みがある．アケビよりもミツバアケビのほうが，甘みが強い．山形県では，果肉だけでなく，果皮も刻んで炒めたり，中に肉などを詰めて揚げたりして食す．新芽は山菜（地域によってはこれを「木の芽」と呼ぶ）として，おひたしなどにして食す．一方，アケビは有用な生薬でもある．茎を輪切りにして乾燥させたものを，木通（もくつう）と呼び，煎じて利用する．これには，サポニンの一種（アケビン）が含まれ，利尿作用や消炎作用がある．種子は木通子（もくつうし）と呼ばれ，茎と同様の効果を有する．最近，化粧品などの植物性保湿成分として，アケビ抽出物が注目されている．また，アケビのつるは，長野県野沢の鳩車や，篭等のつる細工にも使われる．ムベの果実もアケビと同様の果肉でほのかな甘みを有する．また，ムベの茎もアケビと同様の生薬成分を有する．

〔福田文夫〕

アセロラ

和名 アセロラ
英名 acerola, Barbados cherry, West Indian cherry
学名 *Malpighia glabra* L. (*Malpighia punicifolia* L.)
(キントラノオ科)

　属名の *Malpighia* はイタリア人マルピギー (Malpighi, M.) の名にちなみ，種名 *glabra* は毛がないとの意味である．acerola は地中海に自生しているサンザシの一種でスペイン語で azarole と呼ばれる植物に似ていたことに由来する．

【形　態】 樹高 4〜6 m の灌木で，短果枝が多く発生し，樹冠は密になる．樹皮には皮目が多い．葉は長楕円形の単葉で全縁性，葉幅 2.5〜4 cm，葉身 5〜6 cm で，対生をなす．枝の先端部や短果枝の葉腋部に花が形成される．花は白色もしくはピンク色で，花弁は 5 枚，雄しべは 10 本，花柱は 3 本，子房は 3 室に分かれている．成熟した果実は赤橙色，赤色，赤紫色となり，果肉はオレンジ色で，果実重は 3〜10 g である (図 1, 2)．3 つの角をもつかたい核が形成され，核内に種子がある．

【原産地と伝播】 原産地はカリブ諸島を中心とした，中央アメリカ，南アメリカ北部の地域とされている．カリブ諸島の先住民が古代から南アメリカ全域に伝えた．スペイン人が到着後，スペイン語で cherry を意味する cerza と呼ばれた．1880 年になるとキューバからフロリダに伝播された．1945 年にプエルトリコ大

図 1　アセロラの開花状態　　　　図 2　アセロラの成熟果実

学の研究者が果実にビタミン C が多く含まれていることを発見したことから注目されるようになり，南アメリカで広く栽培されるようになった．プエルトリコでアセロラと呼ばれていたことからこの名前が広く使われるようになった．わが国では沖縄において小規模に栽培されており，約 18 t/年の生産量がある．

【品　種】　栽培されているアセロラには果実のタイプによって甘味種と酸味種の2つの系統がある．甘味種の果実は糖度が 9〜10％で，ビタミン C が 15 g/kg 含まれ，収量性が低い．主な品種に 'Manoa Sweet'，'Tropical Ruby'，'Hawaiian Queen' 等がある．

　酸味種の果実は糖度が 8〜9％で，ビタミン C が 20〜28 g/kg 含まれ，収量性は高い．主な品種に 'Maunawili'，'J. H. Beaumont'，'C. F. Rehnborg' 等がある．

【生育特性と栽培】　アセロラは 15〜32℃で生育し，無霜地帯であれば栽培が可能である．しかし，耐寒性は弱く，7℃以下になると容易に寒害を受ける．土壌への適応範囲は広く，pH5〜6.5 であれば土性を選ばない．高温で年間を通して平均した降雨のあるところでは開花サイクルが繰り返し起こり，ハワイでは 1 カ月ごとに開花周期がみられる場所もある．花芽形成から開花までの期間は 2〜3 週間と短く，花蕾出現の 8〜10 日前に花芽形成が始まり，花蕾出現後 7〜10 日ほどで開花する．低温は花芽分化を抑制し，降雨が多くなり多湿条件が長期間続くと斑点落葉病の発生により花芽分化が減少する．着果は放任しておくと悪く，人工受粉やジベレリン散布によって着果が促進されるが，品種によってその効果は異なる．受粉しても種子形成は少なく，単為結果性が強いといわれている．開花後 21〜24 日で果実は成熟する．果実中のビタミン C 含量は成熟が進むにつれて減少し，酸味種では開花後 12 日目の緑色果実中には 27〜36 g/kg 含まれるが，24 日目の赤色果実中では 24〜26 g/kg になる．低日照は果実中のビタミン C 含量を低下させる．成熟した果実はやわらかく，果皮は傷つきやすい．果実は 7℃で 3 日間しか貯蔵できない．

　繁殖は挿し木で行う．挿し木は短期間に大量に行うことができる．ネマトーダ抵抗性をもった台木を利用する場合には接ぎ木を行う．樹冠は繁茂しやすく，収穫作業が困難にならないようにするため，収穫後に剪定を行う．乾期があるところでの果実生産には灌水が必要である．

【栄養成分と利用・加工】 果実は生食できるが,ジュース,ゼリー,ジャム等に加工されることが多い.果汁には多量のビタミン C が含まれ,サラダに加えることによって果実や野菜のポリフェノールの酸化による褐変を防ぐことができる.ビタミン A も多く含まれている.最近では,風邪防止や肝臓機能を高める効果のあることが知られ,医学的にも注目されている. 〔宇都宮直樹〕

アボカド

和名 ワニナシ
英名 avocado, alligator pear
学名 *Persea americana* Mill.
（クスノキ科）

　アボカドの名称はスペイン語の Ahucatl に由来し，Aguacate の言葉から英語の Avocado になった．表皮がザラザラしていることからワニナシ（alligator pear）ともいわれている．

【形　態】　亜熱帯性の常緑果樹で高さ約 20 m に達し，枝は開張してドーム形を呈するものや直立性のものもある．アボカドには大別してメキシコ系，グアテマラ系および西インド系の 3 系統がある．メキシコ系はメキシコと中央アメリカの山岳地帯に，グアテマラ系は中央アメリカの高原に，西インド系は南アメリカ北部の低湿地に原生する．それぞれの系統は，適応性や生態的特性が異なり，栽培地域が限定される．メキシコ系は葉や果実にアニスの香りがあり，−6℃まで耐える．グアテマラ系はアニスの香りがなく，−4.5℃まで耐え，西インド系はアニスの香りがなく，−2.2℃で大きな被害が出る．これらの系統からの選抜や交雑により約 2000 種の品種がつくられているが，経済品種は約 20 品種である．
　花は集散花序で多数着生し，枝の先端部に腋生する．花弁はなく黄緑色の花被

図 1　開花状態　　　　　　　　　　　図 2　果実の結実状態

が6片あり，花径は8〜9mmである（図1）．アボカドは開花習性に特徴があり，花は両性花であるが雌しべと雄しべの成熟期の異なる雌雄異熟現象がみられる．雌しべと雄しべの活動時期により，各品種はAとBの2群に大別される．A群の品種の花は1回目の開花では午前中に雌しべが受精適期となり，午後に閉じ，2回目の開花は翌日の午後に同じ花の雄しべが花粉を放出し，夜には閉じる．B群の品種の花はA群と異なり，1回目の開花では午後に雌しべが受精適期となり，2回目の開花は翌日の午前中に同じ花の雄しべが花粉を放出し，午後に閉じる．開花型が品種によって異なるので，結実率を高めるにはA群とB群の品種を混植する必要がある．花芽分化は日本では11月上旬より開始され，花器の完成は3月下旬であり，開花期は4月下旬〜6月上旬と長く，開花直後より果実肥大期にかけ生理的落花（果）が著しく，結実は1/5000果である．果実は球形，卵形，セイヨウナシ形をなし，長さ15〜20cmで果柄が長く，果色は緑色，褐色，黒紫を呈する．

【原産地と伝播】 原産地は中央アメリカ（コロンビア，エクアドル）およびメキシコであり，メキシコでは13〜14世紀にアステカ族が栽培していた．コロンブスがアメリカ大陸を発見したとき（1492年）には熱帯アメリカ一帯で盛んに栽培されていた．1605年頃にジャマイカに，18世紀前半にキューバに，1833年にカリフォルニアとフロリダに導入された．20世紀になってから東南アジア，台湾，南アフリカ，オーストラリア，イスラエルに導入された．わが国では大正時代末期から昭和初期，戦後にかけて，鹿児島，愛媛，高知，和歌山，静岡南部に導入

図3 アボカドの着果状態

図4 わが国の主要品種の形態
左から'フェルテ'，'ズタノ'，'ベーコン'．

され試作された．現在では西南暖地の一部の温暖な地域において栽培されている．

【品　種】　わが国の主要品種は早生種が'メキシコラ'，中生種の'ベーコン'，'フェルテ'，'ジャルナ'，'ズタノ'である．これらの品種は比較的耐寒性が強く，-3.3～-6℃までの低温に耐える（図4）．

'フェルテ (Fuerte)'：グアテマラ系×メキシコ系の雑種で，-4℃までの低温に耐える．開花期は5月上旬～6月上旬と長く，開花型はB群に属している．果実はセイヨウナシ形を呈し170～400g．果皮は粗く，緑色である．果肉は可食部が多く，脂肪分は約25～30%あり，味は濃厚である．収穫期は12～5月，豊産性だが隔年結果性が強い．樹姿は開張性である．品質もよく，わが国に最も適する品種である．

'ベーコン (Bacon)'：メキシコ系で-4℃までの低温に耐える．開花期は5月上旬～6月上旬であり，開花型はB群に属し，果実は卵形で170～400g，果皮は滑らかで緑色を呈し，風味もよい．収穫期は11～3月で樹姿は直立性である．

'ズタノ (Zutano)'：メキシコ系の実生から選抜され，-3℃の低温まで耐える．開花期は5月中旬～6月上旬で，開花型はB群に属している．果実はセイヨウナシ形で170～280g，果皮は黄緑色で黄色の小斑点を有し，滑らかで薄い．果肉はクリーム色をし，品質は中程度である．収穫期は10～3月で，樹姿は直立性である．

'ジャルナ (Jalna)'：メキシコ系で-4℃の低温に耐える．開花期は5月上旬～6月上旬で，開花型はA群に属する．果実は150～300g，果皮は緑色で薄い．品質は中程度で種子が大きく，可食部がやや少ない．収穫期は10～3月で隔年結果性が強い．樹姿は直立性である．

'メキシコラ (Mexicola)'：メキシコ系の早生種で耐病性が強いため台木用品種として用いられる．-6℃の低温に耐える．開花期は4月中旬～5月上旬で，開花型はA群に属する．果実はセイヨウナシ形の小形で150～200g，黒紫色を呈し，果皮は薄く，種子は大きく，可食部は少ない．収穫期は8～10月で樹姿は直立性である．

【生育周期と栽培管理】　アボカドの主産国は，メキシコ，ブラジル，アメリカ合衆国（カリフォルニア，フロリダ）であり，その他の中央アメリカ諸国が続いている．

亜熱帯性果樹であるため，栽培地は制約され，わが国の適地は西南暖地の無霜地帯であるが，栽培北限は伊豆半島である．耐寒性の強いメキシコ系やメキシコ系とグアテマラ系の交雑品種は-5℃までの低温に耐えるために，無霜地帯でなくても栽培は可能であるが，-6℃の最低気温が4時間以上継続する地域での栽培は困難である．わが国での栽培地の選定は，台風の被害が少なく，日当たりのよい潮害の少ない傾斜地が望ましい．谷間の冷気が停滞しやすく寒害を受けやすい地域は避ける．

苗木の繁殖は，耐寒性・耐病虫性の強いメキシコ系の'メキシコラ'，'トパトパ (Topa. Topa)'，'デューク (Duke)'，'G-6'の実生を台木とし優良栽培品種を3～5月に接ぎ木する．果樹園の定植では雌雄異熟現象を考慮して，A群とB群の品種を混植し，樹間は6×6mとしている．植付け時期は3～5月か10～11月がよい．樹勢が強いため剪定・整枝や間伐によって枝の過繁茂を避け，樹形は開心形にする．土壌はpH5.5以上がよく，冬季の寒風に弱いため定植後2～3年は防寒を行う．

わが国では開花時の温度が開花習性に影響するが，15～25℃の温度条件が得られれば受粉には問題ない．また，B群の品種の単植園でも結実率は低くなるがある程度結実する．

灌水は年間降雨量が2000mm以上の地帯では必要ないが，真夏に干ばつになる地域では落果，落葉が多くなるため灌水が必要である．

果実の肥大は6～8月上旬にかけて急速に発育し，10月には肥大成長が小さく，その後成熟期に入る．収穫適期は12月中・下旬～3月上旬であり，果実は手もぎまたは竹の末端に布袋をつけ，果柄を切り収穫する．典型的なクライマクテリック型の果実であるため，果実に傷がつくと，呼吸量の上昇とエチレン生成量が多くなって成熟が早まり，腐敗する．出荷は果実をフルーツクッションで包み，輸送中に傷がつかないようにする．20℃で収穫後2週間で果実は軟化を始める．貯蔵温度4℃で3～4週間貯蔵できる．

わが国では被害の甚大な病虫害は少なく，果実の炭疽病，ハマキムシ，カメムシの発生がみられる程度である．

【生産と消費】 世界のアボカド栽培の総面積は約20万ha，総生産量は約220万tである．第1位の生産国はメキシコで約80万t，第2位はアメリカ合衆国の約20万t，第3位はブラジルの10万tで，次いで中央アメリカの諸国がこれ

表1 アボカドの主な栄養成分（可食部100 g 当たり）

	エネルギー (kcal)	191
一般成分	水分 (g)	71.3
	タンパク質 (g)	2.5
	脂質 (g)	18.7
	炭水化物	6.2
	糖質 (g)	5.2
	繊維 (g)	5.3
	灰分 (g)	1.3
ミネラル	ナトリウム (mg)	7
	カリウム (mg)	720
	カルシウム (mg)	9
	リン (mg)	55
	鉄 (mg)	0.7
ビタミン	A	
	レチノール (μg)	—
	カロテン (μg)	15.0
	A レチール当量 (μg)	6
	E (効力；mg)	3.3
	B_1 (mg)	0.10
	B_2 (mg)	0.21
	ナイアシン (mg)	2.0
	C (mg)	15

五訂増補日本食品標準成分表準拠食品図鑑 (2006) より．
―として示されたものは，文献により含まれていないことが確認されているため，食品成分分析において測定していないことを示す（以下，栄養成分表について同様）．

に続いている．これらの生産国では輸出用果実の産業化が進んでいる．わが国においても，アメリカ合衆国やメキシコより輸入され，マーケットにて年中購入できる．

【栄養成分】 アボカド果実は脂肪分を多く含むために森のバターともいわれ，ビタミン，無機成分の含有量も豊富である．特に成分の特徴として高エネルギーで，不飽和脂肪酸が多く，食物繊維，ミネラル，ビタミンB，Eが豊富である．栄養成分表に示すとおり，100 g 当たりエネルギーは 191 kcal，タンパク質 2.5 g，脂肪 18.7 g，糖質 5.2 g，繊維 5.3 g，カリウム 720 mg，ビタミン E 3.3 mg を含有している．脂肪酸についてはオレイン酸が60〜70％と多く，パルミチン酸20％，リノール酸10％，パルミトレイン酸10％，リノレン酸2％が含まれ，不

飽和脂肪酸が80％以上である．果実成分の効能はコレステロール値の低下，生活習慣病の防止，運動能力を高め，美肌効果，老化防止，病人の回復食品，夏バテ防止等が知られている．

【利用・加工】 アボカドは脂肪分が多く，栄養豊かな果実であり，現在では野菜的果物として利用されている．果実や種子から抽出された油はオレイン酸を多く含み，薬用，化粧用としても利用している．一般にワサビじょう油をつけて生食したり，巻きずし（カリフォルニアロール），フルーツサラダ，アボカドミルク，シャーベット，アイスクリーム等に利用（加工）される．また，果肉をすりつぶしてバター状にし，トーストに塗ったり，料理用の材料としてスープに入れて食べる方法もある．

〔井上弘明〕

アンズ

和名 アンズ
英名 apricot
学名 *Prunus armeniaca* L.
(バラ科)

　学名の *Prunus* はラテン古名の plum (スモモ) が由来である．armeniaca は小アジアのアルメニアを指す．

【形　態】　アンズには，わが国で古くから栽培されてきた日本アンズのほかに，中国アンズやヨーロッパアンズがあり，それぞれ特性が異なる．ここではわが国で古くから栽培されている日本アンズを中心に述べる．アンズは中国原産の落葉

図1　'新潟大実' の着花

図2　'新潟大実' の着果状況 (提供：農業・生物系特定産業技術研究機構果樹研究所)

小高木であり，樹高は5〜10 mに達する．樹皮は赤みを帯びており，葉は互生して，近縁のウメと比べて大型の卵円形あるいは楕円形で長さは8〜12 cm程度であり，縁には小鋸歯，基部には長い葉柄がある．葉柄の基部には托葉がある．開花は萌芽より早く，花柄は非常に短い．萼片は5枚，花弁は単弁のものでは5枚であるが，重弁（八重）のものもある．花弁の色は淡紅色で，ウメと同様に受精能力のない不完全花が多発することがある．雌しべは1本，雄しべは多数で50本程度あるものもある．心皮は1枚であり，1枚の心皮中に2個の胚珠が存在する．通常は，受精後成熟種子まで発達するのは1個の胚珠のみであるが，2個の胚珠が成熟種子に発達することもある．アンズは自家和合性のものが多いが，ウメやスモモなど他のサクラ属に属する多くの果樹と同様に自家（交雑）不和合性を示すものもある．果実は子房が発達した真果であり，外側から外果皮（果皮），中果皮（果肉），内果皮（核）からなり，内果皮は木化する．核の内部には種子が存在する．果実の形は，円形に近いものが多く，表面には毛じがある．果皮色は未熟のうちは緑色であるが，成熟につれて緑色が薄れて橙黄色に変化する．果実サイズはウメと比較して大きく50 g程度のものから100 gを超えるものまでさまざまである．

【原産地と伝播】 アンズの分類と原生分布については諸説があるものの，現在では，中国を中心としたアジア東部地域を原生地とみなすのが一般的である．原生

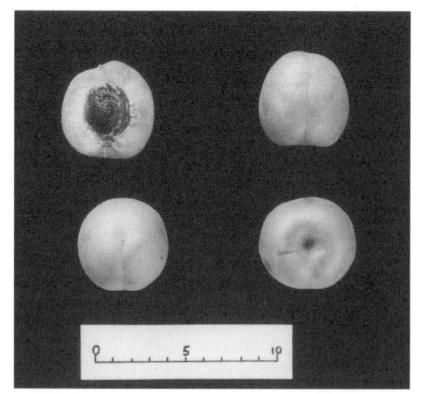

図3 '平和'果実とその断面（提供：農業・生物系特定産業技術研究機構果樹研究所）

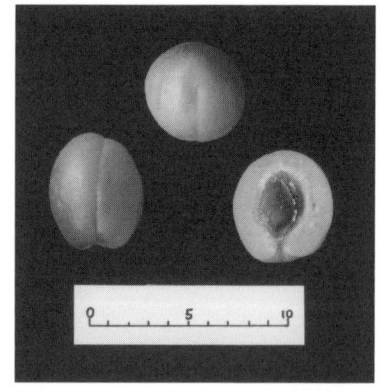

図4 'ハーコット'果実とその断面（提供：農業・生物系特定産業技術研究機構果樹研究所）

地のアジア東部から中央アジアを経てヨーロッパへと伝播するに従って，さまざまな特性をもった品種群が形成されてきたものと考えられる．中央アジアを経てヨーロッパへと伝播したものは，乾燥に強く，低温要求量の小さい品種群を形成した．一方，中国東部に分布するものは，湿潤な気候条件に耐性をもつ品種群を形成した．わが国のアンズは，この中国東部に分布する品種群が奈良時代に中国から渡来し，薬用に用いられる杏仁（種皮を除いた種子）を採収するために栽培されていたものが，果実を食用にすることを目的として改良され栽培されてきたと考えられている．

【品　種】　アンズは原生地から広い範囲に伝播したために，各地域の気候条件に適したさまざまな品種群が形成され，その特性によって中国北部品種群，中国東部品種群，中央アジア品種群，ヨーロッパ品種群やこれらを掛け合わせてつくられた雑種の品種群等に分類されている．わが国で栽培されている品種の大部分は中国東部の品種群が改良されてきたものである．中国東部はわが国と同様に温帯モンスーン気候地帯に属し，湿潤多雨な気候である．このような気候条件で選抜育種されてきたために，中国東部品種群は雨や病気に強い．わが国で栽培される中国東部品種群に属する代表的な品種としては，'平和'や'新潟大実'，'山形3号'等があげられる．これらの品種の果実は，酸味が強く，甘味が少ないため生食用には適さない．生食に適する品種としては，わが国で育成された'信州大実'，カナダで育成された'ハーコット（Harcot）'，あるいはアメリカで育成された'ゴールドコット（Goldcot）'がある．これらは生食用の品種として，今後栽培が拡大していくものと考えられる．

【生育周期と栽培管理】　アンズの開花期は，ウメよりは遅いがスモモやモモよりやや早く，ウメと同様に冬から春への季節の変わり目に開花するため，天候が不安定で晩霜害や雨の影響を受けやすい．さらに開花期の気温が低いために訪花昆虫も少ないうえに，自家不和合性を示す品種もあり，受粉受精が安定しない．このため，受粉樹の混植と人工受粉が安定生産のためにぜひとも必要である．またウメと同様に，年次によって受精能力のない不完全花が多発することがあり，このため収量が安定しない．アンズは加工用に利用されることが多いが，生果としての消費も増えている．このため，利用用途に応じた摘果を行う必要がある．アンズは省力果樹として栽培されることが多いため，栽培管理や土壌管理が顧みら

れないことが多いが,これらが品質のよい果実を連年生産するために重要であることはいうまでもない.

【生産と消費】 日本のアンズの生産量は1万t程度と少ないが,その大部分が長野県で生産されている.世界的にみるとトルコの生産量が多く,世界の生産量の2割程度を占めている.アンズは乾果や砂糖漬け,ジャム等に加工して消費されることが多く,トルコやアメリカ合衆国から乾果を,また中国からは砂糖調製果を輸入している.近年,'ハーコット'等生食時の食味のよい品種が栽培されるようになってきている.

【栄養成分】 アンズはカロテンの含量が非常に多いため,その抗酸化作用によりがんや老化の予防効果が期待できる.また,ナトリウムを排泄するカリウムが多く含まれているので,高血圧の予防等にも効果がある.干しアンズは,ミネラル等の栄養分が濃縮されるため,生で食べるよりもより効果的であり,毎日少しずつ食べると冷え性が改善される.内臓の機能低下や発熱による腫れものにも効果があり,喉の渇きや切れにくい痰にもよいとされている.

表1 アンズの主な栄養成分(廃棄率以外は可食部100g当たり)

		生果	乾果	缶詰	ジャム(高糖度)	ジャム(低糖度)
廃棄率(%)		5	0	0	0	0
エネルギー(kcal)		36	288	81	262	205
一般成分	水分(g)	89.8	16.8	79.8	34.5	48.8
	タンパク質(g)	1	9.2	0.5	0.3	0.4
	脂質(g)	0.3	0.4	0.4	0.1	0.1
	炭水化物(g)	8.5	70.4	18.9	64.9	50.5
	灰分(g)	0.4	3.2	0.4	0.2	0.2
ミネラル	ナトリウム(mg)	2	15	4	10	18
	カリウム(mg)	200	1300	190	75	80
ビタミン	カロテン(μg)	1500	5000	550	470	690
食物繊維総量(g)		1.6	9.8	0.8	0.7	1.2

五訂日本食品標準成分表より.

【利用・加工】 アンズは生食用品種の'ハーコット'等もあるが，一般に生果は酸味が強く，乾果や缶詰，ジャム等に加工して食用に利用される．また種皮を取り除いた種子は杏仁と呼ばれ，古くから薬用に用いられており，鎮咳，去痰，利尿剤，胸痛，浮腫等に効くとされている．種子から油を絞って杏仁油をとり，とったかすを水と蒸留してアルコールで適度に薄めたものが杏仁水であり，これらは薬用や毛髪油，化粧品の成分等として利用される． 〔田尾龍太郎〕

イチゴ

和名 イチゴ，オランダイチゴ
英名 strawberry, cultivated strawberry, garden strawberry
学名 *Fragaria* × *ananassa* Duch.
（バラ科）

　Fragaria×*ananassa* の属名は，「よい香りのする」という意味の fargare (fragrant) に由来し，種名は，「パイナップルに似た香り」がすることから，パイナップル属を意味する ananas に由来する．
　ストロベリーの語源は定かではないが，綴りは最初 strewberries であり，これは，イチゴの果実が葉の間から撒き散らした (strew) ように実るからとか，匍匐枝（ランナー）によって，子株が親株のまわりに撒き散らしたように広がる性質があるということから，こう呼ばれるようになったらしい．いずれにしても，これらはヨーロッパ在来のイチゴを指す言葉であり，現在の栽培種イチゴを指す言葉ではなかった．現在のイチゴの英名である strawberry は，イチゴ栽培の際に雑草の繁茂を阻害し，果実が地面に触れないようにするために，藁 (straw) を敷いたことに由来するという説が一般的である．
　イチゴの漢字は「苺」あるいは「莓」である．「いちご」は，古代大和言葉の「いちびこ」に由来し，『日本書紀』や『枕草子』にもその記述がある．ただし，ヨーロッパ同様，日本でもこの時代に現在の栽培種イチゴは存在しないため，ヘビイチゴやキイチゴなどを指す言葉であったと思われる．なお，日本では，イチゴを越年生の畑作物とみなし，「野菜」として扱っているが，諸外国では「果樹」の中の small fruit として扱うことが多い．

【形　態】　温帯性の半常緑性多年草．葉序は互生ではクラウン (crown) と呼ばれる短縮茎の各節から 2/5 の開度で出葉し，ロゼット (rosette) 状の草姿となる．新しく展開する葉の葉柄 (petiole) は垂直に近い角度で伸びるが，葉の齢が進み，相対的に下位の葉になるにつれ，徐々に外側に広がり，やがて地面と水平に近い角度まで広がった後徐々に枯死する．
　葉は葉縁に鋸歯状の切り込みのある 3 枚の小葉から構成されており，葉柄の基部には包葉 (bract) と呼ばれる葉がクラウンを包み込むような形で存在する（図

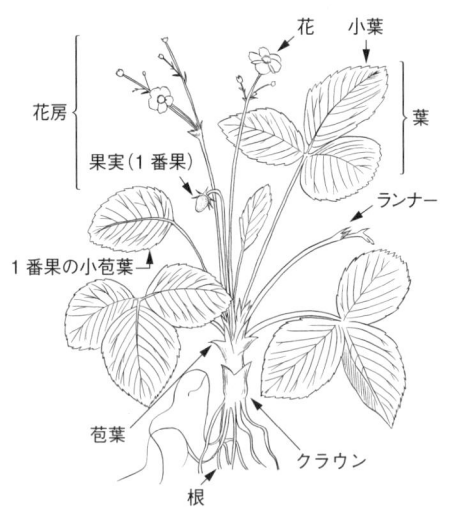

図1　開花期における草姿（西沢，2007[1]を一部加筆修正）

1）．葉縁の切り込みは，品種や栄養状態により，鋭利なものや，丸味をおびたものがある．高温・長日条件下で展開する葉は葉柄が長く，直立し，葉面積も大きいが，低温・短日条件になるにつれて葉柄は短くなり，徐々に地面と平行になる．また，葉面積の拡大は極端に抑制され，ロゼット状態を呈するようになる．イチゴでは，株がこのような形態を呈する現象を休眠（rest, dormancy）と呼んでいる．

　栄養成長を続けた株は，ある一定の環境条件下で成長点に花芽を分化し，生殖成長が始まる（図2）．花は有限花序の一種の岐散花序（dichasium）であり，主花柄の先端に1個の頂花（一番花）を着生し，花柄の基部の位置から2本の一次小花柄を分枝し，それぞれの先端に二番花を着生する（図3）．このように，形態的には4個の三番花，8個の四番花……というように，2^nで増え続ける構造であるが，1花房当たりの花数は品種や栽培方法によって大きく異なる．クラウンの各葉腋には腋芽（一次腋芽）が存在し，特にクラウン先端の頂端分裂組織が花序を分化するようになると，腋芽が急速に肥大し，その頂部に一次腋（側）花房を分化する．また，一次腋芽の葉腋から二次腋芽を発達させ，その頂部にさらに花房を分化する場合もある．

　$F. \times ananassa$ は両性花であり，丸味をおびた花托の上に数十〜数百の雌しべが並んでいる．通常，雌しべと比較すると雄しべの数は少ない（図4）．イチゴは

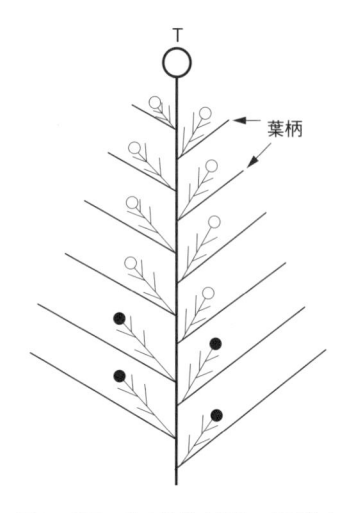

図2 花房の着生状態（斎藤，1982[2)]を一部加筆修正）
T：頂花房，○：腋（側）花房，●：腋（側）芽の栄養芽．

図3 花柄と花房における花の着生状態
1：頂花（一番花），2：二番花，3：三番花．

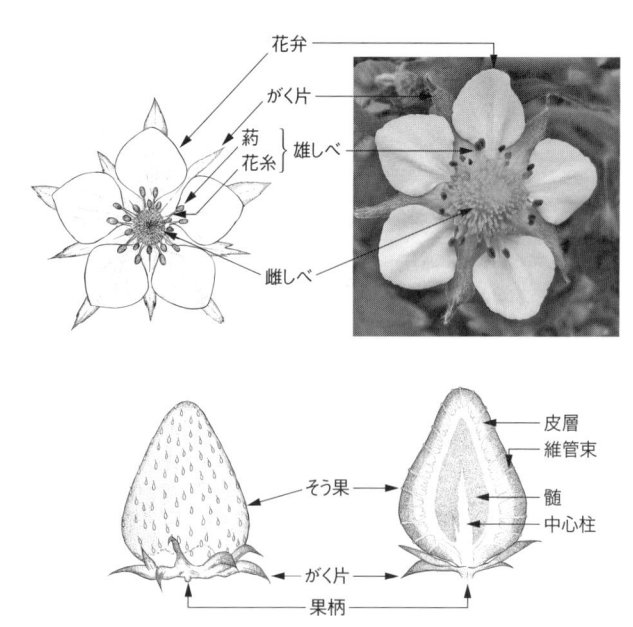

図4 花と果実の構造（西沢，2007[1)]を一部加筆修正）

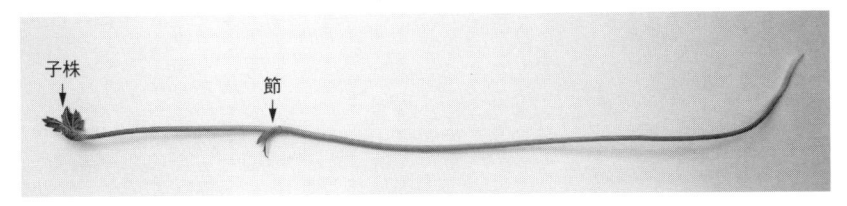

図5 ランナー

受精後に花托（果托）の表層組織と髄が肥大する果実（偽果）であり，果実肥大には種子の発達が重要な役割を果たしている．果実の形状は品種，栽培方法，着果位置によって異なり，球形，扁円形，円錐形，くさび形等がある．なお，頂花房の一番花は，集合した花芽が肥大する乱形果になることもあり，通常は，同一花房の中で最も大きく肥大し，二番花以降と比べ独特の形状を有することが多い．

腋芽の先端は必ず花房を分化するわけではなく，いくつかは栄養成長を続け，葉を分化するが，ある条件下ではランナー（runner）またはストロンと呼ばれる匍匐枝を分化する（図5）．ランナーは通常2節からなり，2節目の先端に子株（daughter plant, runner plant）が形成される．ランナーの発生数は品種によって異なるほか，同一品種であっても株の生理状態やウイルス病感染の程度等によって異なる．

クラウンから発生する不定根（一次根）が伸長すると，やがて分岐して側根が形成される．根の先端には根毛（root hair）が密生し，吸水が行われる．発生当初の不定根は白色であるが，老化にともない茶褐色に変化する．

【原産地と伝播】 Fragaria 属の植物は世界各地に分布するが，現在商業栽培されているものは，ほぼすべて八倍体（$2n = 8x = 56$）の F. ×ananassa である．しかし，ヨーロッパでは，F. ×ananassa の栽培が始まる以前から，wood strawberry, alpine strawberry, wild strawberry 等と呼ばれる二倍体（$2n = 14$）の F. vesca や，musky strawberry と呼ばれる六倍体（$2n = 42$）の F. moscata が知られていた．これらのイチゴはヨーロッパからアジアにかけて分布するが，二倍体のイチゴは，日本にもシロバナノヘビイチゴ（F. nipponica Makino）やノウゴウイチゴ（F. iinumae Makino）がある．

16世紀になると，現在の北アメリカやカナダからバージニアイチゴ（F. virginiana）がヨーロッパに持ち帰られるようになった（図6）．バージニアイチ

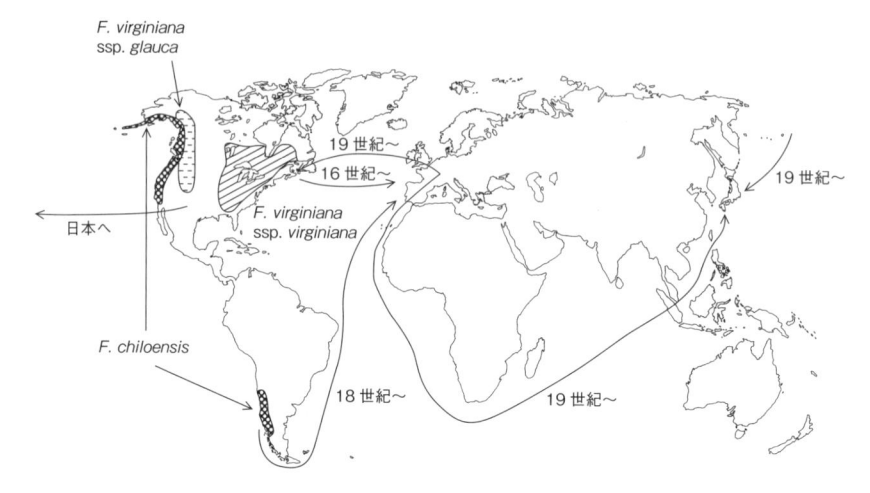

図6 主な伝播経路（織田，2004[3]）を一部加筆修正）

バージニアイチゴは16世紀以降，チリイチゴは18世紀以降，これ以外にもいくつかのルートによりヨーロッパに伝播している．

図7 チリイチゴの栽培と収穫果

ゴは八倍体（$2n=56$）であり，北アメリカ中西部，ロッキー山系，カナダ，アラスカに至るまで広く分布するイチゴである．一方，南米アンデス山脈に沿って分布していたチリイチゴ（*F. chiloensis*）も八倍体（$2n=56$）であり，ヨーロッパに運ばれ，フランスのブルターニュ地方等で栽培されるようになったが，バージニアイチゴ等の花粉を使って受粉させる必要があった．18世紀になると，ブルターニュやヨーロッパ各地で，今までにない形質をもったイチゴの株が見つかるようになった．このイチゴは大果であり，独特の強い香りをもつことから，パインイチゴと呼ばれるようになった．1766年に，フランス人の植物学者デュシェーヌ

(Duchesne, A.N.) は，このイチゴがチリイチゴとバージニアイチゴの交雑種であることを明らかにし，*Fragaria*×*ananassa* と名づけた．こうして生まれた栽培種イチゴ（それまでヨーロッパにあった wood strawberry と区別するため garden strawberry と呼ぶこともある）は，その後ヨーロッパ各地で品種改良が行われ，やがてアメリカ合衆国に紹介されて著しい発展を遂げた．

【栽培沿革と利用の歴史】 現在商業栽培されているイチゴの大半は *Fragaria*×*ananass* であるが，*F. vesca* や *F. chiloensis* も小規模ながら栽培されている．*F. vesca* はヨーロッパを中心に栽培されており，数種の品種も存在する．また，観賞用として用いられることもある．

F. chiloensis は，ヨーロッパ人が入植する以前から，すでに 1000 年以上にわたり，チリ中南部を中心とした地域で，マプチェと呼ばれる先住民によって栽培されていた．彼らは *F. chiloensis* を生食用のほかに薬用としても用いたことが知られており，その後ピクンチェ族などにも栽培方法が伝わり，ペルーやエクアドルにも栽培が広がった．やがて，ヨーロッパ人の南米進出にともなって，一部はカリフォルニアへも運ばれた．こうした歴史的背景から，1950 年代頃までは，チリのイチゴ栽培は *F. chiloensis* が主体であった．しかし，その後チリでも *Fragaria*×*ananassa* が広く栽培されるようになり，*F. chiloensis* の栽培面積は急激に減少していったが，現在でもチリ第 VII 州のクラニペや第 IX 州のコンスルモなどで，商業栽培されている（図7）．商業栽培用の *F. chiloensis* 果実は熟しても白〜ピンク色にしかならず，frutilla blanca（白イチゴ）や frutilla Chilena（チリイチゴ）という愛称で販売されている．*F. chiloensis* はその独特の形状，肉質，香り等が再評価され，将来性のある輸出産品の 1 つとして期待されている．

日本への *Fragaria*×*ananassa* の導入は，江戸時代末期にオランダ人によって行われたことから，「オランダイチゴ」と呼ばれたと考えられるが，わが国で本格的に栽培が行われるようになったのは大正時代以降であり，特に大正時代の初期に静岡県久能地方で始まった石垣イチゴは，その後の促成栽培のさきがけとなる栽培方法となった．

【品 種】 *F.*×*ananassa* には，一季成り（June bearing），四季成り（everbearing），中性（day neutral）品種があるが，わが国では一季成り性品種の栽培が

最も多い．わが国における本格的なイチゴ品種の育成は，1899年に福羽逸人がフランスから導入した'General Chanzy'の実生から選抜した'福羽'に始まる．この品種は紡錘形で，鮮紅色の果肉を有し，食味がよいため，その後1960年代まで日本の促成栽培用品種として利用された．1945年に，その後カリフォルニアの主力品種となる'Shasta'等とともに'ダナー(Donner)'がアメリカ合衆国で育成され，日本に持ち込まれた．'ダナー'はアメリカ本国では栽培が広がらなかったが，わが国では半促成栽培用品種として急速に栽培面積を拡大した．1960年代になると，兵庫県で育成された'宝交早生'も栽培面積が拡大し，生育調節技術の開発にともなって促成栽培の技術が確立した．1980年代後期になると，農林水産省野菜試験場久留米支場で育成された'とのよか'と栃木県農業試験場で育成された'女峰'の栽培が普及しはじめた．これらは休眠が浅く，促成栽培に適した品種であった．しかし，1990年代以降，'章姫'，'さちのか'，'とちおとめ'等，次々と新しい品種が育成され，2000年代になってからは，産地ごとに特定の品種が存在するような状況となっている．その一方で，関東以西の高冷地や東北・北海道では，国産イチゴの端境期に当たる夏～秋の収穫を目指し，冷涼な気候を生かした「夏秋どり」イチゴ栽培が試みられ，一季成り性品種だけでなく，「夏秋どり」に適した四季成り性品種の開発も進んでいる．

【生育周期と栽培管理】 2001年の統計によれば，わが国のイチゴ総作付面積の97%が施設内で栽培されている．この値は，トマト(59%)，キュウリ(45%)と比べても非常に高い．また，冬季の生産に重点をおくなど，世界的にみても独自の栽培方法が広く普及している．特に短日・低温条件で花芽分化する一季成り性品種の子株を植え付けて年内に収穫を始める場合，夏季の高温・長日条件下で花芽分化を促す必要があることから，冷房設備を用いて一定期間短日・低温条件に遭遇させる夜冷短日処理（夜冷育苗）や，冷涼な気候条件下で育苗を行う山上げ（高冷地育苗）が行われる．

一方，イチゴの株は，秋になると休眠に入る．休眠は株を冬季の低温に遭遇させることによって打破されるが，休眠期間中に株が長時間低温に遭遇すると，休眠後は栄養成長が著しく促進され，果実収量が減少してしまう．そのため，特に高冷地や高緯度地域では，過剰な低温遭遇を避ける手段として，半促成栽培の一種である「低温カット栽培」も行われる．また，過剰な低温に遭遇させない状態で葉の伸長成長や開花を促進させるための電照処理や，花器の発育を促すための

図8　高設栽培施設　　　　　　　図9　イチゴの着果状況（'おとめ心'）

ジベレリン処理が行われることもある．さらに，イチゴを気密性の高い温室内で栽培した際に生じる炭酸ガスの不足を補うため，炭酸ガス施肥も行われている．

　イチゴに限らず，果実の成長には非常に多くの光合成産物を必要とする．一季成り性品種の場合，低温・短日条件下で連続的に花芽分化するため，その後高温・長日条件下におくと，一度に多くの果実が成長する場合がある．このような条件下では，光合成産物の大部分が果実へ向かい，結果として根や新葉の成長を妨げ，あたかも株が休眠状態になったかのような形態を示す．このような現象は「成り疲れ」と称する生理障害で，生産現場でしばしば目撃される．

　従来，イチゴは土耕栽培が一般的であった．しかし，農家の高齢化や施設栽培技術の導入によって，現在では人の腰から胸の高さにU字や凹字状のベンチを設置し，ピートモスやバーミキュライトといった比重の小さい資材を詰めたベッドを用いて，主に培養液を用いて栽培を行う高設栽培システム（elevated bed system）が普及するようになった（図8）．

【生産と消費】　世界のイチゴ生産は，1985年（242万t）から2002年（324万t）までの間に34％増加した．この間アメリカ合衆国は常に世界一のイチゴ生産国であり，生産量も同じ期間に93％増加した（図10）．現在では世界のイチゴ生産量の約1/4～1/5（約80万t）がアメリカ合衆国産である．アメリカ合衆国以外で生産量が10万tを超える国は，スペイン，日本，韓国，ポーランド，イタリア，メキシコ，ロシア，トルコ，ドイツであり，これら上位の10カ国で，世界総生産の約3/4を占めている（表1）．一方，輸出入でみた場合，総輸出量と総輸入量はどちらも約50万tとほぼ等しく，特にアメリカ合衆国は，イチゴの輸出国

イ チ ゴ

表1 1998〜2002年における主な国の年平均生産量，輸出量，輸入量 (t)

順位	国 名	生産量	国 名	輸出量	国 名	輸入量
1	アメリカ合衆国	816205	スペイン	203004	ドイツ	130968
2	スペイン	336726	アメリカ合衆国	60242	フランス	82728
3	日本	201620	メキシコ	35598	カナダ	47075
4	イタリア	179558	イタリア	38887	アメリカ合衆国	35362
5	ポーランド	179266	ポーランド	26426	イギリス	30805
6	韓国	171649	フランス	19089	イタリア	22612
7	メキシコ	134078	ベルギー	21254	オーストリア	21899
8	ロシア	125200	モロッコ	17393	オランダ	14468
9	トルコ	123200	オランダ	13640	ベルギー	14463
10	ドイツ	103029	ロシア	7286	スイス	12144
11	モロッコ	76640	ドイツ	6606	メキシコ	8724
12	エジプト	62578	インドネシア	4992	ポルトガル	5476
13	フランス	60131	イスラエル	1775	日本	5100
14	オランダ	48000	オーストラリア	1735	デンマーク	5061
15	ベルギー/ルクセンブルク	43295	グアテマラ	1679	スウェーデン	4960
16	イギリス	36780	ニュージーランド	1401	サウジアラビア	3759
17	ウクライナ	31270	エジプト	1086	スペイン	3372
18	セルビア・モンテネグロ	28013	オーストリア	1017	チェコ	2441
19	カナダ	24955	韓国	809	中国／香港	2134
20	チリ	23100	スウェーデン	394	ノルウェー	1911
21	レバノン	22180	中国	392	エストニア	1177
22	コロンビア	20134	カナダ	290	ロシア	1701
			日本	4		
	総生産量	3131721	総輸出量	487576	総輸入量	479134

FAO データブックより作成．FAO データブックには一部に掲載されていない国・地域がある．

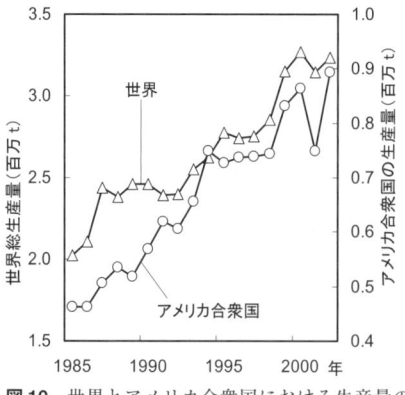

図10 世界とアメリカ合衆国における生産量の推移（FAO データブックより作成）

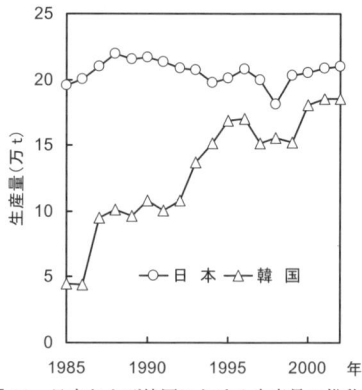

図11 日本および韓国における生産量の推移（FAO データブックより作成）

でもあり，輸入国でもある．

　生果でみた場合，アメリカ合衆国のイチゴ輸入はその大部分がメキシコからであり，輸出相手は，カナダが全体の約4/5を占め，以下，メキシコ，日本，イギリス等が主要な輸出先となっている．

　1985年以降におけるわが国のイチゴ生産量の推移をみると，ほぼ20万 t 前後を推移しており，わが国が世界有数のイチゴ生産国であることがわかる（表1）．金額ベースでみた場合，2001年におけるイチゴの産出額は1800億円であり，主要野菜の中ではトマト（1904億円）に次ぐ産出額となっている．しかし，1985～2002年の間におけるわが国のイチゴ生産量は7%しか増加しておらず，国内生産量が頭打ちになっていることがわかる．これに対して韓国のイチゴ生産量は，この間に4倍以上に達しており，現在では日本と並ぶアジア有数のイチゴ生産国になっている（図11）．

　わが国におけるイチゴ消費の特徴をみると，他の主要なイチゴ生産国の多くがイチゴの輸出国でもあるのに対し，これらの国々と比較すると，輸出量は非常に少ない（2005年で約35 t）が，近年では，日本の農産物における安全性や食味などが諸外国から評価されるようになり，'あまおう'などの品種がアジア諸国を中心に輸出量を拡大させている．

　逆に輸入量は，2001～05年の平均で生鮮イチゴイチゴが4～5千 t，冷凍イチゴが約3万 t である．生鮮イチゴでみた場合，アメリカ合衆国や韓国からの輸入が多い．また，加工用冷凍イチゴのわが国への輸入は，従来アメリカ合衆国が第1位を占めていたが，近年アメリカ合衆国産よりも価格の安い中国からの輸入が増加している．このように，わが国におけるイチゴ生産は，ほぼすべてが国内で消費されているとともに，その生産の多くが生食用のイチゴである．

【栄養成分】　イチゴ果実は，水分が全体の約90%を占め，可溶性の炭水化物が7～9%程度含まれるため，ほぼこれら2つの成分が果実の重量を決定する（表2）．無機塩類の中ではカリウムが，ビタミン類の中ではビタミンCが多く含まれている．可溶性糖類の成分では，ブドウ糖，果糖，ショ糖が大部分を占める．一般に欧米の品種ではブドウ糖や果糖が多く，相対的にショ糖の少ない品種が多いが，日本の品種には欧米品種に比べ，ショ糖が多く蓄積されるものもある．個々の糖のバランスは味覚に大きく影響することから，イチゴの育種に際しては，糖組成にも十分注意する必要がある．また，イチゴ果実に含まれる主な有機酸はクエン

表2 イチゴの主な栄養成分（可食部100g当たり）

		日本産	アメリカ産			日本産	アメリカ産
エネルギー (kcal)		34	30	ビタミン	A (レチノール当量；μg)	3	3
一般成分	水分 (%)	90	91		E (mg)	0.4	0.1
	タンパク質 (g)	0.9	0.61		B1 (mg)	0.03	0.02
	脂質 (g)	0.1	0.37		B2 (mg)	0.02	0.07
	炭水化物 (g)	8.5	7.0		ナイアシン (mg)	0.4	0.2
	灰分 (g)	0.5	0.4		B6 (mg)	0.04	0.06
ミネラル	ナトリウム (mg)	微量	1.0		葉酸 (μg)	90	18
	カリウム (mg)	170	166		パントテン酸 (mg)	0.33	0.34
	カルシウム (mg)	17	14		C (mg)	62	57
	マグネシウム (mg)	13	10	脂肪酸	飽和 (g)	0.01	0.02
	リン (mg)	31	19		一価不飽和 (g)	0.01	0.05
	鉄 (mg)	0.3	0.4		多価不飽和 (g)	0.05	0.19
	亜鉛 (mg)	0.2	0.1	食物繊維総量 (g)		1.4	2.3
	銅 (mg)	0.05	0.05				
	マンガン (mg)	0.2	0.3				

日本産イチゴは五訂日本食品標準成分表より，アメリカ合衆国産イチゴは，USDA Nutrient Database 1999 より作成．

酸とリンゴ酸であるが，通常クエン酸のほうがリンゴ酸より多く含まれる．イチゴは高温条件下あるいは株の齢が進むと，糖に比べ相対的に有機酸の量が多くなる傾向があることから，収穫時期や環境条件が果実品質に影響しやすい．

また，果実は比較的低分子のペクチン質を豊富に含んでおり，特に商業栽培されているチリイチゴではペクチン含量が多い．

イチゴ果実の赤色はアントシアニン類によるものであり，その中でもペラルゴニジン-3-グルコシドが最も多く，他にシアニジン-3-グルコシド，ペラルゴニジン-3-ガラクトシド等が含まれる．

イチゴに含まれる成分で，健康面で近年注目されているものにポリフェノールの一種のエラグ酸（ellagic acid）があり，成熟果1g当たり10μg程度含まれている．エラグ酸には抗発がん作用や抗突然変異作用があり，ベンゾピレン（benzopyrene）やアフロトキシン（aflotoxin）といった発がん物質を動物組織に与えた際に引き起こされるがんや突然変異を抑制する効果を示す．

【利用・加工】 かつてイチゴは薬用としても利用されたことがあったが，現在では生食用のほか，さまざまな加工品として用いられる．最も有名なものはイチゴ

ショートケーキであり，今では一年中売られている．また，大量に含まれるペクチンを利用したジャムも根強い人気がある．その他ワインやジュースといった飲料としても利用が可能である．さらに，近年では果実としてだけでなく，観賞用鉢物としてもイチゴが利用されるようになったため，今後は花弁や果実の色，芳香，草姿等も育種の際の重要な要因となると思われる． 〔西沢　隆〕

文　献

1) 西沢　隆：第4章イチゴ．野菜園芸学（金浜耕基編），文永堂出版，2007．
2) 斎藤　隆：蔬菜園芸学，農山漁村文化協会，1982．
3) 織田弥三郎：イチゴ（野菜園芸大百科3 第2版），農山漁村文化協会，2004．

イチジク

和名 イチジク（無花果），トウガキ（唐柿），ナンバンガキ（南蕃柿），ホウライシ（蓬莱柿））
英名 fig, common fig, fig tree
学名 *Ficus carica* L.
（クワ科）

　属名の *Ficus* はイチジクのラテン古名．英名もこれに由来する．種名の *carica* はイチジクの原生地とされていたトルコ南西部の地域名カリア（Caria）より．

【形　態】　夏季乾燥高温の硬葉樹林帯に適する亜熱帯性落葉果樹．生育適地では半喬木性（自然樹形では樹高10～15 m）を示し，樹齢100年を超えるものもあるというが，わが国の栽培樹は，日当たりや管理作業（特に果実収穫）の利便を考慮して低樹高に仕立てることが多く，また，多湿な環境がイチジク向きとはいえないためか，小型で短命な果樹との印象が強い．

　葉は互生し，肉質で疎毛に覆われた大きな葉身が，掌状に3～7裂する．枝は髄が太く，萌出直後は緑色で細毛に覆われており，その後，成熟・硬化して褐色化する．旧年枝は樹皮が灰色で，齢を重ねるとしわやこぶを生じる．花は雌雄異

図1　イチジクの着果状況

図2　イチジク果実（収穫果）の断面

花で，壺状の花托内壁に密生して外側からは見えず，そのため，あたかも葉のつけ根にいきなり実が着生・成長するように見えるところに「無花果」という語の所以がある．栄養状態のよい新梢には，葉のつけ根に1個の果実が着生する．果実は植物学的には偽果で，可食部は肉質化した花托と小果（小花），および種子（乾果の場合）である．

【原産地と伝播】　学名の由来に示すようにトルコ・小アジア地域を原産地とする説があったが，現在では，アラビア半島南部の肥沃地帯に原生したものが，古代人の移動や交易活動によって北方のシリアや小アジアに伝播したとする説が有力である．野生イチジクはシリア地方を中心に，東はイラン，アフガニスタンから，地中海沿岸を経て西はカナリア諸島にまで分布するとされるが，これらには，一度栽培されて再野生化したものが多く含まれているのであろう．現在の栽培イチジク主産地は地中海沿岸やカリフォルニア半島などで，高温・乾燥・冬雨の地中海性気候区に集中している．

【栽培沿革と利用の歴史】　イチジクの栽培の歴史は極めて古い．エジプト・ベニハサン岩窟墳墓（推定紀元前2000年頃）にはイチジクを栽培・収穫する古代人の様子が描かれている．古代オリエント，エジプト，インド等では，イチジク属植物は知恵，多産，繁栄等の象徴とされていた．特に，太母や女神のシンボルとされることが多いのは，切り口から乳液を出すことや，壺状の果実や葉の形と女性器との類似性によるものであるという．エジプト，ギリシャ，およびローマ神話や歴史書にはイチジクの登場するエピソードが多くみられ，人間にとって極めて身近でかつ有用であったことがうかがえる．ローマ建国の祖，ロムルスとレムスの兄弟が狼の乳で育てられたのはイチジクの木陰であり，よってイチジクは聖木とされた．旧約聖書創世記では，禁断の果実を食べたアダムとイブが己の裸を恥じてイチジクの葉を身にまとう．この果実にリンゴがあてられるのは北方ルネサンスの影響で，もともと禁断の果実自体もイチジクであったという．

　トルコ，シリアの人々は，紀元前の昔から，イチジクの栽培技術と品種の改良を進め，良質の乾果イチジクを生産していた．乾果イチジクは高カロリーの保存食であるから，戦役の糧食として重宝されたという．栽培と乾果生産の技術は7〜8世紀，アラブ帝国が西進した時代に北アフリカやイベリア半島に伝えられた．帝国の支配地域であるモロッコ・アルジェリア・スペイン・ポルトガル等は，現

在でもイチジクの世界的産地である．16世紀末にはスペイン人入植者の手によってアメリカへイチジクが渡った．カリフォルニア産スミルナ系イチジクは，特にカリミルナ（Calimyrna）と呼称されるほどの隆盛を誇っている．

イチジクが日本に伝わった経路については，西アジアから東進したものが中国を経て伝播したという説と，江戸時代に西洋から長崎に渡来したという説がある．

【品　種】　イチジクの系統は以下の4群に分けられる．

カプリ系，caprifig, wild fig（*F. carica* L. var. *sylvestris* Shinn）：アラビア半島に野生し，また，本系に属する栽培品種も存在する．本系は花托内に雄花を着生するが，他の栽培系統はいずれも雄花を形成しないため，本系と交雑しなければ種子が得られない．したがって現在の栽培品種の多くはカプリ系を花粉親としているはずで，本系は栽培種の祖先とみなされている．カプリ系イチジクの極めて特徴的な点は，ブラストファガ・グロッソルム（*Blastophaga grossorum* Grav.）という小バチと共生関係にあることで，本系は種子を形成する長花柱の雌花のほかに，小バチの産卵と幼虫の発育に適した短花柱の雌花（虫えい花）を形成し，ハチは虫えい花の子房内に産卵する（長花柱雌花には産卵管が届かないため産卵できない）．後述のスミルナ系の受精・結実にはこの小バチ成虫による花粉媒介が必要で，これをカプリフィケーション（caprification）と呼ぶ．夏果，秋果，冬果（生育周期と栽培管理の項参照）を着生し，秋果，冬果の成熟にはこの小バチが必要である．果実内に虫がいるので食用には適さず，受粉樹として用いられる．

スミルナ系，Smyrna fig（*F. carica* L. var. *smyrnica* Shinn）：トルコのスミルナ地方に古来より栽培され，乾果としての品質に優れる．長花柱の雌花のみで雄花をつけず，単為結果性ももたないので，結実にはカプリ系からの受粉を必要とする．秋果が主要な果実で，受精すると油脂を豊富に含む種子を多数形成し，乾果にナッツ様の風味を与える．

普通系，common fig（*F. carica* L. var. *hortensis* Shinn）：最も一般的な栽培イチジクで品種数も最も多い．雄花をもたないが単為結果性を有するので結実に受粉を要さない．果実は夏果と秋果を産する．わが国の主力栽培品種で生産の過半を占める‘桝井ドーフィン’（図3）や，‘蓬莱柿’，‘ホワイトゼノア’（White Genoa）は本系に属する．

サンペドロ系，San Pedro fig（*F. carica* L. var. *intermedia* Shinn）：夏果は

図3 '桝井ドーフィン'果実　　　　**図4** 各葉腋に1個の果実が着生する

普通系同様に単為結果するが，秋果の着生には，スミルナ系と同様にカプリ系花粉の受粉を要するグループである．'サン・ペドロ・ホワイト'(San Pedro White)や'ビオレー・ドーフィン'(Violette Dauphine)等の夏果専用品種が含まれる．

【生育周期と栽培管理】　春の気温上昇とともに，まず，地下部に新根（春根）が現れ，多少遅れて越冬芽が萌芽する．春根は5〜6月に発生・伸長のピークを迎え8月の盛夏期には伸長を停止している．新梢は4〜9月にかけて伸長し6〜7月頃に成長のピークに達する．新梢伸長が減衰する初秋期には，再び根が伸びはじめ，晩秋期まで活動する（秋根）．新梢の伸長と並行して，新梢最基部の数節を除く各節葉腋部に花芽が分化して果実となる（図3）．果実は下位より順次発育し盛夏期から仲秋期にかけて成熟する．これが秋果（第2期果）である．冬が近づくと，新梢上位にある果実は温度不足で成熟できないまま成長を停止し萎凋・脱落するが，新梢最先端部に形成された花芽はそのまま冬を越し，翌年，萌芽・成長して6〜7月に果実が熟する．これを夏果（第1期果）と呼ぶ．夏果は生理落果しやすいものの秋果に比べて著しく大きくなるので，比較的安定して夏果を着生させられる系統を夏果専用品種および夏秋果兼用品種として用いる．品種によっては，未成熟の果実が冬季に脱落せず，そのまま冬を越し夏果に先んじて成熟するものがあり，このような果実を冬果（第3期果）と呼ぶ．

　イチジクは挿し木繁殖が容易で，冬季に採取した充実した一年生枝を乾燥させないように貯蔵しておき，春先に挿す．挿し穂は3〜4節とするが1芽挿しでも

図5 一文字整枝のイチジク園（左：冬季剪定後）　　**図6** 一文字整枝樹の夏期の新梢成長の様子

よく発根する．樹は，主幹地際から50～60 cmの位置から2～4本の主枝を分岐させる開心自然形，より低い位置から主枝を分岐させ広く開張させる杯状形，主枝を植付け2年目に地面と平行に誘引する水平一文字形，水平X字形などの樹形に仕立てる．イチジクは充実した新梢ならば1葉に秋果1個がつき，1本の新梢（結果枝）で生産される果実数（開心形で5～10個，水平形で15～20個）も予想できるから，適正収量から逆算すれば面積当たりに何本の結果枝をつけるべきかが決まり，冬季剪定および萌芽後の芽かきによって目標結果枝数に調整する．伸長旺盛な結果枝は，8月に先端を摘心して樹冠内での結果枝の勢力均一化と果実への養分の集中化をはかる．

　イチジク果実は4～5週間の1次成長期，7～8週間の成長緩慢期，約1週間の急速な2次成長期を経て成熟する．着色系品種では果皮が着色しはじめてから4～6日で完熟し，その後，わずか1～2日で過熟となる．このように収穫適期の極めて短い果実が順次成熟し，しかも，収穫後の生果は日持ちも極めて悪いので，収穫が始まると生産者は連日の収穫と選果・出荷作業に追われることとなる．

　イチジク果実は，油処理やエチレン処理により成熟がおよそ7～10日間促進される．油処理はその起源を紀元前3世紀のギリシャ・ローマ時代にまで遡ることのできる技術で，自然成熟の約15日前の果実の果頂部の開口部に，オリーブ油等の植物性油を油さし，スポイト，筆等を用いて少量塗布すれば，処理後5

〜7日で成熟に至らせることができる．エチレン処理は，油処理適期に100〜200 ppm のエテホン剤を果皮表面に散布することにより，油処理よりも省力的かつ果実を汚すことなく，油処理と同等の成熟促進効果が得られる．

【生産と消費】 2006年の FAO の統計によれば，世界のイチジク総生産量は111万tで，国別にみると，トルコ29万t，エジプト17万t，以下，アルジェリア，イラン，モロッコ，シリアが9〜5万tで続き，地中海沿岸と中東諸国で上位が占められている．また，これらの国では乾果生産が中心である．わが国のイチジク生産量は1万6000tで，県別では，愛知県が最も多く，安城市，碧南市，常滑市を中心に3820t（いずれも2005年のデータ）で，以下，和歌山，福岡，兵庫，大阪，広島等が主産県である．イチジクは生果の保存性が極めて悪いため，生果消費が中心となるわが国では，輸送の利便のよい大都市近郊に生産地が集まる傾向が強い．

【栄養成分】 主要成分は表1に示すとおりで，特に乾果は，炭水化物76％，タ

表1 イチジクの主な栄養成分（可食部100g当たり）

		生果	乾果
エネルギー (kcal)		54	292
一般成分	水分 (g)	84.6	16.9
	タンパク質 (g)	0.6	4.0
	脂質 (g)	0.1	0.6
	炭水化物 (g)	14.3	76.1
ミネラル	ナトリウム (mg)	2	9
	カリウム (mg)	170	840
	カルシウム (mg)	26	130
	マグネシウム (mg)	14	62
	リン (mg)	16	76
	鉄 (mg)	0.3	1.4
ビタミン	A (レチノール当量; μg)	3	7
	B_1 (mg)	0.03	0.05
	B_2 (mg)	0.03	0.05
	C (mg)	2	微量
食物繊維総量 (g)		1.9	10.9

五訂日本食品標準成分表より．

ンパク質4%を含む優れた栄養食である．糖の大部分はブドウ糖と果糖で，糖度は生果で10%内外と比較的低いが，有機酸をほとんど含まないため甘味を強く感じる．果実や樹体内にはリパーゼ，アミラーゼ，パーオキシダーゼ，オキシダーゼ等，各種の酵素類が豊富に含まれるが，特に，フィシンというタンパク質分解酵素が重要で，樹体の切り口から滲出する白濁液中にはこのフィシンが多量に含まれている．果実中のペクチンや繊維質の含量も高い．

【利用・加工】 世界的にみれば，イチジク果実は乾果や加工品としての消費が大部分で，生果消費が中心のわが国は特異的存在である．諸外国には，ジャムやペースト，瓶詰や缶詰にしたシロップ漬け，キャラメル状のあめ煮等多彩な加工品が存在する．わが国でも，地域特産品としてのイチジクワインやイチジクジャムの製造が各地で取り組まれている．前出の酵素フィシンの分解作用を利用して，滲出液をいぼ治療薬や皮膚の角質を除去する化粧品として用いるほか，料理用の肉をやわらかくするために，調理時に肉に果肉のスライスをのせたり葉で包んだりする．分解酵素類を多量に含むため，果実には消化薬，便秘薬としての効能があるとされる．

〔尾形凡生〕

ウ メ

和名 ウメ
英名 Japanese apricot
学名 *Prunus mume* Sieb. et Zucc.
（バラ科）

　Prunus はラテン古名の plum（スモモ）が由来である．mume は日本語の発音に基づいて明治時代にシーブルト（Siebold, P. F. von）が命名した．わが国の梅の発音は，中国語の発音である"メイ"が転訛し，"ンメ"や"ムメ"となり，現代の"ウメ"に統一されたと考えられているが，諸説があり確定的な見解は得られていない．

　【形　態】　中国原産の落葉高木であり，樹高は 10 m に達することもある．枝は無毛で斜上あるいは直上してよく伸びる．短い枝が刺状に発達することもある．葉は互生して有柄で，卵形で縁には小鋸歯があり，葉身は長さ 5～8 cm，葉柄の基部に早落性の托葉がある．開花は萌芽よりも早く，わが国で栽培されるサクラ属の果樹の中では最も早い時期に咲く．花柄は非常に短い．萼片は 5 枚，花弁は品種によって単弁のものと重弁（八重）のものがあり，単弁のものでは 5 枚であるが，重弁のものでは 30 枚程度のものもある．花弁の色は，実ウメでは白いものが多いが，なかには薄紅色のものもある．観賞用の花ウメの花弁は白色から鮮やかな紅色までさまざまである．開花期の早い花や遅い花には受精能力のない不完全花が多発することがある．雌しべは 1 本，雄しべは多数で 50 本程度あ

図 1 '南高'の花

図2 '南高'の着果状況

るものもある．心皮は1枚であり，1枚の心皮中に2個の胚珠が存在する．通常は受精後成熟種子まで発達するのは1個の胚珠のみであるが，2個の胚珠が成熟種子に発達することもある．花粉量は，品種により大きな差異があり，花粉をほとんど形成しない雄性不稔のものもある．また多くの品種は自家（交雑）不和合性を示す．果実は子房が発達した真果であり，外側から外果皮（果皮），中果皮（果肉），内果皮（核）からなり，内果皮は木化する．核の内部には種子が存在する．果実の形は，円形に近いものが多く，表面には毛じがある．果実サイズは変異に富み，5g程度の小梅から50g程度の大果をつける品種までさまざまである．

【原産地と伝播】 原産地は中国の四川省や湖北省であると考えられているが，ウメは栽培の歴史が古く，純野生種と栽培種が野生化したものの区別が難しく，原産地は明確になっていない．日本の九州地方にも野生化したウメがみられ，これを原生のものと考える説もあるが，縄文時代以前の遺跡からウメ種子の核が見いだされないことから，ウメは中国より日本に渡来したというのが定説となっている．ウメに関する記述は『古事記』や『日本書紀』『万葉集』等の古典にあることから，わが国でかなり古い時代より栽培されていたと考えられるが，その大部分は観賞用のものである．ウメは，花が美しいため観賞用としてまず栽培され，その後，果実としてよく実るものが薬用としての価値を認められ，果実の加工法が発達するにつれて果樹としての評価が高まってきたものと考えられている．

【品　種】 ウメは古くより日本各地で栽培されてきたため，各地の気候風土に適した多くの品種が育成されてきた．現在，最も生産量が多いのは和歌山県の主要

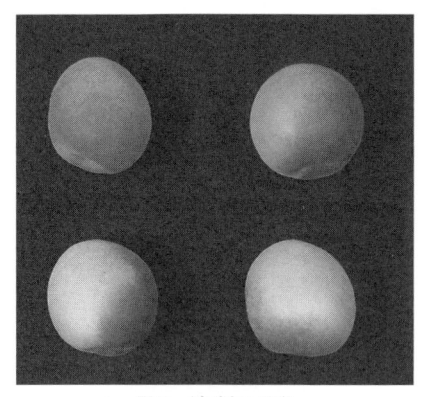

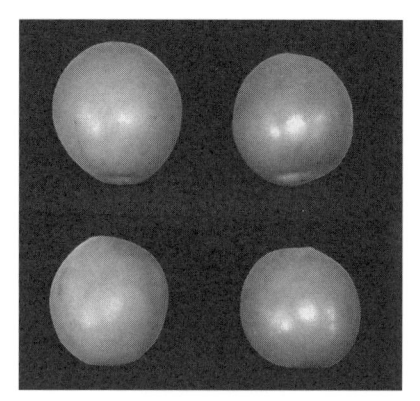

図3 '南高'の果実　　　　　　　　　　図4 '剣先'の果実

品種の'南高'である．'南高'は自家不和合性を示すので，受粉樹として'小粒南高'や'改良内田梅'等が混植されている．関東や東北地方の主要品種は'白加賀'であるが，この品種は雄性不稔で花粉をつけないので，受粉樹の混植が必要である．そのほか，福井県の主要品種である'紅サシ'や'剣先'，徳島県の'鶯宿'，長野県の'龍峡小梅'や山梨県の'甲州最小'等，各地方ごとに異なる特産の品種が栽培されている．また，ウメはアンズやニホンスモモとも近縁で種間交雑することがあるため，開花期の重なる地域では，長い栽培の歴史の間にアンズとの種間雑種である豊後梅やニホンスモモとの種間雑種である李梅等が生じ，品種として利用されている．

【生育周期と栽培管理】 ウメはわが国で栽培されるサクラ属の果樹の中では最も開花が早く，晩霜害の影響を受けやすい．さらに開花期の気温が低いために訪花昆虫も少ないうえ，雄性不稔性や自家不和合性を示す品種もあり受粉受精が安定しない．加えて，年次によって受精能力のない不完全花が多発することがある．このように結実を左右する条件が複雑に関与しているため，ウメは収量の年次変動が非常に大きい果樹である．ウメの収穫は6月に行われるため，その後の管理はおざなりにされがちであるが，収穫後は翌年の花芽が形成される重要な時期であり，この時期の管理が翌年の収量に影響する．特に，ウメは浅根性で乾燥に弱い果樹であるため，夏場の乾燥には注意が必要である．ウメは実生台木に接ぎ木して繁殖されるが，根系が発達し生育旺盛な実生台木に接ぎ木された苗木を用いることが安定して高収量を得るための鍵となる．

表1 ウメおよびその加工品の主な栄養成分（廃棄率以外は可食部100g当たり）

		ウメ（生果）	梅干し（塩漬け）	梅干し（調味づけ）
廃棄率（%）		15	20	25
エネルギー（kcal）		28	33	96
一般成分	水分（g）	90.4	65.1	68.7
	タンパク質（g）	0.7	0.9	1.5
	脂質（g）	0.5	0.2	0.6
	炭水化物（g）	7.9	10.5	21.1
	灰分（g）	0.5	23.3	8.1
ミネラル	ナトリウム（mg）	2	8700	3000
	カリウム（mg）	240	440	130
食物繊維総量（g）		2.5	3.6	2.5

五訂日本食品標準成分表より．

【生産と消費】 ウメの全国の総生産量は10万t前後であり，府県別にみると和歌山県が全国の生産量の5割強を占め，次いで群馬県が1割弱となっている．品種別にみると'南高'が全体の5割強を占め，'白加賀'が1割強となっており，和歌山県の主要品種が'南高'であり，群馬県の主要品種が'白加賀'であることを反映している．ウメは生果として消費されることはなく，すべてが梅干しや梅酒等の加工品として利用されている．中国や台湾からの漬梅の輸入も多い．

【栄養成分】 ウメは他の果実と同様にカリウム等アルカリ性のミネラルを含んだアルカリ性食品である．ウメは他の果実と比べて，クエン酸やリンゴ酸，コハク酸や酒石酸等の有機酸含量が非常に高いことが特徴的である．これらの有機酸の作用のため，ウメの加工品は薬効を示す健康食品として古くから利用されてきた．また，近年，梅肉エキス等をつくる過程でウメ果汁を熱する際にクエン酸が糖質とエステル結合してムメフラールと呼ばれる血流を改善する物質が生成されることが明らかになり注目されている．

【利用・加工】 ウメは酸味が強いので生果として利用されることはなく，もっぱら加工食品として利用されている．ウメの加工品といえば，まず梅干しがあげられる．梅干しは，日本固有の嗜好品であり，健康食品でもある．多量に含まれるクエン酸やリンゴ酸，コハク酸や酒石酸等の有機酸が唾液や胃液の分泌を促進し，

食欲増進につながる．また，梅干しには殺菌作用，解熱作用，鎮痛作用があり，風邪のときに黒焼きにして熱湯を加えて飲んだり，歯痛や頭痛の際に梅干しをつぶして痛い部分に貼ったりする．近年は，古くから利用されてきた梅干しに加えて，塩漬けしたウメをさまざまな調味液につけて，減塩するとともに味つけをして加工する調味漬けの梅干しも多く生産されている．梅酒もウメからつくられる加工品の代表格である．梅酒は，完熟前の青梅を砂糖とともに焼酎に漬けてつくられ，適量を飲むことで食欲増進や疲労回復に効能がある．中国の青梅酒は青梅の果実のみを濁り酒に漬け，それに水と砂糖を加えて加熱してつくられる健康酒である．また，テレビでその効能が紹介されてから健康食品として注目されたのが梅肉エキスである．梅肉エキスは，青梅をすり潰して得た汁を布でこしてから，弱火でゆっくりと煮詰めて飴状にしたものである．梅肉エキス中に濃縮され多量に含まれるクエン酸等の有機酸は，疲労回復や腹痛に効能がある．青梅の皮を取り去り燻製にしたものが烏梅であり，漢方薬として利用される．これをとろ火で煎じて飲用することで，解熱，鎮咳去痰，食あたり，暑気あたり等によく効くとされる．そのほかにも，果汁飲料や梅シロップ，砂糖漬け菓子，あるいは和菓子やそうめんの味つけ等の種々の用途に用いられている． 〔田尾龍太郎〕

オウトウ（さくらんぼ）

甘果オウトウ

和名　セイヨウミザクラ
英名　sweet cherry または単に cherry
学名　*Prunus avium* L.
（バラ科）

　オウトウ（漢字で桜桃と書き，さくらんぼともいう）は本来，甘果オウトウ（セイヨウミザクラ，*Prunus avium* L.）と酸果オウトウ（セイヨウスミノミザクラ，*Prunus cerasus* L., 後述）が属するヨーロッパ系のものと中国オウトウ（カラミザクラあるいはシナノミザクラ，*Prunus pauciflora* Bunge）と呼ばれる東アジア系のものを含むグループ名であるが，ふつうはオウトウあるいはさくらんぼといえば甘果オウトウのことを指す．

　キリスト教の伝説によればヨーロッパでは古くから「聖母マリアの木」と呼ばれ，古代中国でも天子がその果実を王廟に捧げたとされる神聖な果実であった．

【形　態】　甘果オウトウは落葉性の高木で，10 m 以上の高さになることも珍しくない．葉の裏面には酸果オウトウにはない短い柔毛がある．
　5枚の白い花弁をもつ花が，通常4月の後半から5月の初めにかけて開花し，果実は品種によって異なるが5月下旬～7月にかけて成熟する．花芽は葉腋に着生し，頂芽は葉芽となる．花芽は，長い枝（長果枝）では枝の基部のみにつき，短い枝（短果枝）では節間が詰まって枝全体に着生したように見える．1つの花芽はふつう2～3個の花のみを含む純正花芽であるため，短果枝では花束状に咲く（図1）．
　果実は円形からハート形で，果重は数 g から 10 g を超えるものまである（図2）．果皮の色は黄色，赤色から暗紫色と多様である．果肉の色は白色，乳白色のものから紅色のものまであり，果汁は甘い．果実内に1個の大きな核（通常「たね」と呼ばれているものは，正確には「核」と呼ばれる組織で，本当の種子は核の内部にある）を含む．モモ等のほかの核果類と同じように，核が果肉から離れやす

オウトウ（さくらんぼ）　　　　　　　　　　　　157

図1 甘果オウトウの花の様子（'佐藤錦'）　　　**図2** 甘果オウトウの成熟果（'佐藤錦'）

い品種と離れにくい品種がある．また，甘果オウトウの果実の表面には多数の気孔が分布しており，裂果を引き起こす要因の1つになっていると考えられている．

【原産地と伝播】 原産地は，イラン北部からコーカサス山脈の南部，トルコ，アルメニア，さらにロシア南部からヨーロッパ西部（ギリシャ，イタリアおよびスペインの山岳地帯）に至るまでのかなり広い地域とされる．これらの地域にあった野生種が有史以前という極めて古い時代に栽培化されたといわれ，ギリシャのテオフラストスが紀元前3世紀に記した『植物の歴史』に書かれた一節が最古の文献とされる．それ以降，2～3世紀にかけて，ヨーロッパではドイツ，フランス，イタリア等を中心に栽培が普及したと考えられるが，当初は多分に粗放的な栽培であったと推測され，経済栽培が本格化したのは16世紀に入ってからであると考えられる．

アメリカ大陸に酸果オウトウを含むオウトウの栽培が導入されたのは16～17世紀で，アメリカ西部開拓使によるとされる．当時オウトウは，穀物の作柄が悪い年には重要な食料であったという．導入以降18世紀頃には，オレゴン州やカリフォルニア州をはじめとして栽培が広まっていったといわれる．

一方，わが国におけるオウトウ栽培は，1868（明治元）年に当時函館に住んでいたドイツ人のガルトネル（Gaertner, R.）が試植したのが最初であるといわれている．その後，1872（明治5）年には北海道開拓使が，その翌年以降には当時の勧業寮が，アメリカ合衆国やフランスから多数の品種（甘果オウトウと酸果オウトウの両方）の苗木を輸入して全国に配布した．全国各地で試作された結果，梅雨が比較的短く寒冷な気候である山形県に定着することになったと考えられる．以来関係者の努力の結果，1888（明治21）年には山形から仙台に初出荷され，そ

の後東京市場にも出荷されるようになり，生産量が次第に増加していった．

このように，山形県の甘果オウトウ栽培は明治時代にその基礎が築かれ，昭和になる頃には缶詰加工を中心に特産品として生産が拡大した．しかし，1943（昭和18）年の果樹転作令によって伐採を余儀なくされ衰退した．戦後は1952（昭和27）年頃から復興したが，1975（昭和50）年頃より缶詰加工が不振となり，生食用品種への転換が図られた．その後，1978（昭和53）年にはアメリカ合衆国産果実，1982（昭和57）年にはカナダ産果実の輸入が解禁され，国際競争時代の火ぶたが切られた．

【品　種】　現在までに甘果オウトウ，酸果オウトウ合わせて1500品種以上の記載があるとされているが，中国等詳細がまだ明らかでない国もある．世界各国がそれぞれその国独自の品種を有しているのがオウトウの特徴の1つであろう．わが国ではおそらく30品種前後が栽培されているものと思われる．

甘果オウトウは一般に自家不和合性で，自樹の花あるいは同一品種の花の花粉では結実しない．さらに，多数の他家不和合性群が知られており，組み合わせによっては異なった品種同士でも結実しない．このことは，人工受粉の際の花粉源や受粉樹の選定にあたって極めて大切になる．ただし，'ステラ'や'さおり'等一部の品種は自家和合性であることが知られており，これらの品種がもつ自家和合性の性質を導入することが品種改良の大きな目標の1つになっている．

ここではわが国で栽培されている品種のうちのいくつかを紹介する．

'佐藤錦'：1912（大正元）年に山形県東根市の佐藤栄助によって，ヨーロッパ原産とされる'ナポレオン'にアメリカ原産の'黄玉（きだま）'の花粉を交配して得られた実生から選抜されたとされる．現在わが国の生食用甘果オウトウの代表的品種で，全生産量の約80％を占める（図3左）．1970（昭和45）年当時は加工用の'ナポレオン'が全生産量の約80％を占めていたが，缶詰加工業の衰退にともなって'佐藤錦（さとうにしき）'が急速に増加した．なお，3代目になる原木が同市に現存している．

'ナポレオン'：ヨーロッパからの導入品種で'ロイヤル・アン'とも呼ばれる．わが国の加工用オウトウの代表的品種で，'佐藤錦'より酸味が強く熟期が遅い．果実は典型的なハート形である（図3右）．

'ジャボレー'：フランス原産で明治末期に導入されたとされる．かつてはわが国の代表的な早生品種の1つであった．この品種は後にも述べるように，双子果（バラ科植物にしばしば認められる多雌ずい現象で1つの花に2～4本の雌し

図3 甘果オウトウの品種（1）'佐藤錦'と'ナポレオン'
左：'佐藤錦'．わが国の代表的な品種．右：'ナポレオン'．果実はハート形．

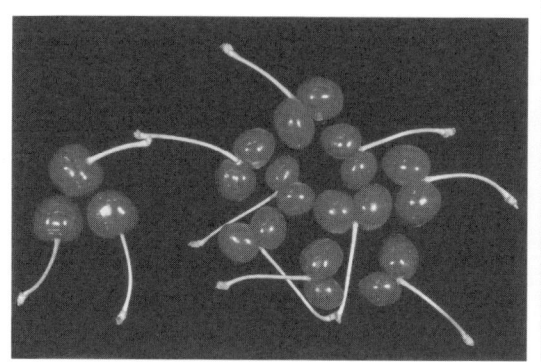

図4 甘果オウトウの品種（2）'シャボレー'
早生の代表的な品種の1つであるが，双子果（右側）が生じやすい．

図5 甘果オウトウの品種（3）'ダイアナブライト'
果実は大きく，直径が500円硬貨ほどにもなる．

べが分化する）が生じやすく，高温・干ばつ年の翌年に多発する（図4）．双子果は中国では幸福の知らせとされているようであるが，わが国ではふつう商品価値がない．

　'**ダイアナブライト**'：1988（昭和63）年に登録された品種で果実が大きい（11 g前後）のが特徴である（図5）．

　'**紅秀峰**'：1991（平成3）年に登録された山形県育成の品種で，'佐藤錦'に'天香錦'（偶発実生）を交配したものである．極めて豊産性で，熟期は'佐藤錦'と'ナポレオン'の間である．果肉の肉質がち密で貯蔵性もよい（図6）．

　山形県からはそのほかに'紅さやか'，'紅てまり'等の新しい品種が登録されている．なお，果皮の黄色い品種として中国で育成された'月山錦'がある．

図6 甘果オウトウの品種（4）'紅秀峰'
山形県育成の中晩生種で豊産性である．

【生育周期と栽培管理】 甘果オウトウは寒冷地に向く果樹とはいえ，耐寒性はそれほど強くない．わが国では北海道の南部から札幌付近が経済栽培の北限と考えられる．また，開花期に晩霜害が発生しやすいところは不適地である．

オウトウの花芽は前年の7～8月頃に分化・発達する．そのため，夏季の花芽形成期の夜温は冷涼であることが望ましい．花芽形成期に高温でありすぎると双子果発生（多雌ずい現象）の原因になる．また，西南暖地のように春先の気温上昇が急速な地域では，雌性器官の発達とその完成に支障をきたすため，結実が極端に悪くなる場合がある．さらに，落葉性の果樹であるので冬季は休眠するが，その打破にはふつう'佐藤錦'で7℃以下の低温が約1500時間程度必要である．休眠の打破が不完全だと翌春の萌芽が不揃いになったり，遅れたりする．したがって，冬季に十分な低温に遭遇できない地域では栽培が難しい．このことは，休眠を早期に打破した後にプラスチックハウスを利用して加温し，早春に果実を出荷しようとする促成栽培においても重要な留意事項である．

以上のようなことを総合すると，経済栽培の南限は山梨県あるいは長野県あたりと考えられるが，最近は観光果樹園等の植栽樹種としても人気が高いことから，四国や九州等でも栽培が試みられている．このような暖地では前述のような問題が起こりやすいことから，昼夜の温度差が大きい傾斜地やなるべく標高の高いところを選ぶ等の注意が必要である．

甘果オウトウは耐水性が弱いため，排水のよい，通気性に富む，肥沃な砂質土壌を好む．通常は接ぎ木によって繁殖し，台木にはわが国に自生するアオバザクラのほか，同じサクラ属であるマザードやマハレブを用いる．近年は，コルトやマメザクラ，オシドリザクラ等を台木として矮化栽培が試みられている．矮性台

図7 雨よけハウスの例（山形県）
梅雨に入る頃（着色開始期）からビニールを張る．果実収穫後には取り除く．

木を用いた低樹高栽培はハウス栽培にも有効で，わが国の土壌にあったよりよい台木の選抜が望まれている．

また，先述のように自家不和合性で，品種の組み合わせによっては他家不和合性も示すため，親和性があって，かつ開花時期が一致するほかの品種を受粉樹として植えるか，人工受粉を行う必要がある．ふつうはミツバチやマメコバチ等の訪花昆虫を利用するが，産地では毛ばたきによる人工受粉も行っている．

果実の生育期間は，早生で約40日，晩生品種でも60～70日程度と短く，その成長は樹体の前年の貯蔵養分によるところが大きい．果実のよりよい着色には日当たりがよいことが大切である．また，成熟期に入った果実に雨が当たると裂果するので，産地では雨よけハウスと呼ばれる施設で被覆する方法が普及している（図7）．

【生産と消費】 2002年の世界の甘果オウトウ生産量は約180万tで，ここ20年で25万tほど増加している．1位はトルコで，2位以下はイラン，アメリカ合衆国，イタリア，ドイツと続く．日本は約2万tで18位である（表1）．また，日本ではほとんどが生食用であるのに対して，ドイツでは約30%が加工用（ただし，酸果オウトウを含む）である．中国の生産量は1万t余りであるが，年々増加している．国内では山形県が日本全体の約3/4を生産し，2位は北海道，3位は青森県で，地域性の非常に高い果樹といえる（表1）．

輸出量はアメリカ合衆国とトルコが多く，年間3万t前後を輸出している．一方，輸入はドイツと日本が多く，年間2万t前後の輸入量である．わが国の輸入オウトウはほとんどがアメリカ産で，品種は'ビング（Bing）'（果皮，果肉とも暗

表1 甘果オウトウの生産量と栽培面積

順位*1	国名（県名）	生産量（t）	栽培面積（ha）
世界*2			
1	トルコ	250000	25000
2	イラン	218584	25302
3	アメリカ合衆国	164000	29632
4	イタリア	140718	28605
5	ドイツ	110000	33000
6	スペイン	92500	27500
7	ルーマニア	88000	11000
7	ロシア	88000	26000
9	ウクライナ	85000	17500
10	フランス	70000	12200
⋮			
18	日本	21200	4000
計		1787261	364416
日本*3			
1	山形	14800	2670
2	北海道	1500	644
3	青森	1420	390
4	山梨	952	341
5	秋田	348	82
計		19600	4450

*1 順位は生産量に基づく．
*2 世界の統計はFAOの統計資料による2002年のデータによる．
*3 日本の統計は果樹統計（平成15年度版，日本園芸農業共同組合連合会）の2001年のデータによる．

紫色）や'レーニア（Rainier）'（果皮は黄色っぽい赤で果肉は白色）である．このように，現在わが国のオウトウの輸入量は国内生産量とほぼ同じ程度にまで増加してきているが，価格は国内産のものがかなり高く推移している．

【栄養成分】 甘味は主としてブドウ糖，果糖等の還元糖でショ糖はほとんど含まれない．エネルギーは低めで，食物繊維に富む．ミネラルとして，鉄，カルシウム，豊富なカリウムを含み，腎臓病予防に効果があるといわれる．また，ビタミンをバランスよく含んでいる（表2）．さらに，アントシアニンやフラボノイド等のポリフェノール類を豊富に含み，前者は痛風や関節炎の軽減，後者の一種であるケルセチンは抗がん作用や酸化防止作用があるといわれている．

なお，オウトウは古くから優れた利尿作用を有するとされ，果梗（柄）を煎じて飲む民間療法が知られている．

表2 甘果オウトウの主な栄養成分（可食部100 g当たり）

		国産果実	アメリカ産果実
エネルギー (kcal)		60	66
一般成分	水分 (g)	83.1	81.1
	タンパク質 (g)	1.0	1.2
	脂質 (g)	0.2	0.1
	炭水化物 (g)	15.2	17.1
ミネラル	ナトリウム (mg)	1	1
	カリウム (mg)	210	260
	カルシウム (mg)	13	15
	鉄 (mg)	0.3	0.3
ビタミン	A カロテン (μg)	98	23
	レチノール当量 (μg)	8	2
	葉酸 (μg)	38	42
	C (mg)	10	9
食物繊維総量 (g)		1.2	1.4

五訂増補日本食品標準成分表より．

【利用・加工】 甘果オウトウは収穫後の鮮度保持が難しい果実の1つで，時間の経過とともに，甘酸っぱい独特の風味が失われていく．したがって，輸送中もなるべく低温で管理し，家庭でもポリ袋などに入れて冷蔵する必要がある．鮮度は果梗のみずみずしさである程度判断できる．

生食を主とするが，ジャムやシロップ漬け，コンポート，フルーツソース等への加工にも向く（図8）．また，ケーキやタルトの材料にもしばしば用いられる．

図8 きれいに箱詰めされた'佐藤錦'の果実（左）とジャムおよびシロップ漬け（右）

酸果オウトウ

和名 セイヨウスミノミザクラ
英名 sour cherry
学名 *Prunus cerasus* L.
(バラ科)

　オウトウのうち，成熟期を迎えても果実の酸味が強いものを酸果オウトウまたはサワーチェリーという．

【形　態】　酸果オウトウは甘果オウトウと異なり，灌木性で樹高は比較的低いものが多い（図9）．また，吸枝が出やすい特徴をもつ．葉は甘果オウトウより厚く，緑色が濃い．また，葉の基部に蜜腺がない．
　春に白い花が咲くが，花は甘果オウトウより小型で花梗（柄）が長いのが特徴である．果実も甘果オウトウよりはやや小さく，果形は円形から偏円形で，果皮の色は紅色または黄色である．

【原産地と伝播】　酸果オウトウの原産地は，黒海からトルコのイスタンブールの周辺，つまり一般に小アジアと呼ばれる地域であるとされる．ヨーロッパへの導入については，紀元前65年にローマのルカロス将軍が小アジアのホンタスから持ち帰ったという説がある．また，スイスの植物学者ドゥ・カンドル（Candolle,

図9　酸果オウトウの樹姿（左）と結実状況（右）

Alphonse de)はその著書『栽培植物の起源』(1882)の中で,酸果オウトウは前史時代に甘果オウトウとは異なる野生種から生じたのであろうという仮説を示している.しかし,一般的にはグランド・チェリー(*P. fruticosa*)を母親として,甘果オウトウ(*P. avium*)の減数分裂しない花粉との交雑によって生じたとされている.

わが国には明治時代の初めに甘果オウトウとともに導入されたが,果実の酸味が強くて生食に適さないために普及しなかった.

【品　種】　甘果オウトウほどではないが,酸果オウトウにも世界各国に多くの品種が存在する.その中では,'モレロ (Morello)', 'モンモレンシー (Montmorency)'等が一般的である.わが国では,明治時代に導入された'モンモレンシー', 'アーリー・リッチモンド (Early Richmond)', 'イングリッシュ・モレロ (English Morello)'等のほかにはその後ほとんど導入されておらず,酸果オウトウそのものになじみが薄いのが現状である.

'アーリー・リッチモンド'(図10)も'イングリッシュ・モレロ'(図11)も完熟すると非常に美しいルビー色になるが,酸味が強いため鳥害をほとんど受けない.また,甘果オウトウに比べて病虫害にも強く,よく結実するので栽培しやすい.

【生産と消費】　世界の総生産量は2002年で約90万t(甘果オウトウの約半分)であり,ここ20年間ほぼ横ばいである.主な生産国はロシア,ポーランド,トルコで,ドイツがこれに次いでいる(表3).輸出量はハンガリーやドイツ,アメ

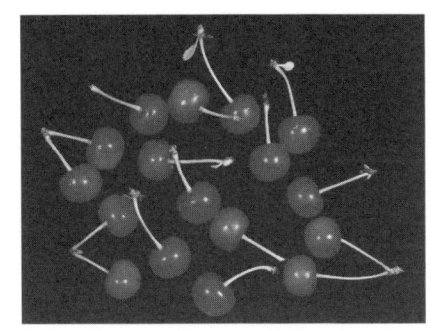

図10　酸果オウトウの品種 (1)
　　　'アーリー・リッチモンド'

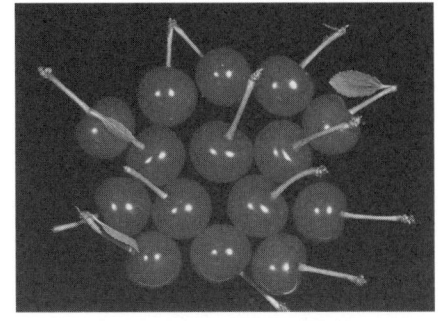

図11　酸果オウトウの品種 (2)
　　　'イングリッシュ・モレロ'

リカ合衆国が多い．ドイツは輸入量も多く第1位で，オーストラリア，オランダがこれに次いでいる．このように，酸果オウトウの生産および利用は主としてヨーロッパ諸国で盛んである．

一方，アメリカ合衆国の酸果オウトウの生産量はオウトウ全体の15%ほどであるが，ミシガン州で栽培されているオウトウはほとんどが酸果オウトウの'モンモレンシー'である．

わが国での経済栽培はごくわずかで，庭木（観賞用）として植えられていることが多いようである．

【栄養成分と利用・加工】　酸果オウトウの酸味の強さは品種によってかなりの差がある．甘果オウトウに比べてリンゴ酸等の有機酸を豊富に含むのが特徴である．最近，抗炎症効果を有するビオフラボノイドや優れた酸化防止効果をもつメラトニン，さらに抗発がん物質として期待されるペリリールアルコールが含まれていることが明らかになり，さらに研究が進められている．酸果オウトウは菓子類やアルコール類等の加工原料として利用される．例えば，オランダ，ドイツ，デンマーク等のヨーロッパ諸国ではオウトウ（甘果オウトウを含む）を原料とした蒸留酒（ドイツではキルシュヴァッサー）やリキュール等の醸造が盛んである．これらの酒類は，ケーキやお菓子づくり等にも使われる．

表3　酸果オウトウの生産量と栽培面積

順位[*1]	国名	生産量 (t)[*2]	栽培面積 (ha)[*2]
1	ロシア	200000	60000
2	ポーランド	174201	37502
3	トルコ	126000	13250
4	ドイツ	78000	13400
5	イラン	50522	8728
6	セルビア・モンテネグロ	49810	21200[*3]
7	ハンガリー	45000	17500
8	チェコ	28483	2000
9	アメリカ合衆国	28213	14933
10	ベラルーシ	20000	9000
	計	882919	200225

[*1]　順位は生産量に基づく．
[*2]　世界の統計はFAOの統計資料による2002年のデータによる．
[*3]　1997年のデータによる．

図 12 チェリーワイン（山形県）
写真は国内産の酸果オウトウを原料にして醸造したワイン．使用品種は主に'モンモレンシー'．

　一方，わが国における酸果オウトウの栽培はごく少なく，現在山形県に約 1 ha ほどの栽培があるだけであると思われる．同県の西川町にあるワイナリーでは，'モンモレンシー'を主原料として独特の風味があるチェリーワインを醸造している（図 12）．

　そのほか，オウトウの仲間には中国オウトウ（カラミザクラあるいはシナノミザクラ，Chinese cherry）がある．中国オウトウは中国原産の落葉性の小高木で，木は比較的小さい．わが国には江戸時代の初期に渡来したとされ，主として庭木に利用されている．花は白色または淡紅色で，自家結実性である．ただし，耐寒性が弱く，九州や四国でないと越冬が難しいとされている．果実は食べられるが，経済性は乏しい．

〔平　智〕

オリーブ

和名 オリーブ
英名 olive
学名 *Olea europaea* L.
(モクセイ科)

　属名の *Olea* はギリシャ語でオリーブの樹を意味する elaia に由来し，種名の europaea はヨーロッパを意味する．

【形　態】 亜熱帯性の常緑高木（高さ7～12 m）（図1）．葉は単葉で対生し，長さ4～8 cm の披針形で，全縁の革質である．表面は光沢のある暗緑色，裏面は毛じが密生し銀灰色を呈する．葉腋に総状の円錐花序を着生し，1花序に10～35個の花をつける（図2）．花は径約6 mm で，乳白色の4深裂した合弁花冠と短い萼筒がある．花の中心に雌しべがあり，子房は2個の胚珠を含む心皮2つからなり，花柱は短く，柱頭はやや大きい．雄しべは2つで，葯は黄色で大きく，多量の花粉を含む．両性花であるが，雌しべの発育が不完全な雄花も発生する．果実は，長さ1.2～4 cm の楕円形または円形で，表面はクチクラで覆われて光沢がある（図3）．幼果は緑色で，成熟期に入ると黄緑色，赤紫色となり，完熟すると黒紫色に着色する．中果皮が油を豊富に含む果肉を形成し，内果皮が硬化し

図1　オリーブの樹姿　　　　　　図2　花

図3 結実状況　　　　　　図4 果実とその断面

て核になり，内部に種子を含む（図4）．

【原産地と伝播】　オリーブの化石はイタリアやスペイン，アフリカ北岸で見つかっており，1万2000年前には地中海沿岸でオリーブの木が存在していたとされる．一方，栽培種の起源は6000年前の小アジアとされ，紀元前3000～2000年にシリア，パレスチナ，トルコ，エジプトで栽培および採油が始められた．紀元前16世紀にフェニキア人がギリシャにオリーブを持ち込み，ギリシャではオリーブ栽培に関する法令の発布により，紀元前4世紀までにオリーブ栽培が全土に広がった．一方，紀元前6世紀以降，オリーブの栽培はリビアやチュニジアにも広がり，さらにシチリア島を経由してイタリアへと広がった．ベルベル人から接ぎ木などの栽培技術が伝わり，ローマ帝国が平和的統治の手段として占領地の国々にオリーブを栽培させたこともあって，地中海沿岸全域にオリーブ栽培が拡大した．紀元前4世紀にオリーブの搾油に垂直回転式石臼が用いられるようになったが，これは世界で最も古い加工用の回転式道具とされる．コロンブス（Colombo, C.）のアメリカ大陸発見後，オリーブ栽培はスペインから西インド諸島を経てアメリカ大陸へと伝わり，植民地であったメキシコ，カリフォルニア，ペルー，チリ，アルゼンチンの地中海性気候の地域で栽培されるようになった．現在では，オーストラリア，アフリカ南部などでも栽培されている．

　日本へは，幕末に林洞海がフランスから苗木を導入したが，結実には至らなかった．明治初期にはフランスやイタリアから導入された苗木が結実し，神戸オリーブ園で製油と塩漬け加工が行われた．1908（明治41）年に農商務省がアメリカ合衆国から輸入した苗を三重，香川，鹿児島で試験栽培し，香川県小豆島での試作が成功し，香川や岡山で商業栽培されるようになった．香川県ではオリーブが

県花，県木に指定されている．

【品　種】 野生種（*O. europaea* var. *oleaster* または var. *sylvestris*）は地中海沿岸に自生しており，低木で葉枝が短く，果実は小さく核は大きい．栽培種（*O. europaea* var. *comunis* または var. *sativa*）は世界で2000品種以上あると推定されており，用途により，油用種，塩漬け用種（テーブルオリーブ），兼用種に分かれる．油用種は含油率が高く，果肉に対する核の割合が大きく，小果（1〜3.5 g）である．一方，塩漬け用種は中〜大果（5〜17 g）で，果肉に対する核の割合が小さく，含油率が低い．兼用種は両種の中間的な性質を示す．

　日本に導入されている主な品種として，油用種は'ネバジロ・ブランコ（Nevadillo Blanco）'（スペイン原産），'ルッカ（Lucca）'（イタリア），塩漬け用種は'マンザニロ（Manzanillo）'（スペイン），'セビラノ（Sevillano）'（スペイン），'アスコラノ（Ascolano）'（イタリア），兼用種は'ミッション（Mission）'（アメリカ合衆国）がある．

【生育周期と栽培管理】　年平均気温14〜20℃の地帯で栽培が可能で，同16〜18℃が最適とされる．耐寒性は強く，樹体は−9℃まで耐えられる．花芽形成には冬季の低温遭遇が必要であるが，生理的花芽分化は夏に起こることから，この現象は春化ではなく，冬に起こる形態的花芽分化に低温が必要か，もしくは花芽の休眠打破に低温が必要であると考えられている．陽樹で，花芽分化と新梢成長に強い光を必要とする．耐乾性が強く，年間200 mmの雨で生育するが，果実の正常な発育には600 mm以上の降雨が望まれる．土壌に対する適応性は大きいが，排水良好で肥沃な砂質壌土が最適である．石灰欠乏に弱く，根の土壌通気性要求度が大きいので，有機質肥料と石灰の施用，耕うんが重要である．清耕栽培がオリーブアナアキゾウムシの防除に効果的である．繁殖法には，実生（種子），接ぎ木，挿し木，株分け等があり，現在は緑枝挿しや接ぎ木が主流である．定植は3〜4月もしくは9〜10月に，5〜6 m間隔で行う．自家不和合性の品種が多いので，10％ほどの割合で受粉樹を混植する．定植後3〜4年で結実し，7〜8年で盛果期を迎え，50年以上安定生産が可能である．寿命が長く，樹齢が1000年を超える木も存在する．5月下旬〜6月上旬に開花する．多量の花粉を飛散させる風媒花だが，虫媒も行われる．全花の1〜3％が結実し，10月頃に成熟期に達する．収穫適期は，緑果塩漬け用（グリーンオリーブ）で果実が黄化を始める

10月頃，熟果塩漬け用（ライプオリーブ）で果色が赤紫色になる11月頃，油用で黒紫色に完熟する12月頃である．塩漬け用果は手採りし，油用果は地面に敷いたネットに落として集める．

【生産と消費】 2006年における世界のオリーブの栽培面積は890万haで，生産量は1700万tである．生産量は増加傾向にあり，この30年間で約2倍に増加している．国別では，スペインの生産量が500万tと最も多く，イタリア，ギリシャ，トルコ，チュニジアと地中海沿岸の国が続く．世界のオリーブ油の生産量は270万tで，塩漬けオリーブの生産量は180万tである．日本では，香川で100t，岡山で10tの果実が生産されている．日本のオリーブ油の輸入は3万tで，20年前と比べて約2倍に増加している．塩漬けオリーブの輸入は2400tで，こちらも年々増加している．

オリーブ油の消費量はイタリアが最も多く，スペイン，ギリシャと続くが，1人当たりの消費量が最も多いのはギリシャで，1日当たり約50gである．対して日本人はわずか0.7gしか消費していない．

【栄養成分】 オリーブ油および塩漬けオリーブの栄養成分を表1に示した．オリーブの果実は12〜30%の油を含み，他に微量のタンパク質，無機質，ビタミンを含む．オリーブ油の主要な脂肪酸は，酸化しにくい一価不飽和脂肪酸のオレイン酸で，含有量は63〜83%と他の植物油に比べて著しく高い．ほかに，同種のパルミトレイン酸，飽和脂肪酸のパルミチン酸，ステアリン酸，多価不飽和脂肪酸のリノール酸，リノレン酸を含む．他の植物油は種子を搾るのに対し，オリーブ油は果肉を搾るので，ビタミンE，スクアレン，フェノール物質，葉緑素，カロテノイド等の抗酸化物質が多く含まれる．

オリーブ油の消費が多い地中海沿岸の地域では，脂肪の摂取量が多いにもかかわらず心臓病による死亡率が低いことから，オリーブ油の健康への効果が注目されている．オリーブ油に多く含まれるオレイン酸には，HDL（善玉）コレステロールを減らすことなく，LDL（悪玉）コレステロールや中性脂肪の血中レベルを低下させ，動脈硬化を予防する効果があることが明らかにされている．また，オリーブ油を食事に取り入れることで，血圧や血糖値の低下，肥満の抑制，がん予防にも効果があることが報告されている．オリーブ油は，胃腸で消化吸収されやすく，胃潰瘍の抑制や便秘の緩和の作用もあるとされる．保湿作用や抗酸化作用，紫外

表1 オリーブ加工品の主な栄養成分(可食部100g当たり)

		エキストラバージンオリーブオイル	塩漬けオリーブ 緑果の塩漬け	塩漬けオリーブ 熟果の塩漬け
エネルギー (kcal)		921	145	118
一般成分	水分 (g)	0	75.6	81.6
	タンパク質 (g)	0	1	0.8
	脂質 (g)	100	15	12.3
	炭水化物 (g)	0	4.5	3.4
	灰分 (g)	0	3.9	1.9
ビタミン	A (μg)	210	525	0
	E (mg)	7.6	5.5	4.7
	K (μg)	42	0	0
	B群 (μg)	0	63	432
	C (mg)	0	12	0
脂肪酸	飽和 (g)	14	—	1.87
	一価不飽和 (g)	70.74	—	8.99
	多価不飽和 (g)	9.45	—	0.75
食物繊維総量 (g)		0	3.3	2.5

五訂日本食品標準成分表より.

線吸収による美肌効果にも優れる.

【利用・加工】 オリーブの果実は果肉に多量の油を含んでおり,これを圧搾してオリーブ油をとる.果実を洗浄し,粉砕した後,圧搾機にかける.浸出した果汁は水分と油分に分離するので,上澄みの油分だけを取り出す.現在では,粉砕した果肉からの果汁の分取や,果汁からの油の分取に遠心分離機が用いられている.最近,果汁から油を分取するのに,油分を金属に付着させて集めるパーコレーション法が一部で採用されている.これらのように化学的な処理をしていない油はバージンオリーブオイルと呼ばれる.このうち酸度が高く食用に不適なものは,脱酸,脱色,脱臭等の精製が施され,精製オリーブオイルとなる.これらを混ぜ合わせたものがオリーブオイルまたはピュアオリーブオイルと呼ばれる(図5).搾り滓からも油を溶剤抽出して精製し,これにバージンオリーブオイルを加えたものがオリーブポマースオイルである.

果実にはオリュロペインという渋みの成分があり,生食することはできないの

図5 オリーブ油

図6 オリーブの加工品（緑果と熟果の塩漬け）

で，加工（脱渋・塩漬け）して食用にする．加工には，乳酸発酵をともなう方法とともなわない方法（新漬け）がある．前者では，収穫した果実を1.8～3.5%の水酸化ナトリウム水溶液に浸漬して脱渋し，水洗した後，4～10%の塩水に浸漬し，3～12カ月間かけて乳酸発酵させる．新漬けでは，収穫果実を水酸化ナトリウム水溶液で完全脱渋してから，塩水に10日ほど漬ければ食べられるようになる．瓶詰めの前に，核を取り除いて赤ピーマンやアンチョビーを詰めることもある（スタッフドオリーブ）．

　オリーブ油は，古代から食用だけでなく，香油や薬用，灯火用としても利用されてきた．現在，オリーブ油は，食用として揚げ油，炒め油，サラダオイル，魚類油漬け加工用，ドレッシング等に用いられるほか，薬用（局方オリーブ油）または香粧用として，そのまま肌や髪に適用したり，石鹸，クリーム，シャンプー等の原材料に用いられている．一方，塩漬けオリーブは，そのまま酒のつまみとして食されたり，さまざまな和洋食料理の食材に用いられたりする．葉は装飾用やオリーブ茶の原料として利用される．樹姿が美しいので，庭木や街路樹としての利用もある．

〔別府賢治〕

カキ

和名 カキ，柿
英名 oriental persimmon, Japanese persimmon, persimmon, Kaki
学名 *Diospyros kaki* Thunb.
（カキノキ科）

　カキの学名のうち，その属名 *Diospyros* は dios（神）と pyros（穀物）のギリシャ語が語源で，「神の食べ物」の意である．また，種名には"カキ (kaki)"がそのまま学名として使用されている．このカキの学名自体にはこれまでに混乱は認められないが，その命名者に関しては，文献によって，異なっている．すなわち，カキの命名者として，Linnaeus, Carl von (L.) やその息子である同名の Linnaeus, Carl von (L.f.) が用いられている場合，Thunberg, Carl Peter (Thunb.) が用いられている場合がある．カキの学名を *Diospyros kaki* L. とするのは，カキの属名である *Diospyros* が Linnaeus (L.) によって命名されたこと（*Diospyros* L.）からの類推であると考えられるが，カキの学名の命名者を Linnaeus (L.) とするのはカキの学名が命名された年代から考えて明らかな間違いである．ただ，Linnaeus, Carl von (L.f.) と Thunberg, Carl Peter (Thunb.) のどちらが正しいかは微妙である．植物の学名を記載する雑誌である "*Index Kewensis*" の vol. I（1886〜1895）には，カキに対して3人の命名者を使った，*D. Kaki* Blanco, *D. Kaki* L.f., *D. Kaki* Thunb. の3つの学名が記載されている．このうち，*D. Kaki* Blanco は *D. discolor* と，*D. Kaki* Thunb. は *D. Kaempferi* と同名であるとされている．この事実からは，*D. Kaki* L.f. のみが正しいカキを記載したものであり，カキの命名者は Linnaeus, Carl von (L.f.) とするのが最も適当であると考えられる．しかしながら，ウプサラ大学の Thunberg's herbarium で保存されていた Thunberg が命名したカキの標本調査から，*D. kaki* Thunb. として収集されているものも間違いなくカキであることが確かめられた．記録によれば Thunberg, Carl Peter (Thunb.) は1780年に "*Nova Acta Regiae Societatis Scientiarum Upsaliensis*" でカキを記載しており，Linnaeus, Carl von (L.f.) は1781年に "*Supplementum Plantarum*" でカキを記載している．このことは，カキの命名者を Thunberg とするのが妥当であることを示唆している．

【形　態】　カキは落葉喬木性の果樹で，樹勢が強く，幹は直立し，自然放任樹は樹高10m以上になるものもある．葉は新梢に互生し，楕円形でとがり，全縁，托葉はない．晩秋には紅葉して黄色あるいはオレンジ色になり，非常に美しい．花は放射相称で，単性化が進んでおり，栽培品種は雌花のみ着生するものが多い．

カキの花性には雌花，雄花，両性花の3タイプがあり，前述のように栽培品種には雌花のみ着生するもの（pistillate type）が多いが，雄花と雌花を着生する雌雄同株の品種（monoecious type），雄花・雌花に加えて両性花が着生する品種（polygamomonoecious type）も存在する．カキの花性に関して，雌雄同株の品種では，樹勢が弱い枝には雄花がつき，樹勢の強い枝には雌花が着生することが経験的に知られている．また，圃場での調査結果から，前年度の花性が翌年度のその結果母枝の花性に影響すること，結果母枝の先端から萌芽する新梢には雌花，基部からの枝には雄花が着生する傾向が強いことが示されており，花性の決定に植物ホルモン等の成長調整物質の関与が推測されている．事実，雌雄同株の品種に合成サイトカイニンであるベンジルアデニン（BA）を花芽分化期に散布

'富有'（完全甘ガキ） 　　　　　　　　　　　'次郎'（完全甘ガキ）

図1　カキの果実（提供：農研機構果樹研究所）

図2　カキの雌花（左）と雄花（右）

することで,翌年の雌花着生率が上昇することが示されている.さらに,通常は雌花のみしか着生しない'富有'や'次郎'に雄花が着生したことが報告されており,'次郎'の雄花の花粉を利用して'富有'との交雑が行われ,'陽豊'という品種が農林水産省果樹試験場(現独立行政法人農業・食品産業技術総合研究機構〔農研機構〕果樹研究所)で育成されている.このように,雌花のみしか着生しないとされている品種にもまれに雄花が着生する可能性がある.

カキ果実は,その果形が長形・方形・円形・扁形等の種々のものがあり,変異は非常に大きい.カキ果実は4心皮からなっており,それぞれの心皮が2つの子室(2個の卵細胞)を含むので,すべてが受精すると8個の種子を有する.カキ果実は品種により単為結果性の強い品種と弱い品種が存在し,単為結果性の弱い品種は受粉樹を混在させるか,人工受粉を行う必要がある.ただ,'富有'のように単為結果性が弱いとされている品種でも,1樹すべてを無受粉とし,その樹に着生したすべての果実に種子が含まれていない場合は,種子の有無による果実間の養分競合がなくなり,無種子でも果実が落果しないことが実験的に示されており,'富有'での無受粉による無種子果実生産の可能性が報告されている.

また,カキには甘ガキと渋ガキがあることはよく知られているが,甘ガキでも渋ガキでも幼果期の果実は強い渋味を呈する.これは果実内に渋味成分であるタンニンを特異的に蓄積するタンニン細胞と呼ばれる異形細胞が多数存在するためである.カキのタンニンは縮合型タンニンであり,カテキン,カテキン-3-ガレート,ガロカテキン,ガロカテキン-3-ガレートから構成されていると報告されている[1].渋ガキでは収穫後の二酸化炭素等による人為的脱渋処理によって生じる揮発性物質(アセトアルデヒド)との反応で,この縮合型タンニンをより高分子化し,水に不溶とすることで渋味を消失させ,食することを可能にしている.

一方,同じ甘ガキでも,① 種子の有無にかかわらず甘ガキとなる完全甘ガキ(pollination-constant, non-astringent: PCNA)と呼ばれる品種群,② 果実中に種子が存在する場合には果肉に褐斑が生じて甘ガキとなるが,無種子の場合には褐斑ができずに渋ガキとなる不完全甘ガキ(pollination-variant, non-astringent: PVNA)と呼ばれる品種群の2つのタイプがある.また,渋ガキにも,③ 果実に種子が存在する場合には種子のまわりに褐斑ができる不完全渋ガキ(pollination-variant, astringent: PVA)と呼ばれる品種群,④ 種子の有無にかかわらず褐斑ができない完全渋ガキ(pollination-constant, astringent: PCA)と呼ばれる品種群が存在し,カキはこの4タイプの品種群に分類される(図3).

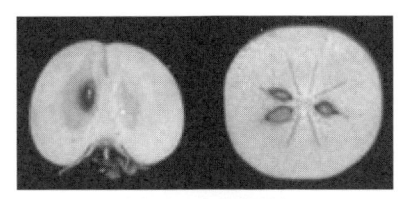

完全甘ガキ（PCNA） 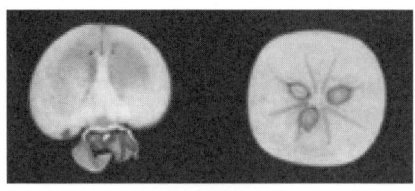　　　　　　　　　完全渋ガキ（PCA）

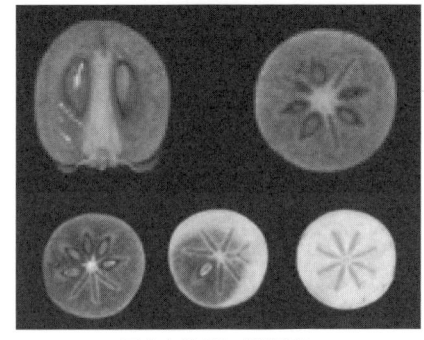

不完全甘ガキ（PVNA） 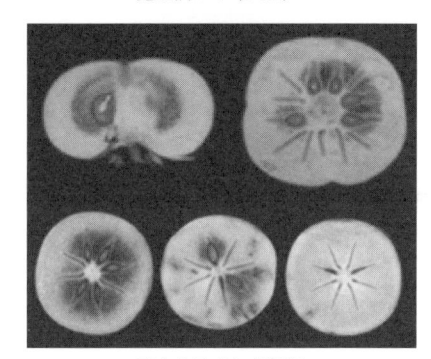　　　　　　　　不完全渋ガキ（PVA）

図3　カキの4タイプの品種群

ただ，このカキの4タイプの品種群は脱渋機構の研究から，① 揮発性物質（アセトアルデヒド）の生成・蓄積とは無関係に脱渋する品種群（完全甘ガキ，PCNA）と ② 揮発性物質（アセトアルデヒド）の生成・蓄積によって脱渋する品種群（非完全甘ガキ，non-PCNA）の2タイプに分けるべきであることが提唱されている．すなわち，完全甘ガキ品種群のみが脱渋機構に関して質的な違いを有しており，他の品種群の分類は種子から生成されるアセトアルデヒド量の差に起因して生じている．non-PCNA 品種群では，アセトアルデヒド量の生成が相対的に高いものが PVNA，相対的に低いものが PVA，ほとんど生成しないものが PCA となる．また，それらの品種群はアセトアルデヒドの生成を果実内で促す人為的処理によってタンニンを重合・高分子化させることで不溶性になり，渋味を消失させることができる．これに対して，完全甘ガキはアセトアルデヒドの蓄積なしに樹上で渋味が消失するが，この自然脱渋の第一因は果実内でのタンニンの合成・蓄積が生育初期に停止するので，果実肥大にともないタンニン濃度が希釈によって減少するためであることが報告されている．

【原産地と伝播】　カキが属する *Diospyros* 属は非常に大きな属で，400近くの種

が存在するとされているが，その多くは熱帯から亜熱帯にかけて分布しており，カキ（*D. kaki*）のように温帯地域に分布している種はそれほど多くない．熱帯・亜熱帯に分布するカキ属植物には二倍体（$2n = 2x = 30$）の種が多いが，カキ（*D. kaki*）はごく一部の九倍体品種を除き，そのほとんどは六倍体（$2n = 6x = 90$）であり，カキはその種の形成過程で倍数性を獲得したものと考えられる．

しかしながら，現在まで，カキの起源に関してはほとんど明らかになっていない．ただ，ヌ（Ng, F.S.P.）はキュー（Kew）植物園でのカキの標本調査の結果から，東南アジアの熱帯・亜熱帯地域に分布する二倍体種 *D. roxburughii*（syn. *D. glandulosa*）がカキの起源に深く関係した種である可能性を報告している[2]．さらにその後，数種のカキ属植物の染色体調査や葉緑体およびゲノムの一部領域のDNA 塩基配列の調査から，この *D. roxburughii*（syn. *D. glandulosa*）に加え，温帯地域に分布する中国起源の二倍体種 *D. oleifera*，西アジアから東アジアの温帯地域の広い範囲に分布する二倍体種 *D. lotus* もカキと比較的近縁の関係に

図 4　熱帯・亜熱帯地域に分布するカキ属植物

あることが報告されている[3]．

このように，カキがどのような分化過程を経て成立したかは不明な点が多いが，その起源地は中国南部を中心とした東アジアであると考えられている．菊池秋雄によれば，中国でのカキ栽培の記録は5～6世紀以降の文献に現れ，『名医別録』に中薬としてその記載がなされているという．また，ウィルソン(Wilson, E.H.)はその著書 "China-mother of gardens"（1929）で中国の森林に野生のカキが自生していることを記載している．これら，中国で分化したカキが朝鮮半島を経由し，日本に渡来したものと考えられている．

カキはこのように東アジアの地域で広まり，それぞれの地域に特有の多くの品種が形成されていったものと考えられる．しかしながら，これらの品種はすべて渋ガキであった．甘ガキは日本で特異的に分化したと考えられ，最初の不完全甘ガキ(PVNA)である'禅寺丸'が1212年に神奈川県で発見されている．また，最初の完全甘ガキ(PCNA)である'御所'は17世紀に奈良でその存在が報告されている．これらの品種は前述のように種子から揮発性成分（アセトアルデヒド）を多量に放出する形質を獲得したこと，あるいは，タンニンを蓄積する能力を果実生育初期に欠損した突然変異が生じたことによってそれぞれ出現したと考えられる．

ただ，最近，日本にのみ存在しているとされていた完全甘ガキ(PCNA)が中国でも存在していたことが明らかとなった．'羅田甜柿'と命名されたこの完全甘ガキは農林水産省果樹試験場（当時）に導入され，完全甘ガキであることが確認

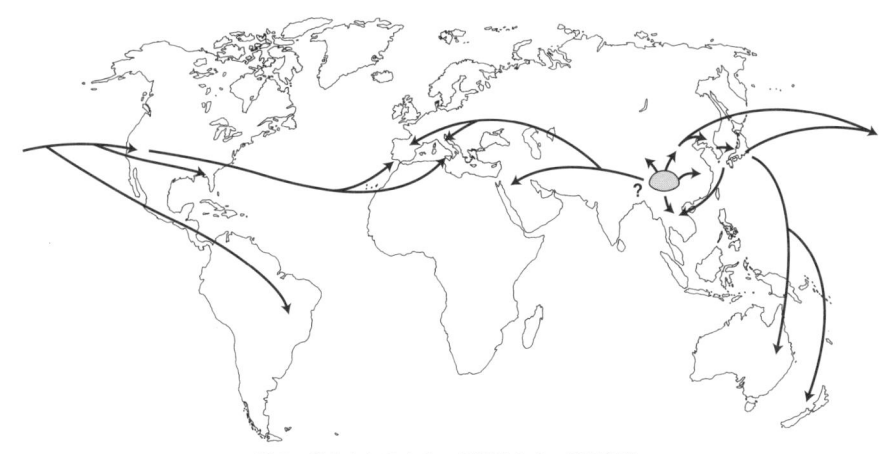

図5 推定されるカキの起源地とその伝播経路

されたが，この'羅田甜柿'は甘渋性に関して日本の完全甘ガキとはまったく違う遺伝をすることが最近明らかになった．すなわち，日本の完全甘ガキ同士の交雑からは完全甘ガキのみ，完全甘ガキと非完全甘ガキ (non-PCNA) の交雑からは非完全甘ガキのみが生じるため，日本の完全甘ガキ形質は劣性であることが確かめられていたが，'羅田甜柿'と日本の完全甘ガキあるいは非完全甘ガキの交雑によって，どちらの交雑の場合にも完全甘ガキと非完全甘ガキが分離することが報告された．さらに，'羅田甜柿'が発見された中国の湖北省羅田県には'羅田甜柿'以外にもいくつかの完全甘ガキ品種が存在することが報告されており，今後のカキ遺伝資源として非常に興味深い．いずれにしても，カキはその種が起源し，東アジアの地域に伝播した後，それぞれの地域で独自の品種発達を遂げていったものと考えられ，中国，韓国，日本の計146品種を用いたゲノム DNA の AFLP (amplified fragment length polymorphism) 分析による系統分類の結果からも，それぞれの地域でのカキ品種群の独自の発達がうかがわれる．

【栽培沿革と利用の歴史】 カキは古くからわが国に存在し，一昔前まではほとんどの家々の庭先に植栽され，日本人の生活に深く関係してきた果樹である．『カキの民俗誌—柿と柿渋—』(今井敬潤著) にもあるように，カキはその地方特有の歴史をもち，それぞれの地域で人々と苦楽をともにした「生活樹」としての位置を築いていたと考えられる．すなわち，カキは農家の商品作物として位置づけられ，農民が日々の生活をやりくりしていくための手段として栽培され，農家の経済生活を支えていくための価値ある樹木とされてきた．事実，カキを年貢として上納したという記録もあり，飢饉のときにはカキが食糧とされたとの記録もある．さらに，カキは果物としてだけでなく，カキ渋としても古くから利用されてきた．この点も前述の『カキの民俗誌—柿と柿渋—』および『柿渋』(今井敬潤著) にまとめられているように，カキ渋は人々の生活のさまざまな場で利用され，漁網や和紙 (渋紙・染色用型紙・和傘・渋団扇) 等に塗布してその強度を高めるために利用されたり，建築材の塗料としてその強度を高めるとともに防腐剤としても利用されてきた．また，漆器の下地や醸造用の搾り袋・滓下げ剤にも利用され，いろいろな場面でカキが生活に密着していたことがうかがえる．

日本でカキを果樹として記載した最初の文献は『本草和名』(918) と『和名類聚抄』(923〜930) である[4]．この当時はカキの和名として「加岐」あるいは「賀岐」をあてていた．また，平安時代の宮中の式典の細目などを記した『延喜式』

(927) にも祭礼の際に熟し柿や干し柿が供物とされたとある. しかしながら, この時代にはカキの品種名はまだ存在していなかったようで, 南北朝時代の僧玄恵の著述『庭訓往来』に柿, 樹淡(きざわし), 木練(こねり)の名称が現れ, 甘ガキ（樹淡や木練）が栽培されていたことが推測されるが, カキの品種名が文献に現れるのは江戸時代 (1603～1867) になった 17 世紀の中頃からである. 俳諧連歌に関する著述である『毛吹草』(1645) には諸国の名物名品があげられているが, その中にカキの品種として山城の'筆柿', 大和の'御所柿', 安芸の'西条柿'等の名があがっており, 各地で特有の品種分化が進んだことがうかがわれる. 本草学者である小野蘭山の『重修本草綱目啓蒙』(1844) には「柿 品種多し, 和産二百余種あり」と記載されている.

　その後, カキは前述のように「生活樹」として日本各地で独特の品種の分化・発達が進み, 1912（明治45）年の農商務省農事試験場からの報告では北海道以外の日本全国に, ほぼ 1000 のカキ品種が存在することが記載されている. ただ, 前述のように甘ガキ品種に関して, PVNA タイプは 401 の品種名が記載されているが, PCNA タイプは記載されているその品種名から考えて, 当時確認されていた完全甘ガキは 6 品種であると考えられる. この事実は, PVNA タイプは種子のアセトアルデヒド等の揮発性成分の生成能力の量的遺伝によっているため, 渋ガキとの交雑によっても PVNA タイプが分離するが, PCNA タイプは出現時期が比較的最近であることに加え, PCNA 形質が劣性であるため, その分化・発達が進んでこなかったためであると考えられる.

　なお, 日本以外の東アジアでもカキ品種の分化は独自に進んでいったものと考えられ, 中国には現在 950 品種が存在していることが報告されており[5], また, 韓国では 186 品種の存在が報告されている[6]. ただ, 前述のように, 近年発見された'羅田甜柿'以外は中国では PCA タイプのみ, 韓国では一部の PVA 品種の存在を除いて他の品種はすべて PCA タイプの渋ガキである. さらに, 東アジア以外の地域にもカキは広がっており, イタリアの'Kaki Tipo' (PVNA), スペインの'Rojo Brillante' (PVNA), イスラエルの'Triumph' (PVA) のように, これらの国では現在, その国独自の品種を栽培している. また, ブラジルでもカキの生産量は多く, やはり独自の品種として'Rama Forte' (PVA) と'Taubate' (PCA) が栽培されている. なお, アメリカ合衆国, オーストラリア, ニュージーランドでも小規模であるが日本から導入した'富有'等の完全甘ガキ (PCNA) の栽培が行われている.

【品　種】　前述のようにカキの品種は，日本にはほぼ1000品種が1912年の段階で存在していたことが報告されている．これらの品種名には，同名異種や異名同種のものがかなり存在していたものと考えられるが，このような多くの品種の形成は，カキが生活樹として日本に定着し，地域ごとに独特の品種が珍重されてきたことを示していると考えられる．しかしながら，果実品質の点から考えるとこれら多くの品種はそれほど優れているとはいえず，果樹として商業的に栽培されるようになると，おのずと優良品質の果実を生産する品種に集約されてくるようになり，特定の品種が選抜されていった．現在，農林水産統計データに品種別に記載されている品種は甘ガキとして'富有'(PCNA)，'次郎'(PCNA)，'西村早生'(PVNA)，渋ガキとして'平核無'(PVA)およびその枝変わりとして発生した早熟の'刀根早生'(PVA)のみで，それ以外の品種は「その他甘がき」および「その他渋がき」として記載されている．「その他甘がき」および「その他渋がき」を構成する品種としては，2004年度の特産果樹生産動態等調査によれば，渋ガキでは'甲州百目'，'市田柿'，'西条'，'堂上蜂屋'，'愛宕'，'会津身不知'等，甘ガキでは'伊豆'，'太秋'，'上西早生'等が上位にあげられている．しかしながら，カキ全体の栽培面積に占める「その他甘がき」および「その他渋がき」の割合は，これらのすべての栽培面積を合わせても18%にすぎない．

　カキには甘ガキと渋ガキがあり，それぞれに完全(constant)と不完全(variant)のタイプがあることは前述のとおりであるが，収穫後の脱渋処理が不要で，収穫後すぐに出荷できる完全甘ガキ(PCNA)は園芸上の利点が大きい．このため，品質の優れた完全甘ガキ品種が望まれるが，完全甘ガキは分化してからの期間が短く，その品種数も少ない．また，果実形質の変異も限られており，在来の品種はすべてが果形は扁平，熟期は晩生である．さらに，へたすきや果頂裂果という好ましくない性質を高い頻度で有している．しかしながら，完全甘ガキの重要性から，農林水産省果樹試験場（現農研機構果樹研究所）で完全甘ガキの育種計画が推進され，これまでにカキ農林1号として1959年に命名登録された'伊豆'から始まり，現在品種登録中である'貴秋'まで，11品種を作出してきた（表1）．ただ，これらの品種は交雑第1世代（F_1）での完全甘ガキ品種の作出を目指し，完全甘ガキの品種・系統同士の交雑を繰り返してきたため，近交弱勢が大きな問題となってきている．そこで現在，完全甘ガキの育種のために，近交弱勢を打破する必要性から，完全甘ガキ以外（非完全甘ガキ）の品種を完全甘ガキとの交雑親に用い，F_1で生じる非完全甘ガキ個体を完全甘ガキ品種・系統に戻し交雑す

表1 果樹研究所でこれまでに育成された完全甘ガキ11品種とその特性

品種名	品種登録年	果実特性
'駿河'	1959年3月（命名登録のみ）	11月下旬から12上旬に熟す，豊産性の晩生品種．カキ農林1号として，最初に育成されたカキ品種．
'伊豆'	1970年10月（命名登録のみ）	10月上中旬に熟す，早生の甘ガキ品種．早期落果が多く，また，汚損果の発生が多く，貯蔵性が悪い．
'新秋'	1991年11月	10月下旬に熟する豊産性の品種．糖度が比較的高く，食味がよいが，秋季の降雨などにより汚損果を多く生じるため，ハウス栽培が推奨されている．
'陽豊'	1991年11月	早期落果・後期落果ともに少ない，豊産性の中生の甘ガキ．種子が入ると果頂部に微細な裂果が生じ，そこから黒変する．単為結果性は強いので，無核栽培が推奨されている．
'丹麗'	1995年6月	紅葉が美しいカキで，日本料理などの飾りとして，紅葉を利用するための品種．
'錦繍'	1995年6月	'丹麗'同様，紅葉を日本料理等の飾りとして利用するための品種で，果実生産には適さない．
'太秋'	1995年9月	非常に大果となる，食味の優れた品種．果実は400g程度，糖度も17度程度となる．'松本早生富有'と同時期に熟し，貯蔵性も優れるが，条紋の発生が問題．なお，この品種は雄花を着生する．
'夕紅'	2000年12月	着色がよく，果実は極めて赤く着色するため，外観が優れる．果実の大きさ，熟期は'富有'と同程度である．
'早秋'	2003年3月	'西村早生'と同時期に熟する早生の甘ガキ．夏秋期の気温が高い地域での栽培が推奨されており，北陸地方や高冷地では渋のこりを生じることがある．
'甘秋'	2005年3月	'伊豆'と'松本早生富有'の中間に熟する早生品種．糖度が高く，赤道部で18度程度あり，食味は良好である．ただ，汚損果の発生が多いことが問題．
'貴秋'	2005年12月	'伊豆'と'松本早生富有'の中間に熟する早生品種で，果重350g程度の大果となる．糖度は15～16度程度であるが，日持ち性が優れる．最も最近に品種登録された育成個体である．

果樹研究所HP「育成品種登録情報」より作成.

ることで完全甘ガキ品種の育成が試みられている．ただこの場合，カキが六倍体であることから，戻し交雑集団での完全甘ガキ個体の獲得率が15％前後と低く，通常の育種計画では新品種獲得が難しいため，完全甘ガキのみを幼苗段階で選抜するための分子マーカーを利用した育種計画が試みられている．

さらに，中国で発見された完全甘ガキ'羅田甜柿'は，前述のように非完全甘ガキとの交雑でF_1に完全甘ガキと非完全甘ガキを分離するため，この品種と非完全甘ガキ品種との交雑によるF_1世代での完全甘ガキ品種の育種も試みられており，

この完全甘ガキ選抜のための分子マーカーの研究も実施されている．

なお，カキを育てる場合，台木としては同じ種（*D. kaki*）の共台を用いることが多いが，特に推奨される台木品種はない．ただ，カキは直立性であり，樹高が高くなるため，矮性台木の選抜も行われているが，現在までのところ，実用的な台木品種は得られていない．また，耐寒性が強いことを理由として，東北地方等ではカキの台木にマメガキ（*D. lotus*）を使用することがあるが，'富有'との接ぎ木不親和性が報告されているため，その点，注意が必要である．

【生育周期と栽培管理】 カキは，春に萌芽した芽が伸長してその年の新梢を形成するが，花を分化していた芽が萌芽した場合は，伸長している新梢の葉腋に花をつける．新梢の伸長成長は主として節間伸長によって起こっており，6月上旬頃に先端の芽が枯死することによって新梢成長が停止する．カキの新梢伸長は樹の貯蔵養分に依存しており，カキの養分転換期は6月中旬頃であると考えられている．この新梢伸長の停止後，新梢の腋芽内の葉原基数が急激に増加し，頂側生の腋芽には来年の開花のための花芽が分化を始め，新梢はコルク化していく．さらに秋に落葉が起こり，枝は耐寒性を獲得していく．芽の耐寒性がいちばん強くなる時期は，低温によるハードニングを受けた12～1月であり，示差熱分析の結果から－15℃前後まで耐えうることが明らかにされている．なお，カキの腋芽の休眠期は8月下旬頃～11月中旬頃であり，11月下旬頃から急激に覚醒していくことが報告されている．

一方，カキ果実は5月中旬頃に開花した花の子房が成長・肥大を続け，大部分の品種は10～11月にかけて成熟する．果実発育は二重S字型の成長曲線を示し，成長が盛んな第1期，生育が緩慢となる第2期，その後成長を再開し果実肥大が進む第3期に分けられる．'富有'では，成長第1期は通常5月中下旬の開花・受精後の細胞分裂期から8月上中旬頃までの果実が急激に肥大する時期，第2期はこれ以後から9月中下旬頃まで，第3期がそれ以後から収穫期までの期間となる．二重S字型成長曲線を示す果樹では，第2期の生育停滞期が種子発育と関係していることが一般に知られているが，カキ果実の場合，この成長第2期の果実発育停滞期は果実の生育温度と深く関係していることが実験的に証明されている．すなわち，鶴岡市と京都市で果実発育を3年間にわたって比較した結果，鶴岡では果実成長第2期の生育停滞期が京都と比較して短かく，第3期の果実肥大が早く始まるため，結果的に鶴岡で開花期が京都よりも2週間前後遅れて

いたにもかかわらず，ほぼ同じ時期に成熟し，収穫期は2～3日の差しかないことが示されている．京都でこの成長第2期が長い原因は，夏の気温が高いことであり，事実，果実周辺温度をコントロールした実験結果から，20℃前後の温度に設定した場合，果実成長第2期がかなり短縮され，果実肥大が早くから起こり，成熟が促進することが示されている．

また，カキの果実肥大にはへた片が深く関与していることが以前から知られており，幼果期にカキのへた片を除去した場合，果実肥大が極端に抑制される．このへた片除去による果実肥大抑制は果実成長の早い時期に除去するほど，また，除去するへた片の数が多いほど，大きい．この果実肥大に及ぼすへた片の影響は果実の呼吸活性に関係していることが報告されている．カキのへた片を除去し，その傷跡がふさがった後，カキ果実の呼吸は顕著に減少する．また，へた片除去後にその切り口にワセリンを塗布して切り口を閉塞すると，果実の呼吸活性が急激に低下し，果実肥大抑制がへた片除去直後から現れることが実験的に証明されている．これらの事実は，カキの果実発育に果実の呼吸活性が不可欠であり，カキ果実のへた片が果実内へのガス交換，ひいては果実のシンク力維持に重要な役割を担っていることを意味している．

現在，カキのハウス栽培が実用的に行われているが，これらの新栽培体系においても，その栽培管理には，上記のカキ樹およびカキ果実の生育周期およびそれに影響を与えている要因を考慮することが不可欠である．

【生産と消費】 FAOSTATの2004年統計によると，カキの生産量は中国が182万5000tと桁外れに多く，韓国が25万t，日本23万2500tと続いており，世界の総生産量（247万2900t）の93.3%を東アジアで生産している（表2）．このようにカキは欧米ではあまり馴染みのない果樹の1つであるが，ブラジル，イタリア，イスラエルでは古くからカキの栽培が行われており，また，最近ではニュージーランドやオーストラリアでも栽培されている（表2）．

日本ではカキはカンキツ類，リンゴ，ナシに次いで第4位の生産量（2004年FAOSTAT統計）であり，ブドウがこれに続いている．日本でのこれまでのカキの生産量の推移を1960年からみると，1960年の33万7300tの生産量が1993年には24万1900tとなり，約7割に減少したが，1980年の生産量（26万5200t）からみると，最近5年間の生産量の減少は約1割にとどまっており（図6），ほぼその生産を維持している．

表2 世界でのカキ生産量

生産国	生産量 (t)
中国	1825000
韓国	250000
日本	232500
ブラジル	67000
イタリア	55000
イスラエル	40000
ニュージーランド	1300
イラン	1000
オーストラリア	650
メキシコ	450
総計	2472900

2004年FAOSTATより作成.

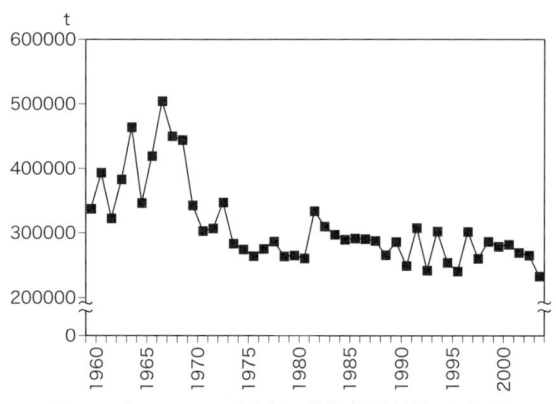

図6 日本でのカキの生産量の推移（園芸統計より作成）

また，日本で生産されているカキの品種は2004年度統計（農林水産省生産局果樹花き課）によれば，完全甘ガキの'富有'が30%，'次郎'7%，渋ガキである'平核無'15%，'平核無'の早熟性の枝変わり品種'刀根早生'20%となっており，この4品種で70%以上を占めている．特に1980年に'刀根早生'が品種登録された後のこの品種の大幅かつ急激な増加が特徴的であり，'富有'や'次郎'のような古くからの品種は漸減しており，新たな優良な完全甘ガキ品種の出現が待たれている．

なお，2004年度のカキの都道府県別生産量をみると，和歌山県が5万2000 t

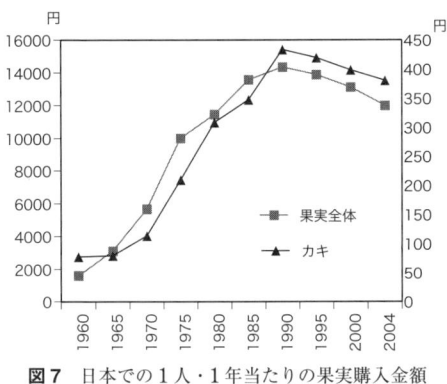

図7 日本での1人・1年当たりの果実購入金額

と最も多く，奈良県2万6000 t，福岡県1万7500 t，岐阜県1万5000 t，福島県1万3500 t，愛知県1万3000 tと続いている．また，完全甘ガキである'富有'と'次郎'は北海道，青森，岩手，宮城，秋田，山形ではまったく生産されておらず，完全甘ガキの自然脱渋との関連から，栽培北限が決定されている．また，和歌山県では'平核無'と'刀根早生'がその生産量の86%を占めており，奈良県でも50.6%をこの渋ガキ品種が占めているが，福岡県および岐阜県では0.3%を占めるにとどまり，地域の特異性が現れている．

一方，カキの1960～2004年までの消費動向をみると，1人当たりの果実購入金額は，果実全体の購入金額の動向と同じ傾向を示し，1990年までの急激な上昇後にピークを迎え，その後，緩やかに減少している（図7）．ただ，果実全体の購入に占めるカキの割合は，2～3%前後を維持している．

【栄養成分】 日本では果物を水菓子と呼んでいたように，ほとんどの果実は80%以上が水分である．しかしながら，残りの成分にビタミン，ミネラル，食物繊維等の機能性成分が含まれているため，果実がさまざまな疾病の予防に役立つことが証明されている．カキも例外ではなく，「カキが赤くなると医者が青くなる」ということわざがあり，カキを食べていると医者にかかるような病気をしないという例えである．

カキには他の果樹と比較しても機能性成分が多く含まれており，特にビタミンCの含有量が多い（表3）．すなわち，カキ果実100 g当たり55～70 mgのビタミンCが含有されているが，この値は，ビタミンCが多量に含まれているとさ

れるネーブル (60 mg) やバレンシアオレンジ (40 mg) 等のカンキツ類に匹敵する量であり，ウンシュウミカン (30〜35 mg) よりもかなり多い．また，リンゴ (4 mg)，ニホンナシ (3 mg)，ブドウ (2 mg)，モモ (8 mg) と比較すると，カキの優位性が明らかである．ビタミン C は身体の全タンパク質の 30% 以上を占めるコラーゲンの生成に関与し，血管壁の強度維持に重要な働き（壊血病の予防）をしているが，それ以外にもビタミン C には抗酸化作用があり，活性酸素の速やかな消去にも関与し，がんの原因物質生成を抑制する作用がある．

さらに，カキはウンシュウミカン同様，粘膜や皮膚を保護する働きをするビタミン A の前駆体となる β-カロテンを多量に含む果物である．また，最近，ウンシュウミカンで機能性成分として脚光を浴びているカロテノイド，β-クリプトキサンチンもカキは多量に含んでいることが知られている．この β-クリプトキサンチンも β-カロテン同様，ビタミン A の前駆体となる．

これ以外にも，カキはミネラルであるカリウムを，他の果物と同様，あるいは

表3 カキの主な栄養成分（可食部 100 g 当たり）

		甘ガキ	渋ガキ			甘ガキ	渋ガキ
エネルギー (kcal)		60	63	ビタミン（続き）	E (mg)	0.1	0.2
一般成分	水分 (g)	83.1	82.2		B_1 (mg)	0.03	0.02
	タンパク質 (g)	0.4	0.5		B_2 (mg)	0.02	0.02
	脂質 (g)	0.2	0.1		ナイアシン (mg)	0.3	0.3
	炭水化物 (g)	15.9	16.9		B_6 (mg)	0.06	0.05
	灰分 (g)	0.4	0.3		葉酸 (μg)	18	20
ミネラル	ナトリウム (mg)	1	1		パントテン酸 (mg)	0.29	0.27
	カリウム (mg)	170	200		C (mg)	70	55
	カルシウム (mg)	9	7	脂肪酸	飽和 (g)	0.02	0.01
	マグネシウム (mg)	6	6		一価不飽和 (g)	0.04	0.02
	リン (mg)	14	16		多価不飽和 (g)	0.03	0.01
	鉄 (mg)	0.2	0.1	食物繊維	水溶性 (mg)	0.2	0.5
	亜鉛 (mg)	0.1	微量		不溶性 (mg)	1.4	2.3
	銅 (mg)	0.03	0.02		総量 (mg)	1.6	2.8
	マンガン (mg)	0.50	0.6				
ビタミン	A レチノール (μg)	—	—				
	カロテン (μg)	420	300				
	レチノール当量 (μg)	70	50				

五訂日本食品標準成分表より．

それ以上に含有しており，高血圧の予防や体内の酸・アルカリのバランス維持にも役立つ．また，カキの渋味であるタンニン（プロアントシアニジン）の構成成分となっているカテキン類は抗酸化作用や血栓の形成を防ぐことで心筋梗塞や脳梗塞の予防にも効果があることが知られており，カキはその果実にさまざまな機能性成分を含む重要な果樹の1つである．

【利用・加工】 前述のように，カキは果実を生食用として利用するだけではなく，カキ渋の利用が古い時代から行われてきた．また，最近ではカキ材の工芸品としての利用も行われている．さらに，カキ渋を利用した布や紙の柿渋染めも静かなブームとなっており，カキ渋の消臭剤としての利用等，新たなカキ渋の利用場面も展開し，今後の産業としての発展が期待されている．さらに，現在，カキ果実の加工後の利用の可能性が検討されており，カキ酢，カキ酒，カキワイン等も製造されている．しかしながら，カキの本来の利用は果実を収穫し，それを食することである．この場合，完全甘ガキは収穫後すぐに利用できるが，それ以外の品種群，特に渋ガキは収穫後，脱渋処理を施し，渋味を消失させた後でないと生食用として利用することができない．

渋ガキの脱渋はわが国でも古くから行われている．最も古くは干し柿としての利用であり，10世紀初めの『延喜式』にすでにみられる．干し柿は現在でも生産されており，'三社'や'市田柿'などの品種は干し柿用として栽培され，また，'堂上蜂屋'等の品種の干し柿は高額で販売されている場合がある．さらに，渋ガキを熟柿とし，渋味がなくなった時点で食用にするという利用法も『延喜式』にみられるが，イタリア等では現在でも渋ガキを熟柿としてマーケットで販売している．

一方，カキ果実を湯の中に一晩つけて脱渋する湯抜き法も古くから実施されていた．さらに，酒を空けたばかりの木の樽（酒樽）に渋ガキを詰めて放置したところ，渋が抜けることに気がついて始まったアルコール脱渋法も江戸時代の末には実施されていたようである．このアルコール脱渋はカキの風味を増し，食味がよくなることから広く普及し，現在では収穫したカキ果実をコンテナごと大きなビニール袋に入れてアルコールにより脱渋するコンテナ脱渋法（果実20 kg 当たり40〜45 mL のエタノールを使用）がカキ産地では実施されている．しかしながら，この処理は大量のカキを一度に処理することが難しい点等から，現在，大規模脱渋のためには二酸化炭素脱渋法が実施されている．この方法は，明治の末

にアメリカ合衆国で開発された二酸化炭素脱渋法をさらに発展させた，二酸化炭素による恒温短期脱渋（CTSD: Constant Temperature Short Duration）法であり，'平核無'や'刀根早生'の脱渋に利用されている．CTSD法はイスラエルのガジット（Gazit, S.）らが提唱した二酸化炭素脱渋の二過程説の原理を利用した方法で，密閉式のチャンバーを用い，果実温度を一定まで高めた後に高濃度の炭酸ガスで短時間に処理する方法である．'平核無'の場合，果実をコンテナごと25℃前後で95％以上の二酸化炭素中に一定時間（10数時間～24時間）おいた後，いったん脱渋庫を開放・換気し，その後24～48時間，25℃前後に保温通気して脱渋過程を速める方法である．また，二酸化炭素脱渋法の簡易法としてドライアイスによる集荷中の脱渋法も'西条'等で実際に行われている．なお，少し変わった脱渋法として，'刀根早生'のハウス栽培では，樹上で固形アルコールを入れたビニール袋で果実を被袋することにより果実の渋を抜く，樹上脱渋法が実施されている． 〔米森敬三〕

文 献

1) Matsuo, T. and Ito, S.: The chemical structure of kak-tannin from immature fruit of the persimmon (*Diospyros kaki* L.). *Agric. Biol. Chemic.*, **42**, 1637–1643, 1978.
2) Ng, F. S. P.: *Diospyros roxburghii* and the origin of *Diospyros kaki*. *Malaysian Forester*, **41**, 43–50, 1978.
3) Yonemori, K., Honsho, C., Kanzaki, S., Ito, H., Ikegami, A., Sugiura, A., and Parfitt, D.E.: Sequence analyses of the ITS regions and the *mat*K gene for determining phylogenetic relationships of *Diospyros kaki* (persimmom) with other wild *Diospyros* (Ebenaceae) species. *Tree Genet. Genomes*, **4**, 149–158, 2008.
4) 菊池秋雄：果樹園芸学（上），pp. 347–400，養賢堂，1948.
5) Wang, R., Yang, Y. and Li, G.: Chinese persimmon germplasm resources. *Acta. Hort.*, **436**, 43–50, 1997.
6) 曹祥圭・趙徳煥：柿の地方種に関する蒐集調査．農場試験研究報告，**8**(1)，147–190，1965（韓国語）．

カリン，マルメロ

カリン

和名 カリン
英名 Chinese quince
学名 *Chaenomeles sinensis* (Thunb.) Koehne. (*Pseudocydonia sinensis* (Dom.-Cours.) Schneid.)
(バラ科)

　ボケ属(*Chaenomeles*)に含める見解と，カリン1種だけからなるカリン属(*Pseudocydonia*)とする見解がある．*Chaenomeles* は「chaino (開ける)+melon (リンゴ)」が語源で，"裂けたリンゴ"の意味．種名の *sinensis* は「中国産の」を意味する．*Pseudocydonia* は「偽物のマルメロ」を意味し，マルメロと形態がよく似る．中国では光皮木瓜または榠樝と呼ぶ．日本では花梨または花櫚，花林と書く．英名は中国のマルメロ(quince)を意味する．

【形　態】 高さ7～8mになるバラ科の落葉樹で成木になると鱗状をした樹皮が自然にはげ落ち，その跡がサルスベリのように光沢のある雲紋状になる．葉は有柄，倒卵形あるいは長倒卵形で長さが4～8cm．葉縁に細鋸歯があり，上面無

図1　樹皮

図2　花

図3　果実着生状況　　　　図4　果実とその断面

毛で下面は初め有毛，後に無毛となる．花および果実の形態はマルメロによく似る．4月下旬〜5月上旬に新葉の展開とともに淡紅色の花を枝の頂端に単生し，花つきはまばらである．花弁は5枚で直径3 cm程度，花柱は5本に分かれ，雄しべは20本かそれ以上，5心皮で，それぞれの心皮に褐色の種子が多数2列に並び1果実当たり100〜200個余りが形成される．果梗が太く頑丈で落葉後も黄熟した果実が冬季まで樹に着生している．果実は楕円形から倒卵円形で萼片は脱落し長さ10 cm程度，200〜500 gとなり，表面に少し凹凸があって光沢がある．10〜11月頃に熟し，果皮は黄色を呈し，芳香を放つ．収穫後果実を貯蔵しておくと果面に油脂がたくさん分泌されてくる．マルメロと混同され，長野県諏訪地方等ではマルメロをカリンと称しているが，マルメロは果皮に細かい毛が生えるのに対しカリンの果皮は滑らかで光沢があるので区別できる．ボケ属の栽培種にはほかに庭園樹，盆栽，切り花等に利用される中国華東，中南，南西等の地区が原産の落葉低木ボケ（*C. speciosa* (Sweet) Nakai, 英名：Japanese quince, 中国名：皺皮木瓜）がある．

【原産地と伝播，栽培の沿革，品種】　中国北部の湖北，浙江省に野生し，江戸時代に渡来したとされるが正確な年代は不明．日本では果樹として栽培されることなく，もっぱら庭園樹，鑑賞樹（盆栽）として植えられてきた．特に品種として選抜されたものはないが，種子繁殖されたものでは果実の大きさや果形，果色などに変異が認められるため，果実収穫のための栽培には優良な果実をつける母樹から接ぎ木苗を育成する必要がある．冷涼な気候を好み耐寒性が強く，土壌に対する適応幅も大きい．全国に散在して植栽され，香川県まんのう町等いくつかの

地域では特産品として，少量ずつではあるがカリン酒用の生果あるいはさまざまな加工品として販売されている．社寺の境内に古木がみられ，安蘭樹と呼ばれる．

【栄養成分と利用・加工】　果肉 100 g 中の成分として，エネルギー 68 kcal，水分 80.7％，炭水化物 18.3 g，タンパク質 0.3 g，脂質 0.1 g，ビタミン C 25 mg を含み（五訂日本食品標準成分表），ほかにリンゴ酸，タンニン等を含有している．果肉は石細胞のためかたく，渋味があるため生食に適さないが，ペクチンが多いのでマルメロと同様にジャム，ゼリー，砂糖漬け等に利用される．生果あるいは加熱により軟化させた果実をスライスしてリキュール類に漬け，カリン酒として利用する．縦割りし，湯通しした後乾燥した果実は同属のボケの乾燥果実を含め「木瓜（Mu Gua）」と呼び，薬用とする．漢方処方に配合し，鎮咳・鎮痛・利水（利尿）・疲労回復に有効とされ，処方によって脚気・腰痛等にも用いられる．また，果実は室温でも長期間腐敗しないので，室内の装飾と香りづけに利用する．

　高級家具材，フローリング材として使用されるカリン（花欄）は東南アジア産のマメ科シタン（*Pterocarpus*）属（インドシタン等）の広葉樹で別種である．

マルメロ

和名　マルメロ
英名　quince, common quince
学名　*Cydonia oblonga* Mill.
（バラ科）

　属名の *Cydonia* は，地中海のクレタ島（ギリシャ）にあった「Cydon 市」の名にちなむ．種名の *oblonga* は「長楕円形の」を意味する．和名は，ポルトガル語 Marmelo に由来し，ギリシャ語 melimélon（meli = 'honey' + mélon = 'apple'，蜂蜜のリンゴ）を語源とする．英名 quince は古フランス語 cooin に由来し，ラテン語 cotonaum または cydonium を語源とする．cydonium は学名同様 Cydon 市に由来する．

【形　態】　外見はセイヨウナシに似る落葉性小高木．葉は短い葉柄があり単葉，互生し，全縁で，線形の托葉がある．花は白色または淡紅色で，枝の頂部に単生

図5 花（提供：元長野県果樹試験場場長・小林祐造氏）

図6 結実状況
（提供：同・小林祐造氏）

図7 果実'スミルナ'
（提供：同・小林祐造氏）

し，萼片と花弁はそれぞれ5枚で，萼は果実に宿存する．雄しべは20本またはそれ以上あり，花柱は5本に離生し，心皮も5個で各心室に多数の胚珠が2列に並び，成熟果では心室が大きく発達し，1室6〜15個ずつの種子を密に着生する．この点がリンゴ（*Malus*）やナシ（*Pyrus*）と区別される．子房下位で心皮が花床に包まれており，ナシ状果（仁果）となる．果実は果梗が短く，成熟すると黄色になり強い芳香をもつ．果肉は石細胞に富み，かたくて生食できない．カリンと混同されやすいが，カリンは果実表面が滑らかで成熟果に萼片が残らず，成葉の裏面が無毛で，葉縁に細鋸歯があるのに対し，マルメロは成熟するまで果面に灰白色の密毛があり，果底に萼が残り，葉縁が全縁で成葉の裏面に白毛がある．

【原産地と伝播】 イラン，トルキスタン地方原産．ヨーロッパではギリシャ，ローマ時代から栽培されている．10 世紀頃，中央アジアから中国に伝えられ，日本には 1634（寛永 11）年に長崎に渡来した．その頃江戸城に入り，武家により各藩に伝わったと思われる．

【原種と栽培品種】 栽培種にはセイヨウナシ型の大果をつける pear quince（主な品種'チャンピオン（Champion）'）と円形で基部が乳頭状の果実をつける apple quince（主な品種'オレンジ（Orange）'，'スミルナ（Smyrna）'）がある．長野県諏訪地方の特産で「カリン」と称しているのは実はマルメロで，主に'スミルナ'が栽培される．「本カリン」と呼ばれる在来種は果実が 200 g 程度と小さいが，芳香に優れ，果肉がきめ細かで加工適性が高い優良品種である．生理落果が多いため収量がやや少ない難点がある．マルメロは自家結実性が弱いため，在来種を主要品種'スミルナ'の受粉樹として利用している．'スミルナ'はトルコ原産とされ，長野県には 1922（大正 11）年にアメリカ合衆国より導入された．強勢多収で果実も大きく 350 g 程度となり，芳香は弱いが果肉がやわらかく加工に適する．在来種と'スミルナ'の交配品種'かおり'は，在来種の芳香の強さと'スミルナ'の果実の大きさを受け継いでいるが，食用としてより芳香を楽しむ品種とされる．

【生産と栽培】 世界の生産量（2006 年度 FAO 統計）は約 38 万 t，生産量の多い国はトルコ約 10 万 6000 t，中国 8 万 5000 t，ウズベキスタン 4 万 9000 t，イラン 3 万 9000 t，モロッコ 2 万 8000 t の順で，中近東，南アメリカ，地中海沿岸および東ヨーロッパ南部での生産が多い．マルメロは耐寒性が強くわが国における適地はリンゴ栽培地域と考えられ，暖地では生理落果が多くなる．長野県諏訪地方での栽培が多く約 6 ha，4.6 t（2005（平成 17）年度）の生産があり，'スミルナ'が 90% を占める．そのほか，東北地方各県，北海道等で地域特産品として栽培されている．セイヨウナシの矮性台木としても利用されるが，穂木品種により接ぎ木親和性が低いために双方と接ぎ木親和性のあるセイヨウナシ品種'オールド・ホーム（Old Home）'等を中間台木とする．

【栄養成分と利用・加工】 果肉 100 g 中の成分として，エネルギー 56 kcal，水分 84.2%，炭水化物 15.1 g，タンパク質 0.3 g，脂質 0.1 g，ビタミン C 18 mg

等を含む（五訂日本食品標準成分表）．果肉は繊維質でかたく，リンゴ酸およびタンニンを多く含むため，酸味が強く渋味があるので生食に向かない．一般にジャム，缶詰，砂糖漬け，果実酒，ワイン，ジュース，ゼリー等に加工される．リンゴと合わせると優れたパイやタルトになるとされる．カリンと同様に室内の芳香剤として楽しむ．その収斂性から古くは咽喉痛，赤痢，腸の出血などに対する医薬用としても利用された．種皮には10％程度の粘性物質があり，咽頭薬や点眼薬の添加剤としても使用された．また，子葉には15％ほどの油脂やタンパク質，少量のアミグダリン等を含み，香水や香油の原料となる．近年，カリンエキス配合「のど飴」等が販売されているが，多くはマルメロが利用されている．

〔本杉日野〕

カンキツ類

英名 citrus
学名 カンキツ属 *Citrus*, キンカン属 *Fortunella*, カラタチ属 *Poncirus*

a. 植物学

ほとんどのカンキツは常緑の果樹であるがカラタチは落葉性を示す（図1）．通常，実生で育てると幼木の間は刺がある（図2）が，成木になると刺は次第になくなる．しかし，カラタチ，ユズ，スダチ等のように成木になっても刺を有するものもある．成木にジベレリンを処理すると刺が発生するので，幼木相にはジベレリンが関与しているのではないかと考えられている．花には結果母枝から直接花だけが出る直花と枝葉とともに花が着生する有葉花があり，花をもたない枝葉は発育枝と呼ばれる（図3）．果皮はフラベドとアルベドからなり，外側のフラベドには油胞があり，リモネン等の精油成分が含まれる（図4）．

b. 原産地と伝播

カンキツ類が地球上に誕生したのは2000万～3000万年前と推定され，カンキツ類の先祖植物は *Citropsis* かこれに近い植物であるとされている．カンキツ類はカンキツ属（*Citrus*），キンカン属（*Fortunella*），カラタチ属（*Poncirus*）の3属からなる．田中長三郎によればカンキツ属の原生中枢はインド東北部のアッサムからヒマラヤにかけてとされ，キンカン属は中国南部，カラタチ属は長江（揚子江）上流が原産地と考えられている（図5）．これらは東南アジア大陸とそれに

図1 カラタチ（落葉性で冬季には葉がない）

図2 幼木のカンキツ（刺を有する）

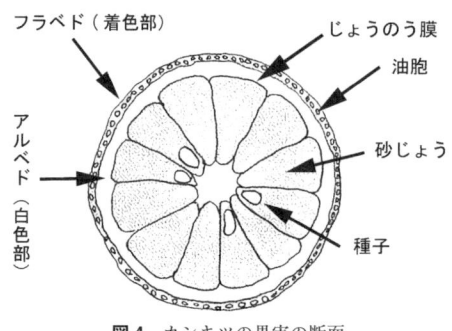

図4 カンキツの果実の断面

フラベド（着色部）
アルベド（白色部）
じょうのう膜
油胞
砂じょう
種子

図3 カンキツの直花，有葉花，発育枝

直花
有葉花
発育枝

付随する島々に分布している．これらに近縁の *Microcitrus* 属と *Eremocitrus* 属はオーストラリアとニューギニアに，また *Citropsis* 属はアフリカ大陸にのみ分布している．このようにカンキツに近縁の3種の植物群が地理的に隔絶しているのは，古代における大陸移動と関係があると考えられている．

　アッサム地方で発生したカンキツの原始的なタイプは各地に伝播し，アッサムから雲南にかけて栽培種が発生したと考えられている．カンキツ類の基本種であるミカン，ブンタン，シトロンのうち，ミカン類は世界の各地に広がった．中国大陸に広がったものは中国系ミカン類を形成し，日本にも伝えられキシュウ（紀州）ミカンやウンシュウ（温州）ミカンのもととなった．シルクロードを通じて地中海地方に運ばれたものは地中海マンダリンやクレメンティンを産んだ．インドに広がったものからインド系ミカン類のポンカンが生じた（図6）．

図5 カンキツ属,キンカン属,カラタチ属の原生地

図6 ミカンの原生地と伝播

　ブンタンはマレーシア原産とされているが,原始的なタイプはアッサム地方にあり,それがタイやマレーシアに運ばれ,そこで発達をとげたと考えられている.中国へは古く長江沿岸ではなく南部に伝えられたとされている.わが国には室町時代に,和冦や南蛮貿易によって東南アジアから多くのブンタンが伝えられたといわれている(図7).日本の雑柑類はブンタンの系統を引いている.一方,ヨー

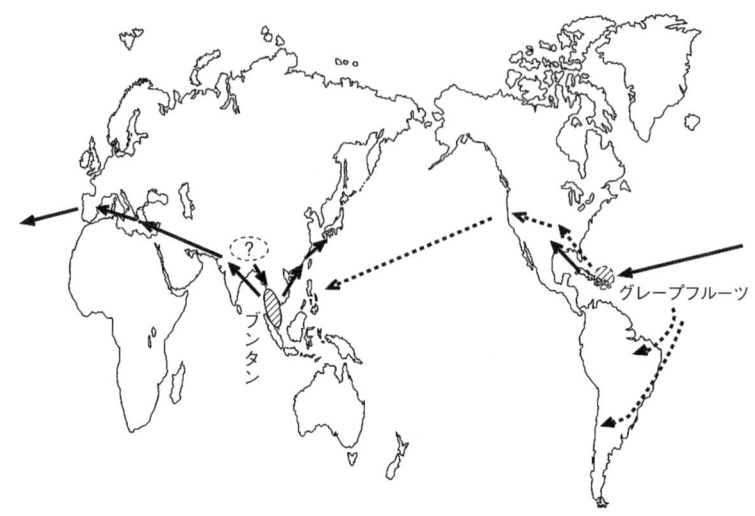

図7 ブンタン，グレープフルーツの原生地と伝播

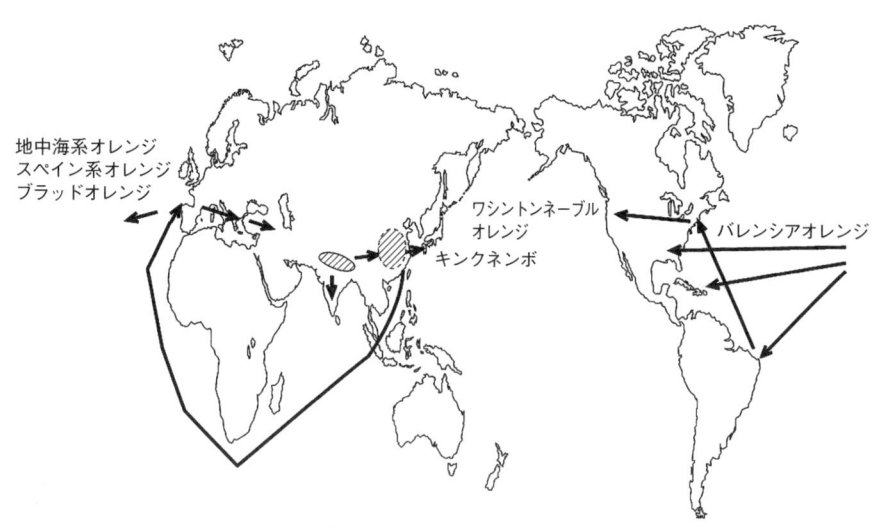

図8 オレンジの原生地と伝播

ロッパを経由して西インド諸島に伝えられたブンタンからグレープフルーツが誕生した（図7）.

　シトロンはインドが原生とされているが，雲南南部には野生のシトロンがみられるという．シトロンやレモンはかなり古い時代に中国に伝わったが，中国では

あまり発展しなかった．中近東やヨーロッパに伝えられたシトロンやレモンは地中海沿岸で大きな発展をとげた．ダイダイは中国や日本に渡っただけではなく，中近東や地中海に広がってサワーオレンジになった．

　世界のカンキツ生産の約70％を占めるスイートオレンジはアッサムから雲南にいたる地域でブンタンとミカンの交雑によって生じたとされている．中国湖南省で発掘された2200年前の王侯の墓からスイートオレンジの種子が発見されているから，それ以前に盛んに栽培されていたと考えられる．わが国にも伝えられ，キンクネンボ（金九年母）という名が残されている（図8）．

c. 原種と栽培品種

　カンキツ類は原産地から伝播する過程で，自然交雑や突然変異で多くの品種が誕生した．現在広く世界で栽培され消費されている種類は，スイートオレンジ，ミカン，グレープフルーツ・ブンタン，レモン・ライムあるいはそれらの雑種である．このようなカンキツの栽培品種はミカン，ブンタン，シトロンから生じたと考えられている．スイートオレンジやサワーオレンジはブンタンとミカンの雑種であり，グレープフルーツはブンタンとオレンジの雑種である．わが国の雑柑類はブンタンを親とするものが多い．ミカンとグレープフルーツ・ブンタンとの雑種をタンゼロ（tangelo：tangerine＋pummelo）と呼び，ミカンとオレンジの雑種をタンゴール（tangor：tangerine＋orange）と呼んでいる．

　栽培品種に関してわが国の例をみると，ウンシュウミカンでは，成熟期の早晩を基準に分類した極早生，早生，中生，晩生の多様な品種群が成立している．ナツミカンでは普通ナツミカンから，‘川野ナツダイダイ’（甘夏とも呼ばれる），‘新甘夏’，‘立花オレンジ’，‘紅甘夏’，‘甘夏つるみ’といった品種が誕生した．イヨカンでは普通イヨカンから‘宮内イヨカン’，‘大谷イヨカン’，‘勝山イヨカン’等の品種の誕生をみた．これらの品種群のほとんどは枝変わり突然変異によって生じたものである．カンキツ類には多胚現象があり，これがこれまで交雑育種を妨げてきた．しかしながら，近年，交雑育種によって単胚性の‘清見’（‘宮川早生’×‘トロビタオレンジ’）が育成され，この品種を母本にして多くの優秀な品種が育成されている．栽培面積が広がっている代表的な品種は‘不知火’（‘清見’×‘ポンカン’）である．キンカン類にはナガキンカン（長金柑），ニンポウキンカン（寧波金柑），マルキンカン（丸金柑），長葉キンカン，チョウジュキンカン（長寿金柑），マメキンカン（豆金柑）がある．カラタチは普通系のほかに小葉系，大葉系，四倍体

がある．変異系では'ヒリュウ（飛竜）'，'ウンリュウ（雲竜）'がある．'ワシントンネーブル'とカラタチの交配によってトロイヤーシトレンジが作成された．カラタチは台木として用いられる．

d. 栽培沿革と利用の歴史

(1) 中国

中国では古代に，橘（きつ），枳（き），柚（ゆう）があった．田中長三郎によると，橘は小果の寛皮ミカンとマルキンカンで，枳はカラタチと宜昌橘（*C. ichangensis*），柚はユズを指すという．紀元前5世紀の『書経』には橘と柚が貢物に使用されたことが記されている．紀元前1世紀の『神農本草経』はこれらが薬用として用いられたことを記している．ブンタンは3000年前には中国南部に伝わっていたとされている．インド原産のダイダイは紀元前2世紀頃，西方の国から中国に導入されたと考えられている．スイートオレンジの種子が湖南省の2200年前の墓から出土しているので，かなり古い時代に雲南から四川省に伝わり，長江を通じて湖南，湖北に伝わったと思われる．唐代には広く栽培されていた．中国のオレンジはやがて，ポルトガルに運ばれ地中海のオレンジ産業のもととなり，さらにアメリカ大陸に伝えられた．

宋代に出版された『橘録』には柑（かん）8種，橘14種，橙（とう）5種が記されている．本書では柑は大果ミカン，橘は小果ミカン，橙はスイートオレンジとされている．大果ミカンの元祖はポンカンやオオベニミカンあるいは南方原産の大果ミカンであろうと考えられており，浙江省で発達した．わが国のウンシュウミカンもこの系列から生じたとされている．

(2) 中近東およびヨーロッパ

アッサムを原生地をするシトロンが最初に中近東に伝えられたのは紀元前6，7世紀かそれ以前とされている．当時はシトロンは衣類の虫除けや解毒に使用されていた．シトロンはまもなくギリシャに伝えられ，1世紀にはローマに渡っていた．イタリアのカラブリヤ地方は今もシトロンの産地として有名である．

サワーオレンジはアラビア人によってインドから10世紀に中近東に運ばれた．サワーオレンジは地中海沿岸等のアルカリ土壌でのカンキツの台木として使用されている．レモンもインドから中近東に運ばれ，12世紀初めにはイランやパレスチナで栽培されていた．スイートオレンジもアラビア人によってインドから中近東に導入された．11世紀末〜13世紀末の十字軍の遠征によって，スイートオ

レンジは中近東から地中海諸国に伝えられ，15世紀にはそれらの国で栽培されるようになった．しかしながら，バスコ・ダ・ガマ (Vasco da Gama) 以来，多くのポルトガル人がアジアに渡航し，中国からスイートオレンジの優良系統をポルトガルに持ち帰り，今日の地中海諸国のオレンジ産業を築くもととなった．ライムもアラビア人によってもたらされ，13世紀にはヨーロッパ人に知られるようになった．ミカン類がヨーロッパに導入されたのは比較的新しい．1805年に中国からイギリスに導入され，イタリアに広がった．イタリアで地中海マンダリンが生まれた．

(3) 南北アメリカ

コロンブスは1493年の2回目の航海の際，ハイチにスイートオレンジ，サワーオレンジ，レモン，ライムの種子を播いたとされている．1518年に初めてアメリカ大陸にスイートオレンジが植えられた．その後，中国由来のスイートオレンジの優良品種が，地中海諸国からアメリカ合衆国に導入された．フロリダではこれらの品種の実生から優良系統が選抜された．

ブラジルへは1530年頃スイートオレンジが導入されている．16世紀中頃にはレモンもシトロンも栽培されていたという．17世紀初めにはこれらがペルーにも伝えられた．18世紀末にバイアネーブルが発生し，その後アメリカ合衆国の首都ワシントンに運ばれそこで繁殖されたのでワシントンネーブルと呼ばれるようなった．これが1873年カリフォルニア州リバーサイドに導入され，カリフォルニアのオレンジ産業を発展させることになった．レモンも同時期にカルフォルニアに導入された．ブンタンは西インド諸島に17世紀中頃伝えられ，18世紀にブンタンとスイートオレンジの雑種としてグレープフルーツが誕生したと考えられている．これが19世紀にフロリダに伝わり，今日のグレープフルーツ産業を築く礎となった．

(4) 日本

日本在来のカンキツは沖縄のシークワーサーと九州や本州南部に自生しているタチバナだけである．導入の最も古い記録は，『古事記』と『日本書紀』である．西暦70年に垂仁帝の命で田道間守（たじまのもり）が持ち帰ったと伝えられている非時香果（ときじくのかぐのみ）がある．牧野富太郎はこの果実をコミカンとし，田中長三郎はダイダイとしている．コミカンもダイダイも古くわが国に導入されたと考えられている．コミカンはキシュウミカンのことで，古くから九州地方で栽培されていた．キシュウミカンは単胚性であるから，中国から果実で導入された種子から発生したのではないかと

考えられている．キシュウミカンに似た地方の品種も本種の自家受精種子から発生したのであろう．725 (聖武天皇神亀2) 年に播磨兄弟が唐から大柑子を導入している．『万葉集』(771～790) にカラタチが出てくるし，『続日本紀』(797) にはユズが記載されているのでこの頃までにこれらも導入されていたと考えられる．昌泰年間 (898～900) の漢和辞典『新選字鏡』に柑，柚，橙，橼，枳，甘橘，枳実の文字がみられ，延長年間 (923～930) の『本草和名』には枸櫞の名が出ているからシトロンもこの時期には導入されていたと思われる．南北朝時代後期から室町時代の初期の作と考えられている『庭訓往来』には金柑と雲州橘の名が記されている．キンカンも鎌倉時代には導入されていたと考えられる．室町時代の『尺素往来』(1487) には鬼橘や鬼柑子の名が記されている．室町時代に盛んに行われた南方との交流で，ブンタンやスイートオレンジが日本に導入された．鹿児島や天草ではスイートオレンジはキンクネンボ（金九年母）や唐ミカンの名で古くから知られていた．ブンタンは鹿児島ではボンタン，長崎でザボンと呼ばれていた．ブンタンを親に，多くのブンタンの品種や金柑子，ナツミカン，絹皮ミカン，ハッサク等が産まれた．『大和本草』(1761) や『和漢三才図絵』(1713) には温州橘の名が記されているが，田中長三郎によると，現在のウンシュウミカンではない．宮崎安貞の『農業全書』(1697) や貝原益軒の『大和本草』(1708) にはクネンボが柑として紹介されている．長キンカンやシトロンの仏手柑 (図9) は江戸時代の初期に，寧波キンカンやジャガタラユは後期に導入された．また，江戸時代にキシュウミカンの突然変異として無核紀州が発生している．さらに，スダチ，キズ，カボス，鳴門ミカン，三宝カン，菊ダイダイ，八代，ヒュウガナツが誕生した．

図9　仏手柑 (シトロンの一種)

田中長三郎によれば，九州の長島がウンシュウミカンの発祥の地とされているが，その発祥は戦国時代か室町時代に遡るのではないかとされている．江戸時代にはすでに九州で栽培されていた．全国的に栽培がされるようになったのは明治以降である．明治初期にはウンシュウミカンのほか，ナツミカン，ハッサク，イヨカン等の品種が出そろっていた．明治以降，外国の品種が導入され，レモン，グレープフルーツ，スイートオレンジ，ポンカン，タンカン等が栽培された．カンキツの育種はこれまで枝変わりによる突然変異に頼ることが多かったが，近年，'清見'（'宮川早生'בトロビタオレンジ'）という単胚性品種が育成され，それを母本にして，'不知火'（'清見'בポンカン'），'津之香(つのかおり)'（'清見'ב興津早生(おきつわせ)'），'天香(あまか)'（'清見'בアンコール'）等多くの新しい品種が育成されるようになった．

e. 生産と消費

　カンキツは世界の 6 大陸，100 以上の国で生産されており，まさに世界的な果実といえる．さらに，カンキツは世界で最も重要な果樹である．その生産が，すべての落葉果樹の生産を超えている．生産地は赤道から 40° までに広がり，適

表1 1975 年から 2003 年までの主要カンキツ生産国の全カンキツ生産量（千 t）の年次推移（FAO, 2004）

国名	1975年	(%)	1985年	(%)	1995年	(%)	2003年	(%)
ブラジル	6934	(13.5)	15226	(23.8)	21103	(22.6)	19183	(18.2)
中国	685	(1.3)	2226	(3.5)	8697	(9.3)	13921	(13.2)
アメリカ合衆国	13237	(25.7)	9548	(14.9)	14328	(15.3)	13780	(13.0)
メキシコ	2287	(4.4)	2842	(4.4)	4993	(5.3)	6475	(6.1)
スペイン	2928	(5.7)	3514	(5.5)	4916	(5.3)	6311	(6.0)
インド	1710	(3.3)	1870	(2.9)	3501	(3.7)	4720	(4.5)
イラン	453	(0.9)	1232	(1.9)	3067	(3.3)	3703	(3.5)
ナイジェリア	1500	(2.9)	2000	(3.1)	2720	(2.9)	3250	(3.1)
イタリア	2732	(5.3)	3434	(5.4)	2608	(2.8)	3104	(2.9)
エジプト	1012	(2.0)	1398	(2.2)	2278	(2.4)	2551	(2.4)
アルゼンチン	1483	(2.9)	1538	(2.4)	2100	(2.2)	2488	(2.3)
トルコ	958	(1.9)	983	(1.5)	1782	(1.9)	2373	(2.2)
南アフリカ	680	(1.3)	706	(1.1)	1004	(1.1)	1856	(1.8)
パキスタン	692	(1.3)	1429	(2.2)	1960	(2.1)	1612	(1.5)
インドネシア	167	(0.3)	485	(0.8)	1005	(1.1)	1442	(1.4)
日本	4255	(8.3)	3201	(5.0)	1762	(1.9)	1421	(1.3)
モロッコ	689	(1.3)	984	(1.5)	999	(1.1)	1325	(1.3)
ギリシャ	818	(1.6)	914	(1.4)	1213	(1.3)	1194	(1.1)
世界全体	51471	(100)	64053	(100)	93445	(100)	105678	(100)

表2 主要カンキツ類生産国における各種カンキツ類の生産量（千t）（FAO, 2003）

国名	オレンジ	(%)	ミカン類	(%)	レモン・ライム類	(%)	グレープフルーツ・ブンタン類	(%)	その他のカンキツ類	(%)	全カンキツ	(%)
ブラジル	16903	(27.8)	1263	(5.8)	950	(7.6)	67	(1.4)			19183	(18.2)
中国	1832	(3.0)	10060	(45.9)	583	(4.7)	410	(8.6)	1036	(18.0)	13921	(13.2)
アメリカ合衆国	10473	(17.2)	495	(2.3)	939	(7.5)	1872	(39.2)	1	(0.02)	13780	(13.0)
メキシコ	3970	(6.5)	360	(1.6)	1825	(14.6)	258	(5.4)	63	(1.1)	6475	(6.1)
スペイン	3113	(5.1)	2082	(9.5)	1071	(8.6)	30	(0.6)	15	(0.3)	6311	(6.0)
インド	3070	(5.1)			1420	(11.4)	142	(3.0)	88	(1.5)	4720	(4.5)
イラン	1850	(3.0)	710	(3.2)	1040	(8.3)	37	(0.8)	66	(1.1)	3703	(3.5)
ナイジェリア									3250	(56.4)	3250	(3.1)
イタリア	1962	(3.2)	562	(2.6)	549	(4.4)	4	(0.1)	26	(0.5)	3104	(2.9)
エジプト	1740	(2.9)	505	(2.3)	300	(2.4)	3	(0.1)	2	(0.04)	2551	(2.4)
アルゼンチン	687	(1.1)	381	(1.7)	1236	(9.9)	184	(3.9)			2488	(2.3)
トルコ	1215	(2.0)	525	(2.4)	500	(4.0)	130	(2.7)	3	(0.05)	2373	(2.2)
南アフリカ	1165	(1.9)	100	(0.5)	211	(1.7)	38	(8.0)			1856	(1.8)
パキスタン	1128	(1.9)	419	(1.9)	65	(0.5)					1612	(1.5)
インドネシア	1442	(2.4)									1442	(1.4)
日本	92	(0.2)	1147	(5.2)					182	(3.2)	1421	(1.3)
モロッコ	822	(1.4)	479	(2.2)	12	(0.1)	2	(0.04)	10	(0.2)	1325	(1.3)
ギリシャ	968	(1.6)	104	(0.5)	111	(0.9)	8	(0.2)	5	(0.1)	1194	(1.1)
世界全体	60741	(100)	21906	(100)	12505	(100)	4769	(100)	5758	(100)	105678	(100)

切な気候と土壌条件の熱帯・亜熱帯地域で栽培されている．しかしながら，商業的な栽培は，赤道から南北に 20°と 40°の間に挟まれる地域に限定される．

　FAO のデータをみると，2003 年における生産の 80%は主要な 14 カ国によっている．表1は 1975〜2003 年までのカンキツ類の総生産量の推移を示している．ブラジルとアメリカ合衆国がここ数十年間生産を主導してきた．しかしながら，近年の中国の生産量の増大が顕著で，1965 年に 37 万 t だったのが 2003 年には 1400 万 t と 38 倍も増加している．これに反して，日本は 1975 年の 425 万 t から 2003 年の 142 万 t と 1/3 に減少している．1975 年には世界全体に占める日本の生産量の割合が 8.3%であったのに対し，2003 年には 1.3%となっている．種類別にみると（表2），オレンジの生産はブラジルが最も多く全体の 28%を占めている．ミカン類では中国が 46%を占めて圧倒的に多い．レモン，ライムはメキシコとインドが多い．グレープフルーツはアメリカ合衆国が 39%を生産している．また，メロンを除く果実全体に占めるカンキツの割合では，ブラジル，アメリカ合衆国，メキシコ，モロッコが 40%以上を占め，これらの国でのカンキツ産業の重要さを示している．表3は主要カンキツ生産国におけるオレンジとミカン類の国内供給量と消費量を示したものである．輸出量の多い国はブラジ

表3 主要カンキツ類生産国におけるオレンジとミカン類の国内供給量と消費量（FAO, 2002）

国名	国内生産量（千t）	輸入量（千t）	輸出量（千t）	国内供給量（千t）	国内消費量（千t）	1人当たりの供給量（kg/年）
ブラジル	19793	3	10681	9115	7072	40.1
中国	10983	543	294	11232	10812	8.3
アメリカ合衆国	11758	1626	1830	11554	11298	38.8
メキシコ	4204	55	169	4091	3698	36.3
スペイン	4819	347	3547	1872	1514	36.9
インド	2980	6	28	2958	2660	2.5
イラン	2590	0	23	2567	2306	33.9
イタリア	2272	325	372	2255	2202	30.3
エジプト	2225	1	128	2098	1876	26.6
アルゼンチン	1196	6	209	992	909	23.9
トルコ	1750	47	356	1441	1316	18.7
南アフリカ	1183	1	843	340	286	6.4
パキスタン	1896	1	126	1771	1701	11.3
インドネシア	664	89	2	751	683	3.1
日本	1236	550	6	1779	1577	12.4
モロッコ	1129	8	431	706	649	21.6
ギリシャ	1284	66	325	1025	673	61.3

ル，スペイン，アメリカ合衆国であり，輸入量の多い国はアメリカ合衆国，日本，中国の順になっている．また，国民1人当たりの供給量の最も多いのはギリシャで年間当たり61.3 kgとなっている．ブラジル，アメリカ合衆国，メキシコ，スペインでは年間36 kg以上であるのに対して，日本は12.4 kgにすぎない．日本ではオレンジ，ミカン類の消費がこれらの国に比べて少ないことを示している．

f. 主な中晩生カンキツ類の生産と消費

カンキツ類の中でもウンシュウミカンは早生系に属している。わが国ではウンシュウミカンより遅く成熟するカンキツ類を総称して中晩生カンキツ類と呼んでいる．

わが国の主な中晩生カンキツ類の生産量の推移を図10に示している．1970年代前半まではナツミカンが群を抜いて多く，35万t前後で推移しており，次がハッサクで，10～15万tであった．ウンシュウミカンの生産過剰対策として，1975年からミカン園転換事業が実施され，ウンシュウミカンから中晩生カンキツ類への転換が促進された．ウンシュウミカンの主産地である和歌山と愛媛ではそれぞれ，ハッサクとイヨカンを主体とする転換が進められた．1975年以降の10年間で，ハッサクは15万tから20万tに，イヨカンは4万tから17万tに増加し，特にイヨカンでは4倍程度の増加がみられた．ネーブルオレンジ等を含む他の中晩生カンキツ類への転換も進められ，ウンシュウミカンとナツミカン以外のカンキツの栽培面積は，1万7610 haから3万7540 haへと倍増した．これに対し，従来からの中晩生カンキツ類の中心であったナツミカンは生産量が

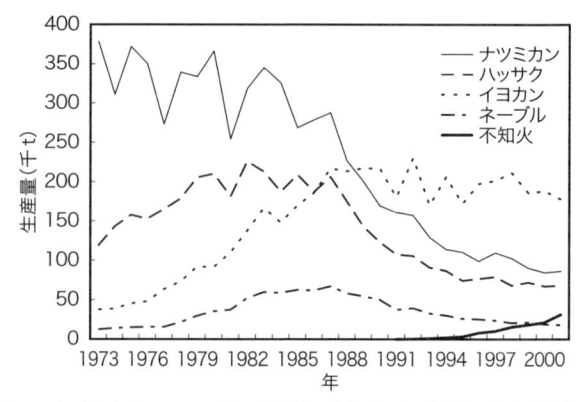

図10 主要中晩生カンキツ類の生産量の推移（2001〔平成13〕年農林統計）

次第に減少し，1985年には27万tとなった．一方，1985年頃のオレンジとグレープフルーツの輸入量はそれぞれ10万tと15万tであったが，1991年のオレンジ輸入自由化もあり，10年間でそれぞれ19万tと28万tに増加している．カンキツの多様化が進む中で，比較的酸味が強く，甘味に乏しいナツミカンやハッサクは，1985年以降，生産量が急速に減少していった．農林水産省の育種事業の成果により，1990年以降，'不知火'をはじめとする，オレンジの品質に勝る多くの中晩生カンキツ新品種が世に送られた．今後，これら新品種の生産量は急速に増加するであろう．カンキツの主産地では独自の品種開発に力を入れており，新品種への期待が大きい．また，インターネットなどによる情報，流通の革新により，従来あまり知られていなかった，ブンタンやヒュウガナツ等の地方特産カ

表4 中晩生カンキツ類の生産量と主産地 (2001〔平成13〕年農林統計)

種名・品種名	栽培面積 (ha)	生産量 (t)	主産県 (生産量 t)
'天香'	5	17	愛媛 (17)
'天草'	50	652	愛媛 (267)，福岡 (136)
'アンコール'	31	806	愛媛 (493)，大分 (140)
'安政柑'	15	465	広島 (378)
大橘	193	2675	熊本 (2013)，鹿児島 (655)
イヨカン	8320	177900	愛媛 (109400)
カボス	591	6108	大分 (6050)
'河内晩柑'	390	6952	熊本 (3759)，愛媛 (3045)
'清見'	1456	23893	愛媛 (7496)，和歌山 (5409)，佐賀 (3470)
キンカン	245	3929	宮崎 (2897)，鹿児島 (824)
'三宝柑'	60	1532	和歌山 (1485)
'不知火'	2345	31284	熊本 (14708)，愛媛 (5167)，佐賀 (3300)
スダチ	609	8606	徳島 (8433)
'せとか'	15.4	70	愛媛 (52)
'セミノール'	197	4244	和歌山 (1460)，三重 (1392)，大分 (1030)
ダイダイ	137	1752	和歌山 (535)，静岡 (457)，広島 (200)
ナツミカン	4100	86300	熊本 (19100)，愛媛 (13500)，鹿児島 (10200)
'ネーブルオレンジ'	1330	18100	広島 (3460)，和歌山 (2880)，静岡 (2840)
ハッサク	3130	68100	和歌山 (34800)
'早香'	49	560	長崎 (121)，佐賀 (90)，三重 (72)
'はるか'	10	25	愛媛 (25)
'はるみ'	84	505	広島 (196)，愛媛 (80)，和歌山 (74)
'バレンシアオレンジ'	34	745	和歌山 (671)
'晩白柚'	94	1274	熊本 (1236)
ヒュウガナツ	417	6296	宮崎 (2446)，高知 (1920)，愛媛 (809)
ブンタン	597	12419	高知 (10900)，鹿児島 (931)
'マーコット'	26	534	長崎 (153)
ユズ	1944	18354	高知 (8520)，徳島 (3435)，愛媛 (1594)
レモン	222	4455	広島 (2832)，愛媛 (931)

ンキツを比較的容易に購入することが可能となり，多様な中晩生カンキツ類の味を楽しめるようになってきた．表4に日本におけるオレンジ，ブンタン，その他のカンキツ類の生産量と主産地を示している．

g. 栄養成分

表5に数種のカンキツの成分表を示している．カンキツ果実の約90%は水分

表5 種々のカンキツ果実の主な栄養成分（可食部100 g当たり）

		ウンシュウミカン	ポンカン	ブンタン	ナツミカン	イヨカン	'不知火'	レモン	キンカン
	エネルギー (kcal)	46	40	38	40	46	50	54	71
一般成分	水分 (g)	86.9	88.8	89	88.6	86.7	85.9	85.3	80.8
	タンパク質 (g)	0.7	0.9	0.7	0.9	0.9	0.9	0.9	0.5
	脂質 (g)	0.1	0.1	0.1	0.1	0.1	0.1	0.7	0.7
	炭水化物 (g)	12	9.9	9.8	10	11.8	12.7	12.5	17.5
	灰分 (g)	0.3	0.3	0.4	0.4	0.5	0.4	0.6	0.5
ミネラル	ナトリウム (mg)	1	1	1	1	2	2	4	2
	カリウム (mg)	150	160	180	190	190	180	130	180
	カルシウム (mg)	21	16	13	16	17	7	67	80
	マグネシウム (mg)	11	9	7	10	14	9	11	19
	リン (mg)	15	16	19	21	18	18	15	12
	鉄 (mg)	0.2	0.1	0.1	0.2	0.2	微量	0.2	0.3
	亜鉛 (mg)	0.1	微量	0.1	0.1	0.1	0.1	0.1	0.1
	銅 (mg)	0.03	0.02	0.04	0.05	0.04	0.02	0.08	0.03
ビタミン	A レチノール (μg)	—	—	—	—	—	—	—	—
	カロテン (μg)	1000	620	15	85	160	550	26	130
	レチノール当量 (μg)	170	100	3	14	26	91	4	22
	E (mg)	0.4	0.2	0.5	0.3	0.1	0.3	1.6	2.6
	B_1 (mg)	0.1	0.08	0.03	0.08	0.06	0.09	0.07	0.1
	B_2 (mg)	0.03	0.04	0.04	0.03	0.03	0.03	0.07	0.06
	ナイアシン (mg)	0.3	0.2	0.3	0.4	0.3	0.3	0.2	0.6
	B_6 (mg)	0.06	0.05	0	0.05	0.07	0.07	0.08	0.06
	葉酸 (μg)	22	13	16	25	19	24	31	20
	パントテン酸 (mg)	0.23	0.24	0.32	0.29	0.36	0.29	0.39	0.29
	C (mg)	32	40	45	38	35	53	100	49
食物繊維	水溶性 (g)	0.5	0.4	0.3	0.4	0.5	0.3	2	2.3
	不溶性 (g)	0.5	0.6	0.6	0.8	0.6	0.2	2.9	2.3
	総量 (g)	1	1	0.9	1.2	1.1	0.5	4.9	4.6

五訂日本食品標準成分表より．

である．次に多いのが炭水化物でタンパク質や脂質は他の果実と同様に少ない．ビタミンCや無機成分ではカリウムが多い．

　ウンシュウミカンを含むカンキツ類にはポリフェノール類，β-カロテン，β-クリプトキサンチン，ヘスペリジン，オーラプテンがある．ポリフェノール類は植物体が自らを紫外線や病害虫から防御する物質と考えられている．カテキン類，タンニン等がこれに含まれる．抗酸化作用があり，発がん抑制，心臓病予防，消臭に効果がある．ヘスペリジンは別名ビタミンPで，毛細血管の強化によって高血圧，心臓病予防に効果がある．また，苦味成分の一種であるリモノイドにも発がん抑制の効果が認められている．β-クリプトキサンチンは発がん抑制効果が報告されている．ミカンを多く摂取する人の血中のβ-クリプトキサンチン濃度はあまり食べない人に比べて高いことが明らかにされている．血中のβ-クリプトキサンチンの濃度と糖尿病のマーカーである糖化タンパク，酸化ストレスのマーカーである尿中の過酸化脂質量との間には負の相関があり，逆に，心臓病の予防に効果があるとされている葉酸，HDLコレステロール（善玉コレステロール），糖尿病・高脂血症・肝疾患で低下するアポA1タンパクはいずれに対しても有意な正の相関を示したという．また，ミカンをたくさん食べる人の血中尿酸値は有意に低くなり，痛風予防に効果があることが明らかにされている．さらに，β-クリプトキサンチンによって骨幹部のカルシウム含量が増大し，骨粗鬆症の予防にも効果が期待できるとされている．

　独立行政法人農業・食品産業技術総合研究機構果樹研究所がミカンを毎日食べている人とあまり食べない人について，糖尿病罹病のオッズ比（危険比の近似値）を調査したところ，高摂取群で有意に低いことが明らかにされている．また，高血圧，心臓病，痛風罹病のオッズ比も低かったという．糖尿病合併症として血管内皮細胞の機能低下が知られているが，ミカンをはじめとするカンキツ類にはビタミンやカロテノイド，フラボノイド等の抗酸化作用を有する機能性成分が多く存在している．実際，ミカンエキスを混入した飼料を実験的に糖尿病にしたラットに与えると，血管内皮細胞の機能が回復するという．

　カンキツ類のじょうのう膜には摂取脂肪の吸収抑制と体内脂肪の分解作用があることが最近報告されている．

　ユズやカボスに似たカンキツ類の'じゃばら'は和歌山県北山村でしか栽培されていない．「邪を払う」として，昔から村では正月料理に使われてきた．最近，'じゃばら'の果皮，果汁抽出物中に花粉症に効く成分があることが報告されている．

それらに含まれるナリルチンがその効果を有しているとされている．

これらに関連して，発がん抑制物質のより多いカンキツの育種が試みられている．β-クリプトキサンチン含量がウンシュウミカンの約3倍もあるマンダリンタイプの口之津34号（[‘清見’×‘興津早生’]×‘アンコール’）が育成されている．

h．利用・加工

果汁：果汁100％のもののみをジュースと呼び，100％未満のものは果汁入り飲料とされている．世界的にはオレンジ生産量の約40％が果汁として消費されている．このほか，グレープフルーツやレモンが果汁として加工される割合が大きい．ウンシュウミカンは少ない．日本ではウンシュウミカンが過剰生産になったとき，その対策事業として多くの搾汁工場が建設され，約360万tの生産量を記録した1979年には約100万tの搾汁が行われた．しかし，その後ウンシュウミカンの生産量の減少とオレンジ果汁の自由化によって，果汁生産量は減少している．

缶詰：ウンシュウミカンの缶詰は希塩酸と希苛性ソーダでじょうのう膜を溶解し，水で洗って剝皮した果肉をシロップ漬けにしたものである．最近，生産量が減少しているがゼリーやケーキの材料として利用されることが多い．

ワイン：ワインといえばブドウを原料としているのが一般常識であるが，最近カンキツを原料としたシトラスワインが各地でつくられている．材料としてはウンシュウミカン，ユズ，‘川野ナツダイダイ’（甘夏），ダイダイ，イヨカン，ハッサク，レモン，ネーブル，ブンタン，ポンカンが知られている．

酢：果実酢はアルコールが酢酸菌で酸化され，生じる酢酸を利用する発酵酢が主流であり，リンゴ酢やブドウ酢が代表的なものである．一方，果実の酸味を直接利用するものもあり，非発酵酢と呼ばれる．カンキツ類は酸含量が高いので非発酵酢として利用されることが多い．スダチ酢，レモン酢，ユズ酢，ハッサク酢，カボス酢，シークワーサー酢等がある．

糖果：果実を糖液で煮て，糖を組織内に浸透させ，保存性をもたせたものを糖果と呼んでいるが，ブンタンの果皮，キンカンを材料にしたものがつくられている．

マーマレード：通常ナツミカンを使うことが多いが，ダイダイもよい材料となる．

その他：GABA（γ-アミノ酪酸）はウンシュウミカン等に含まれ，血圧上昇

予防効果が期待されているが，最近，ウンシュウミカンの果肉や果皮にグルタミン酸ナトリウムを添加することで，ミカンに含まれる GABA を 20～40 倍にする技術が開発され，これを加えた食パンがつくられている．

i 主なカンキツの栽培種・品種

以下では主要なカンキツについて各論を述べる．説明の便宜上，下記 A～H の 8 グループに分類した．

- A. ミカン類（ウンシュウミカン，ポンカン，キシュウミカン，シークワーサー，タチバナ）
- B. ブンタン・グレープフルーツ類（ブンタン，グレープフルーツ）
- C. オレンジ類（スイートオレンジ）
- D. その他の中晩生カンキツ類（ナツミカン，ハッサク，イヨカン，ヒュウガナツ）
- E. 香酸カンキツ類（レモン，ライム，ユズ）
- F. 交配育種による最近の新品種（'清見'，'不知火'，'はるみ'，'せとか'）
- G. キンカン類
- H. カラタチ類

A. ミカン類
ウンシュウミカン

和名 ウンシュウミカン
英名 satsuma mandarin
学名 *Citrus unshiu* Marc.
（ミカン科）

学名の *Citrus* は，*citron* のギリシャ名 Kitron より由来するとされ，*unshiu* は漢字「温州」に由来している．

【形態】 ウンシュウミカン（図 11）は高さ 3～4m の低木で，枝は開張する．葉は長さ約 10 cm，幅約 5 cm で葉縁には浅い鋸歯があり，葉柄部の翼葉は小さい．花は春に伸びた枝の先端に 1 花着生する単一花序で，5 枚の花弁の先端はわずか

図11　ウンシュウミカン（'宮川早生'）

図12　ウンシュウミカンの花

図13　ウンシュウミカン'青島温州'の果実

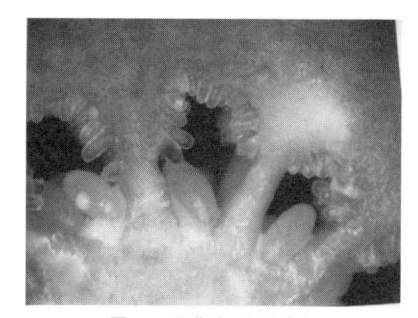

図14　開花時の果実内部
（じょうのう背面より砂じょう突起が発生）

に内側に曲がる．雌しべ1本，雄しべ約25本あり，花糸は合一性が強く，葯は萎縮している（図12）．大部分の花粉は不稔であり，胚嚢も不完全であることが無核の原因となっている．果実は偏球形で，品種によっては極めて扁平なものもある（図13）．果皮はフラベド（着色する部分）とアルベド（白色部分）からなり，剥きやすい．果肉は10～12室のじょうのうからなり，内部には砂じょうが充満している．フラベド部分には精油成分を蓄えた油胞があり，香りの源となる．砂じょうはじょうのう膜からの突起物として開花時には発生しており，成長とともに内部にジュースを蓄える（図14）．まれに存在する種子は多胚性を示し，受精胚のほかに珠心組織より発生した多数の珠心胚を有する．

【原産地と伝播】　ウンシュウミカンは，鹿児島県出水郡東町長島で誕生した．この地は古くから交易船の寄港地として有名であり，中国沿岸のカンキツ産地から渡来した品種を親として発生した偶発実生（両親不明の実生）である．江戸時代

初期には出現していたと考えられるが，九州近辺のみにあり中央には知られていなかった．「嫁して3年子無きは去る」の封建時代には，その無核性が忌避されたこともあって世に入れられず，全国的に広く普及しはじめたのは明治中期以降である．「温州」という呼称は，中国浙江省温州府地域が品質の優れたミカンを産することで有名であったことに由来すると推察される．ほかに李夫人橘，中島蜜柑，唐蜜柑等とも呼ばれていた．原産地から筑後地方（福岡）に入ったウンシュウミカンを在来系と称し，この在来系が各地に伝わり，愛媛の平系，大阪の池田系等の枝変わり系統を生み出した．一方，原産地より長崎に入ったものは伊木力系と呼ばれ，これが愛知に伝わり尾張系を生み出した．また，成熟時期の早い早生系は在来系より生まれ，さらに熟期の早い極早生系を生み出した．現在栽培されているウンシュウミカンの多くは早生系と尾張系の枝変わりあるいはそれらの珠心胚由来の実生（珠心胚実生）である．

【栽培沿革と利用の歴史】 江戸時代，キシュウミカンの興隆の陰に隠れていたウンシュウミカンは，江戸時代末期から明治初期にかけて篤農家の手によって各地にすでに伝播していた．明治初期の土地制度の抜本的改革や地租改正などが追い風となり，苗木新植やキシュウミカンへの高接ぎ更新により，明治中期頃から栽培は急速に拡大した．1905（明治38）年の記録では総栽培面積1万2000 ha，生産量8万7000 t で，その約4割を和歌山が占め，次いで大阪，静岡，神奈川，愛知の順であった．その後も順調に栽培を拡大して第二次世界大戦前には45万 t に達した．主産県は静岡，和歌山，愛媛，神奈川，広島である．戦中・戦後の停滞期を経て，1950年代後半より，政府による果樹農業振興政策もあいまって急激なミカン増殖ブームが巻き起こった．その結果，1975（昭和50）年には総結果樹面積16万700 ha，生産量366万5000 t と栽培のピークを迎えた．第1位

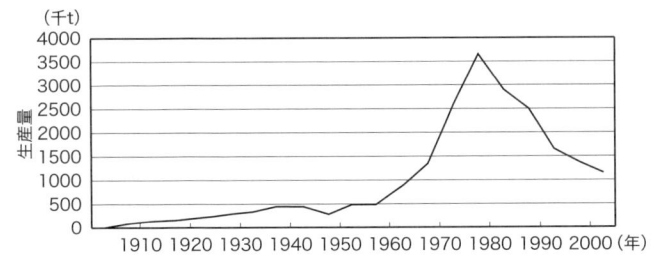

図15 日本におけるウンシュウミカン生産量の推移（農林統計，農林水産省統計）

の生産県は，昭和40年代までは静岡で，その後は愛媛である．生産過剰にともなう価格暴落を受けて，他品目への転換，不良園の廃園等の生産調整や優良品種への更新，品質本位の栽培管理などによる高品質果実の生産，消費拡大宣伝等の対処をしてきたが，消費者のミカン離れに歯止めがかからず，ミカン栽培は減少の一途をたどっている．現在の栽培面積，生産量は，ピーク時の約1/3である（図15）．

ウンシュウミカンの利用は，ほとんどが生食であり，加工用原料（缶詰，ジュース）としての仕向けは少ない．ミカンの缶詰は明治・大正時代にもわずかにつくられていたが，それは果肉がじょうのうに入ったままのものであり，現在のようにじょうのうを除去し，剝皮した状態での製法が開発されたのは1926（昭和元）年である．その後，製法の改良もあって，順調に生産量を増し，戦前はイギリスに，戦後はイギリス，アメリカ合衆国を中心に輸出してきた．近年は中国産の進出が著しく，日本のミカン缶詰産業に大きな影響を及ぼしている．一方，ジュース産業は，1951（昭和26）年にアメリカのバヤリースオレンジが国内市場に姿を現したのをきっかけに国内メーカーの手により瓶詰・缶詰ジュースが生産されだした．1975（昭和50）年代以降の豊作年には総生産量の約20%がジュース原料として仕向けられたが，生産量の減少にともなって低下している．

生果の利用に関して，以前は，着色の不十分な9月上中旬より収穫する「青切りミカン」や，生果を冷凍した「冷凍ミカン」の消費があったが，ハウスミカンや極早生品種の出現，消費者の高品質嗜好もあって現在では姿を消している．

果皮を乾燥，粉末化した陳皮は，去痰，鎮咳，発汗，健胃剤として漢方に，また，七味唐辛子等の薬味料として古くから利用されている．

【品　種】　ウンシュウミカンの品種は枝変わりや珠心胚実生として選抜されてきたが，果実の成熟期の早晩によって極早生，早生，普通，晩生ウンシュウに大別される．2002（平成14）年度統計による栽培面積の多い品種および地域特産の品種は次のとおりである．

〔極早生〕① '日南1号'（'興津早生'の枝変わり），② '上野早生'（'宮川早生'の枝変わり），③ '宮本早生'（'宮川早生'の枝変わり），地域特産：'岩崎早生'（長崎県，'興津早生'の枝変わり），'豊福早生'（熊本県，'大浦早生'の珠心胚実生）

〔早生〕① '宮川早生'（在来系の枝変わり），② '興津早生'（'宮川早生'の珠心胚実生），地域特産：'原口早生'（長崎県，'宮川早生'の枝変わり），'肥のあけぼの'（熊

本県, '楠本早生'の珠心胚実生)

〔普通〕① '青島温州'(尾張系の枝変わり), ② '大津4号'('十万温州'の枝変わり), ③ '南柑20号'(尾張系の枝変わり), 地域特産: '林温州'(和歌山県, 尾張系の枝変わり), '南柑4号'(愛媛県)

〔晩生〕① '十万温州'(尾張系の枝変わり), ② '青島温州'(尾張系の枝変わり], '今村温州'(尾張系の枝変わり)

【生育周期と栽培管理】 ウンシュウミカンは, 主要カンキツの中で最も低温に強い. そのため世界のカンキツ産地の中では緯度の高い地域で栽培されているが, 年平均気温15℃以上が必要で, 冬季の最低気温が−5℃以下にならないことが望ましい. 苗木はカラタチ台に接いだ接ぎ木苗がほとんどである. その理由は, ① 耐寒性が強い, ② 結果開始年齢が早く, 豊産で果実品質がよい, ③ トリステザウイルスに抵抗性がある, 等である. 近年, カラタチの異系である'ヒリュウ'を用いて, さらに樹をコンパクトにする矮化栽培が注目されている. 植付けは, 発芽前の春植え(3月中旬〜4月上旬)が最も安全であるが, 暖地の場合, 秋植え(10月上〜下旬)も可能である. ミカン園の多くは傾斜地にあるため, 土壌や肥料成分が流亡しやすく, また, 根群の分布が浅くなり, 土壌の乾燥や肥料の過不足の影響を受けやすい. 施肥は窒素, リン酸, カリウム(10：7：7)を春肥(3月上旬), 夏肥(6月上旬), 秋肥(10月中・下旬)の3回に分けて施用する. 剪定は寒害のおそれの少ない2月下旬〜4月の発芽期までに行う.

3月下旬〜4月上旬に芽の活動が活発化し, 発芽, 展葉期を経て, 5月上旬に開花する. 発芽後伸びる新梢には, 先端に花をつける結果枝と花をつけない発育枝とがあるが, 前年果実をつけた果梗枝の芽はほとんど発育枝となる. 花には, 葉が数枚出た先につく有葉花と, 葉が早期に退化・脱落した直花がある. 結実率は10〜20%で極めて低いが, 豊作年には適量の2〜3倍も結実する. これを放任すると, 小さい果実になるばかりでなく, 樹体養分の消耗が大きく, 隔年結果の原因となるので摘花, 摘果が必要である. 隔年結果とは, 果実がたくさんなる成り年(表年)の翌年は果実が少ない不成り年(裏年)になる現象であり, 着果量が多い場合や収穫時期が遅い場合に顕著に現れる. 生理落果の終わる7月に, 1果当たり葉数(葉果比)が25〜30になるように摘果する. 果実の成長を果径や果実重の増加でみると, 成長の初期と末期に緩慢で, 成長中期に増加の著しい単一S字型成長曲線を示す. 果実成長の末期に当たる成熟期に入ると, 果皮のク

図16 ウンシュウミカンのマルチ栽培

ロロフィルが分解消失し，黄〜橙色のカロテノイドの合成が促されて着色する．同時に，果汁中の酸の分解，糖の集積が進んで成熟する．酸含量が1%以下になる時期を目安に収穫するが，極早生系で9月中旬〜10月中旬，早生系で10月下旬〜11月下旬，普通系で11月下旬〜12月下旬である．晩生系では貯蔵して3月頃まで出荷が可能である．

近年盛んなハウスミカンは，極早生系や早生系をプラスチックハウスで加温促成したもので，加温開始時期と温度，品種を選ぶことにより6〜9月上旬に出荷することが可能である．ただ，花芽の分化には20℃以下の低温遭遇が必要で，露地栽培では形態的分化が12月に始まるので，それ以前に加温を開始する場合は着花の不足や不安定の問題が生じる．

高品質な果実，特に糖含量の高い果実を生産するには，成熟期に土壌を乾燥させて樹体に水ストレスを与えることが必要である．露地栽培においては，降雨を遮断し，かつ土壌中の水分が蒸発可能な多孔質シート資材を土壌表面に敷くことによって水ストレスを与えるマルチ栽培が普及している（図16）．また，ボックスや防根布等を用いて，根の成長可能な土壌容量を制限して，土壌の乾燥頻度を高める根域制限栽培が開発されている．

【生産と消費】 ウンシュウミカンは千葉県房総半島から九州にかけた太平洋沿岸および瀬戸内海沿岸の気候温暖な地域で栽培されている．府県別の総生産量では愛媛，和歌山，静岡，熊本の順である（表6）．静岡以北では普通ウンシュウの生産が多く，その他の地域は早生ウンシュウ（極早生を含む）が主流であり，特に

表6 わが国のウンシュウミカンの主要生産県（単位：t）

主要生産県	総生産量	普通ウンシュウ	早生ウンシュウ	極早生ウンシュウ
全国	1147000	464600	499500	182500
愛媛	195200	78500	85900	30900
和歌山	190000	75900	80100	24500
静岡	130700	89000	41700	—
熊本	99800	27900	49400	22500
長崎	84800	35900	29400	19500
佐賀	82600	20800	26900	34900
広島	54100	20200	27860	6040
福岡	42100	9520	20000	12600

2003年度農林水産省統計より作成．

九州地域では極早生の栽培が盛んである．2002（平成14）年度産の統計によると，総生産量114万7000tのうち，普通ウンシュウ46万5000t（41.5％），早生ウンシュウ49万9000t（43.5％），極早生ウンシュウ18万3000t（16.0％）である．早生・極早生ウンシュウのうちハウスミカンは5万6700tであり，佐賀，愛知，愛媛で盛んである．約5000tが北米を中心に輸出され，主な輸出国はカナダである．カンキツの中でも最も早熟であり，無核で皮が剥きやすいこともあって，クリスマス前後の需要が高く，「テレビミカン」とも称されている．1885（明治18）年に始まった北米輸出も，近年は中国・韓国産との競合で厳しい状況にある．

ポンカン

和名 ポンカン
英名 ponkan
学名 *Citrus reticulata* Blanco
（ミカン科）

学名の *reticulata* は「網目状」を意味している．

【形　態】 樹勢は強く，直立性である．葉は小型で細長い．枝は分岐角度が狭く密生する性質がある．高梢系の果実は150～250gで，球形～偏球形である．果梗部にネックを生じることがある．果皮はやや厚く粗面であるが，容易に剥皮できる．果肉は柔軟・多汁で，糖度が高く，酸度は低い．芳香がある．す上がりし

やすい欠点がある．種子数は5～6個．収穫期は12月で，予措をして貯蔵し，1～2月に出荷する．

【原産地と伝播，特性】 ポンカンは，インドのアッサムで発生（中国雲南発生説もある）し，中国南部，東南アジアに広まった．日本には1896年に台湾より鹿児島に導入された．果実が腰高な高木性の高梢系と扁平な低木性の低梢系があり，大果になる高梢系が栽培の主力である．吉田ポンカンは，1930年台湾の員林地方の優良系として導入された高梢系品種で，大果で食味がよい．早生の森田，太田両系は低梢系に区分される．

その他のミカン類

和名	キシュウミカン	シークワーサー	タチバナ
英名	kishu-mikan	shiikuwasha	tachibana
学名	*Citrus kinokuni* hort. ex Tanaka	*Citrus depressa* Hayata	*Citrus tachibana* Tanaka

（ミカン科）

学名の *kinokuni* は紀伊国，*depressa* は「扁平な」を意味し，*tachibana* は漢字「橘」から由来している．

【形　態】 これらのミカン類は基本的には有核であり，タチバナの樹形が直立性，キシュウミカンの種子が単胚性であることを除くと，ほぼウンシュウミカンと同

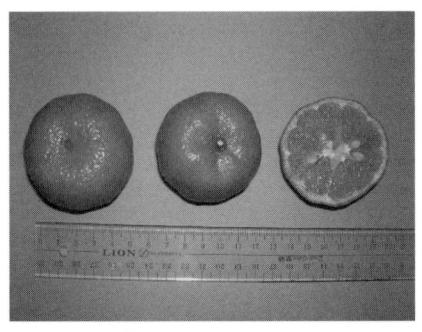

図17 キシュウミカン

様の形態を示す．

【原産地と来歴，特性】 タチバナはわが国に古来より自生しており，『魏志倭人伝』にその記載がある．また，『古事記』，『日本書紀』には田道間守(たじまもり)が常世の国より持ち帰った非時香菓(ときじくのかぐのみ)がタチバナであると記されている．しかしこの説に関して，ダイダイあるいはキシュウミカンであるとの説がある．タチバナは『万葉集』に題材として多く詠まれ，平安時代に入ると京都御所の紫宸殿前に「右近の橘」として植えられるなど，当時の貴族に愛好されており，現在でもその花は文化勲章にかたどられている．沖縄県に自生するシークヮーサーはこのタチバナの雑種とする説がある．

キシュウミカン（図17）は中国浙江省の原産で日本への渡来は早く，熊本県で古くから栽植されており，ウンシュウミカンが普及する明治中期までの主要種であった．江戸時代には紀州有田地方の特産物であり，紀伊国屋文左衛門が嵐をついて江戸に搬送したミカン船の話が有名である．

沖縄の特産であるシークヮーサーはフラボノイド類としてノベレチンを含み，その血圧低下，血糖値低下，発がん抑制作用が注目を浴びている．

B. ブンタン・グレープフルーツ類
ブンタン

和名 ブンタン（文旦），ボンタン，ザボン（朱欒），ウチムラサキ
英名 pummelo, shaddock
学名 *Citrus maxima* (Burm.) Merr. (*Citrus grandis* (L.) Osbeck)
（ミカン科）

英名の pummelo は，インドネシアでオランダ人が命名した Pompelmose または Pomplemoose に由来しており，ポルトガル語の Zamboa はセイロン語の Jambole に由来するといわれている．学名の *maxima* は「最大の」，*grandis* は「大形の」を意味し，果実が大きいことを表している．

【形態】 葉はカンキツの中で最も大きく，くさび形の大きな翼葉があり，長大な新梢には小さな刺が生じる．花は5月中旬に開花し，白色で大きく花序を形

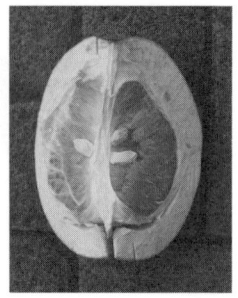

図18　トロピカルフルーツのブンタン（ザボン，英名 Pomelo）とその果実断面

成する．花粉は多く，自家不和合性である．果実はカンキツの中で最大であり，2 kg 以上になる品種もある．果形は扁球形，球形，倒卵形であり，果面は滑らかで油胞が多く，淡黄色または黄色であるが，果皮は厚くて剝きにくい．じょうのう数は 13 前後と多く分離でき，じょうのう膜は比較的剝きやすい．果肉は一般に淡黄色であるが，淡紅色〜紅紫色となる品種もある．砂じょうは大きく，肉質のかたさや果汁の多少は品種により異なる．やや酸味があり，ほのかな苦みと甘みが独特の風味を醸し出しており，香りも品種により特徴がある．種子数は多く，100 個以上となる場合もある．種子は大きく，白色，単胚である．耐寒性は弱い．

【原産地と伝播／栽培沿革と利用の歴史】　原産地はマレー半島からインドネシアと考えられており，中国には約 2500 年前にもたらされたとされている．中国では 3 世紀には栽培されていたようであり，ブンタンの総称は「柚」であり，「朱欒」は果肉が赤いものを，「文旦」は果実がセイヨウナシ形で果肉が淡黄白色のものを称しているようである．12 世紀後半にヨーロッパに伝えられ，17 世紀末にジャマイカへ shaddock という名で伝わり，その種子が 18 世紀初頭にバルバドス島へもたらされた．

わが国には室町時代にポルトガル人の来航等とともに渡来したと考えられている．長崎県や熊本県八代では 17 世紀に，鹿児島県では 18 世紀にすでに庭先果樹としての栽培が行われており，ブンタンは単胚性であるため，実生繁殖により多くの系統が存在していたと考えられる．明治・大正期になると優良系統が選抜され，品種名が公表されて接ぎ木による栄養繁殖が行われるようになったが，その後もほぼ地場消費や土産物に限られていた．高知県では昭和初期に鹿児島県か

図19 '土佐ブンタン'

らブンタンが導入されて栽培が始まり，1949（昭和24）年に東京市場へ出荷が開始されてから栽培面積が急増し，現在では全国生産量の80%以上を占めている．1985（昭和60）年からは施設栽培が開始された．主産地は高知，熊本，鹿児島であり，生産量は1万6000tである．

【品　種】

'平戸ブンタン'：1842年に平戸藩主松浦曜公が長崎に赴いた際，ジャガタラ渡来のブンタンを献上され，その美味なために家臣が種子を持ち帰って播種したのが由来とされている．果実は800g〜1kg以上と大きく，果肉は淡黄色，柔軟多汁であり，食味は甘酸相和して優れる．

'晩白柚（ばんぺいゆ）'：1920年頃，植物学者島田弥一がサイゴン植物園から台湾に導入して命名した．1930年に鹿児島県に導入され，熊本県には1933年に導入されて栽培が広まった．果実は1.5kg前後であり，わが国で栽培されているブンタンの中では最も大きい．果皮が厚くて剥きにくいが，果肉は淡黄緑色で柔軟多汁，独特の芳香があり食味は良好である．

'土佐ブンタン'：1930年頃，鹿児島県の法元家（ほうが）に伝わるブンタン（法元文旦）を高知県に導入し，栽培が広まった（図19）．出荷に際し不統一だった名称を1959年に'土佐ブンタン'に統一した．現在，集団栽培されており，わが国のブンタンでは生産量が最も多い．果実は400〜600gであり，果肉は淡黄白色で締まりがよく，肉離れが良好で食べやすい．食味は甘酸相和して風味があり優れる．

'水晶ブンタン'：1952年頃，高知県の育種家により育成され，1958年に命名された．果実は400〜600gで果肉は淡黄白色，果汁はやや多く，種子数は少なく食味は優れる．耐寒性がやや弱いため施設栽培が行われており，年内出荷され

ている.

【生育周期と栽培管理】　ブンタンは耐寒性が劣るため，年平均気温 16.5℃ 以上，最低気温が -4℃ 以上が必要で，冬季に寒風が当たりにくく日当たりのよい場所に植え付けるのが望ましい．3 月下旬頃から萌芽し，4 月下旬頃から開花が始まる．ブンタンは自家不和合性なので，結実安定と果実肥大促進のために人工受粉を行う．早期に開花した花は結実不良となるので，人工受粉は満開期に異なる品種や他のカンキツの花粉を用いて行う．生理落果がほぼ終了する 7 月上旬頃から，果実肥大促進のために摘果を行う．摘果は，'土佐ブンタン' では葉数 100〜120 枚に 1 果実を，'晩白柚' では 300 枚に 1 果実を残すように果実を間引くとよい．ブンタンの多くは成熟期が 2 月頃であるが，樹上では寒害を受けて品質が低下するので，12 月中・下旬に収穫する．収穫直後は酸含量がまだ高いので，1〜2 カ月貯蔵することにより減酸が進み，食味が良好となる．

グレープフルーツ

和名　グレープフルーツ
英名　grapefruit
学名　*Citrus paradisi* Macfad.
（ミカン科）

　学名の *paradisi* は「楽園のような」「美しい」の意味である．

【形　態】　葉はやや大きく，くさび形の翼葉があり，枝には小さな刺がある．花は白色で，大きな花序を形成し，ブドウの房のように果実が着生するので，その名の由来となっている．果実は偏円形〜球形で 400 g 程度であり，果皮色は淡黄色のものや赤味を帯びたものがあり，剥きにくい．果肉はやわらかく黄白色，ピンク，赤色の品種があり，多汁でやや苦味のあるさわやかな風味をもつ．種子数の多い品種と無核品種がある．耐寒性が弱く，優品生産には一定の高温が必要なので，わが国での栽培は行われていない (図 20).

【原産地と伝播 / 栽培沿革と利用の歴史】　ブンタンとスイートオレンジとの雑種

図20 'スター・ルビー'グレープフルーツ

と考えられており，18世紀中頃に西インド諸島で発生し，禁断の果実(forbidden fruit)といわれていた．19世紀になってフロリダで栽培が広まり，突然変異等により優良品種が出現した．すなわち，最も古い品種'ダンカン(Duncan)'は，果面は淡黄色，果肉は黄白色で種子は多いが，その偶発実生'マーシュ(Marsh)'は，'ダンカン'と同様の果皮色と果肉色だが，無核である．さらに，'マーシュ'の枝変わりの'トンプソン(Thompson)'は，果皮は淡黄色だが果肉はピンク色でやや早熟の無核品種である．生食だけでなくジュースとしても多く用いられており，今日，アメリカ合衆国のカンキツ総生産量の約20%を占める大きな産業となっている．わが国の輸入量は28万tで，その75%はアメリカ合衆国からである．

【品　種】

'ルビー・レッド(Ruby red)'：'トンプソン'の枝変わりで生じ，果皮色は赤味を帯び，果肉は赤色の無核品種．'ルビー・レッド'をもとに，果肉の赤色がさらに濃い無核品種'レイ・ルビー(Ray ruby)'，'リオレッド(Riored)'，'ヘンダーソン(Henderson)'，'フレーム(Flame)'等が育成されている．

'スター・ルビー(Star ruby)'：果肉が赤色系の有核品種'ハドソン(Hudson)'の種子に放射線照射をして育成された．果肉やジュースは濃赤色を呈す無核品種．

'オロブランコ(Oroblanco)'：'スウィーティー(Sweety)'の商品名でイスラエルから出荷されている．カリフォルニア大学で，二倍体無酸ブンタンと四倍体グレープフルーツを交配して育成された三倍体の無核品種．果皮は緑色だが，酸が少なく食べやすい．

C. オレンジ類
スイートオレンジ

和名 オレンジ
英名 sweet orange
学名 *Citrus sinensis* (L.) Osbeck
(ミカン科)

学名の *sinensis* は支那 (中国) を意味する.

【形　態】 葉の大きさは中程度で小さな翼葉があり, 花は白色で花序を形成する. 果実の大きさは 200 g 前後であり, ネーブルオレンジでは果頂部にへそがみられる. 果形は短球形, 球形, 卵形, 長球形と品種により異なる. 果面はほぼ滑らかで, 濃橙色や黄橙色と美しいが, 果皮はやや薄く剥きにくい. じょうのう数は 10～12 程度で, じょうのう膜は薄く, そのまま食べられる. 果肉は橙黄色であるが, ブラッドオレンジでは紅色になる. 肉質は柔軟多汁で優れた芳香があるのが特徴である. 種子数は少なく, 多胚である. 耐寒性はやや弱い.

【原産地と伝播 / 栽培沿革と利用の歴史】 原産地はインド東北部のアッサムから中国南部の雲南にかけての地域と考えられている. 中国では栽培の歴史が 2000 年以上あり, 唐の時代には長江沿岸で, 宋の時代には広東などの南方で栽培が行われており, 栽培適地である広東地域を中心に優良な品種群が生み出された. 一方, 原産地から西方の中近東へもかなり古い時代に伝播しており, ヨーロッパの地中海地域には, ローマ時代から 15 世紀にかけて中近東から導入された. 16 世紀初頭にポルトガル人が中国の優良品種を導入してから, ヨーロッパでの栽培が急速に広まり, 地中海品種群が形成された. その後, 優良な地中海品種がブラジルやアメリカ合衆国に導入され, 'ワシントン' ネーブルや 'バレンシア' オレンジが生まれ, オレンジが世界で最も重要な果物の 1 つとなった.

わが国では, 鹿児島や熊本でキンクネンボ (金九年母) や唐ミカンの名で古くから知られており, 室町時代末期には, 中国品種がすでに導入されていたようである. 明治時代になって, アメリカ合衆国から 'ワシントン' ネーブル等が導入されてから本格的な栽培が始まり, 枝変わりの優良品種が生じている. 1991 年のオレンジの輸入自由化後, わが国での栽培は急速に減少したが, 施設栽培等も含

め，オレンジの栽培は行われており，生産量は 1 万 8000 t である．オレンジの輸入量は約 11 万 t で，その 75% がアメリカ合衆国からである．

【品　種】オレンジは，普通系オレンジ，へそのあるネーブルオレンジ，赤色系のブラッドオレンジ，酸が少ない無酸オレンジに分けられる．

'バレンシア (Valencia)'：晩熟の普通系品種であり，酸味はやや強いものの甘みや香気が優れ，食味は極上で世界で最も多く栽培されている．生食用だけでなくジュース加工にも優れた適性をもつ．わが国では温度不足のため，品質が低下しやすい．

'ワシントン'ネーブル ('Washington' navel)：果頂部がやや突出してへそがあるネーブル品種．果汁が多く，香気が優れ，無核で甘酸相和し食味は極上である．高品質のための温度環境域がやや狭いため，'バレンシア'オレンジほど生産量は多くない．わが国で栽培されているのは主に本種であり，12 月中旬～1 月に収穫して貯蔵され，2～3 月に出荷される．糖度は 13% 程度と高い．主産地は和歌山，愛媛である．

'タロッコ (Tarocco)'：イタリアで栽培されているブラッドオレンジ品種．ブラッドオレンジの中では果実は最大で倒卵形．果肉や果汁が濃赤色を呈し，果汁が多く，食味良好である．ジュースは鮮紅色で美しく，独特の趣がある．

【生育周期と栽培管理】ネーブルオレンジは'バレンシア'オレンジに比べてわが国の気候に適しているものの，耐寒性が劣るため，年平均気温 15.5℃ 以上，最低気温 −3℃ 以上が必要である．かいよう病に弱く，防風対策や薬剤防除も必要である．開花後 1 カ月間の降水量が多いと結実しにくくなるため，雨よけ栽培が望ましい．摘果は，生理落果がほぼ終了する 7 月中旬頃から始め，葉数 90～100 枚に 1 果実を残すようにする．ネーブルオレンジの成熟期は他のオレンジに比べて早く，2 月であり，成熟期まで樹上におくと，糖度が増加して食味の優れた果実になるが，樹上で寒害を受けると品質が低下するので，12 月中・下旬に収穫する．収穫直後は酸含量が高いので，2～3 月まで貯蔵することにより食味が良好となる．

D. その他の中晩生カンキツ類
ナツミカン

和名 ナツミカン（夏みかん），アマナツ（甘夏），ナツカン，ナツダイダイ（夏橙）
英名 natsudaidai
学名 *Citrus natsudaidai* Hayata
（ミカン科）

学名の *natsudaidai* は漢字「夏代々（なつだいだい）」あるいは「夏橙（なつだいだい）」に由来している．

【形　態】 葉は中程度の大きさで，小さな翼葉がある．花は花序を形成し，果実は偏球形で 400 g 程度．果皮は黄色で粗くてやや厚く，やや剝きにくい．じょうのう数は 10～14 で分離できる．果肉は飴色でやや粗く，果汁は多いが甘味は少なくて酸味が強く，苦味もあるが，独特の清涼感が好まれている．種子数は 20～30 個で多胚である．収穫期は 12 月下旬～3 月で，4～6 月に出荷される．

【原産地と伝播 / 栽培沿革と利用の歴史】 ブンタン由来の自然交雑実生で，1700 年頃，山口県長門市の海岸に漂着した果実の種子を播いたのが由来とされている．1800 年頃に萩市に伝わり，明治維新後に士族の救済策として栽培が奨励された．明治時代に広く知られるようになり，酸味が強く食味はやや劣るが，当時，端境期の初夏のカンキツとして需要が高まり，愛媛，和歌山，福岡，静岡で栽培が広まり，ウンシュウミカンに次ぐ生産量となったが，1975（昭和 50）年頃から栽培が減少している．主産地は熊本，愛媛で，生産量は 8 万 6000 t である．

【品　種】
'川野（かわの）ナツダイダイ'：大分県津久見市で発見され，早熟で酸が少なく，食味が優れる特性から 1950 年に種苗登録された．甘夏とも呼ばれ，従来のナツミカンは本品種に更新されている．
'紅甘夏（べにあまなつ）'：熊本県有明町（現天草市）で'川野ナツダイダイ'の枝変わりとして発見され，1976 年に種苗登録された．果皮が紅橙色を呈し，果肉の色も濃く，糖度も'川野ナツダイダイ'よりやや優れている．

ハッサク

和名 ハッサク（八朔）
英名 hassaku
学名 *Citrus hassaku* hort. ex Tanaka
（ミカン科）

学名の *hassaku* は，1886年に命名され，八朔（旧暦の8月1日）の頃に食べられるのが由来といわれている．

【形　態】 葉はやや大きく，翼葉があり，花は花序を形成し，自家不和合性である．果実は球形で400g程度．果皮は黄橙色で粗くてやや厚く，やや剝きにくい．じょうのう数は12程度で分離できる．果肉は淡黄色で果汁はやや少なく，酸味もあるが，風味は良好．種子数は15〜40個で単胚である．成熟期は1〜2月であるが，12月に収穫し，3〜5月に出荷される．

【原産地と伝播 / 栽培沿革と利用の歴史】 ブンタン由来の交雑実生で，1860年頃に，広島県因島（現尾道市）の恵日山浄土寺の境内に自生していたカンキツ果実が美味なことを住職の恵徳上人が見いだした．昭和初期には因島を中心に本格的な栽培が行われ，ハッサクが知られるようになり，全国的に栽培が増加した．ナツミカンに次ぐ生産量であったが，1985（昭和60）年頃から栽培が減少している．主産地は和歌山で，生産量は6万8000tである．

【品　種】
‘農間紅八朔’：広島県向島で1951年にハッサクの枝変わりとして発見され，1976年に種苗登録された．果皮色が濃橙色で糖度もやや高く，食味もよい．

イヨカン

和名 イヨカン（伊予柑），イヨミカン（伊予蜜柑）
英名 iyo tangor
学名 *Citrus iyo* hort. ex Tanaka
（ミカン科）

学名の *iyo* は愛媛県の古名伊予に由来している.

【形　態】　葉はやや大きく小さな翼葉をもち, 花は花序を形成する. 果実は球形 ～倒卵形で250 g 程度. 果皮はやや粗いが濃橙色で光沢があり美しく, 剥きやすい. じょうのう数は 9～11 で, 分かれやすい. 果肉は淡橙黄色でやわらかく多汁である. 酸味はあるが, 甘味と香りがあり, 濃厚な食味で優れる. 種子数は 10～15 個で単胚. 12～1 月に収穫し, 2～3 月に出荷される.

【原産地と伝播 / 栽培沿革と利用の歴史】　山口県萩市で 1887 年に発見された偶発実生で, 穴門蜜柑と呼ばれていた. 1890 年に愛媛県に導入されて栽培が広がり, 愛媛県の特産カンキツとして昭和初期に伊予柑へと改称された. '宮内伊予柑' の登場で昭和 50 年代から栽培が急速に増加し, 1989（平成元）年にはナツミカンを抜いて, ウンシュウミカンに次ぐ生産量となった. 主産地は愛媛で, 生産量は 18 万 t である.

【品　種】
'宮内伊予柑'：愛媛県松山市でイヨカンの枝変わりとして 1952 年に発見され, 1966 年に種苗登録された. イヨカンに比べて 20 日ほど早熟で豊産性であり, 種子数が少ない. 果皮が薄く, 酸がやや少ないので食味がよい. イヨカンの主要品種となっている（図 21）.

'大谷伊予柑'：愛媛県吉田町（現宇和島市）で '宮内伊予柑' の枝変わりとして発見され, 1980 年に品種登録された. '宮内伊予柑' に比べて果面が滑らかで着

図 21　'宮内伊予柑'

色がやや早く，糖度は高く酸度はやや低いので食味は優れる．

ヒュウガナツ

和名 ヒュウガナツ（日向夏），小夏，ニューサマーオレンジ，日向夏蜜柑
英名 hyuga-natsu
学名 *Citrus tamurana* hort. ex Tanaka
（ミカン科）

　学名の *tamurana* はカンキツの研究家田村利親の名前に由来している．

【形　態】 葉は中程度で細い翼葉をもつ．花は花序を形成し，自家不和合性である．果実は短球形で200～300g．果皮はやや滑らかで鮮やかな黄色を示し，やや厚くてかたく，剥きにくい．果皮の内側の白いアルベドは甘味がある．じょうのう数は10～11で分かれにくい．果肉は淡橙黄色でやわらかく多汁である．甘味，酸味，香りが独特で風味は優れる．種子数は20～30個で単胚．4～5月に成熟し，7月中旬まで出荷される．

【原産地と伝播 / 栽培沿革と利用の歴史】 宮崎市で1820年頃に発見された偶発実生で，その由来にユズが関与していると考えられている．明治時代に栽培されるようになり，その有望性が認められ，1887年に日向夏蜜柑と命名された．大正から昭和初期にかけて栽培が奨励され，生産量が増加した．高知県では1890

図22　ヒュウガナツ

年に導入されて栽培が始まり，昭和初期にはニューサンマーオレンジ（New summer orange）の名で東京・大阪市場に出荷されて好評を博した．静岡県では1920年頃に導入されて，伊豆地方で栽培が始まり，1955年から本格的な集団栽培が行われた．ヒュウガナツ果実は樹上で越冬するため，冬季に温暖な適地が限られており，ハウス栽培も行われている．食べ方は他のカンキツとは異なり，果皮を包丁で薄く剥き，白いアルベドの部分を含めて適当な大きさに切って食べる（図22）．ユズに似たさわやかな香りとともに，果汁の酸味とアルベドの甘味が絶妙に調和し，初夏を予感させる季節にぴったりの果実である．主産地は宮崎，高知，愛媛，静岡であり，現在，宮崎では日向夏，高知では小夏，静岡・愛媛ではニューサマーオレンジの名称で呼ばれている．生産量は6000tである．

【品　種】

'オレンジ日向'：静岡県賀茂郡で1953年にヒュウガナツの枝変わりとして発見され，1965年に種苗登録された．果皮，果肉が橙黄色の品種である．

'宿毛小夏'：高知県宿毛市で1960年頃に購入したヒュウガナツ苗の1樹に変異がみられ，1992年に品種登録された．ヒュウガナツに比べて減酸が早く1カ月ほど早熟で，食味は優れる．

'西内小夏'：高知県東洋町でヒュウガナツの枝変わりとして発見され，1995年に品種登録された．弱い自家和合性をもち，自家受粉で結実すると種子数は少ないが，他家受粉では種子数が多い．'西内小夏'の花粉で受粉したヒュウガナツは種子数が少なくなる．

'室戸小夏'：高知県室戸市で1955年頃ヒュウガナツの枝変わりとして発見され，1987年に品種登録された．無核品種で，他家受粉を行っても種子形成はほとんどない．果皮が薄く果実は小さい．

'はるか'：福岡県二丈町で，ヒュウガナツの実生を選抜して育成し，1996年に品種登録された．ヒュウガナツの雑種で，成熟期は2月中旬と早く，酸含量は0.8％以下と低いため，ヒュウガナツの清涼な風味でありながら甘味が強く感じられる．

E. 香酸カンキツ類
レモン

和名 レモン（檸檬）
英名 lemon
学名 *Citrus limon* (L.) Burm. f.
（ミカン科）

　フランス語 limon は現在，ライムに限定されて用いられているが以前はレモンも含めて広く用いられていた．

【形　態】 葉は楕円形で翼葉がなく，発芽直後の幼葉は赤紫色をしているが後に緑色となる．枝には多くの刺がある．花は花序を形成し，蕾は淡紫色だが開花すると白色である．四季咲き性で，5月，7月，10月頃に開花するが，5月開花の果実が品質がよい．果実は短紡錘形をしており 200 g 程度．果皮は鮮黄色で粗く，かたくて剥きにくい．じょうのうは 10 個程度で，果肉は淡黄色で果汁が多く，酸味強くて香気高く，香酸カンキツとして利用される．種子数は 10 個程度で，白色の多胚または単胚．果実は開花後約 6 カ月で成熟する．成熟期の温度が高いと着色しないため，収穫適期は果皮色からは判断できない．

【原産地と伝播／栽培沿革と利用の歴史】 シトロンと近縁な雑種で，ヒマラヤ東部で発生したと考えられている．10世紀頃中国に伝わったが，東アジアでは発展しなかった．アラブへは 10 世紀頃伝わり，11～12 世紀にヨーロッパの地中海地域にもたらされ，15 世紀頃から栽培が広がり，イタリアとスペインで産地が形成された．1493 年にコロンブスによりハイチに伝えられ，その後，アメリカ合衆国に導入され，カリフォルニアが世界最大の産地となった．日本には明治になってアメリカ合衆国から導入され，温暖で降雨量が少ない広島や愛媛を中心に栽培されている．わが国の生産量は 4500 t であり，輸入量は約 8 万 t で，その 70% はアメリカ合衆国からである．

【品　種】
　'**リスボン（Lisbon）**'：ポルトガル原産で，1874 年にカリフォルニアに導入され，'ユーレカ' とともに二大主要品種である．わが国には 1903 年に導入され，

栽培されている．樹勢が強く，刺の発生は多いが，豊産性で種子数が少なく，耐寒・耐暑性が強いためわが国の栽培にも適している．四季咲き性がやや弱く，11〜12月収穫果実が多い．

'ユーレカ (Eureka)'：1858年にイタリアのシチリア島からカリフォルニアに導入された果実の実生に起源している．四季咲き性が強く，果実はやや小さいが豊産性で，地中海性気候で栽培すると品質は極めて優れる．最近，新しい系統が導入され，栽培されている．

'ビラ・フランカ (Villa franca)'：シチリア原産といわれ，1921年に広島県に導入された．果形はリスボンと似ている．豊産性で刺が少なく，耐寒性が優れ，秋冬期の異常落葉がほとんどない．'道谷レモン'は本品種の優良選抜系統である．

ライム

和名　ライム（来檬）
英名　lime
学名　*Citrus aurantifolia* Swingle
（ミカン科）

学名の *aurantifolia* は橙黄色の葉を意味する．

【形　態】　葉は小形で小さな翼葉がある．花は花序を形成し，四季咲き性である．果実は球形〜長球形で50g程度と小さく，果皮は薄く，滑らかで鮮やかな黄色を呈しており，剥きにくい．じょうのう数は10程度で，果肉は淡緑黄色でやわらかく，果汁多く，酸味が強くて独特の芳香がある．成熟前の緑果も含めて，香酸カンキツとして利用される．種子数は10個程度で多胚である．

【原産地と伝播／栽培沿革と利用の歴史】　ヒマラヤ東部からマレー諸島に至る地域で発生したと考えられている．10世紀の終わり頃，イスラム商人によって中近東にもたらされ，北アフリカやスペイン，ポルトガルにも伝えられた．12〜13世紀頃，十字軍によってイタリアにも伝えられた．16世紀初頭，スペイン人やポルトガル人によって西インド諸島やフロリダに伝えられ，栽培が行われた．わが国では明治時代にすでに小笠原諸島で栽植されていたが，渡来時期は不明．

カンキツ中, 最も耐寒性が弱いので, 本土での露地栽培は困難である. 輸入量は 2000 t である.

【品　種】

'**メキシカン・ライム** (Mexican lime)': 一般にライムとは本種のことである. 西インド諸島やフロリダ南端のキーウェストで栽培されていたので, ウェスト・インディアン・ライム (West Indian lime) やキー・ライム (Key lime) ともいわれている. 30〜50 g の小果で, 酸含量が最も高い.

'**タヒチ・ライム** (Tahiti lime)': ペルシャン・ライム (Persian lime) ともいわれており, 来歴は不明だが, 'メキシカン・ライム' とシトロンとの雑種と推定されており, ペルシャから地中海地域にもたらされた. 19世紀後半にタヒチからカリフォルニアに導入されたのがこの名の由来である. 'メキシカン・ライム' に比べ, 果実は 100 g 程度と大きく, 種子数は少なく, 耐寒性は高い.

ユズ

和名　ユズ (柚, 柚子), ユノス (柚酢), ホンユ
英名　yuzu
学名　*Citrus junos* hort. ex Tanaka
(ミカン科)

学名の *junos* はユズの古名ユノス (柚之酸) に由来している.

図 23　ユズ

【形　態】　葉は中位の大きさで翼葉をもち，枝には鋭く長い刺が多数ある．花は単生で果実は短球形で130g程度である．果皮は鮮黄色でやや粗くてかたく，剝きやすい．じょうのう数は10程度で，果肉は淡黄色でやわらかい．果汁は多く，酸味が強くて独特の芳香があり，香酸カンキツとして利用される．種子数は20個程度で，白色の多胚．耐寒性はカンキツ属で最も強く，岩手，秋田まで栽培される．熱帯・亜熱帯地域には分布しない（図23）．

【原産地と伝播／栽培沿革と利用の歴史】　中国の長江上流の原産で，宜昌橘（*C. ichangennsis* Swing.）の雑種と考えられており，中国では栽培の歴史が4000年以上とされている．渡来時期は不明であるが，カンキツの中ではわが国での栽培の歴史は古く，『続日本記』における772年6月19日の記事に，「往々京師に隕つる石あり．其の大さ柚子の如し．」とあり，奈良時代にはすでに馴染み深いものであったと考えられる．『延喜式』（905～925），『尺素往来』（1487）などにも柚子の記載がみられる．山口県萩市には群生地があり，京都市嵯峨の水尾は古くからの産地である．古来，薬用，香料，礼祭の供物，冬至の薬湯，食酢等に用いられた．高知県では1970年頃から山間地で本格的な栽培が始まり，現在の主産地となっている．ユズは着色した成熟果実を利用するが，着色前の緑果を用いることもある．緑果は8～9月下旬に収穫する．成熟果は70％着色期の10月下旬頃に収穫すると貯蔵性が高く，品質もよい．主産地は高知，徳島，愛媛で，生産量は1万8000tである．なお，ユズの血を引く香酸カンキツ類がわが国で発生しており，スダチ（酢橘，酸橘：徳島），カボス（香倍酢，香橙：大分）等がある．これらは緑果が用いられ，地方の特産となっている．

【品　種】
　'多田錦'：徳島県の多田謙一が選抜した大果系の無核ユズ品種で1977年に種苗登録された．種子数は1個以下でほぼ無核であるが，果実重は80g程度と，普通系よりやや小さい．9月から緑果が収穫・出荷される．

F.　交配育種による最近の新品種
【品　種】
　'清見'：1949年に農林省園芸試験場東海支場（現果樹研究所カンキツ研究興

津拠点）で，'宮川早生'ウンシュウミカン×'トロビタ'オレンジの交配が行われて育成され，1979年に命名登録された．日本で育成された最初のタンゴール（ミカン類とスイートオレンジとの雑種の総称）であり，育成地（静岡市清水区）近くの清見潟から名づけられた．果実は200g程度で偏球形である．果皮は黄橙色で，やや剝きにくい．果肉は濃橙色でやわらかく，多汁で種子は少ない．糖度は11～12％，酸含量は1％程度で，オレンジの香りがあり，風味は優良である．成熟期は3月中・下旬で，5月まで出荷される．葯が退化する雄性不稔であり，通常無核であるが，他品種の花粉により少数の種子ができる．単胚性なので育種親として利用され，多くの優れた新品種を生み出している．主産地は愛媛，和歌山，佐賀であり，生産量は2万4000tである．

'不知火'：デコポン（商標名）の名で親しまれている（図24）．1972年に農林省園芸試験場口之津試験地（現果樹研究所カンキツ研究口之津拠点）で，'清見'×'中野3号'ポンカンの交配が行われて育成された．果実は200～280gで倒卵形～偏球形をしており，玉揃いはよくない．果梗部が首のように突き出ている（カラー）のが特徴であるが，栽培環境によってカラーが生じないこともある．果皮は黄橙色を呈し，やや粗くて厚いが剝きやすく，ポンカンの香りがある．肉質は柔軟・多汁で，じょうのう膜が薄くて食べやすく，糖度は13～14％と高く，酸含量は1％程度で，食味は極めて優れている．完全着色期は12月上旬で，成熟期は2～3月である．果皮が弱いので傷つきやすく，貯蔵性もやや劣る．ハウス栽培も増加しており，外観・品質ともさらに優れる．主産地は熊本，愛媛，佐賀であり，生産量は3万tを超えている．

'はるみ'：1979年に農林水産省果樹試験場興津支場（現果樹研究所カンキツ

図24 '不知火'

研究興津拠点）で，'清見'×ポンカンの交配が行われて育成され，1999年に品種登録された．2～3月の春先においしくなる，'清見'の子という意味で命名された．果実の大きさは200g程度で，偏球形である．果皮は橙色を呈し，滑らかで薄く，剝きやすい．果肉はポンカンに似ており，橙色でやわらかく多汁である．じょうのう膜は極めて薄くてやわらかく，種子が少ないので食べやすい．完全着色期は12月下旬で，成熟期は1月下旬頃である．糖度は12％，酸度は1.4％程度となり，優れた食味である．ハウス栽培により低温による障害が回避され，大果で高品質な果実が生産される．

'**せとか**'：1984年に農林水産省果樹試験場口之津支場（現果樹研究所カンキツ研究口之津拠点）で，口之津37号（'清見'×'アンコール'）×'マーコット'の交配が行われて育成され，2001年に品種登録された．果実の大きさは200～280gで，偏球形である．果皮は橙～濃橙色で，薄くて剝きやすい．'マーコット'の香りがある．果肉は橙色でじょうのう膜は極めて薄く，袋ごと食べられる．肉質は柔軟・多汁で種子は少ない．糖度は12～13％，酸含量は1％程度となり濃厚な食味である．成熟期は2月で，4月まで出荷される．

G. キンカン類

和名 ナガキンカン	マルキンカン	ネイハキンカン
英名 oval kumquat	round kumquat	Meiwa kumquat
学名 *Fortunella margarita* Swingle	*Fortunella japonica* Swingle	*Fortunella crassifolia* Swingle

（ミカン科）

学名の *Fortunella* はイギリスの著名な植物学者フォーチュン（Fortune, R. 1813–80）を記念したもの．*margarita* は「真珠の」，*japonica* は「日本の」，*crassifolia* は「厚葉の」を意味する．

【形　態】葉は小さいが厚く，葉面にろう物質が含まれており，葉脈は見えにくい．花はやや小さく，開花は7月と遅く，四季咲き性があり，年3回ほど開花する．果実は10g前後と非常に小さく，果面は黄橙色で滑らかで美しい．果皮は厚く，柔軟・緻密で独特の香りと甘みがあり，果皮ごと生食される．果汁はや

や酸味があり，じょうのうと種子数はともに5個程度と少ない．耐寒性はウンシュウミカンと同程度に強い．

【原産地と伝播 / 栽培沿革と利用の歴史】 キンカン属には6種あり，ナガキンカン（長金柑）はナガミキンカンとも呼ばれ，中国原産で1000年以上の栽培の歴史があるとされており，浙江省，湖南省，広東省で古くから盛んに栽培されていた．わが国へは江戸時代に導入されたと考えられている．果実は長楕円形で，苦みがあり，品質はあまりよくないが，樹勢が強く，栽培しやすい．マルキンカン（丸金柑）は中国長江中流域の原産で，わが国へは江戸時代以前に伝えられて栽培されており，ヒメタチバナと呼ばれていた．果実は球形で8g程度と小さく，酸味が強くて生食には適さない．耐寒性が強く，観賞用として利用されている．ネイハキンカン（寧波金柑）は生食用のキンカンのほとんどが本種であり，ニンポウキンカン，メイワキンカンとも呼ばれている．中国浙江省地方が原産で，中国では1000年以上の栽培の歴史があるとされている．わが国に伝えられたのは1826年のことであり，中国浙江省寧波の商船が暴風に遭い，修理のため静岡の清水港に寄港した際，美保の名主が砂糖漬けのキンカン果実をもらい，その種子を播いたのが始まりといわれている．果実は短卵形で12g程度であり，甘みと香りがあり，品質は優れている．耐寒性があり，栽培しやすい．成熟期は12月下旬〜3月中旬で，ハウス栽培では高糖度の果実が生産されている（図25）．そのほか，マメキンカン，チョウジュキンカン，ナガハキンカンがある．

【品　種】
'ぷちまる'：1987年に農林水産省果樹試験場興津支場（現果樹研究所カンキ

図25 ネイハキンカン

ツ研究興津拠点）で，ナガキンカン×四倍体ネイハキンカンの交配が行われ，育成された三倍体の無核品種であり，2002年に品種登録された．果実は11g前後で長球形をしており，果面は滑らかで濃橙色である．果皮の甘みは強く，酸味は少ないので，食味はネイハキンカンより優れる．種子がほとんどないので食べやすいのが特長である．

H. カラタチ類
カラタチ
和名 カラタチ，キコク
英名 trifoliate orange
学名 *Poncirus trifoliata* (L.) Raf.
（ミカン科）

学名の *Poncirus* はシトロンの一種に対するフランス語 poncire から由来し，*trifoliata* は三葉を意味する．

【形　態】 葉はカンキツ属と異なり，落葉性で三出葉である．前年の夏に花芽分化をし，開花期もカンキツ属よりも早い．果実の表面には細毛がある．果実は異臭があり，苦味があって食に適していない．枝には刺がある．

【原産地と伝播，特性】 長江の上流が原産地と考えられている．北は河北・山東

図26　トロイヤーシトレンジ

省から南は広東・広西省まで分布している．わが国には古くから伝わっており，万葉の時代から知られている．カラ（唐）から渡来したタチバナの意味で，カラタチバナと呼ばれていたのが，カラタチとなったといわれている．台木として利用され，刺があるため住宅や畑のまわりの外敵防御の生け垣に用いられている．変異系として，枝や刺がねじれた'ヒリュウ（飛竜）'や葉が退化し'ヒリュウ'よりも枝のねじれが細かい'ウンリュウ（雲竜）'がある．カンキツ属やキンカン属と交配が可能で，トロイヤーシトレンジ（図26）は'ワシントン'ネーブルとカラタチ，トーマスビルシトレンジカットはナガキンカンにウィリッツシトレンジを交配したオレンジ，カラタチ，キンカンの3属間雑種である．

〔水谷房雄・高木敏彦・北島　宣〕

キイチゴ類

英名　bramble

　落葉または常緑の低木であるが，草本もある．茎は直立性，匍匐性，つる性等があり，多くは刺がある．単葉または複葉で，托葉がある．花は両性のものがほとんどで単生するか，総状，散房状または集散花序となる．永年性の灌木である．萼は5裂まれに3〜7裂し，宿存する．花弁は5，雄しべと雌しべはともに多数である．果実は，多数の雌しべ（子房）が1つの花の花托の上に集まった集合果（しょう果）である．個々の小核果は真果で内果皮が硬化して核を形成しているが，果実全体では花托組織がともに発達したものであり，偽果に分類される．世界に分布するキイチゴ属の植物は740種ほどが知られており，乾燥砂漠地帯を除く両半球に分布するが，北半球の温帯や寒帯に多い．わが国にも多数の野生種が自生している．雑種ができやすいので，分類が困難である．

　現在の栽培種は，収穫時に花托が花盤に残り，集合果が中空になるラズベリーと花托が集合果に付着して花盤より分離するブラックベリーに大別される．後者にはデューベリーが含まれ，そのほかにラズベリーとブラックベリーの雑種として，ローガンベリー，テイベリー，ヤングベリー等種間交雑による新しい栽培種もある．いずれも地上部の茎は二年生であり，地下部の根は永年性である．すなわち，その年に発育した新茎（プライモケーン）が年を越して結果母枝（フロリケーン）となり，この結果母枝より発生した新梢上に開花・結実する．大きな被害をもたらす病害虫が少なく，家庭果樹向きの小果樹である．

図1　ラズベリー（左）とブラックベリー（右）の果実とその横断面

ラズベリー

和名 ラズベリー
英名 raspberry
学名 *Rubus* spp.
(バラ科)

　学名 *Rubus* はラテン語の「ruber（赤）」が語源で，赤い果実に由来する．英名の raspberry は，15〜16世紀の英語「raspis（赤いブドウ酒）」から由来するという説と単語の「rasp（ヤスリ）」と果実の表面のでこぼこを関係づけたとする説がある．berry は，植物学上は液果であるが，小さな果実の総称である．

【形　態】 花は新梢の先端に花序を形成して着生する．頂端の花が最初に発育し，開花も早い．一般に自家結実性でよく結実する．果色によって赤ラズベリー，黒ラズベリーおよび紫ラズベリーの3群に分けられるが，栽培が多いのは赤ラズベリーである．いずれも果実は小核果の集合体である．1個の花托上に多数の子房があり，各々の子房は2胚珠を有しているが，通常発育するのは1胚珠のみである．各小核果は，モモと同様に内果皮が硬化してかたい核を形成する．収穫時に集合果が花托から容易に分離し，集合果の内部が空洞になるため果形が崩れやすい．開花から成熟までの日数は1カ月程度である．

【原産地と伝播】 キイチゴ類は，野生種が多く，古くからその果実が採取，利用されていたといわれるが，ラズベリーは16世紀に入って初めてイギリスで栽培されるようになった．18世紀の終わりにはヨーロッパからアメリカ合衆国へ導入され，19世紀の後半から栽培が盛んになった．現在の栽培種は，いずれも欧米で改良されたものである．赤ラズベリーは夏が比較的冷涼な気候を好み，ヨーロッパ原産の *R. idaeus vulgatus* Arrhen.（果色：暗赤色，果形：円錐またはシンブル状で腺毛はほとんどないかまったくない）と北米および東アジア原産の *R. idaeus strigosus* Michx.（果色：明赤色，果形：球形で多数の腺毛がある）の2つの亜種から育成されたものである．最近では，一年生枝に開花・結実するタイプの品種も育成されている．なお，黄色種と白色種は赤ラズベリーから変異したものである．黒ラズベリーは赤ラズベリーに比べ耐寒性が低く，そのほとんどが北米東北部原産の *R. occidentalis* L. に由来している．紫ラズベリーは，通常赤

ラズベリーと黒ラズベリーとの交雑によって選抜・育成された F_1 雑種である．このように改良された栽培種は，その後欧米の温帯北部で経済果樹として広く栽培されるようになった．わが国では，1873（明治6）年に，当時の北海道開拓使がアメリカ合衆国から14品種を導入し，東京官園で苗木を養成して普及に努めたが，今日まで経済果樹として広く栽培されるには至らなかった．

【栽培沿革と利用の歴史】 わが国では，明治初期に栽培種が導入され，以来農林水産省北海道農業試験場（現北海道農業研究センター）で適応品種の選択も行われたが，経済果樹としての産地は形成されなかった．それは，明治の同時期に導入されたリンゴ，ブドウ，オウトウ等に比べて経済性が乏しく，加工品の需要が伸びなかったことに大きな原因があった．しかし，近年食生活の欧米化にともない，キイチゴ類の加工品の需要が増加するとともに，機能性食品としても注目され，今後の発展が期待されている．

【品　種】 多数の品種があるが，赤ラズベリーとして'ラーザム (Latham)', 'カスバート (Cuthbert)', 'フレーミング・ジャイアント (Flaming Giant)', 'セプテンバー (September)', 'ゴールデン・クイーン (Golden Queen)', 'インディアン・サマー (Indian Summer)', 'サマー・フェスティバル (Summer Festival)' 等，黒ラズベリーとして'マンガー (Munger)', 'カムバーランド (Cumberland)', 'ブリストル (Bristol)', 'ブラックホーク (Blackhawk)' 等，紫ラズベリーとして'ソーダス (Sodus)', 'ブランディーワイン (Brandywine)', 'マリオン (Marion)', 'ロイアルティー (Royalty)' 等がある．

図2　ラズベリー'サマー・フェスティバル'の結実の様子

【生育周期と栽培管理】 当年の春に吸枝が伸長して新茎（一年生枝）を形成し，翌年の結果母枝（二年生枝）となる．花芽は新茎の伸長が停止した秋に分化するが，頂芽から下部の腋芽へと順次分化が進む．開花は4～6月頃で，果実の成熟期は5～7月である．結果母枝は果実が成熟後自然に枯死する．一年生枝に開花・結実するタイプの品種では，結果母枝の各新梢のほかに当年発生した新茎の先端にも開花結実するため，二季成りとなる．植付けの時期には春植えと秋植えがあるが，寒い地方では春植えとする．植え穴の大きさは直径60 cm，深さ30 cm程度とし，堆肥と土を混合して植え付ける．仕立て方には株仕立てと垣根仕立てがあるが，前者では2 m四方に，後者では畝間2.0～2.5 m，株間1.0～1.5 mに栽植する．剪定には夏季剪定（6月頃）と冬季剪定があり，①収穫後の二年生枝の除去，②余分な一年生枝の剪除，③残した一年生枝の摘心，④結果母枝の切り返しなどがある．結実した結果母枝は収穫後自然に枯死するが，収穫後なるべく早く剪除する．施肥は，発芽が早いので早春に行い，収穫までの期間が短いので速効性の肥料を元肥として施すのが望ましい．株分けまたは取り木で繁殖する．

【栄養成分と利用・加工】 生果100 g中，ビタミンCが22 mg，食物繊維総量が4.7 gと多いのが特徴である．また，眼精疲労に特効のあるアントシアニン含量も豊富で，総ポリフェノール含量が高いことから機能性食品として注目されている．果実は，甘み，酸味，香気を有し，そのまま生食とすることもできるが，酸味が強く，腐敗しやすいため主に加工原料として利用される．加工の用途としては，ジャム，ジュース，ソース，ゼリー，ヨーグルト，パイ等があり，鮮明な果色（紅色）と香りを活かした果実酒等にも利用される．

ブラックベリー

和名　ブラックベリー
英名　blackberry
学名　*Rubus* spp.
（バラ科）

学名 *Rubus* の由来はラズベリーの項参照．英名の blackberry は黒い果実に由来する．

図3 ブラックベリー'マートン・ソーンレス'の花

【形　態】　花は,新梢の先端に花序を形成して着生する.花序はほとんどが散房花序あるいは総状花序(基部より開花)であるが,デューベリーでは集散花序(先端より開花)である.多くの品種が両性花で自家結実性である.ラズベリー同様,果実は小核果の集合体であるが,ブラックベリーでは成熟時に花托が集合果に付着して花盤より分離する点で異なる.開花から成熟までの日数は品種によって異なるが,40～60日とラズベリーに比べてやや長い.果実は10g以上のものもあるが,多くは5～8g程度であり,早く咲いた花ほど果実は大きくなる.

【原産地と伝播】　ブラックベリーは変異が多く,複雑で分類が困難である.現在の栽培種のほとんどは欧米で改良されたものである.ヨーロッパでは17世紀,北米では19世紀に栽培化されるようになったが,20世紀に入って現在の経済品種の多数が育成された.直立性で刺のある品種は,*R. alleghemiensis*, *R. argutus* および *R. frondosus* のような直立性の野生種に,他の数種の遺伝子も導入されて育成されたものである.多数のプライモケーンを形成し,花房や果実が大きく,耐寒性も強い.デューベリーには匍匐性の品種が多いが,北米東部を原生とする *R. baileyanus* と西部を原生とする *R. ursinus* に由来するものが多い.後者の品種の多くには赤ラズベリーの遺伝子も導入されている.刺なし品種もあるが,多くは刺のある品種の枝変わり(突然変異)であり,周縁キメラである.すなわち,組織層の表層だけが刺なしに変異したもので内層は刺ありの遺伝子をもつため,根から発育した吸枝は刺ありとなる.また,配偶子も内層から形成されるため,刺ありの遺伝をすることになる.近年,アメリカ農務省がイギリスの刺なし品種とアメリカ合衆国東部の刺あり品種の交雑から育成した品種は,遺伝的に刺なし

図4 ブラックベリー'マートン・ソーレンス'の結実の様子

である．ブラックベリーのわが国への導入は，ラズベリーと同時期であり，当時の北海道開拓使が5品種を導入したのが初めである．

【栽培沿革と利用の歴史】 明治初期に栽培種が導入され，以来農林水産省北海道農業試験場（現北海道農業研究センター）で適応品種の選択も行われたが，経済果樹としての産地は形成されなかった．これまでの調査で，耐寒性が劣ることや熟期が遅いため北海道では完熟せず未熟なままで終わること等が明らかになっている．機能性食品として注目に値するが，わが国ではその認知度が低かった．しかし，食生活の変化や近年の健康志向で需要が増大しつつある．耐暑性があることから，暖地での栽培が適しており，熊本県の阿蘇地域などで産地化の気運が高まっている．

【品　種】 多数の品種があるが，直立性品種として'マートン・ソーンレス(Merton Thornless)'，'ダロー(Darrow)'等，半直立性品種として'ブラック・サテン(Black Satin)'，'チェスター・ソーンレス(Chester Thornless)'等，匍匐性品種として'ボイセン(Boysen)'，'ローガン(Logan)'，'ヤング(Young)'等がある．

【生育周期と栽培管理】 ラズベリー同様，当年の春に吸枝が伸長して新茎を形成し，翌年の結果母枝となる．花芽分化は新茎の伸長停止後であるが，ラズベリーに比べ品種や環境による変異が大きく，秋～翌春にかけてである．開花は4～6月頃で，果実の成熟期は5～8月とラズベリーに比べてやや遅い．結果母枝は果

実が成熟後自然に枯死する．秋植えも可能であるが，春植えが望ましい．経済栽培では垣根仕立てが多い．植付距離は品種の樹勢によるが，畝間 3.0～3.6 m，株間は直立性品種で 1.2 m，半直立性および匍匐性品種で 1.8～2.4 m とする．施肥や剪定はラズベリーに準ずるが，樹勢が旺盛なため，一年生枝の先端を剪除して 1 m 程度に揃え，側枝の発育を促して樹形を維持する．根挿しまたは取り木で繁殖する．

【栄養成分と利用・加工】 眼精疲労に特効のあるアントシアニン含量や総ポリフェノール含量はラズベリーに比べて高い．果実の抗酸化活性がブルーベリーと同程度に高いことから，機能性食品として注目されている．果実の利用や加工はラズベリーに準ずる．

〔小松春喜〕

キウイフルーツ

和名 キウイフルーツ, シナサルナシ
英名 kiwifruit, Chinese gooseberry
学名 *Actinidia deliciosa* (A. Chev.) C. F. Liang et A. R. Ferguson
Actinidia chinensis Planch.
(マタタビ科)

　属名の *Actindia* はギリシャ語の *aktis* (放射線) と *edios* (形) の複合語で, 放射線状の花柱の形態に由来する. 種名の *deliciosa* と *chinensis* はそれぞれ「美味の」「中国産の」を意味する.

【形　態】　一般にキウイフルーツとして流通しているものには, 分類学上2種の植物 (*A. deliciosa*, *A. chinensis*) が含まれる. *A. deliciosa* は, 1980年代半ばまで, *A. chinensis* と同一種として分類されていたが, 形態学的, 遺伝学的, 地理学的分布の違い等から, 現在は別種として区別されている. 'ヘイワード (Hayward)' に代表される *A. deliciosa* は, 暖温帯性の落葉性のつる性木本で雌雄異株である (図1). 葉は互生し, 長さ10〜15 cm の円形ないし広楕円形で, 基部は心臓形. 葉の表面は暗緑色, 裏面は白い綿毛に覆われる. 花は径3〜4 cm で, 葉腋につき, 5個の萼片, 5個の花弁をもつ. 開花時の花弁はクリーム色がかった白色で, 時間経過とともに黄褐色に変わる. 雄花は多数の雄しべをもつが, 雌しべは小さく退化している (図2右). 雌花は, 1個の雌しべをもち, 多数の花

図1 キウイフルーツの結実状況 ('香緑')

図2 キウイフルーツの花
左: 雌花（'ヘイワード'），右: 雄花（'トムリ'）.

柱が放射状に広がる．雌花も多数の雄しべをつけるが，これに含まれる花粉は稔性をもたない（図2左）．子房は多数の子室からなり，多くの胚珠を含む．果実は，長さ5〜10 cmの長楕円形で，表面全体が褐色の硬毛で覆われる．果肉は果汁に富み，緑色である．果実の横断面には多数の子室が放射状にならび，これに沿って小さな黒色の種子がある（図3）．1果実当たり約1000個の種子が含まれる．染色体数は（$2n = 172$）の六倍体である．

　A. chinensis は，*A. deliciosa* が自生する中国内陸部よりやや東方に分布し，果実がやわらかい綿毛で覆われるか無毛で，果肉が黄色または淡緑色であること，*A. deliciosa* に比べ，冬芽が大きく発達すること，花がやや小さく開花期が2〜3週間早いこと，さらに染色体数が$2n = 58$の二倍体あるいは$2n = 116$の四倍体であること等の特徴がある．また，果芯周辺の果肉が赤色の変種（*A. chinensis* var. *rufopulpa*）もある．

【原産地と伝播】 *A. deliciosa*，*A. chinensis* ともに中国中南部の長江（揚子江）流域に原産し，獼猴桃あるいは楊桃と呼ばれている．現地にはこれらの種を含め60種を超える *Actinidia* 属植物が自生している．

　1900年代初頭，イギリスのプラントハンター，ウィルソン（Wilson, E. H.）は湖北省や四川省で自生の *A. deliciosa* の種子や植物を収集し，自国やアメリカ合衆国に送った．しかしこれは商業的な栽培には結びつかなかった．一方，1904年，宣教師として湖北省宜昌（Ichang）に滞在していた妹を訪ねたニュージーランド人のフレイザー（Frazer, M. I）は，*A. deliciosa* の種子を持って帰国した．これらの種子をもとに，育種家や種苗業者らによる品種改良が進められ，オーク

ランドの種苗業者であったヘイワード・ライト（Wright, H.）が 1930 年代に選抜した大果品種の 1 つ 'Wright's Large Oval' が後に世界の主要品種となる 'ヘイワード' であった．商業的な生産はその後もわずかな量にとどまっていたが，1950 年代末になり，ニュージーランドの輸出産品として注目されはじめ，名称もそれまでの 'Chinese gooseberry' からニュージーランドの鳥 'キウイ' にちなんでキウイフルーツと改称された．品質がよく収量が多く，貯蔵性も優れる 'ヘイワード' を主体に 1970 年代には急速に生産が拡大した．果実輸出が始まるのと並行して，苗木も世界各国に広まり，わずかの年数のうちに世界の主要な果物に位置づけられるようになった．日本には，1960 年代に苗木が入り，1970 年代の後半から当時生産過剰となっていたウンシュウミカンの転換作物として，作付けが飛躍的に増加した．

【品　種】

(1) *A. deliciosa* の品種

'ヘイワード (Hayward)'：ニュージーランドでヘイワード・ライト（Wright, H.）により選抜された雌品種．開花期は 5 月下旬．成熟期は 11 月下旬．果実表面は褐色で，表面は毛じで覆われる．果実の大きさは 100 g 前後，果形は楕円形．果肉色は淡緑色．果実糖度は 13〜16％．クエン酸は 0.5〜0.8％で，やや酸味が強い．六倍体（図 3 上）．

'ブルーノ (Bruno)'：ニュージーランドでブルーノ・ジャスト（Just, B.）により選抜された雌品種．成熟期は 10 月中・下旬．果実は 80 g 前後．円筒形で細長い．果皮は茶褐色で毛じは短い．果肉は濃緑色．糖度は 13％前後．酸味が強い．貯蔵性はやや劣る．六倍体（図 3 中）．

'香緑'：'ヘイワード' の偶発実生より育成された雌品種．香川県の種苗登録品種（1987 年 11 月）．開花期は 5 月中・下旬，成熟期は 11 月上旬で，いずれも 'ヘイワード' よりやや早い．果実表面は褐色で，表面の毛じが多い．果実の大きさは 100 g 程度，果形は長円筒形．果肉色は鮮やかな濃緑色で，独特の香気がある．果実糖度は 15〜18％．甘味が強く食味良好である．'ヘイワード' に比べ貯蔵性がやや劣る．六倍体（図 3 下）．

'マツア (Matua)'：雄品種．開花がやや早く，開花期間が長い．1 花穂に 3 花をつける．花梗が長い．花粉量は 'トムリ' より少ないが，花蕾は採取しやすい．樹勢はやや弱い．マオリ語で「父」の意味．

図3 キウイフルーツ (*A. deliciosa* 種) の品種
上:'ヘイワード', 中:'ブルーノ', 下:'香緑'.

'**トムリ**(Tomuri)': 雄品種. 'マツア'より開花が遅く, 開花期間が短い. 1花穂に5花前後を着生. 樹勢が強い. マオリ語で「遅い」の意味.

(2) *A. chinensis* の品種

'**Hort16A**': ニュージーランドのホートリサーチ園芸研究所において, 中国から導入した *A. chinensis* の系統間の交雑実生より選抜した雌品種(世界各国で種苗登録).「ゼスプリゴールド」として流通・販売される. 日本での開花期は, 4月下旬~5月上旬, 成熟期は10月中旬. 果実表面は褐色がかった緑色で, ごく短い柔毛で覆われる. 果実の大きさは80g前後. 果形は倒卵形で, 果頂部が大きく突出する. 果肉は黄色. 果実糖度は18%前後, 酸味が少ない. 二倍体(図4上).

'**レインボーレッド**': 静岡県の小林利夫の育成した雌品種. 開花期は, 4月下旬~5月上旬, 成熟期は10月中旬. 果実表面はくすんだ緑色で, 無毛. 果実の大きさは80g前後. 果形は倒卵形で, 果頂部がわずかにくぼむ. 果肉は黄色で, 果芯の周辺が鮮紅色となる. 果実糖度は18~20%で, 酸味が少なく, 甘い. 二

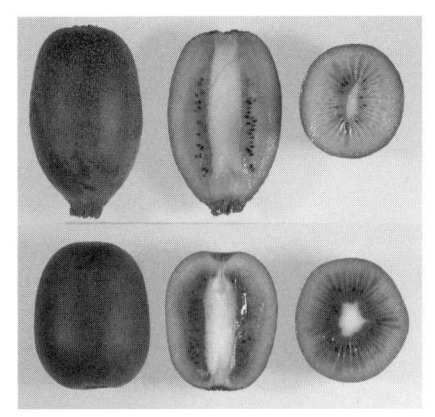

図4 キウイフルーツ（*A. chinensis* 種）の品種 上：'Hort16A'（ゼスプリゴールド），下：'レインボーレッド'．

図5 種間雑種の品種 上：'讃緑'，下：'香粋'．

倍体（図4下）．

　'さぬきゴールド'：*A. chinensis* の交配により育成．香川県の登録品種（2005年3月）．開花期は5月上旬，成熟期は10月中旬．果面は褐色で，短かい毛じがある．果実は短台形で180g前後と大きい．果実糖度は平均18％程度で，酸味は少ない．果肉は濃黄色．四倍体．

　(3) 種間雑種

　'讃緑（さんりょく）'：'香緑'と *A. chineusis* の雄品種の交雑品種である．香川県の登録雌品種（1999年9月）．開花期は5月中旬，成熟期は10月下旬で，いずれも'ヘイワード'よりやや早い．果実表面は褐色で，表面の毛じが少ない．果実の大きさは100g程度，果形は長楕円形で果頂部がとがる．果肉は黄緑色．果実糖度は15〜18％，甘酸のバランスがよい．四倍体（図5上）．

　'香粋（こうすい）'：一才サルナシとキウイフルーツの雄品種'マツア'の交雑品種．香川県の登録雌品種（1999年9月サルナシとして登録）．開花期は5月上・中旬，成熟期は10月中・下旬．果実は樹上で軟化しはじめる（香川県で10月下旬〜11月上旬）．果実表面は緑褐色で無毛．果実の大きさは30〜50g．果肉は濃緑色で，糖度17〜20％と甘味強い．二倍体（写真5下）．

【**生育周期と栽培管理**】　西日本の平野部では，3月下旬に発芽した後，新梢の伸長とともに，基部の葉腋に花をつける．*A. chinensis* の品種は4月下旬〜5月上旬，

A. deliciosa の品種では，5 月下旬に開花する．果実成長は二重 S 字曲線を描くが，7 月の終わりまでに収穫時の 80% のサイズに達する．果実の重量は成長期の後半に再び大きく増大する．収穫は 10 月中旬～11 月下旬で，収穫後追熟して出荷あるいは，貯蔵の後出荷される．

栽培には，年平均気温 15℃前後の温暖で，適度な降雨があり，発芽直後の寒害や強風による落葉を受けにくい場所が適している．幼果期に水分が不足すると果実の肥大が劣る．苗は，'ブルーノ'等栽培品種の実生に接ぎ木して増やすのが一般的であるが，挿し木によっても繁殖できる．

つる性で，棚にはわせて栽培するが，日本では平棚が多く用いられている．ニュージーランド等海外では，T バー（T 字型の支柱にワイヤーを張ったもの）等も用いられる．一文字仕立てが一般的に行われる．剪定は，結実した節からは発芽しないので，それより上部数芽を残して切り戻す．結実部位は主枝から遠ざかっていくので，一部は強い切り戻しにより，更新枝を発生させることも必要である．雌雄異株のため雄品種の花粉を用いて，雌品種に受粉する必要がある．*deliciosa* と *chinensis* で開花期が大きく異なるので，開花時期の重なる品種を選ぶ必要がある．収穫果実の大きさと 1 果実中の種子の数には明確な正の相関があるため，大果の生産には，十分な量の花粉が受粉される必要がある．一般には当年の開花直前の花から採取した花粉または貯蔵花粉を用いて人工受粉する．果実の肥大促進には，過剰な着果を避ける必要があり，通常 1 新梢に 2 果程度を残すよう摘果する．開花直後の CPPU（商品名：フルメット）処理は果実肥大に有効である．施肥は年間 10 a 当たり窒素 18 kg，リン酸 22 kg，カリウム 20 kg（'ヘイワード'）を標準とする．

【生産と消費】 2003 年現在，世界のキウイフルーツの総生産量は，140 万 t とみなされている．イタリアが最多で 35 万 t，ニュージーランド 25 万 t，フランス，ギリシャ，チリが 5 万～8 万 t でこれに次いでいる．これまで原産国である中国の生産量は明らかではなかったが，近年の推計では，イタリアに匹敵する 35 万 t の生産がある．日本国内の栽培面積は 2850 ha，収穫量は 4 万 1800 t で，愛媛，福岡，和歌山，静岡，神奈川が主産県である．品種は大半が'ヘイワード'である．輸入はニュージーランド 3 万 4791 t，チリ 4577 t を主体に 3 万 9564 t が輸入されている．'ヘイワード'が大半を占めているが，近年，ニュージーランドより「ゼスプリゴールド」として 'Hort16A' の輸入が増加している．

表1 キウイフルーツの主な栄養成分（廃棄率以外は可食部100g当たり）

一般成分	廃棄率 (%)	15	ミネラル	銅 (mg)	0.11
	エネルギー (kcal)	53		マンガン (mg)	0.11
	水分 (g)	84.7	ビタミン	A レチノール (μg)	—
	タンパク質 (g)	1		カロテン (μg)	66
	脂質 (g)	0.1		レチノール当量 (μg)	11
	炭水化物 (g)	13.5		E (mg)	1.3
	灰分 (g)	0.7		B_1 (mg)	0.01
ミネラル	ナトリウム (mg)	2		B_2 (mg)	0.02
	カリウム (mg)	290		ナイアシン (mg)	0.3
	カルシウム (mg)	33		B_6 (mg)	0.12
	マグネシウム (mg)	13		葉酸 (μg)	36
	リン (mg)	32		パントテン酸 (mg)	0.29
	鉄 (mg)	0.3		C (mg)	69
	亜鉛 (mg)	0.1			

五訂日本食品標準成分表より．

【栄養成分】 主要成分として，ブドウ糖と果糖を主体とする糖分8〜15%，クエン酸とキナ酸を主体とした酸1〜1.5%，ビタミンC 80〜120 mg/100 g，ペクチン約0.8%を含む．また，タンパク質分解酵素のアクチニジンを含む（表1）．

【利用・加工】 キウイフルーツ（A. deliciosa）の果実は，収穫直後には多量のデンプンを含み，糖度は低く，酸含量が多いため食味は不良である．食味を向上させるには，エチレン処理（5〜20 ppm，20℃，湿度90%で12〜24時間）により追熟させる必要がある．家庭では，リンゴの果実とともにポリエチレン袋に密封して，室温においてもよい．追熟によりデンプンが分解して糖分が増加し，同時に酸が減少し，果肉もやわらかくなる．A. deliciosaの品種は比較的貯蔵性に優れ，'ヘイワード'では，追熟前の果実であれば冷蔵で6カ月間の貯蔵が可能である．A. chinensisの品種の果実は，A. deliciosaに比べ，貯蔵性は劣る．果実は，生食されるほか，ケーキなど菓子の彩りとして用いられる．またジャムやワイン等にも加工される．

【近縁種】 わが国にも，数種のキウイフルーツの近縁種が自生し，地域の特産として，生食や加工に利用されている．

サルナシ（A. arguta〔Siebold & Zucc.〕Planch. ex. Miq.）（図6左）：東アジ

図6 日本自生のキウイフルーツの近縁種
左：サルナシ (*A. arguta*), 中：マタタビ (*A. polygama*), 右：シマサルナシ (*A. rufa*).

アに広く分布し，わが国でも全国の山地に分布する．雌雄異株．四倍体および六倍体．果実は緑色無毛で皮ごと食べられる．ジャムや果実酒等にも加工される．ビタミンCの含有量が果肉100g当たり200～400mgと多い．タンパク質分解酵素であるアクチニジンを多く含む．強靱な蔓は，古くは吊り橋や筏組みの材料に使われた．房総半島以南の暖地の低山地には，変種のウラジロマタタビ(*A. arguta* var. *hypoleuca*)（二倍体）が自生する．日本では，'光香'，'峰香'，'里泉'などの品種が登録されている．近年，アメリカ合衆国やチリから輸入される「ベビーキウイ」は本種で，海外でも多くの品種が育成されている．別名コクワ，シラクチヅル．

マタタビ (*A. polygama* 〔Siebold & Zucc.〕Maxim.)（図6中）：全国の山野に自生する．雌雄異株．果実は長楕円形，無毛で先端が尖る．成熟すると橙黄色になる．古くから生果や乾燥果実が滋養強壮の民間薬として用いられてきた．幼果に虫が卵を産みつけ虫えいを形成した果実は歪な形となるが，薬効はより大きいとされる．ネコ科の動物を誘引するマタタビラクトンを含む．二倍体．

シマサルナシ (*A. rufa* 〔Siebold & Zucc.〕Planch. ex. Miq.)（図6右）：紀伊半島南部から沖縄にかけての沿岸地に自生する．雌雄異株．果実は短楕円形で褐色無毛．晩秋から初冬に熟す．瀬戸内海の山口県祝島ではコッコーと呼ばれる．アクチニジン含量が極めて少ない．別名ナシカズラ．二倍体．

ミヤママタタビ (*A. kolomikta* 〔Rupr. Et. Maxim.〕Maxim.)：本州中部以北の寒冷地に自生する．雌雄異株．耐寒性が極めて強い．果実は緑色無毛で，長楕円系．多量のビタミンCを含む．二倍体． 〔片岡郁雄〕

グアバ類

グアバ

和名 グアバ，バンザクロ（蕃石榴），バンジロウ
英名 guava, common guava
学名 *Psidium guajava* L.
（フトモモ科）

　属名の *Psidium* は，ギリシャ語のザクロ（Psidion）による．この属には150種ほどあるといわれており，コスタリカグアバ（*Psidium friedrichstahalianum* Medenza），ブラジルグアバ（*Psidium quineense* Swartz.），ストロベリーグアバ（*Psidium littorale* Raddi）などがある．ただ，パイナップルグアバの異名をもつフェイジョアは別の属である．ちなみに *guajava* はグアバ果実を表すハイチの言語（現地での発音）をもとにしたスペイン語に由来するといわれている．

　属名となっているようにグアバ果実の形，表面の状態はザクロに似ており，台湾では外国（蕃）のザクロ（石榴）という意味で蕃石榴と称する．日本でもそれにならってバンザクロまたはバンジロウという名がついているが，最近は英名の読みでグアバと表すのが一般的である．

【形　態】亜熱帯性常緑樹．日本では樹高は3〜5mと低木に分類されるが，外

図1　グアバの花　　　　　図2　グアバの着果状態

国では6〜9 m（幹径は30 cm以上）との記述があり，生育条件によって異なると思われる．樹皮が平滑で剝がれやすいところは同じフトモモ目のサルスベリに似ている．葉は黄緑色で細い毛があり，若い枝の横断面は四角形をしている．

新梢の基部の2〜3節目から数節にかけて，葉腋に2〜3個の花がつく．花には4〜5個の白い花弁と多数の長い雄しべがあり，派手さはないがフトモモ科の花特有の形状をしている．暑い地域では周年開花するようであるが，沖縄を除く日本における開花期は基本的には春の1回と考えてよい．

果実は球形，卵形，洋梨形で果実重は30〜450 gと品種により差がある．幼果は緑色で宿存萼があり，表面に少し凹凸がみられるケースが多い．成熟するにつれ色は黄緑色から黄色〜白色となり，どちらかというとあまり目立たない色となる．果皮は滑らかになるが，突起や溝が残る品種もある．成熟果実の果肉色は白色のものが多いが，品種によって黄色，ピンク，紅色等がある．ナシにもある石細胞を含むため舌触りはざらざらとした感じがある．果実が成熟すると果肉にグアバ特有の麝香臭が出てくる．このにおいは食欲をそそるといわれるが，人によっては苦手な場合もある．果実には小さくてかたい種子が多数あり，食べるときに気になるという人もいるが，慣れれば問題はない．

【原産地と伝播】 熱帯中央アメリカ原産．コロンブス以前ではインカ族が栽培していたという記録がある．スペイン人がアメリカ大陸からフィリピンに導入し，フィリピンから中国，台湾や東南アジアに伝わったといわれる．さらに，ポルトガル人がフィリピンからインドに伝えたとされ，現在インドはメキシコと並んで世界有数のグアバ生産国となっている．

図3 グアバの収穫果実

現在では熱帯，亜熱帯のほとんどに分布し，キューバ，メキシコ，ブラジル，ペルー，台湾，中国，フィリピン，タイ，インド，アメリカ合衆国（ハワイ，カリフォルニア，フロリダ）等で広く栽培されている．ただ繁殖力が非常に強いため野生化して厄介者扱いされるケースもある．南太平洋のフィジーでは害になる雑木だということで根絶が図られたと聞く．

栽培の可能な地域は霜の降りないところと考えればよい．日本では沖縄県（2.4 ha）と鹿児島県（7.5 ha）の奄美大島で主に栽培されている．1980年代にグアバ茶のために生産が拡大したが，現在は減少している．冬の最低気温が零下になるところでは施設の利用が必要である．

【品　種】種子繁殖が多いため品種と呼べないようなものが広く栽培されている．品種として扱っているものの中には実生系の場合がある．そのため果肉の色によって白系とかピンク系といった用語を使って分類する場合もある．

代表的な品種として，インドでは生食用の甘く酸の少ない 'Allahabad safeda' 'Luknow 49'，ハワイでは加工用の 'Beaumont'，'Kahua Kula' 等がある．また，三倍体で無種子の品種もある．

【生育周期と栽培管理】グアバは非常に強健で土質も選ばないため，栽培は容易である．乾燥にも強いが，新梢が伸びる時期や果実が肥大する時期には水分を必要とする．やせ地でも育つが，品質の良好な果実を得るためには施肥を欠かせない．栽培する場合は，開心形あるいは盃状形で仕立て，低樹高にするのがよい．繁茂すると日照不足になるため剪定が必要である．また，下垂した弱い枝も除いてよい．暑い地域では萌芽を促進するために剪定とともに人工的に落葉させることがある．

【栄養成分】生食する場合は果皮や種子も含んだ丸ごとを食するため無駄がなく，果実の栄養分をすべて体内に取り入れることができる．果実はビタミンCを非常に多く含み，レモンの5倍以上といわれる．そのほかにカロテン，カルシウム，食物繊維が多く，非常に栄養価の高い果実である．それに加えて種子の多さや木の生命力が強いこと等からグアバは精力増強に有効な木といわれる．そのほかにペクチン，タンニンも多く，種子には鉄分が多く含まれている．

表1 グアバ赤肉種の主な栄養成分（可食部100g当たり）

エネルギー (kcal)		38
一般成分	水分 (g)	88.9
	タンパク質 (g)	0.6
	脂質 (g)	0.1
	炭水化物 (g)	9.9
	灰分 (g)	0.5
ミネラル	ナトリウム (mg)	3
	カリウム (mg)	240
	カルシウム (mg)	8
	マグネシウム (mg)	8
	リン (mg)	16
	鉄 (mg)	0.1
ビタミン	カロテン (μg)	600
	C (mg)	220
食物繊維総量 (g)		5.1

五訂日本食品標準成分表より．

【利用・加工】　成熟した果実を果皮のついたまま生食する．完熟した果実のほうがおいしいが，あまり日持ちがしないため早めに収穫したものが市場に出回る．熱帯地方では成熟前の果実を野菜的な感覚で食する場合もある．ペクチンを多く含んでいるためジャムやゼリーに加工される．また，グアバジュースも馴染み深い．その他の代表的な加工品としてはブラジルの菓子ゴイアバーダがある．

　葉にタンニンを含み，グアバ茶として利用される．スーパーや百貨店等ではグアバ生果よりもむしろグアバ茶を見かける機会が多い．材は緻密で表面が美しいため加工利用される．

ストロベリーグアバ

和名　ストロベリーグアバ，イチゴグアバ，テリハバンジロウ（照葉蕃石榴）
英名　strawberry guava　cattley guava
学名　*Psidium cattleianum* Sabine（*Psidium littorale* Raddi）

　果実にイチゴの香りがあることからその名がある．ストロベリーグアバ（purple strawberry guava, var. *longipes*）とイエローストロベリーグアバ（yellow strawberry guava, var. *littorale*) の2種がある．テリハバンジロウという和名があるが，グアバにならってストロベリーグアバと呼ぶほうがわかりやすいと思われる．耐寒性があるためグアバ類の中でも最も日本に適応する．

【形　態】　グアバよりも葉は小さいが肉厚で，テリハ（照葉）の名のとおり光沢があり美しく庭園樹としても有用である．ストロベリーグアバとイエローストロベリーグアバではほぼ同じような樹の形状であるが，若干の差異は認められる．花に官能的な芳香があるかわりに，グアバ果実にある麝香臭はなく，名前にあるようにイチゴの風味がある．果実の大きさは数g～30g程度であるが，条件によって50g以上になる．果実が小さいなどの短所があるため経済的栽培はほとんどなく家庭用果樹の域を出ないが，その品質はグアバに劣ることはない．粗放的な栽培では果実の糖度は10％以下であるが，きちんとした栽培管理をすれば20％以上になる．果実は卵形（イエローストロベリーグアバは球形）であるが，小さい果実だと球形に近い．成熟した果実は赤～暗赤色（イエローストロベリーグアバは黄白～黄色）となり，果肉は白～黄白である．ストロベリーグアバの種子は数十個と多く（イエローストロベリーグアバはさらに多い），かつグアバ種子よりも大きくてかたいため，人によっては食べにくいと感じるかもしれない．

【原産地と伝播】　ブラジル原産といわれる．ポルトガル人によって中国に伝わり，中国からヨーロッパにもたらされたと思われる．日本へは台湾から導入された．種子による繁殖が主であるが，変異は認められず，品種レベルでの分化はしていない．

図4　ストロベリーグアバ果実の結実状態

【生育周期と栽培管理】　グアバと同様に栽培管理は容易である．果実の保護のため施設栽培が望ましいが，その場合は人工受粉が必要である．水，施肥などの管理もグアバに準じるが，果実成熟期における水分不足や高温は障害や収穫前落果の原因となるので注意が必要である．

【栄養成分と利用・加工】　経済栽培がほとんどなされていないため，データに乏しい．また粗放な状態ときちんとした栽培管理では栄養成分は大きく異なるため，ここでは割愛する．

〔向井啓雄〕

グミ

和名 グミ
英名 gumis, oleasters, elaeaginus
学名 *Elaeagnus* spp.
(グミ科)

　属名は，ギリシャ語の elaia (オリーブの木) と agnos (ヤナギに似たセイヨウニンジンボク) からなり，前者に似た果実と後者に似た白っぽい葉に由来している．和名は「ぐい (有刺植物) の実」の意といわれる．

【形　態】　落葉性または常緑性の高さ 2～4 m の低木．幹は一般に銀灰色で，小枝はときに刺を有する．葉は互生し，有柄で全縁．裏面は銀色または褐色の鱗片に覆われる．花は葉腋に 1～数個束生し，白色～淡黄色で目立たないが芳香がある (図 1)．花は両性または単性で雌雄同株．花被は鐘状または管状で，先端が浅く 4 裂し，基部が子房と合着する．萼は筒状で花弁はない．雄しべは 4 本で花糸が短く，萼筒の開口部に葯が接着する．子房上位で 1 室，胚珠も 1 個で倒生する．開花後，萼筒が肥厚して多汁の中果皮を形成する．果実は有柄で下垂し，球形～楕円形 (図 2)．赤く熟し，表面に白い星点状の鱗片があるものとないものがあり，食用になる (図 3)．

図 1　グミの花 (提供: 名城大学農学部・新居直祐氏)

図2 グミの着果状況（提供：名城大学農学部・新居直祐氏）　　図3 ダイオウグミ（ビックリグミ）の成熟果実

【原産地と伝播】　グミ属は，東南アジアを中心にヨーロッパ南部，北アメリカ，オーストラリア等に分布し，特に東アジアに多く，わが国にも自生している．常緑性のものは東南アジアに多い．自生種以外がヨーロッパやアメリカ合衆国には17～19世紀に伝播し，わが国には江戸末期～昭和初期に導入された．

【品　種】　グミ属は，常緑性で葉の厚いナワシログミ節 [sect. Sempervirentes Serv.] と，落葉性で葉のやや薄いアキグミ節 [sect. Elaeagnus] に大別され，約60種が知られている．

　ナワシログミ節にはナワシログミ（*E. pungens* Thunb.）のほか，フイリナワシログミ，ツルグミ（*E. glabra* Thunb.），マルバグミ（*E. macrophylla* Thunb.），オオバツルグミ（*E. submacrophylla* Serv.）等があるが，食用的価値は低い．アキグミ節にはアキグミ（*E. umbellata* Thunb.）とその変種のカラアキグミやマルバアキグミのほか，ナツグミ（別名ヤマグミ，*E. multiflora* Thunb.）とその変種のトウグミ [var. *hortensis* (Maxim.) Serv.]，ヤナギバグミ（*E. angustifolia* L.），ギンヨウグミ（*E. commutana* Bernh. Ex Rydb.），マメグミ（*E. Montana* Makino）等があり，果実が食用になる．トウグミのうち果実が約10gと特に大きくなるものをダイオウグミ（ビックリグミ）[var. *gigantia* Araki] という．

【生育周期と栽培管理】　ナワシログミ節のものは秋から冬に開花して春から初夏に果実が成熟するのに対し，アキグミ節のものは春から初夏（4～5月）に開花し

て夏から秋（7〜11月）に成熟する．

　本属の植物は根粒菌を有し，マメ科植物のように空気中の窒素を取り込んで自分の養分にできるので，あまり土質を選ばず，荒れ地でもよく育つ．耐乾性や耐湿性に優れるが，石灰質を含む排水のよい土壌に適している．しかし，落葉性のグミは日当たりのよい土地を好み，日陰に植えると成長が遅く，まったく結実しないこともある．わが国に自生するグミは落葉性のものが多く，落葉性のあるものは耐寒性が強い．

　繁殖は種子のほか，挿し木，根挿し，接ぎ木，株分け等による．種子繁殖は取り播きか層積貯蔵したものを春に播き，挿し木は9月頃に行う．ダイオウグミ等の栽培種は両性花であるので混植の必要がない．

【栄養成分と利用・加工】　成熟果実はカロテンが多い（380 μg/100 g）のが特徴で，このほか炭水化物，タンパク質，カリウム等を豊富に含む．未熟な果実は渋みを呈するが，よく熟した果実は生食されるほか，果実酒としても利用される．アキグミは比較的渋みが少ないが果実が小さいのに対し，ナツグミは渋みが残るがよく熟せば食べられ，アキグミよりも果実が大きい．ナワシログミは咳止め，下痢止め，回虫の駆除など，薬用に使われる．

　本属には葉や果実に鑑賞価値の高い種類が多く，観賞用として庭木や生垣に用いられ，特にトウグミは枝に刺がなく，果実が大きいので，庭木や家庭果樹として広く栽培されている．強健なので，緑化木としても利用される．また，材質がかたいので炉の上に掛ける自在，鍬等の農具，大工道具の柄等に加工される．

〔久保田尚浩〕

クランベリー

和名 オオミノツルコケモモ
英名 cranberry (American cranberry)
学名 *Vaccinium macrocarpon* Ait.
(ツツジ科)

　属名の *Vaccinium* はラテン語の vaccinus (牡牛の意) にちなむといわれているが, 理由は不明. 種名の *macrocarpon* は大果, 長果の意.

【形　態】　常緑の小低木で, 匍匐性の茎 (ランナー) が1mぐらいに伸び, これに直上枝をつけ, その先端近くに花芽を形成する. 葉は密に互生し2/5葉序で, 長楕円形, 鈍頭, 全縁, 長さは0.5～1cm, 硬質で厚く光沢があり, ごく短い葉柄をもっている. 花は長梗上に1～10花つき, 淡紅色で下向きに開く. 萼片は小さく, 花冠は筒状で深く4裂し, 長さは6～8mm, 開花すると花弁が極端に外側へ曲がる. 花柄についたこの花冠の状態が鶴 (crane) の頭とくちばしに似ていることからクランベリー (cranberry) の名がついたといわれている. 果実は紅色または暗紅色で径1～2cm, 酸味が強く生食には向かないため, 主にジャムやジュース等の加工品に利用されている. 同属の近縁種としては, ツルコケモモ (*V. oxycoccus*) とコケモモ (*V. vitis-idaea*) があり, いずれも北半球の高山帯に分布している. しかし, ツルコケモモ, コケモモともに一般にはあまり栽培されておらず, 主に野生の果実を利用するのみにとどまっている.

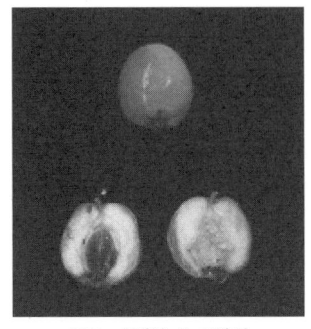

図1　果実とその断面

図2　結実の様子

【原産地と伝播】 北米原産で，極めて古い時代から食料や染料，医薬品として北米先住民に利用されていたようである．商業的な栽培はホール (Hall, H.) によって 1816 年頃から北米マサチューセッツ州コッド岬で始められ，現在ではアメリカ北部，カナダを中心に栽培が行われている．クランベリーが果樹としてわが国に入ったのは，1967 年に交換教授として来日したマサチューセッツ大学クランベリー研究所のクロス (Cross, C. E.) が 'Early Black' など 5 品種を北海道大学農学部へ導入したことに始まる．その後，北海道を中心に試験栽培が行われたが，現在のところ日本での栽培はあまり普及していない．

【品　種】 クランベリーには 130 以上の栽培品種があるが，主要なものは 12〜15 品種であり，その中でも栽培の中心となっているのは 'Stevens'，'Early Black'，'Hows'，'McFarlin'，'Searles' の 5 品種で，全栽培面積の 80% 以上を占めている．

【生育周期と栽培管理】 冷涼な気候を好み，泥炭や腐植の多い湿地の酸性土壌 (pH 3.2〜4.5) に適する．現地での栽培はボグ (日本の水田にあたる呼び名で，湛水できる畑の意) と呼ばれる特殊な畑で行われている．ボグは日本の水田に似た方法で基盤整備を行い，地表面は平坦で傾斜のないように整備し，周囲には低い土手 (水田の畦に当たる) を築き，内側に灌漑または排水用の溝をめぐらせる．平らにしたボグの表層を耕起した後，元肥を施し，その上に川砂を平らに敷き，そこへ充実した 15〜20 cm の若枝を直接挿し木して，長年栽培を継続する．その後，3〜5 年に一度，ボグ表面の枯れた茎葉に潜む病菌の抑止と新根の発生を目的として，果実収穫後にボグ表面へ 2〜3cm の川砂を散布する．積雪の少ない地方では，冬季の寒害を防ぐため 12 月から翌年の 4 月頃までボグに湛水し，低温障害が起こるのを防いでいる．霜害の危険のあるときも灌水するが，スプリンクラー灌水を行って防ぐのが一般的である．繁殖は上記のようにボグに直接挿し木することによって行われ，植付け時期は 4 月下旬〜5 月頃，約 30 cm の間隔で植え付ける．定植の翌年から結実するが，本格的な収穫は 3 年目からで，10 年前後で盛果期に達する．初夏に開花し，秋から初冬にかけて成熟する．収穫期は品種によって異なり，早生種では 9 月中旬，晩生種では 11 月中旬である．クランベリーの収穫方法は，ボグに水を張り，収穫機でかき回した後水面に浮き上がってきた果実を集める「ウエットハーベスティング」と芝刈り機に櫛のようなベルトコン

ベアのついた収穫機で収穫する「ドライハーベスティング」の2通りがあり，ほとんどのクランベリーは「ウエットハーベスティング」で収穫されて加工に用いられている．残りの少量は生食用として「ドライハーベスティング」で収穫されている．

【栄養成分と利用・加工】 クランベリーは古くから北米先住民の民間薬として用いられるほど健康効果が高く，各種ビタミンをはじめ，食物繊維やポリフェノール等の成分が豊富に含まれている．その中でも，クランベリーに特に多く含まれているキナ酸は尿を酸性化し，尿路感染症の予防に効果があることが知られている．クランベリーの果実で生食用として出荷されるのはごくわずかで，大部分は主にジュースや料理用ソース，菓子といった加工品として用いられている．特にクランベリーのソースは感謝祭やクリスマスの七面鳥料理には欠かせないものであり，アメリカ合衆国の人々にとっては馴染み深い果物として愛用されている．

〔羽生　剛〕

クワ

和名 クワ
英名 mulberry
学名 *Morus* spp.
(クワ科)

　属名は，クワのラテン古名に由来し，その語源はケルト語の mor (黒の意) で，黒い果実にちなむといわれる．

【形　態】 落葉性の高木または低木．葉は単葉で互生し，鋸歯縁，不規則に分裂する場合がある．脱落性の托葉がある．雌雄同株または異株であるが，同株の場合は雌花と雄花は別々の枝につくことが多い．花は長さ 5〜12 mm の尾状花序で，主に新しい枝の基部に腋生する．花被は 4 裂し，雄しべは 4 個で柱頭が 2 裂する．開花後肉質多汁の花被に包まれた痩果が集まって集合果となり，食用になる (図1)．種子には胚乳がある．

【原産地と伝播】 クワ科の植物は，北半球の温帯から暖帯に約 10 種が分布し，日本には 6 種が自生あるいは栽培されている．トウグワは中国中部や朝鮮半島の原産で，カイコとともに日本に渡来した．

図1 クワの花

図2 クワの成熟果(黒くなったもの)

【品　種】　トウグワ (*M. alba* L.) は，カラグワ，カラヤマグワ，マグワなどともいい，最も代表的な養蚕用品種である．中国中部や朝鮮半島に自生する落葉高木で，高さ8〜15 m になり，幹も太い．葉は円形〜広卵形で鈍鋸歯縁．先端は突形，基部は心臓型で，ときに湾入したり，3〜5中裂する．上面は平滑で無毛，下面は側脈上に短毛がある．普通は雌雄異株であるが，まれに同株のものもある．花柱は発達せず，花序は下垂し，長さ15 mm 以下で白色〜淡紅色あるいは紫色．変異が多く，園芸品種として'シダレグワ'がある．変種のロソウ (var. *multicaulis* 〔Perrotet〕 Loud.) は下部から分枝し，葉が大きく，厚みと光沢がある．樹皮は白い．集合果は黒色．園芸品種の'フイリロソウ'は葉に黄緑色の斑が入る．'セッカンクワ'は'ウンリュウグワ'や'コウテングワ'とも呼ばれ，枝が各節で屈曲している．ハチジョウグワ (var. *hachijoensis*) は'ヤマグワ'に似るが，重鋸歯縁の葉を有する．別種のケグワは葉裏に短毛が密生する．ケグワにやや近いと考えられている小笠原のオガサワラグワ (*M. mobinensis* Koidz.) の葉は両面とも無毛である．

　一般に日本でクワというと，日本各地に自生するヤマグワ (*M. australis* Poir.) を指す．これは日本を含む東アジアから東南アジアやヒマラヤに分布し，養蚕に用いられる．落葉高木であるが，栽培では刈り込むため低木状である．葉は卵形〜広卵形で3裂し，鋭尖頭，不整鋸歯縁，上面はやや無毛で平滑であるが，下面は脈状に細毛がある．雌花の花柱は約2 mm で，その先に分岐した柱頭がつく．集合果は黒紫色．実生変異が多く，葉に斑が入る'フイリヤマグワ'や'イ

トグワ'等の園芸品種がある．

【生育周期と栽培管理】 雌花は，開花から約2カ月で楕円形をしたイチゴ状の集合果になる．初夏から夏にかけて赤または紫黒色に熟する．

やや耐陰性のある陽樹で，適度の湿地に適するが，基本的には肥沃で表土の深い壌土がよい．樹性は強健で，生育は早く，強い剪定にもよく耐える．アメリカシロヒトリが発生しやすく，また紋羽病等根に発生する病気に弱いので，早期に薬剤で防除する．

繁殖は，種子，挿し木，接ぎ木，または取り木による．種子繁殖は，種子が小さいがよく発芽するので3月に播き，早期に植え変えを行う．挿し木は春挿しがよく，また接ぎ木は，剝ぎ接ぎ，特に袋接ぎまたは皮下接ぎがよい．

【栄養成分と利用・加工】 赤または紫黒色に熟した果実は甘く，生食される．ジャムやパイにも加工され，またのど薬にもなる．葉が蚕の飼料となるほか，根，葉および果穂を乾燥したものは薬になり，特に果穂を乾燥したものは桑椹（そうじん）と呼ばれ，カロチン，ビタミンB_1, B_2, C，ニコチン酸などを含み，強壮，鎮痛薬として不眠症，糖尿病等に効果があるとされている．低木に仕立てて庭木や街路樹に使われるほか，盆栽に利用される．ロソウのうち枝が各節で屈曲するものは生け花に用いられる．

〔久保田尚浩〕

ザクロ

和名 ザクロ
英名 pomegranate
学名 *Punica granatum* L.
(ザクロ科)

　属名の *Punica*（ピューニカ）はラテン語で「カルタゴの」, *granatum*（グラナータム）は「粒状の」という意味があり, 大昔のヨーロッパで「カルタゴのリンゴ」と呼ばれていたところからこの学名がつけられた. 英名の pomegranate は「種子の多いリンゴ」の意である. 和名のザクロは「石榴」の音読語で,「若榴」とも書かれ, ジャクリュウがジャクロ, ザクロとなったのではないかといわれている.

【形　態】　落葉の中小木で, 大きいものは高さ 5～6 m となり, よく分枝し, 開張性である. 若枝はやや四角で短い枝先は刺となっている. 葉は対生, 狭い長楕円形で長さ 4 cm, 表面は光沢がある. 花（図 1）は 5 月末～6 月に枝先に開く. 花色は朱紅色, 6 弁からなり, 筒状の萼は 6 裂する. 果実（図 2）は径 5～6 cm の球状で先に萼が残る. 10 月に淡紅色に着色し, 熟すると皮質の果皮が不規則に裂けて淡紅色の種子が現れる. 種子の外皮は甘酸っぱいの味の果汁を含む. 染色体数は $2n = 16, 18, 19$.

【原産地と伝播】　ザクロはイラン, アフガニスタンを原産とし, 西アジア, 中国,

図 1　花

図 2　果実着生

アメリカ合衆国に分布する．プリニウス（1世紀）が書いた『博物誌』によると，紀元前2世紀頃に張騫が中央アジアのサマルカンドへ外交使節として派遣された折，中国へ持ち帰ったとしている．アメリカには17世紀に移民の人たちが持ち込んだ．日本には平安時代に薬用として導入されたらしい．『和名類聚抄』に石榴が「佐久呂」と書き表されている．中国地方や四国，九州等の暖地に分布している．

【栽培沿革と利用の歴史】 日本には平安時代に渡来し，庭木として栽植され果実は食用にされてきたが，果樹園での栽培はない．果実は生食され，根皮や樹皮はザクロヒと呼ばれて駆虫剤に，果皮は石榴皮と呼ばれて漢方薬として利用される．花ザクロも含めて鑑賞樹としての利用が多く，庭木，盆栽として重要な樹種である．

【品　種】 中国では，果実の大小，果色，子実の色などの変異が認められ，'水晶石榴'，'剛榴'，'大紅石榴'が主要品種である．アメリカ合衆国では'ペーパー・シェル（Paper Shell）'，'ロバータ（Roberta）'，'ワンダフル（Wonderful）'（図3）等の品種が栽培されている．日本では甘味種と酸味種の2種があるが品種名は明確ではない．甘味種は酸味種より子実は大粒でその淡紅色もやや淡い．これは大実ざくろの名で市販されている．日本では江戸時代に花木としての改良が進み，多数の花専用の品種が生まれたが，果実用品種の改良にはみるべきものがない．

図3　'ワンダフル'の果実の形態と断面

【生育周期と栽培管理】 繁殖は挿し木，取り木，株分け，接ぎ木，実生いずれも可能であるが，通常3〜4月頃挿し木を行う．土壌は粘土質で水分に富む土地が適する．植付け時期は12月中旬または3月中旬がよい．主枝は2〜3本とし，剪定は徒長枝や込みあった枝の間引き剪定，下垂枝の更新程度とし，結果部の上昇を防ぐ．株元から発生する新梢は除去する．結果習性は当年枝（一年枝）の先に開花着果する．花は数花が集まって咲く．自家受粉でよく結実するが，開花期が梅雨期に当たるので，結実不良になる年がある．病害虫はほとんどみられない．収穫は10月で果皮が黄赤色に変わり，裂果直前からわずかに裂果した頃に収穫する．ザクロ果実の果径と種子重は一重のS字曲線を描いて成長し，1個の果実には100〜500個の種子が含まれ，果径と種子数には有意な正の相関関係がみられる．外種皮（アリル）は1層の細胞からなり，その細胞は2.3 mm以上の長さに伸長する巨大細胞に成長する．

【生産と消費】 アメリカ産生果のほとんどがカリフォルニア産として日本に輸入されている．アメリカ合衆国では清涼飲料グラナデインの原料として広く栽培されている．

【栄養成分】 ザクロの可食部果汁の糖含量は収穫適期で15%程度あり，果糖とブドウ糖が主体である．果実成熟前の有機酸含量は9.5%程度と非常に高く，収穫期においても4%前後と高い値を示す．

【利用・加工】 ザクロの果実は生食およびジュースに利用される．実（種子）はサラダ，フルーツデザート，ケーキ，ホットケーキ，シリアル等にふりかけたり，トッピングに利用され，料理ではマリネの漬け汁，シロップ，付け合わせ等にも利用できる．実（種子）をミキサーにかけて液状にし，布のフィルターで濾すだけで，中位のザクロ1個から1/2カップのジュースがつくれる．ジュースはパーティでのパンチやカクテルのすばらしい素材にもなる． 〔長谷川耕二郎〕

サポジラ

和名 サポジラ
英名 sapodilla, chiku, chewinggum tree
学名 *Achras zapota* L.（*Manilkara zapota* (L.) P. van Royen）
（アカテツ科）

　属名の *Achras* はギリシャ語で果実が西洋ナシに似ていることを意味している．種名の *zapota* はやわらかくて甘い果実を意味するアステカ語の tzapotl に由来する．英名の sapodilla はこの果実がフロリダにおいてスペイン語で zapotillo と呼ばれていたことに由来する．chiku はインドでの呼び名で，chewinggum tree は樹脂からチューインガムをつくることができることに由来している．

【形　態】　熱帯性の常緑高木（高さ 5〜20 m）である．葉は長さ 5〜10 cm，枝の先端部において密に互生し，全縁性で長楕円形，先端がとがっている．葉腋部に花が着生する．花は小さな鐘状で，外側 3 枚と内側 3 枚の萼が白色の筒状になった花弁を包んでいる（図 1）．

　完全花で，子房は 10〜12 室，花柱は錐状で花弁から突き出ている．雄しべは 6 個形成される．果実は丸形，円錐形，卵形で，果実重は 100〜400 g ある．果皮は薄くてやわらかい茶色の膜で覆われている果皮は未成熟のときは濃緑色で成熟すると薄い黄緑色になる．未成熟果実の果肉は多量の乳液とタンニンを含み渋い．成熟すると乳液はなくなり，果肉は黄色もしくは赤褐色になる．果肉は多汁

図 1　サポジラの開花状態

図2 サポジラの成熟果実

質で，酸味はなく，糖度が15〜20％と非常に甘いが，粒状の食感がする．種子は長楕円形（長さ約2cm），黒色で光沢がある（図2）．

樹体内には乳液が含まれ，どの部位からも傷をつけると白い乳液が出る．中央アメリカでは樹皮を傷つけて乳液を採取し，チューインガムの原料となるチクルをつくる．

【原産地と伝播】 原産地はメキシコ南部のユカタン半島付近で，中央アメリカでは古代から栽培されてきた．熱帯アメリカ全土に伝播したのち，大航海時代にスペイン人によってフィリピンに伝えられ，やがて旧大陸の熱帯各地へ栽培が広まっていった．現在では，インド，メキシコ，スリランカ，フィリピン等において栽培が盛んで果実生産量が多い．

【品　種】 インド，インドネシア，フィリピン，タイ等において優れた品種があり，代表的な品種として'Sao Manila'や'Kai hahn'がある．

【生育周期と栽培管理】 熱帯性気候条件下で栽培が行われているが，耐寒性（−2℃）が比較的強いため，沖縄のような亜熱帯気候下でも生育が可能である．耐乾性が強いため，降水量が1000 mm/年の比較的乾燥する地域から3000 mm/年の湿潤地域において栽培できる．排水性がよければあまり土性を選ばない．耐塩性も強いため，栽培地域は広範囲である．繁殖は共台や近縁の *Manilkara hexandra* を台木とした接ぎ木で行われ，樹上取り木も可能である．花は年中形成されるが，短期間の乾燥は花芽分化を促進させ，雨期と乾期のあるところでは

雨期に入る頃から開花が多くなり，雨期の終わりから乾期にかけて収穫期になる．夜間に開花し，開花時には強い香りが放出され，柱頭の表面は粘液で覆われる．自家受精するが，花粉が少ない品種では昆虫等による他家受粉によって結実させる必要がある．果実は成熟してもかたくて渋いため，収穫後に追熟させ，軟化した果実を食用にする追熟型果実である．収穫した果実は，果梗を取り除き乳液を水中に出させ，その後常温で3～7日間放置しておくと追熟が完了する．追熟前の果実は15℃で，追熟後の果実は0℃で，それぞれ2週間貯蔵することができるが，長期間低温に置いておくと低温障害が発生する．

【栄養成分と利用・加工】 追熟が不十分な果実は渋くて食用できない．十分に追熟したやわらかい果実は果皮を剥いて果肉を適当な大きさに切るか，図2のように果実を縦または横に半分に切ってスプーンですくって食べる．果肉は多汁質でほとんど酸味がなく非常に甘く，黒砂糖あるいは干し柿のような味覚がする．果肉は，シャーベットやアイスクリームにも利用される．炭水化物が果肉の約24％を占め，その主成分はショ糖，ブドウ糖，果糖である．栄養成分としては，カルシウム（32 mg/100 g），カリウム（198 mg/100 g），ビタミンC（26 mg/100 g），ビタミンA（85 I.U.）が含まれている．タンニン含量も多く，そのうち，プロアントシアニジンが多いため強い抗酸化活性がある．種子にはサポニンが含まれている．

〔宇都宮直樹〕

サボテン類

ピタヤ（ドラゴンフルーツ）

和名 ピタヤ，サンカクサボテン，ビャクレンカク（白蓮閣）
英名 pitaya, dragon fruit
学名 *Hylocereus undatus* (How.) Britton & Rose
（サボテン科）

　属名の *Hylocereus* は森林のハシラサボテン，種名の *undatus* は波打つという意味をもつ．東南アジアではその茎の曲がりくねる様子が龍に似ているということからドラゴンフルーツ（龍果）と呼んでおり，日本でもその名で販売されることが多い．日本への導入時は観賞用が主であったためビャクレンカク（白蓮閣）という園芸名がつけられている．
　なお，上記の通り，ドラゴンフルーツという名称は分類学上ではなく販売において用いられているものである．それゆえドラゴンフルーツ＝ピタヤとしているケースが生じ，名称については混乱がみられるが，ピタヤは *Hylocereus undatus* を示し，一方，ドラゴンフルーツは *Hylocereus* 属などのいくつかの種を含む総称である．

【形　態】　熱帯雨林などで生育する森林性のサボテン．濃い緑色をした細長い茎は三稜でくねくねと曲がり，気根を出して樹や岩をつたって伸びる．稜は大きく

図1　ドラゴンフルーツの花

図2 ドラゴンフルーツの結実の様子　　**図3** ドラゴンフルーツ果実の断面

波打っていて1～3本の刺がある．花は長さ30 cmと非常に大きく美しい．内花被片は白く外花被片は黄色で外側に反っている．近縁の月下美人と同様に夜中に一斉に開花し翌朝にしぼんでしまう．また，開花に際して芳香を発するが，それに対する好みは人によって分かれる．果実は径10～12 cmの長楕円形で，三角形の鱗片をもつ．成熟に従って赤色となるが，鱗片は遅くまで緑色のままである．果肉は白色半透明で，ほのかに甘くやわらかくてジューシーである．果肉には黒い小さな種子が多数含まれているが，生食においてじゃまになることはない．

【原産地と伝播】 メキシコ原産でスペイン人によって世界に広められた．ハワイにも伝わり生垣としてよく見かけられる．そのためHonolulu-queen（ホノルルの女王）の名がある．現在，メキシコ，コロンビア，西インド諸島，東南アジアでの栽培が多い．日本では沖縄（28.3 ha）が主産地で，最近生産が増加している．

【品　種】 品種はほとんど確立されておらず，さまざまな品質のものが混在している．ピタヤは別名レッドピタヤであるが，果皮と果肉がともに赤いもの（ピタヤとは別種）もレッドピタヤと称することがある．また果皮が黄色で果肉が白いものをイエローピタヤと称しているが，これもピタヤとは別種である．

【栄養成分と利用・加工】 果実の糖度は10～15%であるが，完熟させたものはさらに高い．カリウムやリンの無機成分を多く含む．果実を半分あるいは4つに切って食べる．果皮は容易に剝ぐことができる．牛乳や蜂蜜を加えてジュースにしたり，ジャムやゼリー等に加工したりされる．

ウチワサボテン

和名 ウチワサボテン
英名 pricklypear, Indian fig
学名 *Opuntia ficus-indica* Miller
(サボテン科)

　属名の *Opuntia* はギリシャの町 Opus に由来するといわれる．Indian fig はインドのイチジク，pricklypear は刺をもったナシという意味であるが，ともにサボテンの果実に対する一般的な名称という側面をもち，他の *Opuntia* 属の果実についても使われる．

【形　態】　扁平で長楕円の大きな茎節をもち，刺や芒刺は種によってあったりなかったりする．花は上部につく．果実は長円形で 5～9 cm．頂部が陥没している．果実は成熟すると黄色あるいは赤色になり，果肉は半透明でかたい種子を多数含む．刺をもつ場合もある．

【原産地と伝播】　中央アメリカの原産でスペイン人が来る前から栽培されていた．スペイン人によってフロリダやヨーロッパに伝えられ，ポルトガル人によってインドやアフリカ，ブラジルに伝えられた．寒さや乾燥に強く，その生育地は温帯地域にも広がっている．現在メキシコ，イタリアのシチリア島等で主に生産されている．

【栄養成分と利用・加工】　果実を半分に切ってスプーンですくって生食する．ゼリーや菓子に加工される．そのほか，家畜の飼料になる．日本ではカクタスペア (cactus pear) という名で売られている．

〔向井啓雄〕

サントル

和名 サントル
英名 santol
学名 *Sandoricum koetjape* (Burm.f.) Merr
(センダン科)

　属名の *Sandoricum* はサントルのマライ名 Sandori または Santoor に由来し，種名の *koetjape* はサントルのジャワ島での呼び名に由来する．

【形　態】　サントルの樹は半落葉性で，樹高は30mにも達し，白色の樹液を含んでいる．葉は互生で，3出葉，葉柄が長い．小葉は卵形もしくは楕円形で，全縁，先端がとがっている．葉の表面は緑色で光沢があり，裏側は薄い緑色で，落葉前には黄色または赤色になる．葉腋に円錐花序が形成され，小花は黄緑色で両性花である．果実は直径3～5cmの球形で，果皮は厚くてかたく，やわらかい毛で覆われ，黄色もしくは黄金色である（図1）．果実には2～5個の種子が形成され，その周囲に白色で多汁質の果肉が形成される（図2）．

【原産地と伝播】　原産地は西マレーシア地域で，熱帯アジアに分布している．主な生産国はインドネシア，マレーシア，フィリピン，タイ等である．

【品　種】　タイでは 'Barngklarng', 'Eilar', 'Tuptim', 'Teparod' 等の品種が

図1　収穫されたサントルの果実

図2 サントル果実の断面

栽培されている．'Teparod' は四倍体で，大果を生産する．

【生育周期と栽培管理】 サントルは耐乾性が強いが，高温で降雨が均一なところで生育が優れる．乾燥後に花芽が形成され，開花する．花は虫媒花で，雄ずい先熟のため自家受精しにくい．果実は開花5カ月後に成熟する．果実発育中は果面の保護やミバエの産卵を防ぐために袋掛けを行う．収穫した果実は室温で1週間保存できる．

【栄養成分と利用・加工】 厚い果皮を切り，やや粘質な果肉を取り出して生食する．果肉は甘味と酸味のバランスがよく，清涼感のある味がする．ペクチンが多く含まれ，ジャムに加工されるが，チャツネやゼリー等にも加工される．

〔宇都宮直樹〕

スイカ

和名 スイカ
英名 watermelon
学名 *Citrullus lanatus* Matsum. et. Nakai
(ウリ科)

　属名の *Citrullus* は，スイカの原種の中にシトラス（カンキツ）の果実に似たものがあるところから名づけられた．種名の *lanatus* は「もじゃもじゃした」という意味で，野性種には果実に毛じを有するところから名づけられた．

【形　態】　*Citrullus* 属には5種あるが，栽培種は *Citrullus lanatus* のみである．*C. lanatus* は生態型から5分類される．①シトロン：小果で果皮色は淡緑色，果肉色は白で生食には向かないが漬け物等には利用できる．②飼料スイカ：普通スイカと形状は同じ緒だが糖分が乏しく飼料用として利用される．③普通スイカ：生食用として一般に利用されるスイカで，果皮色は黒緑色，緑色，縞皮，黄色，果肉色は赤色，黄色，緑色等で，果形は楕円から球形まである．④漬物用スイカ：小果で果皮厚く，種子も大きく糖度も低いので生食には向かないが，強健で豊産であるため漬け物用として利用される．⑤種子用スイカ：糖分が乏しく生食には不向きであるが，種子が大きく油分を含むため，中国，台湾では炒って食用としたり，乾燥して味つけし，つまみ菓子として利用される．
　染色体数は $2n = 22$ である．発芽適温は25～30℃，生育適温は25℃前後で高めである．匍匐性の一年生草本で主枝の2～6節の各葉腋から強い側枝を発生する．

図1　結実果実

図2　果実断面（'三喜セブン'，'クリーム'）

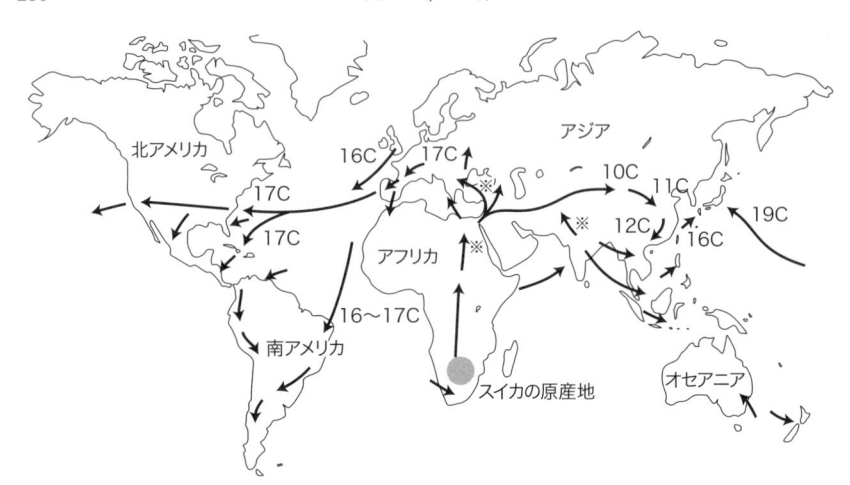

図1 スイカの原産地と伝播
数字は最初の栽培記録のある世紀. ※は最も古い栽培地帯 (倉田原図, 1983[1]).

雌雄同株で雌花は5〜10節ごとに着生し, 他の葉腋には雄花が着生する. 子房下位でその形は熟果に類似する. 積算温度800〜1000℃, 開花後40〜45日で収穫する.

【原産地と伝播】 スイカの原産地についてはアフリカ, エジプト, アジア等諸説があって帰一しなかったが, リビングストン (Livingstone, D.) がアフリカを旅したとき (1852〜56), 先住民がスイカを割っているところや, 多種多様な野生種の群落を発見したことが, アフリカ原産地説を裏づける結果となり, 以後, 一般にスイカの原産地はアフリカ中南部のサバンナ地帯とされている. その後, アフリカ大陸を北上しスーダンで栽培化されたといわれる. エジプトには今から約4000年前の壁画が残っているが, 古代エジプトでは, スイカをアバティチウム (Abbatitchium) と呼び, 種子を食用とする目的で栽培していたらしい. このエジプトを起点として, ヨーロッパ, アジアへと伝播していった.

ヨーロッパへはギリシャ時代の西暦紀元前後に伝播したようであるが, 今日のように主に果肉を食することを目的とする品種が誕生したのは, ヨーロッパに入ってからである. フランス, ドイツ等ヨーロッパ各地に伝播したのは16世紀頃で, イギリスへは1597年頃であるという記録がある. しかし, これらの地域は冷涼で, 高温性作物であるスイカにはあまり適さず, 品種分化は進まなかったようである.

アメリカへは新大陸発見後にヨーロッパからの入植者によってもたらされたので，かなり後年のことである．

一方，中近東，中央アジアに伝播後は，乾燥，高温条件がスイカの好適生育環境と合致し，広く栽培が普及した．

中国へは10世紀頃に伝播したらしい．『本草綱目』の中の記載によると，「契丹（きったん）が内蒙古に進入した際，初めてスイカの種子を得て，これを作ったところ各種のスイカが実った」とある．また，『和漢三才図会』の瓢果類の中に「五代の時，契丹が内蒙古に侵入した際にスイカの種を得て，初めて中国で栽培され，名づけて西瓜と呼んだ」と記載されている．五代とは907～957年である．「西瓜」という名称は，「西域から渡来した瓜」に由来するのである．日本のスイカの起源についての時代考証は難しく，一般的な見解としては16～17世紀頃に長崎あるいは薩摩に中国から伝わったとされている．しかし，室町時代の五山僧である義堂和尚（1388没）の書いた『空華集』（1359）の中で，スイカの存在を示す詩を詠んでいることから，日本への伝播はこれより以前に一時渡来し，その後の乱世等の影響から絶滅して，再び中国から伝播した可能性も考えられる．事実，鳥羽僧正（1053–1140）の『鳥獣戯画』にはスイカらしき縞柄の果実がみえることから，これがスイカだとすると，日本への渡来は中国に伝播してから間もない頃ということになる．

【栽培沿革と利用の歴史】 日本におけるスイカ栽培について，最も古い時代の状況を記載した文献は『和漢三才図会』である．これには「慶安中（1648～1651）黄檗宗，隠元禅師入朝ノ時，西瓜，豆種ヲ携ヘ来リ，始メ長崎ニ植エタリ，然レドモ其ノ臭味ヲ忌ミ，或イハ，瓢ハ赤色ニシテ，血肉ニ似タルタメ，児女ハ特ニ食ハズ，今則所々多々之アリ，貴賤老幼皆之ヲ嗜ム」とあり，当初，あまり普及していなかったことがうかがえる．

室町時代に著された『長崎両面鏡』には，「天正七（1579）年西瓜，南瓜来ル，西瓜ハ常品ノ外ニ長西瓜，亀甲西瓜，白西瓜，黄西瓜アリ」と具体的に生態の違うスイカをあげているが，常品とは無地皮か縞皮のスイカを指しているのかは明らかでない．

さらに，日本へ渡来後の国内での普及について，『少文林台十四号』（1894）には次のように記載されている．「寛永中琉球より薩摩に渡り，慶安中より長崎にあり，承応年間（1652～54）のことかよ，藤堂の呉服商菱屋某始てこの種を長崎

に求め勢州津に至り藩候に捧ぐ之を珍とし，先づ，其第宅に種さしむ．甚だ実り宜しかりき．然れども人怪しみて未だ食せず，寛文延宝の頃長崎より大阪に伝え，夫より京，江戸に広まり人の嗜むとなりたりとぞ」

スイカが換金作物として栽培されるようになったのは江戸中期以降で，この頃から各地で栽培が普及して品種も多様に分化した．1702（元禄15）年の『摂津名所図会』には，津の国（三重県）に古くから名産のスイカがあり，これを'鳴尾西瓜'と呼び味豊かな逸品であったとの記載があることから，おそらくこれが日本におけるスイカ品種名の始まりであろうと思われる．その後，江戸時代中期頃までに著しく品種分化し，当時最も一般的であった果皮黒緑色，円形，赤肉の品種で，たとえば'南京'等のほかに，奥州津軽に産する白皮黄肉，勢州の黄皮黄肉，木津の黄皮朱肉などの在来種が定着した．

元禄時代，すでにスイカは庶民の食べ物として普及していたようで，その頃の俳人支考は「出女の口紅惜しむ西瓜哉」と詠んでいる．これは，当時の奉公人が年2回暇をもらう日のうちの1つ8月2日の様子で，元禄時代の風俗と庶民気質をよく表している．

スイカ栽培の技術的記載としては，おそらく宮崎安貞の『農業全書』が最初と思われるが，これには「たねに色々あり，じゃがたらと云ふあり．肉赤く味勝れたり．是は専ら作るべし．海辺ちかき南向の肥へたる砂地を好む物にて，山中など取分け宜しからず．区ごとに立ておく数も畦のひろきせばきにしたがひ，一本若しくは二本も置くべし．多くは置くべからず．又子をば二つ三つまではおくべし．甚だ大なるを好まば一つおきたるにはしかず．わきのつるも花も皆つみ切るべし．是は甘瓜のごとく先を留る事はなし無用のつるの出づるをきりさるべし．そのまま置けば瓜ふとらず，云々」と具体的なスイカ栽培の手ほどきが示されている．

明治時代になると，アメリカ合衆国などから多くの品種を導入した．『舶来穀菜目録』（1883）には8品種，『舶来穀菜要覧』（1886）には15品種についての特性が記載されている．これより前，宝暦年間（1751〜63）には，現在の奈良県橿原市付近で'紀州西瓜'が栽培され，珍果として売買されていたが，1869（明治2）年に現在の天理市に住み灯心の行商を生業としていた巽権次郎が三河に行った際，そこでお茶代わりに差し出されたスイカの甘みに驚き，50〜60粒の種子を手に入れて持ち帰り，大和に普及させた．1867（慶応3）年から1869（明治2）年にかけてのこととされる．性状は形は整円で黒皮，果肉は濃赤色である．以後，

‘権次西瓜’として，一世を風靡する‘大和スイカ’の始祖となった．その後，奈良県農業試験場が1901（明治34）年にカリフォルニア大学から導入した‘アイスクリーム (Ice cream)’がこれに代わり急速に普及したが，この‘アイスクリーム’と‘権次西瓜’が自然交雑していわゆる‘大和スイカ’が誕生した．

奈良県農業試験場では在来種から新品種を作出する育種事業に着手し，1925（大正14）年には大和1号～4号が育成された．このうち‘大和3号’とアメリカ由来とされる縞皮品種の‘甘露’の組み合わせから初のF_1品種‘新大和’が1928（昭和3）年に育成された．一方，千葉県農事試験場でも同時期にスイカの品種改良を始め，‘大和スイカ’の分系‘千葉1号’を1926（大正15）年に発表している．その後，続けて‘都西瓜’，‘都1号’などを育成している．

このように，大正時代以降の奈良県と千葉県での品種改良がきっかけとなり，その栽培は全国に普及し，第二次世界大戦後は種苗会社が中心となって現在まで多くのF_1品種が育成されているが，そのほとんどは，固定大和系のいくつかの品種と‘甘露’の組み合わせから生まれた品種が基本種となっている．

【品　種】　現在栽培されているスイカの品種は，そのほとんどが種苗会社で育成されたF_1品種である．

　大玉スイカ：戦後の品種改良の中心目標は大玉のF_1であり，多様な育種素材をもつ奈良県の民間育種場が中心的役割を果たしてきた．その発端が‘都1号’の変異株から品種育成され1952年に発表された‘三笠’である．‘三笠’は優良な形質を多く備えるものの，裂果しやすい欠点があったため経済栽培には普及しなかったが，以後のF_1品種育成の育種素材としての利用度においては卓越した品種である．戦後の品種改良の目標は，耐裂果性，ツルワレ病および炭疽病の抵抗性に重点がおかれるようになった．今日まで民間各社から40を超えるF_1品種が育成されてきたが，その素材となったのが，‘旭大和’，‘三笠’，‘富研’，‘田端甘露’，‘都3号’等の大正から昭和にかけて育成された固定種である．主なF_1品種として‘縞王’，‘日章’，‘甘泉’等がある．

　小玉スイカ：昭和30年代を中心にF_1品種育成が進められた．育種素材としては‘嘉宝’や愛知在来種およびアメリカ合衆国から導入した品種等が利用された．手頃な大きさが支持され‘こだま’，‘ミゼット’等の品種が普及したが，いずれも裂果ややわらかい肉質などの点で問題があった．現在は着果安定，耐裂果，シャリのある肉質，日持ち性等，これまでの小玉品種の欠点を補う新しい品種が育成

されだした．

種なしスイカ：コルヒチン処理して四倍体としたスイカの雌しべに，二倍体のスイカの花粉を受粉して三倍体とする，木原均のグループの研究成果として戦後生まれたものである．三倍体の植物体は生殖細胞の減数分裂時に正常な細胞分裂が進まず，染色体の不均衡が生じるため受精能力を欠き，その結果，種子が生産されずに種なしとなる．種がなければ食べるときの煩わしさが軽減されて便利であるが，実際にはあまり普及しなかった．これは，空洞，変形，着色不良等品質に問題があったことと，種皮の硬質に起因する発芽不良，倍数性の抱える晩生等，栽培上の問題もあった．一時完全に衰退した形となった種なしスイカだが，最近になって，四倍体親の形質向上や二倍体との精緻な組み合わせ検定によって，果実品質もかなり向上した品種が育成されている．また，二倍体の花粉を放射線処理して不活性化させ，二倍体のままで種なしとする技術も開発されている．しかし，いずれにしても解決しなければならない問題が多く，種なしスイカの普及のためには，問題解決の研究成果が待たれる．

(1) 在来種

'**黒部西瓜**'：明治初年に導入した'ラットルスネーク（Rottlesnake）'から富山県の篤農家が育成した品種で，楕円形で太い縞があり，果実重 15 kg 前後の大型品種である．盛夏に俵に包まれた姿で出荷されるこのスイカは富山の特産品として有名である．

'**源五兵衛西瓜**'：別名'千成り西瓜'とも呼ばれる．和歌山市近郊で古くから栽培されてきた品種で，2 kg 程度の小型種である．糖度低く，シャリケも乏しく食味は劣るが，果皮が厚く，極めて着果性がよいことから，未熟果を利用する奈良漬けの原料として珍重されている．

'**てっぽう**'：福井県三国町でもっぱら自家用として栽培される．果皮は黒緑色，果肉は赤色で，果重 5~6 kg の楕円形の中型種である．貯蔵性が高く，当地では正月用として貯蔵する．フザリウム（Fusarium）に対しても強い．

その他，岡山県瀬戸内市には'嘉宝'に似た品種がわずかではあるが自家採種され栽培されている．

このほか，江戸時代から，あるいは明治から昭和にかけて海外から導入された品種が各地で栽培されていたが，昭和 30 年代から本格化した F_1 品種の台頭により，在来種は急速にその姿を消していった．

(2) その他の品種

一般的に，スイカ品種は果皮が緑色の縞皮で果肉は赤色であるが，果皮が黒や黄色，果肉が白や黄色の品種もわずかではあるが育成されてきた．

1930（昭和5）年に育成された'黄大和'は，それまで'嘉宝'などと並び栽培されていた在来種の'黄金'と'甘露'の組み合わせから誕生した F_1 品種である．果皮は縞皮で果肉は鮮黄色であった．

果皮色の黒い品種として，古くは江戸時代からの栽培の歴史をもつ'権次西瓜'があるが，近年の F_1 品種は海外から導入した黒皮品種と育種素材として分離した維持系統を組み合わせたものである．

黄皮品種は熱帯あるいは亜熱帯アジアの品種を導入して育成されたもので，たぶんに観賞的要素を含んでいる．

【生育周期と栽培管理】 日本のスイカ栽培面積は1980年には約3万3000 ha で

表1 国内におけるスイカの栽培面積と収穫量の上位5県

		栽培面積 (ha)			収穫量 (t)
1	熊本県	1790	1	千葉県	68000
2	千葉県	1480	2	熊本県	60700
3	山形県	917	3	山形県	36600
4	新潟県	693	4	茨城県	25100
5	茨城県	619	5	鳥取県	24500
	全国	13400		全国	450200

農林水産省統計表，2006より作成．

表2 世界におけるスイカの栽培面積と収穫量の上位5カ国

		栽培面積（千 ha）			収穫量（千 t）
1	中国	2314	1	中国	71220
2	トルコ	137	2	トルコ	3805
3	イラン	131	3	イラン	3259
4	ロシア	117	4	アメリカ合衆国	1719
5	ブラジル	81	5	ブラジル	1505
	日本	13		日本	450
	世界	3785		世界	100602

FAO年鑑，2006より作成．

あったが，2006年には約1万3000haと漸減した．また，1980年当時までは大玉品種が主流であったが，その後，中・小玉品種が漸増し，特に小玉品種は全体の約2割近くを占めるようになっていて，おそらくこのまま増加して3割程度のシェアまでは達すると思われる（表1,2）．

(1) 作型

最近までスイカは盛夏に収穫が集中していたが，盛夏以外での需要の伸びから，今日では周年栽培されるようになり，作型も，促成，半促成，早熟，露地，抑制と，多くの野菜類と同じ作型が確立されている．

促成栽培：8～11月に播種し，1～4月にかけて収穫する作型である．沖縄，熊本，高知等暖地のパイプハウス内で栽培される．

半促成栽培：12～1月に播種し，4～6月に収穫する作型である．熊本，愛知，千葉等が主産地であるが，6月出荷は鳥取，福井，石川等，日本海側の産地からも出荷される．いずれも無加温が基本だが，開花・交配期のみ加温する場合もある．

早熟栽培：1～2月に播種し，6～7月に収穫する作型である．おおむね大型トンネルの雨よけ栽培が主であるので，産地は露地栽培産地と重なる．

露地栽培：3～4月に播種し，8月に収穫する作型である．以前はこの作型が最も一般的であったが，梅雨時の着果不良や需要の前進などによって，産地は漸減し，現在では北陸以東の日本海側や北海道が主な産地となっている．

抑制栽培：7～8月に播種し，11～12月に収穫する作型である．日射量や温度が下がる時期の栽培であるため，1果どり栽培が主で，果実も小さい．産地は促成栽培の産地と重複する．最も高価な時期で，贈答用として出荷される．

(2) 接ぎ木栽培

土壌伝染性病害，主にツルワレ病回避と草勢と低温伸長性の強化を目的として，スイカ栽培では一般的に広く行われる技術である．台木にはユウガオ，トウガン，カボチャ，スイカ共台等が利用される．

ユウガオ：スイカツルワレ病に強く低温伸長性にも優れ，しかも果実品質が保たれることなどから，最も広く用いられる台木である．しかし，ユウガオツルワレ病には侵されるので，発生地では利用できない．

トウガン：ユウガオツルワレ病に耐性があるので，ユウガオの代替として利用される．しかし，スイカツルワレ病には弱いので，発生地では利用できない．果実品質はユウガオ台と同等である．

カボチャ：ツルワレ病に強い耐性を示すが，着果が安定せず果実品質も劣るため，他の台木では対応できない連作障害圃場で利用される．
スイカ共台：ツルワレ病に強く果実品質もスイカであるので低下しない．しかし，低温伸長性や湿害には弱く，水田跡地等では利用できない．

【**栄養成分**】 果肉（可食部）の約90%が水分で，残りの10%近くが糖分である．そのほか，リンゴ酸などの有機酸やミネラル，ビタミン類を少し含んでいる．果汁の赤色はカロテンとリコピンによる．また，種子には脂肪とタンパク質がそれぞれ約20%と約50%含まれる．

中国明朝時代に著された『本草綱目』（1596）には，スイカ果実の効用として，利尿，解毒，腰痛，むくみの改善等に，また，種子には解熱，利尿にそれぞれ効果があると記載されている．

主な機能性成分としては，下記のようである．

シトルリン：スイカの果実から1930年に日本で最初に発見されたアミノ酸の一種で，尿素回路を構成する化合物の1つである．シトルリンは肝臓の解毒作用である尿素回路を活性化して，血液，臓器の体内浄化を促進する．
リコピン：カロテノイドの一種で，トマト果実などにも含まれる．抗酸化作用があり，抗がん作用や老化防止作用があるといわれている．
カリウム：体内の塩分調整を司り，利尿作用があるため，腎炎，膀胱炎，高血

表3 スイカの主な栄養成分（可食部100g当たり）

	エネルギー (kcal)	37	ミネラル	銅 (mg)	0.03
				マンガン (mg)	0.03
一般成分	水分 (g)	89.6	ビタミン	A (μg)	140
	タンパク質 (g)	0.6		E (mg)	0.1
	脂質 (g)	0.1		B₁ (mg)	0.03
	炭水化物 (g)	9.5		B₂ (mg)	0.02
ミネラル	ナトリウム (mg)	1		ナイアシン (mg)	0.2
	カリウム (mg)	120		B₆ (mg)	0.07
	カルシウム (mg)	4		葉酸 (μg)	3
	マグネシウム (mg)	11		パントテン酸 (mg)	0.22
	リン (mg)	8		C (mg)	10
	鉄 (mg)	0.2			
	亜鉛 (mg)	0.1			

五訂日本食品標準成分表より．

圧に効果があるといわれている．

【利用・加工】 生果を冷やして食べるのが一般的だが，特殊な利用法もある．
　スイカ糖：果肉や果汁を煮詰め飴状にしたもので，腎臓病の漢方医薬として用いられる．明治時代以降広く普及したが，現在ではあまり知られない．
　炒り種：中国ではなじみある食材である．黒皮種の大粒種子が利用されるが，日本の栽培品種は種子が小さく炒り種には向かない．種子を塩水に浸けてから乾燥させ，先端が割れるくらいに炒ると香ばしい風味が得られる．
　奈良漬け：奈良漬けは平安時代からの製法であるが，スイカが用いられたのは明治時代以降である．和歌山県在来の'源五兵衛西瓜'が利用される主な品種である．

〔大井美知男〕

スグリ類

カランツ (カラント)

和名 フサスグリ,シロフサスグリ,クロフサスグリ,アカスグリ,クロスグリ,レッドカランツ(レッドカラント),ブラックカランツ(ブラックカラント),カシス
英名 redcurrant, common currant, garden currant, blackcurrant, European blackcurrant
学名 *Ribes* spp.
(ユキノシタ科)

　ヨーロッパに原生するスグリ属(*Ribes*)から改良されており,フサスグリ(赤色種)は *Ribes rubrum* L. および *Ribes vulgare* Lam. 由来であり,クロフサスグリ(黒色種)は *Ribes nigrum* L. 由来である.赤色種からは果実が白色や桃色のものが分離されている.わが国でも,野生種が自生しているが,果樹として改良されたものはない.フサスグリは漢字で「房酢塊」と書く.また currant(カラント)の名前の由来は,古代ギリシャの港 Corinth(コリント)から運ばれていた干したぶどうが黒色種の果実と似ていたためだといわれている.属名の *Ribes* はアラビア語あるいはペルシャ語で「酸味」を意味する言葉からきている.

【形　態】　温帯性の落葉小低木(高さ1.5 m).同じスグリ属のグーズベリーの

図1　カランツ(黒色種)花 'ベン・ローモンド'

図2 カランツ（黒色種）成熟果'ベン・ローモンド'　　**図3** カランツ（赤色種）完熟果'レッド・レイク'

ような刺はない．葉は円形〜円腎形で，幅3〜8 cm，3〜5浅裂し，短軟毛を有するものもあり，裏面に油点があるもの（黒色種）とないもの（赤色種）とがある．花は両性で総状花序につく．1花房に数個から十数個の花が着生し，基部に近い花から咲きはじめ，順次先端へと向かっていく．花は小さく，萼片より短く，ラッパ状をしており，黄緑色あるいは黄紫色である．萼は車形〜鐘形で，緑白色〜黄緑色を帯びている．萼片は広倒卵形〜長楕円形である．果実は液果であり，直径1 cm・重さ1 g程度の球形〜楕円球形で，毛はなく，成熟するにつれ品種固有の色に着色していく．果皮は薄く，平滑で光沢がある．種子は褐色で，赤色種では大きく数個から十数個含まれ，黒色種では小さく二十数個から三十数個含まれる．赤色種の果房は円筒状になるが，黒色種は1果房に数個，まばらにしか残らない．

【原産地と伝播】 *Ribes rubrum* の原産地は，ヨーロッパ北西部から東北部，アジア東北部であり，*Ribes vulgare* の原産地はヨーロッパ西部である．一方，*Ribes nigrum* の原産地は，ヨーロッパ北部，中央アジアである．ヨーロッパでは16世紀に入り，健康食品としての価値が認められ，人気が出はじめてから栽培されるようになり，バルト海沿岸諸国を中心につくられた．現在，ロシア，ドイツ，ポーランド等のヨーロッパ各国で，重要な小果類として生産されている．なお，黒色種はアメリカマツの重要病害の感染源となるため，アメリカ合衆国では栽培が制限されている．日本へは1868（明治元）年に導入されたのが最初とされており，1873（明治6）年にも北海道開拓使によって導入された．しかし，スグリよりも栽培適地が狭い等の理由から，経済果樹として発展するまでには至らなかった．現在は，北海道等の観光果樹園で栽培されているほか，近年のガーデ

ニングブームにより，庭先果樹としても注目を集めている．

【品　種】　赤色種では，'ロンドン・マーケット (London Market)'，'スチーブンス (Stephens)'，'ローズ・オブ・ホーランド (Rose of Holland)'，'ラックストンズ1号 (Laxton's No. 1)'，'レッド・ダッチ (Red Dutch)'，'レッド・レイク (Red Lake)'，'チェリー (Cherry)' 等があり，白色種では，'ホワイト・ダッチ (White Dutch)'，黒色種では'ボスクープ・ジャイアント (Baskoop Giant)'，'ベン・ローモンド (Ben Lomond)' 等がある．

【生育周期と栽培管理】　夏季に冷涼な気候を好み，耐寒性が極めて強く，−35℃の低温にも耐えることができる．そのため，日本では東北地方以北や高冷地での栽培に適している．耐陰性が強いので，暖地では日照の弱い半日陰や北向きの傾斜地で栽培可能だが，夏季の高温多湿は，花芽の着生数の減少，病害の発生等をもたらす．あまり土質を選ばないが，乾燥しやすい土壌では，果実に日焼けを生じやすい．通常，挿し木により繁殖するが，取り木や株分けでも繁殖可能である．植付け後，2～3年目には結実しはじめる．自家結実性のため，単植でもよく結実する．樹が大きくならないので，株仕立てとし，4～5年生以上の古い枝は間引いて新しい枝に更新する．開花は4月後半～5月前半にかけてであり，収穫は7～8月にかけて行う．ジャムやゼリーなどに加工する場合は，ペクチン含量の減少を防ぐためやや早めに収穫し，ジュースやシロップなどの果汁をとる場合は，糖度が上昇するまで完熟させてから収穫する．赤色種は脱粒しにくいため，果房ごと収穫できるが，黒色種は脱粒性が強いため，成熟したものから順次収穫する．

図4　カランツ（白色種）販売果

表1 カランツ, グーズベリーおよびリンゴの主な栄養成分 (可食部100g当たり)

		カランツ (黒色種)	カランツ (赤色種)	グーズベリー	リンゴ
	エネルギー (kcal)	63	56	44	59
一般成分	水分 (g)	82	84	88	84
	タンパク質 (g)	1.4	1.4	0.9	0.2
	脂質 (g)	0.4	0.2	0.6	0.4
	炭水化物 (g)	15	14	10	15
ミネラル	カリウム (mg)	322	275	198	115
	カルシウム (mg)	55	33	25	7
	リン (mg)	59	44	27	7
	鉄 (mg)	1.5	1.0	0.3	0.2
ビタミン	A (レチノール当量, μg)	69	36	87	27
	B_1 (mg)	0.05	0.04	0.04	0.02
	B_2 (mg)	0.05	0.05	0.03	0.01
	ナイアシン (mg)	0.3	0.1	0.3	0.1
	C (mg)	181	41	28	6

米国農務省データ (2002年) より作成.

【栄養成分と利用・加工】 果実は, すべての種でビタミンCに富んでいるが, 特に黒色種で顕著である. 黒色種は, 強壮剤や咳止めドロップ, 風邪薬等にも利用されており, そのジュースは健康果実飲料として世界各国で販売されている. ビタミンC以外のビタミン類や食物繊維, ミネラルも多い. 完熟した果実は甘酸っぱく, 白色種等は生食されているが, 黒色種には独特の香りがあり, 加工が主となる. 加工品としては, ジャムやゼリー, パイ, 果実酒等があり, 特にリキュールのクレーム・ド・カシス (Crème de Cassis) は有名である. 黒色種の果実に含まれるポリフェノールには, 4種類のアントシアニンが知られているが, その中でも高い抗酸化性をもつデルフィニジン類が多いため, 目の疲れを改善する効果をもつ機能性食品として, 最近, 注目を集めている.

グーズベリー

和名 セイヨウスグリ，マルスグリ，オオスグリ，アメリカスグリ
英名 gooseberry, European gooseberry, American gooseberry
学名 *Ribes* spp.
(ユキノシタ科)

ヨーロッパに原生しているセイヨウスグリ (*Ribes uva-crispa* L.) とアメリカ北部に原生しているアメリカスグリ (*Ribes hirtellum* Michx.) から改良され，両者の雑種も多い．わが国でも，長野県などに野生種が自生し，スグリと称されているが，果樹として改良されたものはない．グーズベリー (gooseberry) という名前の由来は，果実ソースがガチョウ (goose) 料理に使われるからだとか，植物体がハリエニシダ (gorse) の茂みに似ているからだという説がある．

【形　態】　温帯性の落葉小低木 (高さ 1～1.5 m) で同じスグリ属 (*Ribes*) のカランツより小さい．セイヨウスグリは枝の節に 1 または 3 個の刺がある．アメリカスグリは通常，無刺であるが，しばしば小さな刺が生える．葉は互生または短枝や枝先では束生し，幅 2.5～7.5 cm のやや円形ないし広卵形で，3～5 浅裂し，無毛である．葉柄にはしばしば長毛がある．花は両性で，葉腋に 1～3 個束生するが小さく，緑色，赤緑色あるいは紫色を帯びており，開花後落ちずに枯凋状態で果頂部に残る．萼は鐘状で，紫色あるいは緑色を呈しており，萼片は長楕円形

図 5　グーズベリー完熟果
'ウィンハムズ・インダストリー'

図 6　グーズベリー収穫果
'ウィンハムズ・インダストリー'

または倒卵形をなし，萼筒は無毛（アメリカスグリ）または有毛（セイヨウスグリ）である．果実は液果であり，球形〜楕円球形で，緑，黄緑，紫，赤等それぞれ品種特有の色をしており，芳香を発するものもある．果面は平滑なものや毛のあるものがある．果重はアメリカスグリで2〜4g，セイヨウスグリで6〜10gになる．種子数は10〜60個と幅があるが，種子は粘質の膜で覆われ，食べても口に残らない．果皮の厚さも品種による差が大きい．かつてキウイフルーツが，チャイニーズグーズベリーと呼ばれていたが，果実の形が似ているためで，類縁種ではない．

【原産地と伝播】 セイヨウスグリの原産地は，ヨーロッパ以外に，北アフリカやアジア（コーカサスからヒマラヤにかけて）にまたがっている．イギリスでは，チューダー王朝（1485〜1603）以前から，野生種が庭先で栽培されはじめ，料理用ソースや甘味料として使用されていた．16世紀になるとヨーロッパ各地で栽培されはじめ，19世紀には重要な小果類になり，大きな果実をつくるのを競い合う「グーズベリークラブ」も存在した．アメリカスグリは，新大陸の発見前からアメリカ先住民によって野生の果実が利用されていたが，野生種の改良は19世紀半ば以降になってからである．日本へは1868（明治元）年に導入されたのが最初とされており，1873（明治6）にも北海道開拓使によって導入された．北海道では一時期，栽培面積が50 haを超えたこともあったが，セイヨウスグリはうどんこ病に弱いこともあり，現在は散在的に栽培されているにすぎない．ただし，近年のガーデニングブームにより，庭先果樹として注目を集めている．

【品　種】 ヨーロッパ系品種では，'ドイツ大玉（Whitesmith）'（果実の色：淡緑），'赤果大玉（原名不明）'（暗赤）'ウィンハムズ・インダストリー（Whinham's Industry）'（暗赤）等があり，アメリカ系品種では，'ピックスウェル（Pixwell）'（赤紫），'グレンデール（Glenndale）'（暗赤紫），'オレゴン（Oregon）'（黄緑），'ホートン（Houghton）'（暗紫），'ヤングベリー（Youngberry）'（黄緑）等がある．

【生育周期と栽培管理】 夏季に冷涼な気候を好み，耐寒性が極めて強く，−35℃の低温にも耐えることができる．そのため，日本では東北地方以北や高冷地での栽培に適している．夏季の高温多湿は，花芽の着生数の減少，病害の発生等をもたらす．あまり土質を選ばないが，乾燥しやすい土壌では，果実に日焼けを生じやすい．アメリカ系品種は挿し木によって繁殖するが，ヨーロッパ系品種は挿し

木活着率が低いため，取り木や株分けで増やす．植付け後，2～3年目には結実しはじめる．自家結実性があるため，単植でもよく結実する．樹が大きくならないので，株仕立てとし，4～5年生以上の古い枝は間引いて新しい枝に更新する．開花は4月後半～5月前半にかけてであり，収穫は7～8月にかけて行う．生食等に用いる場合は，完熟果を2～3回程度に分けて収穫する．加工に用いる場合は，やや未熟な果実を一度に収穫してもよいが，刺があるので革手袋をつけてしごくようにして取ると効率がよい．

【栄養成分と利用・加工】　果実はビタミンCに富み，ビタミンA，ビタミンD，カリウム，リン，ナイアシンも含んでいる（カランツの表（表1）参照）．低カロリーであり，食物繊維（ペクチン）も多い．生食では甘酸っぱく独特の風味があり，大果のヨーロッパ系品種が主に利用されている．ガチョウ料理やサバ料理の味つけに用いられたり，ジャムやゼリー，パイ，アイスクリーム，シャーベット，果実酒等の加工にも広く利用されている．

〔鉄村琢哉〕

スターフルーツ

和名 ゴレンシ，カランボラ
英名 star-fruit, carambola
学名 *Averrhoa carambola* L.
（カタバミ科）

　属名の *Averrhoa* は12世紀に天文学者，医者，哲学者として名をはせたスペイン系アラブ人アベレー・イブン・ラシュド（Averroës Ibn Rushd）にちなんで命名された．種名の *carambola* はマレーのマラバル地方の現地語による．

【形　態】　高さが5〜10mの常緑小高木で，樹皮は暗灰色を呈し，若い枝や葉柄に毛じがある．葉は9〜11枚の小葉が対生する奇数羽状複葉で，小葉は卵形〜楕円形である．小葉の長さは2〜5cmで先端はとがっており，葉の表は深緑色，裏は緑白色である．花は複総状花序をなし1花穂に20〜120の小花を着生する．小花は紫色の5枚の花弁よりなり，長さは6〜9mmである．着果安定にはミツバチ等の受粉昆虫の飛来が必須であり，生理落果後に摘房を行って果房の数を制限するとともに，摘果して1房に3〜4果をならせる．果実は5稜をなし横断面は星形で，緑色の幼果は成熟するにしたがって琥珀色〜黄褐色に着色し長さ12cm程度の熟果となる．果実はワックス状の透きとおった果皮で覆われ，果肉は多汁質で甘みと酸味がある．ビニール袋に詰めて10℃の貯蔵庫におけば1カ月程度の貯蔵は可能である．

図1　果実とその断面

【原産地と伝播】 スターフルーツは極めて古くから南アジア〜東南アジアに栽培分布していた関係で，原産地は特定されておらず，マレー半島，インド，モルッカ諸島，ジャワ島等の諸説がある．中国では果実の形状が特異的で関心を喚起したためか，紀元前400年頃の字典に早くも羊桃としての記載がある．東アジアでは台湾，フィリピンにも伝播し，その後，ヨーロッパ人によってハワイ，フロリダ，カリフォルニアやオーストラリアにも運ばれ，栽培されるようになった．わが国においては小規模ながら宮崎県をはじめとした南九州でハウス栽培が行われている．

【品　種】 スターフルーツは実生（種子）で繁殖されることが多く，他の果樹ほど明確な品種はないといってよい．通常，果実の味によって甘味系と酸味系に大別されており，前者は後者に比べて花弁の紫色と果皮の黄色が薄く，果実の稜が細くてシャープである．

【生育周期と栽培管理】 熱帯の比較的雨の多い地帯に適し，水分保持力の高い深い土壌を好むが，マレーシアでは他の作物の栽培に不適な錫鉱跡の砂土で盛んに栽培されている．幅広い土壌適応性を有し，南九州のハウス栽培においても特に土壌を選ぶことはない．広く旧梢の葉腋に花をつけるため，剪定に工夫を凝らす必要はなく，込んだ部位の間引き剪定が中心となる．幼木では窒素を中心に施肥し，成木ではリン酸とカリウムを適当に添加して施肥を行うが，新梢の発生が周年にわたってみられるため，肥料切れにならないように注意する必要がある．苗木養成に際しては取り木や接ぎ木で苗を養成することもできるが，一般には実生（種子）で繁殖することが多い．春先に苗床に播種して，2〜3年間養成し，その

図2　棚仕立て栽培における結実の様子　　　　図3　花（開花の状況）

図4 スターフルーツの着果状態（インドネシア）　図5 スターフルーツの着果と袋掛け（インドネシア）

後園地に定植して播種後6～7年で結実が始まる．立ち木仕立てが一般的であるが，わが国のハウス栽培では平棚仕立てでの栽培もみられる．周年開花性を有するが，通常は6～7月に開花して9～11月に果実を収穫する．春花，夏花では収穫までに120日程度の期間を要し，秋花では150～200日の生育期間を要する．播種7～8年後の成木で300～500個の果実を着生し，年間収量は1樹当たり50～100 kgである．わが国では，消費者の嗜好に応えるために，甘味系を実生に接ぎ木して苗木を養成しハウス栽培を行っているが，マレーシアをはじめとして東南アジア諸国から，より甘く品質の優れた品種・系統の導入が急がれている．

一般に耐病性，耐虫性に優れているといえるが，吸蛾類の被害を防ぐには袋掛けをしなければならない．わが国のハウス栽培においては灰色かび病，ハダニ，スリップスの被害が少し出る程度で，病害虫には強いといえる．

【栄養成分と利用・加工】　生食またはゼリーとして食される．果肉はビタミンA，C，鉄分，食物繊維に富み，果実を生食すると出産後の母親の乳の出がよくなるといわれている．未熟果は野菜として煮物にし，花はサラダにも利用できる．また，果実の煎じ汁には下痢止め効果があり，葉や根の成分には二日酔い解消や頭痛緩和等の薬用効果がある．　　　　　　　　　　　　　　　　　　〔山下研介〕

スモモ

和名 ニホンスモモ，ヨーロッパスモモ（ドメスティカスモモ）
英名 Japanese plum, European plum
学名 *Prunus salicina* Lindl.（*Prunus domestica* L.）
（バラ科）

スモモは約30種からなる果樹であるが，主要なスモモの栽培種は2種である．1つは中国原産の二倍体種ニホンスモモであり，他の1つは，アジア西部原産と考えられる六倍体種ヨーロッパスモモである．乾果用として利用されるヨーロッパスモモ品種群は俗にプルーンと呼ばれている．

学名にある *Prunus* はサクラ属のことを指すが，由来は「スモモ」を指すラテン語である．ニホンスモモの学名にある *salicina* は"ヤナギのような"という意である．ヨーロッパスモモの学名にある *domestica* は英語の"domestic"と同意である．和名のスモモは，酸味が強いことから酢桃あるいは酸桃と表されたことに由来する．

【形　態】　ここでは主要な栽培種であるニホンスモモとヨーロッパスモモについて述べる．ニホンスモモは落葉小高木で，枝の発生が密であり，樹高は2.5～5 mである．二年生枝は黄褐色か灰褐色を呈する．葉は長楕円形ないし卵形であり，葉縁は細鋭鋸歯である．葉質は薄く，葉面に毛じはない．葉色は淡緑色から緑色を示す．一年生枝の葉腋に花芽を着生し，花芽のみの単芽と花芽，葉芽の両方を

図1　ニホンスモモ'ソルダム'の花

図2 ニホンスモモ'大石早生'の結実の様子 　　**図3** ヨーロッパスモモ'スタンレー'の結実の様子

そなえた複芽とがある．1花芽から3つの花が咲くため，1つの短果枝が花束のように見える．花の構造については，花弁の基本数は5枚で，円形ないし楕円形であり，白色である．雌しべは1本で無毛であり，雄しべの本数は品種により異なるが，15～20本のものが多い．心皮は1枚であり，1枚の心皮中に2個の胚珠が存在するが，通常はそのうちの1つは退化するため，1個の成熟種子となる．葯は黄色で品種により濃淡がある．萼片は5枚で，黄緑や緑色から紅色を呈すものもある．花柄は長く緑色である．果実は他の核果類と同様，子房が発達した真果であり，外果皮は果皮に，中果皮は果肉に，内果皮は核に発達し，核の内部には種子が存在する．果形は円形または楕円形で，果頂部がとがっているものからくぼむものまで変異が大きい．果皮は無毛で果粉を生ずる．果汁が多く，果肉は黄色か紅紫色を呈し，粘核のものが多い．果皮色は黄色や緑色から赤色，

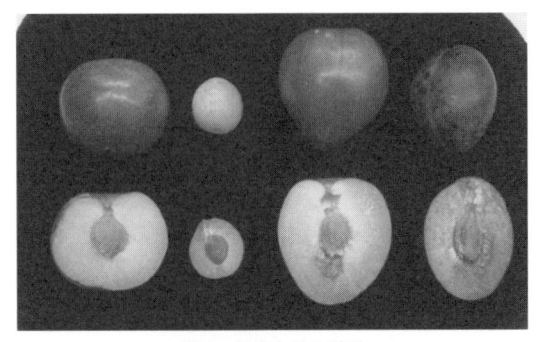

図4 果実とその断面
左から　ニホンスモモ，インシチチアスモモ，アメリカスモモ，ヨーロッパスモモ．

黒紫色と多彩である．果実サイズは40～80g程度のものが多いが，150g以上の大果をつけるものもある．

　一方，ヨーロッパスモモは落葉中高木で，多くが直立性であり，枝の発生は一般に粗く，樹高は3～6mである．二年生枝は紅褐色を呈する．葉は卵形ないし倒卵形であり，葉縁は鋭鋸歯あるいは鈍鋸歯である．葉質は厚く，葉面に毛じを有するものが多い．葉色は濃緑色から暗緑色を示す．花は1花芽中に1～2花が含まれる．花の構造はニホンスモモとほぼ同様である．果形は円形や卵形あるいは長楕円形であり，基部に乳頭状の突起を有するものが多い．ニホンスモモに比べて果汁は少なく，果肉は一般に黄色で離核である．果皮は無毛で果粉を有し，黄色から紅紫色，青紫色，黒紫色まで変異に富む．

【原産地と伝播】　ニホンスモモの原産地は，中国の長江（揚子江）沿岸地域一帯であり，湿潤な温帯モンスーン気候によく適応し，中国東部，日本，朝鮮半島，東南アジアに伝播していった．日本では弥生時代前期の遺跡よりスモモの核が出土しているため，かなり早い時代に渡来したと考えられる．スモモは『古事記』や『万葉集』にもその名が登場する日本では最も古い果樹の1つであるが，酸桃として軽んじられ，長い間果樹として重要視されていなかった．明治時代になって主に大果系統が選抜され果樹園として栽培されるに至った．1870年，日本よりアメリカ合衆国に導入されたニホンスモモは，北アメリカ原産のアメリカスモモとの交雑を経て多数の種間交雑個体が育成され，これがニホンスモモの改良の歴史の転機となった．選抜された優良品種は，大正時代に日本に逆輸入され今日の日本における主要なスモモ品種のもととなったばかりでなく，アメリカ合衆国よりヨーロッパやアフリカ等へ伝播し世界各地における主要なニホンスモモ品種として普及している．

　一方，ヨーロッパスモモの原生地はアジア西部コーカサス地方とされている．スピノーサスモモとミロバランスモモとの自然交雑種と考えられている．夏に乾燥する気候によく適応し，南フランスをはじめとしたヨーロッパで品種改良がなされ，現在ではヨーロッパを中心に世界各国で主に乾果用として普及している．わが国へは明治初期に導入されたが，夏の湿潤な気候に適さず普及しなかった．現在では長野県や東北地方で生果用として小規模ながら栽培されるにとどまっている．

図5 '大石早生'とその断面

図6 'ソルダム'とその断面

図7 'サンタローザ'とその断面

【品　種】　約 30 種からなるスモモは，果実サイズや果皮色が変異に富みバラエティー豊かである．特に，二倍体のニホンスモモは，他の二倍体種と容易に種間交雑可能なため，前述したようなアメリカスモモをはじめとした他のスモモ種との交雑系統だけでなく，ウメやアンズの種間交雑系統である'李梅'や'李杏'（プラムコット〔plumcot〕，プルオット〔pluot〕）等の系統も知られている．わが国で栽培される主要なニホンスモモ品種のうち，純粋な P. salicina 品種は，'花螺

李'や'甲州大巴旦杏（ケルシー〔Kelsey〕）'等ごくわずかである．わが国で広く栽培されている代表的な栽培品種は，'大石早生'，'ソルダム'，'太陽'，'サンタ・ローザ（Santa Rosa）'であり，いずれもアメリカスモモとの交雑を経たものである．またスモモには熟期が遅い'レート・サンタ・ローザ（Late Santa Rosa）'などの枝変わり品種も多く存在する．最近の大玉嗜好にともない，大果をつける優良品種が育成されており，山梨県で育種された'貴陽'は大きいものでは200〜300gの大果となり，高価に販売されている．一方，わが国で栽培されている主要なヨーロッパスモモ品種は'シュガー（Sugar）'，'スタンレー（Stanley）'，'サンプルーン'であり，もっぱら生果として利用されている．乾果に利用されるヨーロッパスモモは，糖含量が高く核を有した状態で腐敗することなく乾燥可能な品種でありプルーン系として分類されている．代表的な品種は'フレンチ（フレンチプルーン）（French）'である．

【生育周期と栽培管理】 一般的に，ニホンスモモはわが国での栽培の歴史が古く風土によく適応しているため，開花期に長期間低温になりやすい場所を除いては，比較的地域を選ばずに栽培が可能である．一方，ヨーロッパスモモは雨の多い地方では病気にかかりやすく，裂果も生じやすい．そのため栽培地域は限定されており，特産果樹として扱われている．

ニホンスモモはわが国ではウメやアンズに次いで開花が早く，ヨーロッパスモモはこれより1週間ほど遅い．早春の開花となるため，天候が不安定であり晩霜害の影響も受けやすく，結実が不安定となりやすい．また，ニホンスモモ，ヨーロッパスモモともに多くが自家不和合性を示し，一部交雑不和合性も認められるため，交雑可能な受粉樹の混植や人工受粉が結実の確保に重要である．また，核果類は一般的に大玉が好まれるため，生理落果を考慮したうえでの摘果が重要である．スモモは新梢の発生や伸長の仕方あるいは樹勢の強弱が品種によって異なるため，各品種にあった整枝・剪定を行い，良好な結実が見込める中・短果枝の確保に努めるべきである．

【生産と消費】 日本におけるニホンスモモの総生産量は2万〜3万t前後であり，府県別にみると山梨県が全国の生産量の1/3を占め，次いで和歌山県，長野県がそれぞれ1割程度となっている．ヨーロッパスモモの日本における生産量は3000t程度だが，近年の健康食品としてのプルーンの消費拡大により，長野県を

中心に栽培面積は広がっている．世界的にみるとニホンスモモの生産量は中国が圧倒的に多く，ヨーロッパスモモの生産量は，アメリカ合衆国カリフォルニア地方が世界の 80～90％を占めている．乾果用のプルーンは，ヨーロッパでは「命の果実」「ミラクルフルーツ（驚異の果物）」といわれ，朝食で必ず食される習慣がある地域もあるほどなじみの深い果物であり，原産地である黒海，カスピ海沿岸地方や地中海沿岸地方で優秀な乾果が生産されている．日本で消費されるプルーンのほとんどはアメリカ合衆国からの輸入品であり，年間 1 万 t 程度が輸入されている．

【栄養成分】　ニホンスモモは果汁が多く，全体の 88％が水分である．他の果樹

表1　ニホンスモモ、ヨーロッパスモモの主な栄養成分（廃棄率以外は可食部 100 g 当たり）

		ニホンスモモ	ヨーロッパスモモ（生果）	ヨーロッパスモモ（乾果）
廃棄率（％）		7	5	0
エネルギー（kcal）		44	49	235
一般成分	水分（g）	88.6	86.2	33.3
	タンパク質（g）	0.6	0.7	2.5
	脂質（g）	1	0.1	0.2
	炭水化物（g）	9.4	12.6	62.4
	灰分（g）	0.4	0.4	1.6
ミネラル	ナトリウム（mg）	1	1	1
	カリウム（mg）	150	220	480
	カルシウム（mg）	5	6	39
	マグネシウム（mg）	5	7	40
	リン（mg）	14	14	45
	鉄（mg）	0.2	0.2	1
ビタミン	A（μg）			
	レチノール（μg）	—	—	—
	カロテン（μg）	79	480	1300
	レチノール当量（μg）	13	80	210
	E（mg）	0.6	1.3	1.5
	ナイアシン（mg）	0.3	0.5	2.2
	C（mg）	4	4	0
食物繊維総量（g）		1.6	1.9	7.2

五訂日本食品標準成分表より．

と同様カリウムが多く含まれるため塩分の体外への排出を助ける効果がある．プルーンには，水溶性食物繊維が多く含まれるため，整腸作用に効果がある．また，鉄分を多く含み，さらに含有するビタミンや有機酸により鉄分の体内への吸収率が高いため，貧血予防によい．そのため，貧血や便秘の多い女性を中心に美容や健康増進に役立つ食品として注目されている．そのほか，ビタミン A や B 群，ナイアシン，カルシウム等のミネラルをバランスよく豊富に含むアルカリ性食品であり，抗酸化作用のあるポリフェノールも含まれることから，ストレスや生活習慣病の予防によいとされている．

【利用・加工】　ニホンスモモおよび生果用のヨーロッパスモモは，初夏限定の果物としての市場価値があるが，収穫期が高温多湿期であるため，日持ちや輸送性が悪いことが難点である．プルーンは代表的なドライフルーツとして日本でも定着しつつある．また，ペースト状に加工したプルーンのエキスも健康食品として知られている．インシチチアスモモは，ジャムやゼリー加工用の種としてヨーロッパで利用されている．　　　　　　　　　　　　　　　　〔山根久代〕

タマリンド

和名 タマリンド, チョウセンモダマ, ラボウシ
英名 tamarind, Indian date
学名 *Tamarindus indica* L.
(マメ科)

　タマリンドの名は, ペルシャ語のTamar (熟したナツメヤシ) とHind (インド) に由来する. 種子を包む果肉 (果泥) がナツメヤシの果肉に似ていることに起源している. 種名の *indica* はインド原産の意だが, 真の原生地は熱帯アフリカ. 世界各地の熱帯地域で栽培されているが, 栽培面積はインドがいちばん多い. 200年を超える大木もあり, 果実以外にも強い樹勢と根系のために街路樹や庭園樹として広く熱帯で栽培されている. 古くから多くの地域で利用されている植物ではあるが, バックヤード植物としての利用が主体であり, 繁殖法, 栽培法, 経済性等の研究は立ちおくれている. 遺伝資源としての植物体数も減少している.

【**形　態**】マメ科の常緑高木. 樹高は25 mにも達し, 天蓋状の樹冠となる. 樹皮は褐色かかった灰色で, 多少ざらざらしている. 葉は偶数羽状複葉, 小葉は10～20対, 長さは約1.5 cm, 淡緑～緑色, やわらかく, 鈍形長楕円形. 腋生または頂生の総状花序で多数の小花が着生する. 花は直径約2.5 cm, 淡黄色で, 橙～赤色の細いすじがある. 花弁は5枚, 上3弁は覆瓦状で発育し, 下2弁は剛毛状に退化し雄ずい筒の基部に隠れる. 雄しべは8本のうち3本が正常. 子房は多くの卵子を有し, 柄は萼筒に沿って着生する.

図1　タマリンドの花

図2　タマリンドの果実

タマリンド

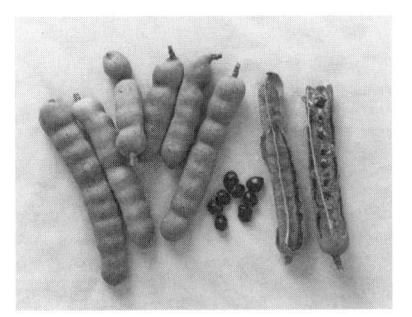

図3 タマリンドの果実，種子，種子を包む果泥

　果実は扁平ないし棍棒状の莢果で，やや湾曲し，紫褐色．長さ7～20 cm，幅1.5～2.5 cm．莢は開裂しない．果皮は薄く，かたいが，もろい．内側に赤紫色～褐色の果肉があり，果肉の内側に1～2個の四辺形で10～12 mm の平楕円形黒褐色の種子を含む．果肉は甘く酸味があり，その部分を食用とする．開花は4～5月，成熟期は12月～翌2月．

【原産地と伝播】　原産地は熱帯アフリカの乾燥サバンナ地帯．スーダン地方に野生種が多いことが知られ，古くから熱帯地域に分布し，インド，ミャンマー，スリランカ，ジャワ，エジプト，東南アジア地域で栽培されている．インドには古くから伝わり，学名の由来となった．成木は低温にも強く，−1～−2℃にも耐える．また，マメ科植物であるため土壌がやせていても生育が可能であり，世界の熱帯地域に分布した．

【品　種】　酸の強い系統と甘い系統とがある．世界では90％が，タイでは約70％が酸味の強い系統である．酸味はクエン酸と酒石酸による．
　酸味の強い系統から甘い果実をつける枝変わりが発見され，タイやフィリピンで広く栽培されるようになっている．甘い果実をつける枝変わりは，栄養繁殖される．フィリピンでは 'Cavite'，'Batangas'，'Bulacan'，'Laguna' 等の甘い果実の品種がある．また，タイでは，'Muen Chong'，'Sri Tong'，'Nam Pleug'，'Jae Hom'，'Sri Chopoo'，'Kum Sun'，'Kru Sen' 等50に及ぶ甘い果実の品種が選抜されている．品種名は発見した生産者の名前や土地の名にちなんでいる．

【生育周期と栽培管理】　繁殖は主として種子によるが，共台への接ぎ木，挿し木，

取り木も可能である．種子は数カ月間生存するが，多くは種子採取後すぐに播種し，1～2週間で発芽する．

成長が旺盛で深い根系を有するので，乾燥や低温には強い．明確な乾期がある地域に適する．樹間は10～12 m．雨期の初期に定植すれば，活着とその後の成長がよく，乾燥にも耐える．トウモロコシ，モロコシ，ラッカセイ，ダイズ等との混作が行われている．灌漑施設がなくても栽培は可能．施肥に関する情報は少ない．マメ科植物であるため施肥量は少なくてもよいが，安定した生産のために施肥を行う生産者もある．

開花は乾燥によって誘導され，開花時期は4～5月，果実の成熟期は12月～翌2月．開花期の降雨は，結実不良となる．収穫量は1本の木当たり150～500 kg．酸が強い系統は，樹をゆすって成熟果実を落としたり，自然に落下した果実を収穫する．収穫期には，マットや網を樹の根元に敷いておくこともある．甘い系統は商品価値が高いので手で丁寧に収穫する．収穫時期の判定は難しいが，開花後の日数や外果皮のかたさで判断する．

【栄養成分と利用・加工】 可食部の栄養成分は，産地によって異なるが，水分含量は約20%，乾物100 g当たりの粗タンパク質8.5～9.1 g，脂質2.7～3.1 g，繊維2.8～3.4 g，炭水化物82.1～82.6 g，エネルギー368～378 kcal，全糖質含量46.5～58.7 gであり，構成無機質のうち，マグネシウムが25.6～30.2 mg，ナトリウムが23.8～28.9 mg，また石灰，リンの含量も高いが，銅（0.8～1.2 mg）と亜鉛（0.8～0.9 mg）は低い．ビタミンB含量は高いが，AとCは低い．酸味は酒石酸やクエン酸に起因し，8～18%の酸含量がある．また，フェノール含量も高い．

果実は，ミネラル補給や高フェノール含量に基づく抗酸化性など機能性食品としての利用の可能性が期待できる．生食のほかカレーやチャトニーの原料とされる．ジャムやジュースとしての消費もある．消化，緩下，冷却等の薬効があり，胃や肝臓の諸病に用いられる．種皮のタンニンは傷や腫れものに効果があり，種子はデンプンとタンパク質に富み，その粉を加工する．若葉は，野菜としても利用される．

経験的に，タマリンドの樹の下には雑草が生えないことが知られている．葉はアレロパシーの原因となる物質を含み，雑草に対し強い成長抑制を示す．

木材は，まな板，臼，家具，農具等に利用される．ジュースは真ちゅうや銅の食器の洗剤としても利用される． 〔仁藤伸昌〕

チェリモヤ，アテモヤ

チェリモヤ

和名 チェリモヤ
英名 cherimoya, custard apple
学名 *Annona cherimola* Mill.
(バンレイシ科)

アテモヤ

和名 アテモヤ
英名 atemoya, custard apple
学名 *Annona. squamosa* × *Annona cherimola*
(バンレイシ科)

チェリモヤは世界三大美果の1つと称えられ，その風味は広く世界中で愛されてきた．バンレイシ科にはチェリモヤやアテモヤのほか，バンレイシ (*A. squamosa*)，トゲバンレイシ (*A. muricata*)，ギュウシンリ (*A. reticulata*)，イラマ (*A. diversifolia*) 等の果樹が属する．その中でもチェリモヤは味・芳香ともに最も優れるといわれる．典型的な亜熱帯性の果樹で，熱帯の高温にも温帯の低温にも適さない．そのため生産地が限られてきた．アテモヤはチェリモヤよりも少し風味が劣るが高温に対して耐性があり，低地にも広く栽培されている．科名の Annonaceae はラテン語で「年中収穫できる」という意味で，属名の *Annona* は西インド諸島のハイチの地名 Anon にちなむ．チェリモヤ (cherimoya) および種小名の *cherimola* はペルーの現地語で「冷たい種子」を意味する cheri muya に由来するとも，「冷たい乳房」を意味する cheri moyu に由来するともいわれる．アテモヤ (atemoya) は，バンレイシとチェリモヤの交雑種であり，アテ (ate) はバンレイシの南米での呼称である ate に，モヤ (moya) はチェリモヤの moya にそれぞれ由来する．英名の custard apple は，風味がカスタードクリームのようであることによる．この呼称は，チェリモヤ，アテモヤを含む *Annona* 属の果実の総称のように用いられることもあるが，むしろアテモヤに対してよく

図1 チェリモヤの花(雌ステージ) 　　**図2** アテモヤの花(雌ステージ)

用いられる呼び方である(バンレイシ,トゲバンレイシの項参照).

【**形　態**】　チェリモヤ,アテモヤは半落葉性の小高木である.葉は革質をなし,側脈の端は相互につながって葉縁に到達しない.チェリモヤの葉にはよく毛じが発達するが,アテモヤには少ない.花は二～三年生の枝に直接生じる(幹生花)こともあるが,発育枝の基部に単生またはまれに2～3花まとまって着生し,その後の新梢の伸長にともなって1～3節目に1花,5～7節目に1花程度生じる.しばしば,新梢の5～7節目に数個が束生して次々に開花する.図1はチェリモヤの花,図2はアテモヤの花である.若い葉と同様の薄黄緑色の花で目立たないが,甘い香りが立ちこめるので目につかなくとも開花していることはわかる.花弁は6枚であるが,内側にある3枚(内弁)は小さくて外部から見えない.外弁は3cmほどの長さで肉厚である.チェリモヤの花は集合花で,1花に100以

図3 チェリモヤ品種'ビッグ・シスター'の収穫直前の果実 　　**図4** アテモヤ品種'ジェフナー'の結実状況

図5 チェリモヤ果実の断面

上の雌しべと雄しべが花床に密生する．果実は多数の心皮が融合した集合果で，小果実の境目が表面の紋様となって鱗状に現れ，その中央部はときに突起状を呈する（図5）．集合果の形は円錐形〜心臓形が基本であるが，多数の雌しべに対して受粉が均等に行われなければ小果実の発達に偏りが生じ，その結果奇形になる．果実の表面は平滑なものから突起に覆われたものまで品種によってさまざまであり，大きさも100 g〜1 kgと変異が大きい．果皮色は淡緑色で，熟すとやや薄黄緑色になる．種子は40〜60個，人工受粉による大型の果実では100を超えることもある．

【原産地と伝播】 チェリモヤはモクレン目バンレイシ科に属し，地球上に現存する最も古い被子植物の1つである．こうした植物は白亜紀以来，氷河期等の大きな環境変動を経なかった熱帯高地に多く遺存する．チェリモヤの原産地は，ペルーからエクアドルにかけてのアンデスの高原地帯（標高1500〜2000 m）である．ペルーの古代遺跡からチェリモヤを模った壺が見つかったり，陶器の入れ物に入った果実が当時の墓の中から発見されたりしており，先史時代から利用されていたことを物語る．チェリモヤは，古代に中米の高地やメキシコの高地に広がった．原産地以外では，スペイン人が1757年に本国に持ち帰って栽培を試みたのが最初である．次いで，アフリカ，地中海沿岸，オーストラリア等に広がった．メキシコや西インド諸島では標高の高い地域に産地があり，高価で取り引きされている．ハワイへは1790年に導入された．イタリアでは1797年に初めて植栽された．カリフォルニアへは1871年にメキシコから導入された．1878年頃にシンガポールの植物園へ導入されたが，暑さのために結実しなかった．1880年にはインド

やセイロンに持ち込まれ，現在500～2000 m の高地で小規模に栽培されている．ジャワでも栽培が試みられたことがあるが，成功には至らなかった．1897年にアフリカ北西海岸沖のマディラ島に導入され，以後カナリア島，アルジェリア，エジプト，そしてソマリアへと伝わっていった．現在では，原産地のほかにスペイン，カリフォルニア等の地中海性気候の地域で盛んに経済栽培されている．ヨーロッパでの評価は高く，大都市の青果市場では必ず見かけるが，かなり高価である．

【栽培沿革と利用の歴史】 日本へは1952年に静岡県柑橘試験場に導入されたのが最初であるが，経済栽培は行われなかった．1985年にカリフォルニアの10品種が和歌山県果樹園芸試験場に導入され，1987年から日本での経済栽培が始まった．1990年代に入り，ブームにのって高値を呼び，一時生産は拡大したが，現在は少数の篤農家によって小規模な栽培が続けられているにすぎない．国産のチェリモヤは20 t に満たないわずかな生産量であるが品質は高く，そのほとんどが和歌山県で生産されている．店頭に並ぶのはカリフォルニアや南米などからの輸入物が多く，年中流通している．日本の収穫期は8～10月にかけてであるが，輸入量の多いカリフォルニア産は11～5月にかけて収穫される．カリフォルニアからは品種'ホワイト (White)' が多く，メキシコやチリからは'リサ (Lisa)' や'ヘテ (Jete)' またはその改良品種が多い．国産のチェリモヤは'ビッグ・シスター (Big Sister)' とその国産改良品種である．

アテモヤは，1850年代にオーストラリアで，または1930年代にパレスチナで自然交雑によって発生したといわれる．人工交配によるアテモヤ品種の育成は1907年フロリダにおいてアメリカ農務省によってなされ，1911年に結実した．オーストラリアでの栽培が盛んで，いくつかの優良品種が作出されてきた．現在，ニュージーランド，南アフリカ，フロリダ等でも栽培されている．沖縄では，夏季が高温すぎるためチェリモヤはほとんど栽培されず，代わってアテモヤが栽培されている．国産のアテモヤはほとんどが沖縄県で生産されるが，静岡県でもわずかに栽培がある．

【品　種】 チェリモヤは果実の外観から5つのタイプに大別されるが，外観は大きく変異し，同一樹木に別のタイプかと思われるような果実が結実することも少なくない．品種の呼称は各国で相当な混乱があり，いくつかが混同されている．

ここでは，カリフォルニアでの呼称に従って分類した．

フィンガープリンテッド（Fingerprinted）タイプ：果実表面は滑らかで，指で押したような鱗状の紋様がある．最良品種の1つで，甘み・芳香とも強く，種

表1 チェリモヤの主な品種

品種	特徴
'フィノ・デ・ヘテ' (Fino de Jete)	スペインにおける最も重要な経済栽培品種．風味にやや欠けるが甘い．種子離れがわるい
'ベイズ' (Bays)	果実は球形で小〜中型．フィンガープリンテッドタイプ．果皮薄く無毛で薄緑色．食味は最上で，レモン風味がある．豊産性．早生
'オット' (Ott)	果実は中型で心臓形．樹勢は強い．チューバーキュレイトタイプである．メキシコから導入された種子からの実生．早生
'ビッグ・シスター' (Big Sister)	果実は大型で心臓形．樹勢はやや弱い．アンボネイトタイプに分類されるが，ときにチューバーキュレイトまたはフィンガープリンテッドタイプの外観．着花量は多く，結実性が高い．風味はよい．晩生
'セイバー' (Sabor)	果実は中型．樹勢は強い．マミレイトタイプ．着花量が多い．風味は最上である．育種親は'ビッグ・シスター'と同じである．晩生
'リビー' (Libby)	果実は心臓形．樹勢はあまり強くない．葉は細長く，着花量が多い．スムーズタイプに近いフィンガープリンテッドタイプである．風味よく，甘い．早生
'エル・バンポ' (El Bumpo)	果実は中〜大型で心臓形．チューバーキュレイトタイプ．樹勢は中．着花はよい．花梗が長く受粉作業がしやすい．甘すぎず，優れた食味．早生．果皮が傷つきやすく，経済栽培には向かない
'ホワイト' (White)	果実は中〜大型で心臓形．樹勢は強い．アンボネイトタイプまたはチューバーキュレイト，あるいはフィンガープリンテッドタイプの外観．柱頭が花弁に深く包まれ，受粉がしにくい．果肉は多汁で香気は低い．晩生
'スペイン' (Spain)	果実は小〜中型．フィンガープリンテッドタイプ．果皮色深緑．風味はばらつきが大きい．モロッコ原産品種．晩生

表2 アテモヤの主な品種

品種	特徴
'ピンクス・マンモス' (Pink's Mammoth)	イギリス領ギアナから種子で導入．果実表面にはコブ状の突起がある．大果で，アテモヤでは食味は最も優れる．世界で広く栽培される
'アフリカン・プライド' (African Prida)	南アフリカからの導入説とイスラエルでの育成説とがある．果実は小〜中型で，心臓形．突起は'ピンクス・マンモス'よりも少なく，鱗紋がある．豊産性
'ジェフナー' (Gefner)	イスラエルの品種で，果実は小〜中型で心臓形．果皮の鱗紋はやや盛り上っている．風味はよい．種子は多い．早生で豊産性である．

子は比較的少ない．スペインの'フィノ・デ・ヘテ (Fino de Jete)'，ペルーの'インプレッサ (Impressa)'，カリフォルニアの'ベイズ (Bays)'，'ホワイト'，'ピアス (Pierce)' 等がある．

スムーズ (Smooth) タイプ：果皮表面は滑らかで鱗紋がほとんど判別できない．南米の'リサ'，カリフォルニア州の'ブース (Booth)' 等がある．

チューバーキュレイト (Tuberculate) タイプ：鱗紋がコブ状につきだしている．この突起が輸送中に傷つきやすい．ペルーの市場では普通の品種である．南米の'チューバーキュラーダ (Tuberculada)'，カリフォルニアの'エルバンポ (El Bumpo)' 等がある．

アンボネイト (Umbanate) タイプ：鱗紋の中央部に小さい突起がある．果肉は他型に比べて酸味が強く，種子も多い．ジュース用として適している．南米の'アンボナーダ (Umbonada)' 等がある．

マミレイト (Mammillate) タイプ：鱗紋から長い刺状の突起が生じる．南米，インド，またマデイラ島では最優良品種の1つとされている．カリフォルニアの'セイバー (Sabor)' 等がある．チェリモヤの主な品種の特徴を表1に示した．

アテモヤの主な品種の特徴を表2に示した．オーストラリアの'ピンクス・マンモス (Pink's Mammoth)'，イスラエルの'ジェフナー (Gefner)'，南アフリカの'アフリカン・プライド (African Pride)' 等がある．沖縄では'ジェフナー'と'アフリカン・プライド'の栽培が多い．

【生育周期と栽培管理】 チェリモヤは熱帯高地原産で，比較的冷涼で気温の年較差が小さい地域に適している．生育には気温18～22℃が好適で，土壌の乾燥には強くない．35℃以上の高温で葉の萎縮や黄化などの障害が発生しやすくなる．熱帯低地では開花数が激減し，果実が肥大しない．短時間であれば-3℃の低温に耐えるが，葉は枯れ落ちる．チェリモヤは半落葉性であるが，特定の休眠期というものがなく，条件が合えば年中開花させることも可能である．しかし，温帯暖地で栽培する場合は，温帯果樹同様に早春に剪定を行い，人工的に落葉させて新梢の発育を促す．日本の無加温ハウスで2月に剪定すれば新梢の発生とともに4月に出蕾する．開花は5月から2～3カ月続き，果実の肥大成長に4～5カ月を要し，9～11月に収穫される．アテモヤは，夏季に剪定することで開花期を遅らせ，10～2月に収穫する栽培法が沖縄では広がりつつある．

繁殖：接ぎ木が一般的である．雨季乾季の区別のあるところでは雨季の直前，

日本等では春に行う．容易に活着する．穂木は通常直前に行う剪定作業で得られる．台木の育成は種子繁殖による．根張りが悪いので取り木や挿し木は行われない．種子は取り播きがよいが1年以内なら保存できる．

　植付けと仕立て：土壌はあまり選ばないが，排水のよい肥沃な土壌がよい．夏季に高温となるところでは頻繁な灌水による地温の抑制が効果的であるから，湛水しない土壌を選ぶ．熱帯・亜熱帯の露地栽培では特に整枝剪定を行わないところも多いが，日本の施設栽培では60 cmで主幹を剪定して発生させた主枝2本を左右に誘引して支柱に固定する一文字仕立てにしている．

　開花結実：チェリモヤは定植した翌年から開花するが，樹に負担をかけないため果実生産は3年目以降としている．チェリモヤの花には雌雄異熟性がある．花は夕方4～5時頃一斉に開く．それまではまだ花弁は開ききっていないが，雌しべはすでに花粉を受け入れる態勢にある．しかし，花弁が開いて花粉が放出されるときには雌しべはすでに機能しない．このため放任では自家結実しない．自然条件下では花粉はハネカクシ科（Staphylinidae）やケシキスイ科（Nitidulidae）等の小型の甲虫によって媒介されるが，これらの訪花昆虫が十分でない場合には人工受粉が行われることになる．絵筆を用いて夕方開花した雄ステージの花から花粉を採取し，まだ花弁が開ききっていない雌ステージの花に受粉する．花粉の発芽率は高温と乾燥によって急激に低下するので，曇天の涼しい夕暮れに手際よく行う必要がある．果実の肥大成長期に高温に遭遇すると肥大が一時停止したり，老化して落下することがある．

　収穫：受粉後4～5カ月して，果実の色がやや薄く変化するか黄色みがかってくれば収穫期であるが，その変化を見分けるには熟練を要する．果実は完熟すると果梗部を残して落下する．チェリモヤは追熟型の果実で，このように落下した果実でもかたくてすぐには食べられない．

【栄養成分】　チェリモヤの果実の成分を表3に示した．炭水化物やタンパク質，ビタミン B_1，カリウム，食物繊維が多く含まれる．また，心身症や皮膚炎等の防止に効果のあるナイアシンを多く含み，優れた機能性食品である．口当たりがよく栄養価に富むため，ベビーフードや病人食としても適している．

【利用・加工】　極めて美味な果物であるから本来の風味を損なわないように賞味したい．チェリモヤ，アテモヤともに収穫後に果実を追熟させる必要がある．収

表3 チェリモヤの主な栄養成分（廃棄率以外は可食部100g当たり）

廃棄率（％）		20	ビタミン	A	レチノール（μg）	—
エネルギー（kcal）		78			カロテン（μg）	4
一般成分	水分（g）	78.1			レチノール当量（μg）	1
	タンパク質（g）	1.3		E（mg）		0.2
	脂質（g）	0.3		B₁（mg）		0.09
	炭水化物（g）	19.8		B₂（mg）		0.09
	灰分（g）	0.5		ナイアシン（mg）		0.7
ミネラル	ナトリウム（mg）	8		B₆（mg）		0.23
	カリウム（mg）	230		葉酸（μg）		90
	カルシウム（mg）	9		パントテン酸（mg）		0.36
	マグネシウム（mg）	12		C（mg）		34
	リン（mg）	20	食物繊維	水溶性（g）		0.8
	鉄（mg）	0.2		不溶性（g）		1.4
	亜鉛（mg）	0.1		総量（g）		2.2
	銅（mg）	0.08				
	マンガン（mg）	0.07				

五訂日本食品標準成分表より．

穫後，室温で3日から1週間すると追熟してやわらかくなる．やわらかくなるまで冷蔵庫に保存しがちであるが，多くの熱帯果実と同様にチェリモヤも冷やすと追熟しない．5℃以下で保蔵されたものはその後室温に戻しても追熟が進まず，やわらかくなったときには腐敗している．ほどよく追熟させたチェリモヤは少しやわらかく，手に持つとしっとりとした質感があり，表面が所々少し黒ずんでいることがあるが，上品な甘い芳香がする．追熟させた果実を，食べる直前に冷やすのがよい．純白の果肉で，ヨーグルトバニラアイスのような風味がある．アイスクリームの木といわれる所以である．くし形に縦に切って，メロンのようにスプーンですくって食べる．ジュースやシャーベット，ミルクシェイク，ゼリー，フルーツサラダ等にも利用するが，風味は生食が優れる．甘味と酸味がほどよく調和したのがチェリモヤの特徴で，アテモヤはやや甘味がまさって酸味に乏しい．種は多いが，果肉から容易に離れて苦にならない． 〔樋口浩和〕

ドリアン

和名 ドリアン
英名 durian
学名 *Durio zibethinus* Murr.
（パンヤ科）

　属名の *Durio* はマレー語の刺を意味する duri に由来し，種名の *zibethinus* はイタリア語で強烈なにおいを出すジャコウ猫 zibetto に由来している．つまり刺をもった特異な果実形態と果実の強烈なにおいという，ドリアンの2つの大きな特徴がそのまま学名となっている．このような特徴とともに，その風味は多くの人を魅了することから「果物の王様」と称され，特に東南アジアの人々に親しまれている果樹である．

【形　態】　常緑性高木で樹高20～40 mに成長する．枝はほぼ水平で葉は互生する．葉は長さ10～20 cm，幅4～6 cmの長楕円形，表面は濃緑色でやや光沢があり，裏面は淡緑色で円形粒状の黄色鱗片が密に分布している．
　花は枝ないしは幹から直接下垂する幹生花である．ほとんどの花は5～30花程度で花房を形成しているが，まれに花房を形成していないものもある．開花時の花は長さ5 cm，径5 cmほどである．1つの花は1本の雌しべ，5束の雄ずい束，5枚の花弁，萼，副萼から形成されている完全花である．雌しべと雄しべの長さは品種間差異があり，例えば'モントン（Monthong）'では雌しべのほうが

図1　果実とその断面

図2　結実の様子

図3 開花の様子　　　　　　　　　図4 ドリアンの花

雄しべより長いが，'グラドゥムトン (Kradumthong)' では雌しべは雄しべより短い．雄ずい束は10本程度の雄しべが基部で癒着したものであり，各雄しべの先端には腎臓形の葯がついている．萼は薄いベージュ色で花芽分化時には5枚あり分離しているが，花器の発達にともない癒合し，開花時には王冠状の形をしている．萼の基部には蜜腺があり，開花すると甘く芳香をもった蜜を分泌するようになる．

　果実は重さ1〜4 kg，果長20〜30 cm，果径15〜20 cm 程度である．果実が大きいため果梗も発達し，太さ2 cm 程度になる．果皮表面には緑色で1〜2 cm の刺が無数にあり，果皮内側は繊維質で白色である．果実内には5つの室があり，室に応じた稜線が果実表面にみられることもある．室の中には茶色の種子が可食部位である黄色のアリル（仮種皮）に覆われている．アリルは未熟時にはかたいが，果実の成熟にともなって軟化し完熟時にはクリーム状にまでやわらかくなる．種子は大きさ3〜7 cm 程度で，1果に10〜20個ほど含まれるが，正常な種子とともに発育不全種子が存在する．発育不全種子には発芽能力はほとんどない．

【原産地と伝播】　原産地はマレー半島，カリマンタン島，スマトラ島と考えられている．現在では東南アジア諸国，インド，スリランカ，パプアニューギニア，北部オーストラリア等で栽培されている．東南アジア諸国では古くから栽培されており300年以上の歴史をもつ．一方，その他の地域で栽培されるようになったのは近年になってからである．オーストラリアでは1975年に初めて導入され，果樹園栽培は北部クイーンズランドで1980年から，ノーザンテリトリーでは1984年から始まった．また，アフリカでもわずかではあるが栽培されている．

まずマダガスカル島にマレー系移民によって果実がもたらされて栽培されるようになり，その後アフリカ大陸のコンゴに導入された．アメリカのフロリダでは試験研究用にいくらか栽植されているのみである．ハワイにおいてはドリアンの試験栽培が始まっている．なお，日本では栽培されておらず，果実等が輸入されているのみである．

【品　種】タイだけで約 200 品種が存在するとされ，その多くは自然交配によって得られた実生に由来していると考えられている．タイでは'モントン'，'チャニー (Chanee)'，'グラドゥムトン'，'ガンヤオ (Kanyao)' の4品種が果実の品質や栽培地域の気候への適応性から，主要な栽培品種となっている．マレーシアでは 'D2'，'D10'，'D24' 等が，インドネシアでは'ペトルク (Petruk)'，'スクン (Sukun)' 等が主要な品種である．品種によって，開花後収穫までの日数，果実・種子の大きさ，耐病性，自家不結実性の程度等が異なる．

【生育周期と栽培管理】繁殖は主に割り接ぎによって行われる．台木は実生苗を用い，活着率のよい雨期に接ぎ木を行う．定植後，6～7 年で結実するようになる．
　ドリアンの生育に最適な温度は 27～30℃，湿度は 75～80% である．栄養成長は月平均気温が 22℃ を下回ると抑制されるが，開花結実は良好となる．10℃ 以下の低温にさらされると若葉が落ち，5℃ になると激しい低温障害を示す．降水量は 1500 mm 以上が必要であるが，乾期にある程度の乾燥があれば花芽分化が誘導される．栽培は海抜 50～500 m の範囲で行われるべきで，800 m 以上では行うべきでないとされている．
　土壌については，砂質から粘土質までの比較的広範囲な条件に対応できる．しかし沖積土が栽培に最も適した土壌である．赤色土壌でも有機肥料と無機肥料を適切に組み合わせて施肥すればある程度の収量は得られる．栽培に最適な pH は 4.5～6.5 である．また，多湿な条件を好むが，根腐れ病が発生しやすいので排水を良好にする必要がある．そして，根に対する傷害に敏感なので中耕は浅く行う．
　樹形は主幹形に仕立てられる．樹高は 3～5 m 程度になるようにし，枝はなるべく水平に伸ばすように誘引する．ドリアンは樹冠内部の太い大きな枝に開花結実するので，細い小さな枝は剪定して取り除いておく．
　ドリアンは花芽分化時期や開花時期，収穫時期等がおおむね決まっている．しかし，年による気候の違い等により多少のずれが生じる．タイでは花芽分化は雨

期終了後の一定期間の乾期によって誘導され，花芽分化約 40 日後に開花する．また 1 樹内でも開花は不揃いで，約 2 週間かけて開花が連続的に起こる．開花は夕方頃始まり夜間満開になるが，翌朝には雌しべ以外のすべての花の器官が脱離する．開花が夜間に限定されるため結実率向上のために人工受粉が行われることもある．開花後収穫まで約 4 カ月を要するが，その間 2, 3 回の摘果により奇形果等を除き，最終的な結果量を調節する．収穫は果実が完熟して落下する前に，2 人 1 組になって行われる．1 人が樹に登り果梗を切って落果させ，もう 1 人がそれを麻の布を用いて受け止める．

【生産と消費】 現在世界で最も生産量が多いのはタイで，インドネシアとマレーシアがこれに続く．ドリアンの生産と消費は増加を続けているが，生産されたドリアンはほとんどが地場（国内）で消費され，輸出されるのは全生産量の 5% 以下である．しかしその割合は増加傾向にある．主な輸出先としては，タイからは台湾，香港，アメリカ合衆国等，マレーシアからはシンガポールである．日本は年間 100 t 程度を輸入している．また，生果だけでなく冷凍果実やドリアンペーストといった加工品としての輸出も増加している．

【栄養成分】 ドリアンの可食部はアリルであり，甘味が強く酸味はほとんど感じ

表 1 ドリアンの主な栄養成分（可食部 100 g 当たり）

	エネルギー (kcal)	133	ビタミン	A	レチノール (μg)	—
一般成分	水分 (g)	66.4			カロテン (μg)	36
	タンパク質 (g)	2.3			レチノール当量 (μg)	6
	脂質 (g)	3.3		E (mg)	2.3
	炭水化物 (g)	27.1		B_1 (mg)	0.33
	灰分 (g)	0.9		B_2 (mg)	0.2
ミネラル	カリウム (mg)	510		ナイアシン (mg)	1.4
	カルシウム (mg)	5		B_6 (mg)	0.25
	マグネシウム (mg)	27		葉酸 (μg)	150
	リン (mg)	36		パントテン酸 (mg)	0.22
	鉄 (mg)	0.3		C (mg)	31
	亜鉛 (mg)	0.3			
	銅 (mg)	0.19			
	マンガン	0.31			

五訂日本食品標準成分表より．

図5 ドリアンの加工品（左・右上：ドリアンチップ，右下：ドリアンペースト）

られない．可食部位は新鮮重ベースで30%の炭水化物を含有し，その1/3はデンプンである．エネルギーは可食部位100g当たり133kcalで他の果物に比べて高い．その他，タンパク質，脂質，ビタミンB_1，ビタミンB_2，カリウム等は他の果物に比べて豊富に含まれる．一方で水分は他の果物よりも低く，このためにドリアンのクリームのような食感が生み出されている．

ドリアンの独特のにおいは，硫化水素，ジエチルジスルフィド等によるものである．成熟した果実は未成熟の果実に比べて，硫化水素の発生量が約5倍になる．

薬用成分については詳細な調査はなされていないが，根は煎じて解熱薬として，また葉は解熱薬や黄疸治療薬として民間療法的に用いられる．

【利用・加工】　完熟した果実のアリルを生食することが，最も一般的なドリアンの利用方法である．加工食品としては，アリルを砂糖とともに煮詰め羊羹状にしたドリアンペースト，未熟果のアリルをスライスし油で揚げたドリアンチップ等がある．そのほか，果肉を粉末状にしてアイスクリーム，ケーキ，クッキー等に風味をつけるために使われることもある．種子はゆでたものもしくは炒めたものがスナックとして食される．乾燥させた果皮は燃料として，主に魚のくん製をつくるのに用いられる．

〔本勝千歳〕

ナ　シ

ニホンナシ

和名　ニホンナシ
英名　Japanese pear, nashi
学名　*Pyrus pyrifolia* Nakai（*Pyrus serotina* Rehder）
（バラ科）

　属名の *Pyrus* はラテン古名でナシの木を意味し，*pyrifolia* もナシの葉がついたことを意味する．これは最初発見されたときリンゴの仲間と考えられていたことに由来する．古くは *Pyrus serotina* が学名として用いられることがあったが，最初の命名にちなみ近年は *Pyrus pyrifolia* が使用される．

【形　態】　温帯性の落葉性喬木で，野生化したものでは 15 m 以上になるものも報告されており，有刺枝条となることも多い．葉は互生し，長さ 10 cm 程度，幅 7～8 cm 程度の卵形から倒卵形で，葉縁に鋸歯をもち，成葉はほとんどが無毛であるが，一部の品種では毛じが存在するものもある．葉色は，品種によって異なるが，展開初期は赤褐色あるいは黄緑色で，その後成葉化するにしたがい，緑色となる．枝は葉芽のみ着生する発育枝と，花芽が着生する結果枝に分けられる．花は頂芽あるいは先端に近い腋芽につき，1つの蕾に葉芽と花芽が一緒に入る混合芽である．また，葉芽が 1～2 cm 程度伸長した後，花芽を形成することがあり，これを短果枝と呼ぶ．これも頂花芽の一種である．通常，1つの芽から 6～10 花が開花し，その後，果そう葉と呼ばれる葉を 5～10 枚程度展開する．花序は散状の総状花序で，花の色は，白色が多くピンク色のものも存在する．通常，花弁は 5 枚，萼片も 5 枚である．品種や栄養状態によっては，花弁が 10 枚程度の八重咲きになることもある．1 花当たり基本的には雌しべは 5 本存在し，リンゴと異なり離生している．雄しべは 20～30 本存在し，雄しべ上の葯はピンク色で，そこから花粉が放出される．子房は花弁よりも下に位置する子房下位で，5 室からなり，1 室当たり最大 2 個の種子が入る．台木として用いられるマメナシ類（マンシュウマメナシ，マメナシ）は，2 室からなる．

図1 開花の様子（'二十世紀'）　　**図2** 結実の様子（'おさゴールド'）

　果実は，栽培品種で横径 7〜14 cm の扁円形，倒卵形，あるいは楕円形で，無蒂あるいは有蒂で，果面に 6 月頃よりコルク層を形成し，さび褐色の果面を呈するものを赤ナシ，コルク層の形成能力がなく緑色の果面をもつものを青ナシに分類している．果肉は，子房が発達しているのではなく，子房を取り巻く花托および萼片の一部が発達肥大したものであり，肉質が緻密で，白色で多汁であり，また石細胞と呼ばれるリグニンに富んだ細胞が存在するため，ザラザラ感がある．種子は，花托の髄と果皮部分が発達した果芯にあり，黒色で長さ 10 mm，幅 5 mm 程度で，通常 1 果当たり 2〜10 個存在する．

【原産地と伝播】　ナシ属植物は，中国西部と南西部の山地が発祥地であると考えられている．ナシの化石は古第三紀の時代には日本でも見つかっていることから，他のナシ亜科植物のマルメロ属やリンゴ属と同様，中生代白亜紀あるいは新生代古第三紀の最も古い暁新世の時代には発生していたと考えられる．発祥地より西に向かったグループは，中央アジアで第二次中心地を築き，さらに西進しコーカサス，小アジア地区でさらなる第二次中心地を築き，そこでセイヨウナシが分化したものと考えられる．一方，東に向かったグループは，中国大陸で第二次中心地を築き，ここでチュウゴクナシ（*P. ussuriensis*）とニホンナシ（*P. pyrifolia*）等の東洋系のナシが分化したものと考えられる．そこから南はネパールやインド大陸北部へ，北は中国東北部やシベリアに向かい，その過程で耐寒性を獲得し，東は長江（揚子江）に向かい，湿潤な気候に適応し，この東に向かったグループの伝播の最前線が日本である．中国における東洋系 5 心室ナシ属は，経済栽培されているものでは，秋子梨（*P. ussuriensis*），白梨（*P. bretschneideri*），沙梨（*P. pyrifolia*），川梨（*P. pashia*）の 4 種存在し，このうち沙梨は日本で栽培されるニ

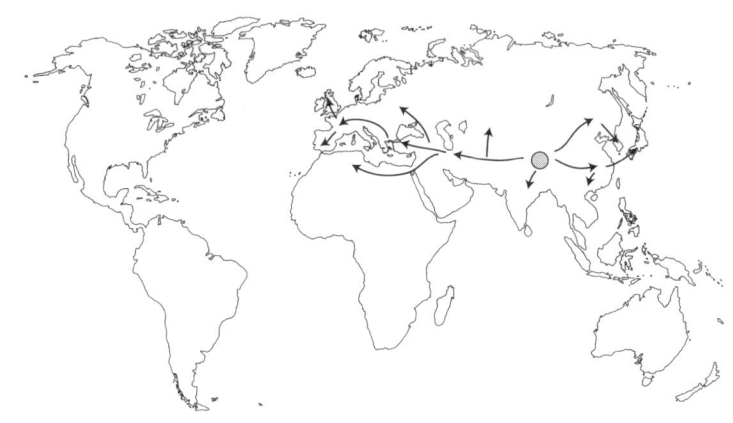

図3 原産地・伝播経路

ホンナシと同一種とされる．ニホンナシの原産については，菊池秋雄が1941年に，「日本の襲速紀地帯（日本南部）に野生していたニホンヤマナシから栽培品種が作り出され，大陸・半島渡来のナシは現在の品種形成に影響を与えなかった」との日本固有説を唱えている．一方，梶浦一郎は，ニホンヤマナシが野生化した群落が見あたらないこと，長江沿岸に分布する沙梨との関係の調査が不十分であることから，この固有説に疑問を呈し，「大陸からの渡来人がイネやウメ，アンズなどと同時にナシを持ってきたと考えるのが常識」であると考え，ニホンナシ渡来説を提唱している．近年のDNA分析の結果から，新潟の類産梨，石川の名月，福岡の博多青等はチュウゴクナシ系であることが報告され，さらに沙梨品種の一部が日本で栽培されるニホンナシ品種と同じ遺伝的背景であることが報告され，渡来説が有力となっている．

【栽培沿革と利用の歴史】 日本で古く利用されたことのある栽培ナシの基本種は，ニホンヤマナシ (*P. pyrifolia*)，東北地方に自生するイワテヤマナシ (*P. aromatica*)，富士山を中心に中部，関東地方に自生するアオナシ (*P. hondoensis*) の3種であり，これらは古代から利用されてきたと考えられている．ナシの遺骸は縄文時代の遺跡では見つかっていないが，弥生後期の静岡県の登呂遺跡等で，梨の種子が見つかっていることから弥生期には自生品の利用が始まっていたと考えられる．梨栽培の記録として最も古いものは『日本書紀』に記載されており，それによると，693（持統天皇7）年に桑，栗等と一緒に梨の栽培を奨励し，5穀の補助とするべ

しとあり，平安時代に編集された『三代実録』によれば，886（仁和2）年に信濃の国からクルミ等と一緒に梨子が献上されたこと，また『延喜式』(905～927)の諸国貢進菓子の項によれば，信濃および因幡国より梨の献上があったことが記されている．さらに献上された梨は塩漬けにされており，「当年9月に始め，翌年7月まで供用する」との記述があり，生食用としてよりも保存食であったと考えられる．また，甲斐国からも青梨子が献上されたことが記録されている．甲斐の国はアオナシ（*P. hondoensis*）原生の中心地であるが，アオナシは果実の横径が2～3 cmの大きさであることから，この梨が，アオナシなどの野生品であったか，現代のニホンナシと同種の栽培品であったかは不明である．しかし，これらの記録は，平安期にはすでにナシの栽植が，全国的に行われていたことを示している．その後，鎌倉，室町時代においては，日常食品としてナシは普及していき，江戸時代に入ってナシの利用方法が大きく異なってきたと考えられる．すなわち，この時代，大消費地江戸を中心にして，交通網の整備がなされ，それにともない流通が発達し，江戸周辺がナシの大産地となって，ナシは貯蔵して食べる保存食からすぐ食べる生食用に，食べ方が大きく変化したと思われる．そのことはこの時代には品種名の記述が多く現れていることからもうかがい知れる．越後の国阿部源太夫は，1782（天明2）年『梨栄造育秘鑑』において早熟種24種，中熟種19種，晩熟種56種の計99品種名をあげており，保存用と考えられる晩熟種の記述も多いものの，かなりの早生品種が育成され，産業が発展し好況であったこの時代，ナシ栽培は大きく発展したものと考えられる．またこの本には，接ぎ木の仕方，土壌，肥料，剪定や現在と同様の栽培法である棚仕立ての仕方について記述があり，栽培方法もこれまでに比べ格段の進歩をとげたものと考えられる．明治期に入っても，当初は在来品種が中心で，後期になると'淡雪'，続いて'太平'，'早生赤'，'真鍮'，'幸蔵'等の品種が，在来品種に取って代わり，1894～95（明治27～28）年頃，神奈川県川崎市で'長十郎'が発見されると全国面積の8割以上を占める'長十郎'全盛時代を迎えた．続いて，千葉県松戸市の松戸覚之助が'二十世紀'を発見し，1926（大正15）年に袋掛けと薬剤散布による黒斑病防除技術が開発されると，'二十世紀'の栽培面積が急増し，昭和40年代まで，'長十郎'，'二十世紀'の2大品種全盛時代を迎えた．この間，'二十世紀'を主体に，関東の在来品種やそこからの育成系統を交配に用いて優れた新品種が多く生まれた．その結果，日本の栽培面積の85％は'二十世紀'の血縁品種で占められるに至った．今日，農林水産省育成の優れた品質をもつ，'幸水'，'豊水'が栽培面積の1, 2

位を占めている.この両品種も,'二十世紀'の血を受け継ぐ品種である.現代の品種育成の方向は,中生,早生品種に偏ってきている.これは晩生品種が贈答用としての位置のリンゴ等との競合に敗れたこと,早生品種が高値で取り引きされることが原因である.また,よりやわらかく,糖度が高く,酸味の少ない品種が好まれている.しかし,近年'二十世紀'の血縁品種のみで交配が重ねられてきたため,遺伝的多様性が少なくなっており,これが育種の問題点となっている.

【品　種】　主要品種の特性は以下のようである.
(1) 早生品種
'新水'：農林省園芸試験場において,'菊水'×'君塚早生'の交雑により育成され,1965(昭和40)年命名された赤ナシである.早生品種の中では,極めて優れた品質をもつ.果実は,扁円形で250g程度,肉質緻密にしてやわらかく多汁,糖度12〜14％で,酸味もあり,独特の濃厚な味である.通常8月中旬に収穫期を迎えるが,ジベレリンペースト処理により7月下旬〜8月上旬に収穫できる.しかしながら,極めて日持ちが悪く,高温下では果皮の黒変がみられ,さらに黒斑

'豊水'　　　　　　　　　'幸水'

'二十世紀'　　　　　　　'新高'

図4　主要品種成熟果実

病に弱く，樹勢が強く腋花芽が着生しにくいため，花芽の確保が難しく収量が上がらないこと等により，近年栽培面積は急激に減少している．農業生物資源研究所と鳥取県の共同研究により，'新水'への放射線照射により黒斑病に強い枝変わり品種として'寿新水(ことぶきしんすい)'が育成され，1996（平成8）年登録されている．

'幸水(こうすい)'：農林水産省果樹試験場において，'菊水'×'早生幸蔵'交雑により育成され，1959（昭和34）年品種登録された赤ナシである．2006年にはニホンナシ栽培面積の39％を占め第1位である．果実はやや扁平で，親の'菊水'に似る．環境適応性が広く，九州地方から東北地方まで全国的に栽培されている．果重は300g程度，肉質は緻密であり，ニホンナシ品種の中で最もやわらかい品種である．糖度は12～13％程度で，酸味は少ない．日持ちは早生品種にしては悪くない．年によっては"ていあ部"に裂果が生じる．黒斑病抵抗性であるが胴枯れにかかりやすい．樹勢は中程度，腋花芽の着生度は中程度から良であるが，短果枝が少なく維持が困難であるため，長果枝の腋花芽を利用し着果数を確保する必要がある．

(2) 中生品種

'二十世紀'：千葉県松戸市の松戸覚之助によって，偶発実生として発見され，1898（明治31）年に渡瀬寅次郎および池田伴親によって'二十世紀'と命名された青ナシである．優美な外観，優れた肉質，エレガントな香りをもつ．2006年にはニホンナシ栽培面積の13％を占め第3位である．果実は，円形から扁円で，玉揃いは極めてよい．果重は280～350g程度で，肉質は緻密であり，多汁でありシャリシャリとした食感を示す．糖度は10～12％程度で，酸味は少ないが調和のとれた上品な味である．日持ちはこの時期の品種としては極めてよく，これが世界中に輸出されている要因の1つとなっている．主産地鳥取では9月上旬～中旬に収穫される．本品種の最大の欠点は，黒斑病に極めて弱いことであり，その防除と優美な外観を保つため小袋，大袋の2回の袋掛けが必要である．樹勢はやや強く，腋花芽の着生度は中程度であるが，短果枝の着生が極めてよく，また維持も容易であるため豊産性である．近年，薬剤防除および2回の袋掛けと労力がかかるため，栽培面積は減少している．

'おさ二十世紀'：鳥取県東伯郡泊村の長(おさ)昭信園にて発見され，1979（昭和54）登録された'二十世紀'の自家和合性突然変異である．外観，品質とも'二十世紀'とまったく同じで，人工受粉がいらない点だけが異なっている．黒斑病罹病性である．人工受粉の労力が節減できるが，摘蕾，摘果を早めに行わないと果実肥大の不良をもたらす．

'**ゴールド二十世紀**' '**おさゴールド**'：'ゴールド二十世紀'は農業生物資源研究所放射線育種場にて'二十世紀'への放射線照射により黒斑病に強くなった枝変わりとして，1991（平成3）年登録された品種である．外観，品質とも'二十世紀'とそっくりであるが，収穫期が4,5日'二十世紀'に比べて遅い．肉質も若干やわらかい．またこの品種は，黒斑病には'幸水'や'豊水'のように完全抵抗性ではなく中位の抵抗性を示す．'おさゴールド'も農業生物資源研究所放射線育種場にて'おさ二十世紀'への放射線照射により黒斑病に強くなった枝変わりとして，1997（平成9）年登録された品種である．外観，品質とも'二十世紀'とそっくりであり，黒斑病には'ゴールド二十世紀'と同じく中位の抵抗性を示し，自家和合性である．これら2品種は，黒斑病に強いため，現在，'二十世紀'から改植が進められている．

'**豊水**'（ほうすい）：農林省園芸試験場において，'幸水'×'イ-33'（'石井早生'×'二十世紀'）の交雑により育成され，1972（昭和47）年品種登録された赤ナシである．当初，'リ-14'×'八雲'の交雑で育成したと発表されていたが，2003年にDNA解析の結果，上述の組み合わせと同定された．2006年にはニホンナシ栽培面積の26％を占め第2位である．果実は，円形で果面に条溝が発生することもあるが，問題とはならない．果重は350～400g程度と大玉になる．肉質は'幸水'と同様，やわらかく多汁，糖度12～13％で，酸味も適度にあり，食味濃厚で極めてよい．収穫期は，'二十世紀'に比べ数日遅い程度であり，関東地方で9月上旬である．日持ちはよいが，蜜症を発生しやすい．樹勢はやや強く，腋花芽の着生度は極めてよく，また短果枝の着生もよい．黒斑病抵抗性であり，栽培が容易な品種の1つである．

(3) 晩生品種

'**新高**'（にいたか）：東京府立園芸学校玉川果樹園において，菊池秋雄によって'天の川'×'今村秋'の交雑により育成され，1927（昭和2）年命名された赤ナシである．2008年にDNA分析の結果，'今村秋'は交雑親でないことが示され，'天の川'と'長十郎'の組み合わせではないかと考えられている．2006年のニホンナシ栽培面積の9％を占め第4位である．韓国では栽培面積の90％を占め，第1位である．果実は，扁円形で，果重は600～800g程度と大玉になる．肉質はやや粗いが，やわらかい．糖度は11～13％程度で食味はよい．収穫期は9月下旬～10月初旬である．日持ちはよいが，独特の発酵臭が好まれるため，若干過熟まで樹上に放置後収穫すると，日持ちは悪くなる．樹勢は強いが，短果枝の着生度がよくまた維持

も簡単である．腋花芽は少ない．黒斑病抵抗性で，開花時期は最も早い部類であるが，花粉がほとんど生じないので受粉樹としては利用できない．

'新興'（しんこう）：新潟県農事試験場の田野寛一により，'二十世紀'の放任受粉果から採種，育成され，1941（昭和16）年命名された赤ナシである．2008年にDNA分析の結果，'二十世紀'と'天の川'の組み合わせではないかと考えられている．果実は，400～500g程度で，やや腰高の果形である．肉質はやや粗く，糖度は12％程度で品質はよい．収穫期は10月上～中旬である．日持ちはよい．樹勢は中程度で，植付け後6～7年頃に樹勢が衰え，同時に果形が乱れる障害が発生することがあるので，着果過多に注意する．短果枝がよく着生し，また維持も簡単である．開花期が早く主要品種との交雑不和合がないため，受粉樹としても優れている．

'晩三吉'（おくさんきち）：新潟原産の晩生品種で，'早生三吉'の実生として得られたとされるが，来歴には不明な点が多い．明治時代中頃より，晩生の優良品種として全国に広まった．果実は，倒卵形で，果重は500～800gの大果となる．小果は，品質が劣る．肉質はやや粗く，晩生品種の中ではやわらかい．収穫期は10月下旬～11月上旬である．酸味が強く，貯蔵性が著しく優れ，翌年5月頃まで貯蔵が可能である．樹勢は強いが，短果枝の着生と維持は容易である．大玉にするため上向きの短い側枝に着果させる．

【生育周期と栽培管理】

(1) 生育周期

ナシの樹体成長と果実発育は図5のとおりである．

休眠：ナシの芽は，11月中旬～3月中旬までの期間，休眠する．休眠は自発休眠と他発休眠に分けられる．自発休眠は温度等の環境条件が好適であっても，発芽しない時期であり，自発休眠が完了すればその後他発休眠に移る．ナシでは1月上・中旬頃，他発休眠に入り，この時期以降環境条件が揃えばいつでも発芽が可能になる．

発芽・開花期：発芽・開花期のナシの成長は，前年の秋季に蓄えた貯蔵養分による．春季には前年の秋季に枝や根に蓄えた炭水化物を用いて，芽が萌芽し，葉，新梢，花，果実の成長が行われる．芽は日平均気温が10℃程度になると急激に発育し，開花を迎える．受精は15℃以上が適温であり，受粉後72時間で完了する．その後，果実の発育が始まるが，果実の発育は細胞の分裂と肥大によって行

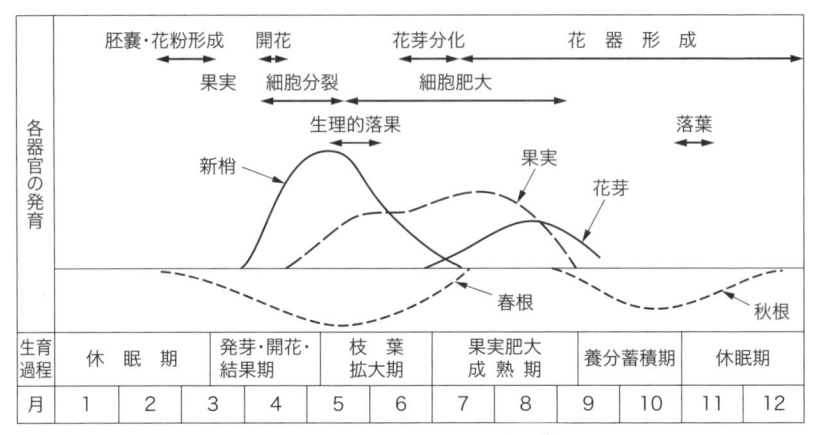

図5 ナシ樹各器官の1年の動き[1]

われる．満開後30日頃までが細胞分裂期であるが，この成長は貯蔵養分によって行われる．

枝葉・果実の初期成長および花芽形成：葉は発芽展開後約1カ月で成葉化し，5月中旬以降の果実発育および枝葉の成長は，葉によって同化された光合成産物で行われる．枝葉の成長は，7月上旬頃の発育枝の伸長停止まで続く．この停止時期以降，長果枝や中果枝において花芽の形成が始まる．短果枝では6月下旬に花芽の形成が始まる．

果実肥大成熟期：7月上旬頃の発育枝の伸長停止以降，果実の発育最盛期を迎える．この時期以降，細胞の特に液胞が急激に肥大し，この中に糖分，デンプン，有機酸等を蓄積する．そして成熟の2～3週間前になると，糖分の蓄積がさらに進み，有機酸，デンプンが減少する．成熟期になると品種によってはエチレンの放出等が起こり，成熟老化が進む．

養分蓄積期：果実の収穫期から葉の落葉期にかけては，光合成同化産物を，根，枝，幹等の組織に蓄える時期となる．果実が収穫されると，葉において徐々に光合成能力が低下していくが，落葉する11月中・下旬まで同化産物が，根，枝，幹に貯蔵され，翌年の成長に利用される．

(2) 栽培管理

人工受粉：ニホンナシは一部の品種（'おさ二十世紀'，'秋栄'等）を除いて，自家不和合性を示すうえ，単為結果性がないため，安定な果実生産のためには人工受粉が必要である．ニホンナシの自家不和合性は配偶体型に分類され，1つの遺

伝子座にある複対立遺伝子 (S_n) によって支配され，現在 S_1〜S_9 の遺伝子が見いだされ，同一の S 遺伝子型をもつ品種間では受精できない．このため受粉樹として，現在の主要品種と和合性を示す，'新興'，'長十郎'，チュウゴクナシの 'ヤーリー（鴨梨）' 等が利用されている．

摘蕾，摘果：摘蕾は，枝の先端の果そうや余分な果そうの花蕾，子持ち花を除去し，貯蔵養分の損失を防ぐ．鱗片が脱落したピンクステージからバルーン期の花蕾は除去しやすい．摘果は開花後 2 週間以降，受精の良否，変形果，奇形果の判断が可能になってから行う．この時期，果実の成長は，貯蔵養分によって行われるため，樹勢の弱い樹では，できるだけ早く行うのがよい．また，自家和合性の品種では，着果負担が多くなるためこれもできるだけ早く行うのがよい．作業は，果そう中の 3〜5 番果のうち果梗が長く，最も優れた形状をもつものを残し，その他は摘果する．1〜2 番果は果梗が短く，小玉で変形果になりやすく，7 番果以上は大玉になるが縦長の果形になり，糖度が低くなるため，摘果する．

袋掛け：袋掛けは病害虫防除の目的で行われるが，特に青ナシにおいては外観を向上させる目的がある．'二十世紀' では摘果後，黒斑病の薬剤散布を行った後，小袋を掛ける．この時期が遅いほど，果面が汚れやすくなる．小袋掛けより 3〜4 週間後，大袋掛けを行う．大袋内の湿度が高いと，果実肥大は良好であるが，果面が汚れやすくなるため，青ナシでは湿度が高くならない袋，赤ナシでは湿度が高い袋が好まれる．

収穫：ニホンナシはセイヨウナシと異なり，樹上で成熟するので，収穫適期のものを収穫する．コルク層の下の地色の緑が消失してきたら，適期である．有袋栽培の場合判断しにくいので，事前に調査をする必要がある．一般に主枝，亜主枝の先端に近い部分の果実の成熟が早い．日持ちの劣る品種では，早朝に収穫するのがよい．

病害虫防除：主な病害としては，黒斑病，黒星病，赤星病，胴枯れ病，輪紋病があり，害虫では，アブラムシ類，ハダニ類，サビダニ類，シンクイムシ，グンバイ類，吸蛾類がある．これらの防除のため特に果実生育初期は，1 週間に一度程度の薬剤散布が必要である．

【生産と消費】 日本における生産量は，2006 年の統計では，結果樹面積は 1 万 4900 ha で近年徐々に減少し，また生産量は 29 万 900 t で減少傾向である．品種別にみると '幸水' が，5880 ha，9 万 8300 t で第 1 位，'豊水' が，3840 ha，8 万

表1 国別ナシ生産量

順位	国名	生産量（千 t）
1	中国	11988
2	イタリア	907
3	アメリカ合衆国	758
4	スペイン	590
5	アルゼンチン	510
6	韓国	431
7	日本	319
8	トルコ	318
9	南アフリカ	316
10	オランダ	222

FAOSTAT, 2006 より作成.

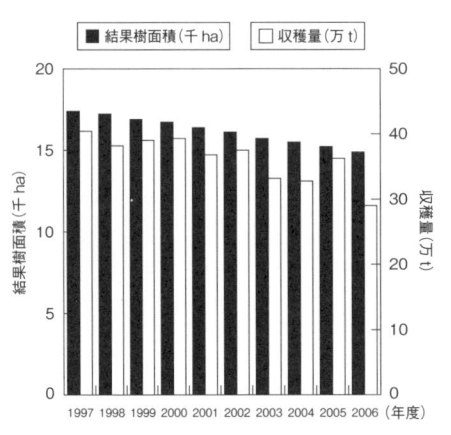

図6 ニホンナシ結果樹面積および収穫量の推移（農林水産統計）

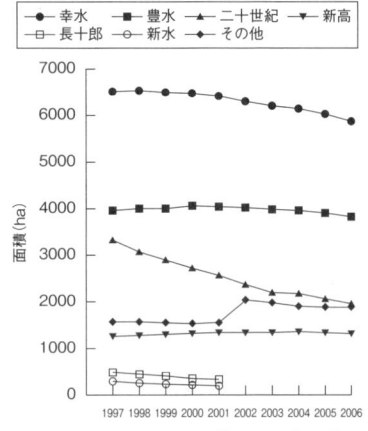

図7 ニホンナシ主要品種の結果樹面積の推移（農林水産統計）

7300 t, '二十世紀' が 1970 ha, 3 万 9000 t, '新高' が 1320 ha, 3 万 2300 t の生産量となっている．2006 年のナシ（ニホンナシ，チュウゴクナシ，セイヨウナシ）生産においては，1 位中国，2 位イタリア，3 位アメリカ合衆国で，日本は 7 位である．その内訳をみると，アメリカ合衆国，イタリアでは，ほとんどがセイヨウナシであり，日本ではニホンナシと大きく異なっていると思われるが，ニホンナシの生産量だけでの国別の統計が存在しないため，ニホンナシの生産量での順位は不明である．商業的にニホンナシが栽培されている国は，韓国，中国，台湾，アメリカ合衆国，オーストラリア，ニュージーランド，チリ等があげられる．

2005年度は，1664 t が主として鳥取県より，台湾，香港，アメリカ合衆国等に輸出されているが，円高や他のアジア諸国からの輸出が増えていることもあり，近年減少傾向にある．

【栄養成分】 日本食品標準成分表によると，水分が88%とセイヨウナシの84.9%と比べても高く，そのことがジューシーな食感やみずみずしさの要因となっている．成分としては炭水化物が11.3%で，そのほとんどは糖分である．全糖含量は10〜13%程度で，品種間で差がみられ，一般に赤ナシのほうが高く，青ナシで低い．糖組成は，ブドウ糖，果糖，ショ糖，ソルビトールで構成され，その割合は品種によって大きく異なる．品種はおおまかに，ショ糖蓄積型，果糖蓄積型，ソルビトール蓄積型に分けることができる．現在の栽培主要品種はショ糖，果糖を蓄積する傾向が強い．主要品種と特徴的な品種の糖組成を表3に示す．有機酸は0.2%程度含まれ，主な有機酸はリンゴ酸（90%），クエン酸である．果芯部は果肉部の4〜5倍程度含まれる．果肉の灰分は0.3%で，そのうち無機成分

表2 ニホンナシの主な栄養成分（可食部100 g 当たり）

エネルギー (kcal)		43	ビタミン	E (mg)	0.1
一般成分	水分 (g)	88		B_1 (mg)	0.02
	タンパク質 (g)	0.3		ナイアシン (mg)	0.2
	脂質 (g)	0.1		B_6 (mg)	0.02
	炭水化物 (g)	11.3		葉酸 (μg)	6
	灰分 (g)	0.3		パントテン酸 (mg)	0.14
				C (mg)	3
ミネラル	カリウム (mg)	140	食物繊維	水溶性 (g)	0.2
	カルシウム (mg)	2		不溶性 (g)	0.7
	マグネシウム (mg)	5			
	リン (mg)	11			
	亜鉛 (mg)	0.1			
	銅 (mg)	0.06			

五訂日本食品標準成分表より．

表3 ニホンナシ品種別の糖組成[2]（可食部100 g 中 g）

品種名	果糖	ブドウ糖	ソルビトール	ショ糖	全糖
'二十世紀'	2.72	0.52	1.10	5.35	9.73
'幸水'	3.15	1.71	3.25	3.76	11.89
'豊水'	3.12	1.43	3.31	3.60	11.47
'天の川'	5.00	1.23	0.95	0.95	8.18

で最も多いのはカリウムで 140 mg/100 g 含まれる．カルシウムは 2 mg，マグネシウムは 5 mg，リンは 11 mg，亜鉛は 0.1 mg，銅は 0.06 mg である．ビタミン類は，ビタミン C が 3 mg/100 g 含まれ，ビタミン E が 0.1 mg，葉酸が 6 mg，パントテン酸が 0.14 mg 含まれる．食物繊維は，0.9 g/100 g で，そのうち水溶性成分が，0.2 g，不溶性成分が 0.7 g である．果実中のアミノ酸は，200 mg/100 g 程度含まれ，主要なアミノ酸は，アスパラギン酸 (140 mg) で，その他は非常に少ない．機能性成分としては，まずソルビトールがあげられる．ソルビトールは，大腸において便の軟化を促進し，便通をよくする働きがある．さらに，ブドウ糖に比べて腸管からの吸収が遅くそのため血糖値の上昇が緩やかであるため，糖尿病予防にもよい．ニホンナシの食感としてザラザラ感があげられるが，これは果肉に石細胞といわれるリグニンを蓄積した細胞が存在するためである．リグニンは，不溶性食物繊維として，有害物質を吸収し，排泄を促す物質であり，がん予防に効果があると考えられる．また無機成分のカリウムは，細胞内液の浸透圧調節に働き，ナトリウムと拮抗するため，塩分過多の食生活には欠かせない．

【利用・加工】 ニホンナシはセイヨウナシに比べ加工に利用される割合は非常に低い．ほとんどが生食される．しかし，ジュース，缶詰，糖菓，ゼリー，ワイン，漬け物等にも利用される．なかでも，果汁を煮詰めたものは，古くからのど飴として利用されている．

〔板井章浩〕

文　献

1) 平田尚美：果樹園芸大百科 4 ナシ，農山漁村文化協会，2000.
2) 梶浦一郎ら：育種学会雑誌，**29**，1-12，1979.

セイヨウナシ

和名 セイヨウナシ
英名 European pear または pear
学名 *Pyrus communis* L.
(バラ科)

学名として用いられている *Pyrus* は，ローマ人がセイヨウナシそのものを指す言葉であり，有名なイタリアのポンペイの壁画には，セイヨウナシの果実や木が描かれている．また種名の *communis* は，"普通の"あるいは"共通の"という意味である．

【形　態】　セイヨウナシは落葉性の高木である．一般に葉は小さく，卵形から長楕円形で，表面は光沢がある．花は，1つの花軸から4〜12花を生じる散房花序を形成する．花弁は5枚で，その形状は多くは長楕円形か円形に近い．花芽は混合花芽であり，発芽後に花序を含む新梢となる．

果実の形状はさまざまであるが，倒卵形のものが多い．果実の内部は，果肉部分（花床の皮層）と果芯部分（花床の髄と子房）とに分けられる．この境界には多数の維管束群からなる果心線が認められる．果実の中央には心室が5つあり，完全に受精が行われれば，2個ずつ計10個の種子ができる．

収穫時期は品種によって異なり，8月中旬〜11月上旬とかなりの幅がある．大きさについても1個20g程度の小さなものから，'マルゲリット・マリーラ(Marguerite Marillat)'のように500gを超えるような品種まで多様である．

果皮色は，黄緑色のものが大半であり，さびに覆われる品種もある．また，'スター・クリムソン(Star Crimson)'のように赤紫色のものや，'レッド・バートレット(Red Bartlett)'のように果実の一部が赤味を帯びる品種もある．黄緑色の果実は，収穫後追熟することによって黄色に変化する品種が多い．しかし，'ラ・フランス(La France)'のように果皮色がほとんど変化しない品種もある．このような品種では，食べ頃の判断が極めて困難である．

【原産地と伝播】　ナシ属の起源となった植物は，葉の化石が第三紀の地層から発見されたことから，白亜紀か少なくとも暁新世（6500〜5500万年前）に分布を広げたと推定されている．その起源となった最初の植物は，中国の西部と南西部

の山地に発生し，ここから東西に伝播したと考えられている．発祥地から西へ向かったナシ属植物は，2カ所の第二次中心地を形成し，ここで多くの種が分化している．第二次中心地の1つは，中央アジア地区であり，セイヨウナシが他のナシ属植物の自生種と複雑に交雑した状態になっている．2つめの第二次中心地は，コーカサス山脈と小アジアにある近東地区で，セイヨウナシが分化成立したとされている．

　セイヨウナシは古くから栽培され，すでにギリシャ時代に接ぎ木繁殖や種子繁殖法が述べられている．'ブーレ・ボスク (Beurre Bosc)'，'ブーレ・ダンジュー (Beurre d'Anjou)' や 'ドワイエネ・デュ・コミス (Doyenne du Comice)' 等の現在世界的に栽培されている品種はフランスとベルギー起源のものが多い．'バートレット' は，1770年に偶発実生としてイギリスで発見されたもので，種苗業者のウイリアム (William, R.) が入手し，ウイリアムと名づけた．18世紀後半にアメリカ合衆国に導入されたあと，バートレット (Bartlett, E.) が自分の名前をつけて出すようになったことから 'バートレット' として知られるようになった．

　日本には，明治初期に125にのぼる品種が開拓使や勧業寮によってアメリカ合衆国やフランスから導入され，明治の末頃から商業的な栽培が始められるようになった．その後，1935 (昭和10) 年頃より缶詰加工原料としての需要が高まってきた．しかし，1965 (昭和40) 年頃をピークとして，加工用の需要が低下し，生産量は減少を続けた．最近になって，セイヨウナシ，とりわけ 'ラ・フランス' のもつ独特の香りと味のよさが評価され，生産量が増えている．

【品　種】　現在，世界中で栽培されているセイヨウナシの品種の総数について正確に知ることは困難であるが，ヘドリック (Hedrick, U.P.) の著書 "The pear of New York" には，約2900種が記載されている．

　ここでは，わが国で栽培されているいくつかの品種を紹介する．

　'ラ・フランス'：1864年にフランスのブランシェ (Blanchet, C.) が発見したものである．わが国には1903 (明治36) 年農商務省農事試験場園芸試験地に導入された．かつては 'バートレット' の受粉樹として栽培された品種であるが，独特の香りと肉質が評価され，現在では，わが国のセイヨウナシ収穫量の70％を超える品種である (図8)．

　'バートレット'：わが国には1868 (明治元) 年に勧業寮が導入した．樹勢は旺盛で，直立性であるが，枝はやわらかく下垂しやすい．葉焼け，石ナシ，尻腐れ

図8 'ラ・フランス' 　　　図9 'オーロラ' 　　　図10 'ゼネラル・レクラーク'

を起こしやすい欠点がある．導入以来，生食と加工の両用品種として，かつてはセイヨウナシを代表する品種であった．缶詰加工の需要の低下にともなって，生産量は減少しているものの，現在でも，'ラ・フランス'に次ぐ収穫量を誇る．

'オーロラ（Aurora）'：アメリカ合衆国，ニューヨーク州立農業試験場が'マルゲリット・マリーラ'×'バートレット'の交雑実生から選抜し，1964年に命名した品種である．わが国には1983年に果樹試験場によって導入された．早生の有望品種として注目されている（図9）．

'ル・レクチェ（Le Lectier）'：フランスのオルレアンで，ルシュール（Lesueur, A.）が1882年に'バートレット'×'フォルチュネ（Fortunee）'の交配種として，作出した．果皮が薄く，擦れで褐変しやすいことから，取り扱いには十分な注意が必要である．樹勢は旺盛で，直立性である．現在は新潟県で産地化されており，贈答用として高値で取り引きされている．

'ゼネラル・レクラーク（General Leclerc）'：フランス・パリ近くのノーブロ苗木商会と，アンジェにある国立農業試験場によって，1950年に発見された品種である．果実は短瓶形で，大玉であるが，さびが多い．わが国では青森県で生産量の多い品種である（図10）．

その他：早生で大玉の'マルゲリット・マリーラ'が山形，秋田，福島の各県を中心に，また，晩生の'パス・クラサン（Passe Crassane）'が主に岡山県で栽培されている．最近では，肉質のよい'ドワイエネ・デュ・コミス'や山形県園芸試験場で育成された'バラード（Ballade）'が注目されている．

【生育周期と栽培管理】 セイヨウナシは他の品種の花粉がなければ結実しない自家不和合性の性質がある．品種によっては，単為結果する品種もみられ，これらの品種では受粉しなくとも結実する．しかし，種子数が少ないと果実の肥大が劣る傾向がみられるため，一般には受粉樹が植えられている．この場合，品種の組み合わせによっては，他家不和合性を示す場合もあり，受粉樹には和合性を示す品種を選択しなければならない．'ラ・フランス'については，'バートレット'や'ル・レクチェ'等の和合性をもつセイヨウナシの品種のみならず，'幸水'や'豊水'などのニホンナシでも和合性のある品種があり，受粉樹として利用されている．

　果実肥大を促進するためには，摘花あるいは摘果作業が大事な栽培管理である．摘花は摘果に比べ果実肥大に大きい効果をもつ．霜害が発生しやすい地域では，結実不足になるおそれがあり，摘果が行われている．花そうの基部から数えて3～4番目の果実は，肥大がよいうえに，果形が優れているので，摘花（果）する場合には，この果実を残す．また，適正着果量は品種によっても異なるが，'ラ・フランス'の場合，4頂芽に1果が適当である．

　果実の外観で収穫適期を判断することはできない．一般に，満開後日数，果実硬度およびデンプン含量（ヨード反応）の3つを指標として収穫適期が判断される場合が多い．収穫時期が遅いほど，果実は大きく，糖度も高くなる．ただし，収穫時期が遅れると追熟中に内部褐変等の生理障害が発生しやすい．

　セイヨウナシの栽培では，立ち木仕立てと棚仕立てが行われている（図11）．

図11　セイヨウナシの立ち木仕立て

セイヨウナシは比較的落果しやすい果実であることから，棚仕立ては風害防止の効果があるとともに，均一な果実を生産することができる．逆に，薬剤散布や収穫等の機械作業がしにくく，施設経費も多くかかる．

　台木としては，ニホンヤマナシ (*P. pyrifolia*) やマンシュウマメナシ (*P. betulaefolia*) などの東洋系台木，セイヨウナシ (共台)，マルメロ (*Cydonia oblonga*) がある．この中で，ニホンヤマナシは接ぎ木親和性に優れ，樹勢も強いことから，よく用いられている．マルメロは，樹の矮化効果がある．ヨーロッパやアメリカ合衆国では，セイヨウナシの台木はクインス C や BA29 などのマルメロが主流である．ただし，'ラ・フランス'などのように接ぎ木不親和性を示す品種も多く，その場合には，'オールド・ホーム (Old Home)'等のマルメロと接ぎ木親和性を有するセイヨウナシが中間台木として用いられている．

【生産と消費】 2006年の世界のセイヨウナシ生産量は約700万 t で，アメリカ合衆国とイタリアがそれぞれ75万 t を超え，世界一位の座を争っている (表4)．これに続くのがスペインとアルゼンチンである．国内の生産量は約2万8000 t で，

表4　セイヨウナシの生産量と栽培面積

順位[*1]	国名 (県名)	生産量 (t)	栽培面積 (ha)
世界[*2]			
1	イタリア	907458	38821
2	アメリカ合衆国	757780	26000
3	スペイン	590000	34000
4	アルゼンチン	509749	17000
5	トルコ	317750	34667
6	南アフリカ	316133	11548
7	オランダ	222000	6914
8	フランス	220185	8467
9	ベルギー	215000	7000
10	チリ	212000	8000
日本[*3]			
1	山形	17000	1090
2	長野	2800	146
3	青森	2180	171
4	岩手	1330	96
	(計)	(28200)	(1910)

[*1] 順位は生産量に基づく．
[*2] 世界の統計は FAO の統計資料 (2006年のデータ) による．
[*3] 日本の統計は農林水産統計 (2006年のデータ) による．

そのうち山形県が日本全体の約2/3を生産する．長野県，青森県，岩手県がこれに続き，地域性が高い．

果実は，樹上で完熟せず，収穫後に追熟を必要とする．そのため，美味しいセイヨウナシを供給するためには，最適の条件で追熟を行わなければならない．その一方で，いったん可食状態に達した果実は，急速に品質が低下するため，日持ち期間が極めて短い．

セイヨウナシ果実の追熟を確実に，かつ，均一に進行させるために，収穫後に低温処理が施されている．処理温度と処理期間は品種によって異なるが，'ラ・フランス'では，2℃前後の温度で1週間以上の低温処理が施されている．'パス・クラサン'は低温要求性が高く，果実の追熟を完了するには，必ず低温処理を施さなければならない．しかし，最近注目されている'オーロラ'などの早生品種は，追熟しやすい性質を有しており，低温処理を施さなくても可食状態に達する．追熟する際に注意しなければならないのは，温度と湿度の管理である．温度に関しては，追熟温度が高いほど，追熟日数が短くなる．湿度に関しては，低すぎると，果実が萎凋し，商品価値が低下する．中生あるいは晩生品種を低温処理せずに追熟する場合は，追熟日数が長くなるので，新聞紙で果実を覆ったりして水分の蒸散を抑える必要がある．低温処理を施した場合は，追熟所要日数も短く，湿度は

表5　セイヨウナシの主な栄養成分（可食部100g当たり）

		生	缶詰
エネルギー (kcal)		54	85
一般成分	水分 (g)	84.9	78.8
	タンパク質 (g)	0.3	0.2
	脂質 (g)	0.1	0.1
	炭水化物 (g)	14.4	20.7
	灰分 (g)	0.3	0.2
ミネラル	ナトリウム (mg)	微量	1
	カリウム (mg)	140	55
	カルシウム (mg)	5	4
	鉄 (mg)	0.1	0.1
ビタミンC (mg)		3	微量
食物繊維	水溶性 (g)	0.7	0.4
	不溶性 (g)	1.2	0.6

五訂日本食品標準成分表より．

あまり気にする必要はない．逆に，湿度が低いほうが，水分の蒸散によって糖が濃縮され，糖度が高くなる．

【栄養成分】 果実の約 85％は水分である（表 5）．また，果実の主成分は糖分であり，糖組成は品種により異なるが，果糖が最も多く，約半分を占める．残りが，ショ糖，ブドウ糖，ソルビトールでほぼ同じ割合で含まれる．有機酸は，0.2～0.3％で，主要な酸はリンゴ酸である．セイヨウナシのビタミン C 含量は 3 mg/100 g と低い．機能性成分としては，食物繊維含量が果実の中では特に多い．セイヨウナシ果実には，石細胞が存在する．この主要な成分がリグニンであり，食物繊維含量の多い理由の 1 つである．

【利用・加工】 セイヨウナシを貯蔵する場合は，貯蔵温度が低いほど貯蔵可能な期間は長くなる．外国では，－1℃で貯蔵されるケースが多い．ただし，果実を長期間低温貯蔵すると，追熟することによって果実がやわらかくなるものの，セイヨウナシ特有の滑らかな肉質にならなくなる．この現象は，追熟能力の喪失と呼ばれている．追熟能力を考慮した貯蔵可能な期間は，品種によって異なる．

かつては'バートレット'を主体とした缶詰の需要が高かったものの，現在では生食が主である．最近，'ラ・フランス'のネームバリューの向上とともに，ジャム，シロップ漬け，コンポート等の加工品が数多く開発されている． 〔村山秀樹〕

チュウゴクナシ

和名 チュウゴクナシ
英名 Chinese pear
学名 *Pyrus bretschneideri* Rehd. (*Pyrus ussuriensis* Maxim.)
（バラ科）

学名として用いられている *Pyrus* はナシそのものを指す言葉である．また *ussuriensis* は，ホクシヤマナシが原生分布する中国とロシアの国境をなすウスリー流域を指す．

チュウゴクナシは，2 つのグループに大別することができる．第 1 のグループは，ホクシヤマナシ（*Pyrus ussuriensis*）の系統で，秋子梨（チューズーリー）種

である．このグループの品種は，耐乾性・耐寒性が強い，開花時期が早い等の特徴を有する．また，果実が小さいことから菊池秋雄は，その著書『果樹園芸学』でチュウゴクコナシと呼んでいる．第2のグループは，白梨（バイリー）種である．このグループの品種は，開花期が早いのは第1グループと同じであるが，果実が大きいのが特徴である．'ヤーリー（鴨梨）'と'ツーリー（慈梨）'が代表的な品種である．

【形 態】 落葉性の高木．葉は大きく，形状は卵形から楕円形である．果実は，果点が多く，しかも1つ1つの果点が大きいのが特徴である．また，果梗が長く，子室は5つのものが多いが，3～4子室のものを混生するものもある．果皮は緑色であるが，成熟すると黄色になる．また，赤みがかる品種も少なくない．一般に早生で，収穫後追熟することによって，果実が軟化し，特有の芳香が生ずる．果形については，長円形や倒卵形のものが多い（図12）．

【原産地と伝播】 ナシ属の起源となった植物は，葉の化石が第三紀の地層から発見されたことから，白亜紀か少なくとも暁新世（6500～5500万年前）に分布を広げたと推定されている．その起源となった最初の植物は，中国の西部と南西部の山地に発生し，ここから東西に伝播したと考えられている．発祥地から東へ向かったナシ属植物は，中国大陸で中国中心地を形成し，チュウゴクナシやニホンナシが分化したものとされている．

中国におけるナシ栽培の歴史は極めて古く，その起源は少なくとも紀元前2000年以上前といわれ，すでに漢朝（紀元前2世紀）の頃に栽培が普及していた．

図12 'ヤーリー'の結実の様子

図13 左：'ヤーリー'，右：'ツーリー'

5世紀には，栽培ナシの品種名が現れており，中国の農書『斉民要術』(405〜556)には17品種が掲げられている.

　日本には1868年に勧業寮によって'ヤーリー'が，また，1912年に恩田鉄弥によって'ツーリー'が中国から導入された．岡山県の一部の産地で経済的に栽培されているものの，全国的に普及するには至っていない．

【品　種】　チュウゴクナシの品種の総数について正確に知ることは困難であるが，『中国果樹志』(1963)によると，中国ではそれぞれ地方名を冠した品種が1017種もある．

　ここでは，チュウゴクナシの代表的な品種である'ヤーリー'と'ツーリー'を紹介する．

　'ヤーリー'：中国の河北省を中心として栽培されているチュウゴクナシを代表する品種である．樹勢は強く，大木となる．花芽の着生がよく，豊産性である．果実は300g前後で，果形はセイヨウナシに似た瓶形である．淡緑黄色の果皮は成熟すると，黄色になる．甘味は少ないが，歯切れがよく，特有の芳香がある．収穫時期は10月上・中旬で，翌年の2〜3月まで貯蔵することができる（図13）．

　'ツーリー'：中国山東省莱陽県が原産地であることから，莱陽慈梨（ライヤンツーリー）とも呼ばれている．'ツーリー'も'ヤーリー'と同様に，樹勢が強く，大木となる．花芽の着生は良好であるが，短果枝の着生は少ない．果実は400gを超える大果で，果形はセイヨウナシに似た瓶形である．収穫後数週間貯蔵し，追熟することによってチュウゴクナシ特有の風味をもつ．収穫時期は'ヤーリー'より1週間ほど遅く，年内の貯蔵が可能である（図13）．

【生産と消費】　2006年におけるニホンナシ，セイヨウナシおよびチュウゴクナシの生産を合わせた世界のナシの生産量は，約2000万tである．そのうち，中国が約1200万tで世界第1位であり，世界の生産量の60％を占める．中国では，華北地方の河北省と山東省，東北地方の遼寧省が大産地である．チュウゴクナシは，中国国内で消費されるとともに，東南アジア諸国にも輸出されている．

　日本での生産は極めて少なく，'ヤーリー'が岡山県で100tほど生産されているにすぎない（栽培面積は10ha弱）．

　チュウゴクナシは，ニホンナシやセイヨウナシと同様に，他の品種の花粉がな

ければ結実しない自家不和合性の性質がある．ニホンナシやセイヨウナシの花粉でも結実するが，'ヤーリー'や'ツーリー'の場合，開花期が早いために，通常はチュウゴクナシ品種が受粉樹として用いられている．

　果実は樹上で完熟せず，収穫後に追熟を必要とする．追熟することによって，セイヨウナシのように滑らかな肉質になることはないが，果実がやわらかくなり，チュウゴクナシ特有の香りが生じる．

【栄養成分と利用・加工】　果肉の水分は約 85％ であり，主成分は糖分である．糖組成は品種により異なるが，果糖が最も多い．残りが，ショ糖，ブドウ糖，ソルビトールであるが，ショ糖含量が極めて少ないのがチュウゴクナシの特徴である．逆に，機能性成分としても注目されているソルビトールの含量は高く，'ヤーリー'と'ツーリー'ともに 3％ に達する．ビタミン C 含量は，ニホンナシとセイヨウナシに比べれば多いが，それでも 6 mg/100 g と，果実の中では少ない部類である．

　チュウゴクナシは，缶詰やジュースとして一部利用されている．しかし，セイヨウナシに比べ加工に利用されている割合は低く，大半が生食用である．

〔村山秀樹〕

ナツメ

和名 ナツメ
英名 jujube
学名 *Ziziphus* Mill.
(クロウメモドキ科)

ナツメ属 (*Ziziphus*) は熱帯から温帯域にかけて約 40 種から 90 種が分布. 属名はペルシャ語でナツメを表す「ジズフム (zizfum)」「ジザフン (zizafun)」による. そのうちの一部が栽培化されている. 主なものにナツメまたはチュウゴクナツメ (英名: common jujube, chinese jujube, または chinese date, 学名: *Z. jujuba* Mill.) やインドナツメ (英名: cottony jujube または Indian jujube, 学名: *Z. mauritiana* Lam.) がある. 和名は「夏芽」とも書き初夏になって芽を出すことによる. 英名 Chinese date は乾燥果実がナツメヤシ (*Phoenix dactylifera* L.) の乾燥果実デーツ (date) に似ることによる. 中国名は「棗 (zao)」. 英名 Jujube は, 中世ラテン語 jujuba から派生した語で, ギリシャ語 zizuphon に由来する.

【形　態】 チュウゴクナツメは落葉性の高木ないし低木. 新梢は緑色または紅褐色で, 基部に托葉の変化した刺がある. 刺がよく発達し, 種が大きくて果肉が少なく, 種を包む核が大きいものをサネブトナツメ (*Z. jujuba* var. *spinosa* 〔Bunge〕 Hu., 中国語名: 酸棗〔Suanzao〕), 刺がほとんどなく長さ 2〜3 cm の果実をつ

図 1 ナツメの花

図2 チュウゴクナツメ着果状態

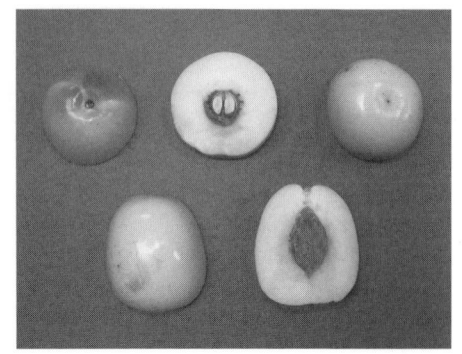

図3 チュウゴクナツメ生果実とその断面

ける品種改良の進んだものをナツメ (*Z. jujuba* var. *inermis* Rehd. 中国語名：大棗〔Dazao〕) と分類することも多い．葉は長さ2～4 cm 長楕円形ないし卵状披針形で三行脈（中央脈とその左右にある一対の葉脈が目立つ）があり，葉縁には細鋸歯がある．成葉は平滑で光沢があり，無毛である．新梢は次々と分枝し，小枝は冬季に脱落する．初夏，淡黄色の小型の花を葉腋に多数つける．花弁，雄しべ，萼片はともに5個，雌しべは1個．果実は球形から長球形で花柄は短く，9～10月に緑色から暗赤褐色に熟す．果実は未熟なときは酸味が強くナシ状のさくさくした肉質であるが熟すと粘質で適度な甘酸味となる．果実中央に細長く両端のとがった1個の核があり，通常2個の種子が入る．

インドナツメは樹高3～6 m の亜熱帯性常緑の小高木で，樹皮は粗く，若葉や幼梢に褐色の毛があり，成葉にも裏面には毛がある．原種の果実は球形に近くチュウゴクナツメよりは小さく，有毛の長さ5～7 mm の果柄をつける．台湾南部では主要果樹の1つとして甘味のある大きな生食用果実に品種改良されている．

【原産地と伝播】 チュウゴクナツメは南ヨーロッパおよびアジア西南部の原産と推定されているが中国中・北部原産とする説もあり，定かではない．ローマ時代には地中海沿岸に伝わり，中国，地中海沿岸では古くからの重要果樹となっている．日本には野生種はなく，古い時代に中国から渡来し，万葉の時代にも利用されているが，品種改良もされず果樹としては発展しなかった．インドナツメはアジア南部，アフリカ，オーストラリアに分布しており，中国南部，台湾等に導入されている．

【原種と栽培品種】 チュウゴクナツメは現在中国において400品種以上が知られる．中国中・北部（河北，河南省，陝西，山西，山東省など）で広く栽培されている．山東省の資料によると生果用品種は'冬棗'，'金絲小棗'等，乾果用品種は，乾果で150果/kg（約7g/果）程度の大果品種として'木棗'，'婆棗'，'陵棗'，400果/kg（約2.5g/果）となる小果品種として'金絲小棗'，'紅棗'等がある．山西省では'木棗'，'梨棗'，'駿棗'，'帥棗'，'油棗'，'讚皇大棗'，'金絲小棗'等の品種が栽培されているようである．韓国北部でも古くからの栽培と利用の歴史があり，在来品種から'無等'，'錦城'，'月出'等が選抜されている．わが国には鑑賞樹として品種不詳の小粒のものが各地に植えられている程度であったが，近年，韓国や中国から100g近い果実をつける大粒品種が導入され，苗木販売されている．

インドナツメはインドには90以上の品種があり，'Banarasi（あるいは Banarsi) Pewandi'，'Dandan'，'Kaithli (Patham)'，'Muria Mahrara'，'Narikelee'，'Nazuk'，'Sanauri 1'，'Sanauri 5'，'Thornless'および'Umran (Umri)'等が主要品種としてあげられている．中国では雲南，四川，海南島および台湾で栽培される．台湾では1944年に導入され，育種改良の結果として果実重100g内外，糖度13%以上となる'高朗1号'，'台農1号'，'翠蜜'，'天蜜'，'蜜棗'，'高雄2号'といった生食に適した品種がある．近年，早生の'高郎51号'や晩生の'イエロークラウン（Yellow crown)'等新たな品種が育成されている．台湾南部での開花期は7～11月で主な品種の収穫期は12～2月となる．

【栽培管理】 チュウゴクナツメは耐寒性，耐暑性，耐乾性に優れ，アルカリ性土壌にもよく耐える．日当たりのよい排水良好な土地を好む．自家受粉でもよく結実するが，開花期の降雨は結実不良を招くので夏季降雨の少ない地域が適する．特に目立った病害虫はない．果実は9～10月に熟するので，黒褐色に完熟したものを結果枝ごと先端部に向けてしごくようにして収穫する．繁殖はひこばえによる株分け，根挿しが容易であるが，優良品種は実生台への接ぎ木を行う．

【生　産】 チュウゴクナツメは中国が世界の9割以上を占め，80万t程度の生産があるといわれる．韓国では1万3180t（1995年）の生産量である．わが国ではまとまった産地はないが，近年，小規模ながら健康食品として特産化を図る地域がでてきている．台湾でのインドナツメの生産地は主に南部の高雄県および屏東県等で1700ha以上（2001年）の栽培がある．

図3 チュウゴクナツメ乾果

【栄養成分と利用・加工】 ナツメ (var. *inermis*) 果実は生食用とされるほか, 乾果として菓子や料理にも広く用いられる. 生果で, 糖分 25〜35%, ビタミン C を 100 g 当たり 400〜600 mg, ビタミン P (ルチン) を 3000 mg 含むとされる. 乾果は 100 g 当たりエネルギー 287 kcal, 水分 21 g, 炭水化物 71.4 g, タンパク質 3.9 g, 脂質 2 g, 灰分 1.7 g 等を含むがビタミン C は乾燥の過程で失われ 1 mg 程度である (五訂日本食品標準成分表). 中国では蜜で煮詰めた「蜜棗 (mizao)」が最も一般的な加工品でお茶請け等に利用される. また, 乾果は「大棗 (dazao)」と呼ばれ, 乾果をくん製にしたものとともに生薬として用いられる. 効能としては強壮, 利尿, 鎮痛, 鎮静, 薬作用緩和 (生薬配合剤) 等があげられる. 「大棗」の薬理成分としてはトリテルペン類, サポニン, 多糖類, リンゴ酸, 酒石酸, cyclic AMP 等さまざまな物質が報告されている. 中でも環状トリテルペンの一種ベツリン酸 (betulinic acid) が皮膚がんの一種メラノーマ (悪性黒色腫) に対する効果があり, 特にインドナツメの樹皮に多く含有される. サネブトナツメ (var. *spinosa*) は果肉が薄く酸っぱいので果物としては利用されず, 核の中の種子を「酸棗仁 (suanzaoren)」と呼び, 鎮静作用が強いので薬用としてあるいは酸棗仁酒として不眠症等に用いる. ナツメの材は緻密でかたく車軸や印材として使われた.

〔本杉日野〕

パイナップル

和名 パイナップル，アナナス，松林檎（マツリンゴ），鳳梨（ホウリ）
英名 pineapple, ananas, pine
学名 *Ananas comosus* L. Merr.
（パイナップル〔アナナス〕科）

　アップルは果実を意味し，例えばラブアップルはトマト，シュガーアップルはアノナ属の果実（バンレイシまたはシャカトウ）を指す．パイナップルも松かさ（パイン）に似た果実の形状から，パイン＋アップル，すなわちパイナップルの英名となった．この呼称は新大陸に渡ったスペイン人によって広まった．一方でポルトガル人によって別の呼称であるアナナスが広められた．その由来は，原産地の南米における香りのある果実を nana と呼ぶことから，または南米先住民の名である nana に冠詞の a を付したことからとされている．中国では，冠芽の形から鳳梨と称した．種名の *comosus* は「長い束毛がある」の意で，冠芽を頭髪になぞらえたものである．

【形　態】　多年生草本で，茎の頂部にできた花軸に 80～150 の白色または紫色の小花からなる花序ができる（図1）．花序に螺旋状に密生した小花はそれぞれ2

図1　パイナップルの果実と草姿

図2 パイナップルの花序（多花果）　　　図3 パイナップルの果実（集果）の着生状態
　　　　　　　　　　　　　　　　　　　　　矢印は冠芽を示す．

～3cmで，三角形の苞が外側にある．この集合果がパイナップルの果実で，可食部は，小花が互いに癒着して肉質化した部分，すなわち，苞，萼，花弁，花軸が融合して果肉状になったものである．真の果実は表面にならび，硬化して食べられない．果重は1～3.5kgで，果頂部には冠芽（crown）が着生している（図3）．根は短く，太く，その根域は狭い．茎は30～60cmで塊茎状をなし，上部に吸芽（sucker）を発生して次年度の結実株となる．茎重と果実重には相関があり，大果生産には茎の成長を促すことが必要である．葉は多肉・繊維質で細長く，両縁が内側に反り返り樋状をなし，長さ80～150cm，幅3～7cmの剣状葉で，40～60枚の葉がその基部で合一しているので，露や雨を集めて蓄えるのに適している．表面は暗緑色，裏面は毛状体（trichomes）が分布して白粉で覆われた様相を呈している．毛状体は気孔の保護をして蒸散を防ぐほか，水に溶けた養分を吸収する．葉の表面内部には多肉の葉肉細胞があり，炭素固定のほか水分の貯蔵組織としても機能している．夜間に気孔を開き，CO_2を吸収してリンゴ酸等の有機酸の形態で液胞に貯蔵し，昼間にその有機酸を脱炭酸して得られたCO_2を葉緑体で光合成（炭酸固定）をするCAM植物で，乾燥条件に適応した特徴をもつ．葉縁に鋭い鋸歯を有する品種とない品種がある．栽培品種は自家不和合性で，通常，種子はできない．ただし，ほかの品種が近接園で栽培されている場合，小果に種子ができることがある．収穫後，母株は枯死するが，冠芽をはじめとして各部位から芽を生じるので，これを利用して栄養繁殖できる．

【原産地と伝播】　熱帯性多年生草本で，原産は南米の南ブラジル，パラグアイ，アルゼンチンにまたがるパラナ河とパラグアイ河流域地帯である．1493年，コ

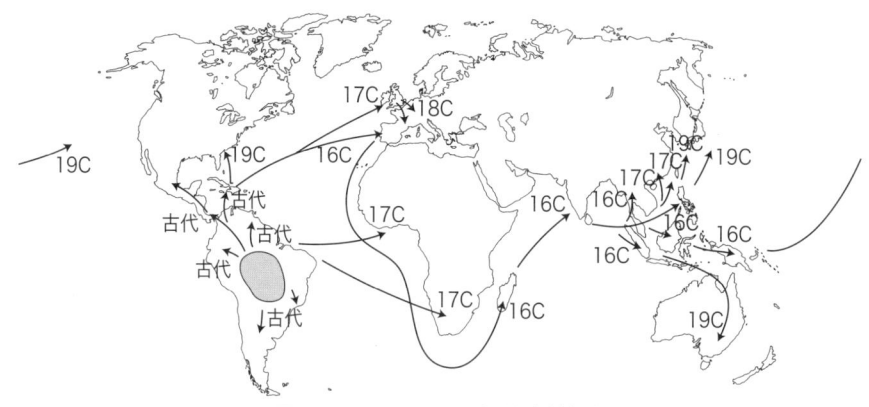

図4 パイナップルの原産地と伝播経路

ロンブスは2回目の探検隊遠征時に西インド諸島のグアデループ島でパイナップルを発見しているが，その時代までにすでに中南米では広く分布栽培されており，いくつかの系統も改良が進んでいた．その後，16世紀初頭から，新大陸からヨーロッパへ果実や植物体が運ばれ，スペインからアジア各地へ伝わった．17世紀にはアフリカに伝播する一方，中国へももたらされた．フランス領ギアナのカイエン（Cayenne）地方で1820年に発見された無刺の突然変異体がフランスへ持ち出され，現在世界中で加工用品種として栽培されるようになった．これが'スムース・カイエン（Smooth Cayenne）'である．'スムース・カイエン'はその後，フランス，イギリス，ハワイを経て世界各地に伝播したとされる．

わが国へのパイナップルの伝播については，1830年に小笠原諸島父島に植えられた記録があり，1845年，オランダ船が長崎に伝えている．さらに1866年，座礁したオランダ船から，苗が石垣島に漂着し，沖縄には1888年に小笠原から有刺紅皮種，1927年に台湾から'スムース・カイエン'を導入している．

【栽培沿革と利用の歴史】 16世紀にヨーロッパへ導入された後，当時の植民地支配の潮流にのって短期間で世界中の熱帯・亜熱帯地域に伝播した．17〜18世紀にかけてヨーロッパでは貴族や富豪によって，オレンジ栽培用の加温施設を利用した温室栽培が行われた．当時は珍しい果実として上流階級の宴席に装飾として用いられ，ステイタスを誇示する高級果実として扱われていた．当初，栽培されていた品種は，バルバドスから導入された'クイーン（Queen）'であったが，1835年，イギリスのキュー植物園では植民地に普及させる目的で，フランス領

ギアナから導入した'スムース・カイエン'の増殖を図り，本種が遺伝資源として世界各地へ広まる契機となった．スペインにもたらされたパイナップルは，東洋航路によって南インド (1550年)，マダガスカル (1548年) に伝わり，インドではイエズス会の布教活動にともなってさらなる普及が促された．フィリピンへは1558年に導入され，果実栽培とともに葉の繊維から布地の生産が図られた．ハワイへは19世紀初めに導入され，'カイルワ (Kailua)' という品種がアメリカ本土に輸送されていたが，品質は貧弱であった．その後，'スムース・カイエン' が1886年にジャマイカから導入されて，缶詰産業の発達とともに加工向け品種として栽培も増大した．

もとより貯蔵施設の不備な時代では，生果は5日間ほどで品質が低下してしまうため，缶詰加工は保管のための重要な方法であった．1884年にシンガポールの缶詰工場でパイナップル缶詰が初めてつくられたのを契機に，一躍パイナップル加工産業が発展した．ハワイでは1892年，初めてオアフ島に缶詰工場ができ，ほどなくドール (Dole, J.D.) がホノルルに工場を建設して，1903年頃から急速にハワイのパイナップル産業が発展した．1902年に台湾の高雄，1906年に台中に日本人によって缶詰工場が建設された．当時は原料の品質や形状に問題があったが，1910年頃より改善され，わが国のパイナップル缶詰産業は大正から昭和時代にかけて大きく発展した．当時，アジアにおいては原料のパイナップル果実はパラゴムの間作として栽培されており (図5)，その後，大規模経営の単一作へ移行したが，現在でもその栽培方式は残されている．

沖縄での栽培は1935年から八重山地域で始まり，缶詰工場の建設もあって発展したが，第二次世界大戦によって八重山地域のパイナップル産業は壊滅した．

図5 熱帯の重要作物であるパラゴム園の樹間にパイナップルを間作している様子（タイ・ラヨン地方）ゴム園の形成までに約7年間を必要とし，その間の換金作物としてパイナップルが栽培される．

戦後，琉球政府によるパイナップル産業の保護策により栽培も改善されて，1953年には生果と缶詰が本土に輸出されるようになった．1960年代後半には，生産量が10万1050tを記録するなど，急速にパイナップル栽培が成長したが，冷凍パイナップルの自由化や，1970年代初期の石油ショックがもたらした経済不況によってパイナップル缶詰の滞貨が生じ，生産農家に新植を敬遠させ，著しく栽培面積が減少した．その後，好転した時期もあったが，1980年以降，パイナップル生産は再び減少し，1990年には沖縄県における他の果樹と粗生産額ではほぼ同じになった．さらに1995年にはマンゴーを主体とした他果樹の粗生産額がパイナップルを抜き，その1.5倍となっている．一方，沖縄県を除く他府県では，1955～75年にかけて鹿児島県を中心に徳島県，静岡県，和歌山県，高知県で栽培されていた．特に鹿児島県で1964年には現在の沖縄県における生産量の10%に相当する1312tの生産があり，その他の県では20～160t程度の生産であった．しかし，1975年以降は急激に栽培面積が減少し，鹿児島県で60t，高知県で数tの栽培となり，2003年では鹿児島県でわずか41tの栽培があるにすぎない．

【品　種】　多数の品種があるが，系統としてカイエン群，クイーン群，レッドスパニッシュ群，アバカシー群等がある．

　カイエン群：南米ベネズエラの奥地で先住民が栽培していた品種を由来とする．このうち，フランス領ギアナのカイエン（Cayenne）地方で発見された品種が，現在，世界各地で栽培されている'スムース・カイエン'である．果実は大型（1.4～3.4 kg）で円筒形，果肉は黄色多汁，高糖度で繊維も少なく，果実品質は優れている．ハワイで選抜された'ヒロ（Hilo）'やわが国の'三菱系'，'TH-56（タイ系）'，さらには現在，沖縄の主要品種である'N67-10'もカイエン群である．萎凋病に罹病しやすい欠点をもつ．

　クイーン群：果形が円錐状のため缶詰用には適さないので，生食用として利用されている品種群である．有刺の葉をもち，植物体・果実ともにカイエン群に比べ小型で，果実重は平均1.3 kgで早熟である．果実表面の小果が突き出ており，凹凸が大きいのが特徴である．貯蔵性に富み，病害にも強い．

　レッドスパニッシュ（Red Spanish）群：西インド諸島での栽培が多い．葉の基部にアントシアニンを含み一般に有刺であるが，中には無刺の品種もある．植物体・果実はカイエン群とクイーン群の中間で，果実重は0.9～1.8 kgである．果肉は黄色で糖度，酸度とも低く，生食用としては不適である．萎凋病には抵抗

性である.

アバカシー(Abacaxi)**群**：ブラジルで栽培されている地方品種群である．葉は有刺で，果柄が長い．果実は小さく 1.5 kg 程度で円筒形である．果肉は黄色，果汁は多く食味はよい．

(1) わが国におけるパイナップル品種（図 6, 7, 8）

'**N67-10**'：生食兼用品種．ハワイ導入系から栄養分離育種（1967 年）により育成し，1985 年に品種登録された．草丈は大きく，えい芽と吸芽の発生が少ない．刺はわずかにある．小果数が多く，果長，果径，果肉厚，果心径，果実重（1.4〜1.7 kg）が大きく，多収である．糖度は'三菱系'と同様に低い（13〜14％）．果皮色は黄橙色，果肉は黄白色，肉質は中程度のかたさで，香気はわずかである．

'**ボゴール**(Bogor)'：外国導入品種で生食用品種であるが，葉に刺が多いのが難点である．収穫期は 7 月中旬で早生系統である．えい芽，吸芽の発生は多い．果実は 700〜900 g で，円筒形をしている．果皮・果肉色とも黄色を呈し，肉質は柔軟でスナックパインともいわれる．

'**ソフトタッチ**'：1979 年に熱帯農業研究センター沖縄支所において，'ハワイ系'に 'I-43-880' および'三菱系'に 'I-43-980' を交雑した実生を育成し，選抜を繰り返して，このうち'沖縄 1 号'が 1999 年に'ソフトタッチ'として品種登録された．草姿は開張性で，葉に刺が少なく，やわらかいため栽培上，特に支障とならない．えい芽の発生が多く増殖は容易である．夏実は 6〜7 月に成熟し，早生系統である．果実は 700〜800 g で小さく，たる形をしている．果肉は乳白色

図 6　露地パイン'N67-10'　　　図 7　'ボゴール'　　　図 8　'ソフトタッチ'

で柔軟多汁，高糖度（約17％），低酸度である．モモ様の香気があり，食味に優れている．ピーチパインともいわれる．

'**ハニーブライト**'：'ソフトタッチ'同様の育種経過で選抜された'沖縄4号'が1999年に品種登録された．草姿は斜立性で，葉に刺がまったくなく栽培が容易である．えい芽の発生が多く増殖は容易である．夏実は7～8月に成熟し，中生系統である．果実は800～900gで，円筒形をしている．果皮，果肉ともややかたいが多汁で，高糖度（17～18％）で低酸度であり食味に優れている．香気は少ない．

'**三菱系**'：戦前に台湾の三菱農場がハワイから導入した．当時のハワイでえい芽の多さのため選抜された品種である．果実は小さい．

'**TH-56**（タイ系）'：1956年に導入した品種で，タイではバタビア種と呼ばれ，最もよく栽培されているスムース・カイエン種である．三菱系と比較して，えい芽が少なく，吸芽の発生が多く，出蕾と収穫ともに早い．糖度・酸度ともに低い．花樟病および裂果抵抗性に弱い．

'**ハワイ系**'：1958～63年にハワイから導入した苗から選抜した．遺伝的には未固定系統である．

(2) 現在のパイナップル品種の混乱

世界のパイナップル生鮮果実市場は活気づいており，年10％の伸びである．増加率はマンゴーに次いで第2位である．その要因は生食用のデルモンテ・ゴールドエクストラ・スイートパイナップル（Del Monte Gold Extra Sweet Pineapple）の名前で販売されている系統番号'MD-2'がコスタリカに導入され，栽培面積が飛躍的に増加したことと関係している．世界のパイナップル市場は10億ドル以上の規模であるが，アメリカ合衆国では1990年代半ばから生食用パイナップルの扱い高が3倍以上に飛躍的に増加し，1億ドル以上となっている．コスタリカは世界市場の注目を集めているが，一方，同様なタイプのものが市場に溢れ，それらの区別性や，所有権，商標等について訴訟が起きている．

果肉がゴールドタイプのパイナップルについては，その来歴は混乱している．ハワイの生産者団体の貿易部がデルモンテ，マウイランド＆パイナップル，ドールと共同して設立したパイナップル研究所（Pineapple Research Institute：PRI）で，1970年代に育種されたものが最初である．交雑の結果得られた，おそらく同一の後代実生と考えられる2株の実生がこの混乱の原因である．系統番号'73-50'（'ハワイ・ゴールド（Hawaii Gold）'として一時，市場に出た），およ

び '73-114'(これも 'ロイヤル・コースト (Royal Coast)' と命名されている) である. '73-114' は果肉がゴールドであり, 糖度が高く酸味が少ないうえに病害に強い. 成熟すると果皮が琥珀色となる. 2週間低温貯蔵がきく. これは最も重要な形質である. しかし, その当時, ハワイでは 'スムース・カイエン' が加工用品種としての地位を固めており, 同時に生食用としても利用されていたため, 新しくゴールドの果肉タイプが市場に出る余地がなかった.

ハワイのパイナップル加工産業は, 低賃金で労働力を確保できることを理由に東南アジアにシフトしたため, PRI は 1987 年に解散し, 遺伝資源を含む資産をデルモンテとマウイランド & パイナップルに二分した. デルモンテは '73-114' の所有権を主張し, 'MD-2' とした. 1996 年, デルモンテはコスタリカで 'MD-2' の生産を始め, 高価格ではあったがすぐに市場で受け入れられた. 登録は 1992 年に申請されたが, すでに市場にはそれ以前に出回っており, マウイランド & パイナップルとの間で係争となり登録には至っていない.

さらにデルモンテは, 'デル・モンテ・ゴールド (Del Monte Gold)' として販売されている, ほかの黄色果肉タイプである 'CO-2' を登録した. 一方, マウイランド & パイナップルは 'ハワイアン・ゴールド (Hawaiian Gold)' として販売している. これらはさきの系統番号 '73-50' に由来しており, マウイランド & パイナップルとデルモンテ双方が所有権を主張し, 論争になっている. さらにデルモンテは, 最近までドールとの間で係争をしてきた. すなわち, ドールの販売するゴールドタイプ, 'プレミアム・セレクト (Premium Select)' について, デルモンテ側によれば 'MD-2' であり, 不当に繁殖されたと主張してきた. これらの訴訟は解決したようであるが, いずれにせよ, 世界のパイナップル市場は果肉がゴールドタイプの品種が主流となるのは必至である. 以上はパイナップル戦争とまで揶揄された, 品種改良とその所有権の重要性を物語る話である.

【栽培―生育周期】 熱帯性植物であるが, 亜熱帯地域にも適応する. 耐塩性があり海岸部でも良好な生育を示す. 土壌条件は排水性のよい砂質, 砂壌土が適している. 最適 pH は 5.5~6 である. アルカリ土壌の場合, 鉄分が吸収できなくなり, 生育不良となり収量も減少する. 繁殖には冠芽, 果実基部と果柄付近に発生するえい芽, 茎と果柄の分化部から発生する吸芽, 吸芽とえい芽の中間から発生する吸えい芽を用いる. 植付けから収穫までの期間が最も短い (1~1.5 年) 吸芽を用いることが多い.

熱帯地域（南部タイの例）：日長に変化のない熱帯地域では，開花・結実が周年みられる．株を植え付け，葉が40枚程度までに栄養成長した後に花芽を形成し，その後30～50日で花序（多花果）が認められる．下段の小花から開花を始め，3週間程度で上段の開花に至る．ただし，自家不和合性で単為結果するため花は萎凋してしまう．タイの場合，株齢でなく季節にしたがって結実するとされる．一般に雨期の終わりから乾期の始めに植え付けると，およそ1年後の11～12月に着果し，5～6月に収穫できる．乾期から雨期（3～4月）にかけて植え付けた場合，翌年の4～5月に着果，11～12月に収穫となる．主要産地であるバンコク北西部から半島部にかけての西部地域（プラチュアプキリカン県が著名）は，雨期は7～11月，乾期を12～2月の寒季と3～6月の暑季に区別している．タイ湾に面して対岸の東部地域（ラヨン県が著名）も主要産地であるが，雨期は5～10月，乾期は11～2月の寒季と3～4月の暑季からなっている．多くは11～5月までに植付けされ，雨期には植え付けた株に腐敗病が発生することがあるため，あまり行われない．10～13 cmの深さに植え付け，排水路の設置は必須である．株の成長を斉一化するためには，株間を均一にすることが重要である．半数以上の農家がha当たり2万5000～3万1250本の2条植えを行っており，缶詰用途向け栽培を行っている大規模農園ではha当たり5万～6万2500本の2条植えが基本となっている．

促成栽培は，カーバイト処理やエスレル処理によって花芽誘導を促して，季節に関係なく収穫を前進させる方法である．処理を行う株は，植付け後7～8カ月を経ており（吸芽の場合），茎部が太く，葉が肉厚で広く，薄緑色の状態がよい．直径2～3 mmの粒状カルシウムカーバイトを1株当たり1回につき，8～9粒（約3 g）株の葉基部におく．葉基部から発生する湿気に反応して，カルシウムカーバイトは気化してアセチレンガスとなり，花芽誘導に効果がある．この処理は，2～3日間隔で3回程度，明け方または深夜に行い，プラチュアプキリカン県ではほとんどの農家が本方法を用いている．エスレル処理は市販の高濃度液（39.5％）0.1 Lを尿素3 kgを溶かした水200 Lに混ぜ，この混合液を葉，茎全体に涼しい時間帯に散布する．1株当たり吸収量は70～80 mLで，200 Lの薬量は約2500株に使用できる．3～5日後に再度処理を行う．いずれの方法でも，処理150日後には収穫が可能となる．

熱帯地域（北部タイの例）：タイ北部のランパーン県における'スムース・カイエン'栽培の事例では，暑季（2～5月），雨期（6～7月）および寒季（11～12月）

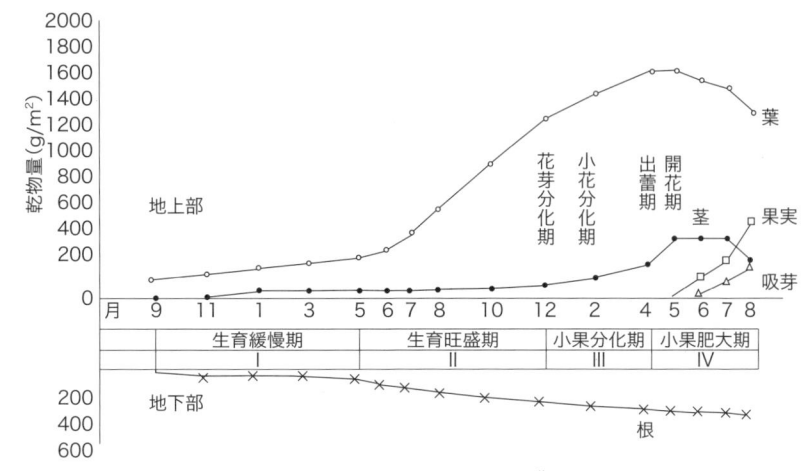

図9 パイナップルの生育（園芸学会，1986[1]に一部加筆）

に収穫した果実を比べると，暑季の果実は果実重が大で，ロゼット型の冠芽をもつ円錐形を示す一方，雨期および寒季の果実は球形または円筒形で冠芽はよく伸長する．夜温，日射量，熱量の違いがその要因であることが明らかとなっている．また，暑季および雨期の果実の果皮色は，昼夜の温度較差がないため，成熟期でも果皮全体の75％以上が緑色である．これに対し寒季の果実は，夜温の低下と強光条件のため，果皮全体の65％以上が黄色を呈すが，果肉色や食味は劣る．

亜熱帯（沖縄県の例）：株の植付け後の初期生育は，図9に示すように緩慢で，8～9カ月を経てから地上部の生育が旺盛となる．根はさらに遅れて発達する．その後，低温期を迎え花芽分化が起き，小花（果）の分化を経て出蕾期，開花期に至る．小果肥大期には，果実の肥大成長と次期の結実株である吸芽の分化成長が同時に進む．葉や茎の乾物重が減少する一方，果実は乾物重を増加させて成熟する．このように植え付けてから15～18カ月で果実が収穫できる．沖縄県における株の植付けは，一般に春植えとして4～5月，夏植えとして7～8月に行う．このほか，秋～冬植え（10～12月）も農作業の労力配分を図るために行われている．自然条件では，花芽は高温の8～9月を除き毎月分化するため，7～9月（夏実，以下，沖縄県での呼称を用いる）と11～2月（冬実）が通常の収穫期となる．一方，薬剤で花芽誘導をすると周年栽培が可能となる．砂ホルモンと呼ばれる合成オーキシンであるNAA（ナフタレン酢酸）がかつては花芽誘導施用剤として用いられ

ていたが，現在は農薬登録されていないため使用できない．そのためエチレン発生剤のエスレルやカーバイトが用いられている．前者の1000倍液に尿素を4%混合したものを3～5月に20 mL，株の葉基部に灌注処理すると，10～11月に果実収穫（秋実）ができる．後者では8～9月にこれに水を加えて発生させたアセチレン混合液を30～50 mL，葉の基部に灌注処理を5日間隔で2～3反復する方法や，220～230℃に加熱した大豆油330 gにカーバイト1 kgを入れ，15分間攪拌した後，薄く広げて1時間空気にさらして調製した固形施用剤である．オイルカーバイト（OCC）0.5～1 gを株の葉基部に投入し，5日後に反復する処理方法で，翌年の3～6月に春実としての収穫が可能である．アセチレン混合液処理は施用時期が気温の高い夏季となるため，ガスの拡散が安定する日没から夜間の作業となる．一方，エスレル処理やOCC処理は昼間の処理が可能である．しかし，安定的な効果を期待するため，午後3～4時以降の処理が望ましい．

【栽培管理】 生育期間が長いため，雑草によってパイナップル自体が負けないよう雑草の防除が必要である．マルチング資材による被覆や敷き草は土の飛散防止や土壌流亡防止，保水効果があり初期生育や病虫害の予防としても役立つ．施肥に関しては，肥料要素，特に窒素とカリウムを多量かつ分割して施肥する必要がある．植付け1年目は，初期生育を促すために年間1株当たり窒素を12～15 g，リン酸3～6 g，カリウム12 gを元肥として30%，残りを3カ月ごとに分施する．2, 3年目の年間施肥量は1年目の約70%，4年目は約30%と漸減させる．カリウムは欠乏すると成長が抑制されるほか，果実の生理障害である内部褐斑（internal

図10 紙袋による日焼け防止

browning）の発生を促すので注意する．熱帯地域や，沖縄県における夏実は，直射日光によって日焼けを起こすので，図10のように紙袋をかけるか果実頂部で葉を結束して日焼け防止を行う．病虫害には，心腐病（根腐萎凋病），花樟病，萎凋病，ネマトーダがある．心腐病（根腐萎凋病）は，藻菌（*Phytophthora*）によって若い株の葉先端が黄色あるいは茶色に変色する症状を示す．排水対策やアルカリ土壌を矯正するなどで防止できる．花樟病は，果実肥大期に果肉が硬化して白色または黄色になる症状を示す．白こぶ，白芯等と呼ばれる．開花時期に感染するのでマルチングによって土の飛散防止に努める．萎凋病はコナカイガラムシが媒介体と推定されるパイナップルクロステロウイルス（pineapple clostero virus）が原因とされるので，コナカイガラムシの駆除を徹底的に行う．

　種苗繁殖には前述したように吸芽等の栄養繁殖体を用いる方法が一般的だが，パイナップルは茎や葉も繁殖体として利用することができる．また，冠芽や吸芽を縦に分割し風乾後，苗床に伏せこむと側芽が発生する．この側芽を苗として利用することも可能である．

　1株当たり5年間で3回の収穫ができるが，古株の果実品質は低下するので，5年目で更新して改植する．

【生産と消費】　世界の2002年におけるパイナップル生産量は約1500万tで，近年は中南米とアフリカの生産量の伸びが高いことが注目される．アジアにおけ

表1　パイナップル果実の主要生産国（単位：千t）

主要国・年度	1993	1994	1995	1996	1997	1998	1999	2000	2001	2002
タイ	2589	2370	2088	1987	2083	1786	2372	2287	1979	1979
フィリピン	1287	1335	1443	1542	1638	1489	1530	1560	1620	1636
ブラジル	1252	1484	1426	1146	1073	1113	1477	1293	1350	1469
中国	732	737	796	854	828	961	1231	1214	1258	1274
インド	1000	1010	1060	1200	1250	940	1006	1020	1100	1100
コスタリカ	490	490	424	574	642	651	858	903	950	1015
ナイジェリア	800	800	800	800	830	857	881	881	881	881
ケニア	320	340	350	390	430	490	567	607	612	600
メキシコ	212	229	281	301	391	481	504	522	626	585
インドネシア	459	346	703	501	386	327	317	393	450	450
日本	27	25	26	19	15	13	13	11	11	11
計	12511	12515	12691	12619	12875	12260	14356	14405	14567	14853

海外果樹関係データ集（中央果実基金）より作成．

図11　ケニヤのパイナップル畑

る生産量は，約700万tで世界の半分を占め（表1），その国別の内訳は，タイが約200万tを生産し，世界の総生産量の13％を占め世界第1位である．次いでフィリピン，中国，インドの順である．フィリピンの生産量は世界でも第2位となっている．ちなみに日本は1万t余りと少ない．中米における生産量は約200万t，南米とアフリカは約260万tで，生産量が多い国はブラジルが約150万tで世界第3位，コスタリカが約100万t，ナイジェリアが約90万t，ケニアとメキシコが約60万tで続いている．近年の伸び率が高い国は，メキシコ，ベネズエラ，コスタリカ，ペルーの中南米諸国，中国，ケニア（図11）である．一方，日本は漸減傾向にある．

　世界の総生産量のうち輸出量は，約100万t強である．特に近年，中米のコスタリカが約40万tと圧倒的に多く，世界の40％近いシェアを占めている．アジアは約20万tでフィリピン，マレーシアの輸出量が多いが，近年，横ばい状態である．タイは生産量が多い割に輸出量が少ないのは，ほとんどが加工用途に回るためである．輸入量はフランス，イタリア，ドイツ等ヨーロッパ諸国が全体の半分を占め，次いで北米，アジアと続き，国別ではアメリカ合衆国が約30万tと世界第1位で，フランス，日本の順である．ちなみにフランスはパイナップルの輸出国でもある．わが国の生鮮果実の輸入量は約12万tであり，そのほとんどがフィリピンからである．フィリピン産パイナップルの東京都中央卸売市場での取り扱いは通年行われるが，入荷量は8月に最大となり，600t強である．一方，冬季（11～2月）は少なく，月平均400t程度となる．台湾産は4～6月にかけて多い．加工品の輸入量は，缶詰は1900年代を境に減少傾向にあり，現在

約5万tである．一方，果汁は漸増傾向で，約6000tである．主要仕出国は，缶詰・果汁ともタイが第1位でそれぞれ約2万6000t，約2000tとなっている（表2, 3, 4）．

沖縄県の2002年におけるパイナップルの収穫面積（結果樹面積）は，1989年当時と比べ半数以上（65％）も減少し，出荷量も66％減少となっている（表5）．これまで主として加工用として用いられた品目が多かったが，缶詰等の輸入自由化や生産農家の高齢化，後継者不足が生産力の減少に大きな影響を与えた．そのため，生食用向け出荷量は横ばいの状態で推移しているが，全体の用途別出荷比率でみると年々増加している．パイナップルの品種は，これまでの加工・生食兼用品種から，果実の食味向上，出荷期間の拡大等による生食用品種の増産が重視されている．

缶詰加工用原料として栽培されてきたパイナップルは，現在でも本島北部地域の生産量の約70％が缶詰加工用原料として出荷されている．大規模な加工施設をもたない八重山地域では，生産者や販売関係者による直販ルートの確立によって，約80％が夏実を中心にした生食用果実として生産されている．

近年の観光産業発展は生食用果実の周年にわたる需要を増やしているが，既存品種の'N67-10'は高品質果実の出荷時期が短いこと，加えて適熟果に未熟・過熟果が混ざり，均一な果実品質が揃わない問題がある．そのため，生食用果実としては冬秋季における品質の高い優良品種の育成，ハウス栽培や'ボゴール'や'ソフトタッチ'（ピーチパイン）等の導入による高品質果実の出荷期間の拡大，さら

表2　わが国へのパイナップル生鮮果実の主要仕出国別輸入量（単位: t）

主要国・年度	1985	1990	1995	2000	2001	2002	2003
フィリピン	128254	124338	107286	98378	115818	120164	120482
台湾	633	3483	641	832	938	368	861
中国		92		416	533	730	596
アメリカ合衆国					533	1138	579
インドネシア							102
タイ		121		192	240	270	66
マレーシア				274	255	197	
ベトナム							5
エクアドル					26	3	
計	128912	128250	107940	100092	118344	122871	122690

財務省貿易統計より作成．

表3 わが国へのパイナップル缶詰の主要仕出国別輸入量 (単位: t)

主要国・年度	1985	1990	1995	2000	2001	2002	2003
タイ	5289	26612	36065	29803	34039	28445	26126
マレーシア	5283	12472	8671	2945	2541	3012	2937
フィリピン	5614	10687	17241	13129	12433	8975	10672
アメリカ合衆国	438	1571	1568	309	225	114	202
インドネシア		1228	10573	10249	9819	9978	9062
計	18479	53301	74573	56907	59201	50714	52833

財務省貿易統計より作成.

表4 わが国へのパイナップル果汁の主要仕出国別輸入量 (単位: kL)

	1985	1990	1995	2000	2001	2002
アメリカ合衆国	42	846	987	552	567	1059
タイ	73	766	2777	1388	1535	1935
フィリピン	242	2572	1602	1411	1766	1600
オランダ		109	49	310	407	287
イスラエル				90	162	884
台湾			51		15	93
オーストラリア		9	15	51	71	101
マレーシア		15		36	111	12
計	357	5034	5554	3882	4866	6243

財務省貿易統計より作成.

表5 沖縄県におけるパイナップル生産状況の推移

	収穫面積 (ha)	収穫量 (t)
1967	5380	86600
1977	2590	37100
1980	3300	56200
1990	1200	31600
1995	869	25700
2000	490	11200
2002	457	12700
2003	448	10800
2004	443	11500

園芸・工芸農作物市町村別統計書・農林水産統計より作成.

には安定的な花芽誘導処理の技術開発等が要望されている．わが国のパイナップル栽培面積（収穫面積とは異なる）は，2003年現在で'N67-10'が沖縄県で531 ha，鹿児島県で0.5 haで計531.5 ha，'ボゴール'が沖縄県で44 haである．

【栄養成分】 果実は多汁で，水分を81～86.2％含み，糖分は10.8～17.5％と豊富である．糖成分にはショ糖が6～12％，ブドウ糖が1.0～3.2％，果糖が0.6～2.3％含まれる．酸含量は0.6～1.62％で主としてクエン酸であるが，リンゴ酸，シュウ酸も含まれる．ビタミンCを目標摂取量の約30％含み，ビタミンCのよい供給源である．また，ビタミンB_1，ビタミンB_6，鉄，マグネシウム等を有効量含んでいる．さらに高血中コレステロール値を低下させる効果をもつ水溶性食物繊維の給源である．

カロテノイド: 平均30 μg/100 gで熱帯果実の中では高いものではない．しかし，これらの成分を強化したパイナップル系統の開発は大きな意味をもつ．カロテノイドにはコレステロールの低下効果があり，心臓病・がんのリスクを減少する結果となる．一般的なカロテノイドには，α-カロテン，β-カロテン，γ-カロテン，β-クリプトキサンチン，レテイン，リコピン，ゼアキサンチンがあるが，パイナップルはそのほとんどがβ-カロテンで，濃黄色品種である'クイーン'や'イエロー・モーリシャス（Yellow Mauritius）'ではカロテノイド含量600～800 μg/100 gのうち100 μg/100 gと高い．その他5,6-エポキサイド，5,8-フラノサイドの存在が推定されている．β-カロテンはビタミンAの前駆物質であり，

表6　パイナップルの主な栄養成分（可食部100 g当たり）

	エネルギー（kcal）	51	ビタミン	カロテン（μg）	30
一般成分	タンパク質（g）	0.6		B_1（mg）	0.08
	脂質（g）	0.1		B_2（mg）	0.02
	炭水化物（g）	13.4		ナイアシン（mg）	0.2
				B_6（mg）	0.08
				C（mg）	27
ミネラル	カリウム（mg）	150		食物繊維総量（g）	1.5
	カルシウム（mg）	10			
	マグネシウム（mg）	14			
	リン（mg）	9			
	鉄（mg）	0.2			
	亜鉛（mg）	0.1			
	マンガン（mg）	0.76			

五訂日本食品標準成分表より．

抗酸化剤としても貴重である．ビタミン A は，夜盲症防止に関与し，成長および体細胞と組織の健康を増進する．また，口，胃，腸，呼吸器，生殖器，尿道の組織および皮膚を守ることにより感染症を防御する．

ビタミン B_1：チアミンとも称され，体細胞が炭水化物からエネルギーを作出するのに関与している．健全な神経系にも重要である．パイナップルは貴重なチアミン供給源とされている．

ビタミン B_6：ピリドキシンともいう．体内でタンパク質を生成することに関与する．また，脳内物質のセロトニン生成や感染防御のための免疫系物質のインスリンやヘモグロビン生成を助けている．パイナップルはピリドキシンを有効量もつ貴重な果実である．

ビタミン C：平均 27 mg/100 g で多くはないが，カロテノイドと同様高含量の系統作出が検討されている．'クイーン'群は一般に含量が高く，これを交配親とした交雑実生群の中には 40〜50 mg/100 g が記録されている．

マグネシウム：300 種以上の酵素の重要な構成成分であり，エネルギー産出と筋収縮を含む多くの身体機能を調節する．マグネシウムは神経および筋肉細胞の維持を支え，骨の成分でもある．パイナップルはマグネシウムの供給源として貴重である．

マンガン：多くの生体酵素の構成成分である．パイナップルには比較的多く含まれている．

水溶性食物繊維：100 g 中 1.5 g の食物繊維（セルロースが 0.43〜0.54％，ヘキソサンが 0.1〜0.15％，ペントサンが 0.33〜0.43％，ペクチンが 0.06〜0.16％）を含んでおり，便通を促進し，高血中コレステロール値の調節作用や毒素の排出作用により，大腸がん，動脈硬化，高血圧を予防する働きがある．

ブロメリン：タンパク質分解酵素（プロテアーゼ）の１つ．抗炎症，抗腫瘍活性を示す．人体に無害であることから診療薬，特に関節炎の症状の緩和にも効果があり，ブロメリンを腫れあがった組織に直接注入するのが効果的といわれている．これまで，抗炎症，抗腫瘍活性はブロメリンのプロテアーゼ活性に依存するとされていたが，最近では，ブロメリン中の低分子化合物の関与が指摘されている．パイナップルを食したときに舌に感じる刺激は，ブロメリンの消化酵素作用により口内や舌の粘膜が刺激されるからである．この消化酵素作用は，下痢や消化不良，ガス発生などの消化器系障害解消にも効果がある．調理の際，パイナップルと合わせることで肉をやわらかくさせるが，熱に弱いため，加熱（60℃以上）

するとその効果は失われる.

フェルロイルオリゴ糖エステル: パイナップルの茎部には細胞壁多糖とエステル結合をしているフェルラ酸や p-クマル酸等のフェノール化合物が存在（それぞれ乾物重当たり 8.5 mg/g, 15.3 mg/g）する. このうち, エステル態のフェルラ酸である, フェルロイルオリゴ糖エステル (FE) は, 遊離のフェルラ酸よりも大腸菌に対して強い抗菌作用を有し, グラム陽性および陰性菌, 放線菌に対しても強い抗菌活性を示すことが報告されている.

【利用・加工】 生食のほか, 独特の芳香成分と酸味をもつため調理にも多用される. 加工品は果実飲料, 缶詰, 乾燥果実等があり, 果汁は天然果汁, 濃縮果汁, ネクター（果肉飲料）として利用される. 最も多く用いられる'スムース・カイエン'種は, タイでは生果の最大果径が 105～155 mm を 1 等級, 90～104 mm を 2 等級, 一方, 沖縄県では 124 mm 以上を 1 等級, 107～124 mm を 2 等級として缶詰用に用い, これ以下の果実は果汁原料向けに当てられる. 加工過程は, まず生果の洗浄と選別を行い, 剥皮, 芯抜きされる. 同時に果皮肉も回収され, 果芯, トリミングした屑果肉とともに果汁原料として利用される. 缶詰には, 輪切り, 2つ割り, 4つ割りがあり, シロップ漬けされる. 果汁は材料を圧搾後, 濾過機でパルプを除去する. 天然果汁はパルプ含有率が 3％とされ, 濃縮果汁はパルプ含有率を 2％まで濾過した後, 50℃で濃縮機によって最大 1/6 まで濃縮される. この濃縮過程でパイナップル独特の芳香成分の消失が起きないよう, 果汁とは別に蒸留濃縮をして回収を図っている. 搾汁かすは生果の約 40％を占め, そのまま家畜飼料として利用できる一方, 乾燥搾汁かすはパイナップルブランと呼ばれ, 可消化養分総量が 60％以上と高く, 比較的濃厚な飼料として利用される. 葉は繊維を多く含むので, 麻に似た布として利用することがある.

生食用果実は, 果皮色の変化を観察して収穫する. 果実は下部から上部にかけて次第に緑色から黄色に変化するので, 熱帯地域の輸出用果実の場合, 航空輸送では果実下部から 1/2 または, 3/4 が着色した時期, 船舶輸送では 1/4 が着色した時期が収穫適期である. 国内地方市場向けは 80％の熟度で収穫が可能である. 果実は低部の茎を 3～5 cm 残し, 冠芽も折らないように収穫する. 沖縄県の夏実の場合, 3分着色果を適熟果として収穫するが, 3～4 日で過熟状態となる. 10～12℃で貯蔵すると 2 週間は品質低下を防ぐことができる. ただし, 未熟果を 10℃以下で貯蔵すると低温障害が発生する. 収穫後 2～3 日を経て独特の芳香

が出てくる完熟したものが,酸味が少なく美味である.調理にはブロメリンの働きによる肉の軟化剤として,また肉や油の味との調和があるのでカレーや西洋風・中華風を問わず肉料理に多用される.さらにケーキやフルーツポンチ等に用いられるが,ゼラチンゼリーに利用する場合は,ブロメリンの影響でゼラチンが分解されて固化しないので,缶詰品を使用する.乾燥果実は砂糖漬けとして乾燥したものが多い.

〔弦間 洋〕

文 献

1) 昭和61年度園芸学会秋季大会実行委員会: パインアップル.沖縄の園芸—主要果樹の現況と問題点—(園芸学会編),1986.

ハスカップ

和名 クロミノウグイスカグラ
英名 honeyberry
学名 *Lonicera caerulea* L. var. *emphyllocalyx* Nakai.
(スイカズラ科)

アイヌ語のハシカプ(枝の上にたくさんなるもの)に由来しており,本種とケヨノミ(*L. caerulea* L. var. *edulis*)をあわせて,ハスカップと呼ばれる.学名の *caerulea* は青色を意味し果実の色に由来する.園芸種のハニーサックル(*Lonicera* spp.)と同じスイカズラ属に分類される.

【形　態】　落葉性低木(樹高2m程度).匍匐性はなく,株元から主軸枝が複数生じる.葉は十字対生葉序で,葉形は短柄の長楕円,濃緑色で,やや凹凸がある.混合花芽で,新梢基部数節の葉腋に,2個の花を形成する.子房下位で,3cm程度の淡黄色の漏斗状合弁花冠を1対着生し,花冠から雌しべと雄しべが突出している.果実は2つの花冠の子房が癒合した形状であるが,系統によって変異が大きく,樽状のものや湯呑み状のもの,銚子状のもの等がある.成熟期には,果実重が1g程度に達し,暗紫色または赤紫色に着色するとともに軟化する.ごく小さい短楕円形の種子を5～25粒含む.

【原産地と伝播】　原産地は,両種ともサハリン,シベリア周辺と考えられている

図1　ハスカップ果実

図2　ハスカップの花

図3 果実成熟時の樹の様子

が，クロミノウグイスカグラよりもケヨノミのほうがさらに寒冷地にも分布する．群生している地域は，日本では，北海道の勇払原野周辺に限られ，北海道の特産果樹に位置づけられた．1970年代から勇払原野周辺で本格的にハスカップ栽培が始まり，現在は北海道全域に栽培が拡大し，栽培面積が約80 ha，生産量が120 t程度で推移している．

【品　種】近くの山野に自生していた個体を畑に移植したものがほとんどであるが，千歳市農業協同組合が選抜した果実品質の優良な9系統（千歳1～9号）や，北海道立農業試験場が選抜し，1992年に品種登録した'ゆうふつ'も栽培されている．いずれも自家不和合性があるとされ，いくつかの系統を混ぜて栽植する必要がある．なお，欧米でhoneyberryとして扱われる種は，カムチャッカ半島原産の*L. kamchatika*で，ハスカップと酷似している．

【生育周期と栽培管理】北海道では，湿原から岩石地まで，全域に分布しており，土壌適応性は広いが，浅根性であるので，排水性と保水性のよい土壌が適する．栄養繁殖が極めて容易なので，繁殖は，挿し木，取り木および株分けで行う．経営栽培では，10 a当たり250～330樹程度栽植する（収量は300～500 kg程度）．雑草と競合しやすいので，園地は清耕法で管理するのが好ましい．挿し木苗の場合，2, 3年で結実しはじめ，7, 8年で成木となる．北海道では，4月半ばに萌芽，5月半ばに開花，6月末～7月末にかけて成熟する．着色開始以降の日数が減酸と増糖に影響するため，収穫時期に注意する．経営栽培では，観光農園型のハス

カップ摘みを行うことが多い．10月頃には落葉し，休眠期に入ると，伸びすぎた主軸枝を間引くか，主軸枝の半ばで切り戻し，結果部位を更新する．暖地での栽培は難しい．

【栄養成分と利用・加工】　ハスカップの果実は，ほかの果実類に比べて，カルシウム，鉄，ビタミンC, Eおよび食物繊維を多く含む．クエン酸を主とする有機酸含量も高く，酸味が強い．糖度は13%程度と比較的高いが，有機酸含量のほうが高いため，糖酸比が低い．アントシアニン（主としてシアニジン-3-グルコシド）が果皮と果肉に多く蓄積し，ポリフェノール，ビタミンC, E等の他の抗酸化物質も豊富に蓄積することから，強い抗酸化活性を有している．

　酸味が強いことから，生食よりも，ソースやジャム等へ加工することが多い．ジュースやワイン等にも加工されている．　　　　　　　　　　　　〔福田文夫〕

パッションフルーツ

和名 パッションフルーツ，クダモノトケイソウ，ムラサキクダモノトケイソウ
英名 passion fruit
学名 *Passiflora edulis* Sims.
（トケイソウ科）

　トケイソウ属には約400種ある．3つに分かれた雌しべの柱頭が十字架上のキリストを思わせることから，受難（passion）の名がついた．それが時計の針に似ていることが和名の由来であり，果実が食用になるトケイソウということでクダモノトケイソウ（果物時計草）という．その変種で黄色い果実をつけるのはイエローパッションフルーツ（yellow passion fruit, *P. edulis* f. *flavicarpa* Deg.）である．食用になる果実をつけるトケイソウ属の植物はほかにオオミノトケイソウ（*P. quadrangularis* L.），バナナパッションフルーツ（*P. mollissima* Bailey），タマゴトケイ（*P. laurifolia* L.）などがある．

【**形　態**】亜熱帯性の多年生つる性植物．掌状の葉をもち，巻きひげを他の植物や支柱にからめて伸びていく．花は直径6~8 cmと大きく，花弁と萼が5個ずつあるが，同じような形であるため花弁が10個あるように見える．多数のひげ状の副花冠はこの科の特徴であり，その基部は紫色をしている．5個の雄しべは大きな葯をもち，雌しべの柱頭は3つに分かれている．虫によって受粉するが，確実に着果させるには人工受粉が必要である．果実は開花後数週間ほどで急速に肥大するが，その後はほぼ一定の大きさで収穫を迎える．成熟期に果皮は緑色か

図1 パッションフルーツの開花状況　　**図2** パッションフルーツの結実状態

図3 パッションフルーツの収穫果実

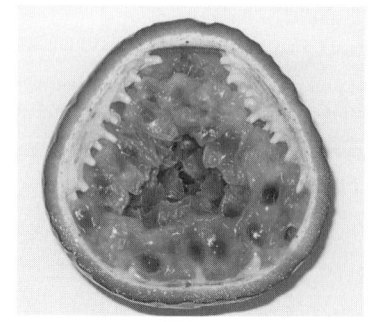

図4 パッションフルーツの収穫果実横断面

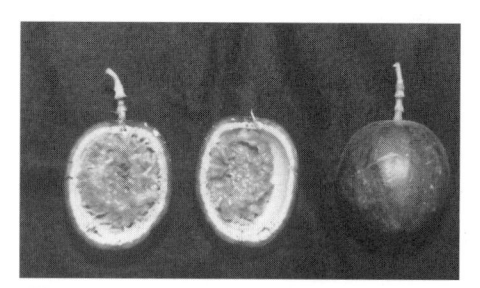

図5 パッションフルーツの収穫果実と果実縦断面

ら紫色に変わり果実は自然に落下する．落下直前か落下した果実を収穫する．収穫した果実は次第に果皮が萎縮してしわが寄ってくる．

5mm ほどの果皮の中に果汁を含む仮種皮に包まれた黒い種子が多数存在する．果汁にある快い独特の芳香がこの果実の最大の価値といえる．果実中に占める果汁の割合は高いが，果実自体が軽いため1個から取れる果汁の量はそれほど多くない．

【原産地と伝播】 原産地はブラジル南部で，19世紀にほかの南アメリカ諸国，アジア，アフリカ，インド，オーストラリア，ニュージーランドに広がった．ハワイへはオーストラリアから伝わった．現在ハワイやオーストラリアで広く栽培されている．黄果の起源はよくわかっていないが，オーストラリアにおいて紫果から変異したと考えられており，現在ハワイにおいて栽培が盛んである．日本における主な栽培地は鹿児島県 (48.6 ha)，沖縄県 (10.7 ha)，東京都 (6.5 ha) であり，島嶼部が中心である．

図6 パッションフルーツの着果状況

【品　種】　紫果の *Passiflora edulis* Sims f. *edulis* と黄果の *Passiflora edulis* Sims f. *flavicarpa* Degener の2種があるが，品種扱いはあまりされていない．ただ，ハワイではいくつかの品種が選抜されている．紫果は亜熱帯性，熱帯高地に適し，黄果は熱帯低地に適する．黄果の果汁は多いが，酸も多く主に加工用に用いられる．そのほかに紫果と黄果の交雑種も生まれている．

【生育周期と栽培管理】　シュートの成長中に花芽分化・開花が起こるが，ある程度着果した後に開花したものは落下して着果しない．このことが原因の1つとなって亜熱帯では年に2回の収穫のピークがある．わが国では温度不足もあって夏果が主である．樹の成長は旺盛で，垣根あるいは棚仕立てで栽培されるが，鉢植えであれば行灯仕立てがよい．また，凍霜害を受けやすいため注意が必要である．

【栄養成分と利用・加工】　カロテン，ナイアシン，アスコルビン酸を多く含む．糖を15％以上含む場合もあるが，酸も3％ほどある．糖の組成としてはショ糖，ブドウ糖，果糖がほぼ同じ割合であるが，成熟の進んだ果実ではショ糖の割合が高い．特有の芳香をもつが，熱に弱いという欠点がある．
　生食する場合は果実を半分に切ってスプーンですくって食べる．この場合種子も一緒に食べることになるため食べにくいと感じる人がいるかもしれない．そのため生食利用は少なく，大半はジュースに加工される．その独特の芳香を利用してオレンジジュースに加えたりお菓子やお酒に加えたりする．ペクチンを含み，ジャムやゼリーもつくられる．

〔向井啓雄〕

バナナ

和名 バナナ
英名 banana
学名 *Musa* spp.
（バショウ科）

　バナナには *Musa accuminata* のグループと，この種と *Musa balbisiana* との交雑種のグループがあり，一般的に学名として *Musa* spp. と表記されている．
　属名の *Musa* はアラブ名の Mauz もしくはローマ時代のアウグスタス皇帝の医師アントニオ・ムサ（Musa, A.）に由来する．banana の語源はサンスクリット語でこの植物が Verana-busha と呼ばれていたことに由来している．

【形　態】　多年生の草本植物で，草高は 2～9 m に達する．短い地下茎を形成し，地下茎から不定芽が発生してサッカー（吸芽）が形成される．根系は 4～5 m 四方に広がり，ほとんどは地表面近くにマット状に密生している．葉鞘がよく発達し，それらは重なり合って茎のように見えるため，偽茎と呼ばれている．葉身は幅約

図1 バナナの開花状態

1m，長さ2～4mで，主脈が大きく，葉脈は平行に形成されている．茎頂で花芽が形成され，花茎が偽茎の中央部を通って伸長し，偽茎から出た花茎の先端部は下方に垂れるようになる．花茎には，基部から先端部に向かって，各節ごとに10～20個の雌花が2列に並んで着生するため，雌花が段状に集合した花房が形成される．花房は50～150 cmの長さで，5～15節に雌花が着生し，暗赤色の苞によって包まれている．苞は開花後反り返ったのちに落下する（図1）．雌花は子房下位で，約10 cmの長さの子房の上部にある花柱は筒状になった短い花被で取り囲まれている．子房は癒合した3心皮で，発達して果実となる．花房の各節における果実の集合体は「果手」と呼ばれ，その個々の果実は「果指」と呼ばれる．果肉は内果皮の内側の胞室内表面および胎座から発達した組織で，白色，クリーム色，黄色である．胎座には退化した黒褐色の小さな胚珠が付着している．果皮は肉質で通気組織が発達しており，果肉と容易に分離する．果皮色には緑色，黄色，赤色がある．果実はほとんどの系統・品種において無種子で，6～35 cm×3～5 cmで湾曲している．生食用品種の果肉は成熟するとやわらかくなり，甘味が強くなる．花茎の先端部は苞で覆われており，そこでは雄花が形成される．雄花は長さ6 cmで，5本の雄しべがあり，花粉を形成することもある．

【原産地と伝播】 現在食用にされているバナナは，マレーシアの湿潤熱帯を原産地とする *M. acuminata* Colla が主体となって発達してきたと考えられている．この種の単為結果性や雄性不稔の株が人為的に選抜され，栄養繁殖されることによって種なし果実を生産する二倍体の食用バナナ品種群が形成された．さらに，これらの品種群の中から非還元配偶子の生成によって三倍体が出現し，旺盛な成長力により現在の主要なバナナ品種となっている．やがてこれらの二倍体と三倍体のものは親株との戻し交雑により別な品種群を形成するようになった．このようにしてマレーシアを中心とする東南アジアで形成された品種はやがてインド，フィリピン，パプアニューギニアに伝播され，これらの地域を原産とする *M. balbisiana* Colla と交雑することによって新たな品種群を形成するようになった（図2）．インドでは紀元前600～500年にバナナに関する記述がみられ，紀元前350年の書物には交雑種のことが記述されている．*M. acuminata* Colla が伝播された地域で形成されたこれらの品種群も交雑を繰り返し，さらに新たな品種群を形成するようになった．4～5世紀になるとバナナはマダガスカル島に伝播され，やがて東アフリカでも栽培されるようになった．アフリカでは東部から西部へと

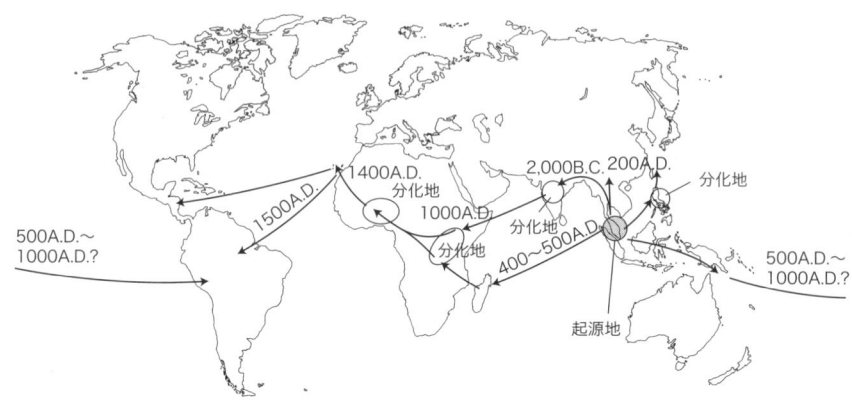

図2 バナナの伝播経路

栽培地域が広まっていき，湿潤な西アフリカ海岸地帯では新たな品種群が分化した．15世紀初めにバナナは，ポルトガル人によってアフリカからカナリア諸島へ持ち込まれ，16世紀になるとそこからスペイン人によって中央アメリカや南アメリカへ伝播された．このようにしてバナナは世界中の熱帯・亜熱帯地域に伝播され，栽培が盛んに行われるようになった．

【品　種】　バナナには200〜300の系統・品種があるが，同じ系統・品種が国や地域によって異なった名前で呼ばれているものが多い．これらは，*M. acuminata* と *M. balbisiana* のもつ染色体をそれぞれAゲノムとBゲノムとし，そのゲノム構成と倍数性により以下のようにグループ分けされている．

① *M. acuminata* の二倍体(AA)(図3)，三倍体(AAA)(図4)，四倍体(AAAA)
② *M. acuminata* と *M. balbisiana* の交雑三倍体(AAB, ABB)(図5)，四倍体(AAAB, AABB, ABBB)
③ *M. balbisiana* の二倍体(BB)，三倍体(BBB)(図6)

栽培されている主な系統・品種はAA, AAA, AAB, ABB, BBBのグループであり，三倍体を主体とした果実生産が行われている．これらの果実特性は表1に示すとおりである．AABグループの主な品種にプランテイン(plantain)があるが，一般には，生食用バナナをバナナと呼び，料理用バナナをプランテインと呼ぶ．

図3　AAタイプのバナナ果実

図4　AAAタイプのバナナ果実

図5　AABタイプのバナナ果実

図6　BBBタイプのバナナ果実

【生育周期と栽培管理】　熱帯性の多年生草本植物で，高温多湿下で生育が良好になり，果実生産は安定する．生育最適温度は27℃で，15℃以下になると生育が低下し，13℃以下ではほとんどの品種で低温障害が発生する．6℃以下になると寒害が激しくなり，降霜は植物体を枯死させる．熱帯では標高1600 m以上の場所では気温が低下するため栽培できず，また，38℃以上の高温は生育を停止させる．栽培には安定した水分供給が必要で，200～220 mm/月の降水量で，土壌水分が圃場容水量の60～70％以下にならない条件が求められる．土壌の乾燥は果実収量を低下させる．土壌はpH 4.5～7.5，養分に富み，排水性と通気性が良好であると収量が多くなる．強光は生育を良好にするが，高温が重なると葉焼けが発生し，水分供給が不十分であると果房が日焼けを起こす．遮光下で生育させると果房重が低下するため収量が減少する．強風は葉を破って光合成を低下させたり，地上部を倒伏させたりして大きな損害を与える．

　バナナでは，葉の形成が一定期間続いたのちに花芽が形成される．花茎出現時には10～15枚の葉が地上部に存在しているが，葉数が少ないと果房重は低下する．果指数は花芽形成時期の，果指肥大はそれ以降の環境条件によって影響される．

表1 バナナの主なグループとその果実特性（Nakasone and Paull, 1998[1], p.104 に加筆修正）

グループ	主な品種	特性
AA	'Sucrier'	小果，果皮は薄く濃い黄色，果肉は淡いオレンジ色で芳香・甘味が強い（生食用）
	'Lakatan'	中〜大果，果皮は濃い黄色，果肉はやや粉質で芳香・甘味が強い（生食用）
AAA	'Gros Michel'	中〜大果，果皮は厚く黄色，果肉はクリーム色がかった白色，芳香・甘味に優れる（生食用）
	'Cavendish'	中〜大果，果皮は厚く黄緑色，果肉は白色でやわらかく甘い（生食用）
	'Pisang Ambon Puith'	大果，果皮は黄色，果肉はややかたくてクリーム色，甘い（生食用）
AAB	'Silk'	小〜中果，果皮は黄色，果肉は白色で，やわらかくやや酸味がある（生食用）
	'Pisang Raja'	大果，果皮は厚く粗でオレンジ色，果肉は黄色がかったオレンジ色で甘い（生食用）
	'Plantain'	大果，果皮は黄色，果肉はクリーム色がかったオレンジ色でかたく粉質（料理用）
ABB	'Pisang Awak'	小〜中果，果皮は黄白色，果肉はかたく白色で粘質（生食・料理用）
	'Bluggoe'	中〜大果，果皮は厚く粗で茶色がかった黄色，果肉は黄色がかったオレンジ色で粉質（料理用）
BBB	'Saba'	中〜大果，果皮は角ばって厚く黄色，果肉はクリーム色がかった白色でかたい（料理用）

　三倍体品種は花粉不稔であるが二倍体品種の花粉は稔性をもっている．雌花の子房が発達して果実が形成される．果実は単為結果性で，ほとんどの生食用品種の果実では種子は形成されないが，Bゲノムをもつ品種では，受粉されるとまれに種子を形成することがある．胚珠は早期に退化する．開花後40日目までは果皮の成長が盛んであるが，その後果実にデンプンが蓄積され果肉の肥大成長が盛んになる．果実は成熟するにつれて上方に反り返るようになる．反り返りの程度はAAA品種で大きく，Bゲノムをもつ品種では小さい．果実は熱帯では花房出現後3〜4カ月で成熟するが，気温の低い亜熱帯では7カ月を要する．市場出荷を

目的とした収穫は果実が緑色でやや角ばり，最大の大きさの75％に達した時期に行う．果実は最大の大きさに達すると裂果する．

収穫された果実は日焼けや裂果防止のため直射日光が当らないように覆いをする．果実は水洗いされたのち，殺菌処理される．機械的な衝撃は果実の品質を低下させる．輸出など長距離を輸送する場合は，追熟を抑制するために13〜14℃にすることで約1ヵ月間貯蔵することができる．これより低温になると，低温障害が発生して着色不良，デンプンの糖への転換抑制，芳香の消失，果肉の崩壊等が起こる．

生食用バナナは追熟型果実で，追熟させることにより果皮が黄色くなり，果肉は軟化し糖含量が高くなり，芳香が優れるようになる．エチレンガスは追熟期間を短縮させるため，市場性を目的とした果実は100 ppm エチレンガスで24時間処理を行い追熟させる．料理用バナナは追熟させてもデンプンから糖への転換が不十分である．未熟な果実や追熟が不十分な果実はタンニンが多く，渋みが強い．

バナナは主に次の4つの栽培体系によって果実生産が行われている．
- ホームガーデンでの栽培：自家消費を目的とし，雑多な品種を植え付ける．栽培管理のための投資は少ない．
- 混作：野菜，ココア，コーヒー，コショウ，ココヤシ等と混植される．
- 小規模農園での栽培：販売を目的とした管理を行う．品種を環境条件との関係において選ぶ．
- プランテーション：輸出を目的として栽培する．資本投資が大きく，単一品種で多収量・高品質を目的とした栽培を行う．

繁殖は株元から発生するサッカー（吸芽）と呼ばれる不定芽を用いた栄養繁殖が主体である．収穫が終了した株は枯死するが，その株から発生していたサッカーをそのまま生育させる株だし栽培（ラトゥーン）が一般的に行われている．株だし栽培では，生育段階の異なるサッカーを数本残す管理を行い，同じ株で次の収穫ができるだけ早期に行われるように備える．株だし栽培の期間は5〜20年で，収穫量が低下するようになると園地を更新する．新しい園地では，掘り起こしたサッカーを雨期の開始時期に植え付ける．生育期間中は土壌が乾燥しないようにし，乾期には灌水が必要である．3倍体生食用バナナの平均収量は30 t/haであるが，それによって，N: 50 kg，P_2O_5: 15 kg，K_2O: 175 kg，CaO: 10 kg，MgO: 25 kg が土壌から吸収されるため多量の施肥が必要である．有機物の投

入などによる土壌養分の維持は果実生産に効果的である．

　プランテーション等の商業的栽培では多収量・高品質果実生産のために次のような栽培管理を行う．

・吸芽の除去：2カ月ごとに1～2個の吸芽を残してすべて取り除く．
・支柱：花房が出現すると果実の重さで倒伏しないようにする．
・雄花の除去と摘房：果実の肥大促進のために雄花を取り除く．果房の下部の果手は上部のものに比べると15%小さくまた成熟時期も遅れるため，下部の果手を切り取り上部の果手を残す（図8）．
・袋掛け：果実を鳥害虫から保護したり，冷涼な地域では果実温度を上昇させて果実の成長を促す．

　バナナにおける最も深刻な病害は *Mycosphaerella musicola* 菌によって引き起こされる斑葉病（シガトカ病）で，葉が枯れるため収量に甚大な被害を及ぼす．Cavendish 品種群はこの罹病性が高い．この病原菌は葉が濡れているときに伝染するので，結露や葉温低下の防止が感染を抑制する．殺菌剤を用いて防止する．*Fuzarium oxysporum* f. *cubense* 菌による萎凋病（パナマ病）も被害をもたらす．この病原菌は土壌伝染し，根の維管束系を閉塞させるので，地上部が萎凋してくる．防除は罹病株を抜いて廃棄し，土壌を殺菌剤で処理する．*Pseudomonas solanacearum* 菌による立枯れ病の発生もみられる．この菌には4つの系統があり，3つは農機具などに付着して伝染し，残りの1つは昆虫によって伝染する．植物体は罹病すると数週間のうちに枯死する．罹病個体とその近隣の個体を除去

図8　雄花の部位と上部の果手を除去した果房

し，燻蒸殺菌するのが効果的である．ウイルス病としては，バナナアブラムシによって伝染する萎縮病があり，株が極端に矮化する．

　害虫としてはゾウムシ（*Cosmopolites sordidus*）の被害が大きい．この幼虫は地下茎を食害するので，水分や養分の吸収が低下する．成虫が生息できないように収穫後の偽茎を直ちに切り取ったり，除草をして，圃場を清潔にしておくことが防除法の1つである．バナナセセリ（*Erionota torus*）は葉に巣をつくり，食害を及ぼす．2種類のスリップスも被害を及ぼす．*Thrips florum* は苞が存在している時期の果実に被害を及ぼし，果面を汚して裂果を引き起こす．*Chaetannaphothrips signipennis* は果指の間に生息し，果面をさび色に汚染する．*Radopholus similes* は大きな被害をもたらすネマトーダである．殺虫剤もしくはこれに寄生する *Paecilomyces lilacinus* 菌類の防除が被害防止に有効である．

【生産と消費】　世界におけるバナナの総生産量は生食用が約7000万tで，料理用が3200万tである．生食用バナナの多くはアジアで生産され，インド，フィリピン，中国，インドネシア，タイ等が主な生産国である（表2）．次いで中南米での生産が多く，ブラジル，エクアドル，メキシコ，コスタリカ，コロンビア等が主（生）産国となっている．プランテインの生産はアフリカで多く，ウガンダ，ルワンダ，ガーナ，ナイジェリア等が主（生）産国である（表3）．南米ではペルー

表2　バナナの地域別および国別生産量（2004）（単位：千t）

地域と国名	生産量	地域と国名	生産量
アジア		南アメリカ	
インド	16820	ブラジル	6590
中国	6220	エクアドル	5900
フィリピン	5500	コロンビア	1550
インドネシア	4400	その他	1570
タイ	1800	（合計）	(15610)
ベトナム	1220		
その他	2080	中央アメリカ	
（合計）	(38040)	メキシコ	2030
		コスタリカ	1860
アフリカ		グアテマラ	1000
ブルンジ	1600	ホンジュラス	970
その他	7220	その他	2670
（合計）	(6820)	（合計）	(8520)

FAO統計より作成．

表3 プランテインの地域別および国別生産量 (2004)(単位：千 t)

地域と国名	生産量	地域と国名	生産量
アフリカ		南アメリカ	
ウガンダ	10000	コロンビア	2950
ルワンダ	2470	ペルー	1600
ガーナ	2380	その他	1370
ナイジェリア	2110	(合計)	(5920)
コートジボワール	1420		
コンゴ	1250	中央アメリカ	839
カメルーン	1200		
その他	2620	アジア	1040
(合計)	(23450)		

FAO 統計より作成．

表4 バナナの主な輸出国と輸入国 (2003)(単位：千 t)

国名	輸出量	国名	輸入量
エクアドル	4665	アメリカ合衆国	3870
コスタリカ	2042	ドイツ	1180
フィリピン	1828	日本	986
コロンビア	1425	ベルギー	946
グアテマラ	936	イギリス	863
ホンジュラス	507	ロシア	802
パナマ	385	イタリア	596
カメルーン	313	カナダ	423
コートジボワール	242	中国	421
ブラジル	220	フランス	339

FAO 統計より作成．

とコロンビアで生産量が多く，アジアでの生産量は少ない．わが国では沖縄や奄美大島において約 280 t (2002 〔平成 14〕年度) の生食用バナナ果実が生産されている．

　バナナの主な輸出国はエクアドル，コスタリカ，コロンビア等の中南米諸国とフィリピンである．主な輸入国はアメリカ合衆国，ドイツ等のヨーロッパ諸国，日本等である (表4)．

　わが国で消費されている果実のほとんどは輸入されており，その量は 99 万 t (2003 (平成 15) 年度) で，輸入されるすべての果実類において半分以上を占めている．輸入のほとんどはフィリピン (81%)，エクアドル (15%) からである．1 人当たりの消費量は 7.7 kg/年で，1 年間におよそ 40 本の果実を食べている (図9)．

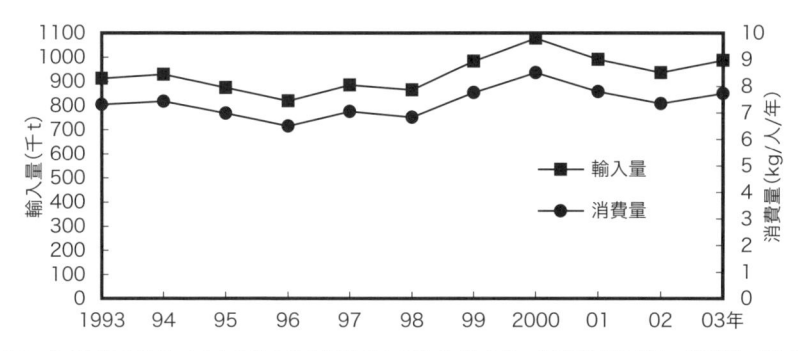

図9 わが国におけるバナナの輸入量と消費量の年推移（輸入量：財務省貿易統計，消費量：FAO）

表5 バナナの主な栄養成分（可食部100 g当たり）

一般成分	エネルギー (kcal)		86
	水分 (g)		75.4
	タンパク質 (g)		1.1
	脂質 (g)		0.2
	炭水化物 (g)		22.5
	灰分 (g)		0.8
ミネラル	ナトリウム (mg)		微量
	カリウム (mg)		360
	カルシウム (mg)		6
	マグネシウム (mg)		32
	リン (mg)		27

ビタミン	カロテン (μg)	56
	B_1 (mg)	0.05
	B_2 (mg)	0.04
	B_6 (mg)	0.38
	葉酸 (μg)	26
	C (mg)	16
食物繊維総量 (g)		1.1

五訂日本食品標準成分表より．

【栄養成分と利用・加工】 生食用バナナは追熟させてから生食されることが多いが，焼いて食べられることもある（図10）．また，デンプン，チップ，ピューレ，ジュース，乾燥果実や砂糖漬け等に加工されることもある．料理用バナナは焼いたり，煮たり，油炒めやフライにして食べる．アフリカや南アメリカでは主食代わりとして用いられることが多い．

生食用バナナに含まれる主な栄養成分は表5に示すとおりである．果実は炭水化物を20～30％含むが，エネルギーは約86 kcal/100 gと比較的低カロリーであり，低脂肪・低コレステロールで消化がよいため，高血圧，妊娠中や授乳中，ストレス過多，飲酒を好む人等に薦められる．果実に含まれる有効な成分としては，ストレス解消や血圧を低下させるのに役立つカリウムや，神経の興奮を静めたり，骨の形成に役立つマグネシウムが多く含まれる．また，ビタミンB_6含量

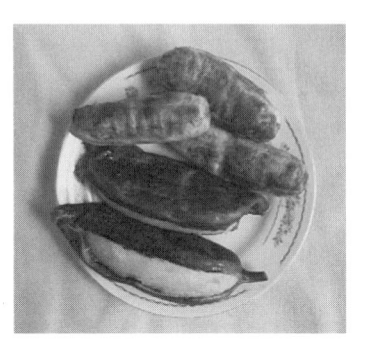

図10 焼いたバナナ果実(上: AAタイプ 下: ABBタイプ)

も多く,タンパク質代謝を促進したり,貧血を予防する.さらに,ナイアシン含量も多く,糖質や脂質の代謝を促進する.ビタミンC,食物繊維も豊富に含まれている.　成熟した果実にはポリフェノールが多く含まれ,抗酸化活性が強く免疫力を強める効果をもっている.また,セロトニンと呼ばれる神経伝達物質の一種を含んでおり,神経を落ち着かせたり,睡眠を促す作用がある.〔宇都宮直樹〕

文　献

1) Nakasone, H.Y. and Paull, R.E.: *Tropical Fruits*, CAB International, 1998.

パパイア

和名 パパイア，チチウリ（乳瓜），モクカ（木瓜）
英名 papaya, pawpaw
学名 *Carica papaya* L.
（パパイア（チチウリノキ）科）

　パパイアはスミレ目（Violales）パパイア科（Caricaceae）パパイア属（*Carica*）の植物である．スミレ目にはパッションフルーツ等を含むトケイソウ科やメロンなどを含むウリ科があり，これらの果実はパパイアと類縁である．果実の断面や花を観察すれば，これらが形態的にもパパイアに近いことがわかる．属名の *Carica* はイチジクのラテン名 carica に由来する．これは葉が似ていることにちなむ．種小名 *papaya* は西インド諸島での本種を指す呼び名 ababai に由来するとされる．パパイア科には4属が知られ，このうち *Carica, Jacarati, Jarilla* の3属は熱帯アメリカ，*Cylicomorpha* 属は熱帯アフリカ原産である．英名の papaya は世界各地で使用される呼び方である．一方，英名の別の呼び方である pawpaw は，オーストラリア，西インド諸島，東アフリカ等で使用されるが，北米等ではバンレイシ科（Annonaceae）のポポー（*Asimina triloba*）を指すこともあり，注意を要する．パパイアがヨーロッパに初めて紹介された当時は，その形態的な類似性から tree melon と呼ばれていた．古い文献ではこの名称が用いられるこ

図1 パパイア品種'サーイ・ナム・プン'の結実状況（タイ中部ラーチャブリ県）

ともある.

　パパイアは現在，世界の熱帯・亜熱帯に広く分布し，最も普通にみられる果実である．繁殖が容易で成長が速く，年間を通じて結実し，用途が広い．そのため，果樹園としてだけではなく，一般家庭の庭先に自家消費用として植えられることも多い．

【形　態】　パパイアは草本性植物であり，成長すると 3～10 m 以上になる．幹はやわらかい繊維質からなり，中空で表面は若いときは緑色を呈するが，古くなるにつれて木質化して灰色となる．表面は葉痕部を除いて滑らかで，基部の直径が 30～40 cm 以上に達することもある．一般にあまり分枝せず直立する．葉は頂部に群生し，5～11 片に深裂した掌状で，長さ・幅とも 50～60 cm，表面は鮮緑色で裏面は淡緑色，葉脈は顕著である．葉柄は長さ 0.3～1 m の円筒状で，緑色または赤紫色を呈する．中心に孔があり，落葉すると亀甲状の葉痕を残す．

　一般に雌雄異株であるが，両性花をつけるものもある（図 2）．花は 5 数性で，雌花は雄花より大きい．雌株の花は葉腋に単生または 2～3 花が集まって短い花柄上に着生する．花弁は多肉で乳白色，5 枚に分かれるが，基部のみ合着している．柱頭は薄黄色で不規則に 5 裂している．雄しべは退化して認められない．子房は卵形で，5 稜を有して薄黄緑色である．子房内には多数の胚珠があり，子房壁（内果皮）が発達して果実となる．雄株の花は長さ 30 cm 以上の花柄をともなう複総状花序に着生し，漏斗状で乳白色である（図 3）．雄しべは 10 本で 2 列に並んで筒状部位に着生し，花糸は短い．一般に子房は退化しているために結実し

図 2　両性花品種 'サンライズ' の開花結実の状況（鹿児島県のハウス栽培）

図 3　雄性花の開花状況（鹿児島県）

図4 果実の断面（品種'サンライズ'，沖縄県）　　**図5** 果実の外観（品種'ケーク・ダム'，タイ）
果皮に橙色が入って食べ頃の熟度である．

ないが，まれに両性花となって結実することがある．両性株には，無柄または短い花柄の花が着生し，基部側は筒状で上方に5裂する．雌しべは5裂し，子房は小型である．両性花には，長実型（花弁の下方1/3は合着し，雄しべは10本，子房は細長く長大な果実になる），丸型（やや長い花糸の5本の雄しべが子房の基部近くにつき，球形の果実になる），中間型（長実型と丸型の中間でさまざまな形の果実をつける）の3つの果実タイプが知られている．両性花を自殖させても，または雌花と両性花とを交配しても雄花の株は出現せず，栽培上好都合である．パパイアの性は，気象や土壌条件によっても変化するとされ，両性株では気温が上昇するにつれて雄花の着花率が高くなる．

　果実の形は種内変異が大きく，球形，卵形，楕円形等を呈し（図4,5），長さ20〜40 cm，直径10〜20 cm，大きさは通常500 g〜1 kg 程度，大きなものは2〜4 kg，まれに10 kgに達するものもある．果実の表面は5稜を呈し，稜角と溝を有する．未熟なときは濃緑色を呈してかたいが，開花後3〜4カ月して熟すると橙黄色を呈し，果肉はやわらかくなる．成熟した果実の果皮は薄く，外面平滑である．果肉は橙黄色〜淡紅橙色で，柔軟多汁である．果実内部は中空で，内壁には半透明のゼラチン状の仮種皮（種衣）に包まれた丸い黒色の種子が付着していて，通常数百から千個もの種子が含まれるが，単為結果した果実にはほとんど種子が含まれない．

【原産地と伝播】　原産地はメキシコ南部から中央アメリカにかけての熱帯アメリカであろうと考えられているが，野生種が見つかっていないためにその特定は困難である．16世紀初めにスペインの探検隊によってパナマおよび南アメリカの

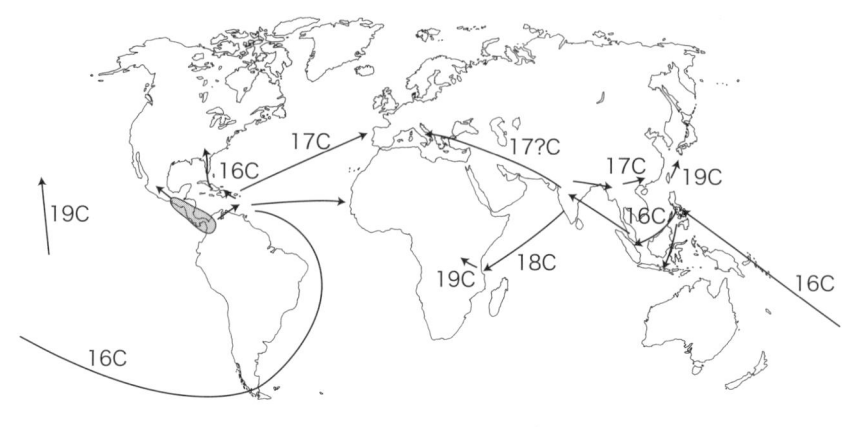

図6 パパイアの伝播経路[1]

北西部で発見されてからカリブ海沿岸一帯に伝播したといわれている．16世紀中頃にはスペイン人によって西インド諸島からマニラへ伝えられ，その後マラッカを経てインドへ普及した．中国へは17世紀の初期から中期までの間にインドから導入され，台湾には18世紀に中国人によって伝えられた．ヨーロッパへは，1626年にインドからナポリへ種子が持ち込まれたという説や，1690年に初めてヨーロッパへ紹介されたという説等がある．東アフリカへは18世紀より以前にザンジバルに伝わっていたとされ，ウガンダでは1874年に栽培の記録がある．ハワイへは1800〜23年の間にスペインの初期移民によって導入された（図6）．日本へは1895（明治28）年に初めて紹介され，南西諸島では明治30年代の前半には屋敷地に栽植されたり，防風垣の中で栽培されたりしていたようである．現在，パパイアはブラジル，メキシコ，ベネズエラ，ペルー，西インド諸島等の中南米をはじめ，アメリカ合衆国（ハワイ，フロリダ，カリフォルニア），オーストラリア，ナイジェリア，エチオピア，コンゴ，インド，マレーシア，インドネシア，タイ，中国，台湾等，熱帯・亜熱帯の幅広い地域で栽培されている．

【栽培沿革と利用の歴史】 原産地とされる熱帯アメリカでは古来，パパイアは果物としてだけではなく呪術師たちの薬としても用いられたという．熱帯アジアにもたらされてからは急速に分布が広がり，マンゴーやバナナと並ぶ最も重要な果物の1つとなった．容易に繁殖できることから，商業的な栽培が始まる以前から，自家消費用に家庭菜園に植えられて分布を広げてきた．若い果実を野菜として利

図7 過湿土壌を嫌うパパイアは低湿地では高畝栽培される（タイ中部ダムナンサドゥワク）

用する方法もこのような中で各地に定着した．

　実生（種子）で繁殖されるため，20世紀初めまで品種と呼べるものが成立しなかった．完熟するとやわらかく輸送に適さないため，商業的な栽培も近年になるまで行われなかった．ほとんどの熱帯地域では，家庭菜園で数本が放任栽培されるという域を出ず，そのため多様な遺伝的形質が作出される結果となった．しかし，ハワイに導入されてからは多くの優良品種が育成された．台湾で現在栽培されている優良品種もハワイから導入された品種を改良したものが多い．沖縄や南九州へは，この台湾やハワイからの品種が主に導入された．現在では世界各地の環境条件に適合した栽培技術と優良品種が確立されてきており，東南アジアの低湿地における高畝栽培（図7）や日本の施設栽培における倒伏法などユニークな栽培方法（生育周期と栽培管理の項参照）が確立してきた．

　タンパク質分解酵素パパイン（栄養成分と利用・加工の項参照）の含有が注目されてからは，乳液を採取してパパインを生産するための栽培も盛んになり，スリランカや東アフリカではこの目的のための生産も盛んである．

【品種・近縁種】　パパイアは容易に自然交雑するため変異が大きい．そのため，名前のついた「品種」は世界中に80以上あるとも100以上あるともいわれる．しかし，その形質は必ずしも安定しておらず，品種と呼ぶにはふさわしくないものも多い．一方で，形質がよく保存された優良系統も，近年各地にみられるようになった．

　'ソロ（Solo）'はハワイで交配を繰り返して育成された両性花品種の系統である．雌株と両性花の株しか出現しない．'ソロ5（Solo 5）'，'ソロ8（Solo 8）'，'カポホ・

ソロ (Kapoho Solo)'，'サンライズ (Sunrise)'，'ワイマナホ (Waimanaho)' 等の栽培品種も'ソロ'の系統である．果実は洋梨形で小型で，500～1000 g である．成熟すると橙黄色になる．果肉は厚くて内部の空洞が小さく，甘い．独特のにおいが少なく風味がよい．植付け後の開花が早く，木の高さが 80 cm に達すると結実を開始する．耐寒性は弱い．結果性がよく周年連続して収穫できるが，果梗が短く果実が密生するため，摘果が必要となる．生食用としては最も優秀な系統の1つとされ，企業的栽培が盛んなハワイでは'ソロ'系統が唯一の経済品種であり，沖縄や鹿児島でも現在'サンライズ'が主流となっている．

'改良ピーターソン (Improved Peterson)' はオーストラリアのクイーンズランド州で交雑育成された品種である．雌雄異株で樹高は高く，果肉の色が鮮やかで芳香に富む．そのほか，雌雄異株の'サニーバンク (Sunnybank)'や'ハイブリッド5 (Hybrid 5)'，両性花品種の'ギニア・ゴールド (Guinea Gold)'や'ブルーステム (Bluestem)'がオーストラリアの優良品種として知られる．

インドにはもともと多くの在来系統があったが，その中から雌雄異株で矮性の'CO. 1'や'CO. 2'が選抜された．ともに高さが 1 m に達すると結実を開始する．果実は 1.5～2.5 kg で，果肉はオレンジ色でやわらかく，適度に果汁がある．生食用として優れているだけでなく，'CO. 2' はパパインの工業原料としても人気がある．インドでは，矮性で豊産性，果肉が厚い両性花品種'クールグ・ハニー・デュー (Coorg Honey Dew)'や，卵形で 1 kg ほどになる'ワシントン (Washington)'などの古典的品種が現在も栽培されている．どちらもパパイア特有のにおいが強い．

インドネシアの'セマンカ (Semanka)' は果実が大きく，果肉が赤くて魅力的な品種である．タイでは果物としてだけではなく，サラダとして若い果実を生食する習慣があるが，そのどちらにも利用される'ケーク・ダム (Kheak Dum)'や'サーイ・ナム・プン (Saai Naam Phung)'が有名である．最近は後者の栽培が拡大してきた．

台湾にも多様な系統が存在したが，それらとハワイから導入した品種をもとにいくつかの優良品種が育成された．'台農雑交1号'は成長が速く病虫害に抵抗性がある両性花品種である．外観は薄緑色で美しく，果肉は赤い．'日陞'は，ハワイから導入した品種をもとに台湾で育成された両性花品種で，果肉は橙紅色．耐病性と耐寒性に劣るので栽培技術を要するが，甘くて多汁で果実品質の優れた品種である．

南アフリカには'ホルタス・ゴールド（Hortus Gold）'と呼ばれる雌雄異株の品種があり，果肉が金色で軟化しにくく優良な果実を産する．アフリカの在来系統の中にはパパイア特有の臭みがほとんどない系統があり，多汁で甘くてやわらかく，極めて美味である．東アフリカの標高の低い海岸部でしばしばみられるが，特定の品種名は冠されていない．
　パパイアの近縁種で重要なものには山岳パパイア（*C. candamarcensis*）とババコ（*C. pentagona*）がある．
　山岳パパイアは英名 mountain papaya と呼ばれ，ベネズエラからチリにかけてのアンデス高地（1800～3000 m）原産である．パパイアを栽培することのできない寒冷地帯で主に栽培される．強勢で樹高は高い．年中着果し，小さく円錐形で黄色を呈す．パパインを多く含むため生食することはできないが，缶詰などに利用される．パパイアウイルス病の抵抗性が高く，パパイアの育種において注目されている．
　ババコは英名 babaco と呼ばれ，上記の山岳パパイア（*C. candamarcensis*）と，別の野生種 *C. stipulata* との間で自然にできた種間雑種に起源するといわれる．エクアドルのアンデス高地が原産とされ，主にエクアドルの山間で栽培されている．木は 3 m 以下であるが，果実は長さ 30 cm に達し，1 kg 余りになる．果実は単為結果によって肥大する．一般に種子はない．果実はシロップや蜂蜜をかけて生食とするほか，ジャム等に加工される．オーストラリアやニュージーランドでは，主に輸出用として小規模に栽培されている．

【生育周期と栽培管理】　パパイアの成長は高温下では非常に速く，播種後 5～6 カ月で開花が始まる．3～5 年で高さ 3～10 m 以上に達する．開花と結実が年中連続しており，1 株当たり年間 20～100 個の果実が収穫できる．経済樹齢は初めて結実してから 4～5 年くらいまでといわれるが，木そのものの寿命は 20～30 年といわれている．

　適地条件：熱帯から亜熱帯にかけての暖かい地域においてよく生育する．生育温度は 25～30℃で，成木は 4℃前後の寒さに耐えることができるが，栽培上は 13～15℃以上が望ましい．パパイアは周年開花結実するので年間を通して十分な水分と肥料が必要である．降水量は年間 1000～1800 mm が適当とされる．過湿によって根腐れを起こすので，排水のよい肥沃な土壌が好ましい．日光を強く受けるほど生育は盛んで，果実糖度も高くなる．高温地帯で栽培されたものは甘み

がより強くなるが，熱帯でも標高 1000 m 以上のところでは風味が落ちる．パパイアは細長い葉柄に広大な葉をつけているため，強風と潮風には非常に弱い．ウイルス病と根腐れによる被害は深刻であり，致命的な影響を受けることも珍しくない．ウイルスを運搬するダニを防ぐためにネット被覆して栽培することもある．

繁殖：パパイアの繁殖法としては，取り木，挿し木等が可能であるが，種子繁殖による方法が一般的である．最近では畑に直接播種することは少なく，種子による育苗が普及している．成熟果から採取した種子の外衣を除去し，2～3日間日陰で乾燥させた後，苗床に播種する．熱帯では2週間で発芽する．

植付け：播種後2カ月ほどして苗が 15～30 cm の大きさに達すると定植する．両性株の種子によって両性株か雌株であることが明らかな場合は1本ずつ植え付ける．株不明の場合は1カ所に2～4本植付け，高さ1mに達する頃には雌雄の区別がつくため，雄株を除去する．栽植距離は熱帯では一般に 2.5～3.0 m であるが，品種によって異なり，矮性品種では 1.25×1.25 m の密植でも収量は高い．亜熱帯では受光の効率を高めるために密植を嫌う．授粉樹として雌株 10～20 本当たりに1本の割合で雄株を残すこともあるが，雌株は花粉がなくても結実するものが多いので，強いて雄株を残す必要はない．深さ約 30 cm，直径約 40 cm の植え穴を掘り，堆肥や骨粉，化成肥料等を投入して土とよく混合しておく．

仕立て：沖縄では倒伏法や切返し法と呼ばれるユニークな仕立てが行われている．沖縄は台風の常襲地帯であるが，パパイアは強風と潮風に弱く，土壌水分の過剰による根腐れやアブラムシが媒介するウイルス病が深刻な問題になっている．これらを軽減するため，野外で生育させるのに十分高い温度条件にもかかわらず，施設栽培技術が発達してきた．成長旺盛なパパイアを施設内におさめるために行われる仕立て方が，倒伏法や切返し法である．図8は倒伏法の応用で，螺旋仕立てと呼ばれる．倒伏法では，開花始めの頃，株元の片方を掘り，掘った側に横倒しにする．あるいは，1年～1年半くらいは直立に成長，結果させ，収穫しながら横倒しにする．どちらの方法でも最終的には幹頂部は上向きに成長するが，針金やパイプ，ゴムひも等でさらに斜めに誘引する方法がとられている．切返し法（幹剪去法または株切り法ともいう）では地上 30 cm くらいで幹を切り取って後に発生する新梢を利用する．新梢は 50～60 cm で開花する．ただし，切り口が腐敗しやすいので，これを保護する必要がある．一方ほとんどの熱帯地域の栽培では，特別な仕立て方というものは確立していない．植物が大きくなりすぎ

図8 沖縄県の螺旋仕立て栽培
樹高の高いパパイアをハウスに入れる試み (沖縄県農業試験場).

と生産性が低下して作業も困難になるが，商業的な栽培では植付けから数年以内に植え替える．自給的な栽培では，よほど生産性が低下するか枯死するまで，放任に近い管理を続けるところも少なくない．

施肥：パパイアは成長が迅速でかつ周年結実するため，肥料をよく吸収する．着果するまでは，窒素を多めに与えることで木の成長が促進される．着果後は窒素を控え，リン酸，カリウムを多めに与える．リン酸の多用で酸度が減じ，カリウムによって糖度とビタミンC含量が増すとされる．熱帯の自給的な栽培では，残飯等の家庭ゴミが有機肥料としてしばしば株元に施用される．

開花と結実：前述のとおり，パパイアの花は，雄花，両性花，雌花に大別される．着果するのは両性花と雌花である．雄花を生じる株が混植されないことも多いが，'ソロ'等の両性花品種は花粉を放出するし，雌花だけでも単為結果により結実する．熱帯の家庭菜園には雄株が生育しているのをまれに見かける．パパイアの果実は葉腋間に詰まって着生するので，果実が互いに押されて変形することが多い．変形した果実や病害虫被害果，そのほか不良果を摘果することで，収量・品質を高めることができる．

収穫：熱帯では植付け後6カ月くらいから，南九州や沖縄では15カ月くらいから収穫できる．収量は1株当たり年間20〜100個である．パパイアは追熟型の果実である．果物として利用するには通常，収穫後数日間追熟させて食べる．品種によって異なるが，果頂部の緑色が退色，または果皮面積の1〜2割が黄色に着色しはじめた果実を収穫することが多い (図5)．追熟させた果実は樹上で完熟した果実と比べても糖度に大差はみられない．樹上で完熟させるには鳥害のリスクが避けがたいうえ，難を逃れたにしても収穫後すぐにやわらかくなって輸送

に耐えない．そのため熱帯では樹上で完熟させることはまずしない．定植1年半後からの3年間が最も結果量が多く，以後収量は減少する．品種によっては3〜5年くらいで高くなりすぎるために管理が困難になる．そのため，商業的な栽培では5〜6年以内に改植する．しかし，自給的な栽培では，梯子や棒等を用いて収穫を続けるところが多い．

【生産と消費】 パパイアは自家消費されるか域内の小規模な市場で流通することが多く，統計資料にのぼる数値によって正確な生産と消費の動向を把握することは難しい．FAOによる2003年の世界生産量は634万2118tであるが，実際の生産量はこれよりもはるかに多いと推測される．世界の主要な生産国は，ブラジル，メキシコ，ナイジェリア，インド，インドネシアの順である（表1）．パパイアの主要な輸出国を表2に示した．ブラジルやメキシコ等を別にすれば，主要な生産国と輸出国とは必ずしも一致しないことがわかる．商業的生産が行われる地域と国内消費が多い地域とに分かれるためである．主要な輸出国であるアメリカ合衆国やフィリピン等の生産量は世界的にみると多くはない．主要な輸入国を表3に示した．アメリカ合衆国は輸出もしているが輸入量も多い．これは産地がハワイ等に偏っていることとも関係している．ハワイの生産はほとんどが輸出に振り向

表1 パパイアの主要生産国と世界の生産量

	国名	生産量 (t)
1	ブラジル	1600000
2	メキシコ	955694
3	ナイジェリア	755000
4	インド	700000
5	インドネシア	491389
6	エチオピア	230540
7	コンゴ	210305
8	ベネズエラ	175137
9	ペルー	170000
10	中国	164572
⋮		
14	フィリピン	79000
⋮		
25	アメリカ合衆国	19500
	世界合計	6342118

2003年FAO統計より作成．

表2 パパイアの主要輸出国と輸出量

	国名	輸出量 (t)
1	メキシコ	68558
2	マレーシア	60892
3	ブラジル	28541
4	ベリーズ	11307
5	アメリカ合衆国	7106
6	フィリピン	4311
7	香港	4273
8	インド	3452
9	オランダ	3362
10	タイ	2681

2002年FAO統計より作成.

表3 パパイアの主要輸入国と輸入量

	国名	輸入量 (t)
1	アメリカ合衆国	88559
2	シンガポール	25574
3	香港	24991
4	オランダ	8157
5	イギリス	8031
6	日本	6606
7	ドイツ	5965
8	カナダ	5624
9	ポルトガル	3943
10	中国	3486

2002年FAO統計より作成.

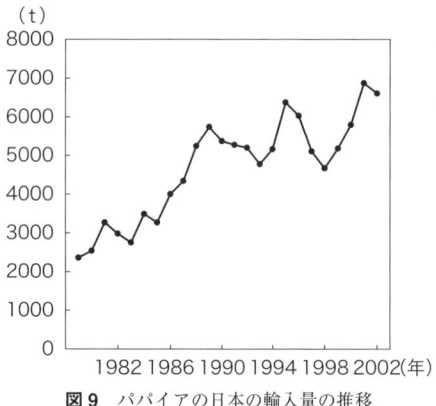

図9 パパイアの日本の輸入量の推移（FAO統計より作成）

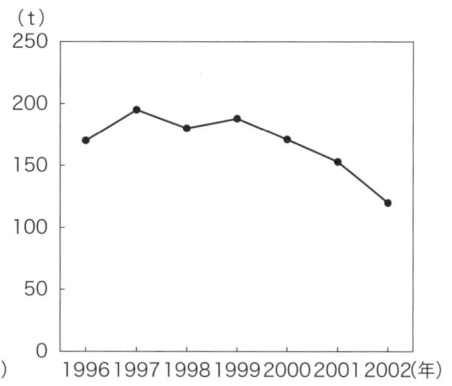

図10 沖縄県におけるパパイア成熟果実の生産量推移（沖縄総合事務局農林水産統計情報より作成）

けられる．日本は6番目に多い輸入国となっているが，日本を含む欧米先進国のほか，シンガポール，香港，中国等の華僑社会による需要も多いことがわかる．

日本の2002年の輸入量は6606tで，この20年間で3倍近くに増加した（図9）．ハワイからの輸入が5割以上を占め，フィリピンから4割，そのほかフィジー等からも輸入している．最近では高級果物店に行かなくても，近くのスーパーで購入できるようになった．これは輸入による供給量が増加したためであるが，反面国内生産量は近年減少傾向である．国内で最も生産が多いのは沖縄県で，全国生産量の大半を占める．沖縄県の生産量の推移を図10に示した．輸入に比べるとその量はもともとわずかではあったが，近年さらに減少し，この5年間ではぼ半減している．これは価格の低下と頻発する病害などによって，ニガウリ等は

かの作目に転換する農家が増えたことによる．2001年の沖縄県のパパイアの栽培面積は21 haであったのが2002年には8 haに激減している．

【栄養成分と利用・加工】 パパイアの用途は広く，熟したものを果物として利用するほか，未熟な果実や若い葉を野菜としても利用する．乳液からはタンパク質分解酵素パパインが採取される等，薬品や化粧品などの工業原料にもなる．また，伝統的な民間薬としても，あるいは呪術や祭礼にも用いられてきた．

成熟果は生食用の果物として利用されることが多い．果実を縦に半分または4つ切りにして種を取り除き，スプーンですくって食べる．縦に切って皮を剥いて種を取り，適当な大きさに切ったものをフォークで食べることもある．品種によって独特のにおいがあって好き嫌いが分かれるが，レモンやライムなどの絞り汁をかければ爽やかな風味になる．生食のほか，ジュース等の清涼飲料やアイスクリーム，キャンディー，ジャム，砂糖漬け，缶詰等に加工される．成熟果の果肉は橙紅色または橙黄色〜淡紅橙色で甘く，やわらかい．成熟果は約10%かそれ以上の糖分を含んでおり，その半分はショ糖，残りの半分はブドウ糖と果糖である．一方，酸含量は少なく0.2%以下である．ビタミンAやビタミンCを多量に含有し，また無機養分としてカルシウムや鉄分等も少量含んでおり，極めて優れた

表4 パパイアの主な栄養成分（可食部100 g当たり）

		完熟果	未熟果			完熟果	未熟果
エネルギー (kcal)		38	39	ビタミン	A		
					レチノール (μg)	—	—
一般成分	水分 (g)	89.2	88.7		カロテン (μg)	480	120
	タンパク質 (g)	0.5	1.3		レチノール当量 (μg)	79	20
	脂質 (g)	0.2	0.1		E (mg)	0.3	0.2
	炭水化物 (g)	9.5	9.4		B_1 (mg)	0.02	0.03
	灰分 (g)	0.6	0.5		B_2 (mg)	0.04	0.04
ミネラル	ナトリウム (mg)	6	5		ナイアシン (mg)	0.3	0.3
	カリウム (mg)	210	190		B_6 (mg)	0.01	0.01
	カルシウム (mg)	20	36		葉酸 (μg)	44	38
	マグネシウム (mg)	26	19		パントテン酸 (mg)	0.42	0.55
	リン (mg)	11	17		C (mg)	50	45
	鉄 (mg)	0.2	0.3	食物繊維	水溶性 (g)	0.7	0.4
	亜鉛 (mg)	0.1	0.1		不溶性 (g)	1.5	1.8
	銅 (mg)	0.05	0.03		総量 (g)	2.2	2.2
	マンガン (mg)	0.04	0.02				

五訂日本食品標準成分表より．

健康食品といえる（表4）．

　未熟果は生のまま薄切りにして野菜として利用される．有名なタイ料理のソムタムは未熟パパイアを主な原料にしてつくるサラダである．焼き鳥等の肉料理とよく合い，タイ人はことのほかこれを好む．肉類とともに摂って消化を促すことになる．統計にはのぼらないが，未熟果としての利用のほうがこの国では多い．ベトナム料理のゴイドゥドゥも未熟パパイアのサラダである．未熟果を塩漬けにした漬け物はブラジルの日系人の間で人気がある．ウリの漬け物に近い利用方法である．世界各地の熱帯で炒め物にもよく利用される．沖縄料理にもパパイアチャンプルーまたは長寿炒め等と呼ばれるものがある．このほかにも沖縄ではパパイアを用いた料理がよく発達しており，豚の三枚肉の煮付けやサラダ等に利用している．乳液を生じるところからだと思われるが，沖縄では未熟パパイアは母乳の出をよくする野菜であると信じられてきた．沖縄でも成熟果よりは未熟果を野菜として利用するほうが多いといわれている．未熟果のほか，花や若葉，根や幹のやわらかい部分も野菜として利用される．西インド諸島では葉を石鹸の代用とすることがあるほか，かたい肉をやわらかくするため，葉で包んでから調理する方法もある．丸く黒い種子は噛むと辛く，コショウの増量剤に使われることがある．種子や葉に含まれるカルパイン（carpain）はジギタリスの代用として強心剤になる．

　果実や葉から出る白い乳液にはパパイン（papain）と呼ばれるタンパク質分解酵素が含まれている．この乳液は，未熟果に傷をつけて採取する．これを乾燥させて粗製のパパインを得る．パパインは主にスリランカや熱帯アフリカで生産され，収量は年間 30〜40 kg/ha である．パパインは肉をやわらかくしたり，消化を助ける働きがあるほか，肝機能障害やアトピー等の医薬品の原料として，また革製品の柔皮剤，ビール醸造での清澄剤，製菓用の冷凍卵の泡立ち促進剤，チューインガムの原料等として利用される．台湾の山岳民族は毒虫や毒蛇などで傷ついた部分にパパイアの皮を干したものを湿布して用いる習慣がある．これはパパイアに解毒消炎効果があるためである．最近では，ダイエットやアレルギー改善等の健康食品として，また美白効果やシミ・ソバカスを取るための化粧品として注目を集めている．乳液にはキモパパイン（chemopapain）と呼ばれる酵素も含まれ，椎間板ヘルニアの治療に使用される．

〔樋口浩和〕

文　献

1) 星川清親：栽培植物の起源と伝播，二宮書店．

パンノキ，ジャックフルーツ

パンノキ

和名 パンノキ
英名 bread fruit
学名 *Artocarpus altilis* (Park.) Fosb. (*Artocarpus. communis* J.R. & G. Foster)
（クワ科）

　属名の *arto* はパンのように食べることからギリシャ語でパンの意，*carpus* は果実を表す．種名の *altilis* は肥厚しているとの意である．

【形　態】　常緑の高木で高さ 30 m にも達する．幹はまっすぐで葉は互生，革質で 5～11 裂の掌状を呈し，長さ 20～60 cm，幅 20～40 cm と大きい．花は集合花で雄花序と雌花序に分かれて枝の先端の葉腋につく．雄花序は長さ 15～20 cm の棒状で，小さな黄色い雄花が多数集まっており，各雄花は雄しべを 1 本ずつ有する．雌花序は球～長円形，直径 8～10 cm，緑色で多数の雌花からなり，子房は 2 室，柱頭は花の外に出ている．雌雄異熟であるが，栽培されている品種はほとんどが無核品種であり単為結実するため問題はない．果実は雌花序全体

図1　パンノキ全体図

図2　パンノキ幼果

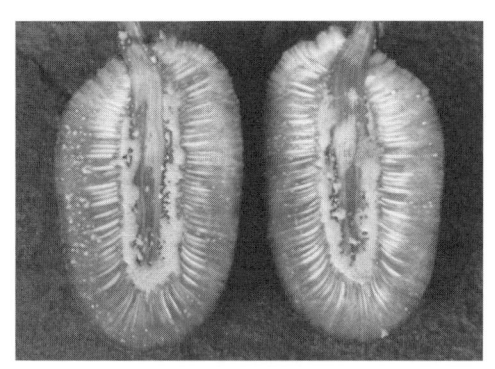

図3 パンノキ果実断面

が果実となる集合果で，直径5〜30 cmの球形〜長円形，重さ1〜5 kgで枝の先端に着果する．若い果実は緑色であるが成熟すると黄〜褐色になる．果実の中央に芯があり，その周辺に発達しなかった花が淡黄色の多汁な繊維となって残っており，この部分が可食部となる．成熟果は甘い香りを放つ．種のある品種にはブレッドナッツ（Breadnuts）と呼ばれる直径約2.5 cm程度の種子が1果当たり20〜60個あり，可食部の繊維質の大部分が種子に置き換わっている．樹のどの部分からも粘り気のある白い乳液が出る．

【原産地と伝播】　原産地は正確にはわかっていないが，多様性の中心はインドネシアからパプアニューギニアにかけての地域であり，熱帯アジアに広く分布している．南太平洋の島々では古くから貴重な炭水化物源として栽培されており，ハワイには12世紀にサモアから導入されたといわれている．大航海時代にヨーロッパ人により発見され，タヒチやフィリピンから中米・西インド諸島に導入された．反乱事件で有名なイギリス船バウンティ号はタヒチから西インド諸島にパンノキの苗を運ぶ使命を帯びていたことはよく知られている．カリブ海諸国や中米の大西洋側では無核品種が多く導入され，メキシコの太平洋側では有核品種が多くみられるが，これは導入の経路が異なるためと考えられる．東南アジア各国では大規模な栽培はないものの，各地でパンノキを目にすることができる．

【品　種】　南太平洋の島々には200を超える多くの品種があるが，無核品種が多く栄養繁殖されるため変異はそれほど大きくない．フィジーでは有核・無核合わせて70の品種があるとされ，葉の形によって8つの品種群に分類されている．

近年，サモア，タヒチ，フィジーでは遺伝資源の収集と保存が進められている．

【生育周期と栽培管理】 パンノキは純熱帯性の果樹であり，周年温暖で湿潤な環境が適している．土壌は肥沃な砂質土壌で生育がよい．有核品種は種子繁殖するが，無核品種は，ひこばえ，根挿し，取り木等の栄養繁殖で繁殖する．実生が結実するには4～10年かかるが，栄養繁殖の場合，定植後3～6年で結実する．多くの品種で周年開花・結実するが，開花盛期は年に2, 3回ある．成木では年間に200～700個の果実をつけるという．収穫適期は果皮が黄色くなり，果実表面に乳液が分泌される時期である．

【栄養成分と利用・加工】 パンノキの主要成分は炭水化物であり，エネルギー量は112～160 kcal/100 gで，サツマイモと同程度である．果肉は薄くスライスして焼くか油で揚げて食べる．スープに入れてもおいしい．伝統的な調理法としては，穴を掘って火を焚き，焼けた小石の中に果実を埋めてバナナやタコノキの葉で覆い，水をかけて蒸し焼きにして食べる．また，土中でバナナの葉に包んだ果実を発酵させるとチーズに似たにおいを発するようになり，長期の保存が可能である．果実を生のまま食べると腹を下すとされる．加工品としては塩漬けの缶詰にされることがある．

ジャックフルーツ

和名 パラミツ（波羅密），ジャックフルーツ
英名 jackfruit
学名 *Artocarpus heterophyllus* Lam.
（クワ科）

種名の *heterophyllus* は異形葉の意味．パンノキが掌状葉をもつのに対し，ジャックフルーツは全縁葉をもつことを強調したもの．英名はインドの原地名 tsjaka-maram あるいは chakki に由来する．また，和名はサンスクリット語の Panasa が中国で転じて波羅密と表記されるようになったことから．コパラミツ（チャンペダ：chempedak, *A. integer*）とよく似ているが，異種である．

図4　ジャックフルーツ結実の様子 　　　　　図5　ジャックフルーツ雄花序

図6　ジャックフルーツ果実内部（提供：カセサート大学・Yapwattanaphun, C. 氏）

【形　態】　熱帯性の常緑高木．高さは 30 m にも達する．葉は革質で互生し，表面は濃緑色，裏面は灰緑色で長さ 5～25 cm の倒卵形～楕円形，基部はくさび形，先端は鈍くとがっている．若い葉では片裂することがある．花は雌雄分かれて単性の集合花をなし，太い枝や幹から不定芽的に発生する短い枝の葉腋に花序が形成される．雄花序と雌花序がペアでつくことが多いが，雄花序のみあるいは雌花序のみがつく枝もある．雄花序は円筒形～楕円形，長さ 3～8 cm，雌花序は長さ 5～15 cm，円筒形～長楕円形．開花後，雄花序は退化し，雌花序が発達して果実になる．成熟果実は長さ 30～100 cm，直径 25～50 cm，重さは 10～50 kg

になる巨大な果実で，表面は緑～黄色，ごつごつしてかたい果皮に覆われている．中心にかたい芯があり，まわりに花被が発達した小果が多数ついている．黄色～オレンジ色の小果は多肉質で甘く独特の強いにおいを発する．小果の中に大きな種子が含まれる．

【原産地と伝播】 ジャックフルーツの原産地はインドの西ガーツ地方とされ，インドでは1000年以上の栽培の歴史がある．スリランカやミャンマーにも野生状態で分布がみられる．インドからマレー半島，インドシナ半島にかけての熱帯低地で古くから広く栽培されている．中国南部にも栽培がみられる．東アフリカにはアラブ人によって比較的早く導入されたとされる．17世紀にポルトガル人によってブラジルへ，また18世紀にはジャマイカに導入され，中南米に広まった．

【品　種】 ジャックフルーツは，主に種子繁殖により増やされてきたため多様性が大きい．果肉の性質により大きく2つのタイプに分けられる．①果肉が小さく繊維質で，においが強くねっとりした食感のタイプと，②肉厚でさくっとした食感をもち多汁で良質なタイプである．それぞれのタイプに多くの品種があるが，経済品種としては後者のほうが優良である．各国で優良系統が選抜されており，インドの 'T Nagar Jack' や 'Ceylon Jack'，タイの 'Luang Pichai' 等が知られている．マレーシアでは選抜系統に Na 29, Na 31 のように番号をつけて識別している．

【生育周期と栽培管理】 ジャックフルーツの栽培適地は標高1000m以下，緯度25°以内の熱帯低地であるが，近縁のパンノキやコパラミツ（*A. integer*）と比べると比較的寒さに強く，台湾や沖縄でも生育可能である．排水のよい土を好むが，乾燥に弱く土中に湿気を十分に保つ必要がある．繁殖は種子繁殖が一般的であり，苗床へ取り播きし，実生が小さいうちにポットに移植する．根が傷つきやすく成長が進むと移植が困難になるため，直接圃場に播種する場合もある．育苗は遮光条件で行われる．近年では，取り木，挿し木，接ぎ木等も行われるようになり，タイでは寄せ接ぎによる繁殖が普及している．一般に播種から結実までは7～8年かかるが，2～3年で結実することもある．

【栄養成分と利用・加工】 果実重の25～40%程度が果肉であり，生果として食

されることが多いが，缶詰やドライフルーツ，ジャム，チャツネ等にも用いられる．成分としては炭水化物が多く含まれエネルギー源としての価値が高い．未熟果や雄花序は厚く切り野菜のように扱われ，カレーやスープに入れて食べる．種子はナッツ類として扱われ，油で揚げたり，煮たり，焼く等して食す．樹のさまざまな部位が薬用として利用される．種子や果肉は強壮，媚薬効果があり，葉は傷や腫瘍を癒し，樹脂は酢と混ぜて化膿やむくみに効くとされる．樹皮は湿布の原料となり，材は鎮静剤や中絶薬に，根はぜんそくや皮膚病の薬になる．また，材は腐りにくくシロアリやかびにも強いため，建材としても利用価値が高い．樹皮からは黄色の染料が取れ，僧侶の法服を染めるのに用いられる．

〔神崎真哉〕

バンレイシ，トゲバンレイシ

バンレイシ

和名　バンレイシ，シャカトウ
英名　sugar apple, sweetsop
学名　*Annona squamosa* L.
（バンレイシ科）

　属名の *Annona* はカリブ海にあるハイチの現地名 Anon に由来し，種名の *squamosa* は果皮がうろこ状になっていることを形容したものである．英名の sugar apple は果肉が多汁質で甘いことから名付けられた．sweetsop は西インド諸島での呼び名を語源としている．和名のバンレイシ（蕃荔枝）は果実の表面がレイシに似ており，南方から伝えられたとの意味で，シャカトウ（釈迦頭）は果実の凹凸が釈迦の頭に似ていることに由来している．

【形　態】　樹は落葉性の小木で，樹高は 4～6 m に達する．枝は細く，葉は細い長円形で，長さ 10～15 cm である．腋芽は肥大した葉柄基部に埋もれており，それが成長を開始するためには落葉しなければならない．芳香のある花が節間に単生，もしくは 2～4 個まとまって着生する．花には薄黄緑の花弁が内外 3 枚ず

図1　バンレイシの果実

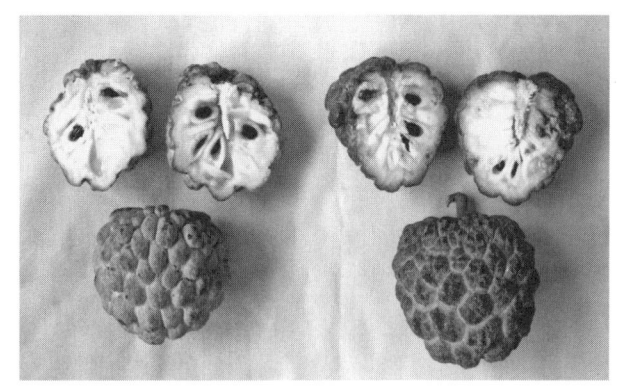

図2 バンレイシ果実の断面図

つあり，外側の花弁は長さ 2.5 cm で細長いが，内側の花弁は退化して小さい．雌しべが多く形成される集合花で，花弁が完全に開くことはない．果実は心臓形で，緑色，黄緑色，紫色，ピンク色を呈する．多数の心皮が発達して果皮を形成するため表面は凹凸ができ，その様子が釈迦の頭に似ていることからシャカトウとも呼ばれる（図1）．果肉は白色で，成熟した果肉は甘くて多汁質である．果実には黒くてかたい種子が多く含まれている．

【原産地と伝播】　カリブ海諸島が原産地といわれており，アメリカ大陸発見以前に熱帯アジアにまで伝播し，現在では熱帯から亜熱帯にかけての広い地域で栽培されている．カリブ海諸国，インド，タイ，フィリピン等において栽培が盛んである．

【品　種】　'Seedless Cuban'，'Crimson'，'Red'，'Fai'，'Nahng' 等がある．

【生育周期と栽培管理】　バンレイシの生育には高温が必要である．耐乾性は強く，乾期が長いところでは落葉する．乾燥後の降雨や灌水は新梢成長を促進させ，着花数も多くなる．花は雌ずい先熟で，熱帯では午後3時頃から開花が始まり，次第に雌しべの受精能力が減少していく．翌日の午前2時頃になると花粉が開葯するが，雌しべの受精能力は消失している．開花期間中の高温多湿条件は雌しべの受精保持期間を長くするため，受粉・受精に好適で結実を促進させる．このため，乾期と雨期が明瞭な地域が栽培に適している．果実は完熟すると軟化するの

で，樹上で成熟したものを収穫して追熟させる．
　繁殖は主に接ぎ木が行われるが，種子は遺伝的変異がほとんどないため，種子繁殖が可能である．強い新梢を発生させることが栽培に有利なため，枝を 10 cm 程度残して切り戻し剪定を行う．収穫時期は剪定時期と灌水によって調節できる．

【栄養成分と利用・加工】　果実は主に生食される．果実を割り，スプーン等で果肉をすくってそのまま食べるが，かたい種子が多いため食べにくい．果肉を裏ごしして，アイスクリームにかけたり，冷たいミルクと混合することもある．果肉の約 20％は炭水化物が占めており，その主成分は糖である．栄養成分としてはビタミン C が比較的多く含まれているが，その他の栄養成分はあまり含まれていない．

トゲバンレイシ

和名　トゲバンレイシ
英名　soursop (guanabana)
学名　*Annona muricata* L.
（バンレイシ科）

　属名の *Annona* はカリブ海にあるハイチの現地名 Anon に由来し，種名の *muricata* は果実の表面に多くの刺が生えている様子を表したものである．soursop は西インド諸島での呼び名を語源とし，guanabana はメキシコでの呼び名を語源としている．

【形　態】　樹は常緑の小木で，高さが 5〜9 m，円錐形の樹形になる．葉は長さ 12〜20 cm，楕円もしくは長楕円形で，濃緑色，表面に光沢がある．葉を揉むと強いにおいが出る．花は単生花で，細い枝の先端部の節間に着生するが，太い枝や幹に直接着生することも多い．花弁は 3 枚で，黄色で肉厚であり，その外側には花弁と同じような形の 3 枚の萼が存在している（図 2）．多くの雌しべが形成される集合花で，花弁の基部に雄しべが形成される．果実は心臓形や卵形で，緑色，表面は短くて先端が曲がったやわらかい刺状の組織で覆われている（図 3）．果重は品種により異なり，200 g〜5 kg であるが，受粉・受精の影響を受けて果重や果形が大きく変化する．果肉は白色で，果汁を多く含んでいるが，繊維が多

図3　トゲバンレイシの花　　　　図4　トゲバンレイシの着果

く綿状の食感がする．果実には黒色で，2cm ほどのかたい種子が多く含まれている．

【原産地と伝播】　カリブ海を中心とした中央アメリカが原産地といわれている．古代から太平洋諸島にも伝播し，現在ではすべての熱帯地域に伝播している．メキシコ湾岸諸国では樹園地が多く，東南アジアの農村では庭園樹として散在している．

【品　種】　高酸味・低酸味，多汁・少汁の系統があるが，品種は存在しない．

【生育周期と栽培管理】　高温多湿な条件下で生育がよく，耐寒性は弱い．しかし，無霜地帯であれば生育可能なため，適応性は広く，熱帯から亜熱帯の地域にかけての栽培が可能である．土壌は排水性のよい砂質，砂質壌土が適している．高温で降雨が均一なところであるかあるいは灌水設備があれば，周年開花するが，低温や乾燥は成長を抑制し，開花は季節性を示す．通常，花は新梢の成長にともなって形成されるため，摘葉によって新梢成長を促して開花を促進させることもある．花芽分化から開花までは30〜35日間で，花が次々と開花して開花期間が3〜6カ月間続くこともある．開花は正午から起こり，雌ずい先熟で，花粉は午後4〜8時にかけて放出される．開花時の高温多湿は雌しべの受精期間を長くするため，結実を良好にする．訪花昆虫により受粉して結実するが，訪花昆虫がいなければ，

結実を確実にするために人工受粉が必要である．受粉の程度によって果実の大きさや果形が影響を受け，受粉が不良であると種子形成数が少なくなり，小果や奇形果が形成される．果実は単一 S 字曲線を描いて成長する．果色は成熟すると濃緑色から薄い緑色に変わる．成熟した果実は常温下では 4～7 日間追熟させる．追熟させると果色は茶褐色や黒く変色する．

　種子は遺伝的変異が少ないため，繁殖に利用される．他のバンレイシ属の果樹を台木とした接ぎ木も可能である．樹形は主幹形とするが，側枝への着果を促進させるために主幹の切り戻しを行うこともある．収穫後に水平あるいは垂直に伸びた枝を切り戻し剪定する．

【栄養成分と利用・加工】　果実は生食されることは少なく，そのジュースを飲用したり，シャーベット等に加工されることが多い．果実は栄養的価値はあまりなく，糖と酸が主成分であり，カリウムが比較的多く含まれている．民間伝承の薬効作用として，果実に利尿作用があることから血尿や尿道炎に効果があるといわれている．また，苦い未熟果実は煎じて赤痢の治療に使われていた．

〔宇都宮直樹〕

ビワ

和名 ビワ
英名 loquat, Japanese medlar
学名 *Eriobotrya japonica* (Thunb.) Lindl.
(バラ科)

　属名の *Eriobotrya* はギリシャ語 erion（羊毛の意）と botrys（ブドウの房の意）に由来し，房状の果実にちなむ．英名の loquat は広東語の lo kwat（櫨橘）に由来する．

【形　態】 常緑性の広葉樹で，亜高木性のため自然放任では樹高が8～10 m に達することもある．主幹は直立しやすいため，幼木の樹形は円錐形を呈するが，成木になると次第に開張し，逆三角形ないし半球形となる．根は直根があまり発達せず，浅根性である．新梢は頂芽優勢が強いため頂芽およびそれに続く2～3の腋芽のみが叢状に発生し，いわゆる車枝となる．葉は大形，短柄，長楕円形で，3/8 の葉序で互生する．濃緑色で光沢があり，葉脈は明瞭で，葉縁には鋸歯状の欠刻がある．裏面には毛じが密生する．花序（花房）は頂芽のみに形成され9～10月に出蕾し，複総状花序となる．1花序当たりの花数はおおむね70～90である．花は白色で11～翌2月の長期間にわたって開花する．両性花で子房下位であり，萼，花弁とも5枚，雄しべは20本，雌しべは先端が5裂している．子房は5室で，各室に2個の胚珠がある．一般に自家和合性であるが，一部に自家不和

図1 花

図2 果実とその断面
（品種'田中'，提供：（独）農研機構果樹研究所・根角博久氏）

合性の品種もある．果実は5～6月に成熟する．果実は偽果で可食部は花托が肥厚したものである．野生種の果実は円形か楕円形で10g程度と小さく，一方，栽培種は長卵形から円形と品種によって異なり，大きさも30g前後から100g程度までの変異がある．果皮は薄く橙黄色から黄白色で，毛じに覆われている．果肉は多汁で品種により白肉系と橙肉系に分かれる．種子は赤褐色で3～6個程度である．

【原産地と伝播】 ビワは中国および日本の原産である．日本では，長崎県対馬市，山口県美祢市秋芳町，福井県大飯郡おおい町冠者島をはじめ，山口県から新潟県に至る日本海の島々や大分県，福島県，岩手県で自生が確認されている．なお，日本の現在の栽培品種のほとんどは江戸時代以降に中国より伝播した品種に由来していると思われる．中国では湖北省，浙江省，雲南省，その他南部諸省に原生分布している．また，18世紀に中国からヨーロッパおよび地中海に伝わり，アメリカ合衆国へはイギリスから導入された．

【栽培沿革と利用の歴史】 ビワに関する日本最古の記述は762（天平宝字6）年の正倉院文書の記録であるとされている．栽培に関する記述では大阪府箕面市の『止々呂美村誌』が最古で，鎌倉時代から栽培が行われたと記録されている．江戸時代になると千葉県，和歌山県，兵庫県，愛媛県，九州各県等で栽培の記録が残っている．しかし，当時の栽培種は現在のような大果で卵形のものではなく，野生種と同様の小果で円形のものであったと思われる．本格的な栽培が始まったのは，江戸末期に中国種に由来する'茂木'が育成され，1879（明治12）年に大果種の'田中'が育成されて，両品種が普及しはじめた明治以降である．明治，大正時代には'茂木'，'田中'以外の在来種が多く栽培されていたが，昭和に入ると在来種が淘汰され，戦後にはこの2品種が全体の約90％を占めるまでになった．

中国では『周礼』（紀元前3～5世紀）にビワの記載が認められ，栽培の歴史も紀元前に遡るといわれている．現在では，浙江省，福建省をはじめ18省で栽培されている．その他の国では，スペイン，トルコ，イタリア等の地中海沿岸諸国やインド，パキスタンなどのアジア諸国，また，ブラジル等でも栽培が行われている．

【品　種】 日本では栽培の歴史が古いにもかかわらず品種数が少なく，また，品種の変遷もほとんどない．現在でも戦前の2大品種である'茂木'と'田中'が全体の過半数を占め，品種構成の変化といえば昭和60年代以降の施設栽培の拡大に

より早生品種の'長崎早生'が増植された程度である．また，東日本では寒害に強い'田中'が，西日本では'茂木'が主に栽培され，1産地1品種という栽培形態もビワ栽培の特徴である．主な栽培品種の特性を以下に記した．なお，中国では300以上の品種が存在し，そのうち主要な20～30品種を含め100品種以上が栽培されている．

'**茂木**'（もぎ）：天保，弘化年間（1830～47）に長崎の三浦シオが中国人通訳から譲り受けた果実の実生から育成された．九州地方の主力品種で，全国の栽培面積の50％を占める．長崎で5月下旬～6月上旬に成熟する中生種．果実は長卵形で果重は約40g．果皮は橙黄色である．果肉は橙黄色で比較的やわらかく多汁である．酸が少ないのが特徴で，適熟期直前でも収穫可能である．寒害にはやや弱い．

'**田中**'（たなか）：1879（明治12）年に田中芳男が長崎で食べたビワの種子から育成された．寒害に強いため，九州以外の産地の主力品種である．千葉で6月中～下旬に成熟する晩生種．果実は短卵形で角張っていて，果重は70g前後．果皮は橙黄色．果肉は橙黄色で多汁であるがややかたい．酸が完熟直前まで高いため，早採りすると食味が劣る．

'**長崎早生**'（ながさきわせ）：長崎県果樹試験場で'茂木'に'本田早生'の花粉を交配して育成され，1976（昭和51）年に種苗名称登録された．長崎で5月中～下旬に成熟する早生種で，施設栽培の主力品種．果実は長卵形ないし長楕円形で果重は40～50g．果皮は橙黄色．果肉は橙黄色で，肉質が緻密で柔軟，多汁である．糖度は高く，ほかの品種にない香気もあり，食味は栽培品種の中で最も優れている．寒害には弱い．

'**大房**'（おおぶさ）：農林省園芸試験場（現（独）農研機構果樹研究所）で'田中'に'楠'を交

図3 結実の様子
（品種'茂木'）

図4 結実の様子
（品種'田中'，提供：千葉県農業総合研究センター暖地園芸研究所・八幡茂木氏）

配して育成され，1967（昭和42）年に命名登録された．'茂木'と同時期に成熟する中生種で千葉県で栽培が多い．開花期が遅く，また，開花期間も長いので寒害をほとんど受けない．果実は短卵形で果重70〜80 g．果皮は濃橙黄色で，果汁は多いが果肉がかたい．糖度がやや低く，淡白である．果皮に紫斑症が発生しやすい．

その他の品種：早生種には'天草早生''長生早生'等がある．また，最近長崎県果樹試験場において，'麗月（れいげつ）'および'涼峰（りょうほう）'が育成された．中生種では'楠（くすのき）'，'湯川（ゆかわ）'等が若干栽培されている．また，千葉県暖地園芸試験場（現千葉県農業総合研究センター暖地園芸研究所）では'里見（さとみ）'，'房光（ふさひかり）'，'富房（とみふさ）'および'房姫（ふさひめ）'が，長崎県果樹試験場では'涼風（すずかぜ）'および'陽玉（ようぎょく）'がそれぞれ育成されている．晩生種には白肉系の'白茂木（しろもぎ）'（長崎県果樹試験場育成），大果系の'森本（もりもと）'等がある．また，種なし品種の'希房（きぼう）'が千葉県農業総合研究センター暖地園芸研究所で育成された．

【生育周期と栽培管理】 ビワは温暖な気候を好み，幼果が−3℃以下の低温で寒害を受けるため，冬季の最低気温がそれ以下にならない地域が適地である．土質はあまり選ばないが，排水良好な園がよい．最適な土壌 pH は 5.5〜6.0 である．繁殖は通常接ぎ木で，台木は共台である．枝は春，夏，秋の年3回発生するが，放任すると弱小枝が多くなるので，発生後早期に適宜芽かきする．7〜8月頃充実した枝の先端に花芽が分化し，9〜10月頃出蕾する．花房（花序）数が多い場合は 10〜11 月頃，樹全体の枝数の6割程度になるように弱小な花房を間引く．また，余分な養分消耗を抑えるため，花房が 3〜5 cm の頃に摘蕾する．寒害の危険がなくなった3月中旬〜4月上旬に摘果を行う．'田中'などの大果系品種では1花房当たり 1〜2 果に，'茂木'等では 3〜5 果になるように肥大の良好な幼果のみを残す．また，病虫害防除と外観保護のため摘果と同時に袋をかける．果実は4〜5月にかけて急激に肥大し，着色が始まると果肉の軟化とともに糖の蓄積および減酸が進む．収穫は果実の着色をみながら 3,4 日おきに行う．早採りすると果肉がかたく酸味が強いので，収穫期の判断は慎重に行う．また，果実は傷みやすいので，丁寧に取り扱う．施肥は2月，5〜6月，8〜9月の年3回行い，剪定は収穫後あるいは8月下旬〜9月中旬頃行う．

【生産と消費】 日本における生産量は大正から昭和にかけて増加し，1943（昭和18）年には2万 8400 t に達した．しかし，戦時中から戦後にかけて減少し，その後いったん増加したが 1961（昭和36）年以降再び減少傾向が続き，現在では1

表1 ビワ果実の主な栄養成分（可食部100g当たり）

一般成分	水分 (g)	88.6	ミネラル（続き）	リン (mg)	9
	タンパク質 (g)	0.3		鉄 (mg)	0.1
	脂質 (g)	0.1		亜鉛 (mg)	0.2
	炭水化物 (g)	10.6		銅 (mg)	0.04
	灰分 (g)	0.4			
ミネラル	ナトリウム (mg)	1	ビタミン	A	
	カリウム (mg)	160		レチノール (μg)	—
	カルシウム (mg)	13		カロテン (μg)	810
	マグネシウム (mg)	14		レチノール当量 (μg)	140
			食物繊維総量 (g)		1.6

五訂日本食品標準成分表より．

万t前後を推移している．主産地は長崎県で全体の約1/3を占め，次いで千葉県や鹿児島県で生産が多い．出荷時期は施設栽培では1～4月と幅があるが，全生産量の大半を占める露地栽培では5月中・下旬～6月中・下旬に集中し，貯蔵も困難なことから短期集中型の販売，消費形態が特徴である．なお，果実のほとんどが生果で消費される．海外では中国（20万t），スペイン（4万1000t），パキスタン（3万t）等で生産が多く，これらの国では輸出もされている．

【栄養成分】 果実の糖は果糖とショ糖が主体であり，果糖をより多く含む．酸はリンゴ酸が大半で，クエン酸もわずかに含まれる．果肉の橙色はカロテノイドによるもので，カロテノイド含量は果樹類の中で最も高いグループに属する．カロテノイドの種類では発がん抑制作用をもつβ－カロテンおよびβ－クリプトキサンチンを多く含むため，レチノール当量も果樹類の中で高含有のグループである．また，整腸作用や血糖上昇抑制作用のある食物繊維も比較的多く含む．

【利用・加工】 果実は生果のほか，缶詰，瓶詰，ジャム等に加工されている．それらに加えて，最近ではゼリー，アイスクリーム，ようかん等の菓子類，酒類やジュース，さらには健康ドリンク等加工品の種類も増えている．また，産地では果実を丸ごと瓶に詰めて得た浸出液を火傷，皮膚病などの治療薬として古くから用いている．一方，種子および葉には青酸配糖体であるアミグダリンが含まれており，種子からは杏仁水の代用（ビワ仁水）として，また，葉は乾燥後煎じたものが鎮咳，去痰作用があるとして古くから飲用されている．最近では清涼飲料水としての利用も多い．

〔稲圃直史〕

フェイジョア

和名 フェイジョア，アナナスガヤバ
英名 feijoa, pineapple guava
学名 *Feijoa sellowiana* Berg.（*Orthostemon sellowiana* Berg.）
（フトモモ科）

　属名の*Feijoa*は，スペインのサンセバスティアンの植物学者フェイホ（Feijo, J. D. S.），あるいは19世紀のブラジルの植物学者の名にちなむとされ，また種名の*sellowiana*はドイツの植物学者セロウ（Sellow, F.）氏の意とされている．

【形　態】　亜熱帯性の常緑低木（高さ3～5m）．葉は対生し，長さ5～7.5cmの卵状長楕円形ないし楕円形で，鈍頭または鋭頭の革質である．表面は光沢のある緑色，裏面は綿毛を布いて銀灰色を呈し，一見オリーブの葉を大きくした感じである．花は葉腋に単生し，径約4cmで萼裂片と花弁がともに4個ある．肉厚の花弁の外面は白色で綿毛に覆われ，内面は紫色を帯びている．花の中心には暗赤色の多数の雄しべが雌しべとともに直立し，花弁の白色と鮮やかな対照をなして美しい（図1）．花柱は雄しべの長さとほぼ同じで，子房は4室からなる．果実は，長さ3～10cmの卵形または長楕円形で，表面にこぶ状の凹凸があり，頂部に萼裂片が残存し，緑色地にやや赤みを帯び，白色の果粉で覆われる．果実内部は，外部に白層があり，内部に肉質が緻密で白黄色多汁の甘味に富む果肉が充満して

図1　花

図2　結実の様子

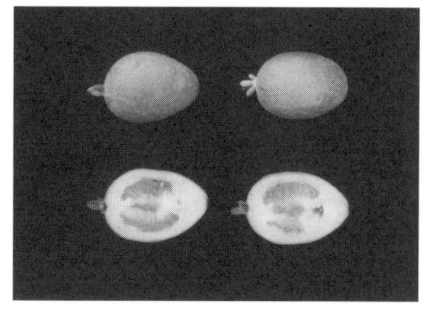

図3　果実とその断面

いる．果実中心部に数十個の種子があるが，極めて小さく，口中ではほとんど感じない．外観が熱帯アメリカ原産で同じフトモモ科のグアバ（*Psidium guajava*）に似ており，しかも果実がパイナップル様の香りを呈するので，パイナップルグアバとも呼ばれるが，フェイジョアは種子に胚乳があり，また蕾の中の雄しべが直立性である．

【原産地と伝播】　原産地は，南米のウルグアイ，パラグアイおよびブラジル南部で，比較的近年に世界各地で栽培されるようになった．1890年にフランスのベルサイユ園芸学校の教授アンドレ（André, E.F.）がウルグアイから持ち帰って栽植したのが最初で，ここから世界各地に伝播した．アメリカ合衆国には1900年に導入され，カリフォルニアでは極めて香りのよいものが生産されている．東南アジアへも導入され，スリランカやインドシナ半島にも栽培がある．日本へは昭和の初めに林博太郎伯爵がアメリカ合衆国から種子を持ち帰り，実生苗を生産したのが最初で，その後池田成功，大井上康らがアメリカ合衆国から数品種を導入した．戦後，鹿児島県をはじめとする温暖な地方で栽培されるようになったが，花も楽しめることから，最近は家庭での観賞用果樹としての利用が増えている．日本はニュージーランドから果実を輸入している．

【品　種】　多くの品種があるが，結実性は品種によって大きく異なる．'アンドレ（André）'や'クーリッジ（Coolidge）'は自家和合性であるのに対し，'マンモス（Mammoth）'，'トライアンフ（Triomph）'，'ベソン（Besson）'，'チョイセアナ（Choiceana）'等は自家不和合性である．また，'スーペルバ（Superba）'は受

図4 フェイジョア・品種'クーリッジ (Coolidge)'

粉によって収量が安定するといわれている.

【生育周期と栽培管理】 耐寒性は強く, −10℃でも寒害を受けないとされ, 日本の西南暖地においてもよく結実する. 耐乾性もあり, あまり土質を選ばないが, 排水良好で腐植に富んだ砂質壌土が最適である. 繁殖は主として種子 (実生) によるが, 接ぎ木や挿し木も可能で, 優良品種を増殖するために実生台木への接ぎ木も行われている. 接ぎ木苗や挿し木苗では定植後2～3年で結実するが, 実生苗では4～6年を要する. 定植は4月頃, 4～5m間隔で行う. 自家不和合の品種があるので, 品種が不詳の場合は2品種以上を混植するのが望ましい. 春から初夏に開花し, 秋から初冬に成熟する. 早取りすると芳香に欠けるので, 自然に落下するまで十分に成熟させ, 木から落ちたものを拾い集める.

【栄養成分と利用・加工】 果実はビタミンCに富み, 一種の保健食品として利用される. 果肉は, 甘味に富み, パイナップル, バナナおよびイチゴを合わせた風味である. 果実を半分に切り, スプーンですくって生食するほか, ジャムやゼリー, シチュー, 糖菓, 果実酒等に用いられる. 花弁は甘い香りを有するので, サラダの香りづけに用いることがある. 花や葉が美しいので, 観賞樹としての利用もある.

〔久保田尚浩〕

ブドウ

和名 ブドウ（葡萄）
英名 grape
学名 *Vitis* spp. (*Muscadinia* spp.)
（ブドウ科）

　ブドウ属の学名はブドウのつるを意味するラテン語Vitisに由来する．また，ヨーロッパブドウ（European grape, wine grape）の種名viniferaはブドウ酒を生ずるという意味であり，アメリカブドウ（American grape, fox grape）の種名labruscaは野生のブドウ（山ブドウ）の樹という意味からきている．

【形　態】　ブドウ科は分類法によって8属または12属よりなるとされるが，食用になる果実を着生するのはブドウ属（*Vitis*）とムスカジニア属（*Muscadinia*）の2属のみである．いずれもつる性の茎をもち，巻きひげによって近くにある樹の幹や支柱にからみつきながら成長するよじ登り植物で，野生状態では20～30 mの高さにも達する．新梢上に裂刻のある葉が互生し，葉と対生して巻きひげまたは花穂（花序）を形成する．種類によって巻きひげまたは花穂が新梢の各節ごとに連続してつく場合と，2節連続について1節飛び，また，2節連続してつくことを繰り返していく場合とがある．葉腋には数個の複芽を形成して冬季は休眠し，翌年，そのうちの1つ（主芽）または数個が発芽して新梢を形成する．花穂には多数の小花が着生し，小花は花糸によって花帽（花弁）が持ち上げられて開花する．栽培種は雌雄同株であるが，野生種には雌雄異株がある．ブドウ属の核型は$2n = 38$（$x = 19$）で，枝の節の部分で髄組織を仕切る隔壁があり，樹皮は老化するとはげ落ちる．花穂は多数の果粒をつけるが，通常，成熟しても脱落しない．果粒の大きさは栽培種では1 g前後の小粒のものから30 gを超える大粒になるものまで変異が大きい．一方，ムスカジニア属は$2n = 40$（$x = 20$）で枝の節部分の髄組織に隔壁がなく，樹皮は滑らかで脱落することはない．野生種では花穂当たりの着粒数が少なく，成熟につれて自然に脱落する傾向がある．

【原生地と伝播】　ブドウは地上に存在する最も古い果樹の1つで，白亜紀（1億4000万年前）の地層から種子の化石が見つかっている．約100万年前，最後の

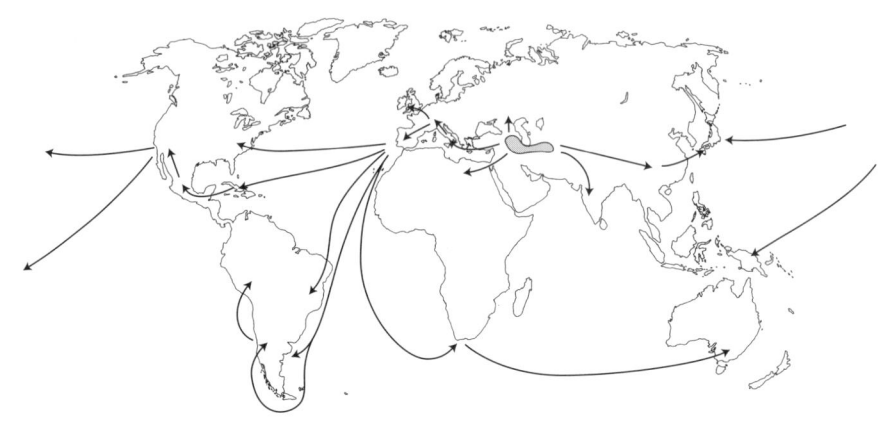

図1 ヨーロッパブドウの起源と伝播（田中，1989[1]を一部修正）

　氷河時代に地球上のブドウはほとんど死滅したが，氷結からまぬかれたヨーロッパ南部からアジア西南部にかけてと北アメリカ東部に一部が生き残った．約1万年前に氷河期が終息するとともにそれらの地域に生き残ったブドウが再び繁茂して今日のブドウの起源となった．現存するブドウの種はブドウ属ではアジア中西部原生のヨーロッパブドウが1種，アメリカブドウ（北アメリカ種群）と東アジア野生ブドウがそれぞれ約30種ずつあるとされてきたが，最近の中国での資源探索によれば東アジア野生ブドウは40〜50種あると推定されている．一方のムスカジニア属ではわずかに3種のみが知られ，アメリカ合衆国南部諸州とメキシコに分布している．これらのうちで食用として最も重要な種はヨーロッパブドウのビニフェラ種（*Vitis vinifera* L.）とアメリカブドウのラブラスカ種（*Vitis labrusca* L.）の2種である．両者および両者の雑種をあわせて世界に2万5000もの品種があるといわれているが，主要な品種は約150程度にすぎない[2]．

　(1) ヨーロッパブドウの原生地と伝播

　現在のヨーロッパブドウはアフガニスタンの北東部から黒海およびカスピ海の南岸に至る地域に分布している単一の野生種（*Vitis vinifera* subsp. *sylvestris*）に由来したと考えられている．この野生種は現在の栽培種のように両性花（1つの花に雄しべと雌しべをもつ）をもつものではなく，雌雄異株で果実の色や大きさの点で極めて多様性に富んでいる．たいていは小果で黒色の酸っぱい果実であるが，中には大果で黄色で甘い果実もあり，栽培品種と変わらないようなものさえあるという．その野生種の現在の分布域はイベリア半島から北アフリカ，地中海地域，コーカサス，カスピ海地域を越えてアフガニスタン北部に至る広大な地

域に広がっているが，もともとの野生種のみではなく，栽培種と野生種との自然交雑から生じた雑草タイプのものや栽培種の逃亡型（エスケープ）等が含まれている．

　ヨーロッパブドウは原生地から西方へは近東地域からエーゲ海諸島，地中海を経てアフリカ，ヨーロッパへ，東方へはシルクロードを経てアジア東部へ伝播されていったが，その過程でそれぞれ異なった地理的・環境的条件下で改良が加えられた．旧ソ連のブドウ学者ネグルーリ（Negrul, A.M.）はヨーロッパブドウを以下のような3つの品種群に分類している[3]．

　黒海系品種群：黒海盆地（沿岸地方）で育った最も古い品種群で，少なくとも紀元前3000年頃より栽培化されたとされる．小アジア，東ヨーロッパ等限られた地域で主に栽培され，ワイン用が多いが，生食用もある．
　品種例：'グロー・コールマン（Gros Colman）'，'ブラック・ハンブルグ（Black Hamburg）'，'コリンス（Corinth）' 等．

　西洋系品種群：紀元前600～500年頃西ヨーロッパにおいて野生種と黒海系品種との交雑によって生じたとされる品種群で，地中海沿岸地方からヨーロッパ北部に至るまで広範囲の地域で育成，栽培された．その発生は最も新しいが，現在，世界的に広く栽培されている小粒のワインブドウの主流を占めている．
　品種例：'セミヨン（Semillon）'，'カベルネ・ソービニヨン（Cabernet Sauvignon）'，'ピノ・ノアール（Pinot noir）'，'メルロー（Merlot）'，'リースリング（Riesling）' 等．

　東洋系品種群：黒海系よりやや遅れて（紀元前2000年頃）カスピ海沿岸において発生したとされる品種群で，この中から2つの亜系が生じている．

（i）カスピーカ亜系：原生地のカスピ海沿岸地方で改良されたもので，ワイン用だけではなく一部生食用もある．品種例：'甲州'，'甲州三尺'，'龍眼'，'シャスラ（Chasselas）' 等．

（ii）西南アジア亜系：原生地よりやや南下したイラン，トルコ，アフガニスタン等で発生し，イスラムの影響下（西暦500～1100年）でカスピーカ亜系のワインブドウから選抜されて生じた大粒の生食用品種が大部分を占める．品種例：'フレーム・トーケー（Flame Tokay）'，'ロザキ（Rosaki）'，'トムソン・シードレス（Thompson Seedless）'（別名：サルタニナ，Sultanina），'牛奶（ニュウナイ）' 等．

（2）アメリカブドウの原生地と伝播
　氷河期が終わった後，北米大陸の各地に多くの野生種が生き残って繁茂し，古

くより先住民族によって利用されてきた．現在，北米大陸にはブドウ属約30種とムスカジニア属3種が知られている．彼らはそれらの果実を生食するだけではなく干しぶどうとしても利用したが，ワイン醸造に使うことはなく，また，栽培化することもしなかった．これらの種が栽培化されるようになったのは，16世紀にヨーロッパからきた移住民によってである．しかし，ヨーロッパ移住民は北米の野生ブドウを好まず，母国よりヨーロッパブドウを持ち込んで栽培しようとしたが，東海岸の低温や多湿の気象条件がヨーロッパブドウの栽培にまったく適せず，病害虫による被害，特にフィロキセラ (Phylloxera, ブドウネアブラムシ) の被害のために栽培がことごとく失敗に終わった．そこで彼らは北米に原生する野生種の中から最も良質なものとしてラブラスカ種 (Vitis labrusca L.) を選んで改良を加えていった．ただ，ラブラスカ種はワインには不向きなアメリカブドウ特有の香り（狐臭）があるために，品質の優れたヨーロッパブドウの特性を導入することによって改良が加えられていった．

一方，病虫害に強いアメリカブドウが19世紀中頃にヨーロッパに導入されたところ，それらに付着していたフィロキセラがヨーロッパで蔓延し，抵抗性のないヨーロッパブドウが壊滅的な被害を蒙ることになった．このことが契機となって，アメリカの野生種の中からフィロキセラ抵抗性の強い種が見いだされ，それをヨーロッパブドウの台木として改良利用することにより，壊滅的な被害からまぬかれるようになった．

(3) アジア野生ブドウの分布（日本の野生ブドウを含む）

氷河期以降，アジア大陸の西部ではただ1種のブドウ（ビニフェラ種）が繁茂したにすぎなかったのに対して，アジア東部では多くの種が残存して繁茂した．ただ，それらの種の中にはあまり利用できるものがなかった．ごく最近になって中国の研究者によってアジアの野生ブドウの調査が開始され，中国国内に40～50種もあることが確認されているが，未だ正確な全体像はわかっていない．それらの中で最も利用価値の高いと認められた種は強い耐寒性をもつチョウセンヤマブドウ (V. amurensis) である．日本自生のブドウとしてはヤマブドウ (V. coignetiae)，サンカクヅル (V. flexuosa) およびエビヅル (V. ficifolia) 等が広く分布しているが，中でもヤマブドウは樹勢旺盛で野生状態でも豊産性で食用価値も高いため，一部の地域でワインやジュース用として栽培・利用されるようになっている．

【ブドウ栽培の沿革】 世界におけるブドウ栽培の沿革は，栽培の歴史の古いヨーロッパブドウについて多く述べられてきた．

(1) ヨーロッパブドウの栽培沿革

ヨーロッパブドウの栽培は，新石器時代（紀元前 6000〜5000 年）に黒海の東岸のトランスコーカサス（ザカフカズ）と呼ばれる地域に沿って始まったと考えられている．先史時代の人々は樹木に巻きついた野生ブドウの果実を採取して食べていたものと思われ，村落定住の発達とともに，それらのうちで最も優れたものを栽培に移したのであろう．紀元前 4000 年頃までにブドウ栽培とワイン醸造はトランスコーカサスから小アジアへ，さらには「肥沃な三日月地帯」(Fertile Crescent) を通ってナイル川デルタへ広まっていった．青銅器時代初期（紀元前 3200 年頃）までに，イスラエルやヨルダンに栽培が定着し，エジプトでは第 4 王朝時代（紀元前 2440 年頃）のモザイク画にブドウ栽培の様子がすでに描かれている．その後，ブドウ栽培やワイン醸造は地中海東部のクレタ島やエーゲ海諸島にもたらされ，紀元前 1000 年の間にフェニキア人やギリシャ人によってカルタゴ（北アフリカ），シチリア，南部イタリア等へ急速にもたらされた．それより以前にはギリシャより西方で栽培されたという証拠はみあたらない．イタリアに及んだブドウ栽培とワイン醸造技術は，ローマ帝国のもとでキリスト教信仰の広まりと結びついて，西暦 300 年頃までに大西洋沿岸からダニューブ渓谷に至るまでヨーロッパ全土に広まった．現在では気候的にブドウ栽培に適していないイギリスでも，西暦 7 世紀頃には多くの修道院でブドウ栽培が行われていたが，14〜15 世紀にかけての気候の寒冷化のためにほとんどのブドウ園が消滅した．

一方，近東地域で栽培化されたヨーロッパブドウの一部がシルクロードを経て中国の漢王朝（紀元前 2 世紀頃）にもたらされ，その後日本にもたらされることになった．

新大陸へのヨーロッパブドウの伝播は，1621 年にロンドン会社による北アメリカ東岸への導入が最初であるとの記録があるが，実際にはこれより先にフロリダ半島に上陸したスペイン人によって導入されたとされている．一方，メキシコには 1525 年にスペインの軍人コルテス (Cortez, H.) の命によって植えられ，1550 年までに南米のペルー，チリおよびアルゼンチンにまでブドウ栽培が広まった．北アメリカ西岸へは 1697 年にイエズス会宣教師によって現在のバハカリフォルニアの教区に植えられたのが最初で，18 世紀後半以降，カリフォルニアの北方まで広まり一大産地を形成するに至った．南アフリカでの最初のブドウ栽培は

1616年に喜望峰でオランダ人移住者によって，オーストラリアでは1788年にシドニー近辺のボタニー湾の犯罪者植民地で始まったとされている．

(2) アメリカブドウの栽培沿革

北米に自生する多数の野生種の中から耐寒性や耐病害虫性が強くて大粒のラブラスカ種が移住民によって選ばれ栽培に移されたが，ヨーロッパブドウに比べて品質が劣るために，ヨーロッパブドウの優れた品質を導入する目的で両者の間で多くの交雑が行われた．19世紀以降アメリカブドウ(*V. labrusca*)の本格的な品種改良が開始され，その発見から約150年の間に2000品種以上が育成され，普及に移された．ラブラスカ種を基本種または基本種の1つとしてヨーロッパブドウおよび他の野生種との交雑により育成された品種群を一括して，アメリカブドウ系栽培種(*V. labruscana* Bailey)と称し，ヨーロッパブドウの栽培に適さない北アメリカの寒冷地や湿潤気候の地域で栽培されるようになった．現在，わが国で露地栽培されているブドウの大部分はアメリカブドウ系栽培種である．

また，アメリカの野生ブドウの中には特にフィロキセラ抵抗性の強い種が見いだされたことから，それらを基本種として種々の特性を備えたフィロキセラ抵抗性台木が主にフランスで多数育成され，世界各地でのブドウ栽培に利用されるようになった．現在，フィロキセラにまだ汚染されていない地域ではブドウ品種は挿し木によって自根繁殖が行われているが，汚染地域ではすべてフィロキセラ抵抗性台木に接ぎ木繁殖されている．

(3) 日本における栽培沿革

日本には数種の野生ブドウが自生していたが，1186(文治2)年に甲斐の国(現在の山梨県)の山中で自生種とは明らかに形態を異にするブドウが見いだされ，栽培に移されたのが甲州ブドウの始まりであるとされている．しかし，発見の経緯については諸説があって定かではない．以後，400年余りの期間甲州ブドウは甲州地方のみに栽培が限られていたが，江戸時代になってから他の地域での栽培が急増し，江戸時代の終わりには300 haにまで広まった．形態からみても，最近のDNA分析による鑑定からも甲州ブドウは明らかにヨーロッパブドウ(ビニフェラ種)の血を引くものであり，東洋系のカスピーカ亜系に属するものとみられている．どのような経路でヨーロッパブドウがそのような古い時代に日本に入ったかについては明らかではないが，一説には渡り鳥によってもたらされたという[4]．'甲州'以外にも，'甲州三尺'や'聚楽'(現存せず)等のヨーロッパブドウとみられる品種が古い時代から知られていたが，これらの来歴も不詳である．

明治初頭になって政府の勧農政策により諸外国から多数の品種が導入され各地で試験栽培が行われたが，外国品種と並行して'甲州'の栽培がさらに普及した．1897（明治30）年に病害防除のためにボルドー液の使用が始まって以来ブドウ栽培が定着し普及するようになった．しかし，導入されたヨーロッパブドウの露地での栽培は難しく各地で失敗し，アメリカブドウ系栽培種のみが全国的に普及した．ヨーロッパブドウはわが国で生じた'甲州'，'甲州三尺'等少数の品種を除き，導入品種はガラス温室でのみ栽培が継続され，温室ブドウとして発展した．

【ブドウの品種】

(1) わが国の品種の変遷

明治初年に欧米より多数の品種が導入され各地で試作されたが，在来の'甲州'が主要品種を占めていた．大正時代になると導入品種のうちでわが国の風土に適したものが選抜される一方で，わが国に適した品種を求めて，民間人（川上善兵衛・広田盛正・大井上康ら）によって品種改良が開始された．また，フィロキセラ免疫台木が導入された．この時期すでに，'甲州'以外では'デラウエア（Delaware）'，'キャンベル・アーリー（Campbell Early）'等のアメリカ系品種が定着して栽培の主流を占めるようになり，戦後も1970年代までこの2品種主体の栽培が続いた．昭和になって民間の育種家たちによる育成品種として'マスカット・ベーリーA'，'ブラッククイーン'（いずれも川上，1927），'ネオマスカット'（広田，1932），'巨峰'（大井上，1945）等の品種が現れ，続いて'ヒロハンブルグ'（広田，1970），'ピオーネ'（井川秀雄，1973），'甲斐路'（かいじ）（植原正蔵，1977）等が現れた．一方，昭和初期に始まった官公庁育種においては'高尾'（たかお）（東京農業試験場，1975），'笛吹'（ふえふき），'ネオアリカント'（いずれも山梨果樹試験場，1974）等が現れ，さらに遅れて'安芸（あき）シードレス'（果樹試験場，1988），'安芸クイーン'（果樹試験場，1993）等が育成された．大粒系の'巨峰'，'ピオーネ'は当初は結実が安定しなかったが，栽培技術の向上により安定した生産が可能になり，食味品質が優れていることから消費者の嗜好によく合致し，過去20年の間に急速に生産が伸びた．現在では'巨峰'は第1位，'ピオーネ'は'デラウエア'に次ぐ第3位の品種になってきている．これらの品種とは逆にかつての主要品種であった'キャンベル・アーリー'は激減し'デラウエア'も減少してきている．

(2) 現在の主要品種

ブドウの品種はその用途によって，生食用，ワイン用，乾果（干しぶどう）用，

'マスカット・オブ・アレキサンドリア'　　　'ネオマスカット'　　　'巨峰'

'ピオーネ'　　　'デラウエア'　　　'ゴルビー'

'安芸クイーン'　　　'藤稔'　　　'シャインマスカット'

図2 ブドウの品種例

表1 わが国における生食用ブドウ品種の果実特性（植原葡萄研究所，ブドウ品種解説，2001より作成）

品種名	系統	熟期	果皮色	由来と果実特性
'巨峰'	欧米雑種	8月下旬〜9月上旬	紫黒色	大井上康育成．'石原早生'דセンテニアル'の後代．四倍体大粒種（10〜15g）．甘味強く（糖度17〜18%），食味優れる．脱粒性あり．ジベレリン処理による無核化可．
'デラウエア'	欧米雑種	8月中下旬	赤灰〜赤褐色	アメリカ産偶発実生．小房小粒（1.5〜2g）．甘味強く（糖度18〜20%），食味濃厚．香気なし．ジベレリン処理でほとんど無核果生産する．
'ピオーネ'	欧米雑種	8月下旬	紫黒色	井川秀雄育成．'巨峰'דマスカット・オブ・アレキサンドリア'の四倍体の後代．四倍体大房大粒（16〜18g）．糖度高く，上品な風味．脱粒性なし．ジベレリン処理による無核化可．
'キャンベル・アーリー'	欧米雑種	8月中下旬	紫黒色	アメリカのキャンベル育成．豊産性．果粒5〜6g．アメリカブドウ特有の狐臭あり．甘味中程度（糖度14〜16%）．
'マスカット・ベーリーA'	欧米雑種	9月中旬	紫黒色	川上善兵衛育成．'ベーリー'דマスカットハンブルグ'の後代．果粒7g前後で大房．糖度16〜18%で食味中程度．脱粒性あり．ジベレリン処理による無核化可．
'ネオマスカット'	欧州種	9月中旬	緑黄色	広田盛正育成．'マスカット・オブ・アレキサンドリア'דハ州三尺'の後代．豊産性で大房．果粒やや大（7〜10g）．糖度16%以上で食味優れ，マスカット香強し．貯蔵・輸送性良．
'マスカット・オブ・アレキサンドリア'	欧州種	9月下旬〜10月上旬	緑黄色	北アフリカ原産の極めて古い品種．わが国では高級温室ブドウとして普及．豊産性で品質・外観ともに最高級．大房大粒（10〜15g）．マスカット香強し．脱粒性なく，貯蔵・輸送性良．
'甲斐路'	欧州種	9月中旬〜10月上旬	鮮紅色	植原正蔵育成．'フレームトーケー'דネオマスカット'の後代．大房で果粒大（8〜12g）．外観優美で糖度高く，濃厚な風味．品質上．脱粒性なく貯蔵・輸送性良．
'スチューベン'	欧米雑種	9月上旬	紫黒〜黒色	ニューヨーク農試育成．'ウエイン'דシェリダン'の後代．中房で果粒5g程度．果肉に軟塊があり肉質不良．糖度高く（18〜22%），特有の香あり．貯蔵性良．
'ナイアガラ'	米国種	9月中下旬	緑黄色	アメリカで育成．'コンコード'דキャサデイ'の後代．豊産性．中房で果粒4g程度．甘味中程度で狐臭強く，食味は中．貯蔵・輸送性劣る．冷涼地に適する．
'藤稔'	欧米雑種	8月中下旬〜9月上旬	紫黒色	青木一直育成．'井川682'דピオーネ'の後代．ゴルフボール大の巨大粒（15〜25g）になるのが最大の特徴．30g超のものさえある．糖度18%程度で淡泊な食味．ジベレリン処理で無核化可．
'安芸クイーン'	欧米雑種	8月下旬	鮮紅色	果樹試安芸津支場育成．'巨峰'の自殖実生．四倍体で花振るい性強．果粒13g程度で，甘味強く（18〜20%）食味優れる．ジベレリン処理で無核化可．着色性に難あり．
'ロザリオ・ビアンコ'	欧州種	9月中旬〜10月上旬	緑黄色	植原葡萄研究所育成．'ロザキ'דマスカット・オブ・アレキサンドリア'の後代．大房大粒（8〜14g）．糖度高く（18〜21%），品質極上．ジベレリン処理で無核化可．
'ルビー・オクヤマ'	欧州種	9月上中旬	鮮紅〜紫紅色	ブラジルの奥山孝太郎育成．イタリア種の赤色芽条変異．甚大房で巨大粒（14〜18g）．甘味は中（糖度16〜17%）．強いマスカット香．脱粒性少なく，貯蔵性あり．
'ゴルビー'	欧米雑種	8月上中旬	鮮紅色	植原葡萄研究所育成．'レッドクイーン'דハ豆錦3号'の後代．巨大粒（16〜20g）となり糖度も極めて高い（21〜22%）．着色良．ジベレリン処理で無核化可．

ジュース用, 缶詰用等に分類されるが, 欧米諸国ではワイン用の生産が圧倒的に多いのに対してわが国で生産されるブドウの9割近くは生食用で, 残りがワインやジュースに利用される程度である. 生食用としては, わが国では近年, 巨峰群（'巨峰'の血を引く'ピオーネ', '伊豆錦', 'オリンピア'等）に代表されるような大粒系の品種や, 無核化栽培できる品種, ヨーロッパ系のかたい肉質をもった品種に消費者のニーズが高まってきている.

生食用品種: ブドウの生食用品種はそれぞれの栽培国で育成された固有の品種をもっており, 世界共通に栽培されているものは極めて少ないといってよいであろう. 現在わが国で栽培されている主要な品種は, '巨峰', 'デラウエア', 'ピオーネ', 'キャンベル・アーリー', 'マスカット・ベーリー A', 'ネオマスカット', 'マスカット・オブ・アレキサンドリア (Muscat of Alexandria)', '甲斐路', 'スチューベン (Steuben)', 'ナイアガラ (Niagara)'等で, そのほかに'藤稔', 'ロザリオ・ビアンコ', '安芸クイーン', 'ルビーオクヤマ', 'ゴルビー'等, わが国育成の大粒系品種が最近注目されてきている（表1）.

生食・ワイン兼用品種: わが国では'甲州', 'マスカット・ベーリー A'が兼用品種として栽培されており, 前者は白ワイン用, 後者は赤ワイン用として醸造されている.

ワイン用品種: 世界的によく知られている赤ワイン用品種としては'カベルネ・ソービニヨン', 'ピノ・ノアール', 'メルロー', 'カベルネ・フラン (Cabernet franc)'等があり, 白ワイン用品種としては'シャルドネ (Chardonnay)', 'セミヨン', 'リースリング', 'ミューラー・トルガウ (Muller Thurgau)'等がある. わが国で育成されたものとしては, 'ブラッククイーン'（赤）, 'ヤマソービニヨン'（赤）, '甲斐ノワール'（赤）, 'サントリーブラン'（白）, 'シャルドネ・ドウ・コライユ'（白）, 等がある.

干しぶどう（乾果）用品種: 世界的に広く栽培されているのは'トムソン・シードレス', 'ブラック・コリンス (Black Corinth)', 'マスカット・オブ・アレキサンドリア'等である. 'トムソン・シードレス'と'マスカット・オブ・アレキサンドリア'は生食用, ワイン用としても広く利用されている.

ジュース用品種: 北米原産のラブラスカ系の'コンコード (Concord)'が代表的品種である.

【植付けと栽培管理】

(1) 台木と繁殖

ブドウは本来発根の容易な植物なので，通常，植栽しようとする品種を直接挿し木して繁殖されてきた．ところが，特にヨーロッパブドウの根に甚大な被害を与えるフィロキセラ（ブドウネアブラムシ）の存在が19世紀になって明らかにされてから，ほとんどの栽培品種はフィロキセラ抵抗性台木に接ぎ木して繁殖されるようになった．アメリカ野生種のうち，ベルランデイエリ（*Vitis berlandieri*），リパリア（*V. riparia*）およびルペストリス（*V. rupestris*）の3種がフィロキセラ抵抗性を示す代表的なものであるが，発根性や土壌適応性，接ぎ木親和性等の点でそれぞれに欠点がある．そこで，それらを基本にして種間で多くの交雑が行われ，フィロキセラ抵抗性以外の性質を兼ね備えた種々の台木品種が育成されてきた．わが国で広く使用されている台木はテレキ（Teleki）系品種（5C，8B，5BB等），SO4，イブリ・フラン（Hybrid franc）等である．

(2) 植栽

ブドウの苗木の植栽に当たっては，病気のないしっかりした健全な接ぎ木苗を苗木業者から購入する．ブドウでは特にウイルスに汚染された苗木であると後々まで十分な生産力や果実品質が保証されないので注意を要する．最近は組織培養による無病（ウイルスフリー）苗が販売されているので，そのようなものを購入するのが無難である．植え付ける土地は日当たりや風通しがよく，かつ，水はけがよくて土層の深い土地を選んで植える．植付け時期はふつう晩秋がよく，落葉後から12月いっぱいに植える．寒さのきびしい地方では春植えとする．植え穴はできるだけ深く広く掘り，苦土石灰とよく腐熟した堆肥を土に混ぜ，必要に応じて化成肥料も加える．苗の植付けは浅植えとし，支柱を立てる．

(3) 整枝・剪定

植付け1年目は主枝を1本だけ伸ばし，ふつう棚仕立てとして2年目に2〜4本の主枝を伸ばして適当な樹形をつくる．家庭で栽培する場合には垣根仕立てにするのもよい．棚仕立てでは品種の特性や土壌条件等に応じて，一文字型整枝，H字型整枝，X字型整枝等いずれかの方法によって数年かけて樹形を定めていく．剪定は品種や樹形，樹勢に応じて，冬季12月中旬頃〜2月下旬頃までの間に，結果母枝を1〜2節程度残して切ったり（短梢剪定），10節程度残して切ったり（長梢剪定）して翌年の新梢が混み合わないようにする．

(4) 新梢管理

　春になると剪定した結果母枝の各節から1～数本の新梢が発生してくるので，勢いのよい1本を残してほかはできるだけ早いうちに掻き取る．短梢剪定では1新梢，長梢剪定では節数の半数以下の新梢を残し，残された新梢は互いに重なり合わないように棚線に誘引し，十分日光が当たるようにする．新梢から発生してくる副梢は1葉を残して摘心する．また，花振るいしやすい品種では開花4～5日前に新梢の先端部を摘心するとよい．

(5) 結実管理

　ブドウは通常の栽培条件下でよく花芽分化するので，剪定後の結果母枝上の芽はほとんど花芽（花穂）をもっていると考えてよい．しかも1つの芽の中に少ない品種でも2個，多い品種では4～5個の花穂が含まれている．したがって，結果母枝上の芽がすべて萌芽し，成長するがままに任せ，新梢上の花穂を全部残したのでは着果過多となる．そこで毎年安定した収量をあげるためには品種，樹齢，樹勢等に応じて適正な着果量に調節しなければならない．成木期に入った園では10a当たりの予想収量から逆算して花穂数の見当をつけ，さらに必要な新梢数を割り出すことができる．萌芽してくる芽は早期に芽掻きを行って適当な新梢数と花穂数に調節する．新梢当たりに残す花穂数は，新梢の強さや葉面積の大小（葉数）等を考慮して決めなければならないが，大房の品種では1新梢当たり通常1花穂，その他の品種では2～3花穂を残してあとは摘房する．また，大房の品種では開花期前後に花穂を切り詰めて適当な大きさに整房し，果粒がアズキ大になった頃に間引き（摘粒）を行う．なお，'デラウエア'，'マスカット・ベーリーA'，'巨峰'，'ピオーネ'等の限られた品種では無核果生産のために開花期前後に花穂ごとにジベレリン処理を行う．

(6) 施肥

　植付け時に堆肥と化成肥料を施しておけば，成長の初期にはあまり施肥する必要はない．樹の成長にともなって堆肥等の有機質肥料を中心に冬季の間に樹勢に応じて適宜土壌表面に撒いたり，深耕して土中に埋め込む等して施すのがよい．化学肥料のやりすぎには特に注意しなければならない．

(7) 施設栽培

　アメリカ系のブドウは病虫害に比較的強いので，わが国のように高温多湿の条件下でも露地栽培できる．しかし，ヨーロッパブドウには露地栽培が困難なものが多く，'マスカット・オブ・アレキサンドリア'や'グロー・コールマン'等は古

くからガラス温室でのみ栽培されてきた．ただ，わが国で発見された'甲州'や'甲州三尺'，わが国で育種された'ネオマスカット'，'ヒロハンブルグ'等のヨーロッパブドウは露地栽培が可能である．近年，プラスチック資材の利用により簡便なプラスチックハウスが果樹の促成栽培に広く用いられ，現在ブドウで最も高い普及率を示している．ハウス栽培は，欧・米いずれの系統の品種を問わず早期出荷を可能にし，しかも，高品質な果実が生産されるということから，特に大粒系の高品質品種を中心に一般的になってきている．

【生産と消費】 ブドウは1980年代前半までは栽培面積，生産量ともに世界で最も多い果樹であったが，それまで総生産量の7割を占めていたヨーロッパ諸国でのワイン需要が低下したため1980年代後半以降漸減した．しかし，近年，生産量は回復の兆しをみせ，ここ数年は6000万t台で推移している．生産量の最も多い国はイタリアで，次いでフランス，スペイン等のヨーロッパ諸国が続き，次いでアメリカ合衆国，中国の順となっているが，近年における中国での生産増は著しい．ブドウの全生産量の半分近くがワイン用で占められ，干しぶどうは100万t程度を占める．ワインの消費はヨーロッパが最も多いが，生産過剰の傾向が続いている．

わが国でのブドウ生産量は昭和年代の末までは30万t台を維持していたが，平成に入ってから漸減し，2003（平成15）年現在では22万t余りにまで減少している．また，生産量の9割近くは生食用で，残りはワイン用，ジュース用として利用されている．

一方，わが国のブドウの輸出入に関しては，輸出はまったくないのに対して，生鮮果実が毎年1万t余り輸入されている．ワインは「ワインブーム」に沸いた1998（平成10）年には前年の2倍強の32万kLも輸入されたが，翌年にははや19万kLにまで急減し，2003（平成15）年現在では15万kLにまで減少してきている．

【栄養成分】 ブドウ果実を構成する成分は表2に示すとおりで，生果では水分と炭水化物が大部分を占めている．甘味成分である糖は果糖とブドウ糖からなりほぼ等量含まれ，品種によっては多少のショ糖を含む．酸味成分である有機酸は酒石酸とリンゴ酸がほぼ同じ割合で含まれている．無機成分としてはカリウムが圧倒的に多い．最近，赤ブドウ果皮に多く含まれるポリフェノール（polyphenol）

表2 ブドウ生果および乾果（干しぶどう）の主な栄養成分（廃棄率以外は可食部100g当たり）

		生果	乾果			生果	乾果
廃棄率 (%)		15〜20	0	ミネラル（続き）	鉄 (mg)	0.1	2.3
					亜鉛 (mg)	0.1	0.3
エネルギー (kcal)		59	301		銅 (mg)	0.05	0.39
					マンガン (mg)	0.12	0.20
一般成分	水分 (g)	83.5	14.5	ビタミン	カロテン (μg)	21	11
	タンパク質 (g)	0.4	2.7		E (mg)	0.1	0.6
	脂質 (g)	0.1	0.2		B_1 (mg)	0.04	0.12
	炭水化物 (g)	15.7	80.7		B_2 (mg)	0.01	0.03
	灰分 (g)	0.3	1.9		ナイアシン (mg)	0.04	0.23
ミネラル	ナトリウム (mg)	1	12		葉酸 (μg)	4	9
	カリウム (mg)	130	740		パントテン酸 (mg)	0.10	0.17
	カルシウム (mg)	6	65		C (mg)	2	微量
	マグネシウム (mg)	6	31	食物繊維総量 (g)		0.5	4.1
	リン (mg)	15	90				

五訂日本食品標準成分表より．

が健康維持や疾病（特にがんや循環器系統の疾患）予防に効果があることが知られるようになり，レスベラトロール（resveratrol）がそのような作用をもつ成分として同定された．ヨーロッパ諸国では乳製品を多く摂取する食習慣があるため血中コレステロール濃度が高く，心疾患による死亡率が高いことが知られているが，疫学調査の結果フランス人はコレステロール濃度が高いにもかかわらず，死亡率が低いといわれている．その原因はワインの飲酒が多いためであるとされ，フレンチパラドックス（French paradox）と呼ばれている．このようなワイン飲酒の効用が明らかにされた後，わが国でも一時赤ワインブームがみられた．

【利用・加工】　わが国では欧米諸国とは異なってブドウ生産量の大部分がそのまま生食に供される．生食用ブドウは特に外観と食味品質のよさが求められるが，外観としては果粒の大きさ，粒揃い，房の大きさ，着色の良否等が重要で，また，脱粒性がなく輸送・貯蔵性がよいことが望まれる．最近は特に大粒系品種が好まれている．果色は緑黄色，黄色，赤（紅）色，紫黒色等品種によってバラエティに富むが，赤色および紫黒色の品種は成熟期の気温によって着色が大きく影響され，品種本来の着色を示さない場合がある．食味品質としては芳香，風味，肉質および種子の有無が関係しているが，無核果実が好まれている．アメリカ系品種には狐臭（foxy flavor）といわれる独特の香りがあり，ヨーロッパ系のマスカッ

トには特有のマスカット臭がある．肉質はアメリカ系では果皮の剥離がよく柔軟であるのに対してヨーロッパ系は果皮が剥離しにくく果肉はかたい．

　生食以外では，ワイン，ジュース，干しぶどう（レーズン）等に加工される．ワイン醸造にはヨーロッパブドウがアメリカ系品種よりもはるかに適しているが，湿度の高いわが国ではそれらの栽培は極めて困難である．ワインの歴史や文化については多くの成書があるのでそれらを参照されたい．ジュースにはアメリカ系品種の'コンコード'が最も適しているが，ほかのアメリカ系品種も利用される．ヨーロッパブドウは加熱滅菌に際して異臭を生じるためジュースには向いていない．干しぶどうはわが国では生産されていないが，'トムソン・シードレス'，'ブラック・コリンス'および'マスカット・オブ・アレキサンドリア'の3品種が世界の干しぶどうのほとんどを占めている．前2品種は無核品種であるが，'マスカット・オブ・アレキサンドリア'は種子があるので干した後に特別な機械を用いて種子が取り除かれる．乾燥はふつう樹から切り取った房を樹上に置いたままで，あるいはトレイにのせて畝間に並べて天日乾燥させるが，乾燥を早めたり，良好な色合いの仕上げとするためにオリーブ油を加えた重曹水に浸したのちにトレイにのせて乾燥させる場合もある．干しぶどうをそのまま菓子として食べるには大粒品種がよいが，製菓・製パン用には小粒品種が適している．　　　〔杉浦　明〕

文　献

1) 田中正武：園芸植物大事典 4，小学館，1989．
2) 中川昌一監修：日本ブドウ学，養賢堂，1996．
3) Negrul, A.M.: Origin of the cultivated grapevine and its classification. *Ampelographia SSSR*, Moscow, **1**, 159–216, 1946.
4) 城山桃夫：果物のシルクロード，八坂書房，1983．

ブルーベリー

和名 ブルーベリー
英名 blueberries
学名 *Vaccinium* spp.
(ツツジ科)

　ツツジ科スノキ属の低木であり，栽培種のハイブッシュブルーベリー（以下ハイブッシュと略する），ラビットアイブルーベリー（以下ラビットアイと略する）および野生種のローブッシュブルーベリー（以下ローブッシュと略する）が産業上重要である．属名はラテン語で「vacca（牡牛）」の形容詞「vaccinus（牡牛の）」に由来するとされている．ハイブッシュとローブッシュは樹の高さに基づいた名称であるが，ラビットアイは，果色が成熟前にウサギの眼のように赤くなることに由来している．

　【形　態】　樹は小型で低木性である．ハイブッシュは1～3 mの高さになり，ローブッシュは15～40 cmと最も小さい．ラビットアイは3種の中で最も生育が旺盛でハイブッシュ以上の樹高になる．株元から強いシュートが発生し，地中をはって吸枝（サッカー）が伸長してブッシュ（灌木）になる．
　葉は小型で細長く3/8互生葉序（茎の軸を3回転して8枚上の葉と重なる葉のつき方）である．花は春から夏にかけて伸びた枝の頂芽（実際は最先端の芽は枯

図1　ブルーベリーの小花（左：品種不明，提供：島根大学・青木宣明氏，右：'ティフブルー'，提供：島根大学・伴 琢也氏）

ブルーベリー　　437

図2 結実果実('ティフブルー', 提供：島根大学・伴 琢也氏)

図3 果実断面('ティフブルー', 提供：島根大学・伴 琢也氏)

れるので2番目の芽が頂芽となる）またはそれに続く側芽の中につくられる（頂側生花芽という）．それぞれの花芽は芽の中に花以外を含まない純正花芽である．1つの花芽の中に10個程度の小花を含み，花序は総状花序（花軸にそって下から上に小花がついている）である．花は白色であるが中に紅色を帯びるものもある．合弁の鐘形ないし壺形花であり，花冠の先端はふつう5つに裂けて反転，開口している．雌しべは中央に1本あり，その周囲を10本の雄しべがとりまく．子房は4～5子室に分かれ1子室に数十粒の胚珠がある．子房は下位（子房が花弁や萼の下に位置する）である．萼は合片萼であり，子房に着生して成熟時まで果実に残る．花托と子房が発達して果実となる．果実には50粒ほどの種子が含まれているが，長さは約2 mmと小さく品種によっては食べる際に気づかない程度である．

【原産地と伝播】　北アメリカ原産でハイブッシュはアメリカ合衆国の南東部フロリダ州北部から北東部のメイン州南部，ミシガン州南部にかけて，ラビットアイはアメリカ合衆国南東部諸州，ローブッシュはアメリカ合衆国北東部地帯およびカナダ南東部一帯に自生している．1620年にヨーロッパからアメリカ大陸へ入植が始まる前は，アメリカ先住民が野生種のブルーベリーを生果や乾果として利用していた．ヨーロッパからの初期の入植者らが飢えと寒さに苦しんでいるとき，先住民が干したブルーベリー入りのスープなどの食料を分け与え助けたことから，ブルーベリーはアメリカ人にとって特別な意味をもつ果実である．

　アメリカ農務省では，1900年代初めから，大規模な組織を使った系統だった

図 4 ハイブッシュブルーベリー'スパータン'(提供：島根大学・伴 琢也氏)

品種改良事業を行って，非常に多くの品種を育成してきた．ダロー (Darrow, G.M.)，ウッダード (Woodard, O.) など中心的な育成者が品種名にもなっているほどである．ハイブッシュは1900年代初頭から，ラビットアイは1920年代の半ばからそれぞれ品種改良が進められてきた．また，北部ハイブッシュの品種から，冬季温暖地域で栽培するため育成された南部ハイブッシュ，冬季に積雪があり低温の厳しい地域向けに改良された半樹高ハイブッシュが育成されている．ビルベリーはヨーロッパの野生種でスカンジナビア半島から東部ヨーロッパにかけて広く自生し南部ヨーロッパでも標高の高い地帯でみられる．

　ブルーベリーの日本への導入は1951年，当時の農林省北海道農業試験場がアメリカマサチューセッツ農業試験場からハイブッシュを導入して適応試験を行ったのが始まりのようである．ラビットアイは1962年に農林省特産課により初めて導入された．その後，福島県園芸試験場から東京農工大学に赴任した岩垣駛夫らが，新しい果樹としてブルーベリーの栽培と普及に情熱を注ぎ今日のブルーベリー産業の基礎を築いた．1980年代後半になると大学関係者や民間人によって盛んに栽培されるようになり，1990年代に入るとブルーベリーの機能性が注目されはじめ，生産量が1000tに達するまでに発展した．2004年現在全国の栽培面積は約500haであり，長野県，群馬県，岩手県が主産地である．これに対し，海外からの輸入量は2002年の時点で，生鮮ブルーベリーが約1344t，冷凍果実は約1万tで，冷凍果実の場合はそのほとんどがジャム等の加工品の原料として利用されている．

【品　種】　アメリカ合衆国で栽培されている北部ハイブッシュの主要品種は'ブルー

クロップ (Bluecrop)', 'ジャージー (Jersey)', 'ウェイマウス (Weymouth)' 等であり, 南部ハイブッシュは'シャープブルー (Sharpblue)' と'オニール (O'Neal)' が二大品種であり, ラビットアイでは, 'ティフブルー (Tifblue)', 'クライマックス (Climax)', 'ブライトウェル (Brightwell)' 等が主要品種である. ラビットアイ品種の'ウッダード (Wooddard)' は栽培面積が減少傾向にある. 一般的に酸性土壌を好むため, 植付け時に酸性ピートモスを大量に投入する. またひげ根で浅根性であるため, 乾燥を防ぐために, バークやオガクズ等の有機物でマルチを行う. ハイブッシュは成熟期が6月上旬～7月下旬であり, ラビットアイ (7月上旬～9月上旬) より成熟期が早く, 果実が大きいのが特徴である.

【栄養成分と利用・加工】 ブルーベリーにはビタミン類とミネラル, 食物繊維が多く含まれている. 特に, ビタミン E は果物の中でも多く含まれる (1.7 mg/100 g). 食物繊維はバナナの約3倍含まれ (3.3 g/100 g), アボカド, グアバ等に続き果物の中でも最も多い部類に属する. 18種のアミノ酸を含み, 必須アミノ酸すべてを含んでいる. 第二次世界大戦中, イギリスの空軍パイロットが, ブルーベリージャムを食べると薄明かりの中でもはっきり物が見えたという報告がきっかけで研究が始まったアントシアニンを多く含む. 眼の網膜のロドプシンが光により分解再合成を繰り返すことで物が見えるが, アントシアニンがロドプシンの再合成活性化を促進するため, 目がよく見えるようになる. また, 網膜を強くする作用もある. 生果では1日40g程度の摂取で効果が認められ, サプリメントとしても利用されている. 野生種のビルベリーは栽培種よりアントシアニン含量が多いため, 医薬品にも使用されている. 生果や乾燥させて食べるほかに, ジャム, ソース, ワイン, ビール等に利用する. 山形県鶴岡市羽黒町では特産品のブルーベリーを染料としても利用している. 〔板村裕之〕

ポポー

和名 ポポー,ポーポー,アケビガキ
英名 pawpaw (papaw),Indiana banana
学名 *Asimina triloba* (L.) Dun.
(バンレイシ科)

　バンレイシ科 (Annonaceae) はバンレイシ (*Annona squamosa* L.),チェリモヤ (*A. cherimola* Mill.) などを含み主に熱帯に分布するが,本種をはじめとする *Asimina* 属は唯一温帯に産する.*Asimina* の語源は不明.*triloba* は「3弁の」という意味で花の形態から.和名の別名「アケビガキ」は花の外見はカキに似ており,果実の外観はアケビに似る形態的特徴から.英名の Indiana banana はアメリカ合衆国インディアナ州に産する外観が短く太ったバナナに似ている果実という意味から名付けられた.pawpaw または papaw は,カリブ語起源のスペイン・ポルトガル語 papaya に由来する.

【形　態】 双子葉植物バンレイシ科に属する高さ 6～10 m となる落葉小高木.主幹が明瞭でピラミッド形の樹形となり大きな葉が外周に垂れ下がる.葉は明緑色の単葉で互生し,倒卵状楕円形,尖頭で,くさび脚,長さ 15～30 cm,幅約 10 cm で,樹幹の外側に葉面をさらす感じで垂れ下がる.花は前年生枝に単生し,釣り鐘状でうつむいて咲き,直径 3～4 cm,萼片 3,花弁 6 枚で,3 枚ずつ二重に並ぶ.内外両花弁とも最初は緑色から徐々に暗紫色に変化する.花の中央部に,

図1 花の形態

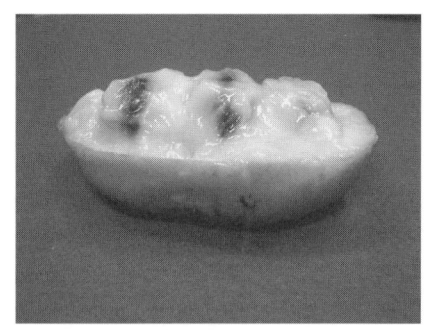

図2 果実着生状況　　　　　　　　　　　**図3** 追熟果実の断面

3～7個の心皮からなる雌ずい群があり，それを球形の雄ずい群が取り囲む．萌芽と同時あるいは直前に開花する．花は雌ずい先熟であるとともに自家和合性が低いので単独樹では結実がかなり劣る．訪花昆虫はハエ類や甲虫類である．1心皮が1果実を形成し，アケビに類似した果形の果実が1花に2～3個ずつ互いに外側に向いて連なって結実する．果実は100g程度に肥大し，緑色の果皮は秋になると緑黄色となり，果肉は極めて柔軟粘質となり熱帯果実風の特有の芳香を放ち，バナナに似た味がする．黒褐色で2g程度となる種子が果肉中央部に約十数個2列に並んで入る．根が地表近くを横走し母樹周辺の地面のあちこちからひこばえが発生するので，群生する様子をしばしば見かける．

【原産地と伝播】　北アメリカ東部（ニューヨーク南部からフロリダ）に広く分布する．日本には明治時代と第二次世界大戦後に多く導入されたが，庭先果樹として残されるのみである．

【原種と栽培品種】　アメリカ合衆国東部一帯（フロリダ州から五大湖周辺まで）に広く野生する．20世紀初めより栽培化が始まり多数の系統が選抜されたが，現在，アメリカ合衆国で商業的に利用できる品種は40余りである．9月中旬に熟す早生から10月以降の晩生まで，1果重100g程度から300gを超えるもの，果皮色も緑黄色から黄色，果肉色は白色，黄色から橙色，芳香の程度もさまざまな品種，系統が保存されているようであるが，アメリカ合衆国での推奨品種として'PA-Golden'および'Sunflower'があげられている．わが国には1894～95（明治27～28）年頃小石川植物園に導入され，1905（明治38）年には京都府農事試

験場に入ったといわれる．その後少しずつ各地に広まり，戦後になって急速に各地に普及したが，主に種子繁殖が行われたため品種系統が定かでない．

【生育周期と栽培管理】 原産地の気候から年平均気温 10～20℃ の地域で栽培可能で，わが国では九州から青森県付近まで栽培できる．病気や害虫も少なく栽培容易で，樹形も美しいため家庭用果樹として植えられる．挿し木繁殖は困難で，種子繁殖あるいは優良系統を実生台に接ぎ木して栽培するが，結実の安定のためには異なる系統を 2 本以上植える必要がある．実生（種子）の場合は結実まで 5～6 年必要となる．5 月上～中旬に開花し，9 月中旬～10 月中旬に熟す．完熟すると落果しやすいので，やや早めに収穫し，室温で追熟する．果実はクライマクテリック型の追熟をし，室温では 2～3 日で急速に軟化し，過熟になると褐変する．収穫適期の判断が難しいことと日持ちが悪いためにこれまで商業的な栽培に向かなかったが，追熟前の果実は数週間程度の冷蔵貯蔵が可能であり，収穫および貯蔵技術の確立と追熟の斉一化が図れれば経済栽培の可能性がある．

【栄養成分と利用・加工】 アメリカ合衆国での分析値では果実 100 g 当たりエネルギー 77～89 kcal，水分 70～77%，炭水化物 16.8～22.4 g，繊維 1.4～3.5 g，脂肪 0.6～1.4 g，タンパク質 0.8～1.4 g，ビタミン C 10～20 mg が含まれ，ミネラルではカルシウム 53～76 mg とマグネシウム 109～120 mg の量が比較的多い．生食のほか，サラダにしたり，ジュース，アイスクリーム，ピューレ等にも利用できる．わが国では熱帯果樹を思わせる強い芳香と粘質の果肉を嫌う人も多いようである．バンレイシ科の植物の各部位にはバンレイシ科アセトゲニン（Annonaceous acetogenins）と総称される炭素数 32 または 34 の脂肪酸に由来する殺虫成分が含まれていることが知られており，ポポーではスクアモシン H（squamocin H = asimicin）等が同定されている．アセトゲニン類は殺虫剤として農業，衛生用の利用のほか，著しい抗がん特性やがん細胞に対する細胞毒性をもつ特性が示され医療用として注目されている． 〔本杉日野〕

マンゴー

和名 マンゴー
英名 mango
学名 *Mangifera indica* L.
（ウルシ科）

　学名の *Mangifera* はタミール語とラテン語の合成語で，indica は「インド産」の意味である．

【形　態】　高さが 10～20 m あるいはそれ以上の常緑高木で，樹皮は暗灰色を呈し，枝条は開張性を示す．葉は互生で形は長楕円形であり，長さが 15～30 cm，幅が 6～10 cm で，葉表は光沢のある深緑色，葉裏は淡緑色である．花は複総状花序をなし 1 花穂に数百個～千個あるいはそれ以上の小花（完全花もしくは雄花）を着生する（図 1）．小花は 5 枚の花弁よりなり，長さは 6～9 mm．結実にはハエ類，ミツバチ等の受粉昆虫の飛来が必須であり，不受精果の落果後，1 花房に 2～3 果が着生する．果実は勾玉状で先端はくちばし状を呈し，やや扁平であり，サイズは小さいもので 50 g，普通 250 g～1.4 kg で，それ以上の大きさになる品種もある．果皮はなめし皮状でツルツルとしており，成熟するにしたがって，黄色，紫赤色，赤色等に着色するが，緑色のまま収穫期を迎える品種もある．果実には扁平で紡錘形の大きな種子（モモ，ウメ等の核果類と同様の構造で，硬化

図 1　マンゴーの花房

図2 マンゴーの着果状態（'金こう1号'）

した内果皮が胚を包み種子となっている）があるが，品種によっては表面が多くのかたい繊維で覆われ，しかもその繊維が長く果肉中にまで伸長して肉質を損ねることもある．マンゴーの品種は，種子中に受精胚のみを含む単胚性品種と数個の珠心胚を含む多胚性品種に二分され，東南アジア系品種は多胚性であることが多く，インド系品種は単胚性である．果肉は多汁質で適度の甘みと酸味があるが，多くの品種には樹脂（テルペン）臭がある．一般に熟果の貯蔵性は低い．

【原産地と伝播】 ミャンマーとインドの国境地帯が原産地で，インド，インドシナへ伝播したと考えられている（図3）．学名からも推察できるように，マンゴー

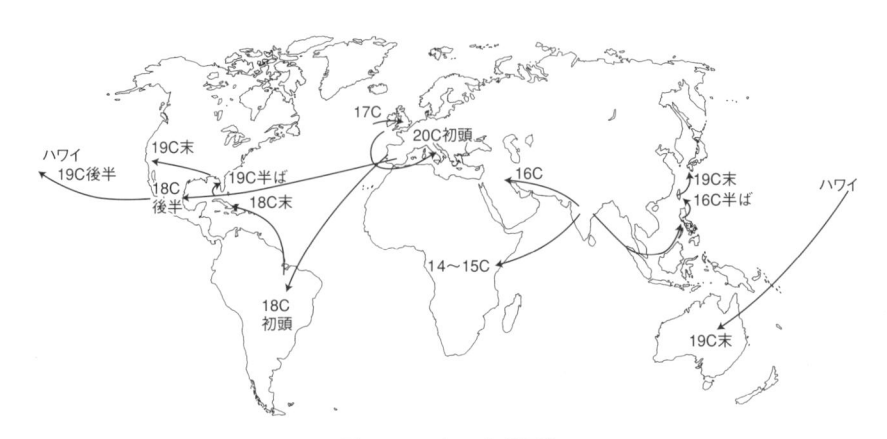

図3 マンゴーの伝播経路

は5000年以上も前からインドで栽培されてきた．その後，徐々に世界各地に伝えられたが，西へは，14～15世紀にアフリカ東岸に，16世紀にはペルシア湾岸に達し，17世紀末にはイギリスで温室栽培されていた．19世紀にはカナリア諸島やアゾレス島に伝えられ，1905年にはイタリアに導入された．新大陸へは18世紀初頭にポルトガル人によってブラジルに伝えられ，18世紀末にはバルバドス諸島を経てジャマイカに導入された．19世紀半ばにアメリカ合衆国に渡り，当初はフロリダで栽培されたが，19世紀末にはカリフォルニアに伝えられた．メキシコへはスペイン人により18世紀後半に伝えられ，19世紀後半にはハワイへ入り，その後オーストラリアにも伝えられた．東方へは，キリスト教の布教とも絡んで15世紀にフィリピンに導入され，16世紀半ばにはオランダ人によって台湾に伝えられた．わが国へはおそらく19世紀末までに台湾から沖縄に伝えられたものと思われ，その後鹿児島，宮崎等の南九州でハウス栽培が行われるようになった．

【主要な生産国と生産量】 マンゴーの世界の生産量は2200万tで，インド，タイ，中国，メキシコ，インドネシア，フィリピン等が主要な生産国である（表1）．

【品　種】 インド系，インドシナ系が中心であるが，伝播の過程でフロリダ系等の新しい品種を生み，世界では600品種がある．現在では次のような品種が栽培されている．

　'**アルフォンゾ**（Alphonso）'：インドの代表的な品種．果実は斜卵形で小～中果，楕円形，果皮は黄色．肉質はよく優れた香りがある．貯蔵性，輸送性にすぐ

表1　マンゴーの主要生産国と生産量（単位：万t；FAO, 2005）

生産国	生産量
インド	1084
中国	367
タイ	180
パキスタン	167
メキシコ	150
インドネシア	147
フィリピン	95
ブラジル	86

'キョウ・サワイ'(右)と'サム・ドク・マイ'(左2個)   'トミー・アトキンズ'

'アーウィン'

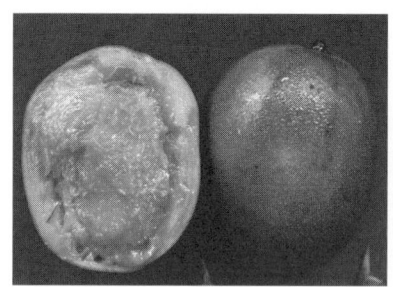

'センセーション'

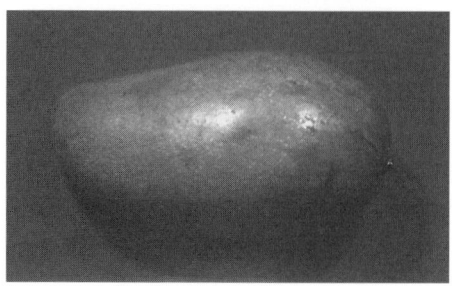

'金こう1号'   'マハチャノーク'

図4 マンゴー数品種の果実

れる．日本へは主に果肉ペーストとして輸入されている．

'アルマニス (Arumanis)'：インドネシアの代表的な品種，果実は長円形で中果．果皮は黄緑色，果肉は黄白色で，肉質は繊維が少なくすぐれている．

'ナム・ドク・マイ (Nam Dok Mai)'：タイの代表的な品種で，日本にも輸出されている早生（5～6月が収穫の最盛期）品種，果実は長楕円形で中果．果皮，果肉共に黄色で，果皮は厚く貯蔵性にすぐれる．

'キヨウ・サワイ (Khieo Sawoey)'：タイにおいて未熟果として利用される品種で，果皮は緑色，果肉は薄黄色である．

'カラバオ (Carabao)'：ペリカンマンゴーとして1年中日本に輸入されているフィリピンの代表的な早生品種．果実は長楕円形で中果，果皮，果肉とも黄色で，繊維はほとんどない．果実の形が水牛（カラバオ）に似ていることからこの名がついた．

'トミー・アトキンズ (Tommy Atkins)'：フロリダで育成された品種で，世界で主要な輸出用品種である．果実は長卵形で中～大果．果皮は黄色で，赤色が発現する．貯蔵性にすぐれ，炭疽病に強い．日本へはメキシコなどから輸入されている．

'ケント (Kent)'：フロリダで育成された品種で，果実は卵形で大果．果皮は暗緑色であるが，陽光面は赤色が発現する．果肉には繊維が少なく，糖度は高い．豊産性で貯蔵性がある．

'キーツ (Keitt)'：フロリダで育成された晩生品種，果実は長円形で大果，果皮は黄緑色．果肉は黄色で繊維が少ない．酸味が少しあり，すぐれた食味がある．炭疽病に強い．

'アーウィン (Irwin)'：日本のハウス栽培の代表品種．フロリダで育成された早生品種で，果実は長卵形で中果．果皮は濃紅色，果肉は淡黄色を呈する．果皮は薄く成熟果の皮は剝きやすいが，炭疽病に弱く，貯蔵性，輸送性はない．果肉は緻密で糖度は12～16%となるが，テルペン臭が若干ある．台湾でも生産量が多い．

'ケンジントン・プライド (Kensingtong Pride)'：オーストラリアで育成された中生品種で，果実は卵形で中果．果皮は黄色だが陽光面はピンク色を呈する．果肉は黄色で，繊維は少ない．日本へ輸入されている．

その他：インドでは'パイリ (Pairi)'，'ラングラ (Langra)'，'ニーラム (Neelum)'，フィリピンでは'ピコ (Pico)'，インドネシアでは'ゴム (Golek)'，

南アフリカ共和国では'ジル (Zill)', 'センセーション (Sensation)', ハワイやフロリダでは'ヘイデン (Haden)', 台湾では'金こう1号'などが栽培されている. 最近ではタイから'マハチャノーク (Mahachanok)'が輸入されている.

【生育周期と栽培管理】

(1) 成長特性と生育周期

雨季と乾季が明瞭な熱帯では, 雨季に枝梢の成長が盛んであり, 乾季には成長が停止して花芽が分化する. 温度も花芽分化を誘起する大きな要因であり, 亜熱帯の高地や温帯の一部では10〜15℃の低温が花芽分化を促進するが, 低温限界 (6℃) 以下の温度に見舞われると樹体成長は衰え, 霜が降りたり0℃以下の低温に遭遇すると凍害を受けて枯死する. 生育適温は22〜30℃とされており, 比較的乾燥を好むことから年間700 mm から2000 mm 程度の降雨量があれば無灌漑でも栽培が可能である. ただ, 開花期の降雨は低温を伴い受粉・受精を大きく妨げるので, 亜熱帯高地ではそのために結実が皆無となることもある. わが国では, 樹体が寒害を被らないように, また降雨による病害の発生を防ぐために, 施設栽培を行い, 開花結実期にはハウスの夜温を23℃以上に保ち, 受粉・受精と胚の成長を促進して結実を確保している. 開花から成熟に要する日数は120〜150日であるが, これは品種, 場所, 栽培管理の違いによって大きく異なる.

(2) 繁殖

マンゴーは実生 (種子), 接ぎ木, 取り木, 挿し木等の方法で繁殖することができるが, 通常は優良品種の枝梢を台木用の実生に接ぎ木して育成することが多

(a) 木全体　　　　　　　　　(b) 果実

図5 'アーウィン'マンゴーの結実状況

い．まず，珠心胚を形成する多胚性品種（'ケーオ'，'カラバオ'，台湾在来種等）の熟果より種子を採取して取り播きする．1種子から数本の実生が得られるが，珠心胚由来の実生はいずれも母樹（母品種）と同じ遺伝形質を有しており，適切な肥培管理下で均一な台木用実生となる．2～3年後の春先に地際から10 cmの部位で斜めに切り，これに2～3芽を有する優良品種の枝梢を接ぎ木する．接ぎ木には切り接ぎ，割り接ぎ，腹接ぎ，舌接ぎ等の方法があるが，最近は簡便な合わせ接ぎが一般的である．接木後苗床で1年間肥培管理を行えば定植用の苗木が得られる．

(3) 栽培管理

マンゴーは高木性であるため，本圃に定植する場合には樹間距離を十分にとって（少なくとも10 m以上）植え付けねばならない．スペースが限られているわが国のハウス栽培では樹間を3 m程度とし，不織布シートによる根域制限や収穫後の整枝剪定により樹高を2 m程度に抑えている．高温多湿の条件下では枝梢は1年中成長が可能であるが，乾季の土壌乾燥や亜熱帯高地や温帯の低温によって頂芽あるいは頂側芽が花芽分化して開花結実する．熱帯亜熱帯で栽培されているマンゴー樹は地下深くまで根を張って養水分を吸収することができる．土壌条件や気象条件によって異なるが，肥培管理にあたっては，他の果樹と同様に葉分析を行って施肥指標を得，開花前に基肥を，果実肥大期に実肥を，収穫後には礼肥をそれぞれ施用して健全な樹体栄養の維持に努めている．

(4) 病害

① 炭疽病：マンゴーの主要な病害で，高温多湿下でいずれの器官にも発生する．暗黒色～黒色の病斑を生じ，落葉，落花，落果が甚だしい．銅を含む殺菌剤の散布は有効であるが，抵抗性品種を選び，罹病した枝葉や幼果を除去して通気をよくすることが基本である．

② ウドンコ病：春先から初夏にかけて温暖多湿な気候下で発生しやすい．蕾，花，葉に発生しやすく，カビと菌糸がウドンコ状を呈し，落花が激しい．通風をよくし，罹病した花穂・葉の除去に努める必要がある．

③ 灰色カビ病：低温多湿下で花序に発生し落花を引き起こすが，幼果にも広がって落果を促進する．わが国のハウス栽培で大きな被害が生じているが，基本的には換気に努め，開花期の温湿度を適切に保つことが肝要である．

(5) 虫害

ダニ，アザミウマ，アブラムシ，カイガラムシ等の多種多様な虫害が知られて

表2 マンゴー果実の主な栄養成分（可食部100g当たり）

一般成分	エネルギー (kcal)	64	ビタミン	A	
	水分 (g)	82.0		レチノール (μg)	(0)
	タンパク質 (g)	0.6		カロテン (μg)	610
	脂質 (g)	0.1		レチノール当量 (μg)	100
	炭水化物 (g)	16.9		E (mg)	1.8
	灰分 (g)	0.4		B_1 (mg)	0.04
ミネラル	ナトリウム (mg)	1		B_2 (mg)	0.06
	カリウム (mg)	170		ナイアシン (mg)	0.7
	カルシウム (mg)	15		B_6 (mg)	0.08
	マグネシウム (mg)	12		葉酸 (μg)	84
	リン (mg)	12		パントテン酸 (mg)	0.22
	鉄 (mg)	0.2		C (mg)	20
	亜鉛 (mg)	0.1	食物繊維総量 (g)		1.3
	銅 (mg)	0.08			

五訂日本食品標準成分表より．

いる．

(6) 果実の生理障害

果実内のCa代謝が関係して発生する果実軟化症，スポンジ果肉症等と，肥大成熟期の温度・土壌水分管理の不調から急激な果実肥大を生じて発生するヤニ果，裂果が知られている．

【栄養成分と貯蔵・利用・加工】 成熟果にはビタミンCが多量に含まれており，ビタミンAも多い（表2）．果汁には15％程度の糖を含み，色素としてはカロテノイドが多量に含まれている．熟果の皮をむき，ナイフで果肉を扁平な種子に沿って切り落とし，スライスをフォークで食べる．生食のほか，チャツネとしてカレーに添えて食したり，ジュースやシロップ漬けに加工してもマンゴー特有の風味が楽しめる．ほとんどの品種がテルペンをかなり含んでいるが，テルペン含量の少ない品種では緑果の果肉をスティック状に切り落としサラダ風に食べることもできる．また，果肉は乾燥してチップとして食するが，花や若葉を野菜として利用する場合もある．

薬用としては，種子を駆虫や下痢どめに使用し，樹皮をリウマチや赤痢等の治療に利用することができる．このほか，樹皮からは染料用の成分やゴム質を採取して利用することもある．なお，花はタンニンを15％も含むので皮なめしに使うこともある．　　　　　　　　　　　　　　　　　　　〔山下研介〕

【その他マンゴー属の果樹類】*Mangifera* 属には果実を生食することができるマンゴーの類縁種があり，以下の表にその代表的な種類をあげる．

和名	英名	学名	原産地	特性・利用
ビンジャイマンゴー	Binjai	*Mangifera caesia* Jack	マレーシア西部	落葉性の高木で丸い樹冠．樹液は皮膚を強く刺激．葉は枝先に着生，革質で表面滑らか，先端部には短い突出．果実は長楕円形，果長10～15 cm，幅5～10 cm．果皮は黄褐色で粗く，薄い．果肉は白色，繊維質，多汁，甘味と酸味，不快な樹脂様の臭い．ピンク色の長形種子．生食，料理．
ウママンゴー	Horse-mango	*Mangifera foetida* Lour.	マライ群島西部	高木で密な樹冠．樹皮は灰色，樹液は皮膚を刺激．葉は光沢があり濃緑色．花序は長く鮮褐赤色．果実は卵形，果長9～14 cm，幅6～10 cm．果皮は緑色～黄色で滑らか．果肉はオレンジ色～黄色，強い酸味，テルペン臭，繊維質．生食，料理，加工．
スパムマンゴー		*Mangifera longipetiolata* King	マレーシア	高木．葉はかたく革質，暗緑色．果実は球形，果長4～8 cm．果皮は緑色．果肉は甘味，繊維多い．生食．
ラワマンゴー		*Mangifera microphylla* Griff	マレーシア	低木で樹冠密．葉は短い．果実は球形，果径約2.5 cm．果皮は滑らか，黄色～赤色，成熟が進むと黒変．果肉はオレンジ色，多汁，繊維多い．生食．
ニオイマンゴー（クイニマンゴー）	Kuini mango	*Mangifera odorata* Griff.	マライ群島西部	高木性で樹冠はやや開張．葉は光沢がなく，厚く，硬直．果実は卵形，果長10～13 cm，幅約10 cm．果皮は緑色～黄緑色で厚く，滑らか，暗褐色の斑点．果肉は淡オレンジ色，多汁，甘味，強い臭い．生食，チャツネや塩漬けに加工．
パウマンゴー		*Mangifera pentandra* Hook.f.	マレーシア	中高木，強健でマンゴー不適地でも栽培可能．果実は球形，卵形，果長7～10 cm，成熟しても緑色．果肉はオレンジ色，多汁，甘味，繊維は少ない，樹脂臭．生食，加工．
アサムマンゴー		*Mangifera quadrifida* Jack	マレーシア	高木．葉は先端が尖っている．果実は卵形，果長約5 cm．果皮は成熟すると紫色，黄色と黒色の斑点．果肉は淡黄色，繊維多い，強酸．生食．

〔宇都宮直樹〕

マンゴスチン

和名 マンゴスチン
英名 mangosteen
学名 *Garcinia mangostana* L.
(オトギリソウ科)

　属名の *Garcinia* は，フランスの植物学者であり探検家のガルシン (Garcin, L., 1683-1751) の名前にちなむとされ，種名の *mangostana* は，マレー語の Manggis (マンゴスチン果実) に由来する．熱帯地域の名果として「熱帯果実の女王」あるいは「世界最上の果実」と賞賛されている．

【形　態】　熱帯性の双子葉常緑高木．樹齢25〜30年生の成木になると8〜10 m を超える高木になる．幹の直径は25〜35 cm になる．直立した幹に対称形の枝を出し，ピラミッド形の美しい樹形を形成する．実生苗は開花・結実までに10〜12年を要する．樹皮は濃褐色から黒色である．樹全体に黄色の樹脂 (ラテックス) を含む．

　根はもろく壊れやすい．主根にも側根にも根毛は少ない．主根が，2〜5 m に達する樹でも側根は地表から1 m 以内に浅く伸び，多くの根系は地表5〜30 cm に分布する．

　葉は，対生し，全縁の長楕円形，基部は鋭形，鈍形または円形，頭部は鋭尖形または鈍形，長さ15〜25 cm，幅7〜13 cm，葉柄は1.5〜2.0 cm，革質で厚く，

図1　マンゴスチンの花

無毛，濃緑色で光沢がある．1年に1〜2回新葉が発生し，数年間着生する．

果実は，受精なしに単為生殖 (parthenogenesis) によって結実する．栽培されている樹は雌花のみを着生し，無性胚を形成する．若い枝の先端に単生花を着生する．まれに2花着生することもある．雌花は，直径5〜6 cm で4枚の花弁と4枚の萼片をもつ．花弁は，広倒卵形，黄緑色で周辺は赤色．がく片は，内外2段につき，内側のがく片は外側のがく片に包まれ，内側のがく片は黄色に縁取られている．萼片は，果実の成熟後も残る．子房の基部に約 0.5 cm の雄しべが存在するが，葯は退化して小さい．子房は4〜8室，花柱は不明確で，果実成熟後革質の柱頭痕として残る．柱頭の先端の裂片数は子房の室数と同じ．成熟果は，球形またはやや扁平で，直径 3.5〜8 cm, 高さ 5〜7 cm, 重さ 75〜150 g. 果皮の表面は，赤紫色から暗紫色，表面は平滑．基部に萼片，頂部に厚さ 1 mm ほどの柱頭痕が張りついたように残る．果皮は 5〜7 mm の厚さであるが，組織はもろく，爪で容易に割ることができる．内部には4〜8片の白色ないし淡黄色の果肉片（種衣，アリル〔aril〕）がカンキツのじょうのうのように並んでいるが，じょうのう膜のような境界はない．アリルは，半月形で，白色でやわらかく多汁である．果肉内に種子が含まれるが，やや小さな無核のアリルが1果実中に複数の場合もある．甘味と弱い酸味があり，かすかな快い香りがある．果汁の糖度は，15〜20%であり，有核と無核のアリル間には差がない．

種子は，果肉と容易に離れるが，種子は果肉につながる細い繊維に覆われている．種子は縦から見ると卵形楕円形で長さ 2.0〜2.5 cm, 幅 1.5〜2.0 cm, 厚さ 0.7〜1.2 cm, 横からはハマグリのような形態を呈し，扁平で，濃い紫か茶色の種皮に覆われている．種子重は，0.1〜2.2 g で平均は 1.0〜1.6 g. 種子は無性胚であり，種子中での胚，幼根などの存在は明確ではないが，種子中には維管束が通

図2　マンゴスチン幼果　　　　　図3　マンゴスチン果実

じている．1種子から2〜3の発芽がみられる．種子は，短命種子 (reculcitrant seed) で，果実内では3〜4週間の保存が可能だが，果実から取り出し，自然条件で保存すると数日で発芽率は急激に低下する．

【原産地と伝播】 原産地は，マレー半島，インドネシアのスマトラ島，ジャワ島，カリマンタン島等を含む大スンダ列島とされ，それ以外の地域での自生は知られていない．初期には原産地周辺で栽培されていた．果実の貯蔵性が低いこと，種子が短命であることから他地域への伝播は時間を要し，マレー半島，ミャンマー，タイ，カンボジア，ベトナム，スンダ列島，モルッカへは混植樹として広まった．1600年代後半に東南アジアを旅行したミョベリー (Mjobery, スウェーデン)，フェアチャイルド (Fairchild, D., イギリス)，ガルシン (Gartin, L., フランス)，ポピーノ (Popenoe, W., アメリカ合衆国) により記載された．

栽培は，原生地に近いインドネシアから，東に向けてニューギニア，フィリピンのミンダナオへ，北にはマレーシア経由でタイ南部，ミャンマー，ベトナム，フィリピン，カンボジアへ広まった．最初にタイとミャンマーで栽培化された．世界各地の熱帯地域に伝播したのは18世紀以降で，インドネシアのジャワ島，スマトラ島，タイ，マレー半島，ミャンマー，モルッカ，フィリピン，マダガスカル，インド，スリランカ，ブラジル，オーストラリア等に広がっている．これらの地域でも生育適応性は極めて狭く，栽培に適した地域は限定されている．

種の系統分類は明確ではないが，*Garcinia* 属には約400種が含まれる．ローカルには約30種が栽培され生果，乾果，飲用，薬用，調味料，野菜として利用されている．果実として経済栽培されているのは *G. mangostana* のみである．マンゴスチンは，$2n = 96$ の異質倍数性でその発生には，*G. hombroniana* ($2n = 48$) と *G. malaccensis* ($2n = 42$〔不確定〕) の関与が指摘されている．形態的には両者の中間を示す．

マンゴスチンは栽培の歴史が長く，栽培地域も広いが，遺伝的変異の幅が狭く，品種として認められるものはない．栽培地域により，品種と呼ばれるものもあるが，明確な差をもつ品種ではなく，気象条件によるものと考えられる．繁殖が無性胚種子によっていることが原因の1つであるが，進化が停止したとも考えられる．現在栽培されているマンゴスチンは，1つのタイプから発したものであり，*Garcinia* 属内の種間雑種も報告されていない．

Garcinia 属の野生状態は原生地域でもみることが不可能であるほど遺伝資源

の流亡は深刻である．果実生産，育種，台木への利用が期待できる類縁種も消失している．遺伝資源保存が国際協力の下で進められている．

【生育周期と栽培管理】　繁殖は主として，種子による．幼若期は長く，最初の開花結実がみられるまでに，10～12年を要する．接ぎ木繁殖も行われるが，接ぎ木後の成長はよくない．一部では取り木による繁殖も行われる．実生苗が約60 cmに成長した後，定植する．樹間は8～10 m×8～10 m．

栽培適地は温度と雨量により限定され，最適温度は25～35℃，1270 mm以上の降水量，空中湿度80％を必要とする．乾期には灌水が必要である．ほかの熱帯果樹との混植による披陰は若木の成長を促進する．土壌への適応性は比較的広いが，水分含量が多く，弱酸性の有機質に富む土壌が適する．砂質土，沖積土には適さない．地下水位が2 m以内であることが望ましい．適当な肥培管理により，果実の初成りまでの幼若期を8～10年に短縮することが可能である．

開花は1年に1回か2回みられる．花芽分化は，乾燥の水ストレスによって誘導されているようである．花芽分化から開花までは約25日，開花期は30～40日続き，開花から果実の成熟までは100～120日．収穫期は，地理的条件や環境条件により異なり，タイで4～6月，マレーシアで6～8月，サラワクで11～翌1月，インドで7～11月，オーストラリア北部で2～3月．

定期的な剪定は行わないが，枯れた枝や混んだ枝を取り除く．樹齢に応じ年数回の施肥が必要．病害虫に対する抵抗性は強く，致命的な病虫害はない．病虫害，過度の雨，風等で果実に傷がつくと黄色の樹液が分泌されアリルが汚れ，苦くなる．

成熟した果実は自然落下するが，経済栽培ではわずかに紫色に着色しはじめた頃に収穫する．収穫後数日で濃紫色に変化する．収穫適期を知るためのカラーチャートも開発されている．収穫期が遅くなると果皮が損傷しやすくなる．また適期前の収穫では，切り口からのラテックスのため果実が汚れる．貯蔵しても本来の味と香りにならない．

1本当たりの収量は，15～18年生の成木で200～2000個，200～300 kg．地域や年の環境条件により収量は大きく異なる．

【栄養成分と利用・加工】　果実は主として生食に用いられる．白～淡黄白色のアリルには上品な甘さと薄い酸味があり，かすかな快い香りがある．生果100 g当

たりの主な栄養成分は，エネルギー 67 kcal，水分 81.5 g，タンパク質 0.6 g，脂質 0.2 g，全炭水化物 17.5 g，糖 16.1%，酸（クエン酸相当）0.5%，ナトリウム 1 mg，カリウム 100〜130 mg，カルシウム 6〜14 mg，マグネシウム 18 mg，リン 12 mg，ビタミン C 3 mg，食物繊維 1.4 g である．果肉は，生食のほかジュース，シロップ漬け，ゼリー，缶詰等に加工される．

　果実の多くは生産地近隣で消費されるが，自然条件下では，5〜10 日で果実は腐敗する．4.5℃，相対湿度 85〜90% では約 7 週間の貯蔵が可能である．欧米，日本等でユニークな果実として消費が増え，生産国も輸出の拡大を期待しているが，貯蔵輸送の技術が確立されていない．最近は −18℃ の急速冷凍技術により輸出される．

　木は大きく，木陰をつくるので公園木や街路樹としても植えられる．濃褐色でかたい材は，建築資材，家具，民芸品の材料に使われる．アリルを取り除いた果実は小物入れに加工される．

　果皮はペクチン，タンニン，黄色のラテックスを含む．タンニンは皮のなめしや染色に，ラテックスは布の染色に用いられる．

　果皮や樹皮には薬効成分が含まれ，下痢，赤痢，損傷，解熱，血圧調節等に効果的である．薬効成分の検索と利用の研究が進んでいる．果皮の赤色は，cyanidin-3-sophoraoside やシアニジン-3-グルコシド（cyanidin-3-glucoside）等のアントシアニンである．ポリフェノール類の 1 種であるキサントン類の存在も明らかになっている．また，マンゴスチン類縁植物にも種々の薬効成分が含まれる．

〔仁藤伸昌〕

メロン

和名 メロン，マスクメロン，網メロン，冬メロン，ヨーロッパカンタロープ，マクワウリ
英名 melon, muskmelon, netted melon, winter melon, cantaloupe, oriental melon
学名 *Cucumis melo* L.
（ウリ科）

　属名の *Cucumis* は，ウリのラテン名で，cucuma は中空の器を意味し，果実の形状より果実を器物として用いたことにちなむ．種名の *melo* は，リンゴのようなウリを意味する melopepon が語源である．

【形　態】　茎，葉柄，葉の表裏面にはやや太い毛じを生じるが，品種によって差がある．親づる（主枝）は摘心をしないかぎり新葉が茎頂から無限に展開し，茎を伸長させる単軸分枝性を示す．茎の断面は，5稜形で木部の両側に師部と形成層がある．本葉の各節（葉腋）からは子づるが，子づるからはさらに孫づるが発生する．葉は単純な互生で掌状を呈す．'アールス・フェボリット（Earl's Favourite）'の葉形は，つるの基部のものは全縁であるが，上部にいくにつれて大きな欠刻が現れる．分枝のない巻きひげが各節から葉の反対の位置に出る．

　大部分の品種が雄花と両性花の2種の花を同一株上につける雄花両性花同株であるが，雄花と雌花のみをつける雌雄異花同株の品種もある．花冠はすべて黄色である．両性花および雌花は，子づる，孫づるの第1・2節に1花ずつつくのがふつうであるが，親づるのみにつく品種もある．子房が花弁と花柄に挟まれる子房下位果である．雌花の花弁は鐘状で，途中から5片に分かれる合弁花冠で，萼片は5個である．両性花は，柱頭の周囲に3個の雄しべをつけるが，雌花では雄しべの痕跡が残るのみである．雄花は主枝の各節に5〜10個ずつ叢生し，花弁は鐘状の合弁花冠である．

　果実は子房と花床が発達した偽果である．果形は，正円，長円，卵形等さまざまで，果皮は未熟なうちは緑色，熟すると黄色，灰色，白色，褐色等になる．イギリス系網メロンはネットを生ずるが，アメリカ系網メロン，冬メロンはほとんどネットを生じない．果肉は，白色，クリーム色，淡緑色，赤色等品種によってさまざまである．

【原産地と伝播，栽培沿革】 メロンの原産地に関しては多くの説があるが，一般的にアフリカを第一次原産地，中近東，インド，中国等を第二次原産地とみる説が主流をなしている．

栽培の歴史は古く，古代エジプト，ギリシャ，ローマ時代にすでに栽培され，数種が認められている．ルネサンス以後には，中近東とエジプト間の交易により優良種の導入や栽培の改善がなされ，今日のメロンを構成する群が分化した．植物学的には，①網メロン (var. *reticulatus* Naud.)，②ヨーロッパカンタロープ (var. *cantalupensis* Naud.)，③冬メロン (var. *inodorus* Naud.)，④スネークメロン (var. *flexuosus* Naud.)，⑤デューダイムメロン (var. *dudaim* Naud.)，⑥マンゴーメロン (var. *chito* Naud.)，⑦マクワウリ (var. *makuwa* Makino)，⑧シロウリ (var. *conomon* Makino) の8つに分類される．①〜③の3変種を西洋メロンというのに対して，マクワウリ，シロウリは東洋だけに分布し，東洋マクワという（図1）．

欧米では，現在のメロンを構成する群（変種），すなわち網メロン，ヨーロッパカンタロープ，冬メロンが広く分布している．

網メロンはヨーロッパカンタロープとともに，南ヨーロッパを中心として各国に広まり，イギリスでは1570年頃からイギリス系網メロンとして温室栽培品種が成立した．果皮にネットを生じ，果実は甘味に富む．多くのものは香りが強いのでマスク（麝香）メロンと呼ばれる．温室メロンとして栽培されている'アールスフェボリット'はこれに属する．アメリカ合衆国ではカンタロープと呼ばれる露地メロンとして発達し，乾燥した気候のカリフォルニア，テキサス等で栽培が多い．ヨーロッパカンタロープは，小アジア原産のものがヨーロッパ南部に広がっ

図1 世界のメロンいろいろ

上段5つは旧ソ連系の露地メロン．下段左から5つは，中央アジアのマクワ系露地メロン．下段右3つは，それぞれカンボジア，ベトナム，タイのメロン類（提供：千葉農林総合研究センター暖地園芸研究所・大泉利勝氏）．

たものである．果皮や果肉の色は変化に富み，芳香を放つものが多い．真のカンタロープはこれを指し，アメリカ合衆国のカンタロープはこれとは異なったものである．冬メロンの果実は大きく，貯蔵性に富み，高温，乾燥を好む．ヨーロッパでは主として南ヨーロッパに土着し，栽培が行われている．アメリカ合衆国には，19世紀後半に小アジアから'キャッサバ (Cassaba)'が，アルジェリアおよび南フランスから'ハネ・デュー (Honey Dew)'が入り，乾燥するうえ適温期間の長いカリフォルニアに土着した．中国のハミ瓜は冬メロンに属する．

わが国のメロンは，網メロンに属する品種が多いが，それ以外の変種 (var.) の単種あるいは交配種による重要品種も多く，農林水産省は昭和50年代に，地表との間に空間を設けるような隔離床で栽培される純系'アールス・フェボリット'と'ハネ・デュー'を温室メロン，それ以外のものを露地メロンと分類した．栽培条件による区別はなく，食用に供しうる *Cucumis melo* L. のうち温室メロンおよびシロウリを除いたものが露地メロンである．名称は露地メロンでもプラスチックハウスで栽培される場合が多く，「ハウスメロン」ともいわれる．プリンスメロン等はトンネルでも栽培される．

温室メロンとして定義されている'アールス・フェボリット'は「伯爵の愛好物」という意味で，1895年にイギリスで作出され，1925年に日本に導入された．香りがやや少ないものの，美しいネットを生じる，甘味が強い，果梗が取れにくい，比較的貯蔵性（室温で1週間程度）に富む，等の優良形質を有していたので，それまでの'スカーレット (Scarlet)'や'エメラルド・ゼム (Emerald Gem)'に代わって栽培されるようになった．その後アールスの系統分離や'ブリティッシュ・クイーン (British Queen)'との交雑育種が行われ，各季節に適する多くの温室メロン系統が育成された．現在，この品種をつくっているのは世界中で日本だけである

図2 温室メロンの隔離床栽培（静岡県焼津市にて）

(図2).

　マクワウリは，野生メロンから栽培化され，東洋で独立的に発展したものと考えられている．わが国では寛永年間（1630）にはすでに栽培されており，明治以降多くの品種が大陸から導入された．岐阜県真桑村（現本巣市）の地名にちなんでマクワウリと呼ばれるとされる．果形は丸，楕円等，果皮色は白，黄，黄緑等品種により大きく変化する．果肉はメロンより薄く1～2cmで，種腔は大きい．品種により種々の程度に芳香を有し，8～15%の糖度を示す．

【品　種】　メロンは，昭和30年代前半までは高級品の温室メロン（'アールス・フェボリット'）に限られていたが，マクワウリとヨーロッパカンタロープの交配により生まれたノーネット型のプリンスメロンが1962（昭和37）年に発表され，大

図3　露地メロン'貴味'の地這い栽培 (提供：千葉農総研・大泉利勝氏)

図4　赤肉系露地メロン'クインシー'の外観と可食部(提供：横浜植木(株))

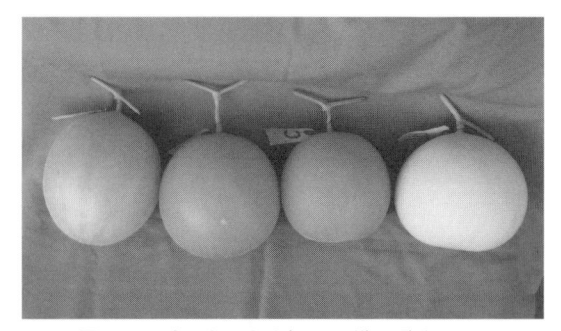

図5　ノーネットタイプ(マクワ型)の露地メロン
　　　（提供：千葉農総研・大泉利勝氏）
左から'シグナル'(黄皮・赤肉メロン)，'マリナ'(黄皮・緑肉メロン)，'ヤング'(黄皮・白肉メロン)，'緑の輝き'(白皮・緑肉メロン)．

衆メロンのさきがけとなった．近年は露地メロンでも，ネット型のメロンで大衆向け品種が多数育成され，価格は二極化している．露地メロンには，ハウス栽培されるネット型（緑色肉系の'貴味'（図3），アンデス，アムス，雅系，赤肉系の'クインシー（Quincy）'（図4），妃系，夕張キング等）とノーネット型（ホームランスター，キンショウ，白雪，エリザベス，パパイヤメロン等）（図5）があり，またプリンスメロン等はトンネルでも栽培される．なお，クラウンメロン，夕張メロン等は品種名ではなく，生産組織の銘柄（ブランド名）である．

【生育周期と栽培管理】 生育にはほかのウリ類に比べてやや高温が必要で，生育適温は25～30℃である．幼苗期の高温は雌花の着生節位を高くし，温度較差の少ない環境は果実の品質を悪くする．播種から定植までは平均して約3週間，定植後両性花の開花までは約4週間，開花・受粉から収穫までは約7～8週間かかるが，品種や栽培期間中の天候により異なる．ネット型メロンの果実では，受粉後2週間程度たった頃に生育を停止・硬化した表皮が，成長を続けて大きくなろうとする内部の肥大によってひび割れ，その癒傷組織としてできたコルクが網目模様を形成し，ネットとなる．ひび割れは，果頂部から肩，胴へと進んでいく．ネットをきれいに出すためには，温度，湿度，水のバランスが大事で，バランスが崩れると大きく割れて，ミミズネットや裂果となったり，逆にネットのない坊主玉となったりする．

また，露地メロンは湿潤，寡照の気候下では雌花の充実が悪く，着果率が落ち，果実の風味が出にくい．温室メロンは，逆に湿潤を好むが，降雨や水滴に対しては弱く，容易にフザリウムによるつる割病等を発病する．根は再生力が弱いので，乾燥状態を避ける．土壌適応性は比較的広い．土壌反応はpH 6.0～6.8が適当で，肥沃な粘質土壌の小粒度がよく，土壌孔隙の多い状態を好む．

メロン類の多くは，雄花両性花同株型の着花習性を示すが，中には雌雄同株型もみられる．基本的に主枝には雄花しか着生しない．雄花は主枝の各節に5～10個ずつ叢生する．両性花または雌花は，一般に親づるの第4～5節付近より上の各節から発生する側枝（子づる）の第1節に着生する．マクワウリやシロウリなどでは，第2次側枝（孫づる）の第1節に着生する．

一般にメロンの生育，特に果実糖度を高めるためには強い光が必要で，照度でいえば5万ルックス，積算日射量でいえば栽培期間中 400 MJ/m^2 以上が基準となる．静岡県で生産されている温室メロンの栽培の特徴は，① ガラス温室を使っ

図6 露店で販売されているハミ瓜（中国新疆にて）

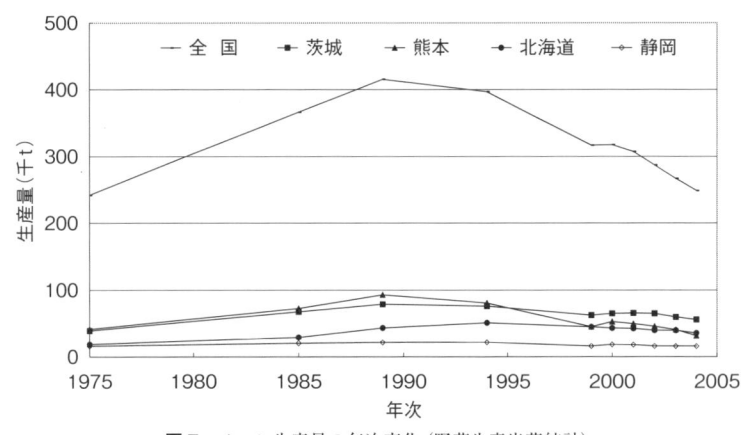

図7 メロン生産量の年次変化（野菜生産出荷統計）

て一年中栽培される，②隔離床を使って有効水を制御する（毎日の水掛けで生育や品質を制御する），③1株に1個しか果実をつけない，等である．

【生産と消費】 世界のメロン生産量は2718万tであるが，そのうち中国で1433万8000tと50％以上が生産されている．第2位以下は，トルコ170万t，アメリカ合衆国124万t，イラン，ルーマニア，スペインが各100万tと続くが，いずれも全生産量の6〜4％である（FAO, 2004）．

日本のメロン生産量（野菜生産出荷統計，2004）は，24万9000tで，世界の生産量の約1％のシェアである．生産量の年次変化をみると，1990年をピークに減少に転じている．県別に生産量をみると，茨城5.6万t，北海道3.6万t，熊本3.2万t，静岡1.6万t，山形1.6万tの上位5県で全体の6割強を占めている．生産量上位5県のうち，静岡県以外はほとんどが露地メロンである．

【栄養成分】 可食部 100 g 当たりの成分は，品種や栽培時期によって異なるが，温室メロンおよび露地メロンでそれぞれ水分 87.8，87.9 g，炭水化物 10.3，10.4 g，脂質 0.1，0.1 g である．メロンの甘み成分は，ブドウ糖や果糖，ショ糖等で，温室メロンの場合，果実の肥大にともない図 8 のように非還元糖のショ糖が受粉後 30 日すぎから急激に増加を始め，収穫期にピークに達するので，メロンの甘味は収穫期に急に増大する．還元糖のブドウ糖，果糖は受粉後 30 日頃に最高に達し，以後減少するか平行状態となる．収穫期には，全糖含量は 10% 程度，ショ糖 7%，ブドウ糖 2%，果糖 1.5% 程度となる．収穫後の全糖およびショ糖含量は，追熟にともなって呼吸により消費されるため，減少する傾向がみられ

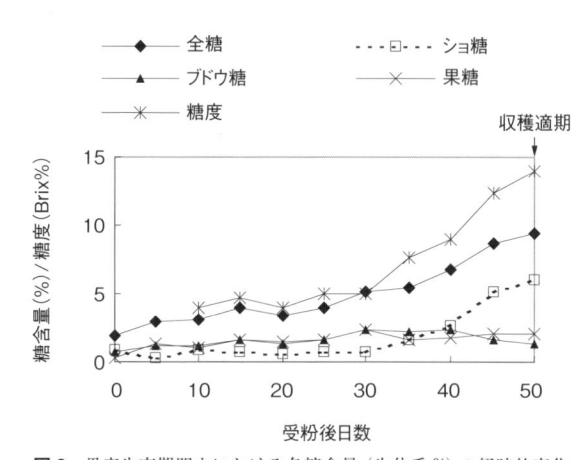

図 8 果実生育期間中における各糖含量（生体重 %）の経時的変化

表 1 メロンの主な栄養成分（可食部 100 g 当たり）

		温室メロン	露地メロン*			温室メロン	露地メロン*
一般成分	水分 (g)	87.8	87.9	ビタミン	カロテン (μg)	33	140
	タンパク質 (g)	1.1	1.0		E (mg)	0.2	0.2
	脂質 (g)	0.1	0.1		B_1 (mg)	0.06	0.05
	炭水化物 (g)	10.3	10.4		B_2 (mg)	0.02	0.02
	灰分 (g)	0.7	0.6		C (mg)	18	25
ミネラル	ナトリウム (mg)	7	6	食物繊維	水溶性 (g)	0.2	0.2
	カリウム (mg)	340	350		不溶性 (g)	0.3	0.3
	カルシウム (mg)	8	6		総量 (g)	0.5	0.5
	マグネシウム (mg)	13	12				

五訂日本食品標準成分表より．
* 露地メロンの成分値はアムス，アンデス，クインシーの分析値による．

るが，追熟中に細胞内不溶性プロトペクチンが水溶性ペクチンに変化し，果肉をやわらかくする．

ミネラルとしては，カリウムが340〜350 mg と豊富である．ビタミン C は，温室メロンおよび露地メロンでそれぞれ 18 mg, 25 mg．カロテンは 33 μg, 140 μg と比較的多い．カロテンは夕張メロン等のオレンジ系果肉のメロンに特に多く含まれる．また，繊維質を 0.5 g 程度含む（表1）．

メロンにはこのほかにも機能性成分が多く含まれている．高血圧の予防効果，血圧降下作用が認められている GABA（γ－アミノ酪酸）が温室メロンに 74 mg/100 g と多く含まれる．このほかに豊富なカリウムは利尿作用があり，余分な塩分の排出による高血圧予防効果が期待できる．また，パントテン酸やペクチンのコレステロール低減や脂肪蓄積防止効果，アデニンの血液凝固抑制効果があることも報告されている．なお，メロンを食べると口の中が痒くなったり腫れたりすることがある．これは，イネ科植物，ヨモギ，ブタクサなどの花粉症の人がメロンでアレルギーを起こす口腔アレルギー症候群と呼ばれるものである．

〔糠谷　明〕

モモ

和名 モモ
英名 peach
学名 *Prunus persica* (L.) Batsch (*Amygdalus persica* L.)
(バラ科)

「モモ」という言葉は，わが国では「木になる実」を意味し，古くから果物の総称として用いられてきた．現在でも，スモモ，ヤマモモ，コケモモといったぐあいに，モモ以外の果実にまでモモという名がつけられているのはその名残である．

モモは，バラ科 (Rosaceae)，サクラ亜科 (Prunoideae)，サクラ属 (*Prunus*，プルヌス)，モモ亜属 (*Amygdalus*) のモモ節 (sect. *Amygdalus*) に属する．この節にはアーモンドのほか，ノモモ，オヒヨモモ，シセンヘントウ (四川扁桃)，ロシアアーモンド，東洋アーモンド等がある．属名の *Prunus* は plum (スモモ) に対するラテン古名，種名の *persica* はモモの原産地がペルシアと考えられていたことに由来する．プルヌス属 (*Prunus*) のうち種子を食用とするアーモンドを除いたモモ，スモモ，アンズ，ウメ，オウトウ等の果樹を総称して核果類 (外果皮が果皮，中果皮が果肉となり内果皮が核を形成し，その中に種子をもつ果実．総論参照) という．

【形　態】

樹形：温帯性の落葉小高木 (高さ 5~7 m) である．樹姿は (開張性が著しいものから直立性のものまで) 系統や品種によって大きく異なる．直立性のものは開張性のものよりも樹勢が強い．

枝葉：葉は楕円状ないし長楕円状披針形で，長さ 8~15 cm．長鋭尖頭，広楔脚，粗鋸歯縁で，葉身の基部に 5~7 つの蜜腺がある．葉柄は長さ 1~1.5 cm．結果枝はその長さから短果枝 (15 cm 以下)，中果枝 (20 cm 前後) および長果枝 (30 cm 以上) に分けられ，どのような枝をつけやすいかは品種によって異なる．

花芽・葉芽：花芽は純正花芽で，新梢の葉腋につく．芽は花芽あるいは葉芽が1個だけの単芽と，花芽 (1~3個) と葉芽あるいは花芽 (2~3個) だけの複芽からなる場合がある．頂芽は単芽で必ず葉芽であるが，腋芽は，一般に，葉芽を中

図1 普通咲き（左）としべ咲き（右）

心に両側が花芽となる複芽である．葉芽，花芽ともに冬季の間は鱗片で覆われる．

花：花弁は5枚でピンク～紅色．花弁の大きい普通咲きと小さいしべ咲き（主にヨーロッパ系品種）があり（図1），前者は後者よりも開花期が遅い．花柄は短く，無毛で緑色．普通，葉よりも花が先に開く．花は子房中位．花柱は雄しべとほぼ同じ長さで，長い柔毛がある．雄しべは多数で無毛．自家結実性であるが，花粉をもたないか少ない品種がある．

果実：果実は前年に伸びた枝につく（図2）．大きさは品種によって異なり，形も扁平なものから卵形のものまでいろいろであるが，栽培種の多くは円形である．1心皮からなる子房壁の発達した真果で，雌しべの心皮が両側から巻き込むため，こうあ部から果頂部にかけて縫合線がある．胚珠は2つ形成され，そのうちの1つが種子になり，残りは発育の途中で退化する．種子が2つとも発達したものは双胚果といい，核割れや生理的落果の原因になる．食用になる部分（果肉）は中果皮，果肉を包む果皮は外果皮，内部のかたい核は内果皮の発達したものである．核は1個で，多くの深い点刻がある．果皮に毛があるものとないものがあり，

図2 モモの着果状態（左：ハウス栽培，右：有袋栽培）

有毛は無毛に対して優性である．また，離核は粘核に対して優性であるが，栽培品種には半粘核や半離核など中間的形質のものも多い．果肉が白色のものと黄色のもの，肉質が溶質，不溶質（ゴム質）および硬肉のものがある．溶質，不溶質は加熱した場合の軟化程度による形質で，いずれも樹上あるいは収穫後の果実にエチレン発生が認められ軟化する．一方，硬肉品種はエチレンを発生せず，軟化しない．

【原産地と伝播】 モモの原産地は中国，黄河上流の陝西省・甘粛省にまたがる高原地帯（標高 600〜2000 m）である．しかしヨーロッパでは，モモの原産地はペルシア（現在のイラン）と考えられ，「ペルシアのリンゴ」という意味の学名（*Malus percicum, Malus persica*）がつけられていた．現在の学名（*Prunus persica*）にもその名残がある．これは，モモが紀元前にシルクロードを通って中国からペルシアに渡り，そこで栽培されていたことによる．ペルシアに伝えられたモモは，その後ギリシャを経てイタリア，フランス，イギリスに伝播し，また11世紀にはスペインに伝わった．さらに，16世紀にはヨーロッパから新大陸（メキシコ，アメリカ）に伝わった．日本には明治になってから，原産地の中国だけでなくヨーロッパやアメリカから多数の品種が導入された．そして，伝播した世界の各地において，その土地の気候風土に適した品種が数多く育成された（図3）．

品種群：モモは，生態的・形態的特性や改良された場所から，天津水蜜桃や肥城桃等黄河流域に分布する北方品種群（華北系品種群），上海水蜜桃やバントウに代表される南方品種群（華中系品種群，東アジア系品種群）およびペルシャや地中海沿岸地域で改良されたヨーロッパ系品種群に大別される．華北系品種群に

図3 モモの原産地と伝播経路

は黄肉桃や油桃（ネクタリン）が含まれ，缶詰用品種やネクタリンの起源となった．すなわち，これらは6～7世紀にアジア中央部のトルキスタン地方で改良が加えられ，その後地中海沿岸地域に伝えられ，降雨量の少ない乾燥気候に適した品種群になった．華中系品種群は上海水蜜桃系とバントウ（蟠桃）系，ヨーロッパ系品種群はペルシア系とスペイン系に分けられる．

日本への渡来：日本にモモが原生したか否かは明確でないが，現在，わが国で栽培されているモモは，明治になって中国や欧米から導入したものから育成されたものである．1873年にはヨーロッパからモモ7品種とネクタリン6品種，1875年には中国から華北系品種の天津水蜜桃および華中系品種の上海水蜜桃とバントウが導入された．天津水蜜桃は豊産で病害虫に強いため導入当初は各地で栽培が試みられたが，果肉が赤くてかたく，果汁が少ないなど，品質がよくないことから普及には至らなかった．一方，上海水蜜桃は果実が大きく，柔軟多汁な白肉で品質が優れたが，晩生種のため病害虫の発生が多く，また結実不良になりやすく，普及することはなかった．ヨーロッパ系品種は樹勢が強すぎて花芽の着生が不良で，病害虫に侵されやすいことから，早生および中生品種の一部が栽培されたのみであった．その後，これらの偶発実生や自然交雑の中からわが国の気候風土に適した品種が育成された．中でも，中国から導入された上海水蜜桃はわが国のモモ育種において大きな役割を果たし，現在栽培されている品種の多くはこれに由来している．

【栽培沿革と利用の歴史】

中国：観賞樹としての利用を含めると，中国では6000年以上も前から栽培されていたと考えられる．『山海経』（紀元前400～250）にモモに関する記述があり，また7世紀にはトルキスタン地方で育成され，乾燥気候に適した黄肉桃が逆輸入されて栽培されていた．接ぎ木による改良種の栽培は10～11世紀頃からで，この当時すでにネクタリンや黄肉桃も品種として成立していた．

ヨーロッパ：ギリシャには紀元前，ローマにはキリスト教創始直後に伝わったとされている．初期にはムーア人が北アフリカやスペインに，またローマ帝国時代にはローマ人が支配地の各地にモモを伝えた．ヨーロッパでモモの栽培が発展したのは産業革命以降で，これによって誕生した富裕層が庭園果樹に興味をもち，モモの栽培や育種が著しく進展した．イギリスのリバース（Rivers, J.）は果樹の交雑育種を試み，またフランスその他から優良系統を導入し，これらが植民地に

伝播したと思われる．

アメリカ：北米大陸には16世紀初頭にスペイン人によって導入され，アメリカ合衆国（フロリダ州）には1565年に伝わった．ヘス（Hess, C.）によると，アメリカにおけるモモ品種の起源は，メキシコを介して入り土着していた実生，イギリスから導入した栽培品種もしくは種子，および中国から導入した上海水蜜桃にあり，育種上最も大きな役割を果たしたのは上海水蜜桃であるとしている．フロリダ等のアメリカ東南部は高温多湿であるが，現在の主産地カリフォルニアは乾燥気候のため，これにあった優良品種が数多く育成された．

日本：

江戸期以前：　『万葉集』にモモの花を愛でた歌があるように，モモは古くから存在したが，それは花を観賞するためのハナモモであった．平安時代末期から鎌倉時代には，モモは貴族社会における日常生活の重要な菓子の1つになっていた．『延喜式』には諸国から桃仁（核）が薬用として献上されたと記されている．日本最古の農書といわれる『清良記』にはモモの収穫期や繁殖方法に関する記述がある．江戸時代になると，モモが果樹として栽培され，'稲田'，'五月桃'，'半兵衛'等約30の生食用品種があった．宮崎安貞は『農業全書』の菓木の類の中で，'サモモ'，'五月モモ'，'大ウスモモ'を伏見の名産としたほか，栽培品種として'西王波'や'鎧ドヲシ'をあげ，また実生のつくり方やモモの短命性に言及している．京都，愛知，広島等に産地が形成されたが，面積はわずかで，また果実が小さくて毛が長く，果肉がかたくて甘味が少ないなど，品質はよくなかった．江戸末期から明治初年に残存したモモとして，藤井徹は『菓木栽培法』の中で23品種をあげている．

明治〜終戦：　明治時代になると，欧米や中国から多くの品種が導入された．それらは，在来品種に比べて果実が大きく，肉質や風味が優れ，特に中国から導入した上海水蜜桃と天津水蜜桃が注目された．しかし，その普及にともなって，高温多湿な日本の気候での栽培上の問題点が指摘されるようになった．そこで，それらの偶発実生の中から日本の気候風土に適した品種が選抜され，岡山県では'離核水蜜'や'白桃'，神奈川県では'伝十郎'や'橘早生'が出現した．その後も'大久保'，'清水白桃'，'白鳳'等が発表され，わが国の主要品種となった．さらに，農林省の園芸試験場，神奈川県や岡山県の農事試験場等で交雑育種が行われるようになり，多数の品種が育成された．

戦後：　モモは，栽培園で発見された形質優良な芽条変異や実生が実際栽培に

図4 ユスラウメを台木とした主幹形整枝による矮化栽培

普及することが多い．それらは，岡山県では'砂子早生'，'紅清水'，長野県では'小平早生'，'千曲'，'川中島白桃'，奈良県では'大和白桃'，'大和早生'，山梨県では'武井白鳳'，'八幡白鳳'，'浅間白桃'等である．また，農林省果樹試験場を中心に進められた交雑育種により，'さおとめ'，'ちよひめ'等の早生系の生食用品種や'錦'，'缶桃5号'，'缶桃14号'等の缶詰用品種も数多く育成された．また，新しい栽培技術が開発され，ユスラウメ等の矮性台木に接いで樹をコンパクトに仕立てる矮化栽培（図4），ハウス内で育て露地よりも早く収穫して高価に販売する施設栽培等も行われている．

【品　種】

(1) 原種

ヨーロッパ系品種群：アジア西部ないし地中海沿岸地方で改良された品種群で，ペルシア系とスペイン系がある．前者は果実が大きく濃色で，特有の香りがあり，夏季が高温・乾燥の気候に適する．一方，後者は果実が円形で果頂部がややとがり，黄肉のものが多く，高温多湿な気候に適する．

華北系品種群：天津水蜜桃に代表される本品種群は，果実が大きく，円形または長円形で，果頂部の突き出たものが多く，その形も嘴状や鈍角から鋭角のくさび状など変化に富んでいる（図5）．肉質は緻密でかたく，ゴム質で，貯蔵すると後熟して多汁になるものが多い．晩生で貯蔵性に富む品種が多い．夏半期が比較的高温で乾燥した気候に適する．

華中系品種群：上海水蜜桃系とバントウ系に分けられる．上海水蜜桃は，果実が円形～長円形で，果頂部が丸い．肉質は溶質でやわらかく，多汁である．晩生で病害虫に弱く，貯蔵性に乏しい．粘核のものが多いが，離核や半粘核のものも

図5 天津水蜜桃の果実
果頂部がとがっている.

ある.現在の栽培品種の多くはこれに由来している.バントウは果実が円形で平たく,果肉の色が変化に富む.

(2) わが国の栽培品種

モモは,原産地の中国をはじめ伝播先の欧米諸国や日本で育成されたものを含めると3000品種以上にのぼり,わが国だけでも100以上の品種があるとされている.これらは,果実の形状(普通モモ,ネクタリン,バントウ),果肉の色(白肉,黄肉),肉質(溶質,不溶質,硬肉),果肉と核の離れやすさ(離核,粘核)等によって分けられる.また,成熟期の早晩から早生種,中生種および晩生種に区分され,さらに用途の違いから生食用と加工用に分けられる.わが国で栽培されている主な品種とその特性を表1に示した.

(i) 生食用普通モモ

生食用には,果肉が溶質でやわらかく,多汁質のものがよい.早生から晩生まで多くの品種がある.東日本では'白鳳','あかつき','川中島白桃'等果皮の着色がよく,輸送性の優れる品種,西日本では'清水白桃'や'白桃'等あまり着色せず,柔軟多汁な品種の栽培が多い.

'はなよめ':'日川白鳳'の枝変わり(山梨県).樹勢は中で開張性.花粉が多く,豊産性.6月下旬に成熟する極早生品種.果実は短楕円形で150〜250g.果皮は着色良好.果肉は白色,溶質で果汁が多い.糖度は10〜12%.生理的落果,裂果ともに少ない.

'ちよひめ':'高陽白桃'と'さおとめ'の交雑実生から選抜(農林水産省果樹試験場).樹勢は中〜やや強.花粉の多い極早生品種.果実は短楕円形〜円形で150〜200g.生理的落果は少ないが,核割れしやすい.糖度は10%程度.施設栽培に適する.

表1 生食用モモの主な品種とその特性（久保田，2004[1]を一部改変）

品種	熟期[*1]	果実の大きさ	果皮の着色程度	果肉色	甘味	酸味	渋味	肉質	日持ち性	核	樹姿	花粉
普通モモ												
'さおとめ'	6月中旬	小	多	白	中	少	無	良	良	粘	やや直	有
'ちよひめ'	6月下旬	小	多	白	中	少	無	やや良	良	粘	やや開	有
'武井白鳳'	6月下旬	中	多	白	中	少	無	中	やや良	粘	開	有
'日川白鳳'	7月上旬	中	多	白	中	少	無	良	やや不良	粘	開	有
'八幡白鳳'	7月上中旬	中	多	白	中	少	無	良	やや不良	粘	開	有
'加納岩白桃'	7月上中旬	中	多	白	多	少	無	良	やや良	粘	開	有
'白鳳'	7月中下旬	中	多	白	多	少	無	良	良	粘	開	有
'あかつき'	7月中下旬	中	多	白	多	少	無	中	良	粘	やや開	有
'紅清水'	7月下旬	大	多	白	多	少	無	良	良	離	開	無
'大久保'	7月下旬	大	少	白	多	ややや少	無	良	不良	粘	直	無
'浅間白桃'	7月下旬	ややや大	ややや少	白	多	少	[*3]	良	良	粘	開	無
'大和白桃'	7月下旬	大	少	白	多	少	少	中	良	粘	開	有
'愛知白桃'	7月下旬〜8月上旬	大	多	白	多	少	[*3]	良	やや不良	粘	開	有
'清水白桃'	8月上旬	極大	少	白	多	少	少	中	良	粘	開	無
'川中島白桃'	8月上中旬	大	ややや少	白	多	少	無	良	良	粘	開	無
'白麗'	8月中旬	極大	多[*2]	白	多	少	無	良	良	粘	中	有
'ゆうぞら'	8月中下旬	大	多	白	多	少	中[*2]	良	良	粘	やや直	有
'ゴールデンピーチ'	8月下旬	極大	多	黄	多	中	無	良	良	粘	開	無
ネクタリン												
'フレーバートップ'	8月上旬	小	多	黄	多	多	無	良	良	離	直	有
'ファンタジア'	8月中下旬	中	多	黄	多	多	無	良	良	離	直	有
'秀峰'	8月下旬	中	中	黄	多	ややや少	無	良	良	粘	直	有

[*1] 岡山県を基準とする。
[*2] 系統によって異なる。
[*3] 年によって異なる。

'日川白鳳'：山梨県の栽培園で'白鳳'の枝変わりとして発見されたが，DNA鑑定の結果，そうではないことが判明している．早生品種で花粉が多い．果実は約220gと大きいが，核割れしやすい．果皮が着色しやすい．糖度は中程度であるが，肉質はよい．

'八幡白鳳'（橋場白鳳）：'白鳳'の枝変わり（山梨県）．樹勢はやや強く，樹姿は開張性．花粉を有し，豊産性．早生品種で7月上・中旬に成熟．果実は円形で220g程度．果皮の着色は中程度．糖度は12〜13％．裂果しやすく，また樹勢が強いと核割れしやすい．

'白鳳'：'白桃'と'橘早生'の交配により育成（神奈川県園芸試験場）．樹勢は中でやや開張性．代表的な中生品種で7月中旬に成熟．果実は円形で260〜290g．花粉が多く，結実がよく，生理的落果が少ない．果肉は乳白色，溶質で緻密．糖度は12〜14％で多汁．多くの早生系の枝変わり品種が出ている（図6）．

'あかつき'：'白桃'と'白鳳'の交雑実生（農林水産省果樹試験場）．樹勢はやや強．花粉が多い．7月中・下旬に成熟．果実は円形で260〜310g．果皮の着色がよい．糖度は12〜14％．肉質が緻密で，日持ちがよい．生理的落果，核割れともに少ない．無袋栽培が多い．

'清水白桃'：'白桃'と'岡山3号'の混植園の実生（岡山県）．岡山では7月下旬〜8月上旬に成熟．花粉が多く結実もよいが，年により生理的落果しやすい．果実は250〜300g．果肉は乳白色で，核の周囲がわずかに着色．肉質は溶質で緻密．繊維が少なくて多汁．糖度は13〜16％と高い．

'川中島白桃'：上海水蜜桃と'白桃'の交雑実生（長野県）．樹勢はやや強く開張性．花粉はほとんどない．長野では8月下旬に成熟．果実は約280g．果皮が着色しやすい．果肉は緻密で，糖度は13〜15％．日持ちがよい．生理的落果は

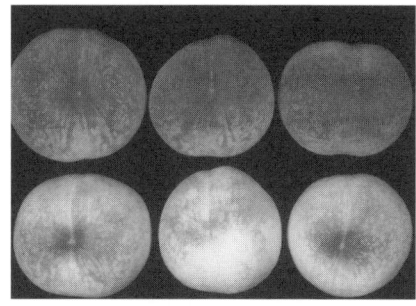

図6 '白鳳'の果実（上：無袋，下：白袋）　　図7 '白桃'の果実

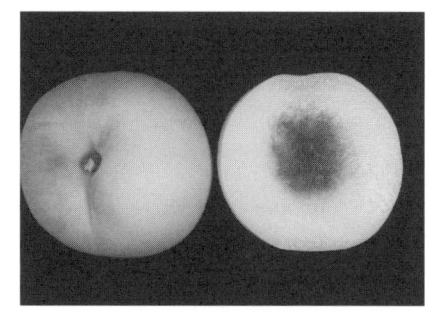

少ないが，裂皮，裂果が多い．

'白桃'：上海水蜜桃の実生とされている（岡山県）．花粉はほとんどない．岡山では8月上・中旬に成熟．果実が大きく，日持ちがよい．核周囲が赤く着色（図7）．肉質は溶質，緻密で繊維が少ない．糖度は13～14％で多汁．年により渋味が発現．生理的落果しやすい．

'ゴールデンピーチ'：栽培園で発見された偶発実生からの選抜（長野県）で'黄金桃'ともいう．花粉があり，長野では8月下旬に成熟．果実は270g程度．果肉は黄色で，肉質は緻密．果汁が多く，糖度も高く，食味がよい．系統により渋味が発生する．

'ゆうぞら'：'白桃'と'あかつき'の交配により育成（農林省園芸試験場）．樹勢はやや強い．花粉があり，福島では9月上旬に成熟．果実は260～320g．生理的落果が多い．果肉は白色で核周囲が着色．肉質は溶質で緻密．繊維は少ない．糖度は13～14％．日持ちがよい．

硬肉品種：近年，地色が抜け，糖度が上昇し，酸が減少しても果肉がかたく，収穫後のエチレン生成と軟化が認められない硬肉品種が発表された．'おどろき'，'まなみ'，'有明'，'西尾ゴールド'，'阿部白桃'等がある．

(ii) ネクタリン

モモの変種で，ズバイモモ，ツバキモモ（椿桃），ユトウ（油桃）ともいう．モモの突然変異によって生じたもので，果実表面に毛じがない．英語のnectarineはラテン語のネクタル（nectar）に由来し，ギリシャ神話で神々の飲み物とされている．長野，青森，福島，山梨等で栽培されているが面積は少ない．降雨により裂果や病気が多発し，吸蛾による害も多い．

'ファンタジア'：'ゴールドキング'と'レッドキング'の交配種（アメリカ農務省園芸試験場）．裂果が少なく豊産性．長野では8月下旬に成熟．果実は270g程度で短楕円形．果皮は'フレーバートップ'よりも着色しにくい．離核で果肉は黄．肉質は緻密で，日持ちがよい．

'秀峰'：'興津'の偶発実生（長野県）．樹勢が強く，樹姿はやや直立性．花が多く，長野では8月下旬～9月上旬に成熟．果実は250g程度で円形．糖度は12～14％で酸が少ない．粘核で，果肉は黄色．肉質は緻密で，日持ちがよい．裂果しやすい（図8）．

(iii) バントウ（蟠桃）

モモの変種で，ピントウ，ハントウ，ザゼンモモともいい，孫悟空が食べたと

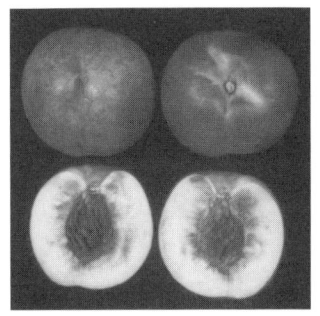

図8 '秀峰'(ネクタリン)の果実　　　図9 バントウの果実

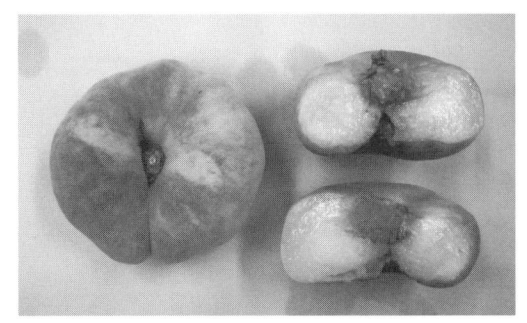

されている．果実が扁円形で平たい(図9)．果肉は柔軟多汁で糖分が多く，風味がよい．離核と粘核があり，果肉の色も白，黄，紅色がある．温暖で湿潤な気候に適する．市場に流通することはほとんどないが，育種素材として有望である．

(3) その他

缶詰用：果肉が不溶質で紅色素が少なく，粘核で加工しやすいものが適する．'缶桃2号'や'缶桃5号'の缶桃シリーズにかわって，最近は'フレーバーゴールド'等のゴールドシリーズや'もちづき'が主要品種(いずれも農林水産省果樹試験場育成)で，'大久保'も利用されているが，外国産の安価な加工品に押され，東北地方で栽培されている程度である．

観賞用：観賞用のモモはハナモモと呼ばれ，普通品種('矢口'，'源平'，'寒白'，'雲竜'等)，ほうき立ち品種，枝垂れ品種('残雪枝垂れ'，'源平枝垂れ'，'京更紗枝垂れ'等)，カラモモ('寿星桃'等)，一才モモなどがある．

台木用：以前は長野県伊那地方に分布する長野野生桃がよく利用されていた．近年は，同地方に自生し，ネマトーダに抵抗性を示す'おはつもも'や，農林水産省果樹試験場で育成されたネマトーダ抵抗性の'筑波1号'(赤葉で高木性)，'筑波4号'(赤葉で半矮性)，'筑波5号'(赤葉で半高木性)等の筑波系の利用が増えている．

【生育周期と栽培管理】

(1) 生育周期

葉芽が発芽した後，新梢が春から夏にかけて盛んに葉を展開するとともに伸長する．根は，3月初め頃から成長を始め，6月頃が最も旺盛で，夏季に一時的に停止した後，9～10月頃に再び成長する．

花芽は，通常，葉芽よりも先に開く．果実は，3つの発育段階からなり，二重S字型曲線を描いて成熟に至る．第1期は主に細胞分裂によって肥大する．第2期は果実肥大が緩やかな一方，核の硬化と胚の発育が盛んなため硬核期と呼ばれ，一般に晩生種ほどその期間が長い．第3期は硬核期後成熟期までで，果実は細胞肥大により急速に大きくなる．成熟期になると，果皮の緑色が抜け，着色しやすい品種ではアントシアニンを蓄積し，赤色～赤褐色になる．また，エチレンを発生し，果実がやわらかくなる．成分的には，糖が増える一方，酸が減少し，香りを呈するようになる．

花芽の分化期は7月下旬～8月上旬で，新梢の葉腋に形成される．9月には花器の形成が始まり，12月初めには萼片，花弁，雄しべ，雌しべが完成する．花粉や胚珠は，開花2週間前頃に形成される．

(2) 栽培管理

わが国における主産地の気候は，年間の平均気温が12℃以上，降水量が1300 mm以下である．モモは日照条件に敏感で，密植や剪定不足だと枝の枯死，花芽の着生不良，生理的落果等が生じやすい一方，夏季に直射日光が直接枝幹に当たると日焼けが起きやすい．風の強いところでは穿孔細菌病が多発しやすい．根は耐乾性は強いが，耐湿性が弱く，酸素要求量が大きいので，排水良好で通気性のよい土壌に適する．

繁殖：台木用品種や栽培品種の種子を播いて実生を育て，これに栽培品種の穂を接ぐ，接ぎ木繁殖が普通である．樹をコンパクトに仕立てるためユスラウメ等の矮性台木が使われることもある．接ぎ木の適期は芽接ぎが8月下旬～9月中旬，切り接ぎが2月下旬～3月下旬である．

整枝・剪定：モモは，頂芽優勢性が弱いので，枝を切り返さないと，新梢が多く発生して樹勢が弱くなり，生殖成長ばかりが盛んになる一方，耐陰性が弱いので，日射不足によって樹冠内部の枝が枯れ込みやすい．このため，整枝法は開心自然形が基本で，肥沃地では2本主枝，やせ地では3本主枝に仕立てる．剪定は，若木のうちは間引き剪定，成木になると切り返し剪定を主体に行う．

人工受粉：モモは自家和合性であるが，'白桃'や'川中島白桃'のような花粉をもたないか少ない品種では受粉樹を混植するか，人工受粉をしないと結実しない．受粉樹には，開花期がほぼ同じか少し早く，花粉量の多い'さおとめ'や'白鳳'が用いられる．受粉には訪花昆虫を利用することもあるが，降雨や低温条件では昆虫の活動が不活発なため人工受粉を行う必要がある．人工受粉は5～8分（満開）

図10 ボンテンによる人工受粉

咲きのときに行い,開花2日前〜開花直後の花から集めた花粉をボンテン(毛糸や綿を束ねたもの)や毛筆で花につける(図10).栽培面積が大きい場合は,採取した花粉を増量剤で希釈し,散粉機で行う.

摘蕾・摘果:品質のよい果実を生産するため,摘蕾(摘花)や摘果により結果量を調節する.摘蕾は,蕾がふくらみ,その頂端に赤みが見えはじめた頃に行い,結果枝の基部や上側についた蕾を摘み取る.摘果は数回に分け,予備摘果は満開3〜4週間後,仕上げ摘果は5月中・下旬の袋掛け直前に行う.生理的落果を起こしやすい品種では,仕上げ摘果を遅くする.予備摘果では最終結果量の約2倍,仕上げ摘果では葉数20〜40枚に1果を残す.袋をかける場合は,枝の下側か横側についた果実を残す.

袋掛け:中生や晩生の品種では病害虫に侵されやすいので果実に袋をかける(図4).吸蛾類の発生が多い西日本では,防虫ネットや防蛾灯を設置する園もあるが,それでも袋掛けは必須である.袋掛けは,裂果防止や加工用の果肉の着色防止にも有効である.山梨県などでは果皮の着色を促すため,収穫1〜2週間前に除袋したり,袋の底を開いて果実に光を当てることが行われている.福島県や山形県では無袋栽培が一般的である.

施肥:施肥には元肥,追肥,礼肥等がある.元肥は11〜12月に行い,年間施肥量の70〜80%を施す.分解の遅い有機質肥料は初秋,化学肥料は落葉後から12月にかけて施す.礼肥は,収穫後の樹勢回復と貯蔵養分の蓄積を目的に9月頃に施す.

(3) 病害虫・生理障害
(i) 病害虫
主な病害としては縮葉病,穿孔細菌病,黒星病,灰星病,ホモプシス腐敗病等

があり，また害虫ではアブラムシ類，シンクイムシ類，モモハモグリガ，カメムシ類，果実吸蛾類，ウメシロカイガラムシ等がある．これらの防除のため殺菌剤や殺虫剤等の薬剤散布に加えて，最近では雌雄の交尾を阻害し，次世代の密度を低下させる交信攪乱剤（コンヒューザー）も利用されている．

（ⅱ）生理障害

核割れ：果実の発育途中に核（内果皮）が割れる現象で，早生品種に発生しやすい．中・晩生品種に発生すると，生理的落果を誘発する．

生理的落果：モモは発育期間中にかなりの果実が落下する．これは生理的落果と呼ばれ，3つのピークがある．1回目は開花直後〜2週間後の落下で，貯蔵養分の不足や開花前の低温が関係している．2回目は開花3〜4週間後で，果柄をつけたまま落下し，不受精が関係している．3回目は6月に起こるためジューンドロップと呼ばれ，硬核期中頃から発生する．'清水白桃'や'白桃'に起きやすい．果実間あるいは果実と新梢間での養分競合により胚が発育を停止するためと考えられ，多雨や核割れは発生を誘発あるいは助長する．

【生産と消費】

（1）生産

世界：モモは世界の温帯地域で広く栽培されているが，ネクタリンの栽培は乾燥気候の地中海沿岸諸国やアメリカ合衆国（カリフォルニア州）に多い．ネクタリンを含む世界のモモの生産量は約1560万 t（2004年）である．生産量が最も多いのは中国（578万 t）で，次いでイタリア（175万 t），アメリカ合衆国（143万 t），スペイン（111万 t）の順である（図11）．

日本：第二次世界大戦後の1950（昭和25）年の栽培面積と生産量は4000 ha

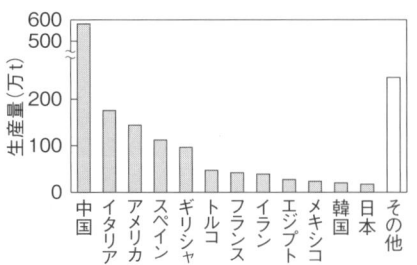

図11 国別のモモ（ネクタリンを含む）生産量（FAO，2004年より作成）

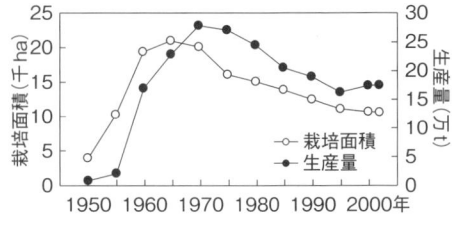

図12 わが国におけるモモの栽培面積と生産量の推移（果樹生産出荷統計より作成）

と8000tであった．その後，急速に増え，1970（昭和45）年には2万haと28万tにまで増加した．しかし，1970（昭和45）年頃からは栽培面積，1975（昭和50）年頃からは生産量が減少しはじめ，現在では1万1000haと16万tにまで低下している（図12）．現在の生産量は山梨県が最も多く，次いで福島，長野，和歌山，岡山，山形県の順である．

産地変遷：モモは産地変遷といって，時代とともに産地が移動するとされている．昭和初期の主産地は神奈川，岡山，広島の順であったが，その後は岡山，神奈川，愛知の順になり，さらに福島，山梨，岡山となった後，現在は山梨，福島，長野の順である．これには自然的・社会的要因が関係しているが，その一因として連作障害がある．すなわち，モモは寿命が短いため改植の機会が多いが，モモの跡地に再びモモを植えると樹が衰弱し，甚だしい場合は枯死する．このため，同じ園地でモモを栽培し続けるのは難しい．この現象はいや地と呼ばれ，モモ樹に含まれるプルナシン（青酸配糖体）の分解によってできた有害物質や線虫によって引き起こされる．

(2) 消費

世界的には消費量は上昇傾向にあり，生食用としてだけでなく缶詰，ジュース，ネクター，乾燥品等，利用方法もさまざまであるが，わが国では加工用生産が約8割を占める山形県を除き，総生産量の8割以上が生食に利用されている．

【栄養成分】果実は柔軟多汁で，10％余りの糖を有し，風味がよい．糖分の約7割はショ糖で，このほか果糖やブドウ糖を含む．酸はリンゴ酸とクエン酸が主であるが，含量は少ない．主たるアミノ酸はアスパラギン（約80％）で，このほかアラニンやセリン等を含む．機能性成分として食物繊維のペクチンやポリフェノールが多く，またビタミンEも多い．主たる香気成分はγ-ドデカラクトンである（表2）．

モモは，果実による味のばらつきが大きい果物の1つで，美味しいものがある一方，まずいものもある．果物の味は果実中の糖と酸の含量に左右されやすいが，モモでは渋味が問題になることがある．モモ果実に含まれる渋味物質はポリフェノールで，その生成は品種や台木によって異なり，また栽培条件や環境条件に影響される．

【利用・加工】果実が生食や加工に利用されるほか，果実以外の部位も古くから薬として用いられてきた．蕾（花）を乾燥させて利尿剤や便秘剤，種を煎じて虫

表2 モモ果実の主な栄養成分(可食部100g当たり)

エネルギー (kcal)		40	ビタミン	カロテン (μg)	5
				E (mg)	0.7
一般成分	水分 (g)	88.7		B_1 (mg)	0.01
	タンパク質 (g)	0.6		B_2 (mg)	0.01
	脂質 (g)	0.1		ナイアシン (mg)	0.6
	炭水化物 (g)	10.2		パントテン酸 (mg)	0.13
	灰分 (g)	0.4		C (mg)	8
ミネラル	カリウム (mg)	180	食物繊維総量 (g)		1.3
	カルシウム (mg)	4			
	マグネシウム (mg)	7			
	リン (mg)	18			

五訂日本食品標準成分表より.

下しとしたほか,葉にはあせも,かぶれ,湿疹を防ぐ働きがあり,特に風呂に入れて使うとその効果が大きいとされている.また,観賞用に古くから花木としても利用されてきた.

生食:生食用には果肉がやわらかく,果汁の多いものがよい.日本では,外観の美しいものや甘いものが好まれるのに対し,欧米では丸かじりしやすい無毛のネクタリン,果肉と核が離れやすい離核のもの,風味の強いもの等が好まれる.食べ頃は,有袋栽培のものは果実表面の緑色が消えて乳白色になり,また無袋栽培のものは果梗部の青みが抜け,いずれも特有の芳香を呈し,果実全体がやわらかくなった時期である.常温で食べるよりも適度に冷やしたほうが美味しく食べられるが,冷やしすぎないようにする.

加工:加工品としては缶詰の生産が最も多く,ほかにジュース,ネクター,ジャム,菓子類等もつくられる.加工には,加熱しても肉質が崩れにくく(不溶質),切り口のきれいな粘核性の品種が適している.また,果肉の着色していないものが適し,着色しやすい品種を加工用に栽培する場合は袋掛けをして着色を防いでいる.缶詰の製造工程は,おおよそ次のとおりである.

果肉の切断 → 核の除去 → 剝皮 → 水洗 → 塡充 → 糖液注入 → 脱気・密封 → 殺菌. 〔久保田尚浩〕

文献

1) 久保田尚浩:モモ.高等学校農業科用「果樹」(杉浦 明編),pp. 174–193,農山漁村文化協会,2004.

ヤシ類 ① (ココヤシ)

ココヤシ

和名 ココヤシ (古古椰子), ヤシ, ホンヤシ
英名 coconut, coconut palm
学名 *Cocos nucifera* L.
(ヤシ科)

ココヤシは, 2500 種に及ぶヤシ類の中でも最もよく知られたヤシで, それが林立する風景は熱帯を象徴するものであり (図1), 果樹としてだけでなく熱帯住民の日常生活と切り離すことのできない極めて重要な作物である.

属名の *Cocos* はポルトガル語で猿を意味し, 内果皮 (殻) の基部にある 3 個の珠孔または珠孔痕が猿の顔に似ていることに由来する. 種名の *nucifera* は堅果を有するの意で, 果実にかたい殻のあるところから命名された. また, ヤシ (椰子) は果実の王を意味する中国語で, 英語のパーム (palm) はラテン語で, 葉を形容する手のひら (掌) を意味している.

【形　態】
(1) ココヤシ属の特徴
ヤシ科には 100 以上の属があるが, ココヤシはヤシ科 (Palmae), ココヤシ亜科 (Cocosoideae) のココヤシ属 (*Cocos*) に属する. これには, ココヤシのほかジョ

図1 ココヤシの繁る代表的な熱帯の風景

オウヤシ (*C. romanzoffianum* Cham.), ヤタイヤシ (*C. yatai* Mart.), ヒメヤシ (*C. weddellina* Wendl.) 等がある.

　単幹で, 樹高は 30 m に達するもの (ココヤシ) から 2 m 以下のもの (ヒメヤシ) まで種によって大きく異なる. 頂部に羽状複葉を形成する. 葉柄は刺のないものとあるものがある. 幼鞘に繊維がつく. 小葉は多く, 規則的に並び, かたくて先端がとがる. 雌雄同株. 花序は葉腋より抽出し, 基部に雌花, 上部に雄花がつく. 雄花は, 先端がとがり, 香りがある. 雄花の花弁は 3 個で萼片よりも長い. 雄しべは 6 個. 雌花は雄花よりも大きく球形. 萼片および花弁はおのおの 3 個でそれぞれ瓦重ね状に配する. 子房は 3 室. 果実は, 通常, 種子を 1 個有し, 卵形. 外果皮は革質で表面が滑らかで, 成熟にともなって緑～橙黄～灰褐色に変化する. 中果皮は繊維質. 内果皮は厚くて非常にかたく, 基部付近に 3 つの孔がある. 種子は内果皮に密着し, 褐色を呈する. 胚乳は均質で, クリーム色を帯びた白色. 胚は胚乳の基部につく.

　(2) ココヤシの形態

　樹姿: 樹高 20～30 m (ただし, 矮性の系統では 10 m 以下). 直径 50～80 cm の単幹で, 直立するが, 老木になると多少湾曲する. 幹の頂部に壮大な羽状複葉 20～30 枚を群生する. 葉柄は自然落下し, 幹上に輪状の葉痕を残す. 葉柄は強靭で長さ 1～1.5 m, 羽状葉は長さ 5～7 m, 小葉は長さ 60～90 cm の披針形で, 黄色を帯びた光沢のある緑色を呈す. 直根はなく, 不定根が樹幹の基部約 40 cm のところから発生し, その部分が肥厚する.

　花序: 雌雄同株. 花序は葉腋から抽出し, 長さ 1～1.5 m. 花序の基部に 1～3 個の雌花と, 上部に多数の雄花をつける (図 2). 単性花で, 雄花はクリーム色の小花であるが, 雌花は直径 3～4 cm の大花である. 花被および雄しべは 6 個で, 花被は開出しない. 子房は 3 室からなるが, そのうちの 2 室は退化する.

　果実: 果実は, 通常先端 3 稜角の楕円形で, 長さ 20～30 cm, 直径 17 cm, 重さ 1.2～2.0 kg. 開花後約 1 年で完熟する. 果実は外果皮, 中果皮および内果皮からなる (図 3). 外果皮は革質で表面が滑らかで, 成熟するにつれて緑色から橙黄色に変わり, 品種によって緑色, オレンジ色, 褐色等があり, また採取後乾燥すると灰褐色を呈する. 中果皮は厚い繊維質からなる. 内果皮は黒褐色をしたかたい殻で, 3 個の目 (珠孔) がある. 内果皮の内側には厚さ約 1 cm の白色の胚乳層があり, その内部に液状のココナッツ水 (胚乳液, 果水) が満たされている. 胚乳層は成熟するにつれて厚くなる一方, 胚乳液は吸収されて少なくなる. 成熟

図2 ココヤシの花序と果実

図3 果実の断面（左：未熟果，右：成熟果）

後日数がたつにつれて液が固化し，内部に空隙ができる．胚乳は多量の油脂を含む．種子と内果皮からなるナッツは，円形に近く，直径 10〜15 cm，重さ 0.5〜1.0 kg．胚乳の厚さは約 1 cm．胚は果軸側の孔の近くに位置し，長さ 0.6 cm，幅 0.4（広い部分）ないし 0.2〜0.3 cm（狭い部分）．

【原産地と伝播】

原産地：ココヤシの属するココヤシ亜科の特徴は内果皮（殻）に3個の珠孔を有することで，この特徴をもつヤシは700種にのぼるとされている．そのうち，ココヤシとほかの2属以外のヤシがアメリカ大陸に原生することから，ココヤシの南米原産説が生まれた．しかし，熱帯アメリカではココヤシが各地に散在するものの密林を形成するものは少ないのに対し，熱帯アジアや太平洋地域ではココヤシの密林が普通にみられ，東は太平洋諸島やフィリピンから，西はマレーシアやインドにわたってしばしば大きな密林を形成している．このため，旧世界の湿潤熱帯地域がココヤシの原産地であるとの説が生まれ，ド・カンドル（de Candolle, A.L.P.P.）はスンダ列島を原産地とし，プロイス（Preuss）もこれを支持している．しかし，旧世界に分布するココヤシの密林が人造林ではないという証拠はなく，したがって原産地として現在なお確定しがたい点が残されているものの，太平洋諸島を原産地とする説が有力である．

伝播：ココヤシは極めて古くから世界の各地で栽培されてきた．これは，その果実が何カ月も大洋を漂流しても生命力を失わず，打ち上げられた岸辺で根を下

ろし，そこでたくましく成長しうるからである．このため，ココヤシは北緯・南緯20°以内の熱帯海浜に広く分布し，特に熱帯アジアに多いが，現在なお伝播の詳細は明らかでない．

インドへは紀元前1000年頃に伝播し，宗教，伝説，習慣と深く結びつき，またスリランカへは紀元前1世紀頃に伝わったとされている．アフリカ大陸への伝播は紀元1世紀頃で，マレーシアの海賊がマダガスカルにもたらし，その後東アフリカに伝播したとされている．一方，9～15世紀にかけてアラビア人によってもたらされたとの説もある．西アフリカへの伝播は15世紀末にポルトガル人が喜望峰を回ってインドに達し，ヨーロッパとの間に航路を開拓した後のことである．東南アジアにおけるココヤシの伝播に関する資料は少ないが，中国の南方植物誌として有名な『南方草木状』(290～307頃)には，中国南部やベトナムでヤシが果樹として利用されていたとの記録がある．また，『諸蕃志』(1225)によると，スマトラ島やジャワ島ではヤシから酒が，フィリピンではヤシの葉から筵がつくられていたとの記録がある．このほか，『桂海虞衡志』(10～13世紀)や『島夷誌略』(14世紀)等にもヤシの栽培や利用に関する記述がある．太平洋諸島では，ココヤシのない島はないほどで，オセアニアの神話には創世記の頃，ココヤシの実から女性をつくったとの話がある．また，地方によっては子どもが産まれると3本のココヤシを植える習慣があり，子どもが一人前に成長する頃には1人分の食料を賄うに足るようになるとされた．アメリカ大陸にもココヤシがあるが，太平洋や熱帯アジアに比べると，分布は散在的で，大きな密林の形成が少ない．したがって，ココヤシと同属のヤシを産出するにもかかわらず，原産地としての根拠は薄れたものになっている．記録によれば，パナマにはコロンブスの新大陸発見以前，太平洋からのココヤシがすでに栽培され，また大西洋岸への伝播は主としてインド航路発見後のことで，ブラジルに入ったのは1553年とされている．

日本への渡来：熱帯地域おそらくフィリピンあたりで育ったココヤシの果実が海流にのって日本へ運ばれ，太平洋側や日本海側に漂着したことが古くから知られている．「名も知らぬ遠き島より流れよる椰子の実ひとつ」で始まるラジオ国民歌謡として1936(昭和11)年に発表された「椰子の実」は，明治末期に民俗学者の柳田国男が愛知県渥美半島の伊良湖岬でヤシの実を拾い，この話を詩人の島崎藤村が聞いて作詞したものである．

【栽培沿革と利用の歴史】

栽培沿革：ココヤシは，未熟果に含まれるココナッツ水が飲用され，成熟硬化した胚乳を乾燥させたコプラ (copra) から得られるココヤシ油が食料品や化粧品の原料になり，果実の繊維や殻から工芸品がつくられ，幹や葉も種々に加工利用されるほか，観賞用としての利用も多い．このように，ココヤシは用途が広く，重要樹木10の1つに数えられているほどである．このため，ココヤシは有史以前から栽培されてきた．その野生種が見つかっていないため原産地が明らかでないが，東南アジアを中心とした太平洋諸島ではないかと推測され，ここから世界の熱帯各地に伝播したと思われる．

利用の歴史：ココヤシは，用途の多様性から熱帯地域の農村においてホームガーデンや耕地で小規模に栽培されてきただけでなく，コプラ生産を目的とした栽培では先進国からの資本により大規模なプランテーションで栽培されてきた．近年では，現地資本や国営による商業的大規模生産が行われるようになってきたが，現在なお混作を基本とするホームガーデン（樹木菜園）様式の生産も多い．プランテーションでは，栽植距離が大きいことから，土地を有効に利用するため間作が行われてきた．

【品　種】

ココヤシは伝播した熱帯の各地で多くのものが生まれ，そしておのおのの土地で種々の名前がつけられ，多種の品種が生まれたとされているが，それらを品種とするには問題があるとの考えもある．すなわち，ココヤシは，種子から繁殖するので変異が多く，長年にわたり自殖を繰り返しているにもかかわらず，栽培品種として固定されているものは極めて少ないとされている．このため，ココヤシは果実の形，大きさ，特性等から系統あるいはタイプとして分けられることが多い．一般には，次の3系統に大別される．また，用途の違いから生食用品種とコプラ採取用品種に分けられるが，前者は後者に比べて矮性のものが多い．

普通系統 [var. *nucifera*]：最も一般的なココヤシで，結果年齢は播種後6～8年と遅いが，経済樹齢は長く，胚乳層が厚いため，コプラ生産に適している．樹高は30mに達する．大果品種として，'カマンダラ (Kamandala)'，'カッパダム (Kappadam)'，'ラングーン (Rangoon)'，'ラグナ (Laguna)'，'テイピカ (Typica)'，'ナウァシ (Navasi)'等があり，このうち最初の3種は果実が大きく球形で，繊維質が厚くて殻が薄く，ココナッツの水分が多い．

図4 庭で栽培される矮性系統のココヤシ　　　**図5** 'キング・ココナット'の花と着果状態

矮性系統 [var. *nana* Griff.]：結果年齢は播種後3～5年と早いが，経済樹齢は短い．胚乳層が薄く，生食用に適する．この系統は，樹高が8～10mと低いため，果房が地につかないよう支柱を必要とする場合がある（図4）．'ゴン・タンビリ (Gon Thembili)'，'フミラ (Fumila)'，'クラパ・ガディン (Kelapa Gading)'，'レギナ (Regina)'，'ココニノ (Coconino)'，'クラパ・ラジャ (Kelapa Radja)'等の品種がある．最初の3種は果実が卵形で，繊維質が厚くて殻が薄く，ココナット水が多いのに対し，後者の3種は殻が厚い．このほか，マレーシアには'ニョルガディング (Nyiorgading)'や'プヨー (Puyoh)'のような矮性で小果多産系品種があり，またフィリピン，インドネシア，モルディブ，マダガスカル等にも矮性品種がある．糖分が多く，特に黄色系品種で多い．矮性系統は，雄花と雌花の開花期に差がないので，自家受精する．このため，着果量は多いが，果実は小さい．

準矮性系統 [var. *aurantiaca* Liy]：樹高は普通系統と矮性系統の中間で，外果皮がオレンジ色ないしは黄金色をしている．胚乳層は薄い．有名なものとして，セイロン産の'キング・ココナット (King Coconut)'がある（図5）．これは，樹高が低いだけでなく，結実が多く（普通系統が1樹当たり年間30～40個の果実しかつけないのに対し，本種は100～400個の果実をつける）．樹勢強健で高地でも育ち，果皮が橙紅色ないしオレンジ色で，ココナット水の飲用に適する．

【生育周期と栽培管理】

(1) 生育周期

　ココヤシは，バナナやパパイアと同じ無季性果樹で，1年を通して開花・結実を繰り返す．花序の基部に1個の雌花とその上部に多数の雄花をつけるが，通常，雌花よりも雄花の発育が早いため，同一花序内では受粉しない．受精後，果実は肥大し，約7カ月で最大の大きさに達して内果皮の胚乳層を形成しはじめるが，完熟には約1年を要する．4カ月になると胚乳液が澄んできれいな甘い液となり，ココナット水として飲めるようになる．しかし，この段階では糖含量は少ない．その後増加して果齢8カ月で約9%に達した後減少し，12カ月になると2%以下になる．7カ月になると，ココナット水は減少し，胚乳層部分がかたくなり，さらに胚乳部もかたくなって褐色になる．果実が完熟すると，全重の35%を中果皮（殻），12%を外果皮，28%を仁（果肉）が占め，水分は25%になる．

(2) 栽培管理

　繁殖：繁殖は実生による．種子（果実）は樹齢25～60年生で，仁（胚乳）が厚く，多産性で強健な樹から採集する．果齢は11～12カ月のものがよい．果実の大小はあまり問題でなく，楕円形よりも球形の果実を選ぶ．通気や水はけがよく，有機質に富んだ土壌で畝立てした苗床または日当たりのよい露地に発芽孔（eye）をやや上にして横伏せし，浅く覆土する．播種後4～5カ月で発芽する（図6）．播種間隔は苗圃での養成期間の長さによって異なるが，一般には25～30 cmに1個の割合で置床する．苗木育成期間中，日よけは必要ないが，灌水は必須である．

　定植：植付けは，発芽後7～8カ月がたち，葉が3～4葉出た頃に行う．8～10 m

図6　種子繁殖の様子

の間隔で正方形または三角形に植える．栽植密度は立地条件によって異なるが，一般には普通系統で 1 ha 当たり 180～200 本，矮性系統で 300 本前後である．その後は根元付近の草を除く程度で，特別な手入れは必要でない．

　栽培：ココヤシは北緯 15°から南緯 12°の間で栽培されるが，最適地は年平均気温 27℃，降雨量 1500～2000 mm の湿潤熱帯地域で，陽光が強く，絶えず軟風のある海岸や河口または河辺に近いところがよい．海岸から遠い標高 700 m くらいのところでも栽培可能であるが，高地では虫害が多くなる．なお，ココヤシは直立性で，幹の頂部に葉をつけるので，整枝・剪定の必要はない．

　ココヤシの生育には有機質と石灰分に富む肥沃な沖積土壌がよいが，土壌に対する適応性は大きく，砂地から重粘土まであらゆる土壌でよく生育する．しかし，土壌が浅く，通気が悪いところは不適で，根群の発達が劣り，水不足になりやすい．特に，傾斜地で土壌浸食の著しいところではこの傾向が強く，強風等で樹が傷められることが多い．逆に，通気がよくて土壌が深く，雨期と乾期のはっきりした地方では，果実の生産量が多いだけでなく，果実品質も優れる．

　ココヤシは窒素，リン酸，カリウムを多量に要求し，インドでは化成肥料を 1 樹当たり年間 6 kg 施用することが推奨されている．施肥により果実生産が増え，またココナッツ水のカリウム含量がカリウム肥料の施用に鋭敏に反応するとされている．施肥法としては樹の周囲に溝を掘って肥料を投入する方法，土壌表面にばらまく方法等がある．

　ココヤシは他の果樹に比べて多量の水分を必要とし，1 樹・1 日当たり 24 L の水を吸収するとされている．灌水によって，雌花率の向上，未熟果の減少，成熟果の落下の減少等によりコプラ生産が増え，また 10 日ごとの灌水で 50% 以上の増収になるといわれている．

　ココヤシの栽培では，土地を有効に利用するため単作よりも間作が一般的で，インドネシア，マレーシア，タイ，インド等では間作が推奨されている．間作に導入される作物として，工芸作物のカカオ，コーヒー，バニラ，果樹のバナナ，パパイア，パイナップルのほか，トウモロコシ，キャッサバ，ラッカセイ，豆類，野菜類等がある．

　病害虫：被害の大きい害虫としてヤシオオゾウムシとタイワンカブトムシがある．これらは樹幹を食害して大きな被害をもたらす．このほか，幹頂の新芽を食害する甲虫類および葉を害するイラガのほか，チョウ，アリの幼虫，シロアリ，カイガラムシ類等がある．葉が黄変して枯れ落ちる黄化病は致命的であるが，準

矮性系統の'キング・ココナッツ'は強健で抵抗性がある．病気の予防には通風と日当たりをよくすることが有効である．

収穫：普通系統では，植付け後6～8年目から収穫が可能になり，収穫最盛期は30～40年で，70～80年目まで生産を続ける．普通，年間の1樹当たり収量は40～80果であるが，豊産樹では200果を生産する．なお，矮性樹では1樹当たり100～400個を産する．果実を収穫するには，人が樹に登って採る方法，竹竿の先に刃物をつけて切り落とす方法，トレーニングしたサルを使う方法等がある．タイ南部には収穫用のサルを訓練するセンターがあるが，サルによる収穫は観光客向けの場合が多い．ココナッツ水の飲用には開花後約6～7カ月の未熟な果実を収穫するが，コプラの生産には完熟果を収穫する．収穫後は2～3日，日陰に果実を積み上げておく．こうすることにより，殻が剥げやすくなり，果実の水分が減少して厚みが増し，コプラや脂肪の収量が増え，またコプラの品質が向上する．なお，コイア（coir）の生産には，完熟約1カ月前の外果皮がまだ緑色を保っているときに収穫するのがよいとされている．

【生産と消費】

生産：ココヤシの生産量は1960年以降増加し続け，2004年の世界の総生産量は5347万tであった（図7）．国別では，インドネシアの生産量が最も多く（1565万t），次いでフィリピン（1370万t），インド（970万t），ブラジル（296万t），スリランカ（190万t），タイ（145万t）の順で，このほかメキシコ，ベトナム，マレーシア等での生産が多い（図8）．コプラの生産量も1960年代以降増加し続け，フィリピンが最大の生産国で，次いでインドネシアでの生産が多い．ちなみに，

図7 世界のココヤシ生産量の推移（FAO）

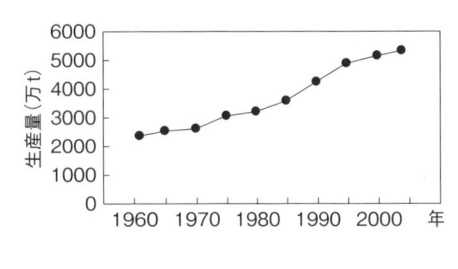

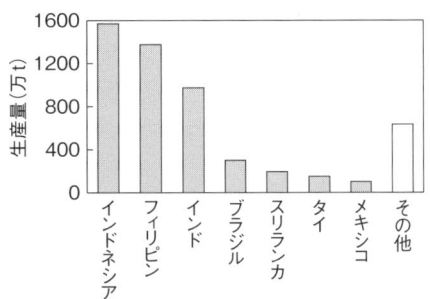

図8 国別のココヤシ生産量（FAO，2004）

2001年の世界のコプラ生産量は573万7000 t で，このうちフィリピンの生産量が233万 t と最も多く，次いでインドネシア，インドの順で，この3カ国で約80%を産出している．このほか，ベトナム，メキシコ，パプアニューギニア等での生産が多い．

消費：最大の生産国であるインドネシアの場合，消費量が最も多いのはココナットミルクの利用である．これは，成熟果実の胚乳（仁）を削り取り，これにお湯を加えた後搾汁したもので，日常的に料理に用いられる．次いで多いのはココナット水の飲用で，これは未熟な果実を利用する．3番目は成熟果実の胚乳を乾燥させたコプラから得られるヤシ油で，これから種々の食品や化粧品がつくられる．

【栄養成分】 果実の可食部（胚乳）の成分は熟度によって異なる．殻の中に未だ果肉らしいものを生じていない汁液は96%が水分で，1.2～2.8%の糖，0.13～0.96%のタンパク質，約0.5%の灰分および微量のリンや鉄を含むが，脂肪はほとんど含有しない．果肉が固まりはじめる頃から灰分や脂肪が多くなり，ショ糖の量も顕著になるが，成熟果ではリンやカルシウムが多く，ビタミン類は少ない．成熟果の胚乳の成分を表1に示した．

【利用・加工】 ココヤシは，胚乳から得られるココナットミルクやコプラの生産

表1 ココヤシ（仁）の主な栄養成分（100 g 当たり）

エネルギー (kcal)		77.0
一般成分	水分 (g)	84.0
	タンパク質 (g)	1.4
	脂質 (g)	3.6
	炭水化物 (g)	10.3
ミネラル	カルシウム (mg)	42.0
	リン (mg)	56.0
	鉄 (mg)	1.0
ビタミン	B_1 (mg)	0.04
	B_2 (mg)	0.03
	ナイアシン (mg)	0.8
	C (mg)	6.0
食物繊維総量 (g)		0.4

Bamroongrugsa ら，1990[1] を一部改変．

図9 ココナット水の飲用風景

に重要であるばかりでなく，胚乳以外の部位もさまざまに利用され，熱帯住民の日常生活の必需品を確保するうえで欠かすことのできない貴重な作物である．

生食：若い緑色の果実のへたのあるほうを鉈で削ぎ落として飲み口をつくり，中のココナット水（果水）をストローで直接飲むか，コップにとって飲用する（図9）．ココナット水の量はコップ2〜3杯程度で，透明でかすかに甘味がある．果水中の糖含量は受精後6〜7カ月に最も高く9％程度になる．スリランカ原産で黄金色をした'キング・ココナット'は熟しても果肉が厚くならずに果水が充満している飲用専用品種で，これには整腸作用がある．胚乳（仁）を細切りにして乾かした干しヤシは製菓や料理の原料になる．成熟果実中の汁液は飲用には適さないが，利尿作用があるとされている．

料理：成熟果実の胚乳を削り取ってお湯を加え，搾汁して得られるココナットミルクは日常的に料理に利用される．また，固まりかけた胚乳もココナットミルクとして料理に用いられ，特に香料を加えると美味である．固まったばかりのやわらかい胚乳は薄切りにしてココナットミルクと一緒に食する．ココナットミルクには若い胚の成長を促す物質が含まれており，植物組織を無菌培養する際に培地の1組成として添加されることが多い．果肉の硬化しないものはヨーグルト状で乳臭く，粉末にしてカレー材料を練ったり，水で溶かしてカレー汁にする．近年，ココナットミルクを酢酸発酵させて製造したココヤシの胚乳シロップ漬け（商品名，ナタデココ）がフィリピンから輸入され，繊維質が豊富であることから若い女性を中心にダイエット食品として人気がある．干しココナットは，種皮を取り除いた白い胚乳層を砕いて，60〜70℃で乾燥し，水分含量を2.5％以下にしたもので，料理その他に用いられる．

図10 ココナットオイルやコプラ採取のために取り出した殻

コプラ: ココヤシの利用で最も重要なものの1つがコプラの生産である．これは，成熟果の内果皮（殻）を取り出し（図10），これを包丁で2つに割った後，殻内の果肉（仁，胚乳層）を取り出して天日乾燥または人工乾燥して含水量を約7%にした後，千切りにしたものである．コプラを搾汁して得られるココヤシ油は，食用としてはほかの植物油とブレンドしたり，バターやマーガリン製造の原料になり，また食用以外では石鹸，化粧品，蝋燭等の原料となるが，ココヤシ油はコレステロールの含量が多いので，消費量は減少傾向にある．生果から直接採った油すなわちココナッツオイルはコプラから得た油よりも品質が優れる．なお，コプラの搾りかすは家畜の飼料や肥料として利用される．

花序: ココヤシの樹液からは蜜糖やヤシ酒がつくられる．開花前の花序を紐で縛り，木づちで軽くたたいて傷をつけると2〜3週間で樹液が出るようになるので，花序を基部から5〜6cmのところで切りとり，その切り口から出てくる樹液（トディ）を集める．これを煮詰めてヤシ糖（ジャゲリ）をつくったり，発酵させてヤシ酒（アラック）やヤシ酢をつくる．

その他: 果実の中果皮（繊維）はコイアと呼ばれ，ロープ，マット，ブラシ，敷物，織物，靴拭き，たわし等に用いられる．近年は，植物栽培用の植え込み材料としても利用されている．果実重量の20〜30%を占める厚い殻は，ココヤシ生産地帯ではコプラ工場の燃料や活性炭製造に用いられ，また磨いて各種工芸品や細工物，器具，ボタン等がつくられる．活性炭は脱臭剤として用いられる．葉は，簡易ハウスのスクリーンや屋根を葺くのに利用されるほか，敷物，帽子さらには防虫用の果実籠を編んだりするのに用いられる．葉片の軸は箒，葉柄は器具の柄や刷毛に利用される．また，若い葉は結婚式の飾りのようなある種の儀式に

用いられる．幹は丈夫なため建築材や装飾箱として利用される．根は煎じ薬として用いられ，利尿効果や解熱効果を示す．

　観賞：ココヤシはその優雅な樹姿から観賞用としても人気があり，街路樹や庭園樹としての利用も多い．ただし，ホテルの庭のように人が多く集まる場所では果実が落下する前に収穫しておく必要がある．　　　　　　　　　　〔久保田尚浩〕

文　献

1) Bamroongrugsa, O.S.: *Coconut. Production of economic fruits in southern Thailand and nothern Malaysia.* Universiti Pertanian Malay, Serdang, 1990.

ヤシ類 ② (ココヤシ以外；サラッカ，ナツメヤシ)

サラッカ

和名 サラッカヤシ
英名 salak, salak palm
学名 *Salacca edulis* Reinw.
(ヤシ科)

　学名の *Salacca* はモルッカ諸島 Molucca の土名によるもので *edulis* は食用に供せられるものとの意味である．

【形　態】　根元から幹が開張する無茎のヤシで，樹高は 1〜5 m になる．葉の長さは 4〜7 m に達し，葉身部は羽状全裂し，葉柄には 3〜5 cm の鋭い刺が多数着生している．雌雄異株で雄株からは 40〜50 cm の長さの花穂が出現し，赤色の雄花が着生する．雌株には 20〜30 cm の花穂が形成され，黄緑色の雌花が着生する．果実は房状に着生し，果皮は黒褐色，茶色，白茶色を呈し，球形，卵形，長楕円形，やや角ばるものもある (図 1)．大きさは約 5 cm で果皮は小鱗で覆われているようにみえ，短い刺がある．果皮は完熟すると容易に剥げ，内部に 3 個の白い果肉片があり，中には比較的大きなかたい種子がある．未熟のときは独特の刺激臭があり，完熟すると多汁質となり酸味と甘味がある (図 2)．

図 1　果実は株元に着生

図2 果実の可食部位

【原産地と伝播】 原産地はジャワ島でインドネシア，マレーシア，タイ，ミャンマー，インド等の湿地で栽培されている．産地としてはジャカルタ付近が多い．古くから現地人や華僑の間では高く評価され，台湾へは1938年に竹頭南母樹園へ導入された．わが国でも1937（昭和12）年頃まで東京の果物店で販売されていた．ヨーロッパへは1874年に紹介された．

【品　種】 一般的に種子繁殖のため，品種が明確ではないが，アンボイナ（Amboina）系，リーオウ諸島（Riouw Is.）系およびジャワ（Jawa）系のものがあり，ジャワ系が最も良品質といわれている．

【生育周期と栽培管理】 サラッカヤシは低湿地を好み，標高300m以下，月降水量200〜400mmまたは年間降水量1700mm以上で，乾期の短い地域が最適地である．繁殖は，吸芽を使用すると親株を枯らすことがあるので通常は実生繁殖である．隠蔽された湿潤地に，2m間隔で2〜5種子を直播し，その後，雌木8本に雄木1本を残すように間引きをする．栽培園を被陰状態に保つために，株間にバナナの間作を行う．果実は株元に着生することから，群生する刺のある葉柄に十分気をつけて収穫する必要がある．

【利　用】 果実内の果肉（中果皮）を果物として生食する．若い果実や品質の悪いものは砂糖漬けしたり，タマリンドの代わりに調味料にもする．

ナツメヤシ

和名 ナツメヤシ
英名 date palm, date
学名 *Phoenix dactylifera* L.
(ヤシ科)

　属名はギリシャ語の phoenix, フェニキア人からでたもので, 果実の色・衣服の色の朱紫色 (Phoinos purple) やエジプトの神話の不死鳥 (phoenix) から出たものともいわれている.

【形　態】　ナツメヤシは高さ 20～30 m に達する直立の木本性のヤシ植物で, 茎頂に成木で 100～200 葉を叢生して, 樹冠を形成する. 根は深く, 砂漠では 30 m にも伸びて地下水まで達する. 葉は羽状複葉で長さ 4～7 m, 羽片は竜骨状に中肋を有し, 長さ 20～40 cm, 灰色または青緑色で小葉は線形で鋭尖頭である. 毎年 10～12 枚の葉が新しく生じ, その寿命は 4 年で枯死するが, 基部は永く茎上に残る. 雌雄異株で円錐花序を腋生する. 雄性花序は直立し, 長さ 15～23 cm で, 各分枝に 100～150 個の雄花を着生する. 雄花は長さ 0.8 cm, 3 花弁, 6 本の雄しべからなり, 白色で芳香がある. 雌性花序は長さ 30～60 cm で, 各分枝に雌花が 20～30 個着生する. 雌花は緑色で, 3 個の子房があるが 1 個だけが果実に発達する. 果実は成長するにつれて花房が長くなり下垂する. 果実は円形から楕円形ないし円筒形で, 長さ 2.5～7.5 cm, 幅 2 cm, 熟すと果皮は赤色から黄褐色, 赤褐色となる. 1 房に 1000 個, 1 本に 12 房を着生するものもあり, 重さは 14～25 kg となる. 種子は 1 個で円筒形で縦方向に深い溝があり, 外種皮はかたい.

【原産地と伝播】　原産地はペルシャ湾岸地帯でチグリス, ユーフラテス両河川沼畔地帯とされている. 西パキスタン, インド, 中国, 北アフリカ, 南スペイン等に入り, その他の乾燥地帯に伝播した. 近年は中近東をはじめアメリカ合衆国, メキシコ, ブラジル, オーストラリア等で栽培されている.

【品　種】　品種は利用上果実の水分含有量により 3 型に分類されている.
　軟果種: アラビアの品種群で, 現在アメリカ合衆国で栽培されている品種が糖

図3 果房の袋掛け栽培

含有量が多く,生食でき優良品種が多い.

半乾果種:乾燥箱詰めにより,発酵することなく,青果として用いられ軟果種に比べて保存性が高い.

乾果種:アラビア人の重要食料品で現地で消費され,'デグレット・ヌール(Deglet Nour)','マジェール(Medjool)','ハラウィ(Hallawi)','カドラウィ(Khadrawi)','サイディ(Saidy)','ザヒディ(Zahdi)','カラセー(Khalaseh)','ファルド(Fardh)'等がある.

【生育周期と栽培管理】 栽培適地は熱帯,亜熱帯で結実期には平均気温29℃以上を必要とし,20℃では生育するが開花・結実しない.降雨が少なく湿度の低いことがよく,3〜5月の開花期に雨が多いと受粉が妨げられ,また,成熟期の8〜10月の降雨は果実を発酵させる.繁殖は10〜12年生の若木の根部より発生したひこばえ(sucker)が用いられる.雌株から分離したひこばえを苗床に仮植するが,直ちに8〜9m間隔に定植し,50本に1本の割で雄木を植える.定植後は日覆い,灌水をする.定植後4〜5年で結実を始め,12〜15年頃が最も収量が多い.3〜4月に雌花が開花するので雄花花序より花粉をかけ受粉させる.4カ月後に果実が熟する.成熟する頃に果実の着生している果房全体に袋掛けをすると良質の果実が収穫できる(図3).収量は一般に1樹当たり45kg程度,1ha当たり2tである.

【栄養成分と利用・加工】 果実の乾物100g中含まれる成分は,293kcal,水分26.1%,タンパク質3.9g,脂質1.2g,炭水化物77.6g,灰分2.7g,カルシウム103g,リン105mg,鉄分13.7mg,カリウム648mg,ビタミンA 15.6

mg, ビタミン B_1 0.09 mg, ビタミン B_2 0.16 mg, ナイアシン 2.2 mg, ビタミン C 30 mg である. 果実は生食するが乾果として貯蔵でき, ジャムやゼリーの原料となる. 若芽の部分もガダー (gaddah), ガリ (gari) といって, 野菜同様カレーの材料となる. 樹液はトディ (toddy) として飲用し, 発酵させてアラック (arrack) をつくる. 幹はココヤシに比べて軽く, 工作用として扉や, 桁, 板等に, 葉はマット, バスケット, カゴ等に編み, 葉柄は杖として利用できる.

〔井上弘明〕

ヤマモモ

和名 ヤマモモ
英名 red bayberry
学名 *Myrica rubra* Sieb. et Zucc
(ヤマモモ科)

　属名の *Myrica* (ミリカ) は「芳香性の低木の」を意味し，ギリシャ名 myrike に基づく名，種小名の *rubra* (ルブラ) は「赤色の」の意である．和名のヤマモモは山のモモの意味で，山に自生して食べられる果実がなる樹というところから名づけられたようである．

【形　態】　常緑の高木で，大きいものは高さ 10 m，幹径 1 m にも及ぶ．葉は互生して，倒卵状の長楕円形ないし倒披針形で，基部がくさび状に細くなり，革質で，裏面に小さい油点があり，ふつう全縁であるが，幼木では鋭鋸歯がある．葉柄が短く，葉の長さは 12 cm くらい．花は単性で，雌雄異株である．雄花序 (図1) は黄褐色で，5~6 個の雄花があり，雌花序 (図2) は 2~3 個の小さい苞があって，各苞鱗内に 1 つの雌花があり，花柱が 2 裂して，紅色である．花期は 4 月．果実 (図3) は球形ないし卵形で，多数の多汁質の突起を核面に密生し，6~7 月

図1　雄花序

図2　雌花序　　　　　　　　　　　図3　結実状態

に熟して，濃赤色となり，松脂臭がある．径はふつう 1～2 cm である．高知には'亀蔵'と称し，甘味があって，松脂臭の少ない優品がある．また，シロモモ（var. *alba* Makino）と称する白色のものもある．染色体数 $2n = 16$[1]．

【原産地と伝播】　原産地は中国南部と日本で，北半球の暖帯から亜熱帯にかけて広く分布している．日本では千葉県以南の太平洋岸に分布が多く，京都府以西の日本海沿岸にもわずかながら自生がみられる．ヤマモモは楊梅，山桜桃，火実等と書かれ，古くは『本草和名』(923)，『延喜式』(927)，『和名類聚抄』等のほか『枕草子』にも記されている．

【栽培沿革と利用の歴史】　1967（元禄10）年，宮崎安貞は『農業全書』を著し，ヤマモモには紅・紫・白の3種類があって，そのうち白実のものがとりわけ甘くて粒が大きいと述べ，育成方法については中国の『農政全書』(1639) から引用している．阿波藩では，1672（寛文12）年や1702（元禄15）年等の記録に，五木（マツ，スギ，ヒノキ，クヌギ，ヤマモモ）の1つとして保護育成が図られ，やせた山野に肥料木として植えられた．江戸中期以降に頻発した飢饉には代用食にもされ，嘉永年間（1848～53）には喜田辰吉，住吉兼五郎の両人がヤマモモの改良を図り，接ぎ木繁殖を研究している．殿様に献上したことで名づけられた'御前'とか，採草地の山で発見された'肥山'等，この頃すでに多数の品種が存在したといわれている．1913（大正2）年頃，'瑞光'の原種が中国福建省からもたらされ，1945（昭和20）年頃には'森口'が発見されて，現在の主要品種が整った．かつては薪炭材として，あるいは樹皮を染料として利用してきたが，近年はごく

図4 '森口'の果実の形態と断面

一部を除いて，こうした利用法はなくなった．

【品　種】　雌雄異株のため通常の育種方法が適用されていないので，実生変異の中から選抜されて数十品種が存在している．しかし，経済的に有利なのは数品種に限定される．

　'瑞光'：最も早くから結実を開始し，最も隔年結果の少ない品種である．樹上で暗赤紫色まで完熟すれば美味であるが，通常の熟度では酸が強く，貯蔵性がよいので，遠隔地向けや，ヤマモモ酒用に最適の品種である．

　'森口'（図4）：'瑞光'と同等以上の大粒で，酸味少なく食味が最も優れている．結果年齢に達するのがやや遅く，隔年結果もやや強いが，総合的にみて現在のところ，これより優れた品種はないと考えられる．高知では「広東」，徳島では「森口」として，それぞれ別個に命名されたと考えられている．'瑞光'同様中国から何らかの形で導入されたものであろう．

　'阿波錦'：小松島市櫛淵町で発見されたもので，果面の突起（果瘤）が大きい特徴から，鬼だんごの異名をもつ．やや晩熟の品種である．

　'紅玉'：小松島市櫛淵町で発見された．果径はやや大きく，酸味のやや少ない早熟系の品種．

　'白妙'：徳島県勝浦郡勝浦町で発見されたもので，完熟しても淡紅色をしているところから，白だんごとも呼ばれる中熟系品種である．ほかの品種にない独特の風味を備えている．

　'亀蔵'：高知県で発見された品種を，阿南市山口町の亀井亀蔵が移入して増殖したと伝えられている．晩熟系で果径はやや小さいが，甘味が強く比較的輸送に

も耐える．松脂臭の少ない優品である．

その他：'中山（なかやま）'，'住吉（すみよし）'，'立石（たていし）'，'赤だんご（あか）'，'よがわち'，'十六（じふろく）'等があるが，経済栽培にはいずれもやや不向きである．シロモモと称する白色のものもある．

【**生育周期と栽培管理**】　実生ではふつう15～20年生にならなければ開花せず，それまでは雌雄を外観で識別するのは困難である．7月上旬～8月中旬頃までに，当年の春枝上に花芽と葉芽の区別が肉眼的にはっきりしてくる．したがって，花芽誘導期は5～6月と考えられる．樹上の花器はその後ほとんど発達しないまま越年し，3月頃に花穂の伸長がみられるようになる．4月上旬になると迅速に伸長を始め，4月20日頃には満開に至る．1個の雌花穂には平均7～8個の雌花がついており，開花期間は1花穂内で2週間近くあり，風媒によって受粉する．雄花穂は雌花穂よりはるかに大きく，1花穂当たり約30個の雄花をつけ，20万～25万個の花粉を産出する．花粉は20μmくらいの大きさで，風にのれば数km以上飛散する．雄木の混植率は1%以下でよく，一部の木に高接ぎしておくとよい．1花穂当たりふつう1個あるいは2個以上の果実が発育を開始し，表年には葉果比1.0以下の樹も珍しくない．

　果実はモモやウメに類似した核果であり，中果皮が多肉質の可食部で，内果皮が核となっており，内部に無胚乳の肥厚したやわらかい蠟質の大きな子葉をつけた胚がある．果実の表面は無数の多汁質小突起（果瘤）で覆われており，'瑞光'では1果当たり約1200の果瘤からなっている．受精した果実は，二重S字の曲線を描いて肥大し，途中発育が緩慢となる硬核期がある．早熟系品種では6月中旬から，晩熟系でも7月上旬には成熟期を迎える．ヤマモモには根に窒素固定能をもつ共生菌があるので，やせ地にもよく生育し，肥沃地ではむしろ栄養成長が盛んになりすぎて，結実開始が遅れたり，着果しても品質不良となったりしやすい．強酸性土にもよく適応し，pH4.5～5.5程度で最も生育がよい．栽植本数は10a当たり肥沃地で40本，やせ地で60本程度とする．定植の適期は3月下旬～4月上旬である．植え傷みが大きいので，根鉢をくずさないよう丁寧に植え付け，十分灌水し，支柱を立てる．ヤマモモハマキやミノムシに新葉が食害されるので，適宜防除し，やせ地では窒素，リン酸，カリウムそれぞれ成分で10a当たり10kg程度を2～3回に分施する．台木用には'瑞光'，'森口'等大粒品種から種子を採取して，貯蔵後9～11月頃苗床に播種する．翌年4月に発芽がみられるが，さらに1～2年養成して，3月中旬～4月上旬に接ぎ木する．穂木

はよく充実した前年夏枝からとり，揚げ接ぎの剝ぎ接ぎを行い，苗圃で2～3年養成してから圃場に定植する．高接ぎによる品種更新の適期は4月中・下旬がよい．揚げ接ぎでは接ぎ蠟への瞬間浸漬が能率的で，パラフィルムの利用も成功率が高い．在来品種の多くは，15年生以上にならないとほとんど着果しないので，結実促進のため主枝または亜主枝単位に環状剝皮を行う．時期は6～7月がよく，直径10cmくらいの枝で幅5mmくらい，それより細い枝では鋸目1～2条とする．成熟期になると果皮色が淡緑→黄緑→赤→赤紫→暗赤紫，シロモモでは淡緑→黄白→淡紅→紅のように変化し，着色とともに増糖・減酸が進行する．適熟のものから3～4回に分けて分割採収する．

【生産と消費】 全国的にみても，組織的な生産，出荷，販売が行われているのは徳島と高知の両県で，それぞれ県の木，県の花としてなじみも深い．日本におけるヤマモモは1999（平成11）年で，徳島県，高知県およびその他の順にそれぞれ，栽培面積は46.6ha，28.8ha，15.7ha，生産量は80.6t，117.6t，12.8t，生果量は59.8t，13.7t，1.8tであり，2001（平成13）年で，徳島県，高知県およびその他の順にそれぞれ，栽培面積は37.2ha，12.8ha，10.2ha，生産量は38.1t，20.7t，6.5t，生果量は35.6t，15.6t，3.6tである．高知で生果量の割合が少ないのは，その主力品種が果実の小さい'中山'や'亀蔵'であり，しかも大木のため収穫されるのがごく一部で，ほとんど自家消費と地元出荷にとどまっているためである．徳島では，'瑞光'が積極的に増殖され，'森口'の新植もあって，地元市場とともに阪神市場への出荷が多い．

【栄養成分】 主要品種の収穫適期の全糖含量は7.5～8.4％で，'瑞光'以外の品種では還元糖が90％以上あり，中でもブドウ糖の割合が高い．有機酸含量は0.6～1.7％程度の範囲にあり，全体の97％がクエン酸，リンゴ酸2％程度，コハク酸1％弱で，イソクエン酸，シュウ酸等が微量検出される．色素は主としてアントシアニンでシアニジン系のクリサンテミンとみられている．

【利用・加工】 果実は生食されるほか，ジャムやゼリー，製菓原料や果実酒にも利用され，特にヤマモモ酒は野趣に富んだ風味が珍重され，果実酒の中でも屈指のものとされる．元禄年間に発刊された『本草食鑑』第2巻にも，ヤマモモ酒のつくり方や効能が述べられており，薬酒として利用されていた．材料は通常，

果実 1 kg に対して 35% の焼酎 1.8 L と砂糖 200〜250 g であるが，好みによって砂糖量を加減する．また，産地では，ヤマモモワイン等の開発も行われており，加工原料としての用途も明るい．果実に繊維が多いので整腸作用が著しく，梅雨どきの健康果物として最適で，南国に育った人たちにとって郷愁をそそるものがある．

〔長谷川耕二郎〕

文 献

1) 大村三男：分類と来歴．特産くだもの やまもも，pp. 1-15，日本果樹種苗協会，1990．

ランサー（ロンコン）

和名 ランサー，ロンコン，ドゥク，ココサン
英名 langsat, longkong, duku, kokosan
学名 *Lansium domesticum* Correa
（センダン科）

　属名の *Lansium* はマレー語でこの果実が Lansa と呼ばれていたことに由来し，種名の *domesticum* はラテン語で土着の意味である．

【形　態】 ランサーは，常緑性で樹高 30 m にも達する高木となる．樹皮には灰色や橙色の斑点がみられ，白色で粘性のある樹液が含まれている．葉は互生し，長さ 30〜50 cm の羽状葉で，無毛と有毛のものがある．小葉は長楕円形で，6〜9 枚が互生している．総状花序が幹や大きな枝に直接着生し，1 カ所に 2〜10 個の花序が着生することもある．小花は幅 12 mm，長さ 5 mm と小さく，両性花．

図1 ロンコンの結実状態

図2 成熟したランサー果実

図3 ロンコン果実の断面

多肉質の萼で，緑もしくは黄緑色で5つに分かれている．白もしくは白黄色の花弁で多肉質．雄しべは10個あるが肉厚な管状になっている．花柱は短く，柱頭は広い．果実は長楕円形もしくは球形であり，黄色もしくは白茶色で，薄い果皮のものと厚い果皮のものがある（図1,2）．仮種皮が発達して半透明状の多汁な果肉となり，果皮と果肉は容易に分離できる（図3）．果実にはアポミクシス（単為生殖）による不定胚が発達した種子が1～3個形成されるが，無種子果実も形成される．

【原産地と伝播】　マレー半島からカリマンタン島にかけての地域が原産地とされ，この地域では野生のものが自生している．原産地以外にあまり伝播しておらず，主な生産地もこの原産地付近であり，タイ，マレーシア，インドネシア，フィリピンが主要生産国である．

【品　種】　この種には多くの野生型や栽培型があり，それぞれに対して名前がつけられているため分類上の混乱を招くことが多い．これらのうち，代表的なものとしてランサー，ロンコン，ドゥク，ココサンと呼ばれているタイプがあり，その特徴は以下のとおりである．

　ランサー：樹は直立性で，葉は濃緑色で裏にわずかに柔毛がある．花序は長く，果皮は薄く，白い乳液を含んでいる．果肉は酸味が強い．短期間の乾燥に耐え，雨期と乾期がある地域が生育適地である．'Uttaradit'（タイ），'Paete'（フィリピン）等の品種がある．

　ドゥク：樹は開張性で樹冠は密生している．葉は明緑色で柔毛はない．花穂は短く，着果は少ない．果実は球形で果皮は厚く，果肉は甘い．熱帯湿潤気候が生育適地である．

　ロンコン：ドゥクとほとんど同じ特徴をもつが，着果は多く，果皮は薄くて乳液を含まない．無種子果実の形成が多い．

　ランサーとドゥクの中間タイプ：無種子果実を形成し，果皮は剝ぎやすく，果肉は甘くてやわらかい．

　ココサン：インドネシアに生育し，果実は酸味が強い．

【生育特性と栽培】　ランサーの生育には高温多湿な条件が必要である．日陰で生育が良好になり，樹園地では被陰樹を栽植して栽培する．根は浅根性で，地表を

覆うものが必要である．排水性と保水性のよい土壌を好み，弱酸性土壌で生育がよく，砂質のアルカリ土壌では生育不良になる．

　ランサーでは短期間の乾燥が花芽分化に必要で，乾期の初めに花芽が形成され，数カ月間は成長を停止したままである．花芽は成長を開始すると，約7週間で満開に達し，4カ月後に果実が成熟する．ほとんどの花は着果するが，初期落果が激しいことが多い．生育の旺盛な樹や直射日光が当たる樹幹では花芽形成が少ない．雄ずい不稔のため単為結果するが，単為生殖により不定胚が発達して種子が形成される．種子は多胚性である．種子の発芽力は容易に失われるが，多湿下では約5週間保たれる．

　単為生殖するため種子繁殖が可能であるが，結果年齢に達するまで10年以上要するので，一般的には，5～6年で結実する接ぎ木繁殖が行われている．栽培には生育を促進させるために灌水と被陰樹が必要で，マルチは成長を促進させる．乾期に花芽分化した場合は灌水によって開花を早めることができる．果実発育中における土壌乾燥はその後の降雨や灌水により裂果を引き起こす．果実の貯蔵性は低く，収穫後4～5日で果皮が茶色に変色し，湿度が高いとかびが発生する．

【栄養成分と利用・加工】　果実はほとんど生食され，シロップ等としても利用される．果肉には水分が90％，糖が約9％含まれ，特にすぐれた栄養成分は含まれていない．果肉は甘酸っぱくてブドウのような味覚がある．果皮には精油と樹脂が含まれ，乾燥させた果皮を燃やすと防虫効果がある．樹脂は下痢や腸の痙れんを防止する効果がある．

〔宇都宮直樹〕

ランブータン

和名 ランブータン
英名 rambutan
学名 *Nephelium lappaceum* L. (*Euphoria nephelium* D.C.)
(ムクロジ科)

　属名の *Nephelium* はギリシャ語の雲 (nephele) に由来．種名 *lappaceum* は，軟刺に覆われた果実が野菜のゴボウ (*Arctium lappa* L.) の果実に似ていることからつけられた．rambutan とはマレー語で「毛の生えたもの」との意味がある．

【形　態】 熱帯性の常緑中高木．開張性で樹冠が広く栽培品種は高さ 4〜7 m，野生のものは高さ 20 m にもなる．葉は互生の偶数羽状複葉，小葉は 2〜6 対あり長さ 5〜28 cm の卵形ないし倒卵形，表面は革質で光沢のある緑色，裏面は淡緑色である．頂生の円錐花序に多数の花をつける．花は黄緑〜緑白色で萼は 4 または 5 裂し，花弁は通常ない．雌雄異株または同株で，栽培には雌雄同株のものが用いられる．雌雄同株の樹に着く雌花には短い雄しべがあるが，雄しべとしての機能は失っている．同様に，雄花にも雌しべがあるが，柱頭が開かず雌しべとしての機能はない．雄株には雌しべが退化した単性の雄花のみがつく．雄しべは通常 5 本，雄花では花糸が長い．雌花では雄しべは短く，2 心皮からなる雌しべが発達しており，子房は将来軟刺となるいぼ状の突起で覆われている．果実は卵形〜球形，直径 5〜7 cm で，10〜15 個程度の果実が房状に着果する．果皮は

図1 ランブータンの花　　　**図2** ランブータンの結実の様子
(提供：カセサート大学・Yapwattanaphun, C. 氏)

ランブータン　*509*

図3 果実とその内部

黄色や赤色〜赤紫色で，表面が小さな亀甲状に分かれ，それぞれに0.5〜2cmの先端が曲がった軟刺を生じる．果実中央に楕円形で淡褐色の種子が1つあり，種子のまわりは乳白色半透明の果肉（仮種皮）で覆われている．果肉は多汁で甘く，酸味もほどよくあり，美味である．種子と仮種皮の分離が悪く，種皮が剝がれて果肉に付着する場合があり，苦みや食感を悪くする要因となるが，最近では種皮離れのよい品種の選抜が進められている．

【原産地と伝播】　ランブータンの原産地は明確でないがマレー半島，ジャワ，スマトラ，カリマンタンあたりとされる．ニューギニアからスリランカまで熱帯アジアに広く分布しており，中国南部からインドシナ半島，フィリピンでは半野生のものも多くみられる．アフリカには古くアラビア人によって伝えられ，ザンジバルやモーリシャスで栽培があり，西アフリカやオーストラリアには20世紀初頭に導入の記録がある．生産量はタイが最も多く，マレーシア，インドネシア，フィリピンが続く．近年，中国・海南島や雲南省での栽培が拡大しつつある．アジア以外では，オーストラリアやモーリシャス，マダガスカル等で栽培がみられる．生産国以外では香港やシンガポールで消費量が多く，またマレーシアは自国での生産に加えタイからも果実を輸入している．タイでは缶詰の生産も多く，周辺国やヨーロッパ，アメリカ合衆国にも輸出している．

【品　種】　ランブータンには果皮色や果肉形質の異なる数多くの系統が知られており，東南アジア各国でそれぞれ優良品種が選抜されている．マレーシアでは種皮離れのよい品種群（rambutan lekang）や果皮が黄色の品種群（rambutan gading）が知られているほか，遺伝資源の保存や育種が積極的に進められており，

R3 ('Peng Thing Cheng'),R134,R156 ('Muar Gading') のように，古い品種にも新しい選抜系統にも番号をつけて普及している．タイでは 'ロング・リエン (Rong Rien)' と 'シー・チョンプー (Si Chompoo)' の 2 品種が栽培の大部分を占める．インドネシアにも 'レバックブルス (ルバブラス，Lebakbulus)'，'シマチャン (Simacan)'，'シニョニヤ (Sinyonya)' 等の優良品種が多くみられる．

【生育周期と栽培管理】 ランブータンは純熱帯性の果樹であり，標高 300 m 以下，降水量 2500〜3000 mm の熱帯湿潤地帯で栽培が可能である．土質を選ばずやせた土地でも生育がよい．繁殖は種子繁殖が多いが経済栽培品種は芽接ぎや取り木によって栄養繁殖される．種子繁殖の場合雄株を生じるので選抜が必要である．実生苗は 5〜6 年，接ぎ木苗は 2〜4 年，取り木苗は 1〜2 年で結実する．定植は 5〜10 m 間隔で行う．開花期はマレー半島では 4〜5 月，タイでは 1〜3 月で乾期の終わり頃に当たる．隔年結果性が強い．栽培品種では雄花の割合は少ないが，通常は昆虫による受粉に問題はない．品種によっては雄花をほとんどつけないものもあり，この場合受粉樹が必要となる．開花後 4 カ月で収穫期を迎える．果実は樹上で成熟させてから果房ごと収穫する．

【栄養成分】 果肉 100 g 中の成分量は水分 82.9 g，タンパク質 0.9 g，脂肪 0.1 g，炭水化物 14.5 g，食物繊維 1.1 g，ビタミン A 4.0 IU，ビタミン C 31 mg，カロリー 63 kcal である．

【利用・加工】 生果としての利用が一般的であるが，酸味の強い果実はシチューに用いられることもある．缶詰は重要な加工品で，タイでは種子を取り除き，代わりにパイナップル果実の小片を詰めてシロップで漬けた缶詰が製造されている．また，ランブータン樹はさまざまな部位が民間薬として利用され，果実は収斂剤や駆虫剤に，根は煎じて解熱剤に，葉は湿布に用いられる．樹皮や果皮は染料の原料としても利用される．

〔神崎真哉〕

リュウガン（ロンガン）

和名　リュウガン（龍眼），ロンガン
英名　longan, dragon eye
学名　*Dimocarpus longan* Lour.（*Euphoria longana* Lam.）
（ムクロジ科）

　レイシやランブータンと同じムクロジ科の果樹．果実を割ると中央に黒く丸い種子があり，その様子が龍の目に似ていることから中国で「龍眼」と名づけられた．属名の *Dimocarpus* は「2つの心皮」の意で，子房が2心皮からなることから．種名の *longan* は中国名に由来する．

【形　態】亜熱帯性の常緑高木で，高さは10〜40 m，幹直径20〜100 cmになる．枝は密生し，ドーム状の大きな樹冠を形成する．葉は楕円形で長径15〜45 cm，短径1.5〜20 cm，2〜6組の葉が羽状の複葉をなす．頂生花芽で円錐花序を形成し，500〜1000個の小花からなる花穂は長さ8〜40 cmになる．花は黄〜茶色，直径約5 mm程度で，萼裂片と花弁はともに5個ある．雌雄同株で，雄花，雌花および両性花が1つの花穂に咲く．雄しべは6〜10本あるが，雌花では花糸が短く雄性器官の機能を失っている．雌しべは雌花と両性花で発達し，花柱の先端が2つに分かれている．子房は2心皮からなり，それぞれに1つずつ胚珠があるが，通常は受粉後に片方の胚珠が退化する．果実は直径1〜3 cm程度の球形，果皮は黄〜淡褐色，殻状〜革状で容易に剥くことができる．可食部は仮種皮で半透明〜白色，レイシと比較すると多汁でより甘味が強いが酸味は少ない．種子は

図1　リュウガンの花

図2　リュウガン結実の様子

図3 リュウガン果実

直径約 1 cm, 光沢があり茶黒色で, 果実の中央に 1 つある.

【原産地と伝播】 リュウガンの原産地は特定されておらず, ミャンマーから中国南部の山岳地帯あるいはスリランカ, インド南西部の低地といわれている. インド西部やアッサム地方にも野生のリュウガンが群生しているが, 分布地域を考慮すれば中国南部・海南〜雲南地方を原産としてタイ, ミャンマー, インドシナ半島に広まっていったとする説が有力である. 中国では古くから生薬として利用され, 長い栽培の歴史をもつ. 主な生産地は中国南部, 台湾, タイ, ベトナムで, 世界のリュウガン生産量のほとんどがこの地域でつくられている. その他の東南アジア諸国, オーストラリア（クイーンズランド）, アメリカ合衆国（フロリダ）でも栽培がある. 果実が中国人に好まれるためシンガポールや香港への輸出が多い. わが国では沖縄, 鹿児島でわずかに栽培がみられ, 鹿児島県には江戸時代に導入されたとされるリュウガンの巨木が現存している.

【品　種】 中国には非常に多くの品種があり, '蛇皮', '水南', '花殻' 等が福建省や広東省で栽培されている. 台湾では, '福眼', '晩生龍眼', '大龍眼' 等が知られている. タイでも多くの固有品種が選抜されており, 'チョンプー（Chompoo）', 'ビョウ・キョウ（Biew Kiew）', 'ヘーォ（Haew）' 等が栽培されている. ベトナムにも多くの品種があるが品種の整理はあまり進んでいない. また, フロリダには 'Kohala' という品種がありハワイから導入されたとされているが, その由来には不明な点が多い.

【生育周期と栽培管理】 亜熱帯性気候を好み，熱帯低地での栽培には不向きであるがマレーシアやカリマンタンでは熱帯性の亜種（*D. longan* spp. *malesianus*）がみられる．耐寒性は比較的強いが霜害には弱い．排水性のよい砂質土壌を好み，果実発育期には十分な水を必要とする．繁殖は取り木や接ぎ木によって行われる．接ぎ木苗のほうが強勢とされ，定植後4～5年で収穫可能となる．取り木苗は母樹から切り離した後，半年～1年間日陰で育成してから定植する．開花期は中国や台湾では3～4月，タイでは12～2月．花芽分化には低温が必要で，冬季に十分な低温に当たらないと開花が不良になる．隔年結果性が強く花芽形成を安定させることが難しいが，塩素酸カリウムの処理によって花芽形成を促すことが可能で，タイでは実用化されている．受粉は主に昆虫によって行われ，開花後5～7カ月で収穫期を迎える．

【栄養成分と利用・加工】 果実は生果としてそのまま食されることが多いが，貯蔵性が悪いため，乾果または缶詰としての利用も増えている．果汁が多く糖含量も高いため，缶詰に加工する際にシロップや糖を足さず，果汁のみでつくられることもある．乾果は，黒色で非常にかたいが，お茶のようにして飲用すると芳香と甘味を楽しむことができる．古くから薬用としても価値が高く，果実にはアデニンやコリンが多く含まれ，健胃剤，解熱剤，駆虫剤として，乾果は滋養強壮剤，保温薬，不眠症薬等として用いられる．葉にはケルセチンが多く含まれ，民間薬として利用される．種子はサポニン，タンニン，油分を含み，止血剤として利用されるほか，洗剤として洗髪にも用いられる．　　　　　　　　　　〔神崎真哉〕

リンゴ

和名 リンゴ
英名 apple
学名 *Malus* × *domestica* Borkh.
(バラ科)

リンゴは植物分類学上バラ科 (Rosaceae), ナシ亜科 (Pomoideae), リンゴ属 (*Malus*) に分類される. 近縁種にはナシ属 (*Pyrus*) があり, 同じ属に分類された時代もあったが, 現在では別々の属として区別されている. 属名の *Malus* はギリシャ語の malon (リンゴ) に由来している.

【形　態】　温帯性の落葉高木で無剪定樹では樹高 7～8 m を超える. 新梢は枝と葉および芽で構成される. 枝の伸長にともない葉が発達し, その葉腋に芽が形成される.

　葉のつき方 (葉序) には一定の規則があり, 右巻きの螺旋状に 144°の開度で順

図1　従来の M.26 台木を用いた'ふじ'の矮化栽培 (左) と M.9 ナガノ台木を用いた'シナノスイート'の新矮化栽培 (右, 提供：長野県果樹試験場・玉井　浩氏)

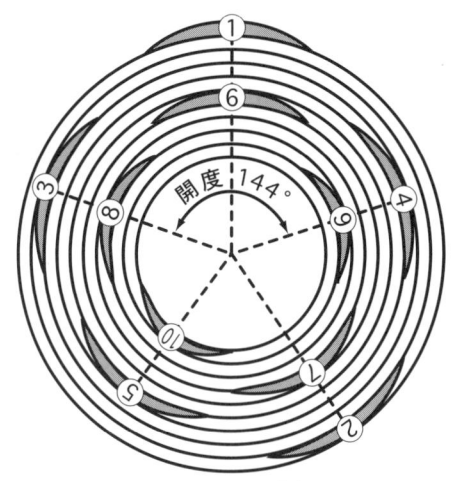

図2 リンゴの葉序
葉は144°の間隔で螺旋状に順序正しく着生し,ある葉から数えて5枚目の葉がその真上にくる.

序正しく着生する(図2).葉は葉身と葉柄で構成され,葉柄の基部に1対の小さな托葉が着生している.この托葉は,ナシでは展葉後離脱するのに対し,リンゴでは通常落葉するまで付着している.葉の組織は表皮系,基本組織系および維管束系から構成される.表皮はクチクラに覆われ,葉の裏面には毛じとともに多数の気孔が散在する.基本組織系の葉肉組織には,典型的な柵状組織と海綿状組織がみられる.維管束系の葉脈は葉肉組織中に分布し,葉の表側に木部が,裏側に師部がそれぞれ発達している.

花はふつう前年に伸長した枝の先端に着生するが,ときには葉腋にもつけることがある.頂芽につく花芽を頂花芽,腋芽につく花芽を腋花芽と呼ぶ.花芽は,1つの芽に花芽と葉芽を含む混合花芽である.花芽は5～7花からなり,頂花の中心花を軸に側花が螺旋状につく.開花は中心花が最も早く,基部側の側花ほど遅い(図3).花は5枚の花弁と萼片,20本の雄しべ,5本の雌しべとこれらを支える花床からなる.子房下位花で,花床内の子房は5心皮よりなり,それぞれ2個の胚珠を含む.

果実は偽果で,可食部分は花床組織が発達・肥大したものであり,子房組織は果心部と種子になる.果実の外側は表皮に覆われている.表皮は幼果時には毛じが密生しているが(図4),果実の発達にともない毛じが脱落し,その跡をクチクラが覆うようになる.可食部の大部分は花床の皮層と髄部分が肥厚したものであ

図3 花　　　　　　　　　　　　図4 幼果

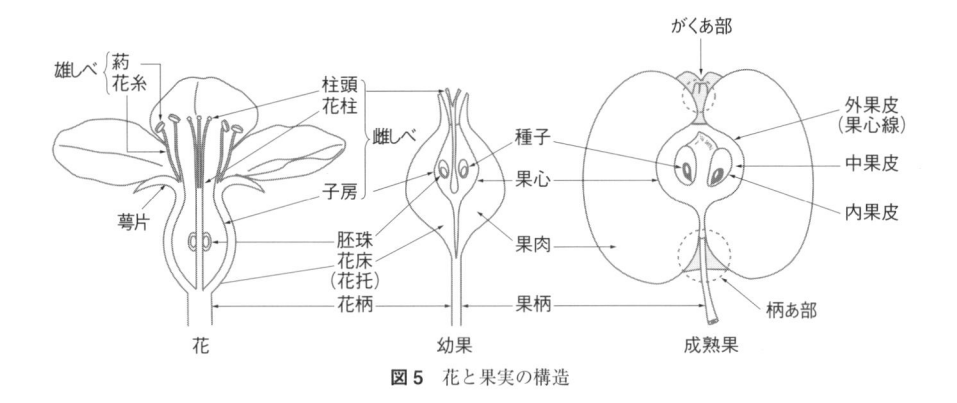

図5 花と果実の構造

り，皮層と髄部分の間には果心線が認められる．果心部は子房組織に由来し，心皮に包まて5個の子室があり，それぞれの子室に2個の種子が入る（図5）．

【原産地と伝播】 リンゴ属植物には30種ほどの種とその亜種が含まれ，ヨーロッパ，アジア，北アメリカに広く分布している．

　栽培種のリンゴの起源ははっきりしないが，現在では，中央アジアに分布する $M.\ sieversii$ が基本種となり，中国に分布するイヌリンゴ（$M.\ prunifolia$），エゾノコリンゴ（$M.\ baccata$）等と交雑し，生じたものと考えられている．$M.\ sieversii$ は中央アジアの標高1200〜1800 mの山岳地帯に自生し，その果実は変異に富み，枝葉も驚くほど栽培種に似ている．中国から中央アジア，中近東，ヨーロッパへと通ずるシルクロードの交易によって，$M.\ sieversii$ とその雑種が運ばれ，現在のリンゴが成立したものと考えられている（図6）．

　リンゴの栽培の歴史はかなり古く，紀元前に始まったとされる．炭化したリン

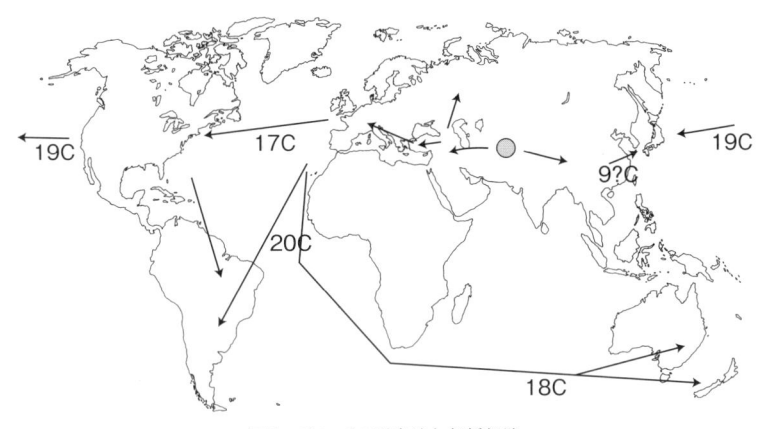

図6　リンゴの原産地と伝播経路
　　　数字は世紀を示す．

ゴやその化石が紀元前6500年前のアナトリア地方（トルコ）やそれ以降のヨーロッパ中部の遺跡から発掘されていることから，当時の人々がリンゴを利用していたことがうかがえる．当時のリンゴはクラブアップル（Crab apple）に相当するもので，現在のリンゴよりかなり小さく，渋みと酸味があったものと考えられる．ギリシャ時代になると，テオフラストス（Theophrastus, 紀元前320年）はアレキサンダー大王の占領地から持ち帰った栽培種についてふれ，栽培法や接ぎ木繁殖法を記述した．ローマ時代には，プリニウス・セキュンドス（Plinius Secundus 西暦77年）は30品種余りのリンゴを記述している．

　12世紀から17世紀にかけて，イギリスやヨーロッパ中北部で栽培の普及や改良が行われ，'オールド・イングリッシュ・ペアメイン（Old English Pearmain）'，'コスタード（Costard）'，'ロンドン・ピピン（London Pippin）'，'ゴールデン・ピピン（Golden Pippin）'，'ゴールデン・ライネット（Golden Reinette）'，'サマー・ペアメイン（Summer Pearmain）'等の品種が現れた．これらの品種はいずれもクラブアップルであり，生食用以外にリンゴ酒（サイダー）の原料として使用されていた．18世紀に入るとベルギーやイギリスで本格的な品種改良が行われるようになった．

　アメリカでのリンゴ栽培は東海岸への移民とともに始まった．移民の初期にはヨーロッパ各国から苗木や種子を持ってアメリカ大陸に渡ったが，ヨーロッパ原産の品種はアメリカ東海岸の雨の多い環境に適応できなかったものが多く，その

後アメリカで栽培されるようになった品種は実生から生じたものが多い．これらの品種の中には，明治時代に入ってわが国に導入され経済品種となった'国光（Ralls Janet）'，'紅玉（Jonathan）'，'倭錦（Ben Davis）'，'芹川（Rome Beauty）'，'初日出（Winesap）'等の品種がある．

　わが国に欧米から現在のリンゴ（セイヨウリンゴ，苹果）が導入されたのは明治初期である．明治以前にリンゴ（林檎）と呼ばれていたものは，ワリンゴまたはジリンゴ（M. asiatica）と後に呼ばれるようになったもので，鎌倉時代以前に中国大陸からもたらされたものである．果実は直径3～4 cmほどで，渋みが多少あるものの食べられる．1871（明治4）年6月に北海道開拓使次官であった黒田清隆がアメリカ合衆国から果樹の苗木を持って帰国した中に，75品種のリンゴ苗木があった．これらの苗木は東京青山の官園で養成され，北海道に送られた．1874（明治7）年以降は内務省勧業寮がリンゴ苗木の全国配布を行い，リンゴ栽培が本格的に始まった．その後，明治年間に約270品種，大正年間に約60品種，昭和になって約500品種が欧米から導入された．このうち，'スターキング・デリシャス（Starking Delicious）'，'ゴールデン・デリシャス（Golden Delicious）'，'ジョナゴールド（Jonagold）'等の品種が経済栽培されている．

【栽培沿革と利用の歴史】　1874（明治7）年に各県に配布された苗木は増殖され，1884～85年頃から経済栽培されるようになった．1911年の時点で青森県における栽培品種は'国光'，'紅玉'が主要品種となっており，そのほかに'柳玉（Smith Cider）'，'祝（American Summer Pearmain）'，'倭錦'等の品種が栽培され，栽培面積も5600 haに達した．さらに1927年には栽培面積が8065 haに拡大し，'旭（McIntosh）'，'デリシャス'，'ゴールデン・デリシャス'，'印度'等の品種が新しく加わったものの，'国光'，'紅玉'の両品種の栽培面積は75.6％を占めていた．その後，青森県以外の東北地方の各県や長野県でも徐々に栽培面積が拡大していった．特に，終戦後の1960（昭和35）年から高度経済成長期に入り，その栽培面積が増加した．1965年には栽培面積，生産量はそれぞれ6万5600 ha，113万2000 tのピークに達した．しかし，この頃から'国光'，'紅玉'等の主要品種に対する需要は急激に低下していった．1962年に果樹試験場盛岡支場（現果樹研究所リンゴ研究部）で育成された'ふじ'は，その後急激に増加し，1975年には青森県リンゴ試験場で早生品種の'つがる'が育成され，その栽培が全国的に増加した．その後，各県の試験場でも種々の品種が育成され今日に至っている．このよ

うにかつて海外からの導入品種に依存していた日本のリンゴ栽培は，現在ではその80％以上を国内育成品種で占めるようになった．また，2003年には'ふじ'の生産量が世界一となり，日本で育成された品種の優秀性が世界的にも認められるまでになった．これまでに日本で育成された品種のほとんどは酸味が少なく，糖度の高い生食用が主体である．

【品　種】　世界的にみると'ふじ'，'レッド・デリシャス（Red Delicious）'，'ゴールデン・デリシャス'が3大品種となっている．そのほかに，'ガラ（Gala）'，'グラニー・スミス（Granny Smith）'，'ジョナゴールド'等の生産量も多い．
　わが国における主要品種の特性は表1のとおりである（図7）．また，'ふじ'を含む主要品種には着色系や早熟系等の多数の枝変わり系統がみられる．

【生育周期と栽培管理】　リンゴは冷涼な気候の地域に適し，主産地の年平均気温は8〜13℃，生育期（4〜10月）の月平均気温は15〜19℃である．生育期の気温

図7　リンゴの主要品種
'芳明'は'つがる'の着色系枝変わり品種．

表1 主要品種の特性

	品種名	組み合わせ	育成地など	収穫期	大きさ	果色	糖度(%)	貯蔵性(常温)
早生品種	'祝'	不明	アメリカ原産	7月上～8月上旬	小	緑	10～11	—
	'シナノレッド'	'つがる'×'ビスタベラ'	長野県果樹試験場	8月上・中旬	中	濃赤・しま	13前後	1週間
	'さんさ'	'あかね'×'ガラ'	農林水産省果樹試験場	8月下旬	中	濃赤	13～14	10日
	'つがる'	'ゴールデン・デリシャス'×'紅玉'	青森県リンゴ試験場	8月下旬～9月上旬	大	赤・しま	13～14	10日
中生品種	'千秋'	'東光'×ふじ	秋田県果樹試験場	9月下旬	大	赤・しま	14前後	10日
	'紅玉'	'エンパス'の実生	アメリカ原産	9月下旬	中	濃赤	13～14	1週間
	'世界一'	'デリシャス'×'ゴールデン・デリシャス'	青森県リンゴ試験場	9月下旬	極大	赤・しま	14前後	1週間
	'シナノスイート'	'ふじ'×'つがる'	長野県果樹試験場	10月上旬	大	赤・しま	14～15	2週間
	'ジョナゴールド'	'ゴールデン・デリシャス'×'紅玉'	ニューヨーク州立試験場	10月上旬	大	赤・まだら	14～15	2週間
	'秋映'	'千秋'×'つがる'	長野県 小田切健男	10月中旬	大	暗赤	14～15	2週間
	'シナノゴールド'	'ゴールデン・デリシャス'×'千秋'	長野県果樹試験場	10月中旬	大	黄	14～15	3週間
	'陽光'	'ゴールデン・デリシャス'の実生	群馬県総合試験場	10月中旬	大	濃赤・しま	14～15	2週間
晩生品種	'あいかの香り'	'ふじ'の実生	長野県 藤牧秀夫	10月下旬	大	赤・しま	14～15	2週間
	'こうたろう'	'ふじ'×'はつあき'	農林水産省リンゴ支場	10月下旬	中	濃赤	14～15	2週間
	'王林'	'ゴールデン・デリシャス'×'印度'	福島県 大槻只之介	10月下旬	大	黄緑	14～15	1カ月
	'ふじ'	'国光'×'デリシャス'	農林水産省果樹試験場	11月上・中旬	大	赤・しま	15～16	1カ月

収穫期は長野県を標準とした。長野県経済事業農業協同組合連合会「果樹指導指針」(2001年)を主に参考に作成。

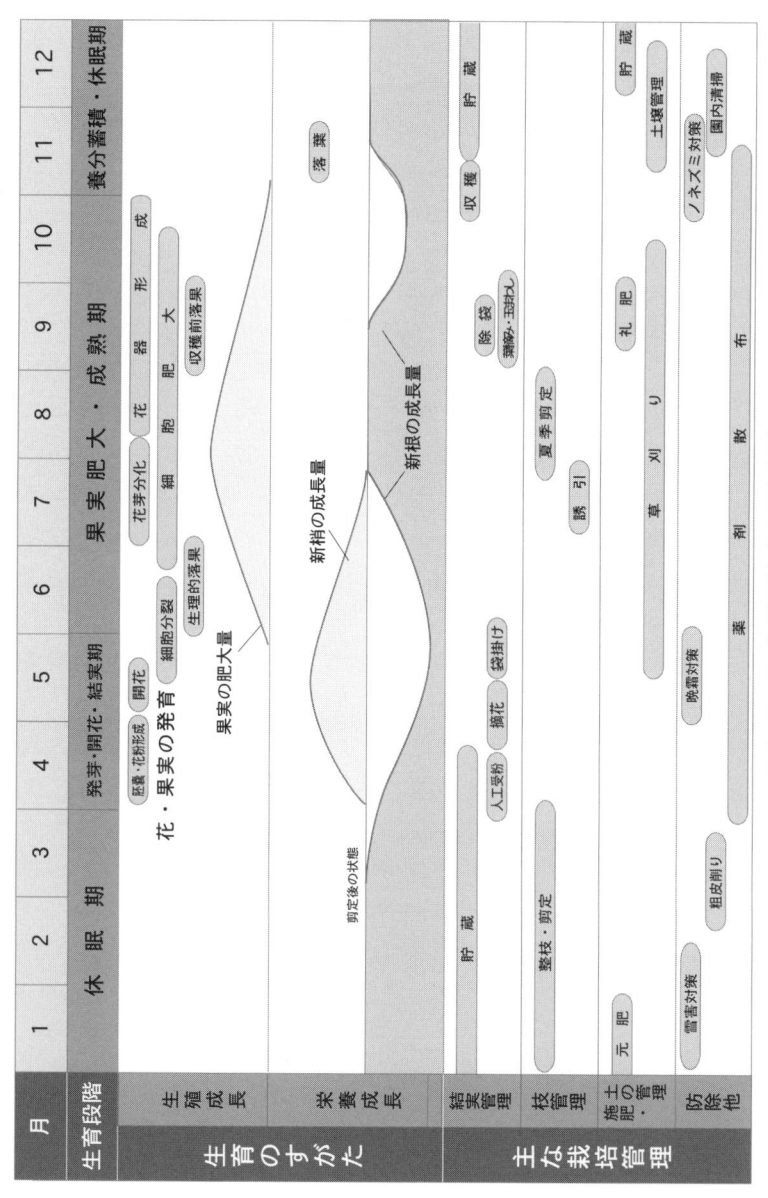

月	1	2	3	4	5	6	7	8	9	10	11	12
生育段階	休　眠　期			発芽・開花・結実期			果　実　肥　大・成　熟　期				養分蓄積・休眠期	

生育のすがた
- 生殖成長: 器官・花芽形成／開花／細胞分裂／果実の肥大量／細胞肥大／花芽分化／器官形成／生理的落果／収穫前落果／落葉
- 栄養成長: 剪定後の状態／新梢の成長量／新根の成長量

主な栽培管理
- 結実管理: 貯蔵／人工受粉／摘花／摘果／袋掛け／除袋／摘葉・玉回し／収穫／貯蔵
- 整枝・剪定管理: 整枝・剪定／誘引／夏季剪定
- 施肥・土の管理: 元肥／草刈り／礼肥／土壌管理／貯蔵
- 防除他: 雪害対策／粗皮削り／胞霜対策／薬剤散布／ノネズミ対策／園内清掃

図8　リンゴの生育周期と主な栽培管理[1]

が高いと栄養成長が旺盛となり，逆に生殖成長が劣るために新梢が遅くまで伸長し，花芽の着生が不良となる．また，早生・中生種では果実の着色が劣り，果面に日焼けが発生したり，果肉が軟化し，果実品質が不良となる．一方，冬季の最低気温が－25℃以下に低下するような地域では，幹や枝に凍害が発生するために通常の品種は栽培が難しい．また，生育期に降雨が多すぎると病害の発生が多くなるとともに果面にさびや着色不良が発生しやすい．

リンゴの生育周期と主な栽培管理を図8に示した．

発芽・展葉期：発芽前の枝をみると，前年に伸びた枝の先端が丸みのある花芽となっている．花芽の着生した枝を結果枝，葉芽だけの枝を発育枝と呼ぶ．結果枝はその長さにより短果枝，中果枝，長果枝に分けられる．短果枝は，2年枝以上の古い枝についた1～2cmの短い枝で，先端が花芽になっている．長果枝は，約30cm以上伸びた枝でその先端の芽や先端に近い腋芽が花芽になっている．また，10～25cmくらいの花芽のついた枝を中果枝と呼ぶ（図9）．

リンゴの花芽は，5～7個の花と葉および側芽を含む混合花芽で，展葉した後に開花し，その後に枝が伸びる．

開花・展葉期：花芽から蕾が見えはじめ，徐々にふくらんで開花する．開花時期は品種によって異なり，'王林（おうりん）'が最も早く，'ジョナゴールド'，'つがる'，'ふじ'の順である．1樹内では，短果枝の花芽が最初に咲き，中果枝の頂芽，長果枝の頂芽，腋花芽の順に咲く．中心花は側花よりも早く咲くため，果実は側花のもの

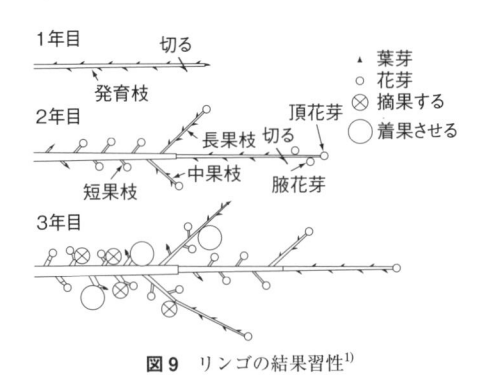

図9 リンゴの結果習性[1]

2年目には，1年目に伸びた枝の各芽から枝が伸び，その先端に花芽が形成される（頂花芽）．気象や木の生育状態によっては，先端部の葉腋にも花芽が形成されることがある（腋花芽）．
3年目には，花芽からは花が咲くと同時に枝が伸びる．隔年結果性を示す品種では果実の結実した芽から出た枝に花芽は形成されにくいので，早めに摘果すると花芽が形成される．

より大きくなる．

リンゴは自家不和合性であり，確実に結実させるためには他品種の花粉を受粉する必要がある．そのため，受粉用品種を混植してツツハナバチやミツバチ等の訪花昆虫を利用して受粉させたり，交配親和性の花粉を人工受粉して結実させる．

幼果期：受精が完了すると花弁が落ちて果実は肥大しはじめる．受精不完全で種子数が少なかったり，栄養成長が旺盛な木では6月頃には生理的落果（ジューンドロップ，June drop）が起きやすい．

果面のさびは，落花後30日頃までに発生することが多い．果皮の表面はクチクラで覆われているが，'ゴールデン・デリシャス'等の品種ではクチクラの発達が不良で，果実の肥大にともないクチクラに亀裂を生じ，表皮が露出しやすい．この部分が農薬などで傷つけられると，その傷をふさぐためにコルク組織が形成されてさびの原因となりやすい．'王林'，'つがる'，'陽光'等の品種も発生しやすい．さびの発生しやすい品種では，薬害を生じやすい石灰硫黄合剤やボルドー液等の薬剤の使用を避けたり，早めに袋掛けを行うことにより発生を防ぐことができる．

摘果は満開後30日をめどに側果を摘果し，中心果だけを残す．腋花芽の果実は大きくならないのですべて摘果する．仕上げ摘果は満開後60日までに最終的な果実数になるように摘果する．摘果の程度は品種によって異なり，'ふじ'や'千秋'では50〜60葉に1果，'つがる'や'紅玉'では40葉に1果となるように摘果する．実際の摘果作業では剪定後の頂花芽数を基準にする．1頂芽当たり平均14枚の葉が出るので，大玉品種は4〜5頂芽に1果，中玉品種は3頂芽に1果を残すようにする．

果実の肥大・成熟期：果実はS字型の成長曲線を描いて成長する．開花4週間頃までは果肉細胞の分裂によって，その後は果肉細胞の肥大によって成長する．果実の肥大は種子数に関係し，種子数が多い果実ほど肥大がよく，種子数が少ないと果実は小さく，奇形になりやすい．

果実が成熟期に近づくと品種特有の果皮色になり，果実に蓄積されたデンプンが糖化し，酸含量や果肉硬度が低下する．赤色品種では，果皮の細胞に含まれる葉緑素が分解・消失して，細胞内にアントシアニン色素が生成される．この色素の生成には光や低温（15℃）が必要である．そのため，収穫前に葉摘み，玉まわし，反射シートの設置等の管理作業を行う．

葉で合成されたブドウ糖が糖アルコールのソルビトールに変化して運ばれ，果実で果糖やブドウ糖，さらにショ糖に変えられる．デリシャス系，'紅玉'，'ふじ'

等の品種では，ソルビトールが細胞間隙にしみ出て果肉が半透明になり蜜入り症状を生じやすい（図10）．蜜入りは，成熟が進むほど，また収穫前が低温になるほど出やすい．

リンゴの収穫適期は，満開後日数，地色・着色程度，果肉硬度，糖度，酸度，デンプンの消失程度，食味等から決定する．そのうち，糖度，デンプンの消失程度，食味等は熟度を判定する重要な指標となる．近年では，光センサーによって糖度や熟度を判定し，選果するシステムが利用されている（図11）．収穫は日当たりのよい樹冠外周部の果実をとり，次いで樹冠内部の果実を数回に分けてとる．

養分蓄積・休眠期：果実収穫後も葉は光合成を行い，樹体内に貯蔵養分をデンプンの形で貯蔵する．貯蔵養分が少ないと耐凍性が弱まり凍害を受けやすくなるばかりでなく，翌春の果実肥大にも影響する．

リンゴの芽は，9月頃から休眠に入り，7.2℃以下の低温積算時間が1200～1500時間になる1月中旬頃に自発休眠から覚める．

整枝・剪定：マルバカイドウ等の強勢な台木を用いた高木のリンゴ樹（普通樹）

図10 リンゴの蜜症状（'ふじ'）

図11 光センサーを用いた選果

は，開心自然形に整枝することが多い（図12）．樹形は成長過程で異なり，幼木〜若木期は主幹形，若木〜成木前期は変則主幹形とし，成木期に開心自然形を完成させる．樹高は4m程度を目標とする．成木期には，最終的に主枝を2本配置し，これに亜主枝や側枝・結果枝を養成していく．樹形は平面でみるとX字型に骨組みが形成され，目標の樹形となる．

矮化栽培では，① 低樹高化により作業性がよくなる，② 開花・結実が早まり，早期に成園化できる，③ 日当たりがよくなり着色が良好となる，④ 整枝・剪定等の技術が簡単である等の利点がある反面，欠点としては ① 苗木代や支柱代等開園の経費が多くなる，② 湿害，干害，凍害に弱い，③ 豪雪地帯では雪害を受けやすい等があげられる．矮化栽培には，M系やJM系等の矮性台木を用いる．M系台木では，M.27が最矮性，M.9とM.26が矮性であり（図13），M.9台木

図12 普通樹（マルバカイドウ台）における開心自然形整枝

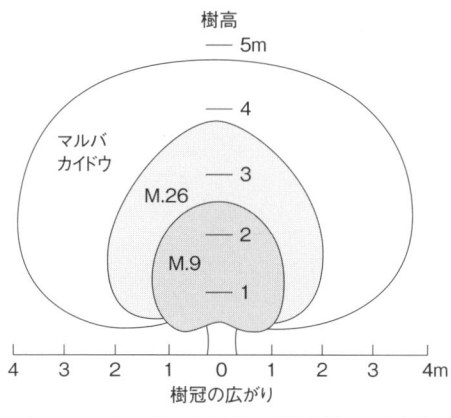

図13 台木の異なる14年生'紅玉'樹の大きさ[3]

が世界的に最も普及している．JM 系台木は，挿し木発根性が優れており，JM5 は最矮性で，JM7 と JM1 は M.9 台木と同程度である．矮化栽培のリンゴ樹では，M.9 台木の小型樹ではスレンダースピンドルブッシュ（細形紡錘形），M.26 台木等のやや大型樹ではフリースピンドルブッシュの整枝法が普及している．

【生産と消費】 リンゴは，カンキツ類，バナナ，ブドウとともに世界の主要な果樹であり，世界各地の温帯地域で広く栽培されている．リンゴの生産量は過去 40 年ほどの間に急増しているが，この背景には中国での急激な増加がある．現在，リンゴは世界各国で約 6300 万 t 生産されているが，このうち中国での生産量はその 39.4% を占める．中国以外には，アメリカ合衆国，トルコ，イラン等で生産量が多い（図 14）．

一方，わが国ではリンゴの生産量はウンシュウミカンに次いで多く，全国で約 83 万 t 前後生産されている．主産地は東北地方と長野県，北海道等であるが，青森県と長野県での生産が多く，両県で全体の生産量の 75% 近くを占めている（図 15）．

わが国の国民 1 人当たりの年間果実消費量（純食料ベース）は，1960（昭和 35）年には 22 kg 程度であったが，1972（昭和 47）年には約 2 倍の 44 kg まで増加した．しかし，その後はほぼ 42 kg で推移している．そのうち，消費量の最も多い果実はウンシュウミカンとリンゴであるが，最近ではウンシュウミカンの消費量が約 6 kg にまで減少しているのに対し，リンゴの消費量は 9 kg 前後

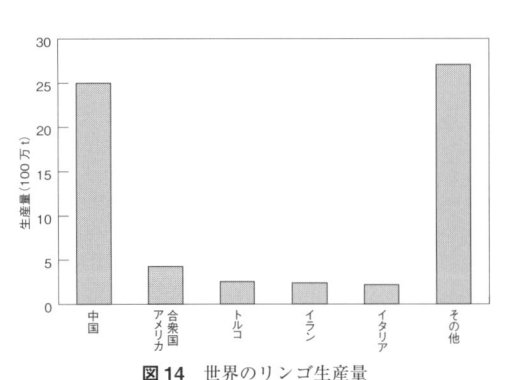

図 14 世界のリンゴ生産量
（「ポケット農林水産統計」平成 18 年度版による）

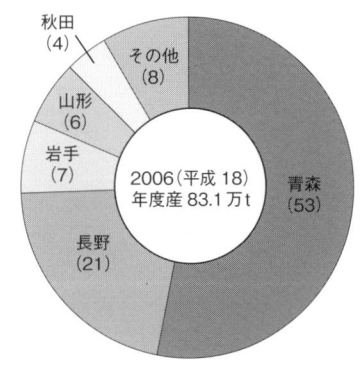

図 15 日本のリンゴ収穫量と主産地（「ポケット農林水産統計」平成 19 年度版による）
（ ）は構成割合（%）．

と安定しており,果実の中でリンゴの消費量が最も多くなっている.

【栄養成分と利用・加工】 リンゴの果肉の主成分は炭水化物で,成熟果には約13%の糖が含まれている.糖組成としては,品種によっても異なるが,果糖が最も多く(47%),ブドウ糖(30%),ショ糖(20%),ソルビトール(3%)が含まれる.このほかに,リンゴ酸を主体とした酸や香気成分,無機質,食物繊維等を含んでいる(図16).また,赤色の果皮にはアントシアニン,果肉には褐変物質のフェノール類を多く含んでいる.

近年,リンゴ果実の機能性についての研究が盛んに進められている.リンゴの果肉に特に多く含まれる不溶性の食物繊維は,便性状の改善に役立つばかりでなく,発がん物質を吸収・排出し,腸内の有用細菌を増やして大腸がんを予防することが明らかにされている.また,リンゴにはフラボノイドやカテキン類等のフェノール成分が多く含まれている.ケルセチンは強い抗酸化作用を示し,ヒトの体内で発生する活性酸素を消去して動脈硬化症やがんを予防することが確認されている.また,リンゴに多く含まれるカテキン,エピカテキン,プロアントシアニジン等のカテキン類もケルセチンと同様,強い抗酸化作用をもち,血小板の凝集

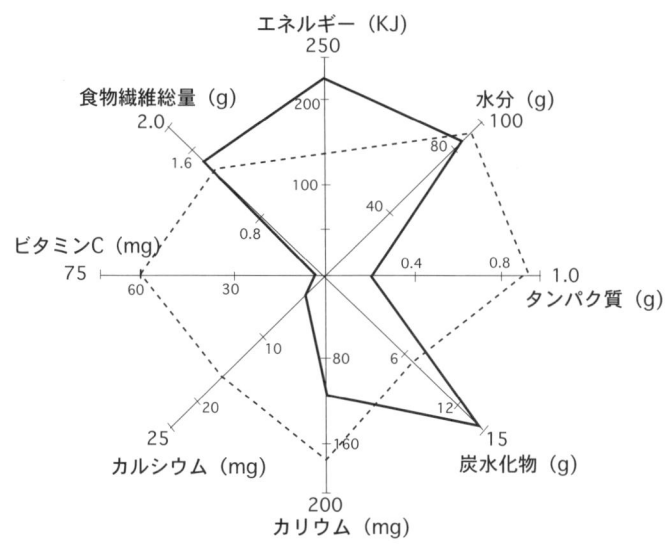

図16 リンゴの主な栄養成分(可食部100g中,破線はイチゴの値)「五訂日本食品標準成分表」による.

表 2 リンゴ果実の主な栄養成分（可食部 100g 当たり）

	エネルギー (kcal)	54		A		
				レチノール (μg)	(0)	
一般成分	水分 (g)	84.9		カロテン (μg)	21	
	タンパク質 (g)	0.2		レチノール当量 (μg)	3	
	脂質 (g)	0.1	ビタミン	E (mg)	0.2	
	炭水化物 (g)	14.6		B₁ (mg)	0.02	
	灰分 (g)	0.2		B₂ (mg)	0.01	
				ナイアシン (mg)	0.1	
	ナトリウム (mg)	Tr		B₆ (mg)	0.0	
	カリウム (mg)	110		葉酸 (μg)	5	
	カルシウム (mg)	3		パントテン酸 (mg)	0.09	
ミネラル	マグネシウム (mg)	3		C (mg)	4	
	リン (mg)	10				
	鉄 (mg)	Tr		食物繊維総量 (g)	1.5	
	亜鉛 (mg)	Tr				
	銅 (mg)	0.04				

五訂日本食品標準成分表より．

を抑えて血栓が形成されるのを防ぎ，心筋梗塞や脳梗塞などの循環器系疾患の予防や高血圧，アレルギー等の予防にも効果があることが認められている．

　リンゴは生食用のほか，加工・調理方法が多様であり，ジュース，ジャム，乾果，リンゴ酒，アップルソース，アップルパイ，焼きリンゴ等に利用される．欧米では古くからリンゴ酒（サイダー）の生産が行われている．わが国ではリンゴ加工の約 90％がジュース原料として利用されている．近年，リンゴチップ等のスナック菓子や乾燥リンゴに用いられるほか，焼肉のたれやアップルファイバー等の食品原料としても利用されている．　　　　　　　　　　　〔伴野　潔〕

文　献

1) 杉浦　明編：新版果樹栽培の基礎，農山漁村文化協会，2004．
2) 熊代克己・鈴木鉄男：図集果樹栽培の基礎知識，農山漁村文化協会，1994．
3) 吉田義雄・川島東洋一編：リンゴわい化栽培の新技術，誠文堂新光社，1982．

レイシ

和名 レイシ（荔枝），ライチ
英名 lychee, litchi
学名 *Litchi chinensis* Sonn. (*Nephelium litchi* Camb., *Dimocarpus litchi* Lour.)
（ムクロジ科）

　属名の *Litchi* は中国名の荔枝（lee chee）に由来する．中国では古くから重用され，唐の玄宗皇帝が楊貴妃のために産地である嶺南地方から長安の都まで早馬でレイシを運ばせたという故事はよく知られている．

【形　態】　亜熱帯〜熱帯性の常緑高木．高さは 30 m に達することもある．葉は互生し，長さ 8〜11 cm の長楕円〜皮針形，2〜4 組の葉が羽状の複葉をなす．葉の表面は光沢のある緑色で，裏は粉白色を呈している．頂生花芽で結果枝の先端に総状花序を形成する．花は黄白色で直径 3〜8 mm と小さく，多数が集まって長さ 5〜30 cm の円錐形の花序をなし，花は，① 雌しべが退化した雄花，② 不完全な雌しべをもつ雄花，③ 不完全な雄しべをもつ雌花，の 3 タイプに分けられる．雄花には長い雄しべが 6〜10 本ある．雌花の雄しべは短く，葯中の花粉に発芽能力はほとんどなく，通常は開葯することもない．雌花は比較的長い雌しべ

図1 レイシの花（雄花開花期）

図2 レイシの果実とその断面

図3 レイシの結実の様子

を有し，柱頭の先端はふたまたに分岐している．子房は2心皮からなり，それぞれに1つずつ胚珠が入っているが，通常は片方の胚珠のみが発達する．1つの果房に数個から数十個の果実をつける．果実は赤〜赤紫色を呈し，直径3〜4 cm，球形，卵形あるいはハート形をしている．果皮は革状で表面にいぼ状の凹凸があり，ややかたいが手で容易に剥くことができる．可食部は白く半透明の仮種皮であり，酸味と甘味がほどよく混じった独特の風味を有する．多汁で，皮を剥くときに果汁が飛び散るほどである．果実の中央に楕円形の茶色い種子が1つ入っている．

【原産地と伝播】 原産地は中国南部〜ベトナム北部とされる．中国の海南，広東，広州では紀元前200年には相当量の栽培があったとされ，広東や海南には樹齢1000年を超える巨木が現存し，今なお果実をならせている．他地域への伝播は比較的近年になってからで，17世紀後半にミャンマーへ，18世紀後半にインドへ導入された．19世紀後半にインドからマダガスカル，モーリシャス，南アフリカおよびアメリカ合衆国のフロリダに導入され，その後，20世紀に入りフロリダから南アメリカやカナリア諸島，スペイン南部へも導入されていった．一方，ハワイ，オーストラリアには19世紀後半に伝わっている．現在の主要生産国は中国，インド，台湾，タイ，ベトナムである．南アフリカ，マダガスカル，レユニオン諸島，オーストラリアやイスラエルにも栽培がみられる．日本へは薩摩藩主の島津斉彬が1830年頃に導入したのが最初とされており，現在では沖縄，鹿児島，宮崎でわずかに栽培がある．日本では主に中国や台湾から果実を輸入している．

【品　種】 原産国である中国では古くから多くの品種が栽培されており，広東省

だけでも200を超える品種があるとされている．現在，世界各地で栽培されている品種のほとんどは，中国に起源する品種やそれらを改良したものと考えられるが，伝播の過程で中国語の品種名が正確に伝えられないことがあり，また中国語の発音が地域により異なるため，同名異種あるいは異名同種が非常に多く，レイシの品種識別にはしばしば混乱をともなう．主な品種として'ノーミーチ (Nuomici)'，'グイウェイ (Guiwei)'，'ハキップ (Hak Ip)'，'コム (Kom)'，'チャカパット (Chakrapad)'，'ブリュースター (Brewster)'，'スウィートクリフ (Sweetcliff)' 等がある．種子が小さいほど可食部の割合が多くなるため，鶏舌種子 (Chicken tongue) と呼ばれる退化した種子を形成する品種や単為結果性の強い品種が選抜されている．またオーストラリアでも交雑実生からの優良系統の選抜が進められている．

【生育周期と栽培管理】 レイシは花芽分化に10℃前後の低温を必要とするため，冬の気温が比較的冷涼な熱帯の高地や亜熱帯地域が栽培に適している．気温が一定期間5〜14℃まで低下する地域で開花が安定するとされる．しかし，低温要求性が低く高温でも花芽分化する品種があり，そうした品種は熱帯低地でもよく結実する．耐寒性は弱く，0℃以下になる地域では障害を受ける．排水性のよい弱酸性の土壌を好む．接ぎ木繁殖も可能であるが，高取り法による繁殖が一般的であり，定植後3〜4年で結実する．開花期は春で，開花後3〜4カ月で収穫できる．受粉は主に虫媒による．雄花と雌花で開花盛期が異なるが受粉にはあまり影響しない．隔年結果性が強く，収穫量を安定させることが難しい．収穫後の果実は水分が失われると果色，味，香りが急速に劣化するため，果穂枝ごと収穫しポリエチレン袋などに入れて冷蔵保存する．

【栄養成分と利用・加工】 糖度は16〜20％，ミネラルは0.7％程度でカルシウムとカリウムが多い．ビタミンCが果肉100g中に40〜90mg含まれている．レイシ果実は独特の風味があり，甘味と酸味がほどよく調和した美味しい果物である．生果として消費されるのが一般的であり，果実を果柄から切り離すと日持ちが悪くなるため果穂枝についたまま市場に並ぶ．冷凍果実も利用されるが味はよくない．乾燥レイシは「レイシナッツ」と呼ばれ，お茶に入れて甘味・風味をつけるために利用される．加工品としてはシロップ漬けの缶詰が多いが，ネクターやワイン等にも用いられる． 〔神崎真哉〕

レンブ

和名　レンブ（蓮霧），ジャワフトモモ
英名　wax apple, java apple
学名　*Syzygium samarangense* (Blume) Merr. & Perry (*Eugenia javanica* Lam.)
（フトモモ科）

　属名の *Syzygium* はギリシャ語で対をなすとの意．種名の *samarangense* はジャワの Semarang 地方産の意．近縁種にフトモモ (*S. jambos*)，ミズフトモモ (*S. aqueum*)，マレーフトモモ (*S. malaccense*) があり，これらも果樹として利用されているがレンブが最も良質の果実をつける．

【形　態】　常緑の小木で高さ 5〜15 m，低所から分岐して広い樹冠を形成する．葉は対生し革質で楕円形または長楕円形，長さ 10〜25 cm，幅 5〜12 cm，葉をすりつぶすと特徴的な芳香がする．花は直径 3〜4 cm，頂生の集散花序に 3〜30 個の花がつく．花弁は円形に近く長さ 1〜1.5 cm，淡黄白色で 4 枚あり，花の中心に雌しべが 1 本ある．無数に伸びた雄しべが羽毛のような美しい外観をなし，観賞樹としての利用も多い．果実は釣鐘形をしており，高さ 3.5〜15 cm，径 4.5〜10 cm，果頂部には，肥厚して内側に曲がった 4 つの宿存萼で囲まれたくぼみがあり，中心に花柱が残ることがある．果皮は白色，黄緑色，薄ピンク，赤色のものがあり，表面にワックス様の光沢がある．果肉は白色，スポンジ状でサクサクした食感をもつ．芳香があり，ほのかな甘味と酸味を有する．果実内に空洞があり，褐色の種子を 1〜2 個有する．無核の系統もある．

図1　レンブの花

図2　結実の様子

図3 赤色系統の果実
(提供: カセサート大学・Yapwattanaphun, C.氏)

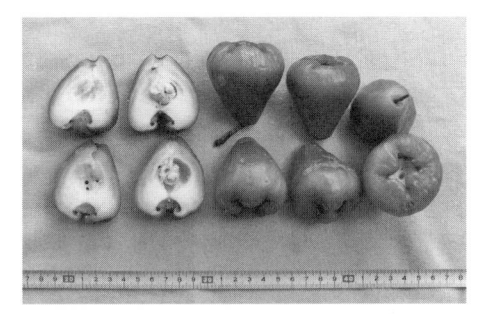

図4 レンブ果実とその断面

【原産地と伝播】 原産地は明確でないが，マレー半島から西，アンダマン諸島，ニコバル諸島にかけて自生がみられる．マレー半島を中心に東南アジア各国に分布し，ジャワやフィリピンでは古くから栽培が行われていた．台湾には1600年代に導入され優良系統が選抜，栽培されている．熱帯アメリカにも19世紀末には導入され，栽培もみられる．ハワイでもレンブの栽培がみられるが，近縁種のマレーフトモモがよくみられる．これは白人の到達以前からハワイ人が栽培していたとされる．

【品　種】 レンブには多くの系統があるが，品種の整理はあまり進んでいない．台湾では果皮色により紅皮，桃皮，白皮に大別している．タイでは赤色系の 'Thabthimchan'，'Sinak'，緑色系の 'Khiew Savoey'，'Thoonklao'，白色系の 'Phetsairung' 等の品種が知られている．一般に，赤色系より白色系のほうが芳香が高いとされる．

【生育周期と栽培管理】 熱帯・亜熱帯での生育に適し，霜のない地域で栽培可能である．乾燥に弱く多湿を好むが，水分供給が十分であれば乾期のある地域のほうが良質の果実が得られる．土質は選ばないが，やせた土地では収量・品質が悪くなる．繁殖は取り木が一般的であり，環状剥皮した枝を水苔などで包み，水分供給を十分にすると3～4カ月で発根するので，切り離し苗とする．挿し木，芽接ぎ等も行われており，挿し木の適期は台湾では8月頃とされる．また，マレーやジャワでは芽接ぎを行う際，近縁種である *S. pycnanthum* を台木として利用している．取り木苗や挿し木苗は定植後3～5年で結実し，15年生で結実盛期を

迎える．開花から 30〜40 日で収穫適期になり，台湾では 5〜8 月にかけて結実する．

【栄養成分と利用・加工】 果実重の 90% 以上が水分であり，甘味は少なく栄養価も高くない．生果としてサクサクした食感とかすかな芳香が楽しめるが，味は薄く水気の多い青リンゴのようであり，砂糖や塩をつけて食されることが多い．サラダに用いられることもある．また，保存用に塩漬けや砂糖漬けにされることもある．マレーシアでは香味づけにシチューに入れられる． 〔神崎真哉〕

その他トロピカルフルーツ

熱帯果樹類

和名	英名	学名	原産地	特性・利用
ピタンガ	Surinam cherry	*Eugenia michelii* Lam. (*Eugenia uniflora* L.) （フトモモ科）	ブラジル	常緑小高木．果実は扁球形で縦に8条の稜角．果径約2.5 cm．果皮は深紅色，光沢．果肉は赤色多汁でやわらかく甘味と酸味，イチゴ臭．大きい種子が1個．生食，ジャム，ゼリー等に加工，清涼飲料，発酵飲料．
ミザクラアデク	Kerian	*Eugenia pseudosubtilis* King. （フトモモ科）	マライ半島〜スマトラ	高木．果房形成，果実は球形，扁球形，果径約1.3 cm．果頂に輪状の萼が残る．果皮は暗赤色〜紫黒色．果肉は多汁質でやわらかく，甘味．大きな種子1個．生食，ゼリー．
ジャボチカバ	Jaboticaba	*Myrciaria cauliflora* Berg. （フトモモ科）	ブラジル〜パラグアイ	高木．幹生果，果径1 cm以下と2〜4 cmの2系統．果皮は紫〜黒紫色，厚くてかたい．果肉は白〜ピンク色，ゼリー状で多汁質，酸味，ブドウ臭や樹脂臭，タンニンによる渋み．生食，ゼリー，発酵飲料．
カムカム	Camucamu	*Myrciaria dubia* McVaugh （フトモモ科）	ペルー（アマゾン川上流域）	小木．果実は球形，果径約2 cm．果皮は赤紫色〜濃赤色．果肉は透明に近いピンク色．酸味．未熟果実は多量のビタミンC（2〜2.8 g/100 g，アセロラの約2倍，レモンの約60倍）．ジュース等の飲料．
ブラジルバンジロウ	Brazilian guava	*Psidium araca* Raddi （フトモモ科）	西インド諸島〜ブラジル南部	低木．果実は卵形，果長約4 cm．果皮は黄緑色．果肉は白色，甘味，芳香．生食，ゼリー等に加工．
コスタリカバンジロウ	CostaRican guava	*Psidium friedrichsthalianum* Ndz. （フトモモ科）	メキシコ〜中央アメリカ	高木．果実は球形，果長6〜7 cm．果皮は濃黄色．果肉は白色，酸味．加工．
テンニンカ	Downy myrtle	*Rhodomyrtus tomentosa* Wight （フトモモ科）	熱帯アジア	小灌木．果実は楕円形．果皮は紫色．果肉は多汁質で甘味，芳香．種子多数．生食，ゼリー，ジャム．果実，葉，根は薬用．
ムラサキフトモモ（ジャンボラン）	Jambolana	*Syzygium cuminii* Skeels （フトモモ科）	インド〜東南アジア	高木．果実は卵形，楕円形，円形．果長2〜3 cm．果実側面には小さな萼の残りが付着．果皮は紫黒色，光沢．果肉は薄く，甘味，酸味，渋味．種子は1個．生食，酒や酢に加工．

和名	英名	学名	原産地	特性・利用
グルミチャマ	Brazil cherry	*Syzygium dombeyi* Skeels (フトモモ科)	ブラジル	低木．果実は球形，偏球形，果径約 2.5 cm．果皮は深紅色，薄い．果肉はやわらかく，酸味，芳香．大きな種子が 1～2 個．生食，甘味を加えて加工，発酵飲料．
フトモモ	Rose apple	*Syzygium jambos* Alston (フトモモ科)	熱帯アジア	開張性小木．果実は球形，卵形，果径 2.5～4.0 cm．果頂に冠状に萼が残る．果皮は黄白色．果肉は白色海綿状，果汁少なく甘味がない，バラ香水様の香り．1～2 個の種子．マーマレードやゼリーに加工，ラム酒の香りづけ．薬用．
パラダイスナット	Paradise-nut	*Lecythis paraensis* (Hub.) Ducke (サガリバナ科)	ブラジル	高木．果径 20～30 cm．果柄部狭まり円錐状，果頂部丸く，ふた状に開く．楕円形の種子が多数．仁を食用．
サプカヤナット	Sapucaia-nut	*Lecythis zabucajo* Aubl. (サガリバナ科)	ギアナ～ブラジル東北部	高木．果実はつぼ形，木質の厚い果皮，成熟すると果頂部のふた状のものがとれ，種子が落果．仁を食用．
モモタマナ	Tropical almond	*Terminalia catappa* L. (シクンシ科)		開張性，落葉性高木．果実はスモモ様，果長約 6 cm．果皮は黄色で赤紫色の斑点．果肉はもろい．紅紫色，船形の核．仁を食用．
ケガキ	Velvet apple (Mabolo)	*Diospyros discolor* Willd. (カキノキ科)	フィリピン	常緑高木．果実は球形～やや扁球，果径 5～10 cm．果皮は赤紫，ピンク，オレンジ，茶色で柔毛で覆われている．果肉は白色，リンゴ臭，果汁はほとんどない．ライム，レモンをかけて生食，シロップ漬け．
ブラックサポテ	Black zapote	*Diospyros ebenaster* Retz. (カキノキ科)	メキシコ西インド諸島	高木．果実はやや扁平球，果径約 10 cm．果皮はくすんだ緑色で滑らか．果肉は茶色，黒褐色，やわらかく，甘い，芳香．生食．
アフリカガキ	Rhodesian ebony	*Diospyros mespilliformis* Hochst. (カキノキ科)	熱帯アフリカ	小高木．果実は球形～卵形，果長約 2.5 cm．果皮は黄色，萼が大きい．生食，お菓子，発酵飲料．
オオミアカテツ	Sapote	*Calocarpum sapota* Merr. (アカテツ科)	中央アメリカ	常緑高木．卵形，楕円形，果径 10～20 cm．果皮は錆びたこげ茶色，表面は粗く厚くて木質．果肉はサーモンピンク～深紅，やわらかく甘味，香気．種子は 1 個．生食，ジャム．
ミドリサポテ	Green sapote	*Calocarpum viride* Pitter (アカテツ科)	中央アメリカ	高木．果実はコマ形～楕円形．果皮は緑褐色，淡黄緑色で薄い．果肉は赤褐色，多汁，軟質，甘味．種子 1～2 個．生食．

和名	英名	学名	原産地	特性・利用
スイショウガキ	Star apple	Chrysohyllum cainito L. (アカテツ科)	西インド諸島～中央アメリカ	常緑高木．果実は球形，果皮は紫，緑，赤色で滑らか．果肉は赤紫と白色が混じる，粘性の白い乳液．種子の周りの半透明の部分が甘味，他の部分は渋み．生食．
ジャマイカスモモ	Wild star apple	Chrysohyllum monopyreum Sw. (アカテツ科)	西インド諸島	常緑高木．果実は長楕円，卵形，果長3～4cm．果皮は暗紫色，平滑．果肉はやわらかく甘味，乳液．生食．
ルクモ	Lucuma	Lucuma obovate H.B.K. (アカテツ科)	ペルー～チリ沿岸部	高木．果実は球形，卵形，果長7～8cm．果皮は緑色．果肉は黄色，粉質，甘味．種子は2個．追熟させた後に生食．
イエローサポテ	Yellow sapote	Lucuma salicifolia H.B.K. (アカテツ科)	中央アメリカ	小木．果実は細い卵形，果長10～13cm．果皮はオレンジ色，薄い．果肉は黄色でやわらかい．生食．
サワノキ	Malay saw	Manilkara kauki Dubard. (アカテツ科)	熱帯アジア	小木．果実は球形，卵形，果長2～4cm．果皮は橙色．果肉は多汁，甘味，酸味．生食．
アビウ	Abiu	Pouteria caimito Radik (アカテツ科)	ペルー	常緑小木．果実は卵状楕円，球形，果長5～10cm．果皮は黄色で薄い．果肉は白色，多汁，甘味．生食．
キャニステル (クダモノタマゴ)	Canistel (Egg fruit tree)	Pouteria campechiana Baehni (アカテツ科)	南アメリカ北部	高木．果実は主に卵形であるが多様．果径5～10cm．果皮は橙黄色で薄く，光沢があり，多数の細条がある．果肉は橙黄色で粉質，中心に向かうほどやわらかくペースト状．甘味，ヤニ質，香気．生食．
ミラクルフルーツ (ミラクルベリー)	Magic plant (Miraculous fruit)	Synsepalum dulcificum Daniell (アカテツ科)	西アフリカ	低木．果実は小果，果皮は赤色，紫色．果肉は甘い．甘味を感じさせるタンパク質ミラクリンを含んでおり，苦味や酸味の強い食べ物を甘く感じさせる．その作用効果は18時間．
カリッサ	Carissa	Carissa carandas L. (キョウチクトウ科)	スリランカ・インド	常緑低木．果実は長楕円形，果長2～3cm．果皮は濃赤色，暗紫色．果肉は多汁，甘味，酸味，芳香．種子は3～4個．生食，飲料．
ベルノキ	Bael fruit tree (Bengal quince)	Aegle marmelos Correa (ミカン科)	インド	刺を有する落葉性中高木．果実は卵形，楕円形，果径は6～10cm．果皮は黄緑色，果皮は厚さ約2cmでかたく殻状．果肉は黄色，透明な粘液を含む半月形の脆い袋状のものが10個，かすかな甘味と苦味，芳香．飲料，シャーベット．

和名	英名	学名	原産地	特性・利用
シロサポテ	White sapote	*Casimiroa edulis* La Llave et Lex (ミカン科)	中央アメリカ高地	高木．果実は球形，果径7～10 cm．果皮は黄緑色で滑らか．果肉は淡黄色でやわらかく，甘い．種子は3～5個．生食，シャーベット．
アカタネノキ	Gandaria	*Bouea macrophylla* Griff (ウルシ科)	マライ半島，スマトラ島	高木．果実は楕円形，果長4～5 cm．果皮は黄色で薄い．果肉はやわらかく多汁で甘い．濃赤色の種子が1個．生食．
ヒメアカタネノキ	Plum mango	*Bouea microphylla* Griff. (ウルシ科)	熱帯アジア	落葉性高木．果実は楕円形，果長2～3 cm．果皮は橙黄色．果肉はやわらかく酸味があり甘い．テルペン臭．赤色の種子が1個．生食．
マルーラ	Marula	*Sclerocarya birrea* (A. Rich.) Hochst. subsp. *caffra* (Sond.) (ウルシ科)	東部および南部熱帯アフリカ	高木．果実は球形もしくは卵形，果径3～4 cm．果皮は革質で厚く滑らか．果肉は白色，粘質で多汁，核に粘着，酸味と甘味．種子は1個．飲料，発酵飲料，ゼリーやジャムに加工．
タマゴノキ (タヒチモンビン) (クドンドン)	Great hog-plum	*Spondias dulcis* Frost. (*Spondias cytherea* sonn.) (ウルシ科)	太平洋諸島	半落葉性高木．果実は楕円形，長い果梗，果長5～10 cm．房状に着果．果皮は黄色で褐色の斑点，表面にわずかに陥没した5本の縦線．果肉は白色～淡黄色，繊維質で粗い，優良系統は甘い．種子を包む核から伸びる繊維と果肉が粘着．生食，料理．
コガネモンビン	Yellow mombin	*Spondias lutea* L. (ウルシ科)	熱帯アメリカ	高木．果実は卵円形，果長3～4 cm．果皮は黄色．果肉は黄色，やわらかく，多汁，少ない酸味，甘味．生食，飲料．
レッドモンビン (モンビン)	Red mombin	*Spondias purpurea* L. (ウルシ科)	熱帯アメリカ	高木．果実は卵形，球形，長円形，果長3～5 cm．果皮は赤色．果肉は多汁，甘味，微酸，カシューナッツ様の香り．生食，加工．
インブ	Imbu	*Spondias tuberose* Arruda. (ウルシ科)	ブラジル	高木．果実は卵形，果長約4 cm．果皮はかたくて緑黄色，果肉は多汁で甘くオレンジ様風味．生食，ゼリー，飲料．
マメーリンゴ	Mamey	*Mammea americana* L. (オトリギリソウ科)	西インド諸島，南アメリカ北部	常緑高木．果実は球形，果径10～15 cm，果頂部が突出．果皮は褐色で粗い，熟すと頂部裂果．果肉はオレンジ色で褐色の斑条があり，バター状でやわらかい，甘味，芳香．果肉を包む内皮は苦い．種子1～4個．

その他トロピカルフルーツ

和名	英名	学名	原産地	特性・利用
バクリ	Bacuri	Platonia insignis Mart. (オトギリソウ科)	ブラジル北部,ギアナ	高木.果実は果径5～15 cm.果皮は黄色で厚く,黄色の乳液.果肉は白色,多汁,酸味と甘味.生食,ネクター,ピューレ.
ケイアップル	Kei-apple	Dovialis caffra Warb. (イイギリ科)	南アフリカ	低小木.果実は球形,果径約3 cm.果皮は黄色,光沢.果肉は黄色,軟質,多汁,強い酸味,芳香.加工.
セイロングーズベリー	Ceylon gooseberry	Dovialis hebecarpa Warb. (イイギリ科)	スリランカ	常緑性低小木.果実は球形,果径2～3 cm.果皮は褐紫色,ビロード状.果肉は紫色,多汁,爽快な酸味と芳香.飲料,加工.
テンジクイヌカンコ	Madagascar plum	Flacourtia indica Merr. (イイギリ科)	南西アジア,マダガスカル	低小木.果実は球形,果径1～2 cm.果皮は暗黒色で厚い.果肉は軟質,多汁,甘味.生食.
オオミイヌカンコ	Batoko plum (Lovi-lovi)	Flacourtia inermis Roxb. (イイギリ科)	熱帯アジア	小高木.果実は球形,果径約2 cm.果皮は紅色,光沢.果肉は白色,強い酸味,渋味.甘味種は生食,加工.
ブニノキ	Salamander-tree Chinese laurel	Antidesma bunius Spreng. (トウダイグサ科)	インド,東南アジア,オーストラリア	果実は房状,球形の小果.果皮は赤色～紫黒色.果肉は多汁で酸味が強い.種子1個.生食,ジュース,ゼリー.
ランバイ	Rambai	Baccaurea motleyana Muell. Arg. (トウダイグサ科)	スマトラ島,ボルネオ島	果実は房状,楕円形小果.果皮は黄色,薄く,軟毛.果肉は白色半透明,多汁,甘味と酸味.種子2～5個.生食,料理,発酵飲料.
アメダマノキ	Star berry	Cicca acida Merr. Phyllanthus acidus Skeels. (トウダイグサ科)	インド,マライ	常緑低小木.果実は扁平で縦のひだが3本あり梅鉢形,果径約3 cm,果皮は淡黄緑色,ロウ質で滑らか.果肉は淡黄緑色で硬い,強い酸味.6角形の核.砂糖漬け,ピクルスに加工.
タンパン	Tampang	Artocarpus gomeziana Wall. (クワ科)	マライ半島	中高木.果実は偏球形,果径6～7 cm.果皮は黄緑色,白色の柔毛.果肉は鮮紅色,酸味.
ニオイパンノキ	Johore jack	Artocarpus odoratissima Blanco (クワ科)	ボルネオ	中高木.果実は長円形,球形,果長約16 cm.果皮は帯緑色,小突起.果肉は乳白色,多汁,甘味,香気.種子多数.生食,料理.種子も煮て食用.
カタトゲバンノキ	Monkey jack	Artocarpus rigidus Bl. (クワ科)	マライ半島～ジャワ島	高木.果実は球形,果径約15 cm.果皮は橙黄色,刺状の突起.果肉は橙黄色,種衣は多汁,甘味.生食.

和名	英名	学名	原産地	特性・利用
アマゾンブドウ	Amazon grape	*Pourouma cecropiaefolia* Mart. (クワ科)	南アメリカ	小木．果実は球形，果房形成．果肉は白色，甘味，ブドウ香．生食，酒．
ウミブドウ (ハマベブドウ)	Sea grape	*Coccoloba uvifera* L. (タデ科)	西インド諸島	小木．果房形成，果房長約 25 cm．果実は洋ナシ形，果径 1〜2 cm．果皮は紅紫色．果肉は甘味，酸味で爽快さ．生食，ゼリー．
バターナットノキ	Butternut tree	*Cayocar nuciferum* L. (カリオカル科)	ギニア	高木．果実は球形で大きい．果皮は木質．種子は 1〜4 個，腎臓形，いぼ状突起．種子中に白色，やわらかく，芳香な仁．仁を食用．
オオバナカカオ	Cupuassu	*Theobroma grandiflorum* K.Schum. (アオギリ科)	ブラジル	高木．果実は蒴果，卵形で大果．果皮は滑らかで木質化してかたい．種子の周囲にクリーム色，多汁の果肉，酸味と甘味．生食，ネクター，アイスクリーム，ピューレ．
チブサノキ	Genipa	*Genipa americana* L. (アカネ科)	ギアナ	直立性の高木．レモン状形，果長 8〜10 cm．果皮は緑白色，淡褐色で膜質．果肉は褐色，リンゴ様芳香．多数の種子．追熟後生食，清涼飲料，発酵飲料．
ネグロモモ	Negro-peach	*Nauclea esculenta* Merr. (アカネ科)	西アフリカ	灌木．果実は球形，果径約 5 cm．果皮は褐色でいぼ状．果肉は赤みを帯び，多汁，甘味．生食．
ボアバンガ	Voa-vanga	*Vangueria madagascariensis* J.F.Gmel. (アカネ科)	マダガスカル〜ナイル川流域	樹高 5 m ほどの大きな灌木．複合花序．果実は球形，果径 2〜3.5 cm．果皮は黄緑色．果肉は薄く多汁．リンゴ様風味，酸味と甘味．生食．
アルー	Alu	*Vangueria spinosa* Roxb. (アカネ科)		落葉性小木．花は花序に群生．果実は球形，洋ナシ形，果径 2.5 cm．熟果は淡褐色．果肉は多汁で酸味と甘味．種子 1 個．生食．
ナガバノゴレンシ	Cucumber-tree	*Averrhoa bilimbi* L. (カタバミ科)	モルッカ群島	小木，房状幹生果．果実は白ウリ形，果長 5〜8．果皮は淡緑色．酸味が強い．料理．
イラマ	Ilama	*Annona diversifolia* Safford (バンレイシ科)	中央アメリカ	小木．果実は円錐形，卵形，丸形，いぼ状突起．果長約 15 cm．果皮は緑色，ピンク色．果肉が白色，ピンク色．多数の種子．生食．
イケリンゴ	Pond apple	*Annona glabra* L. (バンレイシ科)	熱帯アメリカ，西インド諸島	常緑性小高木．果実は卵形，心臓形，果皮は黄色，平滑で不明瞭な網目．果径約 3 cm．果肉は黄色，やわらかく多汁，酸味．多数の種子．ジュース，ゼリー．

和名	英名	学名	原産地	特性・利用
ヤマトゲバンレイシ	Mountain soursop	*Annona montana* Macfad. (バンレイシ科)	西インド諸島, 熱帯アメリカ	小木. 果実は球形, 果径5〜8cm. 果皮は緑色, 黒褐色の短い刺が散在. 果肉は黄色, 綿状, 多汁, やや酸味, 芳香. 生食.
ソンコヤ	Soncoya (Negro-head)	*Annona purpurea* Moc.et Sesse (バンレイシ科)	メキシコ南部, 中央アメリカ	開張性小木. 果実は球形, 卵形, 果径約15cm. 先端尖る. 果面にはピラミッド状の小突起. 果肉は鮮やかなピンク色, 芳香, 繊維質. 生食.
ギュウシンリ	Bullock's heart	*Annona reticulata* L. (バンレイシ科)	熱帯アメリカ	半落葉性小高木. 果実は卵球形, 果径7〜12cm. 果皮はピンク色, 網目状の亀甲. 果肉はクリーム状, 石細胞による洋ナシ状の舌ざわり. 生食.
デリシオサ・ビリバ	Biriba	*Rollinia deliciosa* Safford (バンレイシ科)	ブラジル	小高木. 果実は変球状, 果径7〜13cm. 果皮は亀甲紋状で淡黄色. 果肉は白色, 多汁で甘味が強く, 芳香. 生食.
スイギュウノチチ	Carbao's teats	*Uvaria rufa* Bl. (バンレイシ科)	ミャンマー〜フィリピン	つる性低木. 果実は卵形, 腎臓形, 果径3〜4cm. 果皮は赤色で密毛. 果肉は白色, 酸味, 芳香. 生食.

〔宇都宮直樹〕

その他ベリー類・野生果実

和名（英名）	別称	学名	分布	性状・利用
ジューンベリー (Juneberry)	アメリカザイフリボク	*Amelanchier* spp. (バラ科)	北アメリカ	落葉低木～高木，4月開花，果実6月成熟，赤色，生食，ジャム．
ヘビイチゴ		*Duchesnea chrysantha* Miq. (バラ科)	日本全土	多年草，4～5月開花，果実6月成熟，赤色，直径約1 cm，美味ではないが可食．
ズミ	ミツバカイドウ，コリンゴ	*Malus sieboldii* Rehd. (バラ科)	北海道，本州，四国，九州	落葉小高木，4～6月開花，白色，果実9月～10月成熟，直径6 mm～1 cm，赤色，果実酒．
ウワミズザクラ	コンゴウザクラ，アンニンゴ	*Prunus grayana* Maxim. (バラ科)	北海道，本州，四国，九州，中国中部	落葉高木，4月末～5月開花，果実8月下旬～9月上旬成熟，直径約8 mm，黒色，果実酒．
ハマナシ	ハマナス	*Rosa rugosa* Thunb. (バラ科)	関東以北の海岸地（日本海側は鳥取県まで），中国北部，朝鮮半島，千島，樺太	落葉低木，4～5月開花，花紅色，果実8～9月成熟，直径2～3 cm，赤色，果実酒，ジャム．
クマイチゴ		*Rubus crataegifolius* Bunge. (バラ科)	北海道，本州，四国，九州，朝鮮半島，中国	落葉小低木，5～6月開花，果実11～12月頃成熟，直径約2 cm，濃赤色，果実酒，ジャム．
クロイチゴ		*Rubus mesogaeus* Focke (バラ科)	日本全土，中国，朝鮮半島	落葉小低木，花はピンク色，5～6月開花，果実6～7月成熟，直径1 cm，黒色，生食，ジャム，果実酒．
ニガイチゴ	ゴガツイチゴ	*Rubus microphyllus* L. (バラ科)	本州，四国，九州	落葉低木，花色は白，4～5月開花，果実6～7月成熟，直径約1 cm，果肉は甘いが，種子は苦い，果実酒．
フユイチゴ	カンイチゴ	*Rubus buergeri* Miq. (バラ科)	本州関東以西，四国，九州，朝鮮半島南部，中国	常緑低木，9～10月開花，果実12月頃成熟，直径1 cm，赤色，生食，ジャム．

その他ベリー類・野生果実　　　　　　　　　　　543

和名（英名）	別称	学名	分布	性状・利用
モミジイチゴ	キイチゴ	*Rubus palmatus* var. *coptophyllus* Koidz.（バラ科）	本州中部以北	落葉小低木，3～5月開花，果実6～7月成熟，黄橙色，甘い，多汁，生食，ジャム．
ナワシロイチゴ	サツキイチゴ	*Rubus parvifolius* L.（バラ科）	日本全土，朝鮮半島，中国	落葉小低木，5～6月開花，果実6～7月成熟，直径約1.5cm，濃赤色，生食，ジャム．
エビガライチゴ	ウラジロイチゴ	*Rubus phoenicolasius* Maxim.（バラ科）	日本全土，中国，朝鮮半島，中国	落葉低木，6～7月開花，果実8～9月成熟，直径約1cm，赤色，生食，果実酒．
ナガバモミジイチゴ	キイチゴ	*Rubus plamatus* var. *palmatus*（バラ科）	本州近畿以西，四国，九州，朝鮮半島	落葉低木，4～5月開花，果実6月成熟，黄橙色，甘い，生食，ジャム．
ナナカマド		*Sorbus commixta* Hedl.（バラ科）	北海道，本州，四国，九州	落葉高木，7月頃開花，花白色，9～10月成熟，果実は直径約6mm，赤色，果実酒．
アカモノ	イワハゼ	*Gaultheria adenothrix* (Miq.) Maxim.（ツツジ科）	北海道，本州，四国の山地～高山帯	常緑小低木，5～7月開花，果実8月頃成熟，直径約8mm，赤色，果実酒．
シャシャンボ		*Vaccinium bracteatum* Thunb.（ツツジ科）	本州中部以西，朝鮮半島南部	常緑低木，花は白色，7月頃開花，10～12月初旬成熟，果実は直径5～6mm，黒紫色，酸味，生食．
ビルベリー（Bilberry）		*Vaccinium mytillus* L.（ツツジ科）	シベリア，北欧	落葉低木，5月開花，果実7～8月成熟，黒色，ジャム，ジュース，健康食品．
ナツハゼ	ヤマナスビ	*Vaccinium oldhamii*. Miq.（ツツジ科）	北海道，本州，四国，九州，朝鮮半島南部，中国中部	落葉低木，花色は白，5～6月開花，果実10～11月成熟，直径約1cm，酸味強い，ジャム．
クロマメノキ	浅間ベリー	*Vaccinium uliginosum* L.（ツツジ科）	北海道，本州中部以北，朝鮮半島，千島，樺太	落葉低木，6～7月開花，果実9～10月成熟，直径1cm，黒色，生食，ジャム，果実酒．
コケモモ	Cowberry Lingonberry	*Vaccinium vitis-idaea* L.（ツツジ科）	アジア，ヨーロッパ，北アメリカ等の寒冷地や高山帯	常緑低木，5月開花，果実7～8月成熟，赤色，ジャム，ジュース．

和名（英名）	別称	学名	分布	性状・利用
シーベリー (Seaberry)	オビルピーハ, 沙棘 (サジ) Seabuckthorn	*Hippophae* spp. (グミ科)	ヨーロッパ, ロシア, 中東, 中国, モンゴル, ネパール	落葉低木, 雌雄異株, 5月開花, 果実9月成熟, 黄色, 果実酒, 健康食品, 化粧品.
クコ		*Lycium chinense* Mill. (ナス科)	本州, 四国, 九州	落葉低木, 7月～秋にかけて開花, 8～12月成熟, 淡紫, 果実長楕円形, 1.5～2cm, 果実酒.
マツブサ	マツブドウ, ウシブドウ	*Schizandra nigra* Maxim. (モクレン科)	北海道, 本州, 四国, 九州, 済州島	落葉つる植物, 雌雄異株, 5～6月開花, 9～10月成熟, 果実直径約1cm, 黒紫色, 果実酒, チョウセンゴミシ (*Schizandra chinensis* Baill.) は近縁種.
ガマズミ		*Viburnum dilatatum* Thunb. (スイカズラ科)	日本全土, 朝鮮半島, 中国	落葉低木, 5～6月開花, 果実10月頃成熟, 直径約5mm, 赤色, 果実酒.

〔片岡郁雄〕

各論② ナッツ類

アーモンド

和名 アーモンド
英名 almond
学名 *Prunus dulcis* (Mill.) D. A. Webb
　　　Syn.: *Prunus amygdalus* Batsch
　　　　　　Amygdalus communis L.
(バラ科)

　Prunus は "スモモの" を意味するラテン語の古名．*dulcis* は "愛すべき" を意味する．また，アーモンドという名はラテン語の amygdalus，ギリシャ語の amugdalai に由来するフランス語の amande に由来する．

【形　態】 落葉性の高木で高さ 6〜10 m ほどに成長する．葉は披針形で，鋸歯がある．モモやスモモに極めて近縁であり，春には展葉に先立ち淡紅色から白色の美しい花をつける (図1)．花は完全花で 5 枚の花弁，30 個ほどの雄しべ，1 個の雌しべ内に 2 個胚珠をもつ (図2)．ただし，胚珠が 2 個とも成長すると，商業的観点からみて質の劣る形の悪い種子となる．果実は中外果皮，内果皮 (核)

図1　アーモンド果樹園
(提供：カリフォルニア・アーモンド協会)

図2　アーモンドの花 (上) および果実 (下)
(提供：カリフォルニア・アーモンド協会)

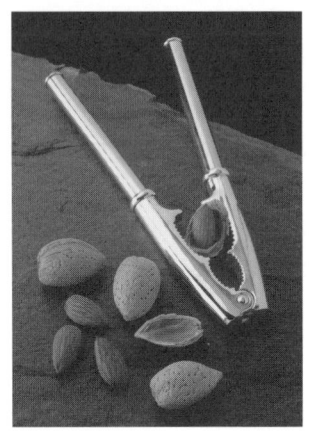

図3 アーモンドの種子 (提供: カリフォルニア・アーモンド協会)

と可食部分の種子(仁)により構成されている．つまり，モモやスモモでは美味な中果皮(果肉)が食用されるのに対し，アーモンドでは薄く革状の中外果皮は食されず，種子がナッツとして食用される．園芸学上，アーモンドは核のかたさにより硬核種と軟核種に分けられる．さらに，軟核種の中には核と仁の割合や核のかたさが異なるさまざまな品種が存在する．また，仁の風味より苦仁類(bitter almond)と甘仁類(sweet almond)に分けられる．苦仁類はアミグダリン(amygdalin)と呼ばれる毒性の苦味物質を含んでおり食用には適さないが，抽出されたオイルは古くから化粧品，薬用，薬味として用いられている．

【原産地と伝播 / 栽培と利用の歴史】 現在の栽培種の原産地ははっきりしていないが中央アジアから西南アジアに至る温暖な砂漠地帯か低山岳地帯と考えられている．古くは *Amygdalus communis* L. としてまとめられていたいくつかの野生種をもとに発達したと考えられており，これらの野生種は現在も西中央アジアの山岳地帯に自生している．青銅器時代のギリシャとキプロスの遺跡よりアーモンドが発掘されている．旧約聖書上には多くのアーモンドに関する記述があり，紀元前1700年頃までには，すでにアーモンドはパレスチナではよく知られた食品であったことがうかがえる．ギリシャ神話にも登場しており，また，紀元前200年のイタリアの書物では Greek Nut として紹介されており，徐々に温暖な地中海地域に伝播していったことがわかる．アラブによる地中海地域の支配にともない，ギリシャ，イタリアから北アフリカ，スペイン，ポルトガルやフランスへ栽

培は広がった．アーモンドは14世紀にはヨーロッパ全土で利用されており，各国の料理レシピにアーモンドが記載されている．アメリカ合衆国への最初の導入は，18世紀後半に南カリフォルニアの沿岸地域で，19世紀初頭には太平洋沿岸地域で試みられたが，気候が適さず失敗に終わった．しかし，1850年代にカリフォルニア内陸地域で導入に成功し，現在，アメリカ合衆国の生産量の99％，世界全体の生産量の45％以上がこの地域で生産されている．

【品　種】　各品種を特徴づける項目としては，開花時期，不和合性，収穫時期，収穫の簡便さ，病害耐性など栽培に関連するものと，核の割合・かたさ，核の開裂率，仁の苦味，仁の大きさ・形，種皮除去の簡便さ等品質や加工方法に関連するものがあげられる．カリフォルニアでは'ノンパレイル (Nonpareil)'，'カーメル (Carmel)'，'ミッション (Mission)'，'ピアレス (Peerless)'，'プライス (Price)'等が栽培されている（図4）．'ノンパレイル'は最も主要な品種でカリフォルニア生産量の半量を占めている．安定して高い収量が得られ，また，扁平で明るい色の特徴的な仁はさまざまな加工方法に利用できるところが利点である．核は，紙のような核 (paper shell) と呼ばれ，大変薄い．'カーメル'は'ノンパレイル'の受粉樹として広く栽培されている．仁は大きく，膨らんだ形をしている．'ミッション'は開花時期が遅く霜害を受けにくい．核はかたく，仁は小さくわずかに苦味

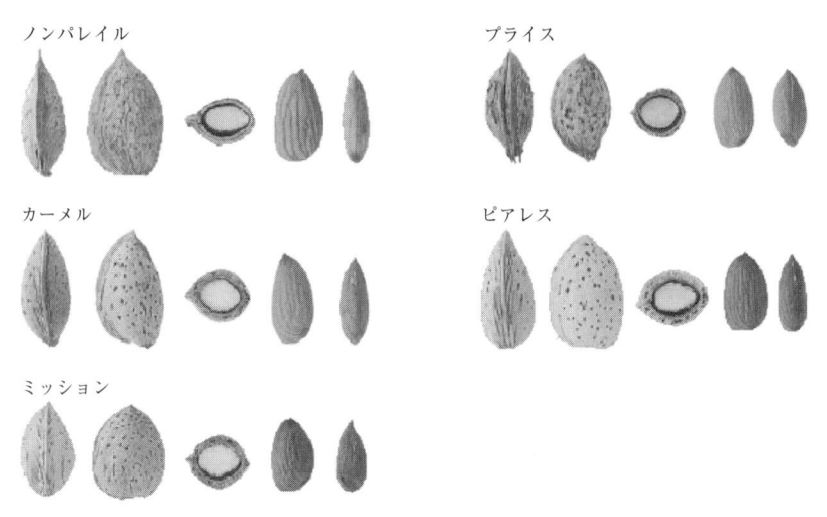

図4　アーモンド主要品種（提供：カリフォルニア・アーモンド協会）
外皮除去後の核（左），核の断面図（中央），仁（右）．

をもつが，その風味が一部では好まれている．'ピアレス'はかたく大きな核をもつ．その魅力的な形から，クリスマスの時期に核に入った状態で販売される．

【生育周期と栽培管理】 その要求量は小さいが休眠打破のために低温要求性があり，また，高湿を好まないので熱帯性の気候には適さない．一方で，開花時期が早く，春の霜害を受けやすいために，温暖な地域でのみ栽培可能である．また，高い収量や品質を得るためには計画的な灌水が必要である．ほとんどの品種が自家不和合性であり，栽培している品種と和合性のある品種を混植し，虫媒による受粉を行う必要がある．台木にはアーモンドやモモの実生のほか，モモと中国の野生モモのハイブリッドである'ネマガード (Nemaguard)'やミロバランスモモと野生モモのハイブリッドである'マリアナ (Marianna)'等，ネマトーダ耐性をもつ台木が利用されている．2月中・下旬〜3月初旬に開花し，開花から2カ月間に中外果皮と内果皮（核）は最大の大きさに達する．種子（仁）も外形はほぼ最大に達するが，まだ胚の発達は進んでいない．また，この期間中に落果が起こる．続く1カ月間に，核が硬化し，胚の外形が最大に達する．この時期の終盤から8，9月の収穫時までの3，4カ月間に仁の乾物重が徐々に増大する．果実の成熟にともない，中外果皮が開裂し，徐々に核から解離する．同時に離層が発達し，果実は数本の繊維でのみ樹についた状態になる．その後，中外果皮および仁の乾燥が進み，樹上で水分含量は10％以下まで低下する．実際には，ネーブルオレンジワーム（navel orange worm, *Amyelois transitella*）による害の回避や機械収穫の効率化のために，早い成熟段階でも収穫が行われる．収穫においては，機械による樹体の振動あるいは棒による打撃により果実が落とされる．落とされた果実は，そのまま地面で数日から2週間ほど乾燥させた後，集められる．

【生産と消費】 アーモンドはナッツの中で最も重要で生産・消費の多い作物である．1970年代，80年代にヨーロッパや日本での市場拡大，および，アメリカ合衆国での食品加工産業，特に，菓子製造業の発展にともない世界的に需要が急速に拡大した．この時期にカリフォルニアでは，機械の導入やネマトーダ耐性台木の利用等栽培面の進歩もあり，栽培面積が3倍になった．現在，カリフォルニアは世界全生産量（2005年，162万t）の45％以上を占めている．カリフォルニアで生産されているアーモンドの約65％は輸出されており，世界の全輸出量の85％近くを占めている．カリフォルニアに次いで生産量が多いのがスペインで

表1 アーモンド(乾)の主な栄養成分(可食部100g当たり)

エネルギー (kcal)	598
一般成分 水分 (g)	4.6
タンパク質 (g)	18.6
脂質 (g)	54.2
炭水化物 (g)	19.7
灰分 (g)	2.9
脂肪酸 飽和 (g)	4.23
一価不飽和 (g)	35.07
多価不飽和 (g)	12.68
食物繊維 水溶性 (g)	0.8
不溶性 (g)	9.6
総量 (g)	10.4

五訂日本食品標準成分表より.

ある.これまでスペインでは,核が厚い品種の栽培や灌漑設備が不整備等により,栽培面積が広い割には生産量が低かった.現在,これらの問題は徐々に改善されており,今後,スペインでの生産量は増加すると考えられる.このほか,シリア,イタリア,イラン,モロッコ,ギリシャ,トルコ,チュニジア等が主要な生産国である.消費は先進国に偏っており,消費量の80%以上を占めている.

【栄養成分】 糖分が5%以下と少ないのに対して,繊維質は10%以上,タンパク質は20%以上,脂肪酸は50%程度含まれている(表1).脂肪酸のうち,90%以上が不飽和脂肪酸である.また,ビタミンE(31.2 mg)やマグネシウム(310 mg)を豊富に含んでいる.

【利用・加工】 水分含量が中外果皮で10%以下,仁で5%以下になるまで乾燥した後,中外果皮が除去される.加工工場に運ばれ,核に入った状態で貯蔵される.98%以上の仁は核から取り出されてから販売される.品種や仁の品質により,種皮がついた状態あるいは種皮を除いた状態で販売される.スライス,縦長の裂片,細砕,パウダー等に加工され,炒って塩で味つけして消費されるほか,さまざまな菓子製造や料理の材料として用いられる. 〔中野龍平〕

カカオ

和名 カカオノキ
英名 cacao, chocolate tree
学名 *Theobroma cacao* L.
(アオギリ科)

　属名はギリシャ語の theos（神）と broma（食物）の合成語に由来し，当初は貴重なものであったと思われる．

【形　態】　熱帯性常緑高木で 4〜10 m になり，広く熱帯各地で栽培されている．花は幹生花で，幹や太枝に直接花が着生し，果実が結実する（図1）．樹齢が4年目より花が着生し，15年生まで盛んに花を咲かせる．主に主幹や主枝に淡紅色の小花からなる花叢が発生する．花は5片の萼片と5片の花弁を有し，花弁色は黄白色で5本の雄しべと1本の雌しべとがあり，子房は5室に分かれ，各室に多数の種を有し，柱頭は5つに分かれている．花は周年開花するが結実率は極めて低い．果実は長楕円形または紡錘形で長さ 10〜20 cm，幅は 5〜10 cm で果皮表面に縦溝がある．ラグビーボール状の内部の5室に，40〜60個の種子ができる．種子も楕円形である．熟果は赤，黄，橙，紫等の果皮色を呈する．

【原産地と伝播】　熱帯アメリカ，アマゾンおよびオリノコ両河の流域の森林が原産地といわれている．現地のインディオによって有史以前から広められ，東部メキシコ，ユカタン半島からグアテマラに至る地域で栽培化されている．1502年

図1　果実は直接枝に着生

図2 カカオの果実

にコロンブスがホンジュラスで得たカカオ種子をスペインにもたらし，1520年にコルテスがスペインに導入し，それ以降17世紀にヨーロッパにてココア飲料が普及し，19世紀にはチョコレート製造が盛んとなった．栽培地はトリニダード，ハイチ，西インド諸島，アフリカ黄金海岸，ガーナ，ナイジェリア，象牙海岸，カメルーンへと広がった．

【品　種】　品種により緑色，赤色を呈し，熟すると黄色，橙黄色，赤色となる．種子も品種により異なるが卵形，扁卵形，鋭い三角形をなし，ココア豆と称する種子となる．主要品種は'フォラステロ（Forastello）'で，豆が細長く，扁平で紫色を呈する．'クリオロ（Criollo）'は果実が小型で淡白色を呈している．'カラバシロ（Calabacillo）'は成長が旺盛で強健である．

【生育周期と栽培管理】　経済栽培には年平均気温24〜28℃，夜間でも20℃以下にならず，湿度が高く，降雨も月200 mm以上が必要である．カカオの育苗は種子繁殖が一般的で，ポットで育てる．苗床は日射の50%を遮光する．定植は雨期に行い，栽植密度は1 ha当たり1000〜1500本とする．カカオの栽培には風と強い直射日光から防ぐため，ココヤシ，マメ科樹木，ゴムノキ等の被陰樹を混植する必要がある．整枝・剪定は3〜4本主枝の開心自然形とし，低い樹高に抑え，過繁茂にならないようにする．収穫は果実の果柄を切り，茎を傷つけないようにする．収穫後の果実は種子を取り出し，発酵させて種子の柔粘物質をとり，

図3 カカオの収穫果実と種子

洗浄後，乾燥させる．乾燥には天日乾燥法と火力乾燥法がある．

【栄養成分と利用・加工】 カカオ種子は栄養価が高く，成分の1つは油脂（ココアバター）であり，50～60%含まれている．ココアバターの脂肪酸は飽和脂肪酸であるパルミチン酸24.8%，ステアリン酸33.0%であり，オレイン酸は33.1%である．オレイン酸は不飽和脂肪酸でコレステロール低下作用がある．カカオの種子は子葉中に養分を蓄えており，それを乾燥して粉末にしたものがココアやチョコレートの原料であり，カカオ脂は医薬品，化粧品に重用されている．カカオ種子を水に漬けて発酵させて乾かすと赤くなり，芳香が出る．興奮性のテオブロミンと少量のカフェインを含む． 〔井上弘明〕

カシューナッツ

和名 カシュー
英名 cashew, cashew-nut tree
学名 *Anacardium occidentale* L.
（ウルシ科）

　属名の *Anacardium* はギリシャ語の ana「似る」と kardia「心臓」に由来し，種名の *occidentale* は「西方の」の意味である．英名 cashew はブラジルのジュピ人が呼んだ Acaju に由来する．

【形　態】　純熱帯性の常緑の中高木で 10〜15 m に達する．樹幹の低い位置から分枝するため，広がりのある樹形となる．葉は，長さ 15 cm，幅 5 cm 前後で倒卵形，全縁でやや革質．花は枝の先端につき，200〜1600 の小花をもつ円錐花序となる．1 花序に両性花と単性花をつける．小花は小さく開花後，白からピンクに変化する（図 1）．開花後，果托が肥大して長さ 5〜10 cm，赤〜黄赤色のセイヨウナシ形の果汁に富むカシューアップルとなり，その先端に長さ 3〜5 cm の腎臓形の果実がつく（図 2）．果実成長が果托の肥大に先立って起こる（図 3）．灰色のかたい殻でできた果実中に褐色の種皮に覆われた勾玉形の種子（カシューナッツ）が含まれる．殻には刺激性で毒性のあるオイルが含まれる．$2n = 42$．

【原産地と伝播】　カシューはブラジル北東部の乾燥地域の原産であるが，16 世

図 1　カシューの花

図2 カシューの果実
肥大した部分は，果托が肥大したものでカシューアップルと呼ばれる．先端の勾玉形の部分が果実で殻の中に1個のナッツが含まれる．

図3 カシューの幼果と成熟果

紀にブラジルに入ったポルトガル人が，17世紀にアフリカ東海岸のモザンビークやインドの海岸地帯に移植した．当初は海岸地帯の土砂流亡を防止する目的で植えられた．その後ナッツを目的とした生産に目が向けられ，スリランカ，マレーシア，インドネシア等の熱帯アジアをはじめ世界各地に伝播した．現在，ブラジル，インド，ケニア，インドネシア，マレーシアが主産国となっている．

【品　種】これまで優良樹の種子から得た種子繁殖が一般的であったが，近年インドをはじめ各国で品種の選抜が進み，栄養繁殖による苗生産が行われるようになっている．種子繁殖では，主として樹当たりの収量と種子の大きさにより選抜されてきた．タイでは成熟した花托の色（赤あるいは黄色）で区別されている．選抜系統として，ケニアの'A81'，マレーシアの'C11'，'C12'，タイの'SK60-1'等がある．

【生育周期と栽培管理】カシューは，北緯27°〜南緯28°までの広い範囲に栽培されるが，通年温暖な気候に適応する．低温には極めて弱く月平均気温が10℃を下回らない無霜地域でなければならない．開花結実から収穫までの4〜6カ月が乾期と一致する地域が望ましい．土壌の適応性は広いが，排水良好であることが重要である．苗の繁殖は種子か，実生台木に接ぎ木して行う．一部では取り木

図4 カシューの除殻作業(タイ)

や挿し木も行われている．初期の成長が遅く，十分な収穫が得られるまでには実生苗で4~5年，接ぎ木苗で2~3年を要する．その後は約30年間にわたって経済的な生産が可能である．枝が幹の根元より多く発生するので，低い位置の枝は若木のうちに剪除して，強い骨格枝を残す．開花期はタイで2月上旬，インドで3月．開花時期が樹ごとに異なるため開花期間が数カ月にも及ぶ場合もある．1花序中の全花のうち，両性花は5%程度である．ブラジルの調査では，自家受粉では幼果のうちに多くが落果してしまうことから，収量を向上させるためには他家受粉が有効であることが示されている．したがって接ぎ木など栄養繁殖により増殖した樹のプランテーションでは注意が必要である．開花から収穫まで約3~5カ月かかる．殻果の平均収量は，一般的な栽培条件でha当たり400~600 kgであるが，フィリピンでは1000 kg/haの報告もある．カシューはやせた土地でも生育可能で耐乾性も強いが，灌水と施肥により収量は大きく増加する．収穫は落下した殻果を集めるか，摘み採って行う．収穫後，殻果を約7%の水分含量まで短時間天日乾燥後，殻を割って種子を取り出す．殻果を焙ると裂けて種子が取り出しやすくなる．殻に含まれる油は刺激性で毒性をもつので取り扱いに注意が必要である．これらの工程は人手による伝統的な方法によっても行われているが，ローストや除殻等の機械化も進んでいる(図4)．

【生産と消費】 カシューナッツは，熱帯産の主要ナッツの1つとして急速に生産量が増え，2002年の世界の生産量は118万tに達している．主要生産国はブラジル，インド，ケニア，インドネシア，マレーシアである．加工されたナッツは，アメリカ合衆国，ヨーロッパ，日本等を中心に輸出されている．

【栄養成分】　種子は，タンパク質 21％，脂質 47％，炭水化物 22％，無機物 2.4％のほか，ビタミン B_1 630 mg/100 g を含み，栄養価が高い．脂質の 60％はオレイン酸で占められる．カシューアップルは，炭水化物 11.6％のほか，ビタミン C を 260 mg/100 g 含む．

【利用・加工】　加熱加工したナッツは，洋酒やビールのつまみや菓子として広く利用される．また鶏肉とともに炒めたり，カレーの香料として使うなどさまざまな料理に用いられる．南米，西アフリカ等では，カシューアップルが珍重され，ジャムや砂糖菓子に加工されるほか，発酵飲料の原料にもなる．またインドのゴアではフェニと呼ばれる蒸留酒もつくられる．若い葉や新梢も可食である．殻から採れる油（cashew nut shell liquid：CNSL）は，アナカルディック酸 90％，カードル 10％を含み，シロアリなどの防虫効果があり，木材の保護剤として利用される．また果実の各部分は民間薬として用いられてきた．　　　　〔片岡郁雄〕

ぎんなん（イチョウ）

和名 イチョウ，ぎんなん
英名 ginkgo, maidenhair tree
学名 *Ginkgo biloba* L.
（イチョウ科）

雌雄異株の裸子植物．1属1種．属名の *Ginkgo* の由来は，イチョウがヨーロッパに伝えられたときに，銀杏（ginkyo）の記載を間違えて紹介したとする説と，ドイツの医師ケンプファー（Kämpfer, E.）が ginkgo（ギンキョウと発音）と記したことによるとの説がある．また，種名の *biloba* は葉に亀裂が入り2片に見えることに由来する．

【形　態】樹は落葉性の高木で高さ30m以上，径は5mにもなる．枝は短枝と長枝からなり，葉はそれぞれ叢生と互生である．樹齢が進むと大枝から乳と呼ばれる氷柱状の気根が垂れ下がる．葉は半円に近い扇形で平行脈を有し，その葉身長は12cm程度にまでなる．一般に葉の先端側に浅裂があるが，若年生枝上の葉は切れ込みが深く多くなる傾向があり，高年生枝では切れ込みが小さくなる傾向がある．

雄花・雌花ともに花は葉柄基部に着生する．雄花は長さ5cm程度の花柄に1～2個を一組とした葯が房状にならび（図1），開葯前には黄色を呈する．雌花は花柄の先端に1～2個着生するが，しばしば3個以上着生する．胚珠は球形で，成

図1 イチョウの開葯前の雄花

図2 イチョウの収穫前の胚珠

長すると3cm程度になる（図2）．外種皮は成長とともに発達し，落果前には軟化が進み炭水化物を蓄積していくことからも，被子植物の果実のようである．成熟すると淡黄色を呈し，潰すと悪臭を発する．また，外種皮に触れるとかぶれることがあり，果汁に含まれるフェノール化合物が原因とされている．中種皮は硬化して核となり，その内側に薄い内種皮がある．核には陵と呼ばれる縫合線があり，多くは核の頂部側から基部側へと2本あるが，その本数と部位に変化がみられる．

　受粉は風媒により行われ，受粉から受精まで約120日を要する．開葯期に胚珠先端に分泌されている受粉滴（図3）に花粉がつくと，花粉はその受粉滴とともに珠孔を通って胚珠内の花粉室に引き込まれる．この時期の胚珠の直径は3mm程度である．花粉は4細胞（花粉管細胞，生殖細胞，2個の前葉体細胞）からなる．花粉管は花粉室の壁面内部へと伸長していくことから，受精のためではなく花粉粒の固定と成長にともなう養分吸収のための器官と考えられている．生殖細胞は精原細胞と不稔性細胞に分裂し，精原細胞がさらに2個に分裂して運動能力をもつ2個の精子を形成する（図4）．精子は直径70 μm 程度の球形で，先端から約1/3の部分の高さまで螺旋状に15 μm 程度の長さの繊毛が並び，繊毛を進行方向に向け移動する．

　胚珠内の胚乳の上部に通常2個の造卵器がある．胚乳の成長にともない花粉室の底部に亀裂が入り，花粉内で形成された精子が花粉から泳ぎ出し，造卵器内の卵と受精する．受精時期は外種皮の軟化前で，近畿地方では8月20日から9月10日頃である．外種皮の軟化後に自然落果した後も胚は成長を続け，発芽可能となる．イチョウ種子を播種すると，ときおり複数の発芽が認められるのは複

図3　イチョウの2個の胚珠と受粉滴　　　　図4　イチョウの精子

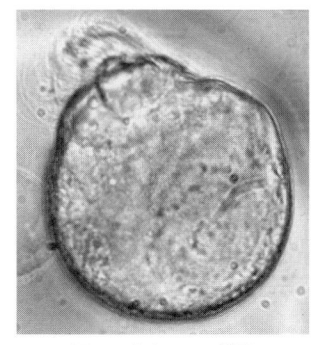

ぎんなん（イチョウ） 561

数の卵が受精したためである．

　樹の外観による雌雄の簡易鑑別方法としていくつかの方法が伝えられているが，生殖器官の観察によるしかなく，ほかに染色体やアイソザイムによる判別等がこれまでに報告されている．

【原産地と伝播】　イチョウの仲間はジュラ紀（約2億年前）に最も栄え，氷河期の到来とともにその多くが絶滅したが，中国の一部地域の個体が絶滅を逃れ現在に至ったとされている．そのため，中国が原産地とされるが，その確証は得られていない．したがって，現存している個体は人為的な繁殖によるもので，イチョウは野生絶滅種とされる．日本に伝播した時期は，鎌倉時代や室町時代，あるいはそれ以前等諸説あり統一した見解は得られていない．日本では胚乳を料理の材料に，樹を材として利用してきており，多くは寺社や住居の近くに植えられてきた．よって，古くからの集落に大イチョウと呼ばれる大木が多くある．

【品　種】　代表的な品種として'金兵衛'，'久寿'，'藤久郎'等がある（図5）．これらの違いは，核の表面の滑らかさ，形，貯蔵性，成熟期が異なる程度である．岐阜・愛知県の一部の地域で約100年前から大粒のイチョウが選抜，栽培されており，枝変わりや実生による優良品種を多く産出している．現在（2006年）は

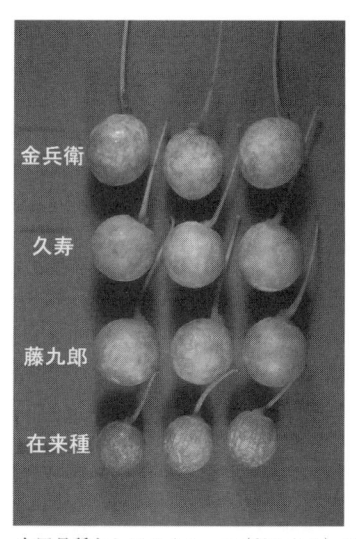

図5　食用品種としてのイチョウ（ぎんなん）の胚珠 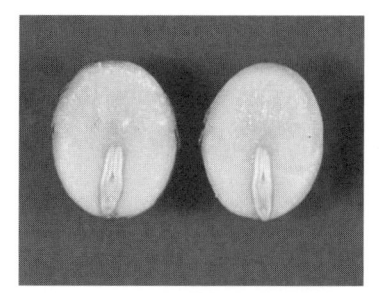　　**図6**　可食部となる胚乳と胚の断面

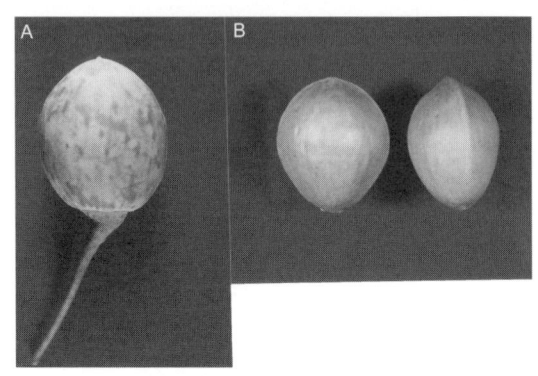

図7 調製前（A）と調製後（B: 殻果）の外観

このほかに九州（大分，福岡等），新潟等でも多く栽培されている．

【栄養成分と利用・加工】 成熟したイチョウの果実の外種皮を除去し，調製したものが"ぎんなん"である．殻果の状態で流通するほか，むき実の水煮がパック詰め加工されている．食用となる部分は胚乳で，その成分として炭水化物，タンパク質，ビタミンA，脂質等を多く含み，そのほかにビタミンB・C群，カリウム，マグネシウム，リン等を含んでいる．

　胚乳は緑色を呈し，独特の食感と風味をもつ．茶碗蒸しや鍋物の具材として用いられるほか，塩ゆで，から煎り，油で揚げる等して料理される．また，和菓子の彩りに添えられることもある．漢方においては咳止め，利尿効果，夜尿症に効果があるとされてきた．葉からの抽出物であるフラボノイド類は末梢の血管を広げて血流をよくし，コレステロールや血圧の低下およびアルツハイマー型認知症の改善に効果があるとされ，ギンコライド類は血小板の凝固の抑制による血栓の予防やアレルギーを抑える効果があるとされる．これらはヨーロッパにおいて医薬品として利用されている．日本では，現在，医薬品としての認可は下りていないが，健康食品等に利用されている．

　材は黄白色をし，材質は緻密で狂いも少ないことから，まな板，漆器木地，碁盤，将棋盤等の器具材や彫刻材，天井板などの建築材等として広く使われている．樹は緑陰と黄葉の美しさと大気汚染や刈り込みに対する耐性が比較的強いことから街路樹や公園樹としても多く植えられ，都市の樹としている自治体もある．しかし，その果実によるにおいや汚れから雌樹は街路樹や公園樹としては敬遠されている．

〔中尾義則〕

クリ

和名 クリ
英名 chestnuts
学名 *Castanea* spp.
(ブナ科)

　『本草和名』(918) や『和名類聚抄』(931〜938),『医心方』(984) では,漢名の栗を久利と訳していることから,和名のクリ(久利)はわが国本来の名称と考えられている.現在の栗の字は平安時代以降使用されるようになった.属名の *Castanea* の由来については,アルメニア語のクリの木 Kastanea,ギリシャのクリの産地 Kastana または黒海沿岸のクリの産地 Kastanea 等諸説がある.英名はラテン語の属名が変化したものと考えられている.

【形　態】 温帯性の落葉高木または半高木.葉は有柄で互生し,葉身は長楕円形ないし長楕円状披針形で,先端は鋭くとがり葉縁には鋸歯がある.表面は主脈に星状毛があるほかは無毛で,裏面は星状毛を密生し鱗片状腺をもつ.花は雌雄異花で5〜6月に開花する.雄花は数個ずつ集散花序を形成し,これがさらに集まって 90〜150 個からなる尾状花序を形成し,20 cm 程度の長さの雄花穂になる(図2).雄花の花被は6片に全裂し,8〜20 本ある雄しべは,楕円形で小型の花粉を大量にもつ.雌花は結果枝の上部に着生した雄花穂の基部に総苞に包まれた状態で着生する(図2).雌花をつけた花穂を帯雌花穂と呼び,雄花穂と区別している.

図1 果実の着生状況
(提供:愛媛県果樹試験場鬼北分場)

図2 花 (提供:愛媛県果樹試験場鬼北分場)
雌花は結果枝上部に着生した雄花穂の基部に着生し,その花穂は帯雌花穂と呼ばれる.

雌花は1個の総包中に通常3個含まれるが，まれに1個や6～7個の場合もある．雌花の花被片は6個あり，花柱は7～10個あって針状で先端の柱頭はとがって見える．ただ，顕微鏡で観察すると柱頭部は少しくぼんでおり，そこに付着した花粉が発芽・伸長する．各雌花の子房は8～10室で各室に胚珠は2個ずつあるが，受精して成熟するのはこれら20個近くの胚珠のうち1個だけである．まれに2～3個の胚珠が発達することがあり，双子果と呼ばれる．いがは総包が成長したもので，刺と毬肉，毛じ，毬梗からなり，成熟すると2～4裂して落果する．いがの内部には通常3個の果実（堅果）を含み，中央の果実を中果，その両側の果実を側果と呼ぶ．側果の果形には円形と扁円形，三角形等があり，品種によって異なっている．果実は果皮（鬼皮）と種皮（渋皮），果肉（主に子葉）からなり，果皮は木質化してかたく褐色を呈し，種皮は柔軟な繊維でできている．果肉はデンプンを多く含み，肉質には粉質と粘質がある．果実の下部を座といい，果実発育中はこの部分が毬肉と付着して養分供給を受ける．

【原産地と伝播】 クリ属は北半球の温帯地域に13種分布しているが，果実を利用する栽培種はニホングリ（*C. crenata* Sieb. et Zucc., Japanese chestnut）とチュウゴクグリ（*C. mollissima* Bl., Chinese chestnut），ヨーロッパグリ（*C. sativa* Mill., European chestnut），アメリカグリ（*C. dentate* Borkh., American chestnut）の4種だけである．ニホングリは，北海道中部から九州南端までの日本と朝鮮半島中南部に分布する野生種のシバグリ（芝栗，柴栗）を基本種として改良されたものである．チュウゴクグリは中国に原生するが，木の習性や葉の形状，毛じの有無，果実の大きさなどに大きな変異があり，地域的に品種群を構成している．チュウゴクグリの果実が日本に輸入されたのは1907（明治40）年頃の'平壌グリ'が最初と考えられ，その後各地で試作や品種改良が行われた．しかし，その後発生したクリタマバチの被害が激しく，現在チュウゴクグリの経済栽培はわが国では行われていない．ヨーロッパグリは地中海沿岸のヨーロッパ諸国や小アジア，北アフリカ地域で栽培されている．わが国では明治以降に旧農林省園芸試験場や茨城県園芸試験場による試作が行われたが，いずれも胴枯病などが原因で枯死し，わが国での栽培は困難と考えられている．アメリカグリはミシシッピ川以東の北アメリカ大西洋岸に分布し，果実の利用のほかに材やタンニン採取原料，観賞用として利用されていたが，1904年に発生した胴枯病で壊滅的被害を受け，現在も回復していない．わが国でのアメリカグリの栽培はヨーロッパグ

リ同様困難と考えられている．

【栽培沿革と利用の歴史】　わが国原生のシバグリが縄文時代から採取・利用されていたことは数多くの遺跡から明らかである．特に落葉樹林が分布していた中部〜東北地方にかけてクリの遺物が多く発見されており，青森県の三内丸山縄文遺跡からは建物の骨組みに利用されていた巨大なクリ樹の柱の埋没部分とともに多量の殻皮が発掘されている．DNA 分析によると，これらの殻皮は周辺に自生するシバグリよりも変異が小さく，このことは有用形質をもったクリ樹が野生から選抜され，それが増殖されて周辺に植え付けられていた可能性を示唆している．7世紀末には五穀の助けとしてクリの栽培が奨励されたとの記述が『日本書紀』にみられることから，文献的にも古くから栽培されていたことがうかがえる．特に京都府と大阪府，兵庫県にまたがる摂丹地方は栽培の歴史が古く，この地方で生産された大果のクリは江戸時代の前半期頃から丹波グリと呼ばれるようになった．ただし，丹波グリは品種名ではなく，この地方産の品種群の総称である．これらの品種は江戸時代以降に各地に広まっていくが，現在のように栽培が盛んになるのは大正時代からである．

【品　種】　クリの最古の品種は'長光寺（長興寺）'といわれ，文禄年間（1592〜94年）に長興寺の住職が広島から持ち帰って丹波地方に広めたとされている．現在でも主要品種として栽培されている'銀寄（ぎんよせ）'は，天明・寛政（1781〜1800年）の頃の大飢饉に際して大いに銀札を集めたことからこの名がついたと言い伝えられている．1941年以降クリタマバチの被害は全国に拡大したが，幸いにも'豊多摩早生'や'銀寄'，'岸根（がんね）'等一部の既存品種に抵抗性があったため，これらを交配親として抵抗性品種の育成が行われ，現在の主要品種が確立されてきた．

(1) 早生品種（9月上旬までに成熟）

'豊多摩早生（とよたまわせ）'：東京府豊多摩郡（現東京都杉並区）の市川喜兵衛が発見した偶発実生で1908年命名．樹勢はやや弱く，樹姿はやや開張性で，開花が早く，8月中〜下旬に成熟．果形は円三角で果頂部がとがり，大きさは12 g 内外の小粒種で果肉は粉質である．双子果の発生が多い．クリタマバチ抵抗性は強い．

'森早生'：神奈川県小田原市の猪原愷爾が発見した偶発実生で1959年種苗登録．樹勢は中位，樹姿はやや直立性で，結果期に達するのは早いが豊産性ではない．8月下旬〜9月上旬に成熟し，果形は円三角で大きさは17 g 前後，果肉は粉

質である．クリタマバチ抵抗性は強い．

'丹沢'：農林省園芸試験場で'乙宗(おとむね)'בˋ大正早生'から選抜育成し，1959年農林1号として命名．樹勢は強く，樹姿はやや開張性で，豊産性である．9月上旬に成熟し，果形は円三角で果頂部がとがり，大きさは20g前後である．果肉は粉質で双子果も少ないが，果頂部裂開が多く果皮色が薄い欠点がある．クリタマバチ抵抗性は中位である．

'伊吹'：農林省園芸試験場で'銀寄'×'豊多摩早生'から選抜育成し，1959年農

'丹沢' 　　　　　　　　　　　　　　　'筑波'

'銀寄' 　　　　　　　　　　　　　　　'利平ぐり'

'石鎚'

図3 クリの品種例
（提供：愛媛県果樹試験場鬼北分場）

林2号として命名．樹勢は中位，樹姿は開張性で，豊産性である．9月上〜中旬に成熟し，果形は円三角で果頂部がとがり，大きさは20g前後である．果肉はやや粘質で双子果は少ない．クリタマバチ抵抗性は中位である．

(2) 中生品種（9月中旬〜10月上旬に成熟）

'**筑波**'：農林省園芸試験場で'岸根'בはやだま芳養玉'から選抜育成し，1959年農林3号として命名．樹勢は強く，樹姿はやや直立性で，豊産性である．果実は9月下旬に成熟し，果形は円三角で大きさは20〜25gである．果皮は赤褐色で美しく，果肉は粉質で双子果は少ない．クリタマバチ抵抗性は中位である．

'**銀寄**ぎんよせ'：大阪府豊能郡原産の古い品種である．樹勢は強くて樹姿は開張性であり，発芽が早く落葉が遅い特徴をもつ．果実は9月下旬〜10月上旬に成熟し，果形は扁円で大きさ23g内外の大果であり，肉質はやや粉質である．クリタマバチ抵抗性は強い．

'**利平ぐり**'：岐阜県山県郡（現山県市）の吉田健吉が発見した偶発実生で，1950年に種苗登録されたニホングリとチュウゴクグリの雑種である．樹勢は強く，樹姿はやや直立性である．果実は9月下旬〜10月上旬に成熟し，果形は扁円で大きさ23g内外である．渋皮はニホングリより剥がれやすく，果肉は粉質である．クリタマバチ抵抗性は中位である．

(3) 晩生品種（10月中旬以降に成熟）

'**石鎚**いしづち'：農林省園芸試験場で'岸根'×'笠原早生'から選抜育成し，1968年農林4号として命名．樹勢はやや弱く，樹姿はやや開張性で，豊産性である．10月

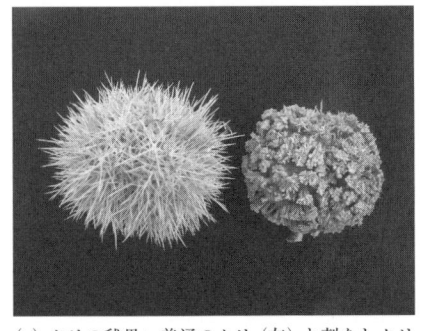

(a) クリの毬果：普通のクリ（左）と刺なしクリ（右）　　　　(b) 刺なしクリの毬果

図4　刺なしクリ
あまり普及していないが，いがに刺のない品種も開発されている．

上～中旬に成熟し，果形はやや円で大きさは 23 g 前後である．果皮は赤褐色で美しく，果肉は粉質で双子果は少ない．クリタマバチ抵抗性は強い．

'岸根(がんね)'：山口県玖珂郡原産の古い品種である．樹勢は強く，樹姿はやや開張性である．葉が大きくて下垂する特徴がある．果実は 10 月中旬に成熟し，果形は円で大きさは 25 g 前後である．果肉は粉質で双子果が少なく，貯蔵性に優れる．クリタマバチ抵抗性は強い．

【生育周期と栽培管理】　シバグリは年平均気温 7～17℃で低極温－21℃までの地域に分布しているが，栽培品種の生産は年平均気温 10～15℃，低極温－15℃以上の地域で行われている．土壌適応性は広く，かなりのやせ地でも生育可能ではあるが，栽培的には有効土層が深く，排水性と保水性が良好な土壌が最適である．また，好適 pH は 5～6 であり，菌根菌の寄生で生育が良好になるため有機質の豊富な土壌が望ましい．苗木の生産では耐寒性の強いシバグリの実生を台木にするが，地上数十 cm の比較的高い位置に接ぎ木した「高接ぎ苗」が寒害防止に有効であるといわれ，一般に利用されている．クリは陽樹で耐陰性が弱いため，栽植距離を十分とって日照を確保する必要がある．クリの整枝法としては変則主幹形や開心自然形が一般的だったが，最近は剪定や収穫作業の省力化と高品質果実の安定的多収を目的として開心形を基本とした低樹高あるいは超低樹高栽培技術が開発されている．

生育周期は地域や年によって変動するが，一般的にはクリの発芽は 4 月上～中旬で，新梢の成長は 5～7 月に旺盛である．開花期は 5 月下旬～6 月下旬であるが，雌花の開花が雄花に先行する．なお，雌花は当年の 4 月中～下旬に分化するが，雄花は前年の 7～8 月には結果母枝の頂部に近い数芽中ですでに分化している．また，総包中の 3 つの雌花のうち中央の花が側花よりも早く開花する．開花期間は雄花が 3 週間程度，雌花が 4 週間程度である．クリは実用上自家不和合性があるので，異品種の花粉による他家受粉を必要とする．受粉は虫媒もあるが，大部分は風媒とされており，10 m 程度の範囲内に異品種を混植する．また，受粉された花粉の種類によって果実（種子）の大きさや渋皮の剥皮性が影響を受けるキセニア現象が知られている．開花後の毬果（いがと果実）の成長は，初期には緩やかで後半に旺盛になるが，特に成熟前 1 カ月は著しい．成熟すると刺が黄化するとともに，いがが裂開して果実を放出する．果実の品質や貯蔵性は自然に落果したものが最もよい．

【生産と消費】 2006年の世界のクリ生産量は118万tで，地域別内訳はアジア101万t，ヨーロッパ13万t，南アメリカ4万tである（表1）．国別では中国の85万tが最も多く，全体の72％を占めている．わが国では，第二次世界大戦のため1945年には1万4000tまで落ち込んだ生産量が戦後しばらくは回復傾向を

表1 世界のクリ生産量（2006年，単位千t）

アジア	1013
中国	850
韓国	76
トルコ	54
日本	23
ヨーロッパ	125
イタリア	52
ポルトガル	29
ギリシャ	21
フランス	10
スペイン	10
南アメリカ	42
ボリビア	41
総計	1180

FAOSTAT, ProdSTAT, 2006より1万t以上の国のみ抜粋．

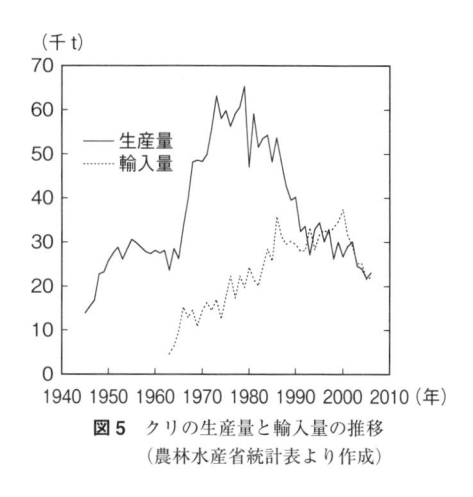

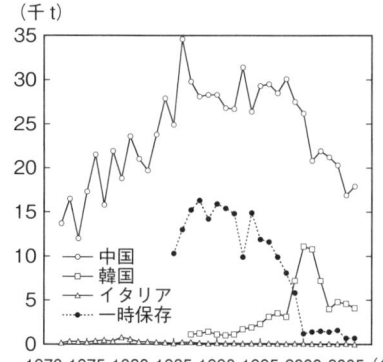

図5 クリの生産量と輸入量の推移
（農林水産省統計表より作成）

図6 クリの国別輸入量の推移（日本園芸農業協同組合連合会果樹統計より作成）
「一時保存」とはむきグリの水漬け状態での輸入を意味し，ほとんど韓国からの輸入である．

示したものの,1941年に岡山県で発生したクリタマバチの蔓延で1950年代から65年頃まで生産の停滞が続いた(図5).その後育成されたクリタマバチ抵抗性品種の普及や1961年の果樹農業振興特別措置法の制定にともなって1965年頃から生産が急増し,1979年には6万5000tに達した.しかし,その後は価格の低迷や輸入果実との競合等もあって減少傾向が続き,2006年には2万3100tと1950年代の水準を下回っている.2006年の都道府県別生産量は茨城県の4910tがトップで,熊本県の3500t,愛媛県の2010tと続く.外国からの輸入量は1960年以降2000年まで着実に増加してきたが,最近では減少傾向となり国内生産と同程度の水準で推移している.中国からは1980年代以降2004年までは2万t以上のチュウゴクグリが輸入され,「天津甘栗」として消費されてきたが,最近は減少傾向にある(図6).また,韓国からは1985年から95年頃まで主にむきグリを水に浸けた一時保存状態で1万t以上のニホングリが輸入されていたが,その後は生鮮果の輸入が増加し,一時保存と逆転している.イタリアからはわずかであるがヨーロッパグリが古くから輸入され,マロングラッセ等の菓子原料として利用されている.

【栄養成分】 クリ果実の食用部分である子葉の栄養成分をリンゴやナシ等の多汁質果実と比べると,エネルギーやタンパク質,脂質,炭水化物,灰分,カリウム

表2 クリ果実の主な栄養成分(可食部100g当たり)

エネルギー (kcal)		164	ビタミン(続き)	カロテン (μg)	37
一般成分	水分 (g)	58.8		レチノール当量 (μg)	6
	タンパク質 (g)	2.8		E (mg)	0.3
	脂質 (g)	0.5		B_1 (mg)	0.21
	炭水化物 (g)	36.9		B_2 (mg)	0.07
	灰分 (g)	1		ナイアシン (mg)	1
ミネラル	ナトリウム (mg)	1		B_6 (mg)	0.27
	カリウム (mg)	420		葉酸 (μg)	74
	カルシウム (mg)	23		パントテン酸 (mg)	1.04
	マグネシウム (mg)	40		C (mg)	33
	リン (mg)	70	脂肪酸	飽和 (g)	0.09
	鉄 (mg)	0.8		不飽和 (g)	0.3
ビタミン	A レチノール (μg)	—		食物繊維総量 (g)	4.2

五訂日本食品標準成分表より.

やカルシウム,マグネシウム,リン等の無機質,ビタミンB_1やB_6,ナイアシン,葉酸,パントテン酸等のビタミン類,脂肪酸,食物繊維等が高い(表2).一方,ナッツ類の中では水分や炭水化物,ビタミンCが多く含まれており,エネルギーやタンパク質,脂質,無機質,脂肪酸は少ない.なお,クリの可食部分にはクマリン誘導体や没食子酸が,渋皮にはカテキンやプロアントシアニジン等の抗酸化物質が多く含まれ,活性酸素を除去してがんや循環器系の疾患を予防したり,アレルギー反応を抑制する等の機能がある.

【利用・加工】 収穫後のクリ果実の貯蔵で重要な問題はクリミガやクリシギゾウムシによる食害である.これらの害虫を駆除するために従来は二硫化炭素や臭化メチルによるくん蒸が行われてきたが,それぞれ残留性やオゾン層破壊の問題があり,代替法が検討されている.殺虫処理の代替法には炭酸ガスで2週間処理する方法や$-2 \sim -3$℃の低温で2週間処理する方法があり,両者の併用も可能である.クリの貯蔵温度に関しては,$3 \sim 5$℃では2カ月,$-2 \sim -3$℃では8カ月とされており,長期貯蔵を目的とする場合には低温による殺虫処理をした後,そのまま貯蔵を継続することができる.また,クリの貯蔵では湿度が鮮度に大きく影響するため,水分含量50〜60%程度に湿らせたおがくずを20%程度保湿剤として混和し,プラスチックフィルムで包装する.

クリはデンプン質の果実のため生食せず,通常はゆでたり,焼いたり,コメと混ぜてたく等の加工・調理をして食する.また,保存を目的とした加工法としては,かちグリや水煮,シロップ漬け,甘露煮,マロングラッセ等があげられる.かちグリは一般にシバグリを原料とする一種の乾果であり,古くから料理や菓子の材料として利用されている.製法はさまざまであるが,基本的にはゆでたクリを自然または製茶用ほうろく等で火力乾燥した後,軽くついて鬼皮と渋皮を砕き,ふるいにかけて果肉と分離して仕上げる.

剝皮果実を水にさらしてあく抜きし,湯煮した後,水とともに瓶や缶に詰めて殺菌・密封したものが水煮で,水の代わりにシロップ液を用いるのがシロップ漬けである.甘露煮は水煮に続いて煮沸した55〜60%砂糖液中で20分程度加熱後,そのまま一昼夜漬けて糖液を十分に浸透させる.糖濃度が50%以上になった果実を瓶または缶に詰めて,脱気・殺菌して製品とする.これらの工程の中で剝皮に最も手間がかかり,圧縮加熱後一気に蒸気を開放して鬼皮と渋皮を剝皮する機械も開発されているが,完全剝皮にはなお問題が残り,いまだに手剝きされるこ

とが多い．また，水煮の際には果実が割れやすいので，換水や水温，ミョウバン等の薬品添加等さまざまな工夫が必要である．

マロングラッセはフランスの有名な高級菓子であるが，甘露煮と同様に高濃度の糖液を浸透させて保存性を付与した糖果の一種である．収穫直後の完熟果のうち側果のみを用い，鬼皮だけを除去した果実を熱湯で数時間湯煮した後，渋皮をていねいに取り除き，その果実を 30%糖液に浸けて加熱した後一昼夜放置する．同じ糖液に砂糖を加えて 5%ずつ段階的に濃度を上げて糖濃度が 70%になるまで同様の操作を繰り返す．糖液処理した果実を通風乾燥し，表面に光沢のある砂糖の皮膜をつくるための糖衣かけ操作を行った後，再び乾燥させて製品とする．マロングラッセは基本的には高級菓子としてそのまま食するので，上記の製造工程では製品の品質を高めるためのさまざまな工夫が必要である．特に，果肉表面のひだは重要であるので渋皮の除去に際しては果肉を削らないよう細心の注意が必要であり，その点では渋皮離れのよいヨーロッパグリのほうが適している．

〔山田　寿〕

クルミ

和名 クルミ
英名 walnut
学名 *Juglans regia* L.
（クルミ科）

　属名の *Juglans* はジュピターのナッツ（Jupiter's-nut, ラテン名 Jovis glans）の意とされている．ローマ人はクルミの樹や殻果を Nux と呼んだ．英語の walnut は一部，古ドイツ語であるチュートン語に由来している．

【**形　態**】　落葉高木．葉は奇数羽状複葉で互生する．小葉は対生し，長楕円形で鋸歯縁または全縁で葉の先端が尖鋭または鈍頭を呈する．同じ樹に雄花と雌花が別々につく雌雄同株である．雄花序は前年枝の葉腋に側生し尾状花序となる．それぞれの尾状花序には数十から 100 個の雄花がつき，100 万〜400 万の花粉をつける．雄花は 1 つの包葉，2 つの小包葉，4 つの花被片と 6〜20 本の雄しべで構成される．雌花は枝に頂生し穂状花序となり 2〜4 個つく（最近の品種では側生もする）．雌花は子房下位で 2 つの小包葉をもつ包葉と下部が合着している 4 つの鱗片状の花被片からなり，内部に 2 心皮で 1 室を構成する子房が包まれている．花柱は 2 つに分かれ，柱頭は羽状を示す．

図 1　クルミの花（左：雌花，右：雄花）

図2 結実の様子（品種'信鈴'）

図3 結実の様子（品種'豊園'）

図4 成熟果実の裂開の様子

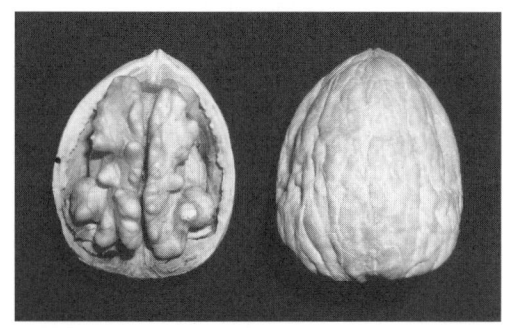

図5 クルミの殻果（カリフォルニア産，品種不明）

　果実は子房壁に花筒の組織の加わった，いわゆる偽果である．果皮は発育初期から濃緑色の外層と白色の内層に分かれ，内層の組織は種子の発達とともに崩壊し，残った果皮の外側が革質の外果皮と木質のかたい内果皮に分化する．胚珠は1個であり，成熟時には果実内部を大きく成長した1つの種子が占める．木質の果皮（殻）の内側の褐色の薄い膜が種皮で種子は無胚乳である．食用にするのは種子の子葉である．この部分は仁とも呼ばれる．クルミは風媒花で自家受精もするが，花は雌雄異熟である．雄性先熟か雌性先熟かは品種によって異なる．

【原産地と伝播】　クルミ属はヨーロッパ，アジア，南北アメリカ大陸に分布している．世界に分布する種の数はおよそ15種と推定されている．

　わが国には渓流，河川に沿ってオニグルミ（*J. mandshurica* var. *sachalinensis*），ヒメグルミ（*J. mandshurica* var. *cordiformis*）が原生している．アメリカクログルミ（*J. nigra*）は北アメリカ原生で材として国によっては重要であるが，ナッ

ツはアメリカ合衆国以外では取引されない．

　世界的に栽培されているのはペルシャグルミ（*J. regia*）とこれを基本種とする変種である．

　ペルシャグルミの原産地はヨーロッパ東南部からアジア西部一帯，ペルシャ地方にわたる．この種は紀元前10世紀頃からこれらの地で栽培されていたとされる．西回りの伝播ではペルシャからトルコ，ギリシャを経てローマ帝国時代の西暦紀元直後にイタリアで栽培が行われ，次いでフランスで広く栽培され品種改良も行われた．イギリスには4世紀頃達したとされる．その後，移住にともないアメリカに導入され，カリフォルニアを中心に発展した．このようにペルシャからヨーロッパを経てアメリカに渡って品種改良された品種群はペルシャグルミ欧米種と呼ばれる．日本には明治初期に導入された．

　ペルシャグルミの東回りの伝播ではペルシャ地方から中国へは4世紀に中央アジア経由で入り，4世紀末には朝鮮半島に達した．このペルシャグルミがわが国に到達した年代は不明であるが，18世紀初めから中期にかけて導入されたと考えられている．このようなものに日本のテウチグルミがあり，ペルシャグルミの変種でカシグルミともいわれる．長野県で栽培の多いシナノグルミはテウチグルミとペルシャグルミの自然交雑によってできた雑種といわれている．

【栽培沿革と利用の歴史】　クルミはクリとともに遺跡から発掘されることが多い．日本原産のオニグルミ，ヒメグルミは日本でも古くから食用として利用され，搾油もされていた．『延喜式』には信濃，甲斐，越前，加賀等から種実，あるいは油が貢納されていたことが記されている．また，東北地方等では飢饉に備えた救荒作物として栽培が奨励されたといわれる．今日，日本で栽培されているクルミはテウチグルミ，ペルシャグルミである．前述のようにテウチグルミは，18世紀には日本で栽培されたと考えられている．欧米種のペルシャグルミは明治の初期に導入された．日本では1945（昭和20）年以降，園芸的な営利栽培が進められたが，現在，主として東日本で散在樹的な栽培やスポット的な園地形成が認められる．

【品　種】　日本のクルミは野生種と栽培種に分けられるが，野生種のオニグルミ，ヒメグルミの栽培価値は低く，シナノグルミ，ペルシャグルミ，テウチグルミの3系統が栽培されている．

シナノグルミは長野県東部地方に古くから栽培されているテウチグルミと明治，大正時代にアメリカ合衆国から導入されたペルシャグルミの自然交雑によって生じたと考えられる．シナノグルミには日本で育成された多くの品種があるが，代表的なものに'晩春'，'信鈴'，'清香'，'美鈴'，'豊園'等がある．テウチグルミは在来種といわれ，耐寒性が強いがシナノグルミに比べて商品価値が劣る．アメリカ合衆国などの主産地で栽培されるペルシャグルミの主な品種には'フランケット (Franquette)'，'ユーレカ (Eureka)'，'ハートレイ (Hartley)'，'セアー (Serr)'，'アシュレー (Ashley)'，'ペイン (Payne)'等がある．古いクルミの品種は枝の先端にしか果実をつけない性質があり剪定を行うと収量が減少するため，樹はどうしても大きくなった．しかし，最近の品種は枝の側芽にも果実をつけるため，ヘッジロー（垣根）仕立てや機械剪定に適している．

【生育周期と栽培管理】 栽培の問題点は春の霜，夏の極端な高温，干ばつ，冬の低温不足，浅い地層さらに排水不良による土壌水分過剰などである．栽培適地は年平均気温11～13℃，生育期間中の平均気温16℃以上で，冬季は7℃以下の低温に1500時間遭うことが必要である．ただ，系統によっては750～1000時間程度でよいものもある．

クルミは低温，高温両方に感受性があり，38℃以上の高温では仁（ナッツ）の品質が低下する．27～32℃の温度で仁の生育が優れ，オイル含量が高くなる．また，夏の低温によって仁が萎びることがある．成熟した材の部分は−30℃でも生存するが，新梢の先端は暖かい日の後に−7～−9℃の低温に遭うと枯死する．春の晩霜に弱く，−1～−2℃の低温に2～3時間遭えば被害を受ける．一般に無霜期間が160日以上ないと果実品質が悪くなる．

大気が乾燥し，雨量が少ないほうが適するが，年間雨量は500～750 mmくらい必要で，それ以下では灌水を必要とする．開花期に雨が多いと受粉不良となり結実しない．一方，開花後4～8週は雨量が多いほうがよい．収穫期の湿潤な気候では仁や殻果の汚れが生じる．また，日照不良になると樹冠内部に枯れ枝ができたり，結実不良になる．

クルミは排水がよく，通気性があり，土壌のやわらかい深い沖積土が適する．また，クルミは干ばつに弱いほうであるが，土壌水位が高くしかも停滞していつも湿潤な場所は適さない．有機質に富み保水力をもつ壌土，砂質壌土などの土層が1.5～2 m必要である．肥料は中程度の窒素およびカリウムと少量のリン酸を

必要とする．土壌の pH は 6.5〜7 が好ましい．アルカリ土壌やアルカリ性の水で灌水されるとあまり育たない．

　クルミ苗木は種子から容易に育成される．種子は 2〜4℃で層積貯蔵し，24 時間吸水させた後，播種する．種子の縫合線を垂直におくと発芽がよくなる．クルミは接ぎ木の難しい樹種に属する．これは接ぎ木結合部の結合がゆっくり起こるのに対して穂木上の芽の発育が急速に起こることによる．芽接ぎも難しい．それは台木からの樹液の流動が盛んなことによる．最も成功率の高い方法は台木が休眠中に行う揚げ接ぎである．穂木は落葉後採取し，冷蔵庫で保存する．台木は掘りあげて接ぎ木を行う．接ぎ木後，27℃，高湿度で発根を促進させる．接ぎ木が困難な場合は実生が栽培されるが，この場合，殻果の品質や大きさが不均一になる．クルミの主産地ではペルシャグルミ，アメリカクログルミ，あるいはクルミの台木である'パラドックス (Paradox)'の実生に接ぎ木して繁殖させる．

　クルミは雌雄同株で雌花と雄花の開花時期にずれがある．したがって，同一品種での栽培を避け，複数の品種を同時に植えたり，受粉樹を混植する．1 つの雄花穂の花粉放出期間は 5〜6 日である．花粉が風によって柱頭に達し，2〜5 日以内に受精する．テウチグルミはオニグルミやヒメグルミの花粉でも受精する．

　同一樹で雄花と雌花の発育時期がずれる現象である雌雄異熟には品種によって，雄性先熟型（シナノグルミに多い）と雌性先熟型（テウチグルミに多い）がある．開花の時期にも品種，系統によって大きな差がみられる．結実不良の主な原因は受粉の不良であるため人工受粉が効果的である．

　果実は外皮が裂開しはじめ，種皮が褐色になったときに収穫される．殻果は漂白して殻つきで販売されたり，殻を除いていわゆるむき果として取引される．

【生産と消費】　ペルシャグルミがナッツ用として最も重要である．主要生産国は中国とアメリカ合衆国であり，イラン，トルコ，ウクライナがそれに次ぐ．フランス，インドでも生産されている．近年，中国での生産量が増加している．日本での生産量は非常に少ない．日本には主としてアメリカ合衆国と中国から殻つき (in shell nut)，殻なし (shelled nut) の形で輸入されている．2002 年度ではアメリカ合衆国からの輸入が 85.3%，中国からの輸入が 14.5% を占めている．日本へは殻なしのむき実での輸入が多い．

表1 世界のクルミ生産量（2003年）

順位	国名	生産量 (t)
1	中国	360000
2	アメリカ合衆国	294830
3	イラン	160000
4	トルコ	125000
5	ウクライナ	58000
6	ルーマニア	50819
7	インド	31000
8	エジプト	27000
9	フランス	23708
10	セルビアモンテネグロ	23600

FAO 統計資料 (2004) より作成.

表2 日本のクルミ栽培面積, 生産量の推移

年次	栽培面積 (ha)	収穫量 (t)	出荷量 (t)	うち加工向け (t)	主産県収穫量 (t)
平成3	498	702	456	211	長野 (460) 青森 (173) 岩手 (31)
4	459	662	374	160	長野 (450) 青森 (153) 岩手 (29)
5	443	622	319	124	長野 (430) 青森 (122) 新潟 (23)
6	438	593	305	101	長野 (400) 青森 (140) 岩手 (16)
7	386	441	221	87	長野 (265) 青森 (130) 岩手 (16)
8	356	442	223	151	長野 (278) 青森 (122)
9	327	407	197	148	長野 (247) 青森 (136) 岩手 (3)
10	420	311	152	105	長野 (188) 青森 (97) 山形 (15)
11	217	346	221	63	長野 (240) 青森 (80.7) 山形 (14)
13	228	204	100	68	長野 (180) 青森 (20)

農林水産省特産果樹生産動態等調査 (2001〔平成13〕年度) より作成.

表3 日本のクルミ輸入量 (kg)（むき実）

国名/年度	1998	1999	2000	2001	2002	2003
アメリカ合衆国	6809933	6940199	8199784	7269433	8447324	8303890
中国	1737733	1596191	1192445	1559551	1461119	1266673

財務省貿易統計より作成.

【栄養成分】 クルミには脂質が68.8％, タンパク質14.6％, 炭水化物11.7％含まれている. ナッツの中でも脂肪が多いほうで, 脂肪酸のうち63％がリノール酸である. リノール酸は血中のコレステロールや中性脂肪値を下げる効果があるといわれる. ビタミンB_1も比較的多い.

表4　クルミ（煎り）の主な栄養成分（可食部100g当たり）

	エネルギー (kcal)	674
一般成分	タンパク質 (g)	14.6
	脂質 (g)	68.8
	炭水化物 (g)	11.7
ミネラル	ナトリウム (mg)	4
	カリウム (mg)	540
	カルシウム (mg)	85
	マグネシウム (mg)	150
	リン (mg)	280
	鉄 (mg)	2.6
ビタミン	E (mg)	3.6
	B_1 (mg)	0.26
	B_2 (mg)	0.15
	ナイアシン (mg)	1.0
	食物繊維総量 (g)	7.5

五訂日本食品標準成分表より．

【利用・加工】　クルミの主要な用途はナッツ生産にある．クルミの可食部はかたい殻の中にある子葉である．オニグルミの殻はかたいが加熱すると殻の先端が稜線に沿って割れる．ペルシャグルミは割れやすい．子葉の薄皮は熱湯に通すと剥ける．和風料理ではすりつぶして和え物にしたり，くるみ豆腐の原料にする．くるみ餅，柚餅子等にも利用する．洋風ではケーキの飾りや菓子の材料に用いる．また，パンの材料に混ぜたり，バターやチーズと練り合わせたりする．

　殻 (shell) はスタッドレスタイヤのゴムに混ぜてタイヤの滑り止めに使われたり，活性炭の材料に使われる．葉を粉砕したものや煎じたものは防虫剤やお茶に使われる．果実の外側はビタミンCが豊富で，黄色の染料になる．乾燥させた果実からは塗料や石鹸の材料になるオイルが取れる．低温でプレスすると香料として用いられる新鮮なオイルが取れる．葉や樹皮は煎じて羊毛を染色するのに用いられる．材は家具や銃のストック（銃床）に用いられる．そのほか，各国で歯磨きや入浴剤として用いられることがある．

〔原田　久〕

コーヒー

和名 コーヒー
英名 coffee
学名 *Coffea* spp. L.
(アカネ科)

　学名の *Coffea* はラテン語であり，Coffee の語源はアラビア語の Kahwah や Quahweh から由来するといわれている．

【形　態】　常緑の灌木または小高木で，樹高は 3〜5 m になり，主幹は直立性であるが，成長すると枝は下垂する．晩夏から秋にかけて枝の葉腋に白色の花が群生し，芳香を放つ．花梗は短く，萼が 5 片，花弁は 5 片あり，雄しべは 5〜7 個，

図1　開花状態

図2　成熟時の着果状態

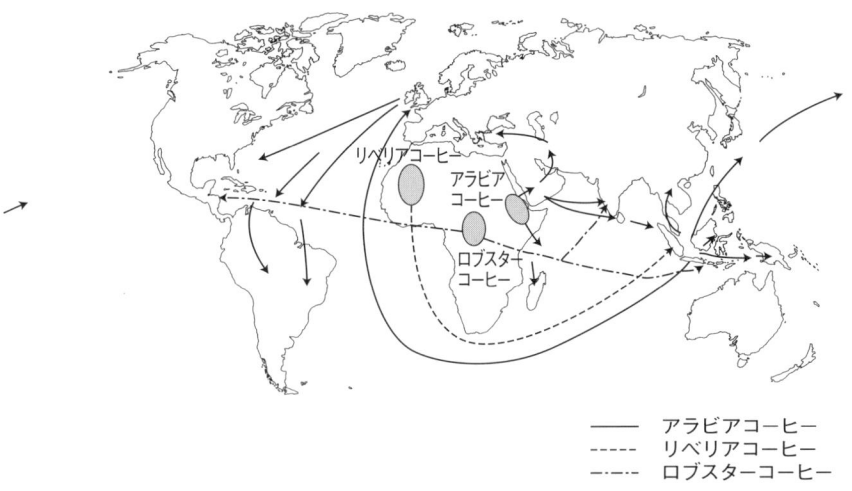

図3 コーヒーの原産地と伝播経路

雌しべは1個で柱頭が二分し，胚は2室である．花は自家・他家受精で開花後6～8カ月で果実は熟する．果実は小さい漿果であり，長さ14～18mm，幅13～15mmで初め緑色で熟すると濃紅色となる（図2）．果実は2個の半球形の種子（コーヒー豆）を有している．

【原産地と伝播】　栽培種にはアラビア（*C. arabica*），リベリア（*C. libarica*）およびロブスター（*C. robusta*）の3種がある．アラビアコーヒーはエチオピア原産で，575年頃にアラビア半島に伝わり，9世紀にはペルシャ一帯に広まった．16世紀にインドに，ジャワ・スマトラから1710年にスリナムを経由してブラジルに伝播した．1728年にジャマイカに伝播し，さらにキューバ，コスタリカ，南アメリカ大陸に伝播後，1825年にハワイ，1884年に台湾に入り，1878年に日本（小笠原諸島）に伝播した．リベリアコーヒーはリベリア原産で，20世紀にスマトラに伝わった．ロブスターコーヒーは中央アフリカのコンゴが原産で，19～20世紀にかけて，ジャワへ，また，メキシコ（中央アメリカ）に伝播した（図2参照）．

【品　種】　栽培種はアラビア，リベリアおよびロブスターの3系統があり，系統別に優良品種がある．アラビアコーヒーの通称は，アラビアコーヒー，モカコー

図4 コーヒー（生豆）の乾燥風景（インドネシア）

ヒー，普通コーヒー，ブルーマウンテンコーヒーと呼ばれ，ロブスタコーヒーの通称はロブスターコーヒー，コンゴーコーヒー，リオコーヒーと呼ばれている．アラビア種の代表的な品種は'ナショナル（National）'，'スマトラ（Sumatra）'，'カッツーラ（Caturra）'，'ムンド・ノーボ（Mundo novo）'，'カツアイ（Catuai）'であり，品質がよく，これらの品種で栽培面積の80%を占めている．

【生育周期と栽培管理】　コーヒー栽培には，赤道南北25°以内の地域で年平均気温23℃以上，降雨量1600 mm 以上，土壌 pH 4.5～6.0 が最適である．昼温と夜温の温度較差が大きく，乾期と雨期が分かれている地域がよい．ロブスターコーヒーは暑い低地で丈夫に育ち，リベリアコーヒーは低温にも強く，ともにアラビアコーヒーに不適な地域で小規模栽培されている．アラビアコーヒーは温暖な熱帯高原を栽培地とし，比較的乾燥気候を好み，強風，強光を嫌うため，防風林や被陰樹を必要とする．

　繁殖は種子繁殖が一般的であり，苗木が50 cm になったとき定植する．栽植距離は2 m 程度であり，樹高は1.5～2.0 m で整枝を行う．特にアラビアコーヒーの剪定は，通常，単幹で8年間収穫すると生産量が落ちるため古くなった幹を地上25～30 cm で切り（カットバック），側芽を出させて主枝とし，4年周期で強剪定を行う．開花後8カ月で果実は完熟し，手で採取する．果実から果肉を除去し，発酵後洗浄し乾燥するとコーヒー豆ができる（図4）．

【栄養成分と利用・加工】　コーヒーの栄養成分をみると，カフェイン（1.5%）とタンニンの一種クロロゲン酸，また，トリゴネリンがあり，苦味と渋味がある．

酸味はクロロゲン酸をベースにし，クエン酸，リンゴ酸，酢酸が主体である．焙煎による褐変物質はカラメル，メラノイジン等，香気成分はカルボニル化合物，ピラジン類である．脂肪類も多く，酸化しないように保存する．コーヒー1カップのカフェインは 100~150 mg である．コーヒー豆の主成分はカフェインで，このほかにカフェリン，タンニン，糖類，その他の脂肪を大量に含むため興奮剤，利尿剤等の薬用効果がある．以上のような成分を有し，古くから嗜好飲料として用いられている．加工したものとしては，レギュラーコーヒー，インスタントコーヒー，コーヒー飲料としての市販製品が多い． 〔井上弘明〕

ピスタチオ

和名 ピスタチオ
英名 pistachio
学名 *Pistacia vera* L.
（ウルシ科）

　属名の*Pistacia*という名前はピスタチオを意するペルシャ語のpistehやギリシャ語のPistakeに由来する．*vera*はラテン語の"真実の"を意味する．

【形　態】 落葉性の高木で高さ6～10 mほどに成長する．ただし，水平方向に伸びやすい傾向があり，適切な剪定を行わないと，ブッシュ状になり，枝が地面まで垂れ下がり栽培が困難になる．葉は3～11小葉からなる奇数羽状複葉である．花は前年枝に総状花序につくので果実は房状になる（図1）．雌雄異株であり，雄花は密に，雌花は粗に着生する（図2）．いずれの花にも花弁はほとんどない．果実は長さ2.5 cmの楕円形で先端がとがっている（図1）．果実は薄い中外果皮，内果皮（核）と可食部分の種子（仁）により構成されている．種子を取り囲む核は

図1 ピスタチオの着果状態
（提供：カリフォルニア・ピスタチオ協会）

図2 ピスタチオ'ケルマン（Kerman）'雌花および受粉樹'ペーターズ（Peters）'雄花
（提供：カリフォルニア大学・パルフィット〔Parffit, D.E.〕教授）

白色でかたく，熟すると先端が割れやすい品種が好まれる．種子は黄緑色から緑色を呈している．

【原産地と伝播／栽培と利用の歴史】 ピスタチオの原産地ははっきりしていないが，西アジアから中央アジアの山岳地帯と考えられている．実際に，キプロスからインド，パキスタンに至る広範囲にわたって山岳地帯にはピスタチオが原生している．有史以前より知られているナッツであり，考古学上では紀元前6760年のものとされるヨルダンの遺跡より多数のピスタチオが発掘されている．旧約聖書にはヤコブがヨセフへの贈物にアーモンドとピスタチオを届けたことが記されている．また，シバの女王がアッシリアのピスタチオを独占したなどの記録があり，高級食材として扱われていたことがわかる．紀元1世紀にローマへもたらされ，その後地中海沿岸一帯に広まった．19世紀後半には，アメリカ・カリフォルニアへ導入された．19世紀までは，野生・半野生状態の樹より実を収集していたが，20世紀に入りアメリカ合衆国やヨーロッパでの需要が伸びると本格的な栽培が始まった．同時期にアメリカ農務省（USDA: United State Department of Agriculture）により中央アジアや地中海沿岸地域からの野生種，栽培種の収集と選抜が行われ，現在の主要品種である'ケルマン（Kerman）'等が見いだされた．

食用以外には，近縁種の *P. lentisc* からマスチックと呼ばれる樹脂がギリシャで古代より採集されており，マスティカと呼ばれる酒の香りづけや防水性のワニ

図3 ピスタチオ'ケルマン（Kerman）'の果実（外皮除去後，殻つき）
（提供：カリフォルニア大学・パルフィット〔Parffit, D.E.〕教授）

スとして用いられる．*P. terebinthus* の樹液からも高価なテレピン油が採集されており，中東では *P. terebinthus* と *P. atlantica* の実からは食用油がつくられている．

【品　種】*Pistacia* 属には十数種が存在するが，*P. vera* だけがナッツとして食用できる大きな実をつける．収量，果実の大きさ以外にも，核（殻）が成熟中に自然に割れやすい品種や，仁の緑色が濃い品種ほど高品質とされるところが特徴的である．カリフォルニアでは他の品種より粒の大きい'ケルマン'が主要品種である（図3）．'ケルマン'の受粉樹としては'ペーターズ（Peters）'がよく利用されている．他の地域の品種としてはシチリア島の'ナポレターナ（Napoletana）'，イランの'モムタス（Momtaz）'，シリアの'レッド・アレポ（Red Aleppo）'やトルコの'ウズン（Uzun）'等がある．一般に，シチリア島の品種は小さく緑色が濃く，中東の品種は大きくより黄色に近い色を呈している．ピスタチオの選抜はあまり進んでおらず，野生種の中にもよい形質をもつものがまだ多く存在している．

【生育周期と栽培管理】　樹体自体は低温にも高温にも耐えることができるが，休眠打破に低温を要求するため，冬季に10℃以下の温度が一定期間以上必要である．一方で，果実が十分に成熟するためには暖かく長い夏季が必要である．乾燥地に適しており多湿に弱いので，排水良好な土壌を好む．高収量，高品質を得るためには適切な灌水が必要である．台木にはネマトーダや土壌病原糸状菌に対する耐性がある *P. terebinthus*，*P. atlantica*，*P. integerrima* の実生が利用されている．雌雄異株であるため受粉樹を混植し主に風媒による受粉が行われている．春に開

図4 ピスタチオの機械収穫の様子
(提供：カリフォルニア・ピスタチオ協会)

花し，開花後2,3週間で核は最大の大きさに達する．この時点では核内は空洞状態であり，その後，仁が徐々に生育し核内を埋めていく．生育不良の果実では核内は空洞のままとなる．多い年では25％もの果実が生育不良となるが，外観からは判断できないため，前もって収量や品質を把握できないことが問題である．早生品種は8月中旬から，晩生品種では9月下旬〜10月上旬に成熟する．成熟果が落果することは少ないので，すべての果実が成熟するのを待って機械等により一斉に収穫することが可能である（図4）．

【生産と消費】 20世紀に入りアメリカ合衆国やヨーロッパでの需要が伸びると本格的な栽培が始まった．20世紀後半に世界的に生産量が急増し，現在の生産量は約50万t（2005年）である．カリフォルニアでは収穫や外皮除去の機械化が進むとともに栽培が急増した．それでも，イランが最大の生産国であり全生産量の40％程度を占めている．次いでカリフォルニアが約25％を占めている．このほか，トルコ，シリア，中国が主な生産国である．

【栄養成分】 糖分が約8％程度と比較的少ないのに対して，繊維質は10％以上，タンパク質は20％以上，脂肪酸は50％程度含まれている（表1）．脂肪酸のうち，90％が不飽和脂肪酸であり，機能性の高い脂肪酸を多く含んでいる．ただし，ピスタチオは高価なため，商業的な食用油の生産には用いられていない．

【利用・加工】 品質を保ち，核つまり殻や可食部である仁のしみの発生を抑える

表1 ピスタチオ（煎り・味つけ）の主な栄養成分（可食部100 g当たり）

	エネルギー (kcal)	615
一般成分	水分 (g)	2.2
	タンパク質 (g)	17.4
	脂質 (g)	56.1
	炭水化物 (g)	20.9
	灰分 (g)	3.4
脂肪酸	飽和 (g)	6.23
	一価不飽和 (g)	30.86
	多価不飽和 (g)	16.44
食物繊維	水溶性 (g)	0.9
	不溶性 (g)	8.3
	総量 (g)	9.2

五訂日本食品標準成分表より．

ためには，収穫後24時間以内に外皮を除き乾燥する必要がある．機械化が進んでいる地域では，機械による外皮除去の後，強制熱風乾燥により水分含量を収穫時の45％から5％まで低下させる．機械化が進んでいない生産地では，すべての果実を短時間に処理することは難しく，しみの発生は避けられない．そのため，しみのついた実は殻を赤や白に着色して売られている．ほとんどの実は殻がついた状態で炒られ，塩で味つけされて消費される．殻のついた状態で流通されるために，生産量や消費量も殻を含んだ重量で表されるところが特徴的である．しみのついた実の一部は粉砕され，菓子，アイスクリーム，ソーセージやパンに混ぜ込んだり，料理のトッピングに利用されたりする． 〔中野龍平〕

ブラジルナッツ

和名 ブラジルナッツ
英名 Brazil nut tree, para nut tree
学名 *Bertholletia excelsa* Humb et Bonpl.
(サガリバナ科)

　属名の *Bertholletia* はフランスの化学者ベルトレー (Berthollet, C.L.) の名前に由来し，種名の *excelsa* は「そびえ立つ」の意味である．

【形　態】　熱帯性の常緑高木で樹高は 50 m，幹径 1～2 m に達する巨木となる．通常，樹の上部でのみ分枝する．葉は互生し，長さ 30～40 cm の長楕円形で光沢がある．頂生の円錐花序をなし，花は淡黄白色で直径 4 cm 前後．果実は，直径 12～15 cm の球状で，褐色木質の厚い殻をもつ．その中に 10～25 個の種子が含まれる．種子は長さ 3～6 cm で褐色，3 面で角ばっており，種皮は木質．ナッツは白色で，多量の脂質を含む．

【原産地と伝播】　北部ブラジルのアマゾン河流域に広く分布し，周辺のギアナ，ベネズエラ，ボリビア，コロンビア，ペルーにも生育する．19 世紀末には，イギリス経由で熱帯アジア各国に苗が導入されたが，経済栽培には至らなかった．

図1　ブラジルナッツの種子
かたい種皮で覆われている．この中に食用となる白いナッツが含まれている．

【品　種】　ブラジルナッツは大半を野生樹からの採集によっており，品種として認められるものはない．ブラジルの一部のプランテーションでは，実生を台木として優良樹から採った穂木を接いで育苗している．

【生育周期と栽培管理】　ブラジルナッツは3～5カ月の乾期がある地域に自生している．開花は，アマゾン東部では雨期の終わりの9月から始まり2月までみられる．最盛期は10～12月である．雨期の後半の7月頃旧葉が落葉し，前年の着果枝の果実着生部位直下から新梢が発生し，その先端に新たに花序を着生する．早朝に開花するが，花が開く前に開葯する．開花した日の午後には花弁や雄しべは離脱する．結実には他家受粉が必要であり，蜂や，一部ではコウモリが花粉を媒介する．ブラジルナッツの花は，フード状に変形した雄しべ群が雌しべを固く覆い，さらに花弁が雄しべ群と密着している特殊な構造をしており，これをこじ開け内部に接することのできる大型の蜂の存在が，結実には重要である．開花から成熟まで15カ月を要し，果実は雨期に当たる1～3月を最盛期として成熟する．成熟果は自然落果し，これを拾い集めて収穫する．1樹当たり63～216果を産する．果実はかたく，刃物で割って種子を取り出すが，自然条件では，齧歯類の小動物のアゴウティ（Agouti）が果実から種子をかじり出し食す．食べ残しや蓄えた種子は，自然樹の拡散に役立っている．

【生産と消費】　主産国ブラジルでの生産は，1940年代から飛躍的に増大し，1980年代以降，年間4万tに達している．その多くは，イギリス，フランス，アメリカ合衆国，ドイツ等へ輸出されている．

【栄養成分】　種子は，タンパク質14.9％，脂質69.1％，炭水化物9.6％，無機物3.6％を含む．脂質はパルミチン酸，オレイン酸，リノレン酸等からなる．

【利用・加工】　種子は，ナッツとして生食あるいは炒めて，つまみや菓子として利用されるほか，加工原料にも用いられる．また種実油は芳香があり，料理や工業原料に使用される．

〔片岡郁雄〕

ペカン

和名 ペカン，ピーカン
英名 pecan, pecan hickory
学名 *Carya illinoinensis* (Wangenh.) K. Koch
（クルミ科）

　ペカンはクルミ科に属する．しかし，クルミよりヒッコリーと呼ばれるグループに近い．学名は *Hicoria pecan* から *Carya pecan*, *Carya illinoinensis* に変わった．pecan はかたい殻果を意味するアメリカ先住民の言葉に由来している．ペカン属（*Carya*）には約 20 の種があるが，近縁種が多く，また自然交配種もあるため，分類が混乱している．食用になるのは *C. ovata* と *C. laciniosa* 等で，これらはヒッコリーと呼ばれる．属名の *Carya* はクルミの古代ギリシャ名による．種名は最北の自生地イリノイ州にちなんでいる．

【形　態】　落葉直立性の高木，根は直根性で深い．葉は小葉を 7〜19 枚つける奇数羽状複葉で互生する．葉縁には鋸歯がある．ペカンは雌雄同株で雄花と雌花をもつ．雄花は雌花の着生する新梢の基部にもつくが，多くは雌花のある芽より下の芽から生じる．雄花序は尾状花序となり下垂する．尾状花序は数個集まって総状をなしている．雌花は前年伸長した枝の頂芽または頂芽に近い芽が伸びた場合に，その新梢の先端に穂状花序となり 4〜5 個つく．
　果実は果皮が 4 裂し，内に 1 個の核（果核）がある．1 つの株では雌花と雄花の受粉可能時期は一致していないのが普通である（雌雄異熟）．ペカンは風媒花で，

図 1　ペカンの花

図 2　ペカンの結実の様子（7 月下旬）

図3　ペカン果実の裂開の様子（9月下旬）

図4　ペカンの殻果

受精は受粉後5～7週目に行われる．果実は開花後2～3カ月から急速に肥大する．果実の成熟とともに水分含量が低下し脂肪含量が増加する．果皮は緑で4本の縫合線が縦方向にあり，成熟すると縫合線が先端から裂開して殻果が自然に落果する．殻果は長楕円形で長さ約4cm，核は比較的やわらかく滑らかである．内には薄い種皮に包まれた白色の子葉があり，この部分が食用となる．

【原産地と伝播】　ペカンはペカン属に属する．ペカン属植物は現在北アメリカ大陸原生の20種が知られており，ほかに2種が中国に原生している．近縁種が多く，また自然交配種もあるため，分類が混乱している．原産地はアメリカ合衆国のインディアナ州，ミシシッピ川流域およびメキシコ湾南部（テキサス，オクラホマ，アーカンソー，ルイジアナ，ミシシッピ州）とされている．ペカンはアメリカ先住民によって8000年前から利用されていた．現在の栽培地はニューメキシコ，アリゾナ，サウスカロライナ，ノースカロライナ等広範囲にわたっている．北アメリカ以外ではメキシコ，ブラジル，オーストラリア，南アフリカ，イスラエル等で栽培されている．

　日本に導入されたのは大正初期であるが，いまだに産地はない．

【栽培沿革と利用の歴史】　ペカンは1776年にヨーロッパに紹介された．最初に芽接ぎの苗が使われたのは1800年代中期である．原産地のアメリカでペカンが栽培されるようになったのは19世紀後半からである．わが国には1915年に紹介された．戦後，長野県でもペカン栽培が奨励された．しかし，接ぎ木繁殖が困難なために1950年代の増殖気運に対応できなかった．その後，接ぎ木方法は確立したが，栽培は広まらなかった．

【品　種】　野生種の改良はアメリカ合衆国において1850年から始まり初期は実生の選抜，その後は交配育種が行われた．今日の品種の多くは1915〜30年にアメリカ合衆国のペカン産業の拡大により新品種への要求が増大した頃に育成されたものである．その後，品種改良は活発でなくなったが1950年代半ばからアメリカ農商務省の育種プログラムが開始された．ペカン品種の多くは野生のものや実生園の偶発実生として発見されたものが多い．品種には'サクセス (Success)'，'スチュアート (Stuart)'，'カーチス (Curtis)'，'シュレー (Schley)'，'マネーメーカー (Moneymaker)'，'ディザイラブル (Desirable)'，'アパッチ (Apache)'，'バートン (Barton)'，'ウィチタ (Wichita)'等がある．雄花と雌花の開花期には相違があるので，結実をよくするため品種の違った受粉樹を混植する．例えば，サクセス'には'スチュアート'，'シュレー'には'カーチス'がよい組み合わせとされる．

【生育周期と栽培管理】　ペカンの原産地，生産地は年平均気温15〜20℃，年間降水量1000〜2000 mm，特に冬季1〜2月の平均気温が10℃以上の温暖なところが多い．寒冷地では生育が遅れ果実肥大も不良である．一方，冬季の低温が不足する地域では，休眠打破が不完全となり結実が不良となる．低温要求量は比較的低く500時間程度である．ペカンは春に最も遅く生育を開始する果樹であるが，これは休眠後の生育開始に高温を必要とするためであろう．大木になると強風に弱い．高木性で根群は発達し，しかも直根性であるから，表土が深く肥沃で排水良好なところが適地である．停滞水があると浅根になり，倒木しやすい．土壌pHは5.5〜6.5が適当である．ペカンはもともと川岸などに自生しており，高い水分要求性をもっている．湿潤なアメリカ合衆国の南西部でも灌水すると収量が増加する．アメリカ西部の果樹園では灌水が必要である．ペカンは亜鉛欠乏に感受性があり，肥料が過剰に与えられたときや，高いpHの土壌では生育が悪くなる．亜鉛の葉面散布はアルカリ土壌の地域で効果がある．

若木は－20℃程度の低温で枯死する可能性がある．また，伸び出した新梢は比較的高い低温（－2〜－3℃）で枯死する．生育中の温度要求量のほうが耐寒性よりペカンの栽培を限定する要因になる．なぜなら，晩夏から秋にかけて温度が低いと光合成が不足してナッツが十分生育しないからである．多くのペカン品種では180〜220日の生育期間が必要である．

ペカンの接ぎ木繁殖は難しいとされてきたが，現在では接ぎ木による苗木生産

が可能になっている．2～3月に一年生の接ぎ穂が台木に接ぎ木される．地際部で接ぎ木された場合，冬に傷害を受けやすい．晩夏に芽接ぎも行われる．台木としてはペカンの実生が最もよく使用される．クローンの台木や矮性台木は使用されていない．ペカン栽培において隔年結果は大きな問題である．接ぎ木苗では定植4年目から結実を開始する．整枝，剪定は主枝の軽い切り返しと交差した枝の間引き程度でよく，強い剪定はよくない．

　収穫は，早生品種では通常10月に外皮が裂開しはじめたときに始まり，晩生品種では12月まで継続して行われる．収穫は果実のうち30％程度が裂開した頃，竹ざお等で叩いて打ち落とし，果皮を除いて殻果を取り出す．むき実出荷が多いがこの場合は乾燥後，仁を取り出し，これを氷点下で冷蔵して出荷する．アメリカ合衆国の主産地では収穫やその後の調整は機械化されている．

【生産と消費】　アメリカ合衆国以外の生産国はメキシコ，ブラジル，オーストラリア，南アフリカ，イスラエルであるが量は少ない．2003年度ではアメリカ合衆国の総生産量は11万8700 tで世界の総生産量の約80％を占める．アメリカ合衆国内ではジョージア，ニューメキシコ，テキサス，アリゾナの各州で生産が多い．

【栄養成分と利用・加工】　ペカンは，生では可食部100 g当たり，タンパク質9.1 g，脂質72.0 g，炭水化物13.9 g，食物繊維9.6 gを含み，エネルギー量691 kcalを示す．フライし味つけされたペカンの場合，含まれる脂肪酸の約90％が不飽和脂肪酸である．また，ペカンにはコレステロールが含まれていない．

　利用の主なものは生食または炒って食べるほか，キャラメル，サラダ，パンに混ぜたり洋菓子原料，サラダ油，アイスクリーム原料等にする．

　また，ペカンオイルは薬，エッセンシャルオイル，化粧品に使われる．材はかたく良質の器材として利用される．日本ではスキー材として知られている．

〔原田　久〕

ヘーゼルナッツ

和名 ヘーゼルナッツ
英名 hazel nut, European filbert
学名 *Corylus avellana* L.
（カバノキ科）

　属名の *Corylus* は，ギリシャ語で兜(かぶと)を意味するコリスに由来し，総苞の形が兜に似るところから名づけられた．種名の *avellana* はイタリア語でハシバミの実を意味する．

　Corylus 属はハシバミ属ともいわれ，これにはヘーゼルナッツのほかアメリカハシバミ（*C. americana*），カナダハシバミ（*C. colunuta*）等17種があり，このうちハシバミ（*C. heterophylla* Fisch var. *japonica* Koidxz）とツノハシバミ（*C. sieboldiana*）は日本に自生し，前者は本州中北部，後者は北海道から九州までの山地に野生している．両種とも，昔は果実を食用としたが，現在はあまり利用されていない．なお，ハシバミ属を意味する英名にはヘーゼル（hazel）のほか，フィルバート（filbert），コブナッツ（cobnut）がある．これらの違いについて，園芸学者のベイリー（Bailey, L.H.）は堅果を包む総苞が堅果よりも短い種をヘーゼルナッツ，両者がほぼ同じ長さの種をコブナッツ，総苞のほうが長い種をフィルバートとして区別した．

【形　態】　樹高約5mの落葉性低木で，枝には軟毛がある．葉は互生して托葉があり，円卵形ないし倒卵形で急鋭尖頭，やや心脚，重鋸歯縁またはわずかに浅裂し，長さ5～10cm．上面はわずかに軟毛があるかまたはほとんど無毛で，下面特に脈上には軟毛がある．葉柄は長さ8～15mm．花は単性，雌雄同株で花被を欠き，葉よりも先に現れる．雄花は長さ3～6cmの円筒形で下垂し，裸出して冬季を過ごす．雌花は極めて小さく，小頭状で数枚の鱗片に包まれ，赤色の花柱を突出し，個々の花は1子房2花柱をもっている（図1）．果実は1～4個群生し，総苞は2苞片からなり，堅果よりも短いか，まれにわずかに長く，不規則に深く分裂し，裂片は披針形または三角形でたまに歯がある（図2）．堅果は葉状の総苞に包まれ，球形ないし卵形をした長さ1.5～2cmの子葉が食用となる（図3）．

図1 花

図2 結実の様子

図3 殻のついた果実と殻を取った果実（子葉）

【原産地と伝播】 原産地は，ヨーロッパ，北アフリカおよび西アジアで，ギリシャには紀元前に渡来し，さらに古代ローマへと伝播した．古代ギリシャやローマ時代には，食用としたほか薬用としても使われ，この地域では神話や信仰・伝説の中にヘーゼルナッツにまつわる話が数多く出てくる．中国でも5000年も前から利用されていた記録がある．

栽培の発祥地であるトルコは世界最大の産地を形成しており，特に黒海南岸地域での栽培が多い．このほか，現在ではスペイン，イタリア，アルメニア等でも栽培され，南部イタリアやスペインは輸出するほどの生産量がある．アメリカ合衆国には17世紀に導入され，オレゴン州とワシントン州が主要な産地で，特にオレゴン州での栽培が多い．またドイツ，フランス，イギリス等にも有名な産地があるが，ほとんどが地元で消費される．世界の総生産量は約70万t（2004年）

で，このうちトルコが約6割を占めている．日本での生産は少なく，ほとんどすべてを輸入に依存しており，その90%はトルコ産である．

【品　種】　ムラサキハシバミ (var. *fusco-rubra* Dipp) のほか，アトロプルプーレア (var. *atropurpurea* Kirchin)，アウーレア (var. *aurea* Kirchin)，ラキニアータ (var. *laciniata* Kirchin)，ペンヅラ (var. *pendula* Goeshke) 等の変種がある．果実の形状や総苞の長短から品種や系統に分けられる．

主要品種は国によって異なり，最大の生産国トルコでは'トムブル (Tombul)'，次いでイタリアでは'トンダ・ジェンティール・ドラ・ランジェ (Tonda Gentile della Langhe)'，スペインでは'ネグレッタ (Negreta)'である．また，アメリカ合衆国の特にオレゴン州ではスペイン産の'バルセロナ (Barcelona)'が最も主要な品種で，総栽培面積の85%を占めている．

【生育周期と栽培管理】　花は，冬季または早春に葉が現れるよりも先に開き，ドングリ形の果実が夏の終わり頃から秋にかけて熟する．

土壌や気候に対する適応性は大きいが，温帯地域での栽培がほとんどである．繁殖は種子（実生），吸枝，取り木，接ぎ木（芽接ぎ，切り接ぎ），挿し木などによる．自家不和合性のため，定植の際は'バルセロナ'14本に対して受粉樹1本を混植する．受粉樹としては'ダビアーナ (Daviana)'，'デュチィリー (Duchilly)'，'ホワイト・アベリン (Whito Aveline)' 等が適している．

【栄養成分と利用・加工】　子葉には油脂類が60%以上含まれ，しかもそのすべてが不飽和脂肪酸のためコレステロールの心配がない．ビタミンEが豊富で，カルシウムや鉄分も多い．タンパク質が多い一方，糖類は少ない．

ローストしたナッツとしての利用が一般的であるが，チョコレートやパン，クッキー等の材料としても利用される．アメリカ合衆国では，抽出成分をチーズに混ぜて風味をつけたり，アイスクリームのフレーバー等に利用している．ローストしてから粉にし，砂糖と煉ったヘーゼルペーストはアラビア地域で健康食として賞味され，スープ等としても使われる．日本では以前はおつまみ程度だったが，最近はヘーゼルナッツを利用したお菓子が増えている．　　　　　〔久保田尚浩〕

マカダミアナッツ

和名 マカダミアナッツ
英名 macadamia nut, Queensland nut
学名 *Macadamia integrifolia* Maiden & Betche (*Macadamia tetraphylla* L.A.S. Johnson)
(ヤマモガシ科)

　属名の *Macadamia* は，オーストラリアのビクトリア自然科学研究所のマカダム (Macadam, J.) 博士の名に由来し，種名の *integrifolia* は全縁の葉，*tetraphylla* は4枚の葉を意味する．

【形　態】 亜熱帯性の常緑高木 (高さ10～18 m) (図1)．葉は3枚 (*integrifolia* 種) もしくは4枚 (*tetraphylla* 種) を輪生し，長さ15～30 cmの卵状長楕円形で，革質である．表面は光沢のある暗緑色を呈し，葉縁は全縁 (*integrifolia*) か鋸歯を有する (*tetraphylla*) (図2)．葉腋もしくは葉痕に10～30 cmの長細い総状花序を着生し，1花序に100～300個の花をつける (図3)．花は長さ1～2 cmで，雄しべのついた4つの花被と，2個の胚珠を含む子房と長い花柱を有する雌しべからなる．花は白色 (*integrifolia*) かピンク色 (*tetraphylla*) で，独特の芳香がある．果実は房状になるが，通常1果房に数個しか着果しない (図4)．果実は直径約25 mmの球形で果頂部がわずかにとがり，表面は平ら (*integrifolia*) か凹凸のある (*tetraphylla*) 革質の厚さ約3 mmの緑色の果皮で覆われる (図2)．

図1 マカダミアの樹姿

図2 マカダミア果実と葉
(左: *tetraphylla*，右: *integrifolia*)

図3 花（*integrifolia*）

図4 マカダミア結実の様子

図5 果実とその内部（*integrifolia*）

図6 マカダミアナッツ種子（仁）

果皮は成熟時に自然裂開し，中に骨質で極めてかたい厚さ2〜5 mmの褐色の種皮が現れる（図5）．その中に可食部の仁があり，球形で白〜淡黄色を呈する（図6）．

【原産地と伝播】 原産地は，オーストラリアのクイーンズランド州南東部からニューサウスウェールズ州北東部にかけての亜熱帯地域であり，*integrifolia* は北側，*tetraphylla* は南側に自生する．1850年代に植物学者フォン・ミューラー（von Mueller, B.F.）が発見したが，先住民のアボリジニーは早くからこの果実を利用していたとされる．1880年代に商業栽培が始まり，1910年頃に殻の薄い系統が選抜され，その後栽培法や繁殖法が確立され，さらに殻割器が開発されたことで栽培が広がった．一方，ハワイでは1880年代にオーストラリアから大量の苗木が持ち込まれ，ハワイ大学農業研究所において，1920年代に接ぎ木の技

術が確立され，1930〜40年代に大規模な有用品種の選抜が行われたことで，栽培が拡大し，一時は世界生産の80%を占めるほどの大産地となった．近年，アメリカ合衆国南部，中南米，アフリカ東部および南部，東南アジア等にも栽培が広がりつつある．

【品　種】 *Macadamia* 属には10種あるが，食用は *integrifolia*（滑殻種）と *tetraphylla*（粗殻種）の2種であり，商業栽培のほとんどが *integrifolia* かこれらの交雑種である．世界に普及している品種は，主にハワイで選抜されたもので，'246'（ハワイ名：'Keauho'），'333'（'Ikaika'），'344'（'Kau'），'508'（'Kakea'），'741'（'Mauka'），'800'（'Makai'）等がある．ほかにオーストラリアで選抜された 'Own Choice', 'Hinde', 'Daddow' 等がある．

【生育周期と栽培管理】 耐寒性は比較的強く，乾燥にも強いが，年降水量1200〜3000 mm，気温9〜31℃の範囲にある地域が栽培に適する．広範囲の土壌で生育できるが，排水性がよく，腐植に富んだ弱酸性の土壌が最適である．繁殖は種子や接ぎ木による．定植後5〜7年で結実する．定植は春か秋に，5〜10 m間隔で行う．自家和合性であるが，数品種を混植することで結実性が高まる．オーストラリアでは6〜9月に開花し，開花後6〜8カ月で成熟する．果実が成熟すると自然落果するので，拾い集める．収穫後は直ちに果皮を取り除き，自然乾燥させる．

【生産と消費】 世界の仁の生産量は2万tで，オーストラリアが9000 tで最も多く，次いでハワイ，南アフリカが多い．オーストラリアでは1990年頃から生産量が急増し，ハワイの生産量を追い越した．消費量は，北米が1万t，日本，ヨーロッパが各3000 tで，先進国が世界の3/4の消費量を占める．日本の消費量は増加しており，すべてを輸入で賄っている．

【栄養成分】 仁は栄養価が高く，脂質（74%）をはじめ，植物性タンパク質，カリウムやリン等のミネラル，食物繊維に富む．脂肪酸の80%を酸化しにくい一価不飽和脂肪酸（オレイン酸，パルミトレイン酸）が占め，これはLDL（悪玉）コレステロールや中性脂肪の血中レベルを低下させ，動脈硬化を予防する効果がある．マカダミアナッツ特有のパルミトレイン酸は，脳内血管を活性化させる作

用があり，脳卒中の予防効果があるとされる．

【利用・加工】 加工場で種子を熱して，含水率が1.5%になるまで乾燥させる．殻を機械で割り，仁を炒るかココナッツオイルで揚げるかした後，塩をまぶし，真空包装する．*tetraphylla* は糖分が多く，熱すると見栄えや香りが悪くなるので，生食用に適する．ナッツは歯当たりや香りがよく，そのまま食べたり，チョコレートで包んだり，砕いてビスケットに混ぜたり，肉や魚料理の食材として用いられたりする．一方，仁から搾油されるマカダミアオイルは，食用，香粧用，薬用として利用される．　　　　　　　　　　　　　　　　　　〔別府賢治〕

マツの実

和名 マツの実
英名 pine nut, pine kernels
学名 *Pinus* spp.
（マツ科）

　マツの実はマツ科マツ属のうち数種のマツの種子のことである．属名の *Pinus* はラテン語で「山の木」という意味である．アジア産種のチョウセンマツ (*P. koraiensis* Sieb. et Zucc.)，ヨーロッパ産種のピニョン (*P. pinea* L.)，ツェンブラ (*P. cembra* L.)，北アメリカ産種の *P. edulis* Engelm.，*P. monophylla* Torr. et Frem.，*P. flexilis* James，*P. cembroides* Zucc.，*P. quadrifolia* Parl. ex Sudw. 等がマツの実として利用されている．わが国や東アジアではチョウセンマツのマツの実を利用している．ここでは，主としてチョウセンマツのマツの実について解説する．

【形　態】　チョウセンマツは常緑の高木で樹高 30 m，直径 1 m にも達する．幼木の樹皮は滑らかで灰色をしているが，成木では鱗状に剥げ落ちてその跡が赤褐色となる．材は淡紅色を帯び，中国，ロシアではベニマツと呼ばれている．材質が優れており，いい香りがする．造船材，建築材，棺材や韓国ではオンドルの燃料などに利用されている．

　若い枝は褐色の軟毛を密生する．葉は 5 針葉であるため，チョウセンゴヨウとも呼ばれる．日本で庭木や盆栽として栽培されるゴヨウマツとは種が異なる．

　花は 5 月に開花し，雌花と雄花に分かれ，別々の枝につく場合が多い．雄花は新梢の基部につき，長さ 1.5 cm，直径 8 mm で卵状球形をしている．雌花は新梢の頂部に 2～3 個つき，柄があり，長さ 1.5～2 cm，直径 6～9 mm の円柱形をしている．裸子植物なので，雌花の中の胚珠は子房に覆われずむきだしになっている．雌花は 5 月に開花受精し翌年の 10 月に成熟して，通称マツボックリといわれる球果をつくる．球果は魚の鱗のような種子鱗片（種鱗）でできている．この種鱗は長さ 3 cm，幅 2.5 cm の四角形かひし形で，著しく肥厚し，上の端は密着せず開いており，乾燥すれば外側にそる．腹面に 2 個の種子があり，これが食用にしているマツの実である．

種子(マツの実)は大形，倒卵形で長さ1.5 cm，幅1 cmで翼(種をとばすための組織)はない．球果1 kg当たり採取できる種子数は約1800粒である．

【原産地と伝播】 アジア産種のチョウセンマツは，朝鮮半島ならびに日本の本州中部の亜高山帯の原産とされ，中国東北部の満州，黒竜江地方やシベリア地方にも広く分布している．日本では本州中部の山地帯から亜高山帯にかけて，海抜およそ1500〜2300 mの間に特に多く分布し，四国の東赤石山脈にもわずかにある．北限は福島県，南限は四国の赤石山とされる．

ヨーロッパ産種のピニョンは地中海沿岸各地の原産であり，イタリア，スペイン，ポルトガルおよびアメリカ合衆国が主産地である．ツェンブラは中部ヨーロッパからモンゴルにわたる広い地域に原産する．北アメリカ産種の5種は北アメリカ各地に分布している．

【栄養成分と利用・加工】 マツの実は森のリスやムササビの大好物であり，北アメリカ産種のマツの実は，ナッツが先住民族の穴居住宅や遺跡から発掘され，古くからアメリカ先住民の貴重な食物として利用されてきたという．韓国では「良妻は夫にマツの実を与える」ということわざがあり，神仙が食べる食品と呼ばれることからもわかるように，栄養が豊かで「飾り物」として多様な食べ物(焼肉，カルビ，ノビアニ，サンジョン等の肉料理)やお茶，甘酒に風味と栄養を与え，薬用食品や健康食品として重宝されている．「おかゆ」や「サムゲタン(参鶏湯：若鶏の中に餅米，マツの実，ぎんなん，ナツメ等を入れて蒸した料理)」，スジョンガ等の伝統茶に浮かべる添え物として利用されている．マツの実でつくったお酒は，ペッチャ酒(柏子酒)といい，くるみ酒等とともに『高麗史』にも出るほどの古いお酒で，その香が西洋のジン(gin)と似ている．またマツの実と蜂蜜を伝統的なお菓子につけてつくったザッバックサン，マツの実を飴に入れてつくったザッョッ，砂糖と水を入れて蒸かしたものを水飴に漬けこんだザッカンジョン等の漢菓子もある．

中国では有名な菓子の「月餅」の餡用として欠かせない原料である．また，砂糖がけしたマツの実がお茶うけとして親しまれている．生で食べると十二指腸虫の駆除にも役立つという．一方，成分濃度が高いため，『高麗図経』には一時に多食すると嘔吐を催すという戒めの記述もある．また，マツの実は，カルシウム成分がリン成分に比べて少ない酸性食品なので，身体の均衡を維持するために，

図1 韓国で市販されているマツの実

海藻や牛乳等のカルシウムが豊かなアルカリ性食品とともに食べたほうがよい．日本では，煎って塩味をつけたものを酒のつまみにしたり，また刻んでケーキ，サラダ，炒め物に入れるという食べ方もあるが，まだ一般に食品として浸透していないのが実状である．

マツの実には，100 g 中に水分 2.5%，タンパク質 15.8 g，脂質 68.2 g，炭水化物 10.6 g，食物繊維 4.1 g，灰分 2.9 g が含まれている．抗酸化作用のあるビタミン E が豊富（11.5 mg）であるため，老化防止や美肌効果があり，鉄が豊富（5.6 mg）なので貧血の予防に効果があり，カリウムが豊富（730 mg）なため，疲労回復等に効果を発揮する．脂肪酸の大部分は不飽和脂肪酸で，ほかのナッツ類には含まれていないピノレン酸が含まれているのが特徴であり，コレステロール値の上昇を抑え，特に動脈硬化を引き起こすといわれる低密度リポタンパク（一般に"悪玉"と呼ばれる）コレステロールの値を下げる作用がある．また，鎮痛，解熱，抗炎症作用もあるといわれている．

マツの実には，肝臓の働きを助ける亜鉛が多く含まれる（6.9 mg）ことや，脂質が多いのでアルコール吸収が抑制されるため，悪酔い防止効果があるとされる．韓国ではマツの実の粥に調理され，宴会前に食され重宝されている．〔板村裕之〕

その他，日本野生の木の実

和名（英名）	別称	学名	分布	性状・利用
トチノキ (Japanese horse chestnut)		*Aesculus turbinata* Blume (トチノキ科トチノキ属)	北海道，本州，四国と九州の山地～高山帯．	落葉高木，5～6月に開花（図1），果実は9月に成熟．葉は5～7小葉からなり天狗の羽団扇に似る．果皮は薄茶色でやや弾力があり，中に1～3個の黒褐色の種子を含む（図2）．この種子はトチの実とよばれ，多量のデンプンを含んでおり，縄文時代より食用に供されている．しかし，サポニンやアロイン等を含むため苦みが強く，食用に供するためには水さらし，灰合わせ，加熱処理などを伴う複雑なアク抜き技術が必要である．トチノキが分布するほぼ全域で，トチモチやトチダンゴ，トチガユ等にして食用に供されていた．トチモチは，堅皮をはいで潰さずにアク抜きを行い，モチ米とともに搗き潰してモチにしたものであり，トチダンゴは，アク抜きをした粗い粉に雑穀などを混ぜて練り固め，団子状にしたものである．現在でも，トチモチ（図3）がつくられている地域がある．
イチイガシ		*Quercus gilva* Blume (ブナ科コナラ属)	本州関東南部以西，四国，九州，台湾，中国の低地．	常緑高木，5月に開花，当年の秋に成熟，堅果は楕円形で先端は軟短毛が密生，殻斗はリング状，葉の裏面は軟短毛が密生，渋みがなくアク抜きせずに食用に供される．コナラ属の堅果はドングリと呼ばれており，種子に含まれるデンプンが縄文時代から食用に供されてきた．ドングリの多くは，種子にタンニンが含まれていて渋いが，水さらしまたは加熱処理によりアクが抜けるので，食用として利用された．堅果を天日で乾燥した後，粗割りして煮るか，殻を除いて石臼などで細かく砕き水にさらすかしてあく抜きが行われ，雑穀に混ぜてカテメシ，粥，団子にしたり，シタミモチにして食された．シタミモチはあく抜きをして回収されたデンプン粉に水を加え，加熱後に型に流して固めたもので，現在も「カシコンニャク」（宮崎県）や「カシドウフ（カシキリ）」（高知県）（図4）として一部地域でわずかに食べられている．最近は，ドングリのデンプンを利用した「ドングリクッキー」等もつくられている．

図1 トチノキの花

図2 トチノキの果実と種子
薄茶色の果皮に包まれた1〜3個の黒褐色の種子がある．

図3 トチモチ（石川県白峰村）

図4 カシドウフ（カシキリ，高知県安芸市）
刺身状に切りヌタ（ニンニク）味噌やゴマをかけて食べる．

図5 アラカシの開花
葉腋から出た花序に数個の雌花が着生し，雌花には3〜4方に開く柱頭がみられる．

図6 天日乾燥されているアラカシ

図7 ツブラジイの果実
果実は緑色の殻斗に包み込まれているが，成熟が進むと殻斗が裂開し，黒褐色の果実が現れる．

和名（英名）	別称	学名	分布	性状・利用
アラカシ (Ring-cupped oak)		*Q. glauca* Thunb. （ブナ科コナラ属）	本州，四国，九州，台湾，中国．低地～山地の乾燥地．	常緑高木，4～5月に開花（図5），当年の秋に成熟，堅果は球状楕円型（図6），殻斗はリング状，西日本で食用に供された主要なドングリ．
ミズナラ	オオナラ	*Q. mongolica* Fisch. ex Turcz. var. *grosseserrata* (Blume) Rehd. et Wils. （ブナ科コナラ属）	日本，サハリンの山地．	落葉高木，5月に開花，当年の秋に成熟，堅果はやや大きく卵状楕円形，殻斗はうろこ状，中部地方内陸部から東北地方にかけて食用に供された主要なドングリ．
コナラ (Konara oak)	ナラ	*Q. serrata* Thunb. （ブナ科コナラ属）	日本全土，朝鮮半島，中国．低地～山地の乾燥地．	落葉高木，4～5月に開花，当年の秋に成熟，堅果はやや小さく細長で，殻斗はうろこ状．
マテバシイ		*Lithocarpus edulis* (Makino) Nakai （ブナ科マテバシイ属）	本州関東南部～紀伊半島，四国，九州，琉球列島の低地～山地．	常緑高木，6月に開花，翌年の秋に成熟，堅果はやや大きく砲弾型でロウ物質に覆われる，殻斗はうろこ状．マテバシイ属（マテバシイ，シリブカガシ）の堅果もドングリと呼ばれ，コナラ属と同様にデンプンが食用に供されてきた．マテバシイ属の堅果には渋みがなく，アク抜きの必要はないが，堅皮がかたくて割れにくいという欠点がある．
ツブラジイ (Japanese chinquapin)	シイ，コジイ	*Castanopsis cuspidata* (Thunb.) Schottky （ブナ科シイ属）	本州関東以西，四国，九州，琉球列島，台湾，中国南部．	常緑高木，5～6月に開花，翌年の秋に成熟，堅果は卵形で小さい，堅果は殻斗に包み込まれているが，成熟期に殻斗が裂開して堅果が落ちる（図7）．渋みがなく食用に供されていた．ツブラジイの変種でやや大きいスダジイは，煎ったシイの実として縁日の出店等で売られていた．
カヤ		*Torreya nucifera* (Linn.) Sieb. et Zucc. （イチイ科カヤ属）	本州中南部，四国，九州，屋久島，朝鮮半島に分布．	常緑高木．雌雄異株で，4～5月に開花，翌年の秋に熟する．実は脂質が多く，独特の風味がある．成熟して落果した実をひねると種子が飛び出すが，そのままではアクが強いので，数日間灰汁抜きした後に煎るか乾燥して食用に供する．

〔北島　宣・米森敬三〕

索 引

■事項索引

ア 行

アイスクリームの木 320
アイソザイム 561
アウーレア 597
亜鉛欠乏 593
青ナシ 327
アオナシ 328
アカタネノキ 538
赤ナシ 327
アカモノ 543
赤ラズベリー 243
赤ワインブーム 434
アキグミ 264
アクチニジン 48, 255
アグロバクテリウム 28
アケビ 115
アケビン 117
アゴウティ 590
浅間ベリー 543
アサムマンゴー 451
アステカ族 122
アスパラギン 479
アセチレン 363
アセトアルデヒド 176, 179
アセロラ 118
アテモヤ 313
アトロプルプーレア 597
アナカルディック酸 558
亜熱帯果樹 313
アバカシー群 358

アパティチウム 284
アビウ 537
油処理 148
油用種 170
アフリカガキ 536
アボカド 121
アボリジニー 599
アマゾンブドウ 540
雨よけ施設（ハウス） 73, 161
アミグダリン 196, 417, 548
網目模様 461
網メロン 458
アメダマノキ 539
アメリカグリ 564
アメリカクログルミ 574
アメリカ系網メロン 457
アメリカザイフリボク 542
アメリカスグリ 297
アメリカハシバミ 595
アメリカブドウ 422
アメリカブドウ系栽培種 426
アーモンド 547
アラカシ 607
アラック 498
アラビアコーヒー 581
アリル（仮種皮，種衣） 17, 322, 324, 453
アルー 540
アルカリ性食品 309
アルコール脱渋 189
アルベド 197, 214

アレキサンダー大王 7
アレロパシー 312
アンズ 127
アントシアニン（アントシアン） 47, 245, 248, 296, 374, 439, 456, 503, 523
アンニンゴ 542
アンボネイトタイプ 318
安蘭樹 193

イエローサポテ 537
イエローストロベリーグアバ 260
イエローパッションフルーツ 375
イエロービタヤ 279
イギリス系網メロン 457
イケリンゴ 540
イチイガシ 605
イチゴ 132
イチジク 144
イチョウ 559
遺伝子組換え 27
イヌリンゴ 516
イヨカン 229
イラマ 540
炒り種 292
イワテヤマナシ 328
イワハゼ 543
インシチチアスモモ 309
インドナツメ 350

インブ 538
インベルターゼ 39

ウイルスフリー 33
ウイルスフリー苗 431
ウェスト・インディアン・ライム 235
ウエットハーベスティング 267
ウシブドウ 544
ウチワサボテン 280
ウママンゴー 451
ウミブドウ 540
ウメ 151
ウラジロイチゴ 543
ウワミズザクラ 542
ウンシュウミカン 205, 213

えい芽 358
栄養繁殖 6
液果(類) 18, 294
S字曲線 274
エスレル剤 149
エスレル処理 361
エゾノコリンゴ 516
枝変わり 25, 215, 519
枝接ぎ 31
エチレン 37, 58, 334
エチレン除去剤 58
エチレン処理 38, 255
エチレン生成量 124
NAA 362
エビガライチゴ 543
MA貯蔵 60
M. 9 525
1 - MCP 38
M. 26 525
エラグ酸 142
エレクトロポーレーション法 28
『延喜式』 9, 469, 500, 575
塩素酸カリウム 513

オウトウ 156

大玉スイカ 287
オオバナカカオ 540
オオミアカテツ 536
オオイヌカンコ 539
オオミノトケイソウ 375
オーキシン 362
鬼皮 564
オニグルミ 574
雄花両性花同株 457
オビルビーハ 544
オランダイチゴ 137
オリーブ 168
オリーブポマースオイル 172
オリーブ油 171
オリュロペイン 172
オレイン酸 171, 554, 558, 600
オレンジ類 226
温室ブドウ 427
温室メロン 459
温帯(性)果樹 18, 64

カ 行

カイエン群 357
開花習性 19
開心自然形 525
街路樹 562
カカオ 552
花芽誘導 361
カキ 174
カキ渋 180, 189
垣根仕立て 116, 245, 576
核 156, 547, 584
核果(類) 18, 465, 502
殻果類 18
カクタスペア 280
隔年結果 513
隔離床 459
核割れ 478
家計調査 77
加工・生食兼用品種 366
加工専用品種 52
加工適性 49

加工品 49
果指 379
カシグルミ 575
カシス 293
菓子製造 551
果実飲料 53, 370
果実供給量 75, 78
果実酒 56
果実消費量 78
果実酢 56
果実生産量の動向 68
果実摂取量 76
果実総生産量(世界) 63
果実総生産量(日本) 70
果実軟化 42
果実輸出(入)量 75
果手 379
カシューアップル 555
カシューナッツ 555
果樹農業振興特別措置法 71
仮種皮(アリル) 506, 509, 511
果心線 516
ガス障害 60
カスタードアップル 313
カスピーカ亜系 423
ガダー 498
花托 16
カタトゲパノキ 539
かちグリ 571
華中系品種群 467, 470
果頂裂果 182
カットバック 582
カテキン(類) 48, 527, 571
果糖 39
果糖蓄積型 337
カナダハシバミ 595
カーバイト処理 361
カフェイン 554, 582
株切り法 396
株仕立て 245
株だし栽培 383
カプリ系 146
カプリフィケーション 146

索　引

華北系品種群　467, 470
果穂枝　531
カボス　236
ガマズミ　544
カムカム　535
カヤ　607
ガラス室栽培　73
カラタチ　240
カラタチ属　197
カラーチャート　455
カランツ（カラント）　293
ガリ　498
カリウム　130, 154, 188, 211,
　　291, 387, 464
カリッサ　537
果瘤　502
カリン　191
カリン酒　193
カルシウムカーバイト　361
カルパイン　401
カロテノイド　45, 218, 368,
　　417, 450
カロテン　130, 188, 211, 265,
　　368, 377, 417
カンイチゴ　542
甘果オウトウ　156
乾果種　497
カンキツ園再編対策事業　72
カンキツ属　197
カンキツ類　197
勧業寮　157, 340
還元糖　503
間作　356
甘仁類　548
幹生花（果）　321, 535, 540
完全甘ガキ　176
完全渋ガキ　176
カンタロープ　458
缶詰　54, 356
ɤドデカラクトン　479
甘味種　119
甘味成分　39
がん予防　527

甘露煮　571

キイチゴ　543
キイチゴ類　242
キウイフルーツ　249
偽果　16, 414, 457, 515, 574
菊池秋雄　5
偽茎　378
キシュウミカン　203, 220
キセニア現象　568
キナ酸　268
機能性成分　43
キメラ　26
キモパパイン　401
キャニステル　537
GABA　213, 464
吸芽　358, 378, 383
球果　602
ギュウシンリ　541
休眠枝挿し　31
キー・ライム　235
切返し法　396
キンカン（類）　201, 238
キンカン属　197
近交弱勢　182
ギンコライド　562
近赤外分光法　41
ぎんなん　559

グアテマラ系　121
グアバ　257
クイニマンゴー　451
クイーン群　357
偶発実生　24, 214, 231, 593
クエン酸　41, 503
クコ　544
苦仁類　548
グーズベリー　297
クダモノタマゴ　537
クダモノトケイソウ　375
果物の王様　321
クチクラ　523
屈折計　41

クドンドン　538
国別生産量　63
クマイチゴ　542
クマリン誘導体　571
クマリン類　42
グミ　263
クライマクテリック型（果実）
　　38, 124, 442
グラナデイン　274
クラブアップル　517
クランベリー　266
クリ　563
クリサンテミン　503
クリタマバチ　564
クリプトキサンチン　211, 368,
　　417
クリミガ　571
グリーンオリーブ　170
車枝　413
クルミ　573
グルミチャマ　536
グレープフルーツ　200, 224
クロイチゴ　542
クロフサスグリ　293
クロマメノキ　543
黒ラズベリー　243
クロロゲン酸　582
クロロフィル　217
クワ　269

ケイアップル　539
形質転換体　29
形態的分類（法）　12, 14
ケガキ　536
結果習性　19
ケヨノミ　372
ケルセチン　48, 162, 513, 527
堅果（類）　18, 595
原生中心地　3

コイア　489, 492
ゴイアバーダ　260
ゴイドゥドゥ　401

公園樹　562
恒温短期脱渋（CTSD）　190
硬核期　476
硬核種　548
口腔アレルギー症候群　464
交雑育種　24
抗酸化活性（作用）　248, 527
香酸カンキツ類　233
甲州ブドウ　426
高梢系　220
高設栽培システム　139
高度経済成長期　10
硬肉品種　474
購入量　77
交配育種　236
ゴガツイチゴ　542
コガネモンビン　538
呼吸活性　57
国内消費仕向量　74
黒斑病　335
国民栄養調査　76
国民健康づくり　80
コケモモ　266, 543
ココアバター　554
ココア豆　553
ココサン　506
ココナット水（ミルク）　482, 490, 491
ココヤシ　481
『古事記』　152, 203, 305
狐臭　42, 51, 434
コスタリカグアバ　257
コスタリカバンジロウ　535
湖棲民族　7
小玉スイカ　287
黒海系品種群　423
コナカイガラムシ　364
コナラ　607
コパラミツ　404
コーヒー　580
コブナッツ　595
コプラ　485, 492
コミカン　203

ゴム質　52
ゴヨウアケビ　115
コリンゴ　542
コルヒチン処理　288
コレステロール　594
ゴレンシ　300
根域制限栽培　218
混合花芽　20, 522
混合果汁　53
コンゴウザクラ　542
コンゴーコーヒー　582
コンテナ脱渋　189

サ　行

催色処理　39
『栽培植物の起源』　165
栽培北限　187
栽培面積　69
細胞工学的育種　26
細胞分裂期　334
在来品種　51
さくらんぼ　156
ザクロ　272
挿し木　31
砂じょう　214
サッカー　378, 383, 436
サツキイチゴ　543
砂糖漬け　57
サネブトナツメ　349
サブカヤナット　536
サポジラ　275
サボテン類　278
サポニン　117, 277, 513
ザボン　204
サムゲタン　603
サラッカ（ヤシ）　494
サルナシ　255
サワーオレンジ　201
サワーチェリー　164
サワノキ　537
酸果オウトウ　164
山岳パパイア　395

酸棗仁　352
酸性食品　603
産地変遷　479
サントル　281
サンペドロ系　146
酸味種　119
酸味成分　41

JM系台木　526
CA貯蔵　60
CNSL　558
CAM植物　354
塩漬け　404
塩漬けオリーブ　171
塩漬け用種　170
自家結実性　195, 243
自家消費　392
シガトカ病　384
自家不和合性　158, 568
シークワーサー　203, 220
雌ずい（雌性）先熟　411, 577
施設栽培　72, 414, 432
自然脱渋　187
自然突然変異　25
自然分類法　11, 12
CTSD　190
シトルリン　291
シトロン　198, 200, 283
シナノグルミ　575
シバグリ　565
自発休眠　333
紫斑症　416
渋皮　564
渋み　42
しべ咲き　466
シーベリー　544
ジベレリン処理　432
ジベレリンペースト　330
子房下位　15
脂肪酸　171
子房上位　15
子房中位　15
シマサルナシ　256

シャカトウ（釈迦頭） 408
麝香臭 258
シャシャンボ 543
ジャックフルーツ 404
ジャボチカバ 535
ジャマイカスモモ 537
ジャム 53
上海水蜜桃系 470
ジャンボラン 535
種衣（アリル） 17
雌雄異株 6, 15, 249, 390, 494, 496, 499, 559, 584
雌雄異熟（現象） 122, 591
周縁キメラ 246
収穫適期 342
集合果 17, 242, 269, 315, 354, 403
雌雄同株 15
周年開花性 302
種間雑種 153
熟度 52
珠孔 560
種子繁殖 6
種子用スイカ 283
樹上脱渋 190
種子鱗片 602
珠心胚実生 31, 215
ジュース 212
酒石酸 311
種苗登録 29
種苗法 29
受粉昆虫 443
受粉樹 117, 170, 341, 476, 586
樹木菜園 485
種鱗 602
純正花芽 20
ジューンドロップ 478, 523
ジューンベリー 542
準矮性系統 486
子葉 17
小核果 242
漿果類 18

蒸散 58
じょうのう 214
蒸留酒 166
ジョオウヤシ 481
食生活指針 80
『続日本記』 236
『植物の歴史』 157
食物繊維 43, 162, 245, 439
ショ糖 39
ショ糖蓄積型 337
飼料スイカ 283
ジリンゴ 518
白イチゴ 137
シロサポテ 538
シロモモ 500
仁 548, 574, 576, 584, 599
人為突然変異 25
人為分類法 11
真果 15
仁果（類） 18, 194
人工受粉 161, 176, 334, 476
新石器時代 6

スイカ 283
スイカ共台 291
スイカズラ 372
スイカ糖 292
スイギュウノチチ 541
スイショウガキ 537
スイートオレンジ 201, 226
スクアモシン H 442
スグリ類 293
スダチ 236
スターフルーツ 300
ステアリン酸 554
ストロベリーグアバ 260
スナックパイン 358
スパムマンゴー 451
スピノーサスモモ 305
ズミ 542
スミルナ系 146
スムーズタイプ 318
スモモ 303

スレンダースピンドルブッシュ 526

青酸配糖体 479
成熟期 36
生食用果実 49
精製オリーブオイル 172
生鮮果実 76
生態的分類（法） 12, 17
成長点 35
青銅器時代 6
西南アジア亜系 423
西部原生種群 5
西洋系品種群 423
セイヨウスグリ 297
セイヨウナシ 339
西洋メロン 458
生理的落果 478, 523
セイロングーズベリー 539
石細胞 193, 194, 258, 327
ゼスプリゴールド 254
ゼリー 53
セロトニン 388
染色体の倍加 26
前処理 51
染料 407

双子果 160, 564
早熟系 519
桑椹 271
総包 563
促成栽培 361
組織培養 33
ソムタム 401
ソルビトール 39, 338, 348, 523
ソルビトール蓄積型 337
ソンコヤ 541

タ 行

台木 30
体細胞雑種 27

帯雌花穂　563
ダイダイ　201
タイワンカブトムシ　488
高畝栽培　393
高接ぎ苗　568
他家不和合(性)　24, 158
大棗　352
多雌ずい現象　160
多汁質小突起　502
タチバナ　220
脱渋(機構)　177, 189
種なしスイカ　288
他発休眠　333
タヒチモンビン　538
タマゴトケイ　375
タマゴノキ　538
玉まわし　523
タマリンド　310
単為結果(性)　119, 176, 382, 507
単為結実　402
単一作　356
単果　17
短梢剪定　431
炭水化物　211
単性花　15
炭疽病　449
タンニン　42, 176, 196, 275, 312, 450, 456, 513, 582
タンパク質分解酵素　48, 150, 369, 393, 401
丹波グリ　565
タンパン　539
短命種子　454

チアミン　369
チェリモヤ　313
チクル　276
地中海品種群　226
地中海マンダリン　203
チブサノキ　540
チャツネ(チャトニー)　282, 312, 407, 450

チューインガム　275
中央アジア品種群　129
中央果実基金　80
中果皮　16
チュウゴクグリ　564
中国東部品種群　129
チュウゴクナシ　327, 345
中国北部品種群　129
中心果　523
中晩生カンキツ類　208, 228
秋子梨種　345
チューバーキュレイトタイプ　318
長梢剪定　431
チョウセンゴヨウ　602
チョウセンマツ　602
チョウセンヤマブドウ　424
チョコレート　553
チリイチゴ　136
陳皮　216

追熟(型)　37, 58, 277, 319, 344, 383, 397, 410, 442, 463
ツェンブラ　602
接ぎ木(親和性)　30
漬物用スイカ　283
ツノハシバミ　595
ツブラジイ　607
ツルコケモモ　266

低温カット栽培　138
低温障害　59
低温処理　344
低温貯蔵　58
低温要求性　550
『庭訓往来』　9
低梢系　220
テイベリー　242
テウチグルミ　575
テオフラストス　7, 157, 517
テオブロミン　554
摘果　477

摘蕾　477
デコポン　237
デザート　61
デーツ　349
テーブルオリーブ　170
デューベリー　242
デリシオサ・ビリバ　541
デルフィニジン　296
テルペン臭　444
テルペン類　42
テレビン油　586
テンジクイヌカンコ　539
天津甘栗　570
天津水蜜桃　470
テンニンカ　535
デンプン　255, 325

糖果　212
ドゥク　506
トウグワ　270
糖質　43
橙肉系　414
倒伏法　393, 396
東部原生種群　5
東洋系品種群　423
東洋マクワ　458
非時香菓　221
トケイソウ　375
トゲバンレイシ　410
トチノキ　605
突然変異育種　25
トディ　492, 498
ドライハーベスティング　268
ドライフルーツ　54
ドラゴンフルーツ(ピタヤ)　278
ドリアン　321
ドリアンペースト　325
取り木　32
トリゴネリン　582

ナ　行

ナイアシン　319, 377, 388

内果皮　16, 481, 547
内部褐斑　363
ナガキンカン　238
ナガバノゴレンシ　540
ナガバモミジイチゴ　543
ナシ　326
ナシ状果　194
ナタデココ　491
ナツダイダイ　201, 228
ナッツ類　64
ナツハゼ　543
ナツミカン　228
ナツメ　349
ナツメヤシ　496
ナナカマド　543
ナフタレン酢酸　362
奈良漬け　292
ナリルチン　212
ナワシロイチゴ　543
ナワシログミ　264
軟核種　548
軟果種　496
軟刺　508

ニオイパンノキ　539
ニオイマンゴー　451
ニガイチゴ　542
苦み　42
二季成り　245
肉質関連成分　41
二酸化炭素脱渋　190
西インド系　121
二重S字型（成長）曲線　184, 476
ニホングリ　564
『日本書紀』　152, 203, 328, 565
ニホンスモモ　303
ニホンナシ　326
日本の果実生産　69
ニホンヤマナシ　343
二名法　12
ニューサマーオレンジ　231

ネイハキンカン　238
ネクタリン　468, 474
ネグルーリ, A. M.　423
ネグロモモ　540
熱帯果実の女王　452
熱帯果樹　18
熱帯プランテーション作物　8
ネット　457
ネット型　461
ネーブルオレンジ　227
ネーブルオレンジワーム　550
ネマトーダ　475, 550, 586

農業基本法　10
『農業全書』　286, 469, 500
濃縮果汁　53
ノーネット型　461
ノビレチン　48

ハ　行

倍数性育種　26
パイナップル　353
パイナップルグアバ　257, 419
パイナップル戦争　360
パイナップルブラン　370
バイナリーベクター法　29
胚乳液　482
胚培養　26
ハイブッシュブルーベリー　436
白梨種　346
ハウス栽培　73
ハウスミカン　218
ハウスメロン　459
パウマンゴー　451
バウンティ号　403
剥ぎ接ぎ　503
白肉系　414
『博物誌』　273
白梨　327
バクリ　539
バージニアイチゴ　135
ハシバミ　595

バージンオリーブオイル　172
ハスカップ　372
バターナットノキ　540
8大原生中心地　4
発根剤　32
ハッサク　229
パッションフルーツ　375
葉摘み　523
パーティクルガン法　28
ハードニング　184
バナナ　378
バナナアブラムシ　385
バナナパッションフルーツ　375
花振るい　432
ハニーベリー　373
パパイア　389
パパイアウイルス病　395
パパイン　48, 393, 401
ババコ　395
バビロフ, N. I.　3
ハマナシ　542
ハマナス　542
ハマベブドウ　540
パラゴム　356
パラダイスナット　536
パラフィルム　503
パラミツ　404
パルミチン酸　590
パルミトレイン酸　600
半乾果種　497
バンザクロ　257
反射シート　523
半直立性　248
バントウ（蟠桃）　474
バントウ系　470
パンノキ　402
斑葉病　384
バンレイシ　408
バンレイシ科　440
バンレイシ科アセトゲニン　442

被陰樹　506, 553, 582
ビオフラボノイド　166

東アジア野生ブドウ　422
非クライマクテリック型果実
　　39
ひこばえ　441, 497
PCA　176
PCNA　176
ピスタチオ　584
ビタミンE　45, 604
ビタミンA　45
ビタミンC　45, 187, 211, 259,
　　420
ピタヤ　278
ピタンガ　535
ビーチパイン　359
ヒッコリー　591
必須アミノ酸　439
ビニフェラ種　422
ピニョン　602
ピノレン酸　604
非破壊品質評価　41
PVA　176
PVNA　176
ヒメアカタネノキ　538
ヒメグルミ　574
ヒメヤシ　482
ビャクレンカク　278
日焼け　522
日焼け防止　364
ヒュウガナツ　231
氷温貯蔵　59
肥沃な三日月地帯　5, 425
ビルベリー　438, 543
ビワ　413
ビンジャイマンゴー　451
品種改良　23, 360
品種更新　72

フィシン　150
フィルバート　595
フィロキセラ　424
フィロキセラ抵抗性台木　431
フィンガープリンテッドタイプ
　　317

風媒　568
フェイジョア　418
フェニ　558
フェノール類（化合物）　527,
　　560
フェルラ酸　370
フェルロイルオリゴ糖エステル
　　370
不完全甘ガキ　176
不完全渋ガキ　176
複合果　17
袋掛け　335, 477
フサスグリ　293
普通系（統）　146, 485
普通咲き　466
普通スイカ　283
ブッシュ　584
ブドウ　421
ブドウ糖　39
ブドウネアブラムシ　424
フトモモ　532, 536
不成り年　217
ブニノキ　539
不飽和脂肪酸　125, 551, 587,
　　594, 597
フユイチゴ　542
冬メロン　458
不溶質　52
プライモケーン（新茎）　242
ブラジルグアバ　257
ブラジルナッツ　589
ブラジルバンジロウ　535
ブラックサポテ　536
ブラックベリー　245
ブラッドオレンジ　227
フラベド　197, 214
フラボノイド　527, 562
プラムコット　306
プランテイン　380
プランテーション　384, 485
フリースピンドルブッシュ　526
プリンスメロン　459
プルオット　306

プルナシン　479
ブルーベリー　436
ブルーマウンテンコーヒー　582
プルーン　303, 307
プレザーブ　53
ブレッドナッツ　403
フレンチパラドックス　434
プロアントシアニジン　189,
　　277, 571
プロトプラスト融合　26
ブロメリン　369
フロリケーン（結果母枝）　242
分子マーカー　183
ブンタン　198, 221

ペカン　591
ペクチン　53, 142, 193, 260,
　　282, 456, 464, 479
ヘスペリジン　211
ヘーゼルナッツ　595
ヘーゼルペースト　597
β－カロテン　188, 211, 368,
　　417
β－クリプトキサンチン　211,
　　368, 417
へたすき　182
へた片　185
ペッチャ酒　603
ベツリン酸　352
ヘテロスタリー　300
ベニマツ　602
ヘビイチゴ　542
ペリリールアルコール　166
ペルシャグルミ　575
ペルシャン・ライム　235
ベルノキ　537
ペンヅラ　597

ボアバンガ　540
訪花昆虫　161, 523
芳香　42
縫合線　466
坊主玉　461

ボグ 267
ボケ 192
干し柿 51
干しぶどう(乾果)用品種 430
没食子酸 571
ホノルルの女王 279
葡萄枝 135
ポポー 389, 440
ホームガーデン 485
ポリガラクチュロナーゼ 42
ポリフェノール 47, 142, 162, 211, 245, 388, 433, 479, 248
ボルドー液 427
ポンカン 198, 219
『本草綱目』 285
『本草和名』 180, 500, 563

マ 行

マカダミアオイル 601
マカダミアナッツ 598
マグネシウム 387
マクワウリ 460
マスチック 585
マスティカ 585
マタタビ 256
マツの実 602
マツブサ 544
マツブドウ 544
マツボックリ 602
マテバシイ 607
マーマレード 53, 212
マミレイトタイプ 318
マメナシ 326
マメーリンゴ 538
マルキンカン 238
マルチ栽培 218
マルチング 363
マルメロ 193, 343
マルーラ 538
マレーフトモモ 532
マロングラッセ 570, 572

マンゴー 443
マンゴスチン 452
『万葉集』 152, 305, 469

ミカン(類) 198, 213
ミカン園転作事業 72
ミカン御殿 71
幹剪去法 396
ミザクラアデク 535
水菓子 61
ミスト装置 32
ミズナラ 607
水煮 571
ミズフトモモ 532
蜜入り 524
蜜症 332
蜜糖 492
ミツバアケビ 115
ミツバカイドウ 542
ミドリサポテ 536
ミミズネット 461
ミヤママタタビ 256
ミラクルフルーツ 308, 537
ミラクルベリー 537
ミロバランスモモ 305
民間薬 400, 510, 513

ムスカジニア属 421
無病苗 431
ムベ 115
ムメフラール 154
ムラサキハシバミ 597
ムラサキフトモモ 535
紫ラズベリー 243

『名医別録』 179
メキシコ系 121
1-メチルシクロプロペン(1-MCP) 38
芽接ぎ 31
メラトニン 166
メルティング質 41
メロン 457

毛状体 354
モカコーヒー 581
木通 117
モミジイチゴ 543
モモ 465
モモタマナ 536
モンビン 538

ヤ 行

薬効成分 456
ヤシオオゾウムシ 488
ヤシ酒 492
ヤシ油 490
ヤシ類 481, 494
野生樹 590
野生絶滅種 561
ヤタイヤシ 482
山川市場 72
ヤマグワ 270
ヤマトゲバンレイシ 541
ヤマナスビ 543
ヤマブドウ 424
ヤマモモ 499
ヤマモモ酒 503
ヤマモモハマキ 502
ヤングベリー 242

雄花穂 563
有機酸 154, 166, 274
雄性先熟型 577
ユズ 231, 235
輸入自由化 75

葉酸 46
羊桃 301
ヨード反応 342
ヨーロッパカンタロープ 458
ヨーロッパグリ 564
ヨーロッパスモモ 303
ヨーロッパ(系)品種群 129, 467, 470
ヨーロッパブドウ 422

ラ 行

ライチ 529
ライプオリーブ 171
ライフサイクル 36
ライム 234
ラキニアータ 597
ラズベリー 243
螺旋仕立て 396
ラテックス 452
ラトゥーン 383
ラビットアイブルーベリー 436
ラブラスカ種 422
ラワマンゴー 451
ランサー 505
ランナー 135, 266
ランバイ 539
ランブータン 508

リオコーヒー 582
リキュール 56, 166
リグニン 327, 338, 345
リコピン 291
利尿作用 412
リノール酸 578
リベリアコーヒー 581
リモネン 197
リモノイド 42
硫化水素 325
リュウガン 511
両性花 14, 390
両性花品種 393
緑枝挿し 31
リンゴ 514
リンゴ酸 41, 196, 337, 345
リンゴ酒 517

ルクモ 537

レイシ 529
レイシナッツ 531
レスベラトロール 434
レッドスパニッシュ群 357
レッドピタヤ 279
レッドモンビン 538
レモン 200, 233

連作障害 479
レンブ 532

ローガンベリー 242
露地メロン 461
ロゼット型 362
ロドプシン 439
ロブスターコーヒー 581
ローブッシュブルーベリー 436
ロンガン 511
ロンコン 505

ワ 行

矮性系統 486
ワインブーム 433
ワイン用品種 430
『和漢三才図会』 285
ワックス 58
ワニス 585
『和名類聚抄』 180, 563
ワリンゴ 518

学名索引

A

Achras zapota 275
Actinidia arguta 255
Actinidia chinensis 249
Actinidia deliciosa 249
Actinidia kolomikta 256
Actinidia polygama 256
Actinidia rufa 256
Aegle marmelos 537
Aesculus turbinata 605
Akebia pentaphylla 115
Akebia quinata 115
Akebia trifoliata 115
Amelanchier 542
Amygdalus communis 547
Amygdalus persica 465
Anacardium occidentale 555
Ananas comosus 353
Annona cherimola 313
Annona diversifolia 540
Annona glabra 540
Annona montana 541
Annona muricata 410
Annona purpurea 541
Annona reticulata 541
Annona squamosa 408
Annona squamosa × *Annona cherimola* 313
Antidesma bunius 539
Artocarpus altilis 402
Artocarpus communis 402
Artocarpus gomeziana 539
Artocarpus heterophyllus 404
Artocarpus integer 404
Artocarpus odoratissima 539
Artocarpus rigidus 539
Asimina triloba 389, 440
Averrhoa bilimbi 540
Averrhoa carambola 300

B

Baccaurea motleyana 539
Bertholletia excelsa 589
Bouea macrophylla 538
Bouea microphylla 538

C

Calocarpum sapota 536
Calocarpum viride 536
Carica candamarcensis 395
Carica papaya 389
Carica pentagona 395
Carissa carandas 537
Carya illinoensis 591
Casimiroa edulis 538
Castanea 563
Castanea crenata 564
Castanea dentata 564
Castanea mollissima 564
Castanea sativa 564
Castanopsis cuspidata 607
Cayocar nuciferum 540
Chaenomeles sinensis 191
Chaenomeles speciosa 192
Chrysohyllum cainito 537
Chrysohyllum monopyreum 537
Cicca acida 539
Citrullus lanatus 283
Citrus aurantifolia 234
Citrus depressa 220
Citrus grandis 221
Citrus hassaku 229
Citrus iyo 229
Citrus junos 235
Citrus kinokuni 220
Citrus limon 233
Citrus maxima 221
Citrus natsudaidai 228
Citrus paradisi 224
Citrus reticulata 219
Citrus sinensis 226
Citrus tachibana 220
Citrus tamurana 231
Citrus unshiu 213
Coccoloba uvifera 540
Cocos nucifera 481
Cocos nucifera var. *aurantiaca* 486
Cocos nucifera var. *nana* 486
Cocos nucifera var. *nucifera* 485
Cocos romanzoffianum 481
Cocos weddellina 482
Cocos yatai 482
Coffea 580
Coffea arabica 581
Coffea libarica 581
Coffea robusta 581
Corylus americana 595
Corylus avellana 595
Corylus avellana var. *atropurpurea* 597
Corylus avellana var. *aurea* 597
Corylus avellana var. *fusco-rubra* 597
Corylus avellana var. *laciniata* 597
Corylus avellana var. *pendula* 597
Corylus colunuta 595
Corylus heterophylla var. *japonica* 595
Corylus sieboldiana 595
Cucumis melo 457
Cucumis melo var. *cantalupensis* 458
Cucumis melo var. *makuwa* 458

Cydonia oblonga 193

D

Dimocarpus litchi 529
Dimocarpus longan 511
Diospyros discolor 536
Diospyros ebenaster 536
Diospyros kaki 174
Diospyros mespilliformis 536
Dovialis caffra 539
Dovialis hebecarpa 539
Duchesnea chrysantha 542
Durio zibethinus 321

E

Elaeagnus 263
Elaeagnus pungens 264
Elaeagnus umbellata 264
Eriobotrya japonica 413
Eugenia javanica 532
Eugenia michelii 535
Eugenia pseudosubtilis 535
Eugenia uniflora 535
Euphoria longana 511
Euphoria nephelium 508

F

Feijoa sellowiana 418
Ficus carica 144
Flacourtia indica 539
Flacourtia inermis 539
Fortunella crassifolia 238
Fortunella japonica 238
Fortunella margarita 238
Fragaria chiloensis 136
Fragaria virginiana 135
Fragaria × *ananassa* 132

G

Garcinia mangostana 452
Gaultheria adenothrix 543
Genipa americana 540
Ginkgo biloba 559

H

Hippophae 544
Hylocereus undatus 278

J

Juglans mandshurica var. *cordiformis* 574
Juglans mandshurica var. *sachalinensis* 574
Juglans nigra 574
Juglans regia 573, 575

L

Lansium domesticum 505
Lecythis paraensis 536
Lecythis zabucajo 536
Litchi chinensis 529
Lithocarpus edulis 607
Lonicera caerulea var. *edulis* 372
Lonicera caerulea var. *emphyllocalyx* 372
Lucuma obovate 537
Lucuma salicifolia 537
Lycium chinense 544

M

Macadamia integrifolia 598
Macadamia tetraphylla 598
Malpighia glabra 118
Malpighia punicifolia 118
Malus asiatica 518
Malus baccata 516
Malus prunifolia 516
Malus sieboldii 542
Malus × *domestica* 514
Mammea americana 538
Mangifera caesia 451
Mangifera foetida 451
Mangifera indica 443
Mangifera longipetiolata 451
Mangifera microphylla 451
Mangifera odorata 451
Mangifera pentandra 451
Mangifera quadrifida 451
Manilkara kauki 537
Manilkara zapota 275
Morus 269
Morus alba 270
Morus australis 270
Musa 378
Musa acuminata 379
Musa balbisiana 379
Muscadinia 421
Myrciaria cauliflora 535
Myrciaria dubia 535
Myrica rubra 499
Myrica rubra var. *alba* 500

N

Nauclea esculenta 540
Nephelium lappaceum 508
Nephelium litchi 529

O

Olea europaea 168
Opuntia ficus-indica 280
Orthostemon sellowiana 418

P

Passiflora edulis 375
Passiflora edulis flavicarpa

375
Passiflora laurifolia 375
Passiflora mollissima 375
Passiflora quadrangularis 375
Persea americana 121
Phoenix dactylifera 496
Phyllanthus acidus 539
Pinus 602
Pinus cembra 602
Pinus koraiensis 602
Pinus pinea 602
Pistacia vera 584
Platonia insignis 539
Poncirus trifoliata 240
Pourouma cecropiaefolia 540
Pouteria caimito 537
Pouteria campechiana 537
Prunus amygdalus 547
Prunus armeniaca 127
Prunus avium 156
Prunus cerasus 164
Prunus domestica 303
Prunus dulcis 547
Prunus grayana 542
Prunus insititia 309
Prunus mume 151
Prunus persica 465
Prunus salicina 303
Pseudocydonia sinensis 191
Psidium araca 535
Psidium cattleianum 260
Psidium friedrichstahalianum 257, 535
Psidium guajava 257
Psidium littorale 257, 260
Psidium quineense 257
Punica granatum 272
Pyrus aromatica 328
Pyrus bretschneideri 327, 345
Pyrus communis 339
Pyrus hondoensis 328
Pyrus pyrifolia 326

Pyrus serotina 326
Pyrus ussuriensis 345

Q

Quercus gilva 605
Quercus glauca 607
Quercus mongolica var. grosseserrata 607
Quercus serrata 607

R

Rhodomyrtus tomentosa 535
Ribes 293, 297
Ribes hirtellum 297
Ribes nigrum 293
Ribes rubrum 293
Ribes uva-crispa 297
Ribes vulgare 293
Rollinia deliciosa 541
Rosa rugosa 542
Rubus 243, 245
Rubus buergeri 542
Rubus crataegifolius 542
Rubus mesogaeus 542
Rubus microphyllus 542
Rubus palmatus var. *coptophyllus* 543
Rubus parvifolius 543
Rubus phoenicolasius 543
Rubus plamatus var. *palmatus* 543

S

Salacca edulis 494
Sandoricum koetjape 281
Schizandra nigra 544
Sclerocarya birrea subsp. *caffra* 538
Sorbus commixta 543
Spondias cytherea 538

Spondias dulcis 538
Spondias lutea 538
Spondias purpurea 538
Spondias tuberose 538
Stauntonia hexaphylla 115
Synsepalum dulcificum 537
Syzygium aqueum 532
Syzygium cuminii 535
Syzygium dombeyi 536
Syzygium jambos 532, 536
Syzygium malaccense 532
Syzygium samarangense 532

T

Tamarindus indica 310
Terminalia catappa 536
Theobroma cacao 552
Theobroma grandiflorum 540
Tprreya nucifera 607

U

Uvaria rufa 541

V

Vaccinium 436
Vaccinium bracteatum 543
Vaccinium macrocarpon 266
Vaccinium mytillus 543
Vaccinium oldhamii 543
Vaccinium oxycoccus 266
Vaccinium uliginosum 543
Vaccinium vitis-idaea 266, 543
Vangueria madagascariensis 540
Vangueria spinosa 540
Viburnum dilatatum 544
Vitis 421
Vitis amurensis 424

Vitis coignetiae 424
Vitis labrusca 422
Vitis vinifera 422

Z

Ziziphus 349
Ziziphus jujuba 349

Ziziphus jujuba var. *spinosa* 349
Ziziphus mauritiana 349

編集者略歴

すぎ うら　あきら
杉 浦　　明
1938 年　鳥取県に生まれる
1964 年　京都大学大学院農学研究科修士課程修了
現　在　石川県立大学生物資源環境学部教授・京都大学名誉教授
　　　　農学博士

うつのみや なおき
宇都宮直樹
1948 年　愛媛県に生まれる
1974 年　京都大学大学院農学研究科修士課程修了
現　在　近畿大学農学部教授
　　　　農学博士

かた おか いく お
片 岡 郁 雄
1955 年　岡山県に生まれる
1979 年　京都大学大学院農学研究科修士課程修了
現　在　香川大学農学部教授
　　　　農学博士

く ぼ た なおひろ
久保田尚浩
1946 年　愛媛県に生まれる
1972 年　京都大学大学院農学研究科修士課程修了
現　在　岡山大学大学院自然科学研究科教授
　　　　農学博士

よね もり けい ぞう
米 森 敬 三
1953 年　大阪府に生まれる
1977 年　京都大学大学院農学研究科修士課程修了
現　在　京都大学大学院農学研究科教授
　　　　農学博士

果 実 の 事 典　　　　定価は外函に表示

2008 年 11 月 25 日　初版第 1 刷

編集者	杉　浦　　　明
	宇　都　宮　直　樹
	片　岡　郁　雄
	久　保　田　尚　浩
	米　森　敬　三
発行者	朝　倉　邦　造
発行所	株式会社 朝倉書店

東京都新宿区新小川町 6-29
郵便番号　162-8707
電　話　03 (3260) 0141
FAX　03 (3260) 0180
http://www.asakura.co.jp

〈検印省略〉

© 2008 〈無断複写・転載を禁ず〉　　研究社印刷・渡辺製本

ISBN 978-4-254-43095-0　C 3561　　Printed in Japan

前鹿児島大 伊藤三郎編
シリーズ〈食品の科学〉
果実の科学

43032-5 C3061　　A5判 228頁 本体4500円

からだへの機能性がすぐれている果実について，生理・生化学，栄養・食品学などの面から総合的にとらえた最新の書。〔内容〕果実の栽培植物学／成熟生理と生化学／栄養・食品科学／各種果実の機能特性／収穫後の保蔵技術／果実の利用加工

愛媛大 水谷房雄他著
最新 果樹園芸学

41025-9 C3061　　A5判 248頁 本体4500円

新知見を盛り込んでリニューアルした標準テキスト〔内容〕最新の動向／環境と生態／種類と品種／繁殖と育種／開園と栽植／水分生理と土壌管理／樹体栄養と施肥／整枝・せん定／開花と結実／発育と成熟／収穫後の取り扱い／生理障害・災害

名城大 新居直祐著
果実の成長と発育

41020-4 C3061　　B5判 144頁 本体4200円

果実の発育過程を理解するためにその形態形成のメカニズムを平易に解説。〔内容〕果実の発育過程の解析法／花器の構造と果実形成／果実の肥大成長（カキ，モモ，ウメ，スモモ，ブドウ，カンキツ類，ナシ，リンゴ，ビワ）／果実の成熟

京大 矢澤 進編著
図説 野菜新書

41024-2 C3061　　B5判 272頁 本体9200円

食品としての野菜の形態，栽培から加工，流通，調理までを図や写真を多用し，わかりやすく解説。〔内容〕野菜の品質特性／野菜の形態と成分／生産技術／野菜のポストハーベスト／野菜の品種改良の新技術／主要野菜の分類と特性／他

吉田義雄・長井晃四郎・田中寛康・長谷嘉臣編
最新 果樹園芸技術ハンドブック
（普及版）

41029-7 C3061　　A5判 904頁 本体28000円

各種果実について，その経営上の特性，栽培品種の伝搬，品種の解説，栽培管理，出荷，貯蔵，加工，災害防止と生理障害，病虫害の防除などについて詳しく解説。専門家だけでなく，園芸を学ぶ学生や一般園芸愛好家にもわかるよう解説。〔内容〕リンゴ／ニホンナシ／セイヨウナシ／マルメロ／カリン／モモ／スモモ／アンズ／ウメ／オウトウ／ブドウ／カキ／キウイフルーツ／クリ／クルミ／イチジク／小果類／アケビ／ハスカップ／温州ミカン／中晩生カンキツ類／ビワ／ヤマモモ

元お茶の水大 小林彰夫・武蔵野大 齋藤 洋監訳
天然食品・薬品・香粧品の事典

43062-2 C3561　　B5判 552頁 本体26000円

食品，薬品，香粧品に用いられる天然成分267種および中国の美容・健康剤23種について，原料植物，成分組成，薬効・生理活性，利用法，使用基準等を記述。各項目ごとに入手しやすい専門書と最近の新しい学術論文を紹介。健康志向の現代にまさにマッチした必備図書。〔項目〕アセロラ／アボガド／アロエ／カラギーナン／甘草／枸杞／コリアンダー／サフラン／麝香／ジャスミン／ショウガ／ステビア／セージ／センナ／ターメリック／肉桂／乳香／ニンニク／パセリ；芍薬／川弓など

前東大 荒井綜一・東大 阿部啓子・神戸大 金沢和樹・
京都府立医大 吉川敏一・栄養研 渡邊 昌編
機能性食品の事典

43094-3 C3561　　B5判 480頁 本体18000円

「機能性食品」に関する科学的知識を体系的に解説。様々な食品成分（アミノ酸，アスコルビン酸，ポリフェノール等）の機能や，食品のもつ効果の評価法等，最新の知識まで詳細に解説。〔内容〕I．機能性食品（機能性食品の概念／機能性食品をつくる／他），II．機能性食品成分の科学（タンパク質／糖質／イソフラボン／ユビキノン／イソプレノイド／カロテノイド／他），III．食品機能評価法（疫学／バイオマーカー／他），IV．機能性食品とニュートリゲノミクス（実施例／味覚ゲノミクス／他）

上記価格（税別）は 2008 年 10 月現在